Voraussetzungen und Rahmenbedingungen für die Implementierung von Ex-ante- und Ex-post-Mechanismen zur Prävention und Bewältigung von Haushaltskrisen im Föderalstaat

Ibrahim Mourani

Voraussetzungen und Rahmenbedingungen für die Implementierung von Ex-ante- und Ex-post-Mechanismen zur Prävention und Bewältigung von Haushaltskrisen im Föderalstaat

PL ACADEMIC RESEARCH

Bibliografische Information der Deutschen Nationalbibliothek
Die Deutsche Nationalbibliothek verzeichnet diese Publikation in der Deutschen Nationalbibliografie; detaillierte bibliografische Daten sind im Internet über http://dnb.d-nb.de abrufbar.

Zugl.: Bremen, Univ., Diss., 2014

D 46
ISBN 978-3-631-64911-4 (Print)
E-ISBN 978-3-653-03963-4 (E-Book)
DOI 10.3726/978-3-653-03963-4

PL Academic Research ist ein Imprint der Peter Lang GmbH.

Peter Lang – Frankfurt am Main · Bern · Bruxelles · New York · Oxford · Warszawa · Wien

Diese Publikation wurde begutachtet.

www.peterlang.com

Danksagung

Das Erstellen meiner Dissertationsschrift war eine einmalige, spannende und zuweilen auch anstrengende Reise. Diese große Prüfung hätte ich niemals ohne die Unterstützung meiner Kollegen, Freunde und meiner Familie gemeistert.

Ein besonderer Dank gilt meinem Doktorvater Prof. Dr. André W. Heinemann für die ausgezeichnete Betreuung, viele hilfreiche Anregungen und eine großartige, ja fast schon familiäre Arbeitsatmosphäre. Danke für alles.

Ich danke zudem meinem Zweitgutachter Prof. Dr. Wolfram Elsner dafür, dass er sich die Zeit genommen hat, meine Dissertation kritisch zu begutachten und hilfreiche Anmerkungen zu machen.

Des Weiteren danke ich meinen Kollegen an der Forschungsstelle Finanzpolitik (ehemalige sowie aktuelle) für viele hilfreiche Gespräche und allgemeine Hilfestellungen. Danke an Tobias Peters, Melanie Nofz, Anja Link und Fokke Möller.

Ein großer Dank gebührt auch meinen Freunden, die mich unterstützt und immer an mich geglaubt haben. Die mir vor allen Dingen privat jederzeit eine verlässliche Stütze und erfreuliche Ablenkung waren, wenn es mal nicht so lief, wie gewünscht.

Der größte Dank gebührt jedoch meiner Familie. Meinem Bruder Keis Mourani für all seine Unterstützung und Hilfe während meiner fast drei Jahre der Fertigstellung der Dissertation.

Vor allen Dingen möchte ich meinen Eltern, Salam Habib und Dr. Michael Mourani danken. Sie haben mich zu jeder Zeit meines Lebens auf all meinen Wegen unterstützt und begleitet. Sie haben es mir erst ermöglicht, meinen Weg zu gehen und mich zu verwirklichen. Ohne sie wäre ich nicht da, wo ich bin. Ohne sie wäre ich heute nicht der Mensch, der ich bin. Danke!

Ich möchte diese Arbeit von ganzem Herzen den Menschen widmen, die mir sehr am Herzen liegen und dieses frohe Ereignis nicht mehr mit mir gemeinsam erleben konnten.

Geleitwort

Spätestens mit dem Eintreten von Budget- und Staatsschuldenkrisen in den EU-Mitgliedstaaten Portugal, Irland, Griechenland und Spanien, wobei die einzelnen Ursachen, die zu den Schulden- und Defizitproblemen der öffentlichen Haushalte sowie Refinanzierungsschwierigkeiten auf den Kapitalmärkten geführt haben, hochgradig unterschiedlicher Natur waren, hat sich auch die wissenschaftliche Aufmerksamkeit auf die Frage konzentriert, welche institutionellen Rahmenbedingungen effektiv eine übermäßige Verschuldung öffentlicher Haushalte (souveräner) öffentlich-rechtlicher Gebietskörperschaften in (teil-)föderalen Staatsorganisationsstrukturen verhindern können. Auch in der Bundesrepublik Deutschland wird seit den ersten Haushaltsanierungsfällen Bremen und Saarland, wobei mit bundesstaatlichen Transferleistungen in Form der Gewährung von speziellen Bundesergänzungszuweisungen durch den Bund an die betroffenen Länder zwischen 1994 und 2004 solidarische Sanierungshilfe geleistet wurde und die Länder Bremen und Saarland aktuell dennoch weiterhin zu den Ländern mit der höchsten Pro-Kopf-Verschuldung gehören, diskutiert, welche institutionellen Arrangements notwendig sind, um langfristig die öffentliche Verschuldung so in ökonomisch begründbaren Grenzen zu halten, dass langfristig die Handlungsfähigkeit der öffentlichen Entscheider aufrecht erhalten bleibt.

Bisherige Regeln zur Begrenzung der öffentlichen Verschuldung und zur Bewältigung von Haushaltskrisen haben in vielen Fällen ihre Wirksamkeit in der Realität nicht ausreichend unter Beweis gestellt. Beispielhaft seien hier die bis 2010 gültigen verfassungsrechtlichen Obergrenzen für die öffentlichen Krediteinnahmen sowohl auf der Bundesebene als auch der Länderebene in Deutschland oder der Europäische Stabilitäts- und Wachstumspakt genannt. Innerhalb der Europäischen Währungsunion sind über Jahre die Regeln bezüglich der festgelegten Schuldenstandquote sowie der Defizitquote von einigen Euro-Mitgliedstaaten nicht eingehalten worden. Auch deshalb sollte nicht zu viel Hoffnung in eine dauerhafte Einhaltung des am 2. März 2012 von 25 der damaligen 27 Mitgliedstaaten der EU unterzeichneten Europäischen Fiskalpaktes, der die öffentliche Kreditaufnahme innerhalb der EU nahezu auf null reduzieren soll, gelegt werden. Wobei auf die ökonomische Sinnhaftigkeit derartiger Regeln hier nicht weiter eingegangen werden soll.

In der Finanzwissenschaft wird schon seit längerer Zeit die geordnete und planbare Insolvenz von öffentlich-rechtlichen Gebietskörperschaften als begleitendes Instrument einer präventiven Schuldenkrisenvermeidungsstrategie sowie als Instrument zur Wiederherstellung der Handlungsfähigkeit öffentlicher Entscheider diskutiert. In der relevanten Literatur bleibt das Thema „Insolvenz von Gebietskörperschaften" indes soweit unvollständig behandelt, als die Frage, wann eine Gebietskörperschaft als Teil eines föderalen Staatsorganisationssystems aus ökonomischer Perspektive insolvent sein möge, unbeantwortet bleibt. Exemplarisch hierfür kann das Gutachten des wissenschaftlichen Beirates beim Bundesministerium für Wirtschaft und Technologie aus dem Jahr 2011 mit dem Titel „Überschuldung und Staatsinsolvenz in der Europäischen Union" herangezogen werden. Hier werden zwar ökonomische Grundlagen und Elemente einer Insolvenzordnung in die Diskussion eingeführt, es bleibt jedoch bei eher groben Rahmenbedingungen für ein Insolvenzverfahren bei souveränen Schuldnern. Diese Situation ist und bleibt unbefriedigend, solange für die Zukunft weitere Staatsschuldenkrisen angenommen werden müssen und geordnete und vorab bekannte Insolvenzverfahren für öffentlich-rechtliche Gebietskörperschaften einen Beitrag zur Eindämmung von Staatsschuldenkrisen bzw. deren Folgen und zur Wiedergewinnung von Entscheidungs- und Handlungsspielräumen für Parlamente und Regierungen leisten könnten.

Vor diesem Hintergrund ist die vorliegende Arbeit von Herrn Dr. Ibrahim Mourani einzuordnen. Es wurde die verdienstvolle Aufgabe angegangen, nach einer gründlichen Diskussion über die öffentliche Verschuldung sowie über die bisherigen relevanten Regeln zur Begrenzung des öffentlichen Kredits die wissenschaftlich höchst relevante Frage anzugehen, welche Bedingungen und Indikatoren zu identifizieren sind, die für ein geordnetes Insolvenzverfahren für souveräne Schuldner in föderalen Strukturen notwendig und sachlich angemessen sein dürften. Dabei betritt die Arbeit Neuland, wenn versucht wird, die Lücke, die das Bundesverfassungsgericht 2006 mit der Formulierung des „bundesstaatlichen Notstandes" als Anspruchsvoraussetzung für einen bundesstaatlichen Bail-out und der fehlenden Konkretisierung dieses Begriffs geschaffen hat, zu schließen. Mit der Anwendung der „Data Envelopment Analysis (DEA)" bringt Ibrahim Mourani ein neues Element in die finanzwissenschaftliche Auseinandersetzung über Fragen von Insolvenzregeln für öffentlich-rechtliche Gebietskörperschaften ein, was einen interessanten und überdies wichtigen Schritt auf dem Weg zur Konzeptionierung von alternativen Haushaltskrisenpräventions- und Haushaltskrisenbewältigungsmechanismen darstellt.

Die Untersuchung leistet einen wichtigen Beitrag, um der finanzwissenschaftlichen Forschung einen notwendigen Impuls im Zusammenhang mit

Schuldenkrisen der öffentlichen Haushalte zu geben. Dabei richtet sich die Untersuchung nicht nur an die Forschung. Auch für politisch-administrative Entscheidungsträger dürften die Erkenntnisse interessant sein. Insofern ist der Arbeit zu wünschen, dass sie auf eine breite und interessierte Leserschaft treffen möge.

Bremen im Juni 2014

Prof. Dr. André W. Heinemann
Forschungsstelle Finanzpolitik

Inhaltsverzeichnis

Abbildungsverzeichnis

Tabellenverzeichnis

Abkürzungsverzeichnis

(g)	Buchstabe g (bei Gesetzesparagrafen)
a.F.	Alte Fassung
AA	Amtsanwalt
Abl. EG	Amtsblatt der Europäischen Gemeinschaft
Abs.	Absatz
Art.	Artikel
BAföG	Bundesausbildungsförderungsgesetz
BGBl.	Bundesgesetzblatt
Bio.	Billion
BSAG	Bremer Straßenbahn AG
BT-Drs.	Bundestagsdrucksache
CRA	Centralized Resource Allocation
DBS	Drogenberatungsstellen
DEA	Data Envelopment Analysis
DMU	Decision Making Units
DRS	Decreasing Returns to Scale
EFSF	European Financial Stability Facility
EKGNov	Einführungsgesetz zu dem Gesetze betreffend Änderungen der Konkursordnung
ESF	Europäischer Sozialfonds
ESM	European Stability Mechanism
EZB	Europäische Zentralbank
FAG	Finanzausgleichsgesetz
GG	Grundgesetz
HLU	Hilfe zum Lebensunterhalt

IFRS	International Financial Reporting Standards
IRS	Increasing Returns to Scale
IWF	Internationaler Währungsfonds
KHG	Krankenhausfinanzierungsgesetz
LHO	Landeshaushaltsordnung
LMTVet	Lebensmittelüberwachungs-, Tierschutz und Veterinärdienst
LUA	Landesuntersuchungsamt
MAC	Municipal Acceptance Corporation
Mio.	Million
Mrd.	Milliarde
Nr.	Nummer
PB	Produktbereich
PG	Prdouktgruppe
RGBl.	Reichsgesetzblatt
SDRM	Sovereign Debt Restructuring Mechanism
StA	Staatsanwalt
STD	Sexually Transmitted Deceases
VBN	Verkehrsverbund Bremen/ Niedersachsen
Verf. z. Gewäh. v. vorl. Rechtsschutz	Verfahren zur Gewährung von vorläufigem Rechtsschutz
Vgl.	Vergleiche
WNA	Wachstums- und nachhaltigkeitswirksame Ausgaben

Symbolverzeichnis

N	Nachfrage
R	Zins
D	Schuldenstand
C	Konsumausgaben
T	Steuereinnahmen
S	Zinsfaktor
—	Strecke
TE^{CRS}	Technische Effizienz
TE^{VRS}	Reine technische Effizienz
SE	Skaleneffizienz
$k = 1, \ldots, K$	Anzahl DMU
$n = 1, \ldots, N$	Anzahl der Inputmengen
$m = 1, \ldots, M$	Anzahl der Outputmengen
X	Inputmengenmatrix
Y	Outputmengenmatrix
X	Inputmengen
Y	Outputmengen
x_i	Inputmengenvektor
y_i	Outputmengenvektor
λ_i	Gewichtungsvektor für die Benchmarks bei der DEA
θ_i^{CRS}	Effizienzparameter (Technische Effizienz) der Entscheidungseinheit i
θ_i^{VRS}	Effizienzparameter (Reine technische Effizienz) der Entscheidungseinheit i
SE_i	Effizienzparameter (Skaleneffizienz) der Entscheidungseinheit i

Min	Minimiere (Zielvorgabe der Inputminimierung im DEA-Modell)
Σ	$\Sigma_{j=1}^{n} x_j$ Summenzeichen, Beispiel: = Summe aller x von 1 bis n.
∀	Für alle Elemente gilt
E	Zehnerpotenzdarstellung
E	Einsenvektor (n∗1 Vektor, dessen Elemente nur Einsen sind)

1 Einführung in das Thema und die Ziele vorliegender Dissertation

Vor dem Hintergrund steigender Schuldenstände auf Ebene der deutschen Bundesländer und dem Eintreten von Staatsschuldenkrisen auf Ebene der EU, zu nennen sind hier die PIGS-Staaten (PIGS = Portugal, Irland, Griechenland und Spanien) rückt das Thema der öffentlichen Verschuldung verstärkt in den medialen aber auch in den Fokus wissenschaftlicher Diskussionen. Es wird in Wissenschaft und Praxis, vor allem in der Politik, rege darüber debattiert, welche EU-Mitgliedstaaten und, in Deutschland, welche Bundesländer sich in Schuldenkrisen befinden, aus denen sie sich nicht aus eigener Kraft befreien können. Weiter wird der Frage, welche institutionellen Rahmenbedingungen und Vorkehrungen geeignet sind, effektiv einer übermäßigen Verschuldung öffentlicher Haushalte vorbeugen, verstärkt Aufmerksamkeit gewidmet. Im Rahmen einer fundierten Diskussion muss, ist es notwendig, sich zu veranschaulichen welche Schritte, oder auch Phasen, eine Gebietskörperschaft durchläuft, ehe sie sich letztendlich einer Schuldenkrise ausgesetzt sieht. Dies sind die drei folgenden Schritte: 1. muss diskutiert werden, wie Schuldenkrisen entstehen, besser gesagt, welche Determinanten entscheidend dafür sind, dass die öffentliche Verschuldung einer Gebietskörperschaft, der nicht per se eine negative Komponente anhaften muss, ansteigt, bis sie schließlich ein nicht mehr tragfähiges Maß annimmt. 2. müssen daran anschließend Indikatoren definiert werden, welche es erlauben eine Schuldenkrise feststellen zu können. Es fehlt derzeit an einheitlichen, klaren, ökonomisch fundierten und begründeten Indikatoren zur Feststellung einer Haushaltskrise. Stattdessen wird je nach Fall ad-hoc entschieden. 3. muss, wenn eine Schuldenkrise einer Gebietskörperschaft eingetreten ist, ein Weg aufgezeigt werden, diese zu lösen und der Gebietskörperschaft somit die Wiedererlangung ihrer finanzpolitischen Handlungsfähigkeit zu ermöglichen.

Die vorliegende Arbeit greift das Problem der Verschuldung von Gebietskörperschaften auf und richtet hierbei den Fokus auf die Bundesrepublik Deutschland. Ausgehend von den steigenden Schuldenständen aller drei Körperschaftsebenen (Bund, Länder und Gemeinden) sollen die Verschuldung deutscher Gebietskörperschaften dargestellt, ein Blick auf die Entwicklung der Schuldenstände geworfen und die verschiedenen Gründe der Staatsverschuldung beleuchtet werden. Des Weiteren werden verschiedene Verschuldungsregeln diskutiert. Es werden hierbei der Art. 109 Abs. 3 GG sowie die Vorgaben im Rahmen des Europäischen Stabilitäts- und Wachstumspakts erörtert und auf ihre Wirksamkeit hin überprüft.

Kern der Arbeit ist die Entwicklung eines Insolvenzmechanismus für die Bundesländer in der Bundesrepublik Deutschland. Ziel ist es hierbei, einen möglichst präzisen, inhaltlich klaren und durchführbaren Insolvenzmechanismus zu erarbeiten, da es bislang an einem konkreten Mechanismus zur Bewältigung von Schuldenkrisen fehlt und diese eher ad-hoc gehandhabt werden.

Es werden in einem ersten Schritt die Bedingungen für das Vorliegen der Insolvenz eines Bundeslandes definiert. Hierbei wird auf das Konstrukt des Bundesstaatlichen Notstands abgestellt, welches das Bundesverfassungsgericht in seinem Urteil zur Klage des Landes Berlin auf Sanierungshilfen prägte.[1] Das Gericht hat diesen Begriff in seinem Urteil allerdings nicht präzisiert, sondern verfehlt, ihn ausreichend mit Inhalten zu füllen, so dass nicht klar ist, wann ein Bundesstaatlicher Notstand konkret gegeben ist. Die Dissertation vertritt die Auffassung, dass ein Bundesstaatlicher Notstand ein Insolvenzverfahren auslösen sollte und unternimmt den Versuch, diesen sowohl absolut als auch relativ zu formulieren. Hierfür bedarf es eines Sets an Indikatoren. Einen sollte dabei das Benchmarking darstellen.

Bei Anwendung eines Benchmarkings ließe sich feststellen, ob ein Bundesland insolvent ist oder ob seine Verwaltung lediglich ineffizient arbeitet. Das Benchmarking soll dabei auf der Methode der Data Envelopment Analysis (DEA) basieren, welche es anhand eines Indikatorensets ermöglicht, verschiedene Organisations- oder Entscheidungseinheiten im Hinblick auf ihre Effizienz zu überprüfen. Der erste Schwerpunkt der Dissertation ist also, ein Set von Indikatoren bereitzustellen, anhand dessen sich finanzwirtschaftliche Kennzahlen einzelner Bundesländer besser vergleichen lassen. Dabei dient das Benchmarking nach Methode der DEA nicht nur der Feststellung, wann eine Insolvenz eingetreten ist, sondern auch der Signalisierung, dass eine Insolvenz droht und somit als Zeichen an die Finanzmärkte, die sich bei ihrer Kreditvergabe bislang lediglich an den Ratings der Länder bei den wichtigen Ratingagenturen orientieren konnten. Die Ratingagenturen sind allerdings keine allzu verlässliche Quelle, da sie schon des Öfteren wirtschaftliche Entwicklungen nicht prognostizieren konnten, siehe z.B. die Finanzkrise mit Beginn des Jahres 2007 oder die momentane Schuldenkrise Griechenlands.

In Art. 91d GG heißt es:

> „Bund und Länder können zur Feststellung und Förderung der Leistungsfähigkeit ihrer Verwaltungen Vergleichsstudien durchführen und die Ergebnisse veröffentlichen."

---

1 Vgl. Bundesverfassungsgericht (2006).

Weitere Indikatoren für das Vorliegen einer Insolvenz könnten eine Extreme Haushaltsnotlage oder auch der Indikator der nachhaltigen Finanzpolitik sein, mit der Vorgabe, dass eine Insolvenz dann vorliegt, wenn die Finanzpolitik eines Bundeslandes nicht (mehr) nachhaltig ist.[2] Allerdings sollen diese beiden Indikatoren nur kurz angesprochen werden, da sie eine Beurteilung der Sinnhaftigkeit der Verschuldung nicht ermöglichen, da die von ihnen gesetzten Grenzen der Verschuldung nicht ausnahmslos zu überzeugen wissen. Es ist also recht trivial, festzustellen, dass ein Land verschuldet ist, jedoch kaum, wann dessen Verschuldung nicht mehr tragfähig ist.

Arbeitshypothese I: Ein Benchmarking basierend auf der Methode der Data Envelopment Analysis ist besser geeignet, Schuldenkrisen der deutschen Bundesländer festzustellen, als bisherige Indikatoren. Weiter ist es geeignet, ein Insolvenzverfahren eines Bundeslandes zu begründen. Und schließlich gibt es den Kreditgebern ein besseres Instrument der Beurteilung der Liquidität der deutschen Bundesländer an die Hand, als die Ratings der Ratingagenturen.

Im Anschluss an die Frage der Auslösung einer Insolvenz stellt sich die Frage der konkreten Ausgestaltung des Insolvenzverfahrens. Bevor auf die konkrete Ausgestaltung eines Insolvenzverfahrens eingegangen wird, soll aber betrachtet werden, was ein Insolvenzverfahren im Vorfeld einer Insolvenz, also Ex-ante, zu leisten imstande ist. Ein Insolvenzmechanismus auf Ebene der deutschen Bundesländer ist nicht ausschließlich als Ex-post-Verfahren zu verstehen, sondern soll seine Wirkung bereits im Vorfeld entfalten und somit Insolvenzen im Idealfall erst gar nicht entstehen lassen. Wird den Bundesländern die Insolvenzfähigkeit zugestanden, so wird der sich anbahnenden Verschuldung auf dreierlei Basis begegnet werden können. Zum einen müssen die Länder bei übermäßiger Verschuldung auf dem Kapitalmarkt damit rechnen, dass sie ihre günstigen Konditionen der Kreditaufnahme einbüßen und als letzte Konsequenz eine strikte Kreditrationierung erfahren. Weiter werden die Ratingagenturen angesichts der Insolvenzfähigkeit der Bundesländer ihre Ratings überdenken müssen und die Kapitalmärkte somit zu mehr Vorsicht bei der Vergabe von Krediten an die Länder ermahnen, da im Falle einer Länderinsolvenz ein realer Zahlungsausfall droht. Zumal aus der privatrechtlichen Insolvenz eine Beteiligung der Gläubiger nicht unüblich ist und es sinnvoll erscheint, dies in einem Insolvenzrecht für die deutschen Bundesländer zu übernehmen. Schließlich werden die handelnden Politiker dazu angehalten, seriöser zu wirtschaften, da ihnen im Falle

2 Für eine Übersicht über verschiedene Indikatoren einer nachhaltigen Finanzpolitik siehe Jochimsen, B. (2008).

der Insolvenz des von ihnen regierten Bundeslandes ein negativer Ruf anhaften würde und davon auszugehen ist, dass sie mit Abwahl gestraft werden.

Im Rahmen der vorliegenden Arbeit wird herausgearbeitet, wie ein Insolvenzverfahren gestaltet sein muss, damit diese drei Effekte realisiert werden können. Im Fall des Kapitalmarktes ist die Frage folgendermaßen zu diskutieren: Der Kapitalmarkt wird, wie bereits angeführt, hohe Zinsen für Kredite fordern, deren Ausfallrisiko als hoch eingestuft wird. Hierdurch wird es für die Länder teurer, sich über Schulden zu finanzieren, was zu einem zurückhaltenden Verschuldungsverhalten führen sollte. Ziel ist es hierbei, aufzuzeigen, wie durch einen Insolvenzmechanismus das Moral Hazard Problem auf Kreditgeber- und Kreditnehmerseite gelöst werden kann. Im Falle der „Bestrafung" der Politik durch die Wähler wird über einen politökonomischen Ansatz unter Zuhilfenahme der politischen Soziologie herausgearbeitet, warum Wähler bei Insolvenzfähigkeit der Gebietskörperschaft in der sie leben dazu tendieren, Politiker abzuwählen, die hohe Schuldenstände angesammelt haben. Des Weiteren wird das Verhältnis zwischen Politikern und Wählern als Principal-Agent-Beziehung dargestellt. Der Principal (Wähler) erteilt dem Agenten (Politiker) einen Auftrag, nämlich im Namen des Principals zu regieren. Der „Vertrag" darüber ist auf fünf Jahre (die übliche Wahlperiode in deutschen Bundesländern, lediglich in Bremen und Hamburg betragen die Wahlperioden vier Jahre) begrenzt. Erfüllt der Agent seinen Auftrag nicht oder nicht wunschgemäß, so wird der Principal seinen „Vertrag" nicht verlängern, der Wähler den Politiker also abwählen. Ziel ist es jeweils zu zeigen warum und in welcher Form die Wähler die Möglichkeit der Insolvenz des Bundeslandes, in dem sie leben in ihr Wahlkalkül einbeziehen. Hierzu muss der Insolvenzmechanismus derart ausgestaltet sein, dass im Falle der Insolvenz eines Bundeslandes nicht nur die Gläubiger, sondern auch die Einwohner des Bundeslandes in die Restrukturierung einbezogen werden.

Arbeitshypothese II: Ein Insolvenzmechanismus auf Ebene der deutschen Bundesländer entfaltet seine Wirkung über den Einfluss auf die Kapitalgeber, Kapitalnehmer, Wähler und Politiker bereits im Vorfeld einer Insolvenz und hilft, diese zu vermeiden.

Nachdem gezeigt wurde, dass ein Insolvenzmechanismus die Fähigkeit besitzt, nicht nur mit Insolvenzen umzugehen, sondern ebenfalls vermag, diese zu vermeiden, wird die Ausgestaltung eines Insolvenzverfahrens im Fall der Insolvenz eines Bundeslandes thematisiert. Ziel hierbei ist es, geeignete Maßnahmen (Einsparungen und Einnahmeerhöhungen) zur Behebung einer Insolvenz herauszuarbeiten. Hierzu sind Einspar- und Einnahmepotentiale zu identifizieren und auf ihre fiskalische Wirkung sowie ihre juristische Legitimität hin zu prüfen. Auch Beschränkungen, welche sich für den speziellen Fall einer

Bundesländerinsolvenz ergeben, sind hierbei zu beachten. Im Rückgriff auf die privatrechtliche Insolvenz wird ein bundesstaatliches Existenzminimum formuliert, welches es einem Bundesland gestattet, seiner Aufgabenwahrnehmung auch im Insolvenzfall adäquat nachzukommen. Der entscheidende Unterschied zwischen dem Umgang mit einer Schuldenkrise mittels einer Insolvenz und dem bisherigen Vorgehen ist dabei, dass ein Insolvenzmechanismus automatisiert und somit systematisch ist, wohingegen bisherige Maßnahmen zur Behebung von Schuldenkrisen ad-hoc getroffen wurden und zum Teil willkürlich erscheinen.

Arbeitshypothese III: Ein Insolvenzmechanismus auf Ebene der deutschen Bundesländer ist besser geeignet mit Schuldenkrisen umzugehen und diese zu beheben, als die bisherigen ad-hoc Entscheidungen.

Die Arbeit ist inhaltlich wir folgt gegliedert. In einem ersten Schritt werden die Verschuldung von Bund und Ländern in Deutschland und der EU-Mitgliedstaaten sowie die Entwicklung dieser Schuldenstände betrachtet. Anschließend daran wird ein Überblick über die Gründe öffentlicher Verschuldung gegeben, wobei sowohl politökonomische Begründungen als auch die spezielle Situation der deutschen Bundesländer mit dem Auseinanderfallen von Einnahme- und Ausgabenautonomie sowie dem Anreizproblem gesamtschuldnerischer Haftung beleuchtet werden. Weiter werden die bisherigen Verschuldungsregeln dargestellt und auf ihre Wirksamkeit hin überprüft. Darauf folgend werden die bisherigen Indikatoren zur Beurteilung öffentlicher Haushaltslagen vorgestellt, prinzipielle Möglichkeiten der Entschuldung souveräner Schuldner dargestellt und Beispiele für den bisherigen Umgang mit Schuldenkrisen souveräner Schuldner illustriert. Als Alternative zur bisherigen institutionellen Ausgestaltung wird die Möglichkeit eines Insolvenzmechanismus für die deutschen Bundesländer vorgestellt.

Hierbei wird ein Insolvenzmechanismus für die Länder der Bundesrepublik Deutschland entwickelt und gezeigt, wie dieser einer Insolvenz vorbeugen kann und welche Vorteile er bei der Behebung einer vorliegenden Insolvenz bietet. Nachdem ein Überblick über die Wirkungsweise von internationalen No-bail-out und Insolvenzregelungen für souveräne Schuldner gegeben wurde, werden die drei Schritte einer Insolvenz durchlaufen und so schrittweise ein Insolvenzmechanismus für die deutschen Bundesländer erarbeitet. Zuerst wird herausgearbeitet, wann eine Insolvenz vorliegt, es wird also ein Indikator zur Feststellung der Insolvenz eines Bundeslandes entwickelt. Zur Feststellung einer Insolvenz wird der Begriff des Bundesstaatlichen Notstands mit Leben gefüllt. Dies geschieht anhand eines Benchmarkings, basierend auf der Methode der Data Envelopment Analysis. In einem zweiten Schritt wird aufgezeigt, wie ein

Insolvenzmechanismus präventiv wirkt. Es soll gezeigt werden, dass er sowohl auf Kapitalmarktseite bei den Kreditgebern, bei den Kreditnehmern, den Wählern als auch den Politikern die Sinne für die öffentliche Verschuldung schärft und dazu beitragen kann, eine Insolvenz gar nicht erst entstehen zu lassen. In einem dritten und letzten Schritt wird ein konkretes Insolvenzverfahren für die deutschen Bundesländer entwickelt. Es werden Maßnahmen aufgezeigt, die es einem Land ermöglichen, seine Finanzen, unter Berücksichtigung der speziellen Eigenschaften eines Bundeslandes gegenüber einer Privatperson und/oder eines Unternehmens, zu restrukturieren. Dies beinhaltet einen Überblick über den konkreten Verlauf des Insolvenzverfahrens, angefangen mit der Einbeziehung der Gläubiger, der Identifikation von Einspar- und auch Einnahmepotentialen bis hin zum Abschluss des Insolvenzverfahrens. Weiter wird auf mögliche und zu lösende Problembereiche, die mit der Einführung eines Insolvenzmechanismus auf Ebene der deutschen Bundesländer verbunden sind, eingegangen. Die Arbeit schließt mit einer Zusammenfassung, einem Fazit sowie einem Ausblick ab.

2 Die Verschuldung der deutschen Gebietskörperschaften und der EU-Mitgliedstaaten

Dieses Kapitel gibt einen Überblick über die Verschuldung der deutschen Gebietskörperschaften und der EU-Mitgliedstaaten. Es werden zunächst der aktuelle Schuldenstand und die Entwicklung der öffentlichen Verschuldung dargestellt. Anschließend wird gezeigt, welche negativen Folgen ein zu hoher öffentlicher Schuldenstand für eine Gebietskörperschaft haben kann.

2.1 Die Verschuldungssituation der deutschen Bundesländer und der EU-Mitgliedstaaten

Zum 31.12.2011 betrug die Gesamtverschuldung des öffentlichen Haushalts in der Bundesrepublik Deutschland 2,03 Bio. € (Schulden beim nicht-öffentlichen Bereich). Hiervon entfielen 1,28 Bio. € auf die Bundesebene und 615,40 Mrd. € auf die Länderebene. Die restlichen 129,6 Mrd. € entfielen auf die Gemeinden und Gemeindeverbände.[3] Dies entspricht einem Wert von gut 78 % des Bruttoinlandsprodukts (BIP) für die Verschuldung des Gesamthaushalts.[4]

In den letzten vier Jahrzehnten hat sich der Anteil der Staatsverschuldung am BIP in Deutschland mehr als verdreifacht. So betrug der gesamtdeutsche Schuldenstand 1970 noch 64,21 Mrd. €[5] und somit 17,81 % des BIP.[6] 1990 erreichte er bereits eine Höhe von 538,33 Mrd. €[7] (41,20 % des BIP).[8] Im Jahr 2000 war Gesamtdeutschland mit 1,21 Bio. € verschuldet,[9] was einem Wert von 58,71 % des BIP entspricht.[10] Dieser Schuldenstand stieg auf 2,03 Bio. € und gut 78 % des BIP in 2011. Tabelle 1 zeigt die deutschen Schuldenstände nach Körperschaftsgruppen.

---

3 Vgl. Statistisches Bundesamt (2012a).

4 Eigene Berechnungen nach Statistisches Bundesamt (2012a) und Statistisches Bundesamt (2013a).

5 Vgl. Statistisches Bundesamt (2012a).

6 Eigene Berechnungen nach Statistisches Bundesamt (2012a) und Statistisches Bundesamt (2013a).

7 Vgl. Statistisches Bundesamt (2012a).

8 Eigene Berechnungen nach Statistisches Bundesamt (2012a) und Statistisches Bundesamt (2013a).

9 Vgl. Statistisches Bundesamt (2012a).

10 Eigene Berechnungen nach Statistisches Bundesamt (2012a) und Statistisches Bundesamt (2013a).

Tabelle 1: Schuldenstände in Deutschland nach Körperschaftsgruppen, eigene Darstellung, Daten aus Statistisches Bundesamt (2012a)

Stichtag	Insgesamt	Bund	Länder	Gemeinden/ Gemeindeverbände
	Mio. €			
31.03.1950	9.574	3.428	6.040	106
31.12.1960[11]	28.998	15.312	7.783	5.904
31.12.1970	64.210	29.553	14.178	20.480
31.12.1980	238.897	119.951	70.415	48.531
31.12.1990	538.334	306.315	168.002	64.017
31.12.2000	1.210.918	774.834	338.073	98.011
31.12.2011	2.025.438	1.279.583	615.399	129.633

Es ist ein klarer Anstieg der Staatsverschuldung bei allen drei Körperschaftsgruppen zu erkennen. Abbildung 1 verdeutlicht diesen Sachverhalt.

Abbildung 1: Entwicklung der Schuldenstände in Deutschland nach Körperschaftsgruppen, eigene Darstellung, Daten aus Statistisches Bundesamt (2012a)

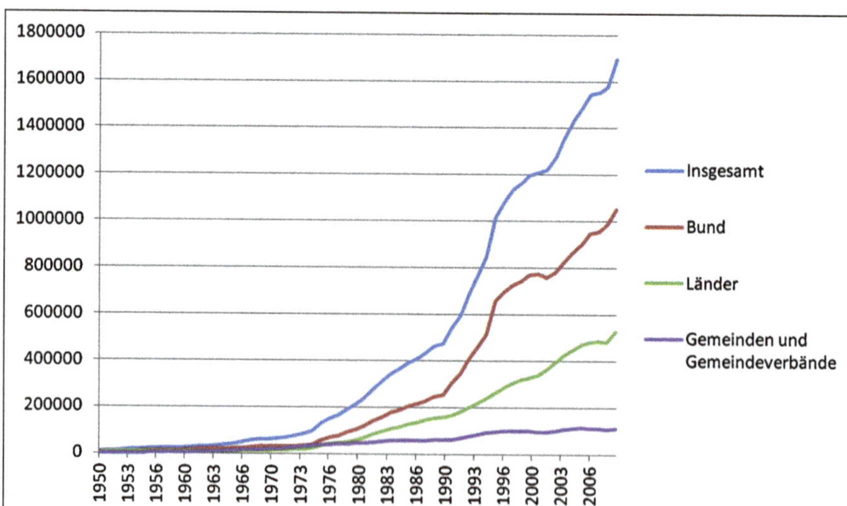

11 Ab 1952 einschließlich Berlin (West) und ab 1960 einschließlich dem Saarland.

Auf der Abszisse sind die jeweiligen Jahre abgetragen, auf der Ordinate die Schuldenstände in Mio. €. Es ist ein klarer Trend der ansteigenden Verschuldung für den gesamtdeutschen Haushalt, wie auch für alle drei Körperschaftsgruppen erkennbar. Insbesondere ist hier ein deutlicher exponentieller Anstieg der Verschuldung auf Bundesebene zu erkennen. Die Verschuldung auf Länderebene stieg ebenfalls in einem beträchtlichen Ausmaß. Lediglich die Gemeinden und Gemeindeverbände weisen einen vergleichsweise moderaten Anstieg aus.

Betrachtet man jedoch die Länderebene gesondert, so stellt sich die berechtigte Frage, ob deren aggregierte Verschuldung wirklich bedrohlich ist. Der Schuldenstand der Länder machte im Jahr 2011 lediglich 30,38 % des gesamtdeutschen Schuldenstands aus.[12] Weiter entspricht er einem Wert von 23,74 % des gesamtdeutschen Bruttoinlandprodukts.[13] Des Weiteren muss bedacht werden, dass die deutschen Bundesländer nicht gleichmäßig verschuldet sind. Vielmehr streut das Ausmaß der Verschuldung erheblich. Betrachtet man lediglich die Verschuldung in absoluten Zahlen, so weist Sachsen mit einer Verschuldung beim nicht-öffentlichen Bereich den niedrigsten (5.623 Mio. €) und Nordrhein-Westfalen mit einem Verschuldungsstand von 180.019 Mio. € den höchsten Wert auf.[14] Jedoch sind absolute Werte der öffentlichen Verschuldung aufgrund der verschiedenen Größe sowie der strukturellen Andersartigkeit der Länder trügerisch. Eine differenziertere Aussage zur Verschuldungssituation der einzelnen Länder lässt sich treffen, indem man ihre Verschuldung beim nicht-öffentlichen Bereich pro Kopf betrachtet. Betrachtet man diese Zahlen so ist es wiederum Sachsen, dass mit 1.359 € Pro-Kopf-Verschuldung beim nicht-öffentlichen Bereich den niedrigsten Wert aufweist. Die höchste Verschuldung beim nicht-öffentlichen Bereich pro Kopf weist nun aber Bremen mit einem Wert von 28.638 € auf.[15] Letztlich ist aber nicht die ledigliche Höhe der Verschuldung eines Landes entscheidend, sondern vor allem seine Fähigkeit eine bestimmten Schuldenlast zu tragen, also die Schuldentragfähigkeit. Eine Möglichkeit der Annäherung daran, welches Land es vermag, seinen Schuldenstand zu tragen ergibt sich, indem man die Verschuldung eines Landes ins Verhältnis zu seinem Einnahmepotential setzt. Zur besseren Übersicht sind in der nachfolgenden Tabelle die Verschuldungsstände der 16 Bundesländer pro Kopf sowie die Relation von Schuldenstand pro Kopf zu den Einnahmen pro Kopf der jeweiligen Länder für das Jahr 2011 dargestellt.

---

12 Eigene Berechnungen nach Statistisches Bundesamt (2012a).

13 Eigene Berechnungen nach Statistisches Bundesamt (2012a) und Statistisches Bundesamt (2013a).

14 Vgl. Statistisches Bundesamt (2012a).

15 Vgl. Statistisches Bundesamt (2012a).

Tabelle 2: Pro-Kopf-Verschuldung, bereinigte Einnahmen pro Kopf und Verhältnis Pro-Kopf-Verschuldung zu bereinigten Einnahmen pro Kopf nach Ländern, eigene Darstellung, Daten aus Statistisches Bundesamt (2012a), Statistisches Bundesamt (2012b) und Statistisches Bundesamt (2012c)

Bundesland	**Verschuldung beim nicht-öffentlichen Bereich pro Kopf in €**	**Bereinigte Einnahmen pro Kopf in €**	**Verhältnis der Verschuldung beim nicht-öffentlichen Bereich pro Kopf zu den bereinigten Einnahmen pro Kopf in €**
Baden-Württemberg	7.177	5.389	1,33
Bayern	4.515	5.406	0,84
Hessen	12.066	5.567	2,17
Niedersachsen	10.617	4.684	2,27
Nordrhein-Westfalen	15.715	5.470	2,87
Rheinland-Pfalz	13.692	4.542	3,01
Saarland	18.118	4.570	3,96
Schleswig-Holstein	12.600	4.718	2,67
Brandenburg	9.837	5.622	1,75
Mecklenburg-Vorpommern	8.715	5.769	1,51
Sachsen	3.096	5.617	0,55
Sachsen-Anhalt	12.099	5.829	2,08
Thüringen	9.643	5.209	1,85
Berlin	18.456	6.700	2,75
Bremen	28.961	6.878	4,21
Hamburg	14.487	7.269	1,99

Aus der Tabelle 2 geht hervor, dass lediglich in Sachsen und Bayern die Einnahmen pro Kopf den Schuldenstand beim nicht-öffentlichen Bereich pro Kopf im Jahr 2011 überschritten. In allen anderen Ländern liegt das Verhältnis von Schuldenstand pro Kopf und bereinigten Einnahmen pro Kopf teils deutlich über eins. In Bremen mit dem höchsten Wert von 4,22 ist der Schuldenstand pro Kopf sogar mehr als vier Mal so hoch, wie die bereinigten Einnahmen pro Kopf. Dies ist insofern problematisch, als dass die Tilgungszahlungen für die öffentliche Verschuldung aus den laufenden Einnahmen getätigt werden müssen. Man könnte nun argumentieren, dass dies kein Problem darstelle, da der Schuldenstand lediglich langsamer abgebaut werde, wenn die bereinigten Einnahmen gering sind, ein Abbau bei positiven Einnahmen jedoch zwangsläufig erfolge. Diese Argumentation lässt zwei Dinge außer Acht. Zum einen müssen nicht nur die bestehenden Schulden getilgt werden, sondern zusätzlich jedes Jahr Zinszahlungen auf die Schuldenlast geleistet werden. Dies verringert bereits den Spielraum zur Schuldentilgung. Zum anderen ist zu beachten, dass die bereinigten Einnahmen nicht ausschließlich für Tilgungs- und Zinszahlungen zur Verfügung stehen. Aus den Einnahmen muss jedes Land auch seine Ausgaben decken. Lediglich die Differenz zwischen bereinigten Einnahmen und bereinigten Ausgaben, der Finanzierungssaldo, steht zur Tilgung und Zinszahlung zur Verfügung. Der Finanzierungssaldo der deutschen Bundesländer ist mit Ausnahme der Länder Bayern, Brandenburg, Mecklenburg-Vorpommern und Sachsen derzeit negativ.[16] Nur ein positiver Finanzierungssaldo versetzt ein Land aber in die Lage, effektiv Schulden abzubauen, und auch nur unter der Voraussetzung, dass der komplette Überschuss nicht schon für die Zinszahlungen aufgebraucht wird. Bei einem negativen Finanzierungssaldo hingegen ist es sogar notwendig, alleine zur Finanzierung der bereinigten Ausgaben weitere Kredite aufzunehmen. An effektive Tilgung ist in solch einer Situation nicht zu denken.

Der Schuldenstand und auch die Entwicklung der öffentlichen Verschuldung der deutschen Bundesländer sind zumindest als kritisch zu bezeichnen. Jedoch stellt Staatsverschuldung beileibe kein deutsches Phänomen dar. Ein Blick auf die Entwicklung der Schuldenstände der EU-Mitgliedstaaten in den letzten Jahren in Tabelle 3 bestätigt dies. Die Daten beziehen sich auf die Gesamtheit der EU 27.

Tabelle 3: Schuldenstände in Europa, eigene Darstellung, Daten aus Eurostat (2011)

Jahr	Bruttoinlandsprodukt	Schuldenstand	Veränderung Bruttoinlandsprodukt[17]	Veränderung Schuldenstand[18]
	Mio. €		%	%
2007	12.398.526	7.310.759	–	–
2008	12.494.352	7.782.775	+ 0,77	+ 6,46
2009	11.788.046	8.768.748	– 5,65	+ 12,67
2010	12.280.644	9.828.232	+ 4,18	+ 12,08

16 Vgl. Statistisches Bundesamt (2012c).

17 Gegenüber dem Vorjahr.

18 Gegenüber dem Vorjahr.

In den Jahren 2008 bis 2010 wuchs das Bruttoinlandsprodukt der EU 27 weit weniger stark an als ihr Schuldenstand. Wie ernst die Lage ist, lässt sich daran erkennen, dass sich mit Griechenland bereits ein EU-Staat unter den Euro-Rettungsschirm geflüchtet hat, Portugal wird vermutlich in Kürze folgen und auch die Tendenz bei Irland zeigt in diese Richtung. Weiter sei angemerkt, dass 14 Mitgliedstaaten der EU in 2010 einen Schuldenstand von über 60 % im Verhältnis zum Bruttoinlandsprodukt aufwiesen, was einen Bruch der EU-Konvergenzkriterien darstellt.[19] Art. 126 des Vertrags über die Arbeitsweise der Europäischen Union (AEUV) in Verbindung mit dem ihm angehängten Protokoll 12 begrenzt die Verschuldung der EU-Mitgliedstaaten in der Form, dass das Haushaltsdefizit eines Mitgliedstaates drei Prozent im Verhältnis zu seinem Bruttoinlandsprodukt nicht überschreiten darf. Weiter darf die Schuldenstandsquote, also das Verhältnis von Schuldenstand zum BIP, eines Mitgliedstaates nicht höher als 60 % liegen. Es ist offensichtlich, dass sowohl auf Ebene der deutschen Bundesländer als auch auf Ebene der EU-Mitgliedstaaten die öffentliche Verschuldung in der Vergangenheit stetig angestiegen ist. Auch in den letzten Jahren stellte sich keine Trendumkehr ein. Im Gegenteil sehen sich viele Bundesländer aufgrund ihrer hohen Verschuldung einer zumindest kritisch zu beäugenden Haushaltslage gegenüber. Auf Ebene der EU (Europäische Union) stellt sich die Situation derzeit noch bedrohlicher dar. Akut ist der Fall Griechenlands, das sich außer Stande sieht, seine Staatsschulden eigenständig zu bedienen.

Zu bedenken ist dabei aber auch der Einfluss der globalen Finanz- und Wirtschaftskrise, welche ihren Beginn in der US-amerikanischen Subprime-Krise hatte, auf die Haushaltssituationen nicht nur der EU-Mitgliedstaaten, sondern auch der deutschen Bundesländer. Es ergaben sich nicht nur direkte, sondern im Zuge verschiedener Rettungsinterventionen auch indirekte negative Auswirkungen auf die öffentlichen Haushalte der EU-Mitgliedstaaten und der deutschen Bundesländer. Auf Ebene der deutschen Bundesländer sind zusätzlich die budgetären Wirkungen der deutschen Wiedervereinigung zu berücksichtigen, die zu einem erheblichen Anstieg der öffentlichen Verschuldung führten.

Ist jedoch öffentliche Verschuldung per se negativ behaftet oder ist, im Gegenteil, eine gewisse Verschuldung nicht sogar notwendig? Wenn ja, ab wann ist diese Verschuldung nicht mehr tragbar bzw. welche negativen Folgen hat ein zu hoher Schuldenstand? Diese beiden Fragen werden im Folgenden beantwortet.

---

19 Vgl. Eurostat (2011).

2.2 Die negativen Folgen einer zu hohen öffentlichen Verschuldung

Dieses Kapitel soll untersuchen, welche negativen Implikationen sich aus einer zu hohen öffentlichen Verschuldung ergeben. Es ist vorab in aller Deutlichkeit anzumerken, dass öffentliche Verschuldung nicht per se als negativ einzustufen ist, sie aber ab einem gewissen Grad negative Folgen für eine Volkswirtschaft haben kann.

Kreditaufnahme zur Finanzierung bestimmter Ausgaben ist keine Seltenheit und sicher kein Phänomen souveräner Schuldner. Es gibt zahlreiche Beispiele privater Kreditnehmer. Unternehmen, die in Anlagegüter investieren, Konsumenten, die größere Anschaffungen in Raten bezahlen und auch private Wirtschaftssubjekte, die bspw. ihr Eigenheim kreditfinanzieren. Niemand wird die Sinnhaftigkeit der Kreditfinanzierung in diesen Fällen in Abrede stellen. Nur die öffentliche Verschuldung scheint eine negativ behaftete Ausnahme darzustellen, was nicht ganz richtig ist. Ein Kredit bedingt, dass er zurückgezahlt werden muss. Dabei wird meistens das Kreditvolumen getilgt und zudem ein jährlicher Zinssatz für die Schuld entrichtet (von Null-Prozent-Finanzierungen im Konsumbereich, wie sie z.B. Elektronikfachmärkte vermehrt für bspw. Fernsehgeräte anbieten, mal abgesehen). Erst wenn die erforderlichen Tilgungs- sowie Zinszahlungen von einem Schuldner nicht mehr bedient werden können, ergibt sich ein Problem.

Bei der Zahlungsunfähigkeit eines privaten Schuldners greift die deutsche Insolvenzordnung (InsO), die regelt, wie in diesem Fall vorzugehen ist. Bei öffentlichen Schuldnern gibt es, zumindest in Deutschland, eine derartige Regelung nicht, so dass ein souveräner Schuldner in Deutschland theoretisch nicht zahlungsunfähig werden kann. Da aber auch souveräne Schuldner ihre Kredite bedienen müssen, ergeben sich bei einer zu hohen Tilgungs- und Zinslast anderweitige negative Folgen.

Der Frage, wann die Schuldenlast eines souveränen Schuldners als zu hoch zu bewerten ist, wird in späteren Kapiteln im Zusammenhang mit der Feststellung einer Schuldenkrise als Ausdruck einer zu hohen öffentlichen Verschuldung und der Entwicklung eines Insolvenzindikators für souveräne Schuldner, im Konkreten die deutschen Bundesländer, nachgegangen. Daher soll hier lediglich auf die möglichen negativen Folgen einer zu hohen Verschuldung eingegangen werden, unabhängig davon, wann eine solche konkret eintritt.

Da Kredite aufgenommen werden, um eine Lücke zwischen Einnahmen und Ausgaben zu schließen, um also einen Ausgabenüberhang zu finanzieren, kann angenommen werden, dass ein souveräner Schuldner, der sich der

Kreditfinanzierung bedienen muss, bei gegebenem Ausgabenniveau, ein Defizit auf der Einnahmeseite hat. Diese Lücke schließt er mit Krediten. Das ist dann unproblematisch, wenn seine zukünftigen Einnahmen zur Deckung der zukünftigen Tilgungs- und Zinszahlungen ausreichen. Sollte dies allerdings nicht der Fall sein, so muss der Schuldner zukünftig entweder seine Einnahmen steigern oder aber seine Ausgaben senken. Im Falle eines souveränen Schuldners stellen bspw. Steuereinnahmen oder auch solche aus unternehmerischer Tätigkeit seine Einnahmemöglichkeiten dar. Seine Ausgaben wären bspw. Sozial- oder auch Infrastrukturausgaben.

Wenn ein souveräner Schuldner seinen Tilgungs- und Zinszahlungsverpflichtungen aus seinen laufenden Einnahmen nicht nachkommen kann, impliziert dies, dass er gegenwärtige Generationen entweder zu niedrig besteuert oder aber zu gut versorgt.[20] Eine zu hohe Verschuldung führt dann zu einer ungerechten Verteilung von Lasten, da die gegenwärtigen Mindereinnahmen oder Mehrausgaben von zukünftigen Generationen ausgeglichen werden müssen.[21] In den kommenden Jahren ist aufgrund der demographischen Entwicklung in Deutschland mit einer Verschärfung dieser Situation zu rechnen, da durch die gegenwärtigen Rahmenbedingungen der sozialen Sicherung mit einem Anstieg der Ausgaben der gesetzlichen Krankenversicherung und Rentenversicherung zu rechnen ist.[22]

Allerdings gelten in zwei Fällen Ausnahmen. Zum einen bei Investitionen, deren Nutzen auch künftigen Generationen zufließt, die dann, gemäß ihres Nutzens, auch an den Kosten dieser Investitionen beteiligt werden dürfen.[23] Als Beispiel seien hier etwa Infrastrukturinvestitionen genannt. Eine zweite Ausnahme bilden sich selbst finanzierende Objekte. Die Idee dahinter ist, dass durch Investitionen Wachstum erzeugt wird, was als Ertrag dieser Investitionen betrachtet werden kann und zur Bedienung ihrer Kosten herangezogen wird.[24]

Alle anderen Ausgaben, insbesondere Konsumausgaben, müssen jedoch langfristig aus den laufenden Einnahmen finanzierbar sein. Da kein Staat sein

---

20 Vgl. Seitz, H. (2007).

21 Dies findet seinen Ausdruck in der Intertemporalen Budgetrestriktion. Vgl. dazu Kitterer, W. (2007), der feststellt, dass die große Mehrheit der deutschen Bundesländer eine Schuldenpolitik betrieben hat, die sich nicht mit der Einhaltung der Intertemporalen Budgetrestriktion vereinbaren lässt.

22 Vgl. Feld, L. P. (2010) oder auch Wolff, G. B. (2007).

23 Vgl. Kitterer, W. (2007).

24 Vgl. Kitterer, W. (2007).

Steueraufkommen beliebig erhöhen kann,[25] engt Verschuldung also in letzter Konsequenz zukünftige ausgabeseitige Handlungsspielräume ein.[26] So formulieren Jochimsen und Konrad (2006, S. 12) treffend:

> „Das Instrument der Staatsverschuldung verlagert Handlungsspielräume. Es erweitert Handlungsspielräume heute und verkleinert Handlungsspielräume in der Zukunft."

Mit höheren Schulden gehen geringere Finanzierungsmöglichkeiten für öffentliche Investitionen, etwa in Infrastruktur, Forschung und Entwicklung oder auch Bildung, einher.[27] Hierunter leidet unter Umständen das Wachstum einer Volkswirtschaft. Durch eine Anhebung der Steuersätze sinkt möglicherweise die Attraktivität der jeweiligen Gebietskörperschaft als Unternehmensstandort, was sich wiederum wachstumshemmend auswirken kann.[28] Die Einschränkung der Ausgabenspielräume lässt sich in Deutschland auf kommunaler Ebene gut beobachten. So sanken die kommunalen Ausgaben für Sachinvestitionen von 1992 bis 2005 von 33,5 Mrd. € auf 19,6 Mrd. €. Bis 2010 sind sie wieder auf etwas mehr als 22 Mrd. € gestiegen, blieben jedoch weiterhin deutlich unter dem Wert aus dem Jahr 1992.[29] Die kommunale Finanzierungssituation ist hierbei u.a. aber auch Resultat einer nicht angemessenen Finanzausstattung, die ihren Ursprung in den Finanzbeziehungen im Mehrebenensystem der Bundesrepublik Deutschland hat.[30]

Eine Besonderheit der öffentlichen Verschuldung ist, dass es souveränen Schuldnern, aufgrund ihrer „Unsterblichkeit", möglich ist, ein sogenanntes Ponzispiel zu betreiben,[31] also ihre Tilgungs- und Zinszahlungen durch immer neue Schulden zu finanzieren.[32] Die Tilgung alter Kredite mittels immer neuer Kredite bewirkt, dass die Bruttokreditaufnahme, also die Summe aller Kredite, die

25 Vgl. Laffer, A. B. (2004).

26 Vgl. bspw. Peffekoven, R. (2006), Kitterer, W. (2007), Seitz, H. (2007), Wissenschaftlicher Beirat beim Bundesministerium der Finanzen (2007) oder auch Bundesregierung (2005).

27 Vgl. Grossmann, V. (2011).

28 Vgl. Grossmann, V. (2011).

29 Deutscher Städtetag (2010).

30 Vgl. Döring, T. (2007).

31 Der Begriff geht zurück auf den italienischen Immigranten Charles Ponzi und bezeichnet auch ein Schneeballsystem. Siehe dazu bspw. Blanchard, O. J. und S. Fischer (1989) und Zuckoff, M. (2005).

32 Vgl. Kitterer, W. (2007). Hierfür hat sich in der Literatur auch der Begriff des „evergreening" etabliert, vgl. z.B. Corsetti, G. et al. (1998).

Nettokreditaufnahme, die Neuverschuldung, deutlich übersteigt.[33] Das bedeutet, dass lediglich der Teil der Bruttokreditaufnahme zur Finanzierung öffentlicher Ausgaben zur Verfügung steht, der nicht zur Tilgung fälliger Schulden notwendig ist.

So mussten Bund und Länder einschließlich ihrer Gemeinden im Jahr 2006 insgesamt 353 Mrd. € für Tilgungs- und Zinsverpflichtungen aufbringen, was 35,2 % der Gesamtausgaben entspricht. Im Vergleich hierzu betrug dieser Wert im Jahr 1980 noch 10,7 %.[34] Da die sich dadurch ergebenden steigenden Zinsverpflichtungen, welche zukünftige Haushalte belasten, feste und nicht gestaltbare Ausgabeposten sind, wird zudem die Flexibilität der Haushalte eingeschränkt. Als Folge dessen werden mit der Nettokreditaufnahme letztlich keine bemerkenswerten zusätzlichen Handlungsspielräume gewonnen.[35] Als übergeordnetes Problem kann zudem gesehen werden, dass durch in der Zukunft notwendige Steuererhöhungen und/oder Minderausgaben wiederum das Wirtschaftswachstum einer Volkswirtschaft beeinträchtigt werden kann, was die Entschuldungsanstrengungen einer Gebietskörperschaft konterkariert.[36]

Öffentliche Gebietskörperschaften verschulden sich also in einem beträchtlichen Maße, aber was sind die Gründe hierfür, welche Umstände führen also zur Verschuldung öffentlicher Gebietskörperschaften? Diese Frage soll zuerst allgemein erläutert und später mit speziellem Blick auf die Situation der deutschen Bundesländer beantwortet werden, da sich die vorliegende Arbeit vor allem auf die deutschen Bundesländer bezieht. Zudem liegen bei den Verschuldungs- bzw. Finanzierungsmöglichkeiten der deutschen Bundesländer einige Besonderheiten vor, die es explizit zu beleuchten gilt. Anschließend daran wird gezeigt, welche Mechanismen es bislang gab und gegenwärtig gibt, die öffentliche Verschuldung einzudämmen, an welchen Indikatoren festgemacht wurde und wird, ab wann eine öffentliche Schuldenlast nicht mehr tragbar ist, welche Möglichkeiten es für souveräne Schuldner gibt, sich zu entschulden und wie bislang mit Situationen der Überschuldung einer Gebietskörperschaft umgegangen wurde.

33 Vgl. Peffekoven, R. (2006).
34 Vgl. Dietz, O. (2008).
35 Vgl. Peffekoven, R. (2006).
36 Vgl. Hishow, O. N. (2011).

3 Erklärungsansätze der öffentlichen Verschuldung, die spezielle Situation der deutschen Bundesländer und die bisherige Feststellung, Prävention und Handhabung von Schuldenkrisen souveräner Schuldner

Dieses Kapitel präsentiert zunächst politökonomische Erklärungsansätze und überprüft, ob deren Annahmen auf die Verschuldungssituation in den deutschen Bundesländern zutreffen. Anschließend daran wird die spezielle Situation der deutschen Bundesländer, namentlich das Auseinanderfallen von Einnahme- und Ausgabenautonomie sowie das Anreizproblem gesamtschuldnerischer Haftung vorgestellt. Darauf folgend werden die bisherigen Regelungen zur Eindämmung der öffentlichen Verschuldung beschrieben und einer kritischen Betrachtung hinsichtlich ihrer Wirksamkeit unterzogen. Schließlich werden die Indikatoren vorgestellt, die bislang dafür verwendet wurden, Schuldenkrisen souveräner Schuldner festzustellen und der bisherige Umgang mit öffentlichen Schuldenkrisen näher beleuchtet.

3.1 Erklärungsansätze der öffentlichen Verschuldung

Zunächst stellt sich die Frage nach generellen Anreizen bzw. Gründen der Verschuldung öffentlicher Gebietskörperschaften. Es ist also die Frage zu beantworten, wie und warum sich öffentliche Gemeinwesen verschulden.

Zuvorderst ist zu unterscheiden zwischen der Kreditaufnahme aus temporärem Anlass und der dauerhaften, kontinuierlichen Kreditaufnahme. Eine temporäre Kreditaufnahme ließe sich durch außergewöhnliche und nicht beeinflussbare Situationen rechtfertigen. Beispiele hierfür können Kriege oder auch wirtschaftliche Depressionen sein. Für Deutschland lässt sich etwa das Beispiel der deutschen Wiedervereinigung als außergewöhnliches Ereignis aufführen.[37] Das deutsche Recht lässt temporäre Kreditaufnahmen zu. Sowohl im Art. 115 Abs. 1 Satz 2 GG a.F. (Störung des gesamtwirtschaftlichen Gleichgewichts) als auch im neuen Art. 109 Abs. 3 GG (Von der Normallage abweichende konjunkturelle Entwicklungen sowie Naturkatastrophen und außergewöhnliche Notsituationen) sind Argumente zur Rechtfertigung der temporären Kreditaufnahme

37 Vgl. Zimmermann, H. (1999).

zu finden. Dies gehört allerdings zur Diskussion verschiedener Schuldenregeln und wird weiter unten eingehend behandelt. Hinter dem Argument der temporären Kreditaufnahme steht die Idee des „tax smoothing". Damit ist gemeint, dass bei erhöhtem Finanzbedarf der öffentlichen Hand diese auf kurzfristig höhere Steuereinnahmen zu Gunsten von Krediten verzichtet, um Steuern über die Zeit gleichmäßiger erheben zu können, da vermutet wird, dass mit höheren Steuersätzen gesellschaftliche Wohlfahrtseinbußen in Form von Erhebungskosten und Fehlallokationen einhergehen.[38]

Die kontinuierliche Kreditaufnahme hingegen wird meistens mit dem Verweis auf die These der intertemporalen Lastverteilung gerechtfertigt.[39] Hierhinter steht die Idee, künftige Generationen über die Kreditaufnahme und die damit verbundenen zukünftigen Zins- und Tilgungszahlungen an der Finanzierung heute getätigter, jedoch auch zukunftswirksamer, Investitionen zu beteiligen.[40] Eine weitere Rechtfertigung kontinuierlicher Kreditaufnahme sind sich selbst finanzierende Objekte, aus denen sich öffentliche Einnahmen (bspw. Entgelte) ergeben, welche dann zur Finanzierung des Schuldendienstes herangezogen werden können.[41] So wird im Art. 115 Abs. 1 Satz 2 GG a.F. die Kreditaufnahme an das Niveau öffentlicher Investitionen gebunden, genauer gesagt, die Kreditaufnahme auf die Summe, der im Haushaltsplan veranschlagten Investitionsausgaben begrenzt. Diese Regelung ist auch bekannt als die „Goldene Regel der Finanzpolitik".[42]

3.1.1 Politökonomische Erklärungsansätze öffentlicher Verschuldung

Mehrere Ansätze die öffentliche Kreditaufnahme zu erklären liefert die Politökonomie. Es wird hierbei unterstellt, dass Politiker strikt rational handelnde Individuen sind, deren einziges Ziel die Wiederwahl ist, aus der sie Machterhalt, Prestige und weiteren direkten und indirekten Nutzen generieren. Weiter wird angenommen, dass auch Wähler strikt rational und an ihrem Nutzen orientiert handeln, sie also die politische Partei wählen, deren Regierungsarbeit

---

38 Vgl. Barro, R. J. (1979).

39 Vgl. Zimmermann, H. (1999).

40 Vgl. Zimmermann, H. (1999).

41 Vgl. Zimmermann, H. (1999).

42 Der Begriff „Goldene Regel" stammt von Phelps, E. (1961) und bezieht sich ursprünglich auf die Kapitalakkumulation aus der neoklassischen Wachstumstheorie. Phelps identifizierte in diesem Zusammenhang eine die Wohlfahrt maximierende Sparquote.

ihnen den größten Nutzen verspricht.[43] Hieraus ergibt sich nun die These, dass Politiker ihren Wählern schuldenfinanzierte Wahlgeschenke machen, um ihre Wiederwahl zu sichern.[44] Insbesondere besagen die Theorien der fiskalpolitischen Konjunkturzyklen, dass Regierungen im unmittelbaren Vorfeld von Wahlen einen Anreiz haben, ihre Ausgaben schuldenfinanziert zu erhöhen, um ihre Wiederwahl zu sichern.[45] Die Theorien fiskalpolitischer Konjunkturzyklen sind allerdings nicht unumstritten, die empirischen Belege hierzu teils unterschiedlich. So finden bspw. Alesina et al. (1992 und 1997), Beck (1987), Ben-Porath (1975), Clark (2002), Franzese (1999, 2002a und 2002b), Galli und Rossi (2002), Gonzalez (1999a, 1999b und 2000), Harrinvirta und Mattila (2001), Krueger und Turan (1993), Maloney und Smirlock (1981), Moyo (1999), Wagschal (1996a und 1996b) und Wright (1974) empirische Evidenz für eine erhöhte Defizitfinanzierung vor Wahlen. De Haan und Sturm (1994), Drazen und Eslava (2005) und Jochimsen und Nuscheler (2005) hingegen finden gar einen negativen Zusammenhang zwischen dem Vorwahljahr und dem Haushaltsdefizit.

Eine weitere Möglichkeit, die öffentliche Kreditaufnahme zu erklären, ergibt sich aus der Theorie der Yardstick Competition. Yardstick Competition bezogen auf Wähler innerhalb einer Jurisdiktion bedeutet, dass Wähler ihre Wahlentscheidung bzw. die Bestätigung einer Regierung davon abhängig machen, wie sie deren Arbeit im Vergleich mit der von Regierungen in anderen, typischerweise angrenzenden, Jurisdiktionen, bewerten.[46] Wenn Wähler beobachten sollten, dass die Regierung ihrer Jurisdiktion im Vergleich mit der Regierung einer anderen schlechter arbeitet, wie auch immer sich dieses schlechtere Arbeiten im subjektiven Empfinden der Wählerschaft ausdrückt, tendieren sie dazu diese abzuwählen. Besley und Case (1995) stellen in einem theoretischen Modell, welches sie auch empirisch überprüfen, für die USA fest, dass im interjurisdiktionellen Vergleich hohe Steuern tendenziell zur Abwahl der aktuellen Regierung führen. Dies lässt die Vermutung zu, dass Regierungen eher dazu neigen werden, Kredite aufnehmen, anstatt die Steuern zu erhöhen, um ihre Wiederwahl nicht zu gefährden.

Es lässt sich ebenfalls vermuten, dass rational nutzenmaximierende Wähler auch das Angebot öffentlicher Güter, wie z.B. Infrastruktur, Parks, saubere

---

43 Vgl. Downs, A. (1957b).

44 Vgl. Zimmermann, H. (1999).

45 Für eine Übersicht über verschiedene Ansätze der geld- und fiskalpolitischen Konjunkturzyklen siehe Drazen, A. (2000).

46 Vgl. Besley, T. und A. Case (1995).

Straßen etc. in ihrer Wahlentscheidung berücksichtigen, da sie hieraus Nutzen ziehen. Öffentliche Güter lassen sich derweil auf zwei Arten finanzieren, durch Steuern oder aber durch öffentliche Kreditaufnahme. Es kann angenommen werden, dass öffentliche Kreditaufnahme, gleichbedeutend mit Schulden, die eines Tages wiederum durch Steuereinnahmen beglichen werden müssen, durch die Wählerschaft weniger stark gewichtet wird, als Steuern. Die Argumentation dahinter ist die Folgende: Während höhere Steuern, über eine Reduktion des verfügbaren Einkommens, den Wählern direkt fühlbar werden, sind die Folgen öffentlicher Kreditaufnahme in die Zukunft verlagert. Sie sind nicht unmittelbar fühl- und beobachtbar, so dass die Zinszahlungen und die spätere Tilgung übersehen und verdrängt werden.[47] Man spricht hier auch von Schuldenillusion. Oates (1988) definiert die Schuldenillusion als eine Unterform der Fiskalillusion. Er führt aus, dass Wähler eher in der Lage sind, Kosten aus Besteuerung als Kosten durch Schuldenaufnahme wahrzunehmen. Wagschal (1996a) argumentiert spiegelbildlich, dass ein ausgeglichenes Budget seine positiven Wirkungen erst langfristig entfaltet, wohingegen niedrige Steuern das verfügbare Einkommen der Bürger direkt erhöhen und somit besser geeignet sind, die kurzfristige Wiederwahl zu sichern. Wie bei der Theorie des „tax smoothing“ auch, entscheiden sich die politischen Entscheidungsträger gegen eine Steuerfinanzierung zu Gunsten einer Kreditfinanzierung, jedoch liegen die Gründe dafür hier im wahltaktischen Bereich.

Als weitere Determinanten der öffentlichen Kreditaufnahme werden ökonomische und sozioökonomische Faktoren angesehen. So sind die Steuereinnahmen bei stärkerem Wirtschaftswachstum höher und somit der Bedarf nach öffentlicher Kreditaufnahme geringer. Weiter fallen geringere Kosten durch eine geringere Arbeitslosigkeit an. Steigende Zinsen wiederum führen durch den damit verbundenen Anstieg der Zinslast der Schulden zu einem steigenden Schuldenstand.[48] Eine sozio-ökonomische Determinante der öffentlichen Kreditaufnahme stellt die gesellschaftliche Alterung dar. Eine ältere Bevölkerung bedingt auch Mehrausgaben für eben diese Bevölkerungsgruppe.[49] Weitere wichtige ökonomische und sozioökonomische Determinanten der öffentlichen Verschuldung sind spezifische Ausgabeposten, wie z.B. die Personal- oder auch die Sozialausgaben. Der internationale OECD-Ländervergleich (OECD = Organisation for Economic Co-operation and Development) belegt diese These. Die

47 Vgl. Zimmermann, H. (1999).
48 Vgl. Wagschal, U. et al. (2009).
49 Vgl. Wagschal, U. et al. (2009).

Veränderung der Sozialleistungsquote der Jahre 1990 - 2005 korreliert mit einem Wert von r = 0,67 mit der Veränderung der Schuldenquote der selben Jahre.[50]

Woo (2003) stellt als institutionelle Determinanten die hohe politische Stabilität und ein geringes Konfliktniveau in der Gesellschaft als verschuldungsbegrenzend heraus. Verfassungsvorschriften und prozedurale Hürden werden zu den mittelstarken institutionellen Barrieren für Verschuldung gezählt.[51] Eine mäßige Beschränkung der Verschuldung geht von dem System des Föderalismus aus.[52] Es lässt sich durch vergleichende Studien ebenfalls belegen, dass der Grad der Zentralisierung der Haushaltsautorität einen Einfluss auf die Höhe der Verschuldung in der Form hat, dass je dezentraler die Haushaltsautorität ist, umso höher die Defizite sind. Regierungen neigen also dann eher zu Defiziten, wenn die einzelnen Ministerien die Autorität für ihr jeweiliges Ressort innehaben.[53] Eine weitere Annahme ist, dass sich linke Regierungen stärker verschulden als bürgerliche, was jedoch im internationalen Vergleich für die Zeit zwischen 1960 und Mitte der 1990er Jahre nicht zutrifft.[54]

Auch stellen manche Autoren einen verschuldungserhöhenden Effekt bei Regierungen, welche sich aus mehreren Koalitionspartnern zusammensetzen, fest.[55] Diese These lässt sich allerdings nicht immer empirisch bestätigen.[56]
Die Frage, die sich an diese Ausführungen anschließt ist, ob diese Gründe der Verschuldung auf der Ebene der deutschen Bundesländer anzutreffen sind. Dieser Frage wird im folgenden Kapitel nachgegangen. Daran anschließend soll auf einige Besonderheiten der Verschuldung der deutschen Bundesländer hingewiesen und eingegangen werden.

3.1.2 Die spezielle Situation der deutschen Bundesländer

Für die These der temporären Kreditaufnahme spricht, dass im Zeitraum von 2000 bis 2005 bei 27 Länderhaushalten die Kreditobergrenze des Art. 115 Abs. 1 Satz 2 GG a. F. zumeist mit dem Hinweis auf eine Störung des gesamtwirtschaftlichen

50 Vgl. Wagschal, U. et al. (2009).
51 Vgl. Penner, R. G. und M. Weisner (2001).
52 Vgl. Kirchgässner, G. (2002).
53 Vgl. Schneider, C. J. (2007). Zum Beleg der These siehe von Hagen, J. und I. J. Harden (1995) und Hallerberg, M. und J. von Hagen (1997).
54 Vgl. Wagschal, U. et al. (2009).
55 Vgl. Woo, J. (2003).
56 So finden bspw. de Haan, J. et al. (1999) im OECD-Staatenvergleich keine empirische Evidenz hierfür.

Gleichgewichts überschritten wurde.[57] Der wissenschaftliche Beirat beim Bundesministerium der Finanzen (2007) führt dazu aus, dass die deutschen Bundesländer von 1991 bis 2005 in 68 Fällen die Kreditobergrenze nicht einhalten konnten, jedoch in den wenigsten Fällen eine Eignung der Verschuldung zur Abwehr einer Störung des gesamtwirtschaftlichen Gleichgewichts glaubhaft dargelegt werden konnte. Es wird sich in der politischen Praxis in Deutschland auf Ebene der Bundesländer also in der Tat auf die Ausnahmeregelung des Art. 115 Abs. 1 Satz 2 GG a. F. berufen, selbst wenn es meist an glaubwürdigen Belegen zur Rechtfertigung der Inanspruchnahme mangelt.

Die kontinuierliche Kreditaufnahme wird zumeist mit der These der intertemporalen Lastverteilung gerechtfertigt. Kitterer (2007) zeigt allerdings, dass es 13 von 16 Ländern nicht gelungen ist, eine Schuldenpolitik zu betreiben, die der langfristigen Einhaltung der intertemporalen Budgetrestriktion gerecht wird. Er führt aus, dass die diskontierte Schuldenstandsquote langfristig gegen Null konvergieren muss. Bedingung hierfür ist, dass die Zeitreihe der diskontierten Schuldenstandsquoten stationär ist und gegen Null konvergiert. Die Stationarität der Zeitreihe prüft er mittels eines Augmented Dickey-Fuller-Tests. Die Konvergenz der Zeitreihe prüft er mit Hilfe eines Schätzansatzes. Weiter wendet er ein, dass das Ziel der intergenerativ gerechten Lastenverteilung nicht vereinbar mit der Entwicklung sei, dass der Anteil der Gesamtausgaben der öffentlichen Hand an Investitionen, bei gleichzeitig steigender Verschuldung, rückläufig sei. Seitz (2007) verweist darauf, dass die deutschen Bundesländer es selbst in Jahren guter konjunktureller Entwicklung nur in Einzelfällen geschafft haben, ihre Haushalte ausgeglichen zu gestalten. Er spricht in diesem Zusammenhang von einem *„[…] fast systemimmanenten ‚Defizit-Bias'[…]“*.[58] Anhand der Betrachtung der Bundesländer Nordrhein-Westfalen und Schleswig-Holstein in einem 25-Jahreszeitraum (1980–2005), zeigt er beispielhaft auf, dass zwar eine Korrelation zwischen Einnahmenwachstumsrate und den Defiziten erkennbar sei, man allerdings nicht von einer konjunkturellen Ausgleichsfunktion der Defizite ausgehen könne, da die Landeshaushalte auch in fiskalisch guten Jahren stets weit entfernt von einem Budgetausgleich waren. Da er hinter diesem Defizit-Bias strukturelle Ausgabenüberhänge oder aber strukturelle Einnahmedefizite vermutet, schließt er, dass Lasten auf die Zukunft verschoben wurden, da die heutigen Generationen entweder zu gut versorgt oder aber zu gering besteuert

---

57 Vgl. die Jahresberichte bzw. die Bemerkungen der Landesrechnungshöfe, lfd. Jahrgänge und Finanzplanungen der Länder, lfd. Jahrgänge oder auch Kitterer, W. und M. Groneck (2006).

58 Seitz, H. (2007), S. 73.

würden. Für die Rechtfertigung der öffentlichen Kreditaufnahme als Mittel zur intertemporalen Lastverteilung lässt sich also in Deutschland auf Ebene der Bundesländer keine empirische Evidenz feststellen.

Für die These der fiskalpolitischen Konjunkturzyklen finden sich uneinheitliche empirische Ergebnisse. So lässt sich konstatieren, dass linke Regierungen die Verschuldung stärker am Wahltermin ausrichten als bürgerliche, obgleich sich selbst bei den bürgerlichen Parteien eine leichte Tendenz hin zu fiskalpolitischen Konjunkturzyklen zeigt. Wagschal (1996a) zeigt diesen Zusammenhang für die alten Bundesländer und den Zeitraum von 1960 bis 1990 auf. Seine Ergebnisse sind in Tabelle 4 dargestellt. Es handelt sich bei den Werten jeweils um die durchschnittliche jährliche, absolute und preisbereinigte Veränderung der Pro-Kopf-Verschuldung in DM. Hegemonie bedeutet, dass der Kabinettssitzanteil der jeweiligen Parteien 100 % beträgt, Dominanz, dass er zwischen 66,6 % und 100 % liegt und ein Patt meint, dass der durchschnittliche Kabinettssitzanteil beider Parteien zwischen 33,3 % und 66,6 % liegt.[59]

Tabelle 4: Einfluss der parteipolitischen Zusammensetzung der Regierung auf die Existenz fiskalpolitischer Konjunkturzyklen in den alten Bundesländern (Zeitraum 1960 bis 1990), eigene Darstellung in Anlehnung an Wagschal (1996a)

Zusammensetzung der Regierung	**Nichtwahljahr**	**N**	**Wahljahr**	**N**	**Gesamt**	**N**
Hegemonie bürgerlicher Parteien	88,50	126	102,44	35	91,53	161
Dominanz bürgerlicher Parteien	108,09	3	92,13	3	100,11	6
Patt	48,59	13	78,97	6	58,18	19
Dominanz SPD	100,64	59	117,40	29	106,17	88
Hegemonie SPD	247,25	47	359,20	9	265,24	56
Durchschnitt (Summe N)	119,62	(248)	133,82	(82)	123,15	(330)

Wagschal et al. (2009) finden hingegen keine Hinweise auf politische Konjunkturzyklen auf der Länderebene in Deutschland. Anhand der Betrachtung dreier Indikatoren, des Primärsaldos, des Finanzierungssaldos sowie der

59 Vgl. Wagschal, U. (1996a).

Nettokreditaufnahme, wird überprüft, ob diese in Wahljahren niedriger (für die ersten beiden Indikatoren) bzw. höher (für die Nettokreditaufnahme) als in Nichtwahljahren sind. Für den Zeitraum von 1992 bis 2005 zeigt sich, wie in Tabelle 5 dargestellt, dass das Gegenteil der Fall ist.

Tabelle 5: Einfluss des Wahljahres auf die Verschuldung der deutschen Bundesländer (Zeitraum 1992 bis 2005), eigene Darstellung in Anlehnung an Wagschal et al. (2009)

	Primärsaldo je Einwohner	**Finanzierungssaldo je Einwohner**	**Nettokreditaufnahme je Einwohner**
Kein Wahljahr	– 55,10	– 345,40	334,90
Wahljahr	– 28,60	– 335,40	306,10
Insgesamt	– 46,20	– 342,00	325,20

Es kann auch durch eine Verknüpfung der Theorie fiskalpolitischer Konjunkturzyklen und der Theorie des Economic Voting[60] gezeigt werden, dass Wähler Regierungen bei einer strategischen Steigerung der Staatsverschuldung eher abwählen. Dies mag daran liegen, dass Wahlgeschenke oftmals nur bestimmten Wählergruppen zu Gute kommen, wohingegen die anderen Wähler schlicht ein steigendes Haushaltsdefizit beobachten.[61] Schneider (2007) zeigt weiter empirisch, dass das Haushaltsdefizit in den westdeutschen Bundesländern im Zeitraum von 1970 bis 2003 in Vorwahljahren um 1,1 % sinkt. Der Grund hierfür ist, dass die Wähler Regierungen bei strategischer Erhöhung des Defizits abstrafen, womit den Regierungen kein Anreiz mehr verbleibt, defizitfinanzierte Wahlgeschenke zu machen. Auch dies kann Schneider (2007) unter Zuhilfenahme eines Schätzansatzes zeigen. Sie stellt weiter fest, dass die SPD in Vorwahljahren zu einem höheren Defizit neigt, als CDU-geführte Koalitionen. Die Empirie zu fiskalpolitischen Konjunkturzyklen in den deutschen Bundesländern ist insgesamt uneinheitlich, jedoch wird in neueren Arbeiten vordergründig herausgestellt, dass die Theorie auf Ebene der Bundesländer nicht zutrifft.

Für die Theorie der Yardstick Competition gibt es nach Wissen des Autors bislang keine Arbeiten, welche überprüfen, ob Regierungen in den deutschen

60 Für einen Literaturüberblick über die Theorie des Economic Voting siehe Lewis-Beck, M. und M. Stegmaier (2000).

61 Vgl. Schneider, C. J. (2007).

Bundesländern ihre Schuldenpolitik an Vergleichen mit anderen Bundesländern richten.

Dass Wähler das Angebot öffentlicher Güter in ihr Wahlkalkül mit einbeziehen ist intuitiv. Ob sie das Angebot an öffentlichen Gütern hingegen lieber schulden- als steuerfinanziert sehen möchten, ist nicht eindeutig. Auch hier mangelt es an Arbeiten, die diesen Zusammenhang auf Ebene der Bundesländer untersuchen. Man kann sich aber der Frage folgendermaßen nähern. Herrmann et al. (2006) analysieren Wählerpräferenzen mit der Methode der Rank Ordered Logit. Sie kommen dabei zu dem Ergebnis, dass die Wahlentscheidung erheblich von der Zufriedenheit mit der Regierungsarbeit abhängt. Es ist allerdings fraglich, ob die Verschuldung oder die Steuern die Regierungszufriedenheit mehr beeinflussen. Hierzu gibt es nach Wissens des Autors keine eindeutigen empirischen Befunde.

Für die ökonomischen und sozio-ökonomischen Faktoren, welche die öffentliche Verschuldung beeinflussen, lässt sich feststellen, dass ein stärkeres Wirtschaftswachstum durchaus zu höheren Steuereinnahmen führt und somit der Bedarf nach Krediten geringer ist. Allerdings ist es der Länderebene in Deutschland seit 1990 lediglich in einem Jahr (von 2000 auf 2001) gelungen, ihre aggregierte Verschuldung absolut zurückzuführen.[62] In Zeiten eines konjunkturellen Aufschwungs ist auch die Zahl der Arbeitslosen geringer, wovon man einen schuldenhemmenden Einfluss erwarten kann. Wagschal et al. (2009) zeigen mittels einer multivariaten Regression für die Veränderung der Pro-Kopf-Verschuldung im Zeitraum von 1992 bis 2006, dass die durchschnittliche Arbeitslosenquote einen verschuldungserhöhenden Einfluss besitzt. Je mehr Arbeitslose, umso weniger Steuereinnahmen werden einerseits generiert und umso mehr Leistungen wie das Arbeitslosengeld müssen andererseits verausgabt werden. Auch die Zinssteuerquote hat einen verschuldungserhöhenden Einfluss. Je höher also die Zinslast, umso höher die öffentliche Verschuldung. Für die Sozialausgaben lässt sich feststellen, dass diese, gemessen als Zahl der Sozialhilfeempfänger je tausend Einwohner, einen ganz erheblichen Einfluss auf die Verschuldung haben.[63] Konsistent damit ist, dass die Sozialausgaben etwa 50 % des Bundeshaushalts ausmachen.[64]

Von Hagen und Harden (1995) und Hallerberg und von Hagen (1997) bestätigen die These, dass die Verschuldung umso höher ist, je dezentraler die Haushaltsautorität organisiert ist. Ihre Befunde beziehen sich allerdings lediglich auf

---

62 Vgl. Statistisches Bundesamt (2012a).

63 Vgl. Wagschal, U. et al. (2009).

64 Vgl. Bundesministerium der Finanzen (2011).

einen Staatenvergleich, ähnliche Untersuchungen auf der Ebene der deutschen Bundesländer sind dem Autor nicht bekannt. Zur These, dass hohe politische Stabilität und geringes gesellschaftliches Konfliktpotential verschuldungshemmend wirken, sind dem Autor ebenfalls keine Studien bekannt. Da man jedoch vermutlich die große Mehrheit der westlichen Industrieländer als politisch stabil bezeichnen kann, lässt die hohe Verschuldung fast jedes dieser Länder berechtigte Zweifel an der These zu. Ebenso verhält es sich bei föderal strukturierten Staatssystemen. Die Bundesrepublik Deutschland ist föderal strukturiert und dennoch weisen ihre Gliedstaaten, in diesem Fall die Länder, keine wesentlich geringere Verschuldung auf als die untergeordneten Ebenen anders strukturierter Staaten. Hierbei wäre es allerdings von Interesse zu überprüfen, wie sich die einzelnen konkreten Ausgestaltungen des Föderalismus‘ auf die öffentliche Verschuldung auswirken. Das deutsche Staatssystem ist bspw. als kooperativer Föderalismus ausgestaltet, das US-amerikanische hingegen als Wettbewerbsföderalismus. Verfassungsvorschriften und prozedurale Hürden sind Teil der bisherigen Versuche, die öffentliche Verschuldung einzudämmen und werden in einem späteren Kapitel eingehender untersucht, weshalb sie hier nicht behandelt werden.

Die These, dass sich linke Regierungen stärker verschulden als bürgerliche, lässt sich nicht zweifelsfrei belegen. Wagschal (1996a) stellt bspw. für die westlichen Bundesländer für das Jahr 1992 fest, dass die Pro-Kopf-Verschuldung in linksregierten Ländern höher ist, als in bürgerlich regierten. Auch für den Zusammenhang zwischen dem Kabinettssitzanteil der SPD für den Zeitraum seit Bestehen eines Bundeslandes bis 2006 und der Höhe des Schuldenstandes pro Kopf zum 31.12.2006 stellen Wagschal et al. (2009) mittels einer bivariaten Regression fest, dass dieser positiv ist und negativ für den langfristigen Kabinettssitzanteil der CDU/CSU gilt. Jedoch reduziert sich die Stärke des Zusammenhangs, wenn stattdessen die durchschnittliche Stärke beider Parteien im Zeitraum von 1991 bis 2006 betrachtet wird und sogar noch stärker, wenn die Stadtstaaten aus der Betrachtung ausgeschlossen werden. Das erklärt sich dadurch, dass die Stadtstaaten einen erheblich höheren sozioökonomischen Problemdruck als Flächenländer haben[65] und sich sozioökonomische Faktoren, wie die Höhe der Sozialausgaben stark positiv auf die Höhe der öffentlichen Verschuldung auswirken. Im Fall einer multivariaten Regression unter Berücksichtigung

65 Vgl. Wagschal, U. et al. (2009).

sozioökonomischer Einflussfaktoren verliert die parteipolitische Färbung der Regierung noch stärker an Erklärungskraft.[66]

Wagschal et al. (2009) bestätigen zudem die These, dass Regierungen, welche sich aus mehreren Koalitionspartnern zusammensetzen, anfälliger für eine hohe Verschuldung sind als Alleinregierungen. Weiter stellen sie für die Länderebene in Deutschland fest, dass die Verschuldung pro Kopf mit der Stärke des jeweiligen Finanzministers, gemessen an der Anzahl an Finanzministern im jeweiligen Land für den Zeitraum von 1991 bis 2006, abnimmt. Den gleichen Zusammenhang stellen sie auch für die Anzahl der Abgeordneten im Parlament des jeweiligen Landes fest. Beides weisen sie mit einer bivariaten Regression nach, die prüft, ob es einen statistischen Zusammenhang zwischen der Pro-Kopf-Verschuldung zum 31.12.2006 und den beiden Einflussfaktoren im jeweiligen Land gibt. Allerdings verliert die Stärke der Finanzminister bei einer multivariaten Regression unter Berücksichtigung der sozioökonomischen Einflussfaktoren an Signifikanz und somit an Erklärungskraft. Auch die Anzahl der Abgeordneten hat in diesem Design zwar immer noch Einfluss auf den Schuldenstand, jedoch ist er für die Erklärung der Veränderung der öffentlichen Verschuldung der Länder insignifikant.[67] Des Weiteren stellen sie die Bedeutung von Doppelhaushalten in den Ländern heraus. Für den Zeitraum von 1991 bis 2006 und von 2001 bis 2006 zeigt sich, dass die Länder, die in den Untersuchungszeiträumen überdurchschnittlich oft einen Doppelhaushalt vorgelegt haben, einen geringfügig geringeren Schuldenstand haben und auch bei der Veränderung ihrer Verschuldung etwas geringere Werte aufweisen, als diejenigen mit wenigen Doppelhaushalten.[68]

3.1.3 Das Anreizproblem gesamtschuldnerischer Haftung und das Auseinanderfallen von Einnahme- und Ausgabenautonomie der deutschen Bundesländer

Es existieren für die deutschen Bundesländer zwei weitere, spezifische, verschuldungsfördernde Sachverhalte. Beide erwachsen aus der föderalen Struktur der Bundesrepublik Deutschland. Zum einen aus der Ausgestaltung der deutschen Finanzverfassung, welche den Bundesländern kaum Gestaltungsmöglichkeiten auf der Einnahmeseite zugesteht, und zum anderen aus dem „Bündischen Prinzip" des Einstehens füreinander, welches das Bundesverfassungsgericht in

66 Vgl. Wagschal, U. et al. (2009).
67 Vgl. Wagschal, U. et al. (2009).
68 Vgl. Wagschal, U. et al. (2009).

mehreren Urteilen geprägt hat.[69] Beides soll im Folgenden dargestellt und die damit verbundenen Verschuldungsanreize diskutiert werden.

3.1.3.1 Das Auseinanderfallen von Einnahme- und Ausgabenautonomie auf Ebene der deutschen Bundesländer

Die Bundesrepublik Deutschland ist als föderales Staatssystem ausgestaltet. Sie besteht aus mehreren Gliedstaaten, welche voneinander unabhängig und in ihrem Handeln weitgehend autonom sind. Hinweise auf die föderale Struktur Deutschlands finden sich an mehreren Stellen im Grundgesetz. Art. 20 Abs. 1 GG definiert das „Bundesstaatsprinzip", welches die Struktur Deutschlands als demokratischen und sozialen Bundesstaat betont. Art. 79 Abs. 3 GG, die sogenannte „Ewigkeitsklausel", legt fest, dass die Gliederung des Bundes in Länder sowie deren grundsätzliche Mitwirkung an der Gesetzgebung von Änderungen unberührt bleiben. Art. 28 Abs. 2 GG regelt die „Kommunale Selbstverwaltung", welche den Gemeinden das Recht zugesteht, alle Angelegenheiten der örtlichen Gemeinschaft eigenverantwortlich zu regeln. Auch wird den Kommunen das Recht der Selbstverwaltung, sowie, als Ausfluss der finanziellen Eigenverantwortung, eine mit Hebesatzrecht zustehende wirtschaftskraftbezogene Steuerquelle zugestanden.

Allerdings sind dies lediglich grundsätzliche Regelungen, die Finanzverfassung eines Staates kann unterschiedlich ausgestaltet sein. Zum einen nach dem Verwaltungsprinzip, welches bspw. in Frankreich angewendet wird (Frankreich ist im Gegensatz zu Deutschland jedoch als dezentraler Einheitsstaat organisiert) und zum anderen nach dem Autonomieprinzip, nach welchem etwa die Schweiz oder auch die USA organisiert sind.[70] Das Verwaltungsprinzip vereint die gesamte Steuer- und Verschuldungskompetenz auf die Zentralebene, während die ihr untergeordneten Einheiten aus den Mitteln der zentralen Ebene lediglich „alimentiert" werden, wohingegen das Autonomieprinzip sämtlichen staatlichen Ebenen Einnahme- sowie Ausgabenautonomie gewährt, was eine Eigenverantwortung und -haftung für ihre haushaltspolitischen Handlungen nach sich zieht.[71]

Die finanzverfassungsrechtliche Organisation der Bundesrepublik Deutschland kann als eine Mischform aus beiden Prinzipien charakterisiert werden, bei der die Bundesländer ausgabeseitig zwar eine hohe Autonomie besitzen, ihre

69 Siehe dazu z.B. Bundesverfassungsgericht (1992).
70 Vgl. Jochimsen, B. (2007b).
71 Vgl. Jochimsen, B. (2007b).

Einnahmen jedoch nahezu vollständig bundesstaatlich determiniert sind.[72] Die generelle Haushaltautonomie der Bundesländer ist im Art. 109 Abs. 1 GG geregelt. Dort heißt es: *„Bund und Länder sind in ihrer Haushaltswirtschaft selbstständig und voneinander unabhängig.“* Diese postulierte Unabhängigkeit und Selbstständigkeit zeigt sich in der Realität allerdings nur sehr beschränkt. Hierzu lohnt ein weiterer Blick ins Grundgesetz der Bundesrepublik Deutschland. In Art. 30 GG heißt es: *„Die Ausübung der staatlichen Befugnisse und die Erfüllung der staatlichen Aufgaben ist Sache der Länder, soweit dieses Grundgesetz keine andere Regelung trifft oder zulässt.“* Das bedeutet, dass die Länder staatliche Befugnisse und Aufgaben, welche ihnen von der Bundesebene zugewiesen werden, eigenständig zu erfüllen haben. Die Finanzierung dieser Aufgaben haben die Länder dabei größtenteils selbst zu tragen. Nach Art. 104a Abs. 1 GG stimmt nämlich die Aufgabenverteilung grundsätzlich mit der Ausgabenverteilung überein: *„Der Bund und die Länder tragen gesondert die Ausgaben, die sich aus der Wahrnehmung ihrer Aufgaben ergeben, soweit dieses Grundgesetz nichts anderes bestimmt.“* Die Absätze 2 (Auftragsangelegenheiten) und 3 (Geldleistungen) des Art. 104a GG, der Art. 104b GG (Finanzhilfen) sowie der Art. 91a GG und der Art. 91b GG sehen hiervon abweichende Ausnahmeregelungen vor. Trotz alledem gilt: *„Nicht wer ‚bestellt, bezahlt‘, sondern umgekehrt, wer ausführt, trägt die Kosten.“*[73] Die sich hieraus ergebende Verantwortung der Länder für die Gesetzesausführung und die damit verbundene Verwaltung führt zu einem im Vergleich zum Bund erheblichen Mehrbedarf an Personal. Die Personalkostenquote, also der Anteil der Personalkosten an den Gesamtausgaben, betrug für die aggregierten Haushalte von Ländern und Gemeinden z.B. im Zeitraum von 1995 bis 2004 38 %, für den Bund hingegen lediglich zehn Prozent.[74]

Abgesehen von den ihnen zugewiesenen Aufgaben nach Art. 30 GG sind die Bundesländer in ihrem weiteren Ausgabenspielraum unbeschränkt. Die zur Erfüllung ihrer Aufgaben notwendigen Einnahmen hingegen können sich die Länder auf dem Wege der Steuererhebung nicht oder nur sehr eingeschränkt autonom beschaffen. Die Art. 70 bis 72 des Grundgesetzes regeln die Gesetzgebungskompetenzen von Bund und Ländern. Art. 70 Abs. 1 GG bestimmt zwar das Gesetzgebungsrecht der Länder, beschränkt dies jedoch auf den Fall *„[...] soweit dieses Grundgesetz nicht dem Bunde Gesetzgebungsbefugnisse verleiht.“* Dies ist so zu deuten, dass die Länder lediglich in den Fällen eigenständig Gesetze

---

72 Vgl. Jochimsen, B. (2007b).

73 Renzsch, W. (2006), S. 17.

74 Vgl. Hildebrandt, A. (2008).

erlassen dürfen, in denen der Bund keine Gesetzgebungskompetenz besitzt. Dass dies nur sehr eingeschränkt zutrifft, lässt sich mit Blick auf die Art. 71 und 72 GG erahnen. Art. 71 GG legt fest, dass die Länder im Bereich der ausschließlichen Gesetzgebung des Bundes *„[...] die Befugnis zur Gesetzgebung nur [haben], wenn und soweit sie hierzu in einem Bundesgesetze ausdrücklich ermächtigt werden."* Im Bereich der konkurrierenden Gesetzgebung haben die Länder nach Art. 72 Abs. 1 GG *„[...] die Befugnis zur Gesetzgebung, solange und soweit der Bund von seiner Gesetzgebungszuständigkeit nicht durch Gesetz Gebrauch gemacht hat."*

Was die ausschließliche und die konkurrierende Gesetzgebung des Bundes und der Länder anbelangt, so werden hierfür im Art. 105 GG konkrete Abgrenzungen definiert. So hat der Bund nach Art. 105 Abs. 1 GG *„[...] die ausschließliche Gesetzgebung über die Zölle und Finanzmonopole."* Nach Art. 105 Abs. 2 GG hat der Bund weiter *„[...] die konkurrierende Gesetzgebung über die übrigen Steuern, wenn ihm das Aufkommen dieser Steuern ganz oder zum Teil zusteht oder die Voraussetzungen des Artikels 72 Abs. 2 [Herstellung gleichwertiger Lebensverhältnisse im Bundesgebiet oder die Wahrung der Rechts- und Wirtschaftseinheit] vorliegen."* Die Länder haben nach Art. 105 Abs. 2a Satz 1 GG lediglich die *„[...] Befugnis zur Gesetzgebung über die örtlichen Verbrauch- und Aufwandsteuern, [...]"* und auch dies nur dann, *„[...] solange und soweit sie nicht bundesgesetzlich geregelten Steuern gleichartig sind."* Die einzige Steuer, welche die Länder eigenständig gestalten können, ist die Grunderwerbsteuer. Art. 105 Abs. 2a Satz 2 GG legt fest: *„Sie [die Länder] haben die Befugnis zur Bestimmung des Steuersatzes bei der Grunderwerbsteuer."*

Die Möglichkeiten der Länder zur eigenen Gesetzgebung, auch im steuerlichen Bereich, sind hierdurch stark eingeschränkt. Betrachtet man die Grunderwerbsteuer als die einzige steuerliche Einnahmequelle der Länder, welche diese eigenständig festlegen und auch verändern können und welche somit ihr einziges flexibles steuerliches Gestaltungselement darstellt, zeigt sich, dass deren Volumen im Jahr 2010 bei unter einem Prozent des gesamtstaatlichen Steueraufkommens lag. Das gesamtstaatliche Steueraufkommen im Jahr 2010 lag bei 530,59 Mrd. €, das Aufkommen der Grunderwerbsteuer lag insgesamt bei 5,29 Mrd. €.[75] Dies ergibt im Verhältnis einen Wert von 0,997 %, gerundet also gerade einmal einen Prozent. Die übrigen Steuereinnahmen der Länder sind bundesstaatlich determiniert und Ergebnis eines komplizierten Steuerverteilungsprozesses. Lücken in der zur Aufgabenwahrnehmung notwendigen Ausgabenbeschaffung können die Länder also kaum durch eigene Steuereinnahmeerhöhungen schließen.

75 Vgl. Statistisches Bundesamt (2011a).

Seitz (2007) beziffert die Streubreite einer möglichen Beeinflussung des Steueraufkommens auf Länderebene auf lediglich ± einen Prozent. Als einzig flexibles Einnahmeinstrument verbleibt den Ländern die Verschuldung am Kapitalmarkt. Dass die Länder davon auch Gebrauch machen zeigen ihre, bis auf wenige Ausnahmen, stetig steigenden Schuldenstände.[76]

Hiermit geht ein weiteres Problem einher. Untersuchungen zeigen für die USA, dass Bundesstaaten, welche Steuerbeschränkungen unterliegen, im Vergleich zu solchen, die in ihrer Besteuerung frei von Beschränkungen sind, auf dem Kapitalmarkt mit einem 15 bis 20 Basispunkte höheren Zins konfrontiert sind.[77] Es ist zu vermuten, dass selbiges auch für die deutschen Länder gilt. Dadurch verschärft sich die Situation zusätzlich. Nicht nur, dass die Verschuldung die einzig flexible Gestaltungsmöglichkeit auf der Einnahmeseite der Länder darstellt. Zusätzlich sind sie gerade durch eben diesen Umstand mit höheren Kosten der Kreditaufnahme konfrontiert als in einer Situation mit Einnahmeautonomie.

Der verschuldungserhöhende Anreiz liegt zusammenfassend darin, dass die Länder ausgabeseitig weitgehend autonom sind, wohingegen sie einnahmeseitig erheblich eingeschränkt sind, was bedeutet, dass sie lediglich ihre Verschuldung flexibel gestalten können. Seitz (2007) plädiert dann auch für eine Veränderung der gegenwärtigen Situation hin zu einer Stärkung des Autonomiegrades der Länder hinsichtlich Steuer- und Ausgabenautonomie bei Beibehaltung der Verschuldungsautonomie oder aber einer Einführung zusätzlicher harter Verschuldungsschranken bei Beibehaltung der begrenzten Einnahme- und Ausgabenautonomie.[78] Auch der Wissenschaftliche Beirat beim Bundesministerium der Finanzen (2007) spricht sich im Zusammenhang mit der ab 2020 auf Länderebene geltenden Schuldenbremse für eine Stärkung der Länderautonomie bezüglich der Aufgabengestaltung und der Besteuerung aus.[79]

Der zweite Einflussfaktor, welcher die Verschuldung der deutschen Bundesländer begünstigt, ist anreiztheoretischer Natur und ergibt sich aus der faktischen Bund-Länder-Haftungsgemeinschaft.

---

76 Siehe zur Verschuldungssituation der deutschen Bundesländer das Kapitel 2.

77 Vgl. Poterba, J. M. und K. Rueben (1999).

78 Vgl. hierzu auch die Argumentation bei Konrad, K. A. (2007a).

79 Für weitere kritische Auseinandersetzungen und Änderungsvorschläge zum Thema Einnahme- und Ausgabenautonomie der Bundesländer siehe auch Konrad, K. A. (2007a) und (2007b), Feld, L. P. (2010), Peffekoven, R. (2006), Kitterer, W. und M. Groneck (2006). Strübig, M. (2007) hingegen vertritt eine gegensätzliche Meinung. Für eine Diskussion dieser Thematik auf Ebene der Gemeinden in Deutschland siehe Zimmermann, H. (2006).

3.1.3.2 Das Anreizproblem gesamtschuldnerischer Haftung

Das Anreizproblem gesamtschuldnerischer Haftung ergibt sich aus dem faktischen Bund-Länder-Haftungsverbund, welcher negative Verschuldungsanreize auf der Ebene der Bundesländer schafft. Es ergeben sich Moral Hazard Probleme sowohl auf Seiten der Länder untereinander als auch im Wesen der Länder als Schuldner und der Kapitalgeber als Gläubiger. Zunächst wird im Folgenden die Bund-Länder-Haftungsgemeinschaft in ihrem Wesen und ihrer Entstehung beschrieben.

3.1.3.2.1 Das Prinzip der gesamtschuldnerischen Haftung

Die Bund-Länder-Haftungsgemeinschaft existiert dabei nicht formal, sondern ist Ausfluss mehrerer Rechtsprechungen des Bundesverfassungsgerichts. In seinem Urteil vom 27. Mai 1992 konstatierte das Bundesverfassungsgericht das Vorliegen einer Extremen Haushaltsnotlage in Bremen und dem Saarland.[80] Als Folge des Urteils erhielten beide Länder Bundesergänzungszuweisungen zum Zwecke der Haushaltssanierung in Höhe von insgesamt 15,2 Mrd. € im Zeitraum von 1994 bis 2005 zu. Hiervon entfielen 8,5 Mrd. € auf Bremen und 6,7 Mrd. € auf das Saarland.[81] Dies kommt einem Bail-out durch die Bund-Länder-Gemeinschaft gleich. Ein Bail-out meint hierbei die Herauslösung eines zahlungsunfähigen Schuldners aus seiner Situation, also die, zumindest teilweise, Übernahme seiner Schulden. Genau das ist in diesem Fall geschehen. Bremen sowie das Saarland haben sich in einem Maße verschuldet, welches es ihnen nicht mehr ermöglichte, ihren Haushalt eigenständig zu konsolidieren. Ob und in welchem Maße diese Überschuldung eigenverschuldet war, sei dahingestellt, da selbst das Bundesverfassungsgericht in seinem Urteil darüber keine Unterscheidung vorgenommen hat. Dies bedeutet für ein Bundesland nun, dass es selbst im Fall eigenverantwortlicher Überschuldung in letzter Instanz auf Hilfeleistungen des Bundes, der die Ländergemeinschaft über eventuelle Anpassungen der Steuerverteilung an solchen Finanzhilfen beteiligen kann, spekulieren kann. Somit begründete das Bundesverfassungsgericht mit seinem Urteil eine Quasi-Haftungsgemeinschaft zwischen Bund und Ländern.[82]

Auch in einem weiteren Urteil bestätigte das Bundesverfassungsgericht das Prinzip der gesamtschuldnerischen Haftung. In seinem Urteil vom 19. Oktober 2006 beschied das Bundesverfassungsgericht eine Klage Berlins auf Finanzhilfen abschlägig und das obwohl sich Berlin in einer ähnlich kritischen

80 Vgl. Bundesverfassungsgericht (1992).

81 Vgl. Färber, G. (2006).

82 Vgl. Konrad, K. A. (2007b).

Haushaltssituation befand wie ihrerzeit Bremen und das Saarland.[83] Hieraus könnte auf den ersten Blick gefolgert werden, dass mit der gesamtschuldnerischen Haftung im Bundesstaat gebrochen wurde. Tatsächlich wurde diese durch das Urteil aber gestärkt. Zwar erkannte das Gericht die Klage Berlins nicht an, bestätigte im Kern jedoch das Prinzip der gesamtschuldnerischen Haftung, da es lediglich urteilte, dass das Land Berlin sich nicht in einer Extremen Haushaltsnotlage befinde, im Falle des Vorliegens einer solchen finanzielle Unterstützungsleistungen als ultima ratio jedoch keinesfalls auszuschließen, sondern im Gegenteil zulässig seien.[84] Durch dieses Urteil wird zwar die Autonomie und Selbstverantwortung der Länder gestärkt, ein Bail-out jedoch nicht ausgeschlossen, sondern lediglich die Hürden zu dessen Erlangung erhöht.[85]

Ein weiterer Grund für den faktischen Haftungsverbund von Bund und Ländern liegt in ihrer mangelnden Insolvenzfähigkeit. In § 12 Abs. 1 der deutschen Insolvenzordnung (InsO) heißt es:

> „Unzulässig ist das Insolvenzverfahren über das Vermögen
> 1. des Bundes oder eines Landes;
> 2. einer juristischen Person des öffentlichen Rechts, die der Aufsicht eines Landes untersteht, wenn das Landesrecht dies bestimmt."

Eine Insolvenz des Bundes, der Länder oder der Gemeinden in Deutschland ist somit ausgeschlossen. Wenn jetzt aber kein Land insolvent und damit zahlungsunfähig werden kann, muss zwangsläufig ein Bürge hierfür haften. Diesen stellt in dem Fall der Bund dar.

Es ergeben sich durch die gesamtschuldnerische Haftung der Bund-Länder-Gemeinschaft drei Problembereiche. Erstens haben die Länder im Verhältnis untereinander keinen Anreiz, ihre jeweilige Verschuldung in Grenzen zu halten. Zweitens wird durch Moral Hazard auf Seiten der Länder ihr Anreiz zu einer moderaten Verschuldung untergraben. Und drittens herrscht auch auf Seiten der Kapitalmärkte als Kreditgeber Moral Hazard in der Form vor, dass sie ihre Kreditvergabe an die Länder nicht hinreichend genau prüfen.

Der erste Aspekt lässt sich als Allmendegutproblem und Samariterdilemma charakterisieren, der Zweite und Dritte ist jeweils aus versicherungstheoretischer Perspektive heraus zu untersuchen. Gemein ist allen drei Problembereichen dabei die nicht oder unzureichend differenzierende Zinsstruktur für die Kreditvergabe an Bund und Länder. Der Bund und die deutschen Bundesländer genießen

83 Vgl. Bundesverfassungsgericht (2006).
84 Vgl. Jochimsen, B. (2007b).
85 Vgl. Jochimsen, B. (2007b).

nahezu identische Konditionen der Kreditaufnahme auf den Kapitalmärkten. Diese Konditionen orientieren sich an Ratings von Ratingagenturen. Ein Rating gibt hierbei Auskunft über die Wahrscheinlichkeit, ob ein Kapitalmarktemittent seine aufgenommenen Schulden vollständig und fristgerecht bedienen kann, es bildet somit seine Bonität ab.[86] Betrachtet man die Ratings des Bundes und der Länder bei den drei größten und auch einflussreichsten Agenturen Standard & Poor‘s, Moody‘s und Fitch, erkennt man kaum Unterschiede zwischen den Ratings einzelner Länder, teils nicht einmal Unterschiede einzelner Länder zum Bund. Fitch bewertet alle Länder sowie den Bund mit dem höchsten Rating und misst ihnen die gleiche, höchste, Bonität bei. Dies wird explizit mit der bestehenden Haftungsgemeinschaft zwischen Bund und Ländern begründet. Standard & Poor‘s und Moody‘s nehmen zwar Abgrenzungen nach der Finanzstärke der Länder vor, jedoch sind die sich hieraus ergebenden Unterschiede zwischen den Ländern und im Vergleich zum Bund, der auch hier das jeweils höchste Rating genießt, marginal.[87]

Stadler (2007) führt einen Vergleich der Ratings der deutschen Bundesländer bei Standard & Poor‘s mit den Ratings anderer europäischer Regionen durch und stellt dabei fest, dass die deutschen Länder nicht nur die höchste Bonität genießen, sondern sie zudem auch die geringste Bandbreite an Bewertungen aufweisen. Diese kaum spürbaren Unterschiede in der Bewertung der Bonität von Bund und Ländern durch die Ratingagenturen spiegeln deren Erwartungen eines Bail-outs im Falle der Zahlungsunfähigkeit eines einzelnen Landes wieder. Auch das Berlin-Urteil des Bundesverfassungsgerichts hat an dieser Einschätzung nichts geändert.[88] Sollten die Kapitalmärkte das abschlägige Berlin-Urteil dahingehend interpretiert haben, dass mit dem Prinzip gesamtschuldnerischer Haftung gebrochen wurde, so sollten sich umgehend Unterschiede in den Risikoprämien einzelner Länder zum Bund eingestellt haben. Es lässt sich allerdings weder für den Tag der Gerichtsverhandlung noch für den Tag des Gerichtsentscheids eine Reaktion der Risikoprämie Berlins und anderer Länder im Vergleich zum Bund erkennen. Zwar lassen sich im Zuge von Finanzmarktturbulenzen deutliche Anstiege der Renditeabstände zwischen dem Bund und den Ländern erkennen, diese sind jedoch für alle Länder praktisch gleich. Es findet hier lediglich eine Unterscheidung zwischen Bund und Ländern, jedoch nicht zwischen

---

86 Vgl. Stadler, V. (2007).

87 Die drei Ratingagenturen veröffentlichen die Ratings auf ihren jeweiligen Internetadressen.

88 Vgl. Stadler, V. (2007), die auch ausführliche Zitate der Ratingagenturen zu dem Urteil aufführt.

den einzelnen Ländern, statt.[89] So fiel der Anstieg für Hessen in etwa gleich hoch aus wie der für Berlin und das obwohl Berlin zweieinhalb mal so hoch verschuldet war wie Hessen.[90]

Die Vermutung, dass die Kapitalmärkte die unterschiedlich hohe Verschuldung der Bundesländer nicht einpreisen, lässt sich anhand verschiedener Studien belegen.[91] Auch die Unterschiede in den Bewertungen zwischen dem Bund und den Ländern lassen sich anders als durch unterschiedlich angenommene Ausfallrisiken seitens der Kapitalmärkte erklären. Eine mögliche Erklärung liegt etwa in der unterschiedlichen Liquidität der Anleihen. Der Markt für Bundesanleihen ist sehr liquide, was bedeutet, dass ein Investor seine Anleihen jederzeit leicht verkaufen kann, was es ihm wiederum ermöglicht in andere Aktiva zu investieren.[92] Tatsächlich kommen Schulz und Wolff (2009) mittels einer Regressionsanalyse zu dem Ergebnis, dass eine höhere Liquidität von Länderanleihen, in Form des ausstehenden Anleihevolumens des jeweiligen Landes, zu einem geringeren Renditeabstand zwischen dem Bund und dem jeweiligen Land führt. Das Berlin-Urteil hingegen scheint hierfür weniger von Bedeutung zu sein. Die Kapitalmärkte haben es dahingehend interpretiert, dass ein Bail-out eines zahlungsunfähigen Bundeslandes auch in Zukunft wahrscheinlich ist. Am Ende des Tages werde der Schuldner ausgelöst und sollte der Tag noch so lang sein.

Die Bail-out Wahrscheinlichkeit für eine Gebietskörperschaft hängt dabei auch von ihrer Besteuerungsbasis ab. Ist diese hoch, so kann die übergeordnete Ebene von der Gebietskörperschaft verlangen, zunächst ihr maximal erreichbares Steueraufkommen zu realisieren bevor sie unterstützend eingreift. Ist sie jedoch niedrig und hängt die untergeordnete Gebietskörperschaft „am Tropf" der übergeordneten, so kann sich die übergeordnete Ebene nicht so leicht von deren Schicksal lossagen.[93] Dies ist bei den deutschen Bundesländern, wie im vorherigen Kapitel ausführlich beschrieben, der Fall. Daher ist eine Auslösung eines Bundeslandes aus seiner Verschuldung durch den Bund äußerst wahrscheinlich, was die Interpretation der Kapitalmärkte, dass eine Haftungsgemeinschaft zwischen Bund und Ländern besteht, stützt. Auch Seitz (2007) verweist auf die

89 Vgl. Wolff, G. B. (2007). Schulz, A. und G. B. Wolff (2009) kommen zu demselben Urteil.

90 Vgl. Wolff, G. B. (2007).

91 Vgl. Heppke-Falk, K. und G. B. Wolff (2008), Lemmen, J. (1999) und Schuknecht, L. et al. (2009).

92 Vgl. Wolff, G. B. (2007).

93 Vgl. Blankart, C. B. et al. (2006), die auch weitere Einflussfaktoren auf die Wahrscheinlichkeit eines Bail-outs aufführen.

Unglaubwürdigkeit eines No-bail-outs bei geringer Steuerautonomie untergeordneter Gebietskörperschaften.

Die sich hieraus ergebenden, nahezu identischen, Topratings für alle Bundesländer sind insofern paradox, als sie sich privatwirtschaftlich niemals realisieren ließen. Ein privater Schuldner, der seine Zins- und Tilgungszahlungen aus immer neuen Krediten finanziert, wird irgendwann eine Kreditrationierung erfahren, zu einer strikten Finanzkonsolidierung gezwungen oder insolvent werden.[94] Dies liegt daran, dass ein Mensch nun einmal eine begrenzte Kreditwürdigkeit genießt, da an einem bestimmten Punkt, spätestens mit seinem Ableben, nicht mehr damit gerechnet werden kann, dass er seine Schulden wird tilgen können. Woher rührt dann jedoch die scheinbar unbegrenzte Kreditwürdigkeit der Bundesländer?

Peffekoven (2006) führt drei Bedingungen für die unbegrenzte Kreditwürdigkeit eines Schuldners an. Entweder kann dieser das Geld, welches der Begleichung seiner Verbindlichkeiten dient, selber herstellen oder er kann sich nach Belieben zusätzliche Einnahmen verschaffen oder aber er kann einen verlässlichen Bürgen beibringen.

Auf die Bundesländer treffen die ersten beiden Bedingungen nicht zu. Das Geldschöpfungsmonopol liegt mittlerweile nicht einmal mehr bei der deutschen Zentralregierung, sondern als EU-Mitgliedstaat bei der Europäischen Zentralbank (EZB), die als unabhängiges Institut der Preisniveaustabilität verpflichtet ist und somit eine Monetarisierung der Schulden eines Mitgliedstaates nicht mit ihrer Zielsetzung vereinbaren kann.[95] Zu der Möglichkeit der deutschen Bundesländer ihre Steuereinnahmen autonom zu gestalten sei auf das vorherige Kapitel verwiesen. Allerdings steht genau dieses Finanzierungsinstrument dem Bund offen.[96] Da dieser durch die faktische Haftungsgemeinschaft als Bürge für die Länder fungiert, erfüllen diese die dritte Voraussetzung unbeschränkter

94 Vgl. Peffekoven, R. (2006).

95 Vgl. Peffekoven, R. (2006). Dass die EZB längst ihre Unabhängigkeit aufgegeben und in großem Maße Staatsschuld, vor allen Dingen griechische, monetarisiert hat wird im Kapitel 3.3.3.2. beschrieben.

96 Der Vollständigkeit halber soll hier nicht unerwähnt bleiben, dass auch der Bund sein Steueraufkommen nicht vollkommen frei bestimmen kann, da das Steueraufkommen ab einem gewissen Punkt mit steigendem Steuersatz zurückgeht. Dieser Zusammenhang zwischen dem Steuersatz und dem Steueraufkommen geht auf Laffer, A. B. zurück und lässt sich grafisch als Laffer-Kurve abbilden. Sie verdankt ihren Namen Wanniski, J. (1978). Siehe zur Laffer-Kurve auch Laffer, A. B. (2004).

Kreditwürdigkeit.[97] Als Ergebnis ist für die Konditionen der Kreditaufnahme am Kapitalmarkt nicht die Verschuldungssituation eines einzelnen Landes entscheidend, sondern vielmehr die Bonität, welche der gesamten Bund-Länder-Gemeinschaft zugestanden wird, die in erheblichem Maße durch den Bürgen Bund geprägt wird.[98] Auch auf Ebene der EU existierten im Übrigen bis kurz vor Beginn der Schuldenkrisen einiger Mitgliedstaaten kaum Unterschiede in der Bewertung von Staatsanleihen. Auch hier ist der Hauptgrund in einer faktischen Haftungsgemeinschaft, in dem Fall der EU, zu sehen, wie sie von den Kapitalmärkten interpretiert und von den EU-Mitgliedstaaten durch die Hilfspakete für Griechenland und auch Irland indirekt bestätigt wurde.[99]

Für die Länderebene ergeben sich aus dem Bestehen einer faktischen Haftungsgemeinschaft mit identischen Länder- sowie Bundesratings zwei wesentliche Probleme. Zum einen ein Moral Hazard Problem und zum anderen ein Kollektivgutproblem.

3.1.3.2.2 Das Moral Hazard und Kollektivgutproblem auf Länderebene

Die Bundesländer und der Bund werden als Haftungsgemeinschaft wahrgenommen und genießen daher an den Kapitalmärkten nahezu gleiche Bedingungen der Kreditfinanzierung. Diese Konditionen sind günstiger, als die eines einzelnen Landes. Grafisch lässt sich dies wie folgt veranschaulichen.

Abbildung 2: Zinsbildung bei Haftungsausschluss, eigene Darstellung in Anlehnung an Blankart und Fasten (2009)

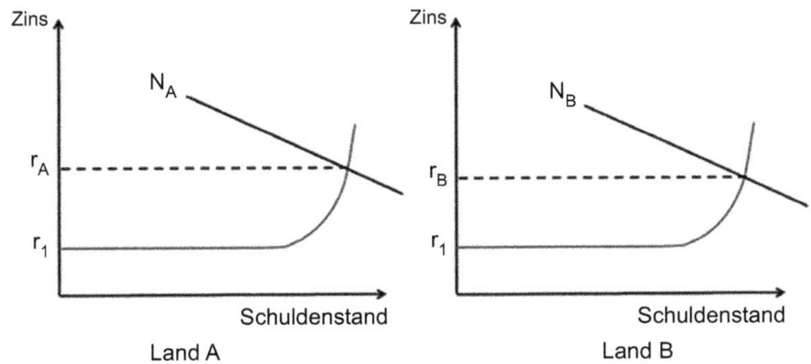

97 Vgl. Peffekoven, R. (2006).

98 Vgl. Konrad, K. A. (2007a).

99 Für eine Beschreibung der Situation in der EU siehe bspw. Kirchner, C. (2011), Belke, A. (2011), Degenhart, C. (2011), Grossmann, V. (2011) und Holtemöller, O. und T. Knedlik (2011).

Abbildung 2 zeigt die Entwicklung des Kapitalmarktzinses für zwei Gebietskörperschaften, die unabhängig und nicht füreinander haftbar sind. In diesem Fall orientiert sich die Zinsbildung an den finanziellen Möglichkeiten des jeweiligen Landes, was zu einer Anordnung von Projekten nach Wichtigkeit und Profitabilität führt, wobei die Kreditgeber die Konditionen der Finanzierung in der Art bestimmen, als sie für riskante Projekte und/oder hohe Schuldenstände Risikoprämien erheben. Auch sollte das Land, welches eine höhere Kreditnachfrage hat, in dem Fall Land A, ceteris paribus höhere Zinsen zahlen müssen.[100] Befinden sich beide Länder in einem Haftungsverbund, ergibt sich hingegen das Bild aus Abbildung 3.

Abbildung 3: Zinsbildung bei einem Haftungsverbund, eigene Darstellung in Anlehnung an Blankart und Fasten (2009)

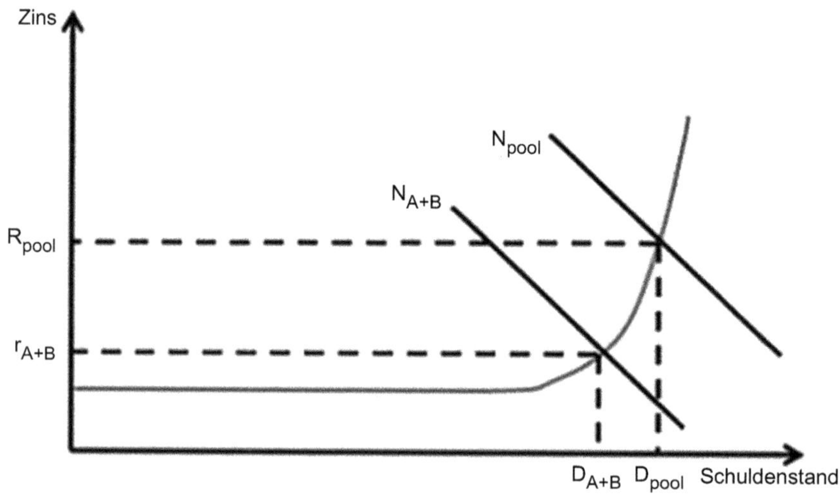

Beide Länder haften nun für das jeweils andere, was bedeutet, dass bei einem Kreditausfall des Landes B das Land A dessen Schulden übernimmt und vice versa. Von daher können beide Länder ihre nun quasi gemeinsame Nachfrage nach Krediten (N_{pool}) ausweiten, welche die Summe der einzelnen Nachfragen (N_{A+B}) übersteigt. Hierdurch steigen die Anreize sich zu verschulden, da nunmehr nicht die finanziellen Möglichkeiten des einzelnen Landes für die Kreditkonditionen entscheidend sind, sondern die gemeinschaftlichen finanziellen Möglichkeiten.[101] Im Falle der eigenen Zahlungsunfähigkeit werden die Schulden

100 Vgl. Blankart, C. B. und E. R. Fasten (2009).

101 Vgl. Blankart, C. B. und E. R. Fasten (2009).

von einem Anderen übernommen.[102] Die Zinsen am Markt spiegeln im Ergebnis nicht mehr das individuelle, sondern das gemeinschaftliche Ausfallrisiko wieder, was zu einem Moral Hazard Problem bei der Kreditaufnahme der Länder am Kapitalmarkt führt.

Moral Hazard bezeichnet ursprünglich einen Begriff aus der Versicherungswissenschaft und meint, dass Versicherte sich gegenüber einem Risiko nachlässiger verhalten, als in einem Fall, in dem sie gegen dieses Risiko nicht abgesichert sind.[103] Takao (1982, S. 15) bezeichnet Moral Hazard auch als ein *„[...] der Versicherung innewohnendes, Phänomen [...]“*. Das Risiko stellt im Falle der Länderverschuldung die Zahlungsunfähigkeit dar, die Versicherung dagegen die gesamtschuldnerische Haftung der Bund-Länder-Gemeinschaft. Das Risiko der eigenen Zahlungsunfähigkeit und der damit verbundenen negativen Folgen kann durch die Bundesländer vernachlässigt werden, da in Form der Herauslösung aus dieser Situation durch die Bund-Länder-Gemeinschaft eine faktische Versicherung dagegen besteht. So weist z.B. Rodden (2006) einen Moral Hazard auf Schuldnerseite nach. Dies führt zu einem Anreiz, die Verschuldung stärker auszuweiten, als dies im Falle des Haftungsausschlusses und des damit verbundenen Nichtbestehens der Versicherung der Fall wäre.[104]

Weiter stehen Landespolitiker vor der Entscheidung ein gegebenes Finanzvolumen, welches ihnen zur Verfügung steht, im Interesse ihrer Bürger auf gegenwärtige und zukünftige Ausgaben verteilen zu müssen. Hierfür streben sie in der Regel ein über die Zeit hinweg ausgewogenes Verhältnis an, wobei die letzte Einheit gegenwärtigen öffentlichen Konsums und die zukünftige Verwendung der aufgezinsten Einheit bei effizienter Ausgabenplanung das Wohlbefinden der Bürger in gleichem Umfang steigern sollten.[105] Dieses Optimierungsproblem

---

102 Das Anreizproblem, welches sich aus einem fortwährenden Zurseite springen eines Schuldners ergibt, ist in der Literatur auch als Samariterdilemma bekannt und bezieht sich ursprünglich auf den intrafamiliären Kontext. Vgl. hierzu Bruce, N. und M. Waldman (1990).

103 Vgl. Koslowski, P. (1994).

104 Demirgüç-Kunt, A. und E. Detragiache (2002) und Demirgüç-Kunt, A. und E. J. Kane (2002) weisen den Zusammenhang zwischen dem Bestehen einer Versicherung und einer nachlässigeren Schadensvermeidung für das Bankenwesen nach. Schwarze, N. H. (2003) zeigt für private Haushalte, dass diese ihren kreditfinanzierten Kapitalstock ineffizient hoch wählen, wenn für die Kredite eine staatliche Garantie besteht. Berger, W. und H. Wagner (2000) stellen fest, dass sich Banken während der Asienkrise aufgrund einer erwarteten staatlichen Garantie der Bankeinlagen sehr viel risikoreicher verhielten, als sie es ohne eine staatliche Garantie getan hätten.

105 Vgl. Konrad, K. A. (2007b).

ergibt sich aus den gegebenen Steuereinnahmen eines Landes in jeder Periode. Wenn ein Land in einer Periode mehr ausgeben möchte als es einnimmt, so muss es diesen zusätzlichen öffentlichen Konsum kreditfinanzieren. Da Kredite verzinslich sind, führt dies zu einem eingeschränkten Ausgabenspielraum für öffentlichen Konsum in der nächsten Periode, es sei denn, das Land finanziert sich mit immer neuen Krediten. Es wäre nun zu erwarten, dass irgendwann eine Situation der Überschuldung eintritt, das Land seinen Kreditverpflichtungen nicht mehr nachkommen kann und schließlich insolvent wird. Aufgrund der Bund-Länder-Haftungsgemeinschaft und der sich daraus konstituierenden faktischen Versicherung gegen eine Insolvenz kann ein Land allerdings seinen gegenwärtigen Konsum weit über seine Einnahmen hinaus ausdehnen, ohne dafür Sorge tragen zu müssen, trotzdem einen ausreichenden zukünftigen Konsum zu sichern.[106] Salopp formuliert zahlt im schlimmsten Fall der Bund die Zeche. Grafisch veranschaulicht wird dieses übermäßige Ausdehnen des gegenwärtigen Konsums in Abbildung 4.[107] Der Einfachheit halber werden dort lediglich zwei Perioden betrachtet.

Abbildung 4: Die Verzerrung öffentlicher Ausgaben durch die Bund-Länder-Haftungsgemeinschaft, eigene Darstellung in Anlehnung an Konrad (2007b)

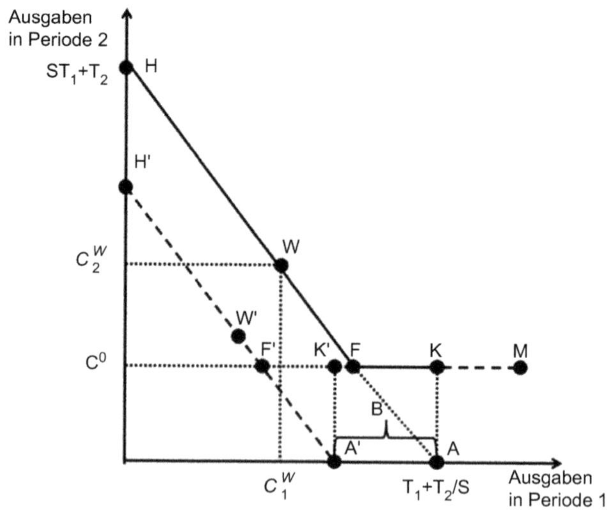

106 Vgl. Konrad, K. A. (2007b).

107 Die Abbildung 4 sowie die Ausführungen dazu beruhen im Wesentlichen auf Konrad, K. A. (2007b).

Die Periode 1 stellt die Gegenwartsperiode dar, die Periode 2 die Zukunft. Ohne Haftung seitens des Bundes muss ein Land den Barwert seiner Einnahmen auf Ausgaben in der Periode 1 und in der Periode 2 aufteilen. Die Einnahmen der jeweiligen Periode werden mit T bezeichnet, S stellt den Zinsfaktor dar. In Punkt A tätigt das Land lediglich Ausgaben in der gegenwärtigen Periode, in Höhe von $T_1 + T_2/S$, und plant für die Zukunft keine weiteren Ausgaben. In Punkt H tätigt das Land lediglich in der Zukunft Ausgaben und zwar in Höhe von $ST_1 + T_2$. Die Punkte H und A spannen die Budgetlinie auf. Jeder Punkt auf der Budgetlinie entspricht einer Ausgabenverteilung, die für einen intertemporal ausgeglichenen Haushalt sorgt. Im Interesse seiner Bürger sollte ein Landespolitiker stets einen Punkt auf der Budgetgeraden wählen, um heutige oder zukünftige Unterversorgungen seiner Bürger zu vermeiden. Ein Beispiel wäre der Punkt W, welcher auf der Budgetgeraden liegt. Der Punkt W bedingt gegenwärtige Ausgaben in Höhe von C_1^W und zukünftige Ausgaben in Höhe von C_2^W.

Die Gerade HA beschreibt aber nicht die tatsächliche Budgetgerade eines Landes. Sollte ein Land in Periode 1 einen Kredit in Höhe des Barwerts aller zukünftigen Einnahmen aufnehmen und diesen gemeinsam mit den regulären Einnahmen der Periode 1 verausgaben, ergäben sich Ausgaben von $T_1 + T_2/S$ in Periode 1 und die regulären Einnahmen in Periode 2 reichten gerade einmal zur Begleichung der Schulden des Landes aus. Dies impliziert ein öffentliches Ausgabenniveau von Null. In diesem Fall wären allerdings Finanzhilfen der Bund-Länder-Gemeinschaft geboten. Das Bundesverfassungsgericht hat im Berlin-Urteil vom 19. Oktober 2006 die Bedingungen definiert, nach denen ein Bundesland aufgrund eines Bundesstaatlichen Notstands hierfür empfangsberechtigt wäre. Das Gericht definiert einen Bundesstaatlichen Notstand als *„[...] eine[r] nicht ohne fremde Hilfe abzuwehrende[n] Existenzbedrohung des Landes als verfassungsgerecht handlungsfähigen Trägers staatlicher Aufgaben [...]“.*[108] Bei einem öffentlichen Ausgabenniveau von Null, wenn also keinerlei öffentliche Ausgaben getätigt werden können, liegt es auf der Hand, dass das betreffende Land keinen verfassungsgerecht handlungsfähigen Träger staatlicher Aufgaben mehr darstellt. Ergo müsste es zur Wiederherstellung seiner Handlungsfähigkeit Finanzierungshilfen erhalten. Als handlungsfähig gilt ein Land hierbei, wenn es die sich aus seinen verfassungsgemäßen Aufgaben ergebenden Ausgaben tragen kann. Es sei angenommen, dass diese Ausgaben bei einem Niveau von C^0 liegen. Dann würde das Land finanziell entsprechend alimentiert, als dass es ihm möglich gemacht wird, den Punkt K zu erreichen, der mit dem Ausgabenniveau

108 Bundesverfassungsgericht (2006).

C^0 korrespondiert. Als Folge der Bund-Länder-Haftungsgemeinschaft ergibt sich für ein Land anstatt der Budgetgeraden HA die durch die Linie HFK begrenzte Budgetmenge.

Das Problem übermäßiger Kreditaufnahme verschärft sich nochmals dadurch, dass die Restriktion, dass ein Land in Periode 1 lediglich Kredite in Höhe der Summe der Barwerte seiner zukünftigen Einnahmen aufnehmen kann, in der Realität nicht greift. Da Bund und Länder von den Kapitalmärkten die höchste Bonität zugestanden wird und beide als Haftungsverbund angesehen werden, beschränkt sich die Kreditaufnahmemöglichkeit eines Landes nicht auf die Summe der Barwerte seiner zukünftigen Einnahmen, sondern auf die Möglichkeiten der Bund-Länder-Gemeinschaft als Ganzes.[109]

Nun sollte jedem Land daran gelegen sein, diese günstigen Konditionen der Kreditaufnahme auf den Kapitalmärkten aufrechtzuerhalten, da sich daraus für jedes Land Vorteile ergeben. Anstatt aber durch eine bedächtige Kreditaufnahme und eine Konsolidierung des eigenen Haushalts auf ein Fortbestehen des guten gemeinschaftlichen Ratings hinzuwirken, bestehen für jedes Land Anreize von einem solchen Verhalten abzuweichen. Um dies zu veranschaulichen, wird das gute Rating des Bundes und der Länder und die damit verbundenen günstigen Konditionen der Kreditaufnahme auf den Kapitalmärkten, als ein öffentliches Gut dargestellt, genauer gesagt, als ein Allmendegut. Öffentliche Güter zeichnen sich durch zwei konstituierende Merkmale aus, die Nichtrivalität im Konsum sowie die Nichtausschließbarkeit von der Nutzung eines solchen Gutes.[110] Nichtrivalität im Konsum eines Gutes bedeutet, dass die Nutzung eines Gutes durch ein Wirtschaftssubjekt ein anderes Wirtschaftssubjekt in dessen Nutzung des Gutes nicht einschränkt.[111] Die Nichtausschließbarkeit von der Nutzung eines Gutes meint, dass der Ausschluss eines Wirtschaftssubjektes von der Nutzung dieses Gutes entweder nicht möglich ist oder aber mit unverhältnismäßig hohen Kosten verbunden wäre.[112] Liegen beide Merkmale vor, so handelt es sich um ein reines öffentliches Gut, was allerdings eher theoretischer Natur ist. In der Praxis bedeutsamer ist die Existenz sogenannter Mischgüter.[113] Abbildung 5 fasst die unterschiedlichen Güterarten zusammen.

---

109 Ein negativer Verschuldungsanreiz aufgrund von Bail-out Erwartungen ergibt sich im Übrigen ebenfalls auf Ebene der EU. Siehe hierzu z.B. Konrad, K. A. (2010).

110 Vgl. Myles, G. D. (2002).

111 Vgl. Pigou, A. C. (1932), Myles, G. D. (2002) und Wigger, B. U. (2006).

112 Vgl. Myles, G. D. (2002) und Wigger, B. U. (2006).

113 Vgl. Wigger, B. U. (2006).

Abbildung 5: Öffentliche Güter, eigene Darstellung

		Ein Ausschluss ist technisch	
		möglich	**nicht möglich**
Der Konsum ist	rivalisierend	Reines Privates Gut	Mischgut vom Typ Allmendegut
	nicht rivalisierend	Mischgut vom Typ Mautgut	Reines Öffentliches Gut

Die gesamtschuldnerische Haftung der Bund-Länder-Gemeinschaft kann als ein Allmendegut interpretiert werden.[114] Kein Bundesland kann von dieser Haftung und den damit verbundenen günstigen Konditionen der Kreditaufnahme auf den Kapitalmärkten ausgeschlossen werden, da es hierfür notwendig wäre, es aus der Bundesrepublik Deutschland herauszulösen. Wenn allerdings alle Länder exzessiv von der Kreditaufnahme Gebrauch machen verschlechtert sich das gemeinschaftliche Rating, da selbst dem Bund als Bürgen irgendwann die Mittel ausgehen werden, immer neue Länder aus Haushaltsnotlagen zu befreien und auch die Mittel der Bund-Länder-Gemeinschaft nicht unerschöpflich sind. Es entstehen also Überfüllungskosten.

Das Anreizproblem besteht nun darin, dass jedes Land durch Zurückhaltung in der Kreditaufnahme oder durch Schuldenabbau zum Erhalt des guten gemeinschaftlichen Ratings beitragen kann, es die ihm hieraus entstehenden Kosten jedoch alleine trägt, wohingegen es nur geringfügig in den Genuss der Vorteile dieses guten Ratings gelangt.[115] Spiegelbildlich trägt ein Bundesland lediglich einen Bruchteil der durch seine zusätzliche Verschuldung verursachten Bonitätskosten und wälzt den Rest auf die anderen Länder ab.[116] Dieser Effekt verstärkt sich dadurch, dass ein überschuldetes Bundesland auf Hilfestellungen der anderen Länder und des Bundes hoffen kann, was ihm womöglich bequemer erscheint, als sich selbst durch harte Sparanstrengungen aus einer misslichen

---

114 Vgl. Jochimsen, B. und K. A. Konrad (2006).

115 Vgl. Jochimsen, B. und K. A. Konrad (2006). Siehe auch Persson, T. und G. Tabellini (1997), die für Koalitionsregierungen feststellen, dass jeder Koalitionspartner einen Teil der Kosten der Verschuldung trägt, diese Kosten also nicht vollständig internalisiert werden. Dies trifft analog auch auf die Bundesländer zu. Jochimsen, B. und R. Nuscheler (2005) bestätigen diese These für die Entwicklung der Verschuldung der westdeutschen Bundesländer.

116 Vgl. Konrad, K. A. (2010), der dies auf die EU-Mitgliedstaaten bezieht. Dies kann analog auch für die Bundesländer angenommen werden.

Lage zu befreien.[117] Aber auch für ein finanziell solide dastehendes Bundesland gibt es kaum Anreize, weiterhin solide zu wirtschaften und somit das gute gemeinschaftliche Rating zu sichern. Ein finanziell gesundes Bundesland muss fürchten, dass es für die Schulden anderer, überschuldeter, Länder haften muss. Dem kann es nur entgehen, wenn es selber über zu geringe Mittel verfügt, um finanziellen Beistand zu leisten. Dann kann es sich jederzeit auf die Position zurückziehen, nicht im Stande zu sein, finanziellen Beistand zu leisten.[118] Dies lässt sich, wie in Abbildung 6, spieltheoretisch veranschaulichen.

Abbildung 6: Verschuldungsanreize im Haftungsverbund aus spieltheoretischer Sicht, eigene Darstellung

		Land A	
		konsolidieren	verschulden
Land B	konsolidieren	3 3	4 1
	verschulden	1 4	2 2

Der Einfachheit halber werden lediglich zwei Bundesländer betrachtet, welche sich in einer Haftungsgemeinschaft befinden, Land A und Land B. Die Haftungsgemeinschaft hat ein einheitliches Rating und identische Konditionen der Kreditaufnahme am Kapitalmarkt zur Folge. Jedes Land hat nun zwei Handlungsmöglichkeiten. Es kann einerseits seinen Haushalt konsolidieren, um das gute gemeinschaftliche Rating nicht zu gefährden oder sich durch neue Kreditaufnahme weiter verschulden. Konsolidieren beide Länder, so bleibt ihr

117 Vgl. Jochimsen, B. und K. A. Konrad (2006).

118 Vgl. Konrad, K. A. (1994), der darauf im Zusammenhang mit der privaten Bereitstellung öffentlicher Güter hinweist.

gutes gemeinschaftliches Rating bestehen. Sie landen links oben in der Auszahlungsmatrix. Dies ist für beide Länder gemeinschaftlich die günstigste zu erreichende Position. Die Länder können sich aber auch weiter verschulden. Dies ist für das einzelne Land sogar rational. Sollte bspw. Land B konsolidieren, so trägt es zur Bonität der Haftungsgemeinschaft bei. Land A kann nun ebenfalls konsolidieren, wodurch es zwar das gemeinschaftliche Rating stützen, jedoch auf weitere Kreditaufnahme und sich dadurch erweiternde Ausgabenspielräume verzichten würde. Wenn Land A sich stattdessen weiter verschuldet, so kann es aufgrund der Haftungsgemeinschaft durch die hohe Bonität von Land B weiter auf günstige Kreditkonditionen hoffen und durch zusätzliche Kreditaufnahme seinen Ausgabenspielraum ausdehnen. Betrachtet man einen unendlichen Zeithorizont, so ist anzunehmen, dass Land B dieses Verhalten des Landes A nicht entgehen wird. Land B kann nun seinen Konsolidierungskurs beibehalten oder aber sich ebenfalls weiter verschulden. Dadurch schafft es sich zusätzliche Ausgabenspielräume, gefährdet aber die Bonität der Haftungsgemeinschaft als Ganzes. Die Argumentation gilt vice versa. Dadurch dass beide Länder sich in einer Haftungsgemeinschaft befinden, führt ihr individuell rationales Verhalten dazu, dass die Bonität der Haftungsgemeinschaft und mit ihr die Kreditkonditionen beider Länder sich verschlechtern.[119] Sie befinden sich dadurch rechts unten in der Auszahlungsmatrix, dem sogenannten Nash-Gleichgewicht.[120]

Jedoch ist nicht nur die Rolle der Bundesländer bei den negativen Anreizwirkungen der Bund-Länder-Haftungsgemeinschaft kritisch zu beurteilen. Auch die Kapitalmärkte tragen durch die fortwährende nachlässige Kreditvergabe an die Bundesländer dazu bei, dass deren Schuldenstände stetig anwachsen. Der Grund hierfür liegt in einem Moral Hazard auf Seiten der Kapitalmärkte als Kreditgeber.

3.1.3.2.3 Das Moral Hazard Problem auf Seiten der Kreditmärkte

Zuerst wird nachfolgend betrachtet, wie sich der Vorgang der Kreditvergabe unter normalen Umständen, also ohne gegenseitige Haftung, darstellt und unter welchen Bedingungen und in welchen Prozessen sich die Zinsen einpendeln. Wie aus Abbildung 2 bereits ersichtlich wird sieht sich ein Bundesland ohne die

119 Diese Logik entstammt ursprünglich der Spieltheorie und wird als Prisoner's Dilemma bezeichnet. Siehe hierzu auch Poundstone, W. (1992).

120 Das Nash-Gleichgewicht geht auf den US-amerikanischen Mathematiker John Forbes Nash Jr. zurück. Vgl. Nash, J. F. (1951).

Bund-Länder-Haftungsgemeinschaft einer steigenden Zinskurve gegenüber.[121] Je höher seine Verschuldung ist, umso höher sind die Zinsen, welche es zahlen muss. Ab einem gewissen Punkt erhält das Land keine neuen Kredite mehr, egal welchen Zinssatz es zu zahlen bereit wäre. Die Gründe für eine solche Kreditrationierung sind vielfältig. Sie alle hängen am Ende vom Ausfallrisiko des Schuldners ab, was einen Verlust für den Gläubiger mit sich bringen würde. Je höher das Ausfallrisiko eines Schuldners ist, je eher er seinen Zahlungsverpflichtungen also nicht wird nachkommen können, umso höher wird der Zinssatz sein, den er zu zahlen hat, bis hin zum Punkt der Kreditrationierung.[122] Das Ausfallrisiko eines Schuldners steigt dabei mit dem Stand seiner Verschuldung und mit ihm der durch ihn zu zahlende Zins.[123] Warum jedoch kommt es zu einer Kreditrationierung anstelle stetig steigender Zinssätze, die, so könnte man annehmen, den Gewinn des Gläubigers steigern?

Stiglitz und Weiss (1981) haben eben diese Frage beantwortet.[124] Sie argumentieren, dass es einen Zinssatz gibt, der den Ertrag einer Bank als Kreditgeber maximiert. Dieser Zinssatz sei $r*$ genannt. Die Bank wird keine Kredite an Wirtschaftssubjekte vergeben, die bereit sind einen höheren Zins als $r*$ zu zahlen. Dies liegt daran, dass sie einen solchen Kredit als für sich unattraktiv empfinden, da der erwartete Ertrag aus ihm den erwarteten Ertrag aus dem durchschnittlichen Kredit beim Zinssatz $r*$ unterschreitet. Um dies zu verstehen, muss man sich vergegenwärtigen, dass der Zinssatz wesentlich die Attraktivität der Kreditvergabe aus Gläubigersicht beeinflusst, da er zum einen potentielle Kreditnehmer klassifiziert und zum anderen die Aktivitäten der Kreditnehmer beeinflusst. Verschiedene potentielle Kreditnehmer haben auch verschiedene Ausfallwahrscheinlichkeiten, auf denen der erwartete Ertrag der Banken aus der Kreditvergabe beruht. Es kann weiter angenommen werden, dass diejenigen Kreditnehmer, die ihr eigenes Ausfallrisiko als hoch einschätzen, auch bereit sein werden höhere Zinsen zu bezahlen; in dem Wissen, den Kredit bei Ausfall nicht zurückzahlen zu müssen, zumindest nicht vollständig. Da die Bank die objektive Ausfallwahrscheinlichkeit eines Kreditnehmers nicht perfekt einschätzen kann, dient ihr der Zinssatz, um zwischen „guten“ und „schlechten“ Kreditnehmern

121 Die folgenden Überlegungen zur Kreditvergabe sowie -rationierung gelten analog für den privaten Sektor.

122 Vgl. z. B. Blankart, C. B. und E. R. Fasten (2009) oder Jochimsen, B. (2007a).

123 Vgl. schon Freimer, M. und M. J. Gordon (1965), Jaffee, D. M. (1971) oder Stigler, G. J. (1967).

124 Die folgenden Ausführungen zur Kreditrationierung folgen im Wesentlichen der Argumentation bei Stiglitz, J. E. und A. Weiss (1981).

zu unterscheiden. Da die Kreditnehmer ab einem gewissen Zinssatz „schlecht", also mit einem hohen Ausfallrisiko behaftet, sind, rationiert die Bank Kredite ab diesem Zinssatz, hier r*.

Auch die Aktivitäten der Kreditnehmer werden durch die Höhe des Zinssatzes beeinflusst. Es sei angenommen ein Kreditnehmer leiht sich Geld um ein Projekt zu finanzieren. Diese Projekt bringt ihm, wenn es erfolgreich ist, eine gewisse Rendite. Diese Rendite sinkt allerdings nun mit zunehmendem Zinssatz, den er für seinen Kredit zu entrichten hat. Dies könnte den Kreditnehmer dazu veranlassen, zu versuchen, diese Renditedifferenz zu umgehen, indem er anstelle eines relativ sicheren Projekts ein riskanteres durchführt, welches aber bei Erfolg einen höheren Gewinn verspricht. Da mit erhöhtem Risiko eines Projektes auch dessen Scheitern wahrscheinlicher wird, was dazu führt, dass der Kreditnehmer seinen Zahlungsverpflichtungen nicht wird nachkommen können, schließt die Bank hieraus, dass ab einem gewissen Zinssatz nur noch risikoreiche Projekte getätigt werden.

Die Kapitalmärkte sollten also höchst vorsichtig sein, wem sie Kredite gewähren und wem nicht, da sie nie ausschließen können, ihre Forderungen bei Zahlungsunfähigkeit eines Schuldners abschreiben zu müssen. Augenscheinlich sind die Kapitalmärkte bei ihrer Kreditvergabe an die deutschen Bundesländer aber weit weniger vorsichtig als sie es sein sollten. Anders ist nicht zu erklären, warum sich verschieden hoch verschuldete Länder zu nahezu gleichen Konditionen am Kapitalmarkt verschulden können. Auch hier ist, wie beim Moral Hazard auf Seiten der Bundesländer als Schuldner, der Grund in einer faktischen Versicherung des Bundes zu sehen. Die Kapitalmärkte als Kreditgeber müssten eigentlich ein Ausfallrisiko der Bundesländer als ihre Schuldner in ihre Kreditvergabe- und Zinspolitik einbeziehen. Sie sehen sich des Risikos eines Zahlungsausfalls durch die Bundesländer als ihre Kreditnehmer aber nicht ausgesetzt. Für sie stellt die gesamtschuldnerische Haftung der Bund-Länder-Gemeinschaft ebenfalls eine Art Versicherung dar. Da der Bund bzw. die Bund-Länder-Gemeinschaft im Zweifelsfall für ein zahlungsunfähiges Bundesland haftet, ergibt sich für die Kapitalgeber keinerlei Ausfallrisiko ihrer Anlagen. Sie erhalten ihr Geld in jedem Fall, wer die Rechnung letztendlich zahlt spielt für sie keine Rolle. Auch Konrad (2010, S. 785) führt, zwar auf Ebene der EU, jedoch gilt dies analog auch für die Bundesländer, aus: *„[...] von wem sie letztlich ihr Geld bekommen, kann ihnen gleich sein."*

Einen Moral Hazard bei der Kreditvergabe auf Seiten der Kapitalmärkte lassen schon die nahezu identischen Ratings des Bundes und der Länder vermuten. Es sei in diesem Zusammenhang nochmals auf die Reaktion der Kapitalmärkte auf das Berlin-Urteil des Bundesverfassungsgerichts verwiesen. Das Urteil beeinflusste die

Ratings von Bund und Ländern kaum bis gar nicht. Auf Ebene der EU gelten analoge Zusammenhänge. So veröffentlichen Ratingagenturen für Euroländer keine Stand-Alone-Ratings, also Ratings, die die Bonität unter Ausschluss der Hilfen Dritter bewerten.[125] Dies ist insofern bemerkenswert, als dass auf EU-Ebene eine explizite No-Bail-out Klausel existiert.[126] Davon gibt es jedoch in Form des Art. 122 Abs. 2 AEUV eine Ausnahmeregelung.[127] Die Kapitalmärkte haben scheinbar auf einen Bail-out auf EU-Ebene spekuliert und letztendlich, angesichts des EU-Rettungsschirms, Recht behalten. Einen Moral Hazard auf Kreditgeberseite in Deutschland weisen Schulz und Wolff (2009) nach. Sie zeigen, dass die Kapitalmärkte kaum Unterschiede zwischen Bund- und Länderanleihen vornehmen und dass das Berlin-Urteil zu keinem Anstieg der länderspezifischen Risikoprämien gegenüber dem Bund geführt hat. Weiter stellen sie bei einer Untersuchung der Einflussfaktoren auf Zinsunterschiede zwischen dem Bund und den Ländern fest, dass die Verschuldung hierbei lediglich eine untergeordnete Rolle spielt. Heppke-Falk und Wolff (2008) bestätigen die schwache Reaktion der Finanzmärkte auf Verschuldungsdaten, indem sie zeigen, dass die Risikoprämie signifikant negativ auf eine Indikatorvariable für zukünftige Bail-outs reagiert. Sie zeigen weiter, dass die Risikoprämie Berlins sich weder während der Verhandlungszeit noch nach der Urteilsverkündung verändert hat. Wolff (2007) zeigt, dass zwar ein positiver Zusammenhang zwischen Rendite

125 Belke, A. (2011).

126 Im Art. 125 Abs. 1 AEUV heißt es dazu: „ Die Union haftet nicht für die Verbindlichkeiten der Zentralregierungen, der regionalen oder lokalen Gebietskörperschaften oder anderen öffentlich-rechtlichen Körperschaften, sonstiger Einrichtungen des öffentlichen Rechts oder öffentlicher Unternehmen von Mitgliedstaaten und tritt nicht für derartige Verbindlichkeiten ein; dies gilt unbeschadet der gegenseitigen finanziellen Garantien für die gemeinsame Durchführung eines bestimmten Vorhabens. Ein Mitgliedstaat haftet nicht für die Verbindlichkeiten der Zentralregierungen, der regionalen oder lokalen Gebietskörperschaften oder anderen öffentlich-rechtlichen Körperschaften, sonstiger Einrichtungen des öffentlichen Rechts oder öffentlicher Unternehmen eines anderen Mitgliedstaats und tritt nicht für derartige Verbindlichkeiten ein; dies gilt unbeschadet der gegenseitigen finanziellen Garantien für die gemeinsame Durchführung eines bestimmten Vorhabens."

127 Dort heißt es: „Ist ein Mitgliedstaat aufgrund von Naturkatastrophen oder außergewöhnlichen Ereignissen, die sich seiner Kontrolle entziehen, von Schwierigkeiten betroffen oder von gravierenden Schwierigkeiten ernstlich bedroht, so kann der Rat auf Vorschlag der Kommission beschließen, dem betreffenden Mitgliedstaat unter bestimmten Bedingungen einen finanziellen Beistand der Union zu gewähren."

und Pro-Kopf-Verschuldung existiert, dieser jedoch sehr schwach ausgeprägt ist. Bspw. liegt die Rendite für Bundesländer mit einer Pro-Kopf-Verschuldung von 15.000 € lediglich wenige Basispunkte über der eines Landes mit einer Verschuldung von 5.000 € pro Kopf.[128] All dies sind Hinweise darauf, dass die Kapitalmärkte die Bundesländer nicht nach ihrer jeweiligen Risikoklasse beurteilen, sondern sie, aufgrund von Bail-out Erwartungen, einheitlich bewerten.

Durch die Haftungsgemeinschaft von Bund und Ländern existiert für die Kreditgeber auch kein Principal-Agent-Problem.[129] In der Principal-Agent-Theorie geht es allgemein um die vertragliche Beziehung zwischen zwei Akteuren. Ein Akteur, der Principal, beauftragt einen anderen, den Agenten, mit der Durchführung einer Aufgabe.[130] Die Beziehung beider Akteure wird über einen Vertrag geregelt, der die Pflichten beider Vertragsparteien weitestgehend festlegt.[131] Aus unterschiedlichen Gründen, hauptsächlich aufgrund von Informationsasymmetrien zwischen beiden Vertragsparteien, treten verschiedene Probleme in einer Principal-Agent-Beziehung auf. Man unterscheidet hierbei zwischen Adverse Selection, Moral Hazard und Hold up Problemen. Adverse Selection tritt vor Vertragsabschluss auf, Moral Hazard nach Vertragsabschluss und Hold up vor oder nach Vertragsabschluss. [132]

Bei der Adverse Selection ist der Principal vor Vertragsabschluss nicht vollständig über alle für die Auftragsausführung wichtigen Eigenschaften des Agenten informiert. Er ist lediglich über die Existenz verschiedener Typen von Agenten hinsichtlich dieser Eigenschaften und deren Verteilung über die Grundgesamtheit informiert.[133] Es stellt sich für ihn daher die Frage, mit welchem Agenttypen er einen Vertrag eingehen möchte und wie er die verschiedenen Agenttypen separieren kann. Die Informationsasymmetrie liegt hier darin, dass der Principal die Eigenschaften des Agenten nicht vollständig kennt, der Agent sich seines Typs aber durchaus bewusst ist. Dies wird auch als Hidden-Characteristics bezeichnet.[134]

128 Vgl. Wolff, G. B. (2007).

129 Für eine grundlegende Arbeit zur Problematik in Principal-Agent-Beziehungen siehe Ross, S. A. (1973).

130 Vgl. Moe, T. M. (1984).

131 Vgl. Jensen, M. C. und W. H. Meckling (1976).

132 Siehe für eine tabellarische Übersicht der einzelnen Problemtypen und deren Gründe Roiger, M. B. (2007).

133 Vgl. Picot, A. (1991). Eine grundlegende Arbeit zur Problematik der Adverse Selection geht bspw. auf Mirrlees, J. A. (1971) zurück.

134 Vgl. Roiger, M. B. (2007).

Beim Moral Hazard muss vorweg zwischen zwei verschiedenen Typen unterschieden werden, der Hidden-Information und der Hidden-Action.[135] Im Fall der Hidden-Information ist der Principal nicht über alle für das Ergebnis wichtigen Zustände informiert. So kann es sein, dass er erst nach Vertragsabschluss Kenntnis von einer für sein Ergebnis nachteiligen Eigenschaft des Agenten gewinnt. Weiter kann er nicht sicher sein, dass der Agent ihm regelmäßig wahrheitsgemäß Bericht erstattet.[136] Da dies der Problematik der Adverse Selection ähnelt, wird die Hidden-Information oftmals darunter subsumiert. Bedeutender für die Problematik des Moral Hazard ist die Hidden-Action. Hidden-Action bedeutet, dass der Principal nur sehr eingeschränkt die Möglichkeit besitzt, die Handlungen des Agenten, welche für die Auftragserfüllung von Bedeutung sind, zu beobachten. Erschwerend kommt hinzu, dass die Güte der Aufgabenerfüllung durch den Agenten nicht nur von seinen eigenen Leistungen abhängt, sondern auch durch externe Zufallsvariablen beeinflusst wird, was es schwierig macht, zu unterscheiden, ob der Agent für das Ergebnis exklusiv verantwortlich zeichnet oder es als Ausfluss zufälliger externer Geschehnisse betrachtet werden kann.[137]

Hold up bedeutet zum einen, dass beziehungsspezifische Investitionen, die den zukünftigen Nutzen der Akteure berühren, zwar beobachtbar sind, sie sich aber gegenüber einem unabhängigen Dritten nicht verifizieren lassen.[138] Zum anderen versteht man darunter die Problematik, dass es nicht möglich ist langfristige und nachverhandlungssichere Verträge zu schließen.[139] Die hierfür zugrundeliegende Informationsasymmetrie wird als Hidden-Intention bezeichnet.[140]

Im Falle der Kreditgewährung kann man den Kreditgeber als Principal und den Kreditnehmer als Agenten ansehen. Der Vertrag zwischen beiden bezieht sich auf ein Kreditgeschäft und regelt die Rückzahlungsbedingungen des Kredits. Der Kreditgeber als Principal erteilt dem Kreditnehmer als Agenten den Auftrag, seinen Kredit fristgerecht und zu den vereinbarten Konditionen zu bedienen. Die Problematik der Adverse Selection besteht hierbei in der Unterscheidung der potentiellen Kreditnehmer nach ihrer Rückzahlungsfähigkeit und -willigkeit. Der Kreditgeber weiß lediglich um die Existenz verschiedener Typen

---

135 Vgl. zur Einführung der beiden Begriffe Arrow, K. J. (1985).

136 Vgl. Demougin, D. und P.-J. Jost (2001) oder grundlegend Hart, O. D. (1983).

137 Vgl. Picot, A. (1991) oder auch Jost, P.-J. (2001).

138 Vgl. Roiger, M. B. (2007).

139 Vgl. Nöldeke, G. und K. M. Schmidt (1995) oder grundlegend Grossman, S. J. und O. D. Hart (1986).

140 Vgl. Roiger, M. B. (2007).

potentieller Kreditnehmer, nämlich zum einen diejenigen, die sich durch eine hohe Bonität auszeichnen und diejenigen, deren Bonität zweifelhaft ist. Es ist trivial, dass der Kreditgeber nur mit solchen Wirtschaftssubjekten Kreditverträge schließen möchte, bei denen er die berechtigte Erwartung hat, dass diese ihren Kredit fristgerecht und unter den vorab vereinbarten Bedingungen zu tilgen im Stande und auch willens zu tilgen sind. Im Falle der Bundesländer ließen sich diese zwar nach ihrem Schuldenstand, welcher regelmäßig veröffentlicht wird,[141] in „gute" und „schlechte" Schuldner klassifizieren, jedoch verzichten die Kapitalmärkte offenbar auf eine solche Prüfung, da die Bund-Länder-Haftungsgemeinschaft jedem Bundesland die höchste Bonität verleiht.

Bei der Hidden-Information wäre es im Falle der Bundesländer als Kreditnehmer denkbar, dass die Kapitalmärkte erst nach Vertragsabschluss in Erfahrung brächten, dass diese nicht die Bonität besitzen, welche ihnen vor Vertragsabschluss beigemessen wurde. Dies könnte bspw. den Fall darstellen, dass ein Bail-out für ein zahlungsunfähiges Land nicht greift, obwohl die Kapitalmärkte darauf spekulierten. Allerdings ist ein Bail-out in Deutschland nach derzeitiger Lage kaum auszuschließen. Wenn die deutschen Bundesländer formal nach § 12 Abs. 1 InsO nicht den Weg einer Insolvenz gehen können, so muss ihnen zwangsläufig geholfen werden, sollten sie zahlungsunfähig werden.[142]

Die Problematik der Hidden-Action liegt hier darin, dass die Kreditgeber sich nicht sicher sein können, dass die Bundesländer auch tatsächlich ihr Möglichstes tun, um ihre Vertragspflichten zu erfüllen. Diese könnten etwa anstatt ihren Haushalt zu konsolidieren oder zumindest ihre Finanzen so weit in Ordnung zu halten, als dass sie ihren Zahlungspflichten nachkommen können, ihre Verschuldung weiter ausweiten und dadurch ihre Ausfallwahrscheinlichkeit erhöhen. Hiervon vermag ein Kreditgeber eine souveräne öffentliche Gebietskörperschaft kaum abzuhalten. Zumal sich die Bundesländer immer auch auf externe Einflüsse berufen können. Erwähnt seien hierbei die Ausnahmeregelungen des Art. 109 Abs. 3 GG, Naturkatastrophen und außergewöhnliche Notlagen. Aber selbst in dem Fall in dem ein Land seine Verschuldung bis hin zur Zahlungsunfähigkeit ausdehnen sollte, steht am Ende immer noch die Haftungsgemeinschaft aus Bund und Ländern für die Schulden des Landes gerade.

---

141 Das Statistische Bundesamt veröffentlicht in seiner Fachserie 14 Reihe 5 regelmäßig Informationen zur Verschuldungssituation der deutschen Haushalte.

142 Vgl. bspw. auch Hildebrandt, A. (2009), Blankart, C. B. et al. (2006) oder Blankart, C. B. und E. R. Fasten (2009), die allesamt zu dem Ergebnis kommen, dass es nahezu unmöglich ist, einen Bail-out in Deutschland auszuschließen.

Beziehungsspezifische Investitionen spielen im Verhältnis der Kapitalmärkte und der Bundesländer als Kreditgeber und -nehmer keine Rolle. Jedoch sind hier in der Tat keine langfristigen und nachverhandlungssicheren Verträge zu schließen. Nachverhandlungen können bei jedem Kreditvertrag zumindest immer in der Form auftreten, dass der Schuldner insolvent wird und somit aus seinen Zahlungsverpflichtungen entlassen werden muss. Auch in diesem Fall sei auf die Haftung der Bund-Länder-Gemeinschaft hingewiesen. Die Kreditmärkte haben also keinerlei Anreiz die Bonität einzelner Bundesländer zu prüfen. Stattdessen vergeben sie Kredite nach der Gesamtbonität der Bund-Länder-Gemeinschaft, die durch den Bürgen Bund nahezu unbegrenzt erscheint.

Eine Vielzahl der Gründe öffentlicher Verschuldung trifft offenbar auch auf die Ebene der Bundesländer in Deutschland zu und lässt sich teils eindeutig empirisch belegen. Hinzu treten die beiden spezifischen Verschuldungsfaktoren des Auseinanderfallens der Einnahme- und Ausgabenautonomie der deutschen Bundesländer sowie das Problem des Moral Hazards durch den faktischen Bestand der Bund-Länder-Haftungsgemeinschaft. Unabhängig davon, warum sich die Länder verschulden, ist, wie im zweiten Kapitel beschrieben, zu konstatieren, dass sie eben alle hoch verschuldet sind und bis auf wenige Ausnahmen, hier sei beispielhaft Sachsen genannt, positive Wachstumsraten der Verschuldung aufweisen. Es stellt sich hierbei die Frage, wie bislang versucht wurde der öffentlichen Verschuldung zu begegnen und warum die verschiedenen Schuldenregeln ihr Ziel, die Verschuldung zu beschränken, verfehlten. Antworten auf dieses Fragen soll das nächste Kapitel liefern.

3.2 Bisherige Verschuldungsregeln

Dieses Kapitel stellt die verschiedenen Verschuldungsregeln vor, die für die deutschen Bundesländer in der Vergangenheit galten bzw. in der Gegenwart gelten. Exemplarisch diskutiert werden sollen dabei die beiden aktuellsten Schuldenregeln, der Art. 115 Abs. 1 GG a.F. und der aktuelle Art. 109 Abs. 3 GG. Da sich die EU-Konvergenzkriterien explizit auf die Bundesebene beziehen, werden sie lediglich in gebotener Kürze vorgestellt und diskutiert.

3.2.1 Der Art. 115 Abs. 1 GG a.F.

In Deutschland galt bis zum 31.12.2010 der Art. 115 GG a.F.[143] In Abs. 1 Satz 2 hieß es:

143 Für eine Darstellung der Entwicklung des Art. 115 GG über die Zeit siehe Sachverständigenrat zur Begutachtung der gesamtwirtschaftlichen Entwicklung (2007).

„Die Einnahmen aus Krediten dürfen die Summe der im Haushaltsplan veranschlagten Ausgaben für Investitionen nicht überschreiten; Ausnahmen sind nur zulässig zur Abwehr einer Störung des gesamtwirtschaftlichen Gleichgewichts."

Die Kreditaufnahme wurde des Zweckes nach auf die Investitionen und der Höhe nach auf die Summe der im Haushaltsplan veranschlagten Investitionen begrenzt. Dies bedeutete ein Verbot der Kreditfinanzierung konsumtiver Ausgaben. In den Landesverfassungen existieren entsprechende Regelungen, wenn auch mitunter weiter gefasst. Die Höhe der Investitionsausgaben als Grenze für die zulässige Kreditaufnahme zu wählen, hat eine weit zurückreichende Tradition in der deutschen Verfassungsgeschichte.[144] Der Passus zur Störung des gesamtwirtschaftlichen Gleichgewichts wurde 1969 im Zuge der großen Haushaltsrechtsreform ins Grundgesetz aufgenommen.[145] Die ökonomische ratio hinter dem Art. 115 Abs. 1 Satz 2 GG a.F. ist die bereits beschriebene „Goldene Regel der Finanzpolitik".

Die Kreditobergrenze des Art. 115 Abs. 1 GG a.F. wurde im Zeitraum von 1991 bis 2005 in sieben Fällen vom Bund und in 68 Fällen von den Ländern nicht eingehalten.[146] Im Folgenden wird aufgezeigt, dass vor allem die fehlende begriffliche Präzision sowohl des Investitionsbegriffs als auch des Begriffs der Störung des gesamtwirtschaftlichen Gleichgewichts sowie fehlende Sanktionen bei Überschreitung der Kreditobergrenze Verstöße gegen die Regelung des Art. 115 Abs. 1 Satz 2 GG a.F. begünstigten.[147]

3.2.2 Kritik am Art. 115 Abs. 1 GG a.F.

Die Krediteinnahmen wurden zwar auf die Summe der im Haushaltsplan veranschlagten Investitionsausgaben begrenzt, jedoch ist der Begriff der Investitionen sehr weit gefasst und lässt sich leicht ausdehnen und verwässern. Der Investitionsbegriff ist im Haushaltsgrundsätzegesetz (HGrG) in § 10 Abs. 3 Ziffer 2 Satz 2 festgehalten. Dort ist aufgeführt, was unter den Ausgaben für Investitionen zu verstehen ist. Die Investitionen werden hierbei als Bruttogrößen veranschlagt, was bedeutet, dass die Abschreibungen, also der laufende Vermögensverbrauch,

144 Vgl. Dreißig, W. (1985).

145 Vgl. Andel, N. (1998).

146 Vgl. Wissenschaftlicher Beirat beim Bundesministerium der Finanzen (2007).

147 Der Wissenschaftliche Beirat beim Bundesministerium der Finanzen (1980) wies bereits auf die Abgrenzungsprobleme, die mit dem Begriff der öffentlichen Investitionen verbunden sind, hin.

unberücksichtigt bleiben.[148] Hierdurch ergibt sich ein zusätzlicher Verschuldungsspielraum. Der Erwerb von Unternehmensbeteiligungen sowie Finanzinvestitionen in Form von Darlehen werden als Teil der Finanzinvestitionen angesetzt, Privatisierungserlöse hingegen bleiben bei der relevanten Investitionsgröße unberücksichtigt, obwohl hiermit ein Abbau staatlichen Vermögens einhergeht.[149] Auch die Rückzahlung von Darlehen wird nicht berücksichtigt.[150] Es erfolgt ebenfalls keine Gegenrechnung der Einnahmen aus Vermögensveräußerungen, obwohl diese den Vermögensbestand mindern.[151] Der Wissenschaftliche Beirat beim Bundesministerium der Finanzen wies bereits 1980 darauf hin, dass *„[...] sich im Hinblick auf die Zukunftsbelastung und auch unter Berücksichtigung der mit Art. 115 GG verfolgten Begrenzung der Verschuldung höchstens für die Nettoinvestitionen eine Kreditfinanzierung rechtfertigen läßt."*[152] Betrachtet man nur die Soll-Zahlen, so übersteigt die Nettokreditaufnahme die Investitionsausgaben im Zeitraum von 1990 bis 1999 dreimal.[153] Betrachtet man allerdings die Nettokreditaufnahme als die Investitionsausgaben abzüglich der Vermögensveräußerungen, so wird die Schuldengrenze im selben Zeitraum in sieben Jahren überschritten.[154] Dadurch, dass einzelne Länder Zuweisungen sowie Zuschüsse des Bundes als investive Mittel deklarieren, kommt es weiter zu Doppelzählungen, da diese im Bundeshaushalt bereits als Investitionsausgaben veranschlagt sind.[155]

Dadurch, dass sich der Geltungsbereich des Art. 115 GG a.F. lediglich auf den Haushaltsplan und nicht auf den Haushaltsvollzug bezog[156] wurde *„[...] der Exekutive ein weiterer finanzpolitischer Ermessensspielraum eröffnet als dem Gesetzgeber."*[157] Über vorhandene Restkreditermächtigungen der Vorjahre konnte somit im Vollzug des laufenden Haushaltsjahres die Nettokreditaufnahme über die veranschlagten Investitionen hinaus ausgedehnt werden.[158] In der Tat

---

148 Vgl. Kitterer, W. und M. Groneck (2006).
149 Vgl. Kitterer, W. (2007) und Kitterer, W. und M. Groneck (2006).
150 Siehe hierzu Wagener, S. (2005), welche die Problematik am Beispiel der Darlehensrückzahlung von Russland skizziert.
151 Vgl. Kitterer, W. (2007).
152 Wissenschaftlicher Beirat beim Bundesministerium der Finanzen (1980), S. 52.
153 Vgl. Andel, N. (1998).
154 Vgl. Andel, N. (1998).
155 Vgl. Kitterer, W. und M. Groneck (2006).
156 Vgl. Kitterer, W. (2007).
157 Bundesrechnungshof (1994), S. 22.
158 Vgl. Kitterer, W. (2007).

wurde auf Länderebene im Zeitraum von 2000 bis 2005 die Kreditobergrenze neunmal im Haushaltsplan eingehalten, im Vollzug jedoch überschritten.[159] Es bestand weiter die Möglichkeit, den Haushalt durch die Einstellung von Luftbuchungen in den Investitionshaushalt aufzustocken, den Investitionsbegriff auf Personalausgaben auszudehnen oder Rückflüsse aus beliehenen Darlehen für investive Zwecke zur Finanzierung von Staatskonsum zu verwenden.[160]

Nicht nur die fehlende begriffliche Präzision, auch die ratio hinter der Begrenzung der Kreditaufnahme auf die Höhe der im Haushaltsplan veranschlagten Investitionsausgaben ist zu hinterfragen. Das Argument, zukünftige Generationen über Staatsverschuldung an der Finanzierung gegenwärtiger öffentlicher Investitionen zu beteiligen, scheint vor dem Hintergrund eines zurückgehenden Anteils der Investitionsausgaben an den Gesamtausgaben bei gleichzeitig steigendem Schuldenanteil nicht haltbar.[161] Die Investitionen des Staates reichen nicht mal mehr zur Deckung des Werteverzehrs öffentlichen Anlagevermögens aus. In 2005 schrumpfte das öffentliche Anlagevermögen bspw. um sechs Mrd. €.[162] Geht man weiter davon aus, dass sich die öffentlichen Investitionen kontinuierlich entwickeln, ergibt sich unter dem Gesichtspunkt der gerechten Lastenverteilung ebenfalls keine stichfeste Begründung der Kreditfinanzierung. Da jede Generation von der vorhergehenden ein Mehr an Investitionen übernimmt, um ein Mehr an Investitionen an die nachfolgende Generation zu übergeben, lässt sich keine Benachteiligung der gegenwärtigen Generation durch eine Steuerfinanzierung öffentlicher Investitionen begründen.[163]

Auch das Argument, dass Kreditaufnahme gerechtfertigt sei, wenn es sich bei den Investitionen um selbstfinanzierende Objekte handele, weiß nicht vollständig zu überzeugen. Hierfür wäre ein Vergleich der Renditen öffentlichen und privaten Kapitals anzustellen, um feststellen zu können, welche der beiden Alternativen produktiver ist. Empirische Analysen finden Belege dafür, dass private Investitionen produktiver sind als öffentliche. So stellt der Sachverständigenrat zur Begutachtung der gesamtwirtschaftlichen Entwicklung (2002, S. 326) fest, dass der Produktivitätseffekt staatlicher Investitionen *„[...] beträchtlich unter demjenigen der privaten Unternehmensinvestitionen.“* liegt. Das Ergebnis einer empirischen Schätzung für den intertemporalen Output und die Beschäftigungseffekte

159 Vgl. Jahresberichte bzw. Bemerkungen der Landesrechnungshöfe, lfd. Jahrgänge; Finanzplanungen der Länder, lfd. Jahrgänge.

160 Vgl. Färber, G. (2006).

161 Vgl. Kitterer, W. und M. Groneck (2006).

162 Vgl. Deutsche Bundesbank (2006a).

163 Vgl. Haller, H. (1958/59).

öffentlichen Infrastrukturkapitals scheint diese Einschätzung zu bestätigen.[164] Für deutsche Großstädte ergibt eine empirische Untersuchung eine Rendite der öffentlichen Infrastruktur von 16 % und für private Investitionen eine Rendite von 33 %.[165] Es sind also zumindest Zweifel angebracht, ob die Kreditaufnahme zum Zwecke der Finanzierung rentabler Investitionen ohne Weiteres zu rechtfertigen ist oder ob die Mittel im privaten Bereich möglicherweise effizienter eingesetzt werden könnten.

Doch nicht nur mit dem Begriff der öffentlichen Investitionen und der Koppelung der öffentlichen Kreditaufnahme an diese sind einige Unklarheiten verbunden, sondern auch mit der Interpretation und Definition der Ausnahmeregelung zur *„[...] Abwehr einer Störung des gesamtwirtschaftlichen Gleichgewichts.“* Hierzu ist der Art. 115 Abs. 1 Satz 2 GG a.F. in Verbindung mit dem Art. 109 Abs. 2 GG zu sehen. Dort ist festgehalten, dass Bund und Länder im Rahmen der Haushaltsdisziplin den Erfordernissen des gesamtwirtschaftlichen Gleichgewichts Rechnung zu tragen haben. Das gesamtwirtschaftliche Gleichgewicht wird im Gesetz zur Förderung der Stabilität und des Wachstums der Wirtschaft, kurz Stabilitätsgesetz (StabG), definiert, in § 1 heißt es dort:

> „Bund und Länder haben bei ihren wirtschafts- und finanzpolitischen Maßnahmen die Erfordernisse des gesamtwirtschaftlichen Gleichgewichts zu beachten. Die Maßnahmen sind so zu treffen, daß sie im Rahmen der marktwirtschaftlichen Ordnung gleichzeitig zur Stabilität des Preisniveaus, zu einem hohen Beschäftigungsstand und außenwirtschaftlichem Gleichgewicht bei stetigem und angemessenem Wirtschaftswachstum beitragen.“

Jedoch bleibt es bei dieser wenig präzisen Formulierung. Das gesamtwirtschaftliche Gleichgewicht muss den Kriterien der Stabilität des Preisniveaus, des hohen Beschäftigungsstands, des außenwirtschaftlichen Gleichgewichts und des stetigen und angemessenen Wirtschaftswachstums genügen. Ab welchen Grenzwerten es jedoch als gestört gilt wird nicht definiert und bleibt somit unklar. Da es an konkreten Grenzwerten mangelt, ist jede Entscheidung darüber, ob das gesamtwirtschaftliche Gleichgewicht als gestört gilt, wenn nicht willkürlich, so doch zumindest subjektiv. Dies erleichterte es erheblich, sich in Zeiten der Überschreitung der Kreditobergrenze des Art. 115 Abs. 1 Satz 2 GG a.F. auf eine Störung des gesamtwirtschaftlichen Gleichgewichts zu berufen. Im Zeitraum von 2000 bis 2005 überschritten 27 Länder die Kreditobergrenze bereits

---

164 Vgl. Demetriades, P. O. und T. P. Mamuneas (2000).

165 Vgl. Kemmerling, A. und A. Stephan (2002).

im Plan, allesamt unter Berufung auf eine Störung des gesamtwirtschaftlichen Gleichgewichts.

Das Bundesverfassungsgericht hat in seinem Urteil von 1989 festgestellt, dass eine Inanspruchnahme dieser Ausnahmeregelung einer Darlegung des Parlaments, dass eine Störung des gesamtwirtschaftlichen Gleichgewichts tatsächlich vorliegt oder aber eine solche Störung droht, bedarf.[166] Weiter bestimmte das Bundesverfassungsgericht, dass das Parlament darzulegen hat, dass die Kreditaufnahme auch dazu bestimmt und vor allem geeignet ist, der Störung des gesamtwirtschaftlichen Gleichgewichts Abhilfe zu verschaffen. In der Bundeshaushaltsordnung (BHO) wurden diese Bestimmungen in § 18 Abs. 1 gesetzlich verankert. Jedoch haben bislang lediglich die Hälfte der Bundesländer die Bestimmungen in ihren Landeshaushaltsordnungen (LHO) übernommen.[167] In acht von 16 Bundesländern wird auf eine sorgfältige Begründung für ein Überschreiten der Kreditobergrenze verzichtet.

Auch der Wissenschaftliche Beirat beim Bundesministerium für Finanzen (2007) bemängelt, dass bei sieben Fällen der Überschreitung der Kreditobergrenze durch den Bund und 68 Überschreitungen der Länder im Zeitraum von 1991 bis 2005 in den seltensten Fällen belegt werden konnte, dass die Kreditaufnahme tatsächlich zur Abwehr einer Störung des gesamtwirtschaftlichen Gleichgewichts geeignet sei. Der Bundesrechnungshof (2004, S. 85) moniert weiter, dass die Begründungs- und Darlegungspflicht *„[...] in der Staatspraxis kein wirkliches Hindernis für eine höhere Neuverschuldung [...]“* sei.

Auch an wirkungsvollen Sanktionen bei einer Überschreitung der Kreditobergrenze mangelt es. So wurden in den vergangenen Jahren verschiedene Haushalte in Urteilen der Landesverfassungsgerichte als verfassungswidrig eingestuft, ohne dass sich hieraus spürbare Konsequenzen ergeben hätten, auch eine Disziplinierung der Haushaltspolitik durch diese Urteile ergab sich keineswegs.[168]

Überdies ist auch die generelle Sinnhaftigkeit der Begründung der Ausnahmeregelung in Frage zu stellen. Es ist fraglich, ob das gesamtwirtschaftliche Gleichgewicht auf Ebene lediglich eines Bundeslandes gestört sein kann. Vielmehr muss davon ausgegangen werden, dass Abweichungen der vier Indikatoren vom Durchschnitt ihren Ursprung in strukturellen Besonderheiten haben.[169] Und sollte die gesamte Volkswirtschaft im Ungleichgewicht sein, so ist zweifelhaft, ob ein einzelnes Land die nötigen fiskalpolitischen Impulse aussenden kann, um

166 Vgl. Bundesverfassungsgericht (1989).
167 Vgl. Kitterer, W. und M. Groneck (2006).
168 Vgl. Deutsche Bundesbank (2006b).
169 Vgl. Kitterer, W. (2007).

die Wirtschaft wieder ins Gleichgewicht zu bringen.[170] Auch ist es keinesfalls sicher, dass eine Kreditaufnahme über die grundgesetzliche Obergrenze hinaus geeignet ist, eine Annäherung an das gesamtwirtschaftliche Gleichgewicht zu gewährleisten.[171] So gibt es mittlerweile empirische Analysen die im Gegenteil auf positive Effekte von glaubhaften Konsolidierungsstrategien schließen lassen.[172]

Des Weiteren waren auch Sondervermögen eine beliebte Umgehungsmöglichkeit der Schuldengrenze, da diese von der Einschränkung des Art. 115 Abs. 1 GG a.F. ausgenommen waren.[173]

Die Gründe dafür, dass das Ziel der alten Schuldenregel nicht erreicht wurde, sind also darin zusehen, dass sowohl die Beschränkung der Kreditaufnahme auf die im Haushaltsplan veranschlagten Investitionsausgaben als auch die Ausnahmeregelung des Art. 115 Abs. 1 Satz 2 GG a.F. weder inhaltlich hinreichend präzise formuliert sind, noch die hinter ihnen stehende ratio ökonomisch nachvollziehbar ist. Ebenso mangelt es an wirkungsvollen Sanktionen bei Verstößen gegen die Schuldenbeschränkungen. Ein disziplinierender Effekt der Schuldengrenze des Art. 115 Abs. 1 Satz 2 GG a.F. ist nicht festzustellen.

3.2.3 Der Art. 109 Abs. 3 GG

Im Art. 109 Abs. 3 GG wurde im Zuge der Föderalismusreform II, die am 01. August 2009 in Kraft trat, zum 01.01.2011 eine neue Schuldengrenze verfassungsrechtlich verankert. Wörtlich heißt es:

> „Die Haushalte von Bund und Ländern sind grundsätzlich ohne Einnahmen aus Krediten auszugleichen. Bund und Länder können Regelungen zur im Auf- und Abschwung symmetrischen Berücksichtigung der Auswirkungen einer von der Normallage abweichenden konjunkturellen Entwicklung sowie eine Ausnahmeregelung für Naturkatastrophen oder außergewöhnliche Notsituationen, die sich der Kontrolle des Staates entziehen und die staatliche Finanzlage erheblich beeinträchtigen, vorsehen. Für die Ausnahmeregelung ist eine entsprechende Tilgungsregelung vorzusehen. Die nähere Ausgestaltung regelt für den Haushalt des Bundes Artikel 115 mit der Maßgabe, dass Satz 1 entsprochen ist, wenn die Einnahmen aus Krediten 0,35 vom Hundert im Verhältnis zum nominalen Bruttoinlandsprodukt nicht überschreiten. Die nähere Ausgestaltung für die Haushalte der Länder regeln diese im Rahmen ihrer verfassungsrechtlichen Kompetenzen mit der Maßgabe, dass Satz 1 nur dann entsprochen ist, wenn keine Einnahmen aus Krediten zugelassen werden."

---

170 Vgl. Kitterer, W. (2007).

171 Vgl. Kitterer, W. (2007).

172 Vgl. Briotti, M. G. (2005), Hemming et al. (2002) und Sachverständigenrat zur Begutachtung der gesamtwirtschaftlichen Entwicklung (2003).

173 Vgl. Mückl, S. (2007).

Art. 143d Abs. 1 GG regelt, dass die Vorgaben aus Art. 109 Abs. 3 GG und Art. 115 GG für den Bund ab 2016 und für die Länder ab 2020 gelten. Im Zeitraum vom 01. Januar 2011 bis zum 31.12.2015 für den Bund bzw. 31.12.2019 für die Länder dürfen diese von den Vorgaben des Art. 109 Abs. 3 GG abweichen. Bis zu den in Art. 143d Abs. 1 GG vorgegebenen Zeitpunkten haben sowohl der Bund als auch die Länder ihre Haushalte auszugleichen. Die Konjunkturbereinigung erfolgt dabei anhand eines auf EU-Ebene verwendeten Modells, wodurch die konjunkturell erlaubte Verschuldung durch eine Fachöffentlichkeit nachvollziehbar gemacht werden soll.[174] Hierneben wird ein Kontrollkonto eingerichtet, in welchem die im Vergleich zur Haushaltsplanung auftretenden Überschüsse oder Defizite erfasst und durch Kürzung oder Aufstockung von für Ausgaben vorgesehene Mittel über mehrere Haushaltsjahre hinweg abgebaut werden.[175] Die Kreditaufnahme in den Fällen von Naturkatastrophen und außergewöhnlichen Notsituationen bedarf zu ihrer Feststellung einer qualifizierten Mehrheit des Bundestages. Es wird ebenfalls eine Präventionsordnung normiert und der Finanzplanungsrat zu einem Stabilitätsrat aufgewertet.[176]

Weiter fallen fünf Länder unter ein „Konsolidierungsregime", in dem den betreffenden Ländern Hilfen zur Einhaltung der Vorgaben aus dem Art. 109 Abs. 3 GG gewährt werden. Art. 143d Abs. 2 GG bestimmt, dass

> „[...] den Ländern Berlin, Bremen, Saarland, Sachsen-Anhalt und Schleswig-Holstein für den Zeitraum 2011 bis 2019 Konsolidierungshilfen aus dem Haushalt des Bundes in Höhe von insgesamt 800 Millionen Euro jährlich gewährt werden."

Diese 800 Mio. € jährlich werden nach folgendem Schlüssel aufgeteilt: Bremen erhält 300 Mio. €, das Saarland 260 Mio. € und Berlin, Sachsen-Anhalt und Schleswig-Holstein jeweils 80 Mio. € jährlich. Voraussetzung für die Gewährung der Konsolidierungshilfen ist die vollständige Rückführung des Finanzierungsdefizits bis zum Ende des Jahres 2019. Die Details, wie z.B. die jährlichen Abbauschritte, die Überwachung des Abbaus der Defizite sowie Konsequenzen bei einer Verletzung der vereinbarten Abbauschritte, werden über ein Bundesgesetz und Verwaltungsvereinbarungen geregelt.[177] Das Gesetz zur Gewährung von Konsolidierungshilfen (KonsHilfG) legt im § 2 Abs. 1 fest, dass die

174 Vgl. Feld, L. P. (2010).
175 Vgl. Feld, L. P. (2010).
176 Vgl. Feld, L. P. (2010).
177 Diese und auch vorige Erläuterungen zum „Konsolidierungsregime" sind dem Art. 143d Abs. 2 GG entnommen.

empfangsberechtigten Länder ihr Defizit, beginnend mit dem Finanzierungsdefizit des Jahres 2010, bis 2020 jährlich um zehn Prozent abzubauen haben.

Der Art. 109 Abs. 3 GG setzt bei der Konsolidierung der Haushalte von Bund und Ländern auf der Ausgabenseite an, was sich mit der empirischen Evidenz zu den Bestimmungsfaktoren erfolgreicher Konsolidierungen deckt. Alesina und Ardagna (2010) zeigen für 21 OECD-Staaten im Zeitraum von 1970 bis 2007, dass erfolgreiche Konsolidierungen über die Ausgabenseite erfolgten und dass darüber hinaus durch Ausgabenreduktionen die Gefahr eines wirtschaftlichen Abschwungs geringer ist, als bei Steuererhöhungen.[178]

Auf den ersten Blick scheint die neue Regelung die Schwächen der alten Schuldengrenze nach Art. 115 Abs. 1 GG a.F. zu beheben. Zumindest wird ein exakter Wert für das Defizit gesetzt, nämlich Null für die Länder oder aber 0,35 % des Bruttoinlandsprodukts für den Bund. Im Fall eines normalen Wirtschaftswachstums geht damit eine Reduktion der Schuldenstandsquoten einher. Allerdings ist auch diese Schuldengrenze, im öffentlichen Sprachgebrauch auch „Schuldenbremse“ genannt, mit vielfältigen Unklarheiten behaftet. Vor allen Dingen die Ausnahmeregelungen und ihre mangelnde Präzision stehen einem effektiven Schuldenabbau im Weg und erinnern an die Schwächen der alten Schuldengrenze. Auch mangelt es wieder an wirkungsvollen Sanktionsmechanismen.

3.2.4 Kritik am Art. 109 Abs. 3 GG

Eine fundamentale Schwäche der neuen Schuldengrenze ist, dass sie ausschließlich die explizite Verschuldung betrachtet. Es ist wahrscheinlich, dass die demographische Entwicklung in Deutschland, vor allem über höhere Ausgaben der gesetzlichen Krankenversicherung und der Rentenversicherung sowie durch hohe Pensionsausgaben der Länder, in den kommenden Jahren zu einer erhöhten Ausgabenentwicklung beitragen wird.[179] Raffelhüschen et al. (2010) berechnen etwa eine implizite Staatsverschuldung Deutschlands von 230 % des Bruttoinlandsprodukts. Die explizite Schuldenstandsquote Deutschlands für das Jahr 2010 beträgt im Vergleich dazu „lediglich“ 83,2 %.[180]

Auch schreibt der Art. 109 Abs. 3 GG eine prinzipielle Nullverschuldung der Länder vor (die Ausnahmeregelung von 0,35 % des Bruttoinlandsprodukts für den Bund kann als Strukturkomponente interpretiert werden), jedoch ergibt

---

178 Siehe auch Feld, L. P. (2010). Allerdings kommen neuere Untersuchungen wie etwa von Guajardo et al. (2011) zu gegenteiligen Ergebnissen.

179 Vgl. Feld, L. P. (2010).

180 Vgl. Eurostat (2011).

sich für den Bund über die für ihn geltende Ausnahmeregelung eine erhebliche Aufweichung bisheriger Begrenzungen der Staatsverschuldung.[181] 0,35 % des Bruttoinlandsprodukts würden für das Jahr 2010 einer zulässigen Neuverschuldung von 8,75 Mrd. € entsprechen.[182] Im Rahmen dieses Verschuldungsspielraumes ist es zudem zulässig, dass der Bund jede Ausgabe, auch konsumtiver Art, kreditfinanziert, was die Kreditaufnahme zu einem regulären Finanzierungsinstrument macht. Bislang galt, zumindest formell, dass die laufende Staatstätigkeit nicht kreditfinanziert sein darf.[183] Zudem erscheint sowohl der Umfang der Verschuldung als auch deren Orientierung am Bruttoinlandsprodukt willkürlich bestimmt worden zu sein.[184] Zumindest steht dahinter keine wissenschaftlich objektivierbare, einleuchtende Begründung.

Es lassen sich auch Schwächen in der Ausgestaltung der Konsolidierungshilfen für die fünf Länder Berlin, Bremen, Saarland, Sachsen-Anhalt und Schleswig-Holstein feststellen. Durch den simplen Kniff, das Defizit im Jahr 2010 beträchtlich zu erhöhen, kann es Konsolidierungsländern gelingen sich zusätzlichen finanziellen Handlungsspielraum zu verschaffen. Auch sind die zu zahlenden Konsolidierungshilfen in ihrer Höhe wissenschaftlich nicht ausreichend fundiert.[185] Auch die Überwachung der zum Erhalt der Konsolidierungshilfen notwendigen Abbauschritte des strukturellen Finanzierungsdefizits der einzelnen Länder durch den Stabilitätsrat ist nicht einwandfrei gelungen. So überwacht der Stabilitätsrat zwar die Einhaltung der vereinbarten Abbauschritte, er kann jedoch ebenfalls feststellen, dass ein Überschreiten der Obergrenzen des Finanzierungssaldos unbeachtlich ist.[186] Hierdurch wird dem Stabilitätsrat die Möglichkeit gegeben, Verstöße gegen die Vereinbarungen zum Defizitabbau für einzelne Länder fallweise zu bewerten, was insofern problematisch ist, als dass es an einem für eine solche Bewertung notwendigen einheitlichen Standard mangelt.

Die strengen Verschuldungsvorgaben für den Bund und die Länder werden weiter durch die Ausnahmeregelungen des Art. 109 Abs. 3 GG konterkariert. In der Begründung des Gesetzgebers zur Implementierung der neuen Schuldengrenze heißt es:

---

181 Vgl. Bundesrechnungshof (2010).
182 Eigene Berechnung anhand der Daten aus Statistisches Bundesamt (2013a).
183 Vgl. Korioth, S. (2010).
184 Vgl. Magin, C. (2010).
185 Vgl. Feld, L. P. (2010).
186 Vgl. Feld, L. P. (2010).

„Absatz 3 beinhaltet kein absolutes Verbot der Kreditaufnahme, sondern lediglich den Grundsatz eines strukturell ausgeglichenen Haushalts. Kreditaufnahmen aus konjunkturellen Gründen oder in außergewöhnlichen Notsituationen bleiben weiterhin zulässig."[187]

Die Feststellung einer dieser beiden Ausnahmesituationen bedarf einer qualifizierten Mehrheit des Bundestages, was keine sonderlich hohe Hürde darstellt, da eine solche Mehrheit durch eine Kanzlermehrheit erfüllt ist, was von jeder Regierungskoalition als erfüllbar vorausgesetzt werden kann.[188]

Auch die Begründung der beiden Ausnahmeregelungen des Art. 109 Abs. 3 GG ist im Hinblick auf ihre inhaltliche und begriffliche Präzision kritisch zu hinterfragen. Ausnahmeregelungen gelten sowohl für Naturkatastrophen als auch für außergewöhnliche Notsituationen. Art. 35 GG gibt in den Absätzen 2 und 3 höchstens Hinweise darauf, was als Naturkatastrophe angesehen werden kann. Er wird dahingehend interpretiert, dass einer Naturkatastrophe ein Schadensereignis oder ein drohendes Schadensereignis hohen Ausmaßes entspricht, welches durch Naturgewalten verursacht wird.[189] Es ist aber fraglich, welches Naturereignis ab welchem Grad tatsächlich als Katastrophe angesehen werden kann. Eine Notsituation muss nach der Lesart des Art. 109 Abs. 3 GG außergewöhnlich sein, sich der Kontrolle des Staates entziehen und die staatliche Finanzlage erheblich beeinträchtigen. Welche Art von Notsituation diese Anforderungen erfüllt und somit als außergewöhnlich betrachtet werden kann, erschließt sich nur schwerlich. Zudem sind diese beiden Verschuldungsmöglichkeiten weder ökonomisch konzipiert, noch mit den anderen Kreditfällen abgestimmt.[190] Die beiden Ausnahmeregelungen der neuen Schuldengrenze sind kaum objektiv zu bewerten, sondern unterstehen immer auch einer subjektiven Komponente. Weiter fehlt es an einer Zweckbindung der aufgenommenen Kredite zur Bewältigung einer der beiden Notsituationen sowie einer Begrenzung der Kredithöhe bei Berufung auf einen der beiden Ausnahmefälle.[191]

Auch die Regelung des Art. 109 Abs. 3 Satz 2 GG, nach der Bund und Länder „[...] Regelungen zur im Auf- und Abschwung symmetrischen Berücksichtigung der Auswirkungen einer von der Normallage abweichenden konjunkturellen Entwicklung [...]" treffen können, ist im Sinne der Begrenzung der öffentlichen Verschuldung nicht zielführend. Ihr liegt die Vorstellung eines idealtypischen,

187 Deutscher Bundestag (2009), S. 6.
188 Vgl. Feld, L. P. (2010).
189 Vgl. Korioth, S. (2010).
190 Vgl. Korioth, S. (2010).
191 Vgl. Korioth, S. (2010).

sinusförmigen und auch vorhersehbaren Konjunkturzyklus' zugrunde, was fern jedweder Realität ist.[192] Es fällt zudem eine Ballung unbestimmter Rechtsbegriffe ins Auge, welche eine erhebliche subjektive Interpretierbarkeit bedingt.[193] Die konjunkturelle Normallage wird für den Bund in § 5 Abs. 2 des Ausführungsgesetzes zu Art. 115 GG (Artikel 115-Gesetz - G 115) definiert:

> „Eine Abweichung der wirtschaftlichen Entwicklung von der konjunkturellen Normallage liegt vor, wenn eine Unter- oder Überauslastung der gesamtwirtschaftlichen Produktionskapazitäten erwartet wird (Produktionslücke). Dies ist der Fall, wenn das auf der Grundlage eines Konjunkturbereinigungsverfahrens zu schätzende Produktionspotenzial vom erwarteten Bruttoinlandsprodukt für das Haushaltsjahr, für das der Haushalt aufgestellt wird, abweicht."

Diese Definition ist nicht hinreichend präzise. Die Bestimmung erscheint wahllos, auslegungsfähig, sowie sektoral und unbestimmt.[194] Die Indikatoren zur Feststellung der Abweichung der konjunkturellen Entwicklung von der Normallage sind wenig stichhaltig und ermangeln an dazugehörigen Grenzwerten. Hier ist kein Fortschritt im Vergleich zur alten Ausnahmeregelung zur Störung des gesamtwirtschaftlichen Gleichgewichts erkennbar. Auch die Regelung des Art. 115 Abs. 2 Satz 4 GG der konjunkturgerechten Rückführung der auf einem Kontrollkonto erfassten Abweichungen von der Kreditobergrenze weiß nicht zu überzeugen. Durch die Aussparung einer genauen Definition des Terminus' konjunkturgerecht, ergibt sich auch hier ein erheblicher Interpretationsspielraum.[195]

Ein weiterer nicht unerheblicher Kritikpunkt an der neuen Schuldengrenze ist die Erfassung finanzieller Transaktionen.[196] In Art. 109 Abs. 3 GG heißt es zwar, dass die Haushalte von Bund und Ländern *„[...] grundsätzlich ohne Einnahmen aus Krediten auszugleichen [...]"* sind, jedoch macht Art. 115 Abs. 2 GG hiervon Abweichungen möglich. So heißt es in Satz 5:

> „Näheres, insbesondere die Bereinigung der Einnahmen und Ausgaben um finanzielle Transaktionen [...], regelt ein Bundesgesetz."

Im Gesetzesentwurf der Kommission von Bundestag und Bundesrat zur Modernisierung der Bund-Länder-Finanzbeziehungen zum Ausführungsgesetz zu Art. 115 GG heißt es in § 3:

---

192 Vgl. Magin, C. (2010).
193 Vgl. Korioth, S. (2010).
194 Vgl. Korioth, S. (2010).
195 Vgl. Korioth, S. (2010).
196 Siehe hierzu Tappe, H. (2009) und Magin, C. (2010), die als zwei von Wenigen diese Problematik erkannt und ausführlich diskutiert haben.

„Aus den Ausgaben nach § 2 Absatz 1, 1. Halbsatz sind die Ausgaben für den Erwerb von Beteiligungen, für Tilgungen an den öffentlichen Bereich und für die Darlehensvergabe herauszurechnen, aus den Einnahmen nach § 2 Absatz 1, 1. Halbsatz diejenigen aus der Veräußerung von Beteiligungen, aus der Kreditaufnahme beim öffentlichen Bereich sowie aus Darlehensrückflüssen.»

Erwirbt der Staat netto mehr Beteiligungen als er verkauft, so sind diese Nettoausgaben nicht Gegenstand der Kreditobergrenze und können kreditfinanziert werden. Ebenso verhält es sich mit den Tilgungen an den öffentlichen Bereich und die Darlehensvergabe.[197]

Magin (2010) gibt ein Beispiel dafür, wie der Bund mit Hilfe dieser Regelungslücke die neue Schuldengrenze aushebeln kann: Der Bund gründet eine Bundesautobahn-AG, an der er 100 % Besitzanteile hält. Sämtlicher Aufwand, wie Instandhaltung oder das Personal, ist von der AG zu leisten. Sollte das Eigenkapital aufgebraucht sein, so wird über die Ausgabe neuer Aktien eine Kapitalerhöhung durchgeführt. Der Erwerb dieser neu emittierten Aktien durch den Bund wird kreditfinanziert. Als (Netto-)erwerb von Beteiligungen ist diese Transaktion von der Kreditbegrenzung ausgenommen. Dieses Vorgehen ist analog für jedwede öffentliche Aufgabe denkbar. Auch der kreditfinanzierte Erwerb von Beteiligungen an in Not geratene Banken oder Unternehmen durch den Bund und die Länder ist vorstellbar.

Eine weitere Unzulänglichkeit der neuen Regelung ist durch die der Schuldengrenze zugrunde liegende Abgrenzung des öffentlichen Sektors gegeben.[198] Dadurch, dass die Schuldenregel und der mit ihr verbundene Haushaltsausgleich in der Haushaltsplanung lediglich für den Bund und die Länder normiert sind und die Gemeinden den Ländern und die Sozialversicherungen dem Bund erst im Haushaltsvollzug zugerechnet werden, ergeben sich für den Bund zusätzliche Gestaltungsspielräume, indem er bspw. den Sozialversicherungen keine Zuschüsse, sondern Darlehen gewährt.[199] Allerdings soll nicht unerwähnt bleiben, dass die Gemeinden im Rahmen des 2012 abgeschlossenen Europäischen Fiskalpakts (Vertrag über Stabilität, Koordinierung und Steuerung in der Wirtschafts- und Währungsunion - SKS-Vertrag) Einbezug finden.

Im Falle der Sondervermögen besteht nun zwar keine Möglichkeit mehr, diese von der Verschuldungsbegrenzung auszunehmen, jedoch sind die bereits

---

197 Vgl. Magin, C. (2010).

198 Vgl. Feld, L. P. (2010).

199 Vgl. Feld, L. P. (2010) und Magin, C. (2010).

gebildeten Sondervermögen hiervon nicht betroffen.[200] Insbesondere ist unklar, ob der Bund daran gehindert werden kann, bestehende Fonds, wie z.B. den zur Krisenbewältigung geschaffenen Bankenrettungsfonds Soffin oder den Tilgungsfonds zur teilweisen Finanzierung des Konjunkturpaketes II, im Zuge etwaiger europäischer Rettungsaktionen umzuwidmen und somit diese Verschuldung außerhalb des Budgets zu verlagern.[201] Des Weiteren fehlt es an einer zeitlichen Begrenzung der Altfonds.[202]

Dem durch die Föderalismusreform II konstituierten Stabilitätsrat kommen die Aufgaben zu, die Haushalte des Bundes und der Länder regelmäßig anhand bestimmter, allgemein gültiger und geeigneter Kennziffern zu überwachen sowie Sanierungsverfahren durchzuführen. Die Kennziffern anhand derer der Stabilitätsrat die Haushaltslage des Bundes und der Länder überwacht sowie die den Kennziffern zugeordneten Schwellenwerte sind in der Tabelle 6 festgehalten. Die Kennziffern ergeben sich aus dem § 3 des Gesetzes zur Errichtung eines Stabilitätsrates und zur Vermeidung von Haushaltsnotlagen (StabiRatG).

Dem Stabilitätsrat kommen im Rahmen des durch die neue Schuldenbremse konstituierten „Stabilitätsrats-Regimes" somit wichtige Aufgaben im Bereich der Prävention und Bewältigung von Haushaltskrisen zu. Anhand der auf die Tabelle 6 folgenden Ausführungen soll weiter unten aber gezeigt werden, dass die konkrete Ausgestaltung dieser Aufgaben als nicht gelungen zu bezeichnen ist.

Tabelle 6: Kennziffern und Schwellenwerte des Stabilitätsrats zur Überwachung der Haushaltslage von Bund und Ländern, eigene Darstellung in Anlehnung an Stabilitätsrat (2010). Für die genaue Ausgestaltung und Bestimmung der einzelnen Kennziffern und Schwellenwerte siehe Stabilitätsrat (2010)

Kennziffer	Definition	Schwellenwert
Struktureller Finanzierungssaldo	Finanzierungssaldo in periodengerechter Abgrenzung des Länderfinanzausgleichs bereinigt um den Saldo finanzieller Transaktionen und konjunktureller Einflüsse.	*Für die Länder:* 200 € je Einwohner des Länderdurchschnitts. *Für den Bund:* Bei Überschreitung des festgelegten Abbaupfades um mehr als 50 € je Einwohner.

200 Vgl. Feld, L. P. (2010).
201 Vgl. Feld, L. P. (2010).
202 Vgl. Korioth, S. (2010).

Kennziffer	Definition	Schwellenwert
Kreditfinanzierungsquote	Verhältnis der Nettokreditaufnahme in periodengerechter Abgrenzung des Länderfinanzausgleichs zu den bereinigten Ausgaben.	*Für die Länder:* Drei Prozentpunkte des Länderdurchschnitts. *Für den Bund:* Die Kreditfinanzierungsquote eines gleitenden Jahresdurchschnitts der letzten fünf Jahre zzgl. acht Prozentpunkten. Für den Zeitraum der Finanzplanung gilt der Schwellenwert des laufenden Haushaltsjahres.
Schuldenstand	Schuldenstand zum Stichtag 31.12. (fundierte Schulden am Kreditmarkt).	*Für die Länder:* 130 % des Länderdurchschnitts bei Flächenländern, 220 % des Länderdurchschnitts bei Stadtstaaten. *Für den Bund:* Der Schuldenstand in Relation zum Bruttoinlandsprodukt eines gleitenden Jahresdurchschnitts der letzten fünf Jahre zzgl. acht Prozentpunkten.
Zins-Steuer-Quote	Verhältnis der Zinsausgaben zu den Steuereinnahmen.	*Für die Länder:* 140 % des Länderdurchschnitts bei Flächenländern, 150 % des Länderdurchschnitts bei Stadtstaaten. *Für den Bund:* Die Zins-Steuer-Quote eines gleitenden Jahresdurchschnitts der letzten fünf Jahre zzgl. acht Prozentpunkten.

Einen ersten Kritikpunkt am Stabilitätsrat bildet seine Zusammensetzung. Es wäre wünschenswert, wenn Vertreter der Bundesbank ihm als Mitglieder, anstatt lediglich als Gäste, angehörten.[203] Kritisch zu beurteilen sind auch die Sanktionsmöglichkeiten des Stabilitätsrats bei einem Verstoß von Bund oder Ländern gegen Konsolidierungsvereinbarungen.

203 Vgl. Feld, L. P. (2010).

Nach § 4 Abs. 2 StabiRatG prüft der Stabilitätsrat, ob dem Bund oder einem Land eine Haushaltsnotlage droht, wenn diese im Rahmen der allgemeinen Haushaltsüberwachung darauf hinweisen, dass ihnen eine solche droht oder aber, wenn der Bund oder ein Land die Mehrzahl der in Tabelle 6 dargestellten Kennziffern überschreitet oder eine Überschreitung dieser Kennziffern projiziert wird. Anschließend werden die Ergebnisse der Prüfung bei der nächsten Sitzung des Stabilitätsrats vorgelegt, Stellung zum Prüfungsinhalt bezogen sowie eine Beschlussempfehlung gegeben.[204] Auf Grundlage der Prüfungsergebnisse beschließt der Stabilitätsrat schließlich nach § 4 Abs. 5 StabiRatG, ob dem Bund oder einem Land eine Haushaltsnotlage droht. Bei drohender Haushaltsnotlage vereinbart der Stabilitätsrat mit dem Bund oder dem betroffenen Land ein Sanierungsprogramm nach § 5 Abs. 1 StabiRatG, welches sich grundsätzlich über fünf Jahre erstreckt und auf Vorschlägen des Bundes oder des betroffenen Landes beruht. Das Problem ist dabei die Phase der Sanierung. Der Bund oder das betroffene Land haben zwar halbjährlich an den Stabilitätsrat über die Einhaltung der Sanierungsvereinbarung zu berichten, bei Abweichungen von der Sanierungsvereinbarung prüft der Stabilitätsrat jedoch lediglich weitere notwendige Maßnahmen zur Einhaltung der Sanierungsvereinbarung, und zwar im Einvernehmen mit dem Bund oder dem betroffenen Land.[205] Es setzt kein automatischer Sanktionsmechanismus ein. Sollten die Vorschläge oder die Umsetzung der vereinbarten Maßnahmen des Bundes oder des betroffenen Landes aus Sicht des Stabilitätsrats unzureichend sein, so beschließt er lediglich eine Aufforderung zur verstärkten Haushaltssanierung. Sollten die notwendigen Maßnahmen spätestens ein Jahr nach dieser Aufforderung des Stabilitätsrats immer noch nicht ergriffen worden sein, so werden der Bund oder das betroffene Land lediglich erneut aufgefordert, ihre Bemühungen zu verstärken.[206] Auch hier ist kein automatischer Sanktionsmechanismus vorgesehen.

Nach § 5 Abs. 4 StabiRatG prüft der Stabilitätsrat nach Abschluss des Sanierungsverfahrens erneut die Haushaltslage des Bundes oder des betroffenen Landes und trifft für den Fall, dass weiterhin eine Haushaltsnotlage droht, eine neue Sanierungsvereinbarung. Dies perpetuiert die Situation des Bundes oder eines Landes, dem eine Haushaltsnotlage droht. Eine elementare Schwäche

204 Vgl. § 4 Abs. 4 StabiRatG.
205 Vgl. § 5 Abs. 2 StabiRatG.
206 Vgl. § 5 Abs. 3 StabiRatG.

des Stabilitätsrats ist somit in seiner mangelnden Kompetenz zu spürbaren Sanktionen zu sehen.[207]

Eine weitere Schwäche der neuen Schuldengrenze kann im Zeitpunkt ihres Eintretens für die Länder gesehen werden. Für die Länder tritt die neue Schuldengrenze erst ab dem Jahr 2020 in Kraft, für die fünf Konsolidierungsländer gelten die oben erläuterten abweichenden Regelungen. Mit Ablauf des Jahres 2019 laufen parallel auch die bisherigen Regelungen zum Finanzausgleich aus.[208] Dies hat zur Folge, dass bis zum 31.12.2019 ein neues Finanzausgleichsgesetz ausgehandelt sein muss, welches dann ab dem 01.01.2020 gilt. Tritt ein Land nun in solche Verhandlungen, hat es einen Anreiz, dies als ein „armes" Land zu tun, da dies die Argumentation zu Gunsten einer großzügigen Behandlung erleichtert.[209] Dies kann als Erklärung dafür dienen, wieso auch hochverschuldete Länder der neuen Schuldengrenze zugestimmt haben. Sollten diese nämlich bis zum Jahr 2020 ihre Konsolidierung nicht ausreichend vorangetrieben haben, so können sie Konsolidierungskosten externalisieren, indem sie, mit Hinweis auf die Nullverschuldungsgrenze des Art. 109 Abs. 3 GG, auf ein großzügiges neues Finanzausgleichsgesetz pochen.[210] Es ist vor diesem Hintergrund zumindest fraglich, wie ernsthaft die Konsolidierungsbemühungen der Bundesländer bis zum Jahr 2020 vorangetrieben werden.[211]

Ein abschließendes und entscheidendes Kriterium zur Beurteilung der neuen Schuldengrenze ist deren Glaubwürdigkeit. Damit ist sowohl die glaubhafte Versicherung der Verringerung der öffentlichen Verschuldung auf allen Ebenen der Bundesrepublik Deutschland als auch die zeitliche Konsistenz der Regelungen, vor allem vor dem Hintergrund des verzögerten Eintretens ab dem Jahr 2016 für den Bund bzw. 2020 für die Länder, gemeint.

Zum ersten Punkt können aufgrund der vorigen Ausführungen berechtigte Zweifel geltend gemacht werden. Der zweite Punkt lässt sich vor der gesetzlichen Verankerung der Schuldengrenze und vor der zeitlichen Konsistenz von Wähler- und Politikerpräferenzen analysieren.

---

207 Zu der mangelhaften Ausgestaltung des Stabilitätsratsgesetzes siehe auch Korioth, S. (2010).

208 Vgl. § 20 FAG.

209 Vgl. Heinemann, F. (2010).

210 Vgl. Heinemann, F. (2020).

211 Zur Problematik der zeitlichen Koinzidenz des Eintretens der neuen Schuldengrenze und des Auslaufens des Finanzausgleichsgesetzes siehe auch Korioth, S. (2010).

Die gesetzliche Verankerung ist im Großen und Ganzen als gelungen zu bewerten. Sie nimmt einen Platz zwischen einer einfachgesetzlichen (bspw. ist hier die Rente mit 67 zu nennen) und einer supranational oder völkerrechtlich abgesicherten Vereinbarung (ein Beispiel für eine supranational abgesicherte Vereinbarung ist der Beschluss zur Liberalisierung der Post- und Telekommunikationsmärkte innerhalb der Europäischen Union) ein.[212] Sie ist zwar nicht vor einer späteren Veränderung gefeit, jedoch stellt die hierfür erforderliche Zwei-Drittel-Mehrheit in Bundestag und Bundesrat eine recht hohe, allerdings nicht unüberwindbare, Hürde dar.[213]

Bei der Bewertung der zeitlichen Konsistenz der neuen Schuldengrenze muss vor allem auf die zeitlichen Inkonsistenzen von Wähler- und Politikerpräferenzen abgestellt werden. Sowohl Wähler als auch Politiker haben ein gesteigertes Interesse an der Kreditfinanzierung im Gegensatz zur Steuerfinanzierung. Nach Barro (1974) sind heutige Individuen indifferent zwischen einer Kredit- und Steuerfinanzierung, da sie zukünftige Steuererhöhungen als Folge heutiger Neuverschuldung antizipieren und ihre Nutzenfunktion aus Sorge um das Wohl ihrer Nachkommen intergenerativ verknüpfen. Vor dem Hintergrund sinkender Bevölkerungszahlen in nahezu allen Industrieländern weiß das zweite Argument allerdings wenig zu überzeugen.[214]

Auch das erste Argument lässt sich zumindest anzweifeln. So argumentiert Oates (1988), dass Wähler eher in der Lage sind, die kurzfristigen Kosten aus Besteuerung als die langfristigen Kosten durch Schuldenaufnahme wahrzunehmen. Downs (1957a) beschreibt Wähler als rationale Ignoranten, die keinen Anreiz haben, sich vor einer Wahl zu informieren. Und Hayford (1989) weist darauf hin, dass aufgrund von Liquiditätsbeschränkungen der Bürger eine Kreditfinanzierung eine Erhöhung des Konsums erlaubt, welche unter Kreditrestriktionen nicht möglich wäre. Sowohl Wähler als auch Politiker, die ihre Wähler zufriedenstellen müssen, um wiedergewählt zu werden, haben somit einen kurzfristigen Schuldenanreiz.

Dies ist auch als entscheidende Erklärungsvariable für die zeitliche Streckung der Einführung der neuen Schuldengrenze zu sehen. Eine Voraussetzung der Ricardianischen Äquivalenz sind im Zeitverlauf stabile Zeitpräferenzraten, was bedeutet, dass die Diskontfaktoren des intertemporalen Kalküls, welche durch die Zeitpräferenz bestimmt werden, im Zeitverlauf konstant sind.[215]

212 Vgl. Heinemann, F. (2010).

213 Vgl. Heinemann, F. (2010) oder auch Magin, C. (2010).

214 Für eine detaillierte Prognose der Bevölkerungsentwicklung in Deutschland bis zum Jahr 2050 siehe Statistisches Bundesamt (2006).

215 Vgl. Heinemann, F. (2010).

Allerdings belegt die Empirie typischerweise mit dem Zeitverlauf fallende Zeitpräferenzraten.[216] Individuen sind also umso mehr zu einem Konsumverzicht bereit, je weiter dieser von der Gegenwart entfernt liegt.[217] Je näher man nun aber diesem zukünftigen Zeitpunkt kommt, umso mehr schwindet die Bereitschaft zum Konsumverzicht, da dieser ursprünglich weit entfernte Zeitpunkt nun nahe und spürbarer ist. Dies lässt sich als eine Interaktion von „*multiple selves*“[218] interpretieren. Die Präferenzen in Bezug auf zukünftige Entscheidungen können sich zwischen dem heutigen und dem zukünftigen Selbst eines Individuums unterscheiden.[219] Bezogen auf die Schuldenbremse kann es also durchaus sein, dass der gegenwärtige Wille in Zukunft Schuldenstände abzubauen von einem zukünftigen Selbst konterkariert wird. Dies lässt die zeitliche Konsistenz der neuen Schuldengrenze zumindest fraglich erscheinen.

Auch die neue Schuldenbremse weiß nicht vollends zu überzeugen. Es wurden zwar genaue Grenzwerte der Verschuldung gesetzt, jedoch wurde es verfehlt, die Schlupflöcher zur Überschreitung dieser vorgegebenen Grenzen zu schließen. Es fehlt abermals an begrifflicher Präzision und an wirkungsvollen Sanktionsmechanismen. Auch stört die lediglich Betrachtung der expliziten Schulden, sowie die Ausnahmeregelung einer Neuverschuldung von 0,35 % des Bruttoinlandsprodukts für den Bund, wodurch die Kreditaufnahme für diesen zum regulären Finanzierungsinstrument wird. Auch die Finanzhilfen für die fünf Konsolidierungsländer und vor allem die Überwachung durch den Stabilitätsrat, sowohl der Konsolidierungsländer als auch der allgemeinen Haushaltslage von Bund und Ländern, sind nicht hinreichend ökonomisch begründet und zumindest zu hinterfragen. Nicht gelungen ist ebenfalls die zeitliche Koinzidenz des Eintretens der neuen Schuldenbremse für die Länder und des Auslaufens des gegenwärtigen Finanzausgleichsgesetzes, wodurch Anreize zu einer wenig ernsthaften Konsolidierung geschaffen werden. Schließlich kann nicht ausgeschlossen werden, dass die neue Schuldengrenze an einem Glaubwürdigkeitsproblem laboriert.

3.2.5 Die EU-Konvergenzkriterien

Die EU-Konvergenzkriterien haben ihren Ursprung im Vertrag von Maastricht, der 1993 in Kraft getreten ist. Da sie bereits dort als Konvergenzkriterien aufgeführt wurden, wird in der Öffentlichkeit auch von den „Maastricht-Kriterien“

216 Für eine Übersicht siehe Frederick, S. et al. (2002).
217 Vgl. Heinemann, F. (2010).
218 Frederick, S. et al. (2002), S. 375.
219 Vgl. Heinemann, F. (2010).

gesprochen. Die EU-Konvergenzkriterien beziehen sich auf den Gesamtstaat und konstituieren keine Schuldengrenze für Gliedstaaten wie etwa die deutschen Bundesländer. Wesentliche Rechtsgrundlage für die EU-Konvergenzkriterien ist der Art. 126 AEUV und das dem Vertrag angefügte Protokoll 12. Darin ist festgehalten, dass das Haushaltsdefizit eines EU-Mitgliedstaates drei Prozent im Verhältnis zu seinem Bruttoinlandsprodukt nicht überschreiten darf. Weiter gilt die Bestimmung, dass die Schuldenstandsquote eines EU-Mitgliedstaates, also das Verhältnis von Schuldenstand zum Bruttoinlandsprodukt, einen Wert von 60 % nicht überschreiten darf.

Die Wirkung dieser Regelung ist zweifelhaft. Im Jahr 2010 belief sich das Haushaltsdefizit der 27 EU-Mitgliedstaaten im Durchschnitt auf 6,4 % und die Schuldenstandsquote auf 80,0 %. Insgesamt wiesen 22 von 27 EU-Mitgliedstaaten im Jahr 2010 ein Defizit aus, was die Drei-Prozent-Hürde überstieg. Lediglich Luxemburg (-1,7 %), Finnland (-2,5 %) und Dänemark (-2,7 %) wiesen Defizitquoten von unter drei Prozent auf, Schweden (0,0 %) konnte einen Ausgleich erzielen, Estland (0,1 %) einen leichten Überschuss. Die höchsten Defizite verzeichneten Irland (-32,4 %), Griechenland (-10,5 %) und das Vereinigte Königreich (-10,4 %).[220] Weiter wiesen 14 der 27 EU-Mitgliedstaaten im Jahr 2010 eine Schuldenstandsquote von mehr als 60 % auf, darunter mit Griechenland (142,8 %) und Italien (119,0 %) sogar zwei Mitgliedstaaten mit einer Schuldenstandsquote von über 100 %. Die niedrigste Schuldenstandsquote wies mit einem Wert von lediglich 6,6 % Estland auf, gefolgt von Bulgarien (16,2 %) und Luxemburg (18,4 %).[221]

Eine Vielzahl von Belegen zeigt, dass die Schuldenbegrenzungen auf EU-Ebene rege umgangen werden.[222] Die EU-Konvergenzkriterien sind allem Anschein nach nicht geeignet gewesen, die Staatsverschuldung in der Vergangenheit zu begrenzen. Offensichtlich wird dies an der gegenwärtigen Situation Griechenlands, was unmittelbar vor einem Staatsbankrott steht. Es ist schon länger nicht mehr in der Lage seine Schulden eigenständig zu bedienen und am Kapitalmarkt zu agieren. Abgewendet wird seine Insolvenz bislang durch Rettungspakete der EU-Gemeinschaft.[223] So hat die EU einen Rettungsschirm für notleidende EU-Staaten installiert, der diesen bis zum Jahr 2013 Hilfen in Form von Krediten und Garantien

---

220 Vgl. Eurostat (2011).

221 Vgl. Eurostat (2011).

222 Vgl. z.B. Dafflon, B und S. Rossi (1999).

223 Zum EU-Rettungsschirm siehe auch die Erklärung der Staats- und Regierungschefs des Euro-Währungsgebietes (2010).

gewährt.[224] Im Mai 2010 hat die EU im Rahmen der Europäischen Finanzstabilisierungsfazilität (EFSF - European Financial Stability Facility) Bürgschaften für EU-Mitgliedstaaten in Höhe von 440 Mrd. € und Kredite der EU-Kommission im Umfang von 60 Mrd. € beschlossen. Zusätzlich erhielt Griechenland Direkthilfen in Höhe von 80 Mrd. €.[225] Der Internationale Währungsfonds (IWF) hat zudem 250 Mrd. € an Bürgschaften sowie 30 Mrd. € Direkthilfe an Griechenland zugesagt.[226] Die Europäische Zentralbank hat überdies vor allem griechische, irische und portugiesische Staatsanleihen in einem Volumen von rund 70 Mrd. € aufgekauft.[227] Jedoch gehen mittlerweile auch renommierte Volkswirte davon aus, dass der Weg Griechenlands unweigerlich in einen Staatsbankrott führen wird.[228] Andere sehen die Lösung in einer geordneten Insolvenz Griechenlands.[229]

3.2.6 Kritik an den EU-Konvergenzkriterien

Neben der offensichtlichen Unfähigkeit, die Staatsverschuldung der EU-Mitgliedstaaten zu begrenzen sind die EU-Konvergenzkriterien auch hinsichtlich ihrer konkreten Ausgestaltung kritisch zu hinterfragen. Die Grenzwerte von drei Prozent für das Haushaltsdefizit und 60 % für die Schuldenstandsquote sind ökonomisch nicht begründet und wohl eher das Produkt politischer Verhandlungen. Zumindest können sie nicht dahingehend interpretiert werden, dass sich aus ihnen theoretisch bestimmen ließe, ab wann die Verschuldung eines EU-Mitgliedstaates nicht mehr tragbar sei.[230] So erreichte Spanien im Jahr 2010 einen Wert von 60,1 % seiner Schuldenstandsquote, wohingegen Deutschland den Referenzwert von 60 % mit einer Schuldenstandsquote von 83,2 % deutlich überstieg.[231] Nichtsdestotrotz stand Spanien kurz davor, sich unter den

---

224 Vgl. Hishow, O. N. (2011).

225 Vgl. Grossmann, V. (2011).

226 Vgl. Grossmann, V. (2011).

227 Vgl. Grossmann, V. (2011).

228 So führe der jetzt eingeschlagene Weg laut Prof. Dr. Stefan Homburg im Gespräch mit dem Spiegel „[…] letztlich in Staatsbankrott und Währungsreform.“. Vgl. dazu www.spiegelonline.de (26.06.2011).

229 So sprechen sich bspw. Schäfer, H.-B. (2010), Dietrich, D. et al. (2010). Hishow, O. N. (2011), Paulus, C. G. (2010), Holtemöller, O. und T. Knedlik (2011) allesamt für ein geordnetes Insolvenzverfahren auf EU-Ebene aus. Smeets, H.-D. (2010) sieht eine Umschuldung Griechenlands als unausweichlich an. Kirchner, C. (2011) plädiert für eine Restrukturierung griechischer Staatsschulden.

230 Vgl. Magin, C. (2010).

231 Vgl. Eurostat (2011).

EU-Rettungsschirm zu flüchten. Auch Irland blieb in den Jahren 2007 und 2008 bei mindestens einer der beiden Kennzahlen unter deren Referenzwert, im Jahr 2007 sogar bei beiden.[232] Deutschland hingegen stand und steht immer noch wirtschaftlich solide und mit überaus positiven Zukunftsaussichten da.[233]

Ebenso kam es in der Vergangenheit gegen mehrere Staaten (in der vergangenen Dekade waren dies Portugal, Deutschland, Frankreich, Griechenland, die Niederlande und Italien) zu Defizitverfahren. Da sich gegenwärtig jedoch ein uneinheitliches Bild zwischen diesen Staaten zeichnet, was ihre finanzielle Situation angeht, so kann zumindest angezweifelt werden, ob die EU-Konvergenzkriterien wirklich zielgenau sind.[234] Auch Argentinien z.B. wies zum Zeitpunkt der Erklärung des Defaults seiner öffentlichen Schulden am 24. Dezember 2001 eine Schuldenstandsquote von 64 % auf, was im Vergleich zur derzeitigen Schuldenstandsquote Deutschlands moderat wirkt, musste jedoch seine Unfähigkeit zur Bedienung seiner Schulden und somit seine Zahlungsunfähigkeit erklären.[235]

Es ist ebenfalls unklar, warum gerade das Bruttoinlandsprodukt als Bezugspunkt für die Beurteilung der Staatsverschuldung ausgewählt wurde. Die Trag- und auch die Tilgungsfähigkeit der Schulden eines Staates hängen vielmehr von seinem Einnahmepotential ab. Im Bruttoinlandsprodukt wird zudem nicht der Verschleiß und das wirtschaftliche Veralten des Anlagevermögens abgebildet.[236] Ebenso stellt die Nettoneuverschuldung lediglich auf die Neuaufnahme und Tilgung expliziter Kredite ab und bildet somit weder den Verschleiß staatlichen Vermögens, noch die implizite Verschuldung wie etwa durch zukünftige Pensionslasten ab.[237] Auch sind die EU-Konvergenzkriterien nicht miteinander vereinbar, ein gleichzeitiges Einhalten beider Verschuldungskriterien ist nicht möglich. Um die Schuldenstandsnorm einzuhalten, müsste die Wirtschaft eines EU-Mitgliedstaates bei Einhaltung der Defizitnorm nominal um fünf Prozent wachsen.[238] Ein Blick in die Vergangenheit zeigt, dass solche Wachstumsraten auf lange Sicht unrealistisch sind.

232 Vgl. Eurostat (2011).
233 Vgl. Statistisches Bundesamt (2011i).
234 Vgl. Dietrich, D. et al. (2010).
235 Vgl. Krueger, A. O. (2002a).
236 Vgl. Magin, C. (2010).
237 Vgl. Magin, C. (2010).
238 Vgl. Wissenschaftlicher Beirat beim Bundesministerium für Wirtschaft und Technologie (2011) oder auch Helmedag, F. (2004).

Ein weiterer Kritikpunkt an den EU-Konvergenzkriterien ist die Duldung ihrer Verletzung. Seit der Einführung des Euros ist nicht ein Verstoß gegen das Defizitkriterium geahndet worden.[239] So bemängelt der Sachverständigenrat zur Begutachtung der gesamtwirtschaftlichen Entwicklung (2005) die mangelnde Sanktionierung von Defizitverstößen sowie die nachträgliche Verwässerung der anfangs, zumindest formal, strikten Regeln. Sanktionierungsmöglichkeiten zur Kontrolle der Einhaltung der EU-Konvergenzkriterien können aber nur dann erfolgreich sein, wenn die „Rute im Fenster steht", also die Defizit- und/oder Schuldenstandssünder auch die konkrete Anwendung von Sanktionen fürchten müssen, deren Androhung also realistisch ist.

Weder die Regelung des Art. 115 GG a.F., noch die neue Schuldengrenze im Art. 109 Abs. 3 GG und die EU-Konvergenzkriterien scheinen geeignet, die öffentliche Verschuldung effektiv zu begrenzen. Zudem wissen diese drei Schuldenregeln auch in ihrer formalen Ausgestaltung nicht zu überzeugen.

Nun kann aber nicht per se angenommen werden, dass öffentliche Verschuldung „schlecht" sei. Es müssen vielmehr Grenzen einer tragfähigen öffentlichen Verschuldung ökonomisch abgeleitet und definiert werden, um feststellen zu können, ab welchem Punkt sich öffentliche Verschuldung zu einer Schuldenkrise auswächst. Das folgende Kapitel beschäftigt sich damit, wie Schuldenkrisen bislang identifiziert wurden, um darauf aufbauend Möglichkeiten der Entschuldung und den bisherigen Umgang mit Schuldenkrisen darzustellen.

3.3 Bisherige Indikatoren zur Beurteilung öffentlicher Haushaltslagen, Möglichkeiten der Entschuldung und der Umgang mit festgestellten Schuldenkrisen

Dieses Kapitel gibt einen Überblick über die bisher verwendeten Indikatoren zur Beurteilung der Haushaltslage einer Gebietskörperschaft, die prinzipiellen Möglichkeiten einer Gebietskörperschaft sich zu entschulden und den Umgang mit einer festgestellten Schuldenkrise. Im ersten Unterkapitel werden die Kriterien erläutert, nach denen das Bundesverfassungsgericht die Krisenhaftigkeit der Verschuldungssituation eines Bundeslandes bewertet hat und bewertet. Des Weiteren wird dargelegt, wie auf EU-Ebene beurteilt wird, ab wann sich die Schuldensituation eines Mitgliedstaates zu einer Krise ausgewachsen hat. Abschließend werden weitere, in Wissenschaft und Praxis diskutierte, Indikatoren zur Tragfähigkeit öffentlicher Verschuldung diskutiert. Im zweiten Unterkapitel

239 Vgl. Dietrich, D. et al. (2010).

wird aufgezeigt, welche prinzipiellen Möglichkeiten der Entschuldung einer Gebietskörperschaft offenstehen und ob diese auch für die deutschen Bundesländer von Bedeutung sind. Im dritten Unterkapitel wird abschließend dargelegt, wie bislang mit Schuldenkrisen umgegangen wurde und derzeit umgegangen wird.

3.3.1 Indikatoren zur Beurteilung öffentlicher Haushaltslagen

Das Bundesverfassungsgericht hat in seinem Urteil von 1992, in dem es den beiden Bundesländern Bremen und dem Saarland Sanierungshilfen zur Behebung einer Extremen Haushaltsnotlage gewährt hat, zwei Kriterien definiert, anhand derer es bestimmt hat, wann ein Land sich in einer Extremen Haushaltsnotlage befindet.[240] Die beiden Kriterien, die das Bundesverfassungsgericht in seinem damaligen Urteil für geeignet erachtet hat, eine Extreme Haushaltsnotlage festzustellen, sind zum einen die Zins-Steuer-Quote und zum anderen die Kreditfinanzierungsquote.[241] Die Kreditfinanzierungsquote gibt das Verhältnis von Nettokreditaufnahme zu den Ausgaben an, die Zins-Steuer-Quote das Verhältnis von Zinsausgaben zu Steuern zzgl. Finanzausgleichszahlungen.[242]

Nach Auffassung des Bundesverfassungsgerichts befanden sich Bremen und das Saarland in einer Extremen Haushaltsnotlage, da für das Saarland die Kreditfinanzierungsquote des Jahres 1986 unter Einbeziehung der Kommunen mit einem Wert von 11,3 % mehr als doppelt so hoch war wie der Durchschnitt der Bundesländer mit einem Wert von 5,3 % und gleichzeitig die Zins-Steuer-Quote unter Einbeziehung der Kommunen mit einem Wert von 20,6 % weit über dem durchschnittlichen Wert der Bundesländer von 12,0 % lag. Für Bremen betrugen die Vergleichswerte 19,3 % für die Kreditfinanzierungsquote, also mehr als dreimal so hoch wie der Bundesländerdurchschnitt, und 26,3 % für die Zins-Steuer-Quote, was ebenfalls weit über dem Bundesländerdurchschnitt lag.[243]

Da sich diese Werte für beide Länder bis zum Jahr 1992 nicht deutlich besserten, sie sogar ausnahmslos jeweils mehr als das Doppelte des Bundesländerdurchschnitts betrugen, befand das Bundesverfassungsgericht, dass sie sich in einer Extremen Haushaltsnotlage befänden. In der Urteilsbegründung argumentierte das Gericht, dass die länger anhaltende überdurchschnittliche

240 Zum Urteil des Bundesverfassungsgerichts und der damit einhergehenden Finanzhilfen für Bremen und das Saarland siehe auch die Ausführungen im Kapitel 3.1.3.2.1.

241 Vgl. Bundesverfassungsgericht (1992).

242 Vgl. Jochimsen, B. und K. A. Konrad (2006).

243 Vgl. Bundesverfassungsgericht (1992).

„[...] Kreditfinanzierung [Bremens und des Saarlandes], eine daraus hervorgehende und möglicherweise kontinuierlich steigende Schuldenlast sowie damit korrespondierende Zinsausgaben die hauswirtschaftliche Leistungsfähigkeit beeinträchtigen oder gar - mit der Tendenz zur Leistungsunfähigkeit im Blick auf die verfassungsrechtlich zugewiesenen Aufgaben - ganz aufheben.“[244] Allerdings lagen dieser Einschätzung keine konkreten Vorgaben zu Grunde, lediglich die beiden Kriterien wurden vom Gericht definiert, jedoch keine genauen Grenzwerte festgelegt, so dass die Beurteilung der Haushaltslage der beiden Bundesländer nicht nach objektiven Kriterien erfolgen konnte.[245]

Im Jahr 2006 urteilte das Bundesverfassungsgericht in einem ähnlichen Fall zur Haushaltslage des Landes Berlin. Berlin wähnte sich 2006 ebenfalls in einer Extremen Haushaltsnotlage, aus der es sich unter Eigenanstrengungen nicht befreien könne. So forderte Berlin vor dem Bundesverfassungsgericht Sanierungshilfen nach dem Vorbild Bremens und des Saarlandes ein.[246] In diesem Fall allerdings urteilten die Verfassungsrichter zum Nachteil Berlins und wiesen dessen Klage ab. Sie rückten in diesem Verfahren von den beiden Kriterien, anhand derer die damalige Haushaltssituation Bremens und des Saarlandes bewertet wurde, ab und schufen mit dem Bundesstaatlichen Notstand einen neuen Indikator zur Bewertung von Haushaltslagen der Bundesländer. Wörtlich heißt es in dem Urteil:

> „Sanierungshilfen sind nur dann verfassungsrechtlich zulässig und geboten, wenn die Haushaltsnotlage eines Landes relativ – im Verhältnis zu den übrigen Ländern – als extrem zu werten ist, und absolut – nach dem Maßstab der dem Land verfassungsrechtlich zugewiesenen Aufgaben – ein so extremes Ausmaß erreicht hat, dass ein bundesstaatlicher Notstand eingetreten ist.“[247]

Weiter wird der Bundesstaatliche Notstand als „[...] eine[r] nicht ohne fremde Hilfe abzuwehrende[n] Existenzbedrohung des Landes als verfassungsgerecht handlungsfähigen Trägers staatlicher Aufgaben [...]“[248] charakterisiert. Da sich Berlin nach Meinung der Verfassungsrichter lediglich in einer angespannten Haushaltslage befand, aus der es sich mit großer Wahrscheinlichkeit selbst befreien könne, wurden dem Land Sanierungshilfen verwehrt.[249]

---

244 Bundesverfassungsgericht (1992).

245 Siehe hierzu auch Jochimsen, B. (2004).

246 Zum Urteil des Bundesverfassungsgerichts zur Klage Berlins siehe auch die Ausführungen in Kapitel 3.1.3.2.1.

247 Bundesverfassungsgericht (2006).

248 Bundesverfassungsgericht (2006).

249 Vgl. Bundesverfassungsgericht (2006).

Ein erster Kritikpunkt ergibt sich bereits bei der obigen Betrachtung des Urteils des Bundesverfassungsgerichts von 1992 zur Haushaltsnotlage der beiden Bundesländer Bremen und des Saarlandes. Die beiden Indikatoren richten sich an einem Vergleich mit der Finanzlage anderer Länder aus, womit praktisch ausgeschlossen wird, dass sich alle Bundesländer gleichzeitig in einer Extremen Haushaltsnotlage befinden können.[250] Ebenso ist es denkbar, dass sich selbst Bundesländer, die positive finanzpolitische Kennziffern aufweisen, in einer Extremen Haushaltsnotlage befinden, wenn nur die Schuldenstandsquoten in den übrigen Ländern hinreichend gering sind.[251] Die Kommission von Bundestag und Bundesrat zur Modernisierung der Bund-Länder-Finanzbeziehungen (2008) kritisiert überdies die Gestaltungsanfälligkeit der Kreditfinanzierungsquote und beurteilt sie als wenig aussagekräftig, soweit die Auslaufperiode unberücksichtigt bleibt. Der Sachverständigenrat zur Begutachtung der gesamtwirtschaftlichen Entwicklung (2007) stellt ferner heraus, dass der Aussagewert der Zins-Steuer-Quote nicht eindeutig sei.

Weiter sind die beiden Indikatoren nicht mit Grenzwerten versehen, deren Überschreiten eine Extreme Haushaltsnotlage anzeigen würde. Vielmehr wurde fallweise entschieden. Dies zeigt sich auch am abschlägigen Urteil des Bundesverfassungsgerichts im Jahr 2006 zur Haushaltslage Berlins. Obwohl Berlin im Jahr 2005 (16,1 %) und im Jahr 2006 (8,9 %) eine mehr als doppelt so hohe Kreditfinanzierungsquote wie der Länderdurchschnitt (7,2 % in 2005 und 3,4 % in 2006) aufwies und auch seine Zins-Steuer-Quote in beiden Jahren (21,0 % in 2005 und 19,1 % in 2006) weit über dem Länderdurchschnitt lag, beschied das Bundesverfassungsgericht die Klage Berlins auf Sanierungshilfen abschlägig.[252] Und das obwohl Berlin sich in einer vergleichbaren Lage befand, wie Bremen und das Saarland zum Zeitpunkt des Urteils von 1992. So merkt Höfling (2004, S. 260) zu Recht an, die Extreme Haushaltsnotlage sei *„[...] als finanzverfassungsrechtlicher Tatbestand eine Erfindung bzw. eine Entdeckung des Bundesverfassungsgerichts.“*

Stattdessen verwies das Bundesverfassungsgericht in seinem Berlin-Urteil auf den neuen Indikator des Bundesstaatlichen Notstands. Das Konstrukt des Bundesstaatlichen Notstands wurde vom Gericht zwar näher erläutert, jedoch nicht ausreichend präzisiert. So bleibt vollkommen unklar, ab wann ein Land

250 Vgl. Jochimsen, B. und K. A. Konrad (2006). Zur Kritik an der Relativierung beider Indikatoren am Länderdurchschnitt siehe Wissenschaftlicher Beirat beim Bundesministerium der Finanzen (2005).

251 Vgl. Jochimsen, B. und K. A. Konrad (2006).

252 Vgl. Dietz, O. (2008).

seinen verfassungsrechtlich zugewiesenen Aufgaben nicht mehr nachkommen kann. Zwar heben manche Autoren hervor, dass das Gericht den Begriff des Bundesstaatlichen Notstands bewusst unbestimmt gelassen hat, um die Hürde zur Erlangung finanziellen Beistands durch die Bund-Länder-Gemeinschaft so hoch anzusetzen, dass ein solcher Fall faktisch ausgeschlossen werden kann.[253] Jedoch zeigt genau dieses Kalkül eine der großen Verfehlungen des Gerichts auf. Durch die faktische Unmöglichkeit finanziellen Beistand zu erlangen, schließt es einen Bundesstaatlichen Notstand praktisch aus, was unrealistisch erscheint, da es durchaus möglich ist, dass ein Land derartige finanzielle Probleme haben kann, dass es des Beistandes der Bund-Länder-Gemeinschaft bedarf. Hier zeigt sich, dass die Festsetzung des Bundesstaatlichen Notstands als neuer Indikator zur Beurteilung der Haushaltslage eines Landes Ergebnis eines Abwägungsprozesses des Bundesverfassungsgerichts ist, welches den Indikator auf seine eigene Zielsetzung, nämlich die Vermeidung von Finanzhilfen der Bund-Länder-Gemeinschaft an einzelne Länder, zugeschnitten zu haben scheint.

Der Bundesstaatliche Notstand in seiner derzeitigen Form ist kein geeigneter Indikator zur Anzeige einer Haushaltskrise, da er nicht formelhaft konkretisiert werden kann und ihm dementsprechend keine Grenzwerte zugewiesen werden können. Weiter ist seine Ausgestaltung nicht objektivierbar und ökonomisch weder fundiert noch begründet. Es bedarf vielmehr eines ökonomischen, objektivierbaren und klar bestimmbaren Sets an Indikatoren, welche in ihrer Gesamtbetrachtung und -bewertung einen Bundesstaatlichen Notstand determinieren.

Auf EU-Ebene existieren keine konkreten Indikatoren, mit deren Hilfe sich feststellen ließe, ob ein Mitgliedstaat eine nicht mehr tragfähige Finanzpolitik betreibt. Zwar kann eine Orientierung an den EU-Konvergenzkriterien als Maßstab dienen, jedoch wurde deren Unzulänglichkeit zur Bewertung der Finanzpolitik eines Mitgliedstaates weiter oben bereits ausführlich beschrieben. Es kann aber gefolgert werden, dass wenn die EU-Gemeinschaft der Meinung ist, dass ein Mitgliedstaat sich unter Eigenanstrengungen nicht mehr aus einer misslichen Haushaltslage befreien kann, was sich daran zeigt, dass sie ihm Finanzhilfen gewährt, um diese Haushaltsschieflage zu überwinden, die Finanzpolitik dieses Staates als nicht mehr tragfähig angesehen wird. So geschehen im Fall Griechenlands und aktuell auch Zyperns. Allerdings gibt es hierfür keine eindeutigen Maßstäbe, so dass eine solche Entscheidung immer fallweise und somit ad-hoc getroffen wird. Hier zeigt sich unmittelbar die Unzulänglichkeit der Regelungen auf EU-Ebene, nämlich, dass es eben keine konkreten, formelhaften

253 Vgl. beispielhaft Korioth, S. (2007).

Regelungen gibt. Wenn es aber an konkreten Indikatoren und Grenzwerten mangelt, so sieht sich jede Entscheidung über die Bewertung der Haushaltslage eines Mitgliedstaates stets einer gewissen Willkür ausgesetzt.

Ein weiterer Maßstab zur Beurteilung der Haushaltslage einer Gebietskörperschaft ist das Nachhaltigkeitskonzept. Das Konzept der fiskalischen Nachhaltigkeit geht auf Domar (1944) zurück. Es besagt grob skizziert, dass die Finanzpolitik einer Gebietskörperschaft dann als nachhaltig bezeichnet werden kann, wenn sich die gegenwärtige Finanzpolitik auch in Zukunft fortführen lässt.[254] Das Nachhaltigkeitskonzept überträgt den jährlichen Haushaltsansatz auf einen langfristigen intertemporalen Zusammenhang und macht auf diese Weise den Zusammenhang zwischen dem periodischem Finanzierungsdefizit und der langfristigen Schuldenentwicklung sichtbar.[255] Es verlangt zur Einhaltung der staatlichen Budgetrestriktion, dass die Wachstumsrate des Schuldenstandes einer Gebietskörperschaft langfristig den Zinssatz nicht übersteigt.

Das Konzept zur Messung der Nachhaltigkeit einer öffentlichen Finanzpolitik kann auf verschiedene Ansätze übertragen werden. Beispielhaft sei hier auf eine Darstellung aus Jochimsen (2008) verwiesen. Sie beschreibt vier Nachhaltigkeitskonzepte: Das Ressourcenverbrauchskonzept, den WNA (Wachstums- und nachhaltigkeitswirksame Ausgaben)-Ansatz, die Generationenbilanz und das OECD-Konzept.

Das Ressourcenverbrauchskonzept überträgt das kaufmännische Rechnungswesen auf den öffentlichen Sektor und ermöglicht so eine periodengerechte Zuordnung des Ressourcenverbrauchs, was zugleich die Transparenz der Staatstätigkeit erhöht, da erstmals ein direkter Zusammenhang zwischen der staatlichen Leistungserstellung und dem staatlichen Verbrauch möglich ist.[256]

Der WNA-Ansatz beschreibt die „Qualität" öffentlicher Ausgaben, wobei Qualität hier die Produktivität und Wachstumswirksamkeit meint.[257] Während aus klassischer Perspektive vor allem Investitionen als wachstumswirksame Ausgaben angesehen werden, umfasst das «WNA-Budget» auch Bereiche wie z.B. Kindergärten, Schulen, Hochschulen, familienpolitische Maßnahmen etc.[258]

Die Generationenbilanz stellt auf die intergenerative Verteilung ab, womit sie an die intertemporale Budgetrestriktion des Staates anknüpft. Nachhaltigkeit

254 Vgl. Jochimsen, B. und K. A. Konrad (2006).

255 Vgl. Kitterer, W. und J. Finken (2006).

256 Vgl. Jochimsen, B. (2008).

257 Vgl. Jochimsen, B. (2008).

258 Für eine detaillierte Auflistung der Bestandteile des „WNA-Budgets" siehe Thöne, M. (2005).

wird hier als Zustand definiert, in dem der Barwert der (Netto)steuerzahlungen gegenwärtiger und zukünftiger Generationen die Summe der Staatsschuld und der staatlichen Ausgaben deckt.[259] Sollte die intertemporale Budgetrestriktion nicht eingehalten werden, so müssen entweder für gegenwärtige oder zukünftige Generationen höhere Steuern erhoben oder aber öffentliche Leistungen gekürzt werden.[260]

Das OECD-Konzept beruht ebenfalls auf der intertemporalen Budgetrestriktion.[261] Als nachhaltig wird eine Finanzpolitik dann bezeichnet, wenn der Barwert des Schuldenstandes gegen Null konvergiert, wenn also der Barwert der Primärüberschüsse gleich der Summe des gegenwärtigen Schuldenstandes zuzüglich der Zinszahlungen, welche sich aus diesem Schuldenstand ergeben, ist.[262]

Allgemein kann am Konzept der Nachhaltigkeit kritisiert werden, dass die zu erreichenden Zielwerte willkürlich und nicht nach objektiven, wissenschaftlichen Kriterien festgelegt werden.[263] Auch lässt sich das Ergebnis der Berechnungen zur Nachhaltigkeit eines öffentlichen Haushalts durch die Wahl des Betrachtungszeitraumes nicht unerheblich beeinflussen.[264] Deutlich wird dies, wenn man die Nachhaltigkeitsberechnungen von Huber (2004), Färber (2006) und Seitz (2006) zum Haushalt des Landes Berlin betrachtet, welche aus dem Anlass der Klage des Landes Berlin auf Sanierungshilfen vor dem Bundesverfassungsgericht angefertigt wurden. Seitz und Färber verwenden im Gegensatz zu Huber längere Zeiträume für ihre Berechnungen und kommen dementsprechend zu divergierenden Ergebnissen. Huber kommt vor allem deswegen zu der Einschätzung, dass Berlin aus eigener Kraft einen nachhaltigen Haushalt aufstellen könne, da die massiven Kürzungen aus dem Finanzausgleich zwischen 2013 und 2019 für Berlin, aufgrund des kurzen Prognosezeitraumes, unberücksichtigt bleiben. Seitz und Färber kommen zu gegenteiligen Ergebnissen, da sie längere Zeiträume von 15 bzw. 30 Jahren betrachten.[265] Am DOMAR-Konzept kann des Weiteren kritisiert werden, dass unter gewissen Umständen selbst Schuldenstandsquoten von über 200 % konzeptionell als nachhaltig gelten können. Auch kann an den vier oben vorgestellten Konzepten explizit Kritik geübt werden.

---

259 Vgl. Jochimsen, B. (2008).
260 Vgl. Raffelhüschen, B. (2002).
261 Vgl. Blanchard, O. J. et al. (1990) und Wissenschaftlicher Beirat beim Bundesministerium der Finanzen (2001).
262 Vgl. Jochimsen, B. (2008).
263 Vgl. Jochimsen, B. und K. A. Konrad (2006).
264 Vgl. Jochimsen, B. (2008).
265 Vgl. Jochimsen, B. (2008).

Das Ressourcenverbrauchskonzept basiert auf der Einführung des kaufmännischen Rechnungswesens in den öffentlichen Sektor, worin ein gravierender Mangel des Konzeptes zu sehen ist. Das kaufmännische Rechnungswesen bewertet die Leistungserstellung und den damit verbundenen Ressourcenverbrauch nach den Gesichtspunkten der Gewinnerzielung, was nicht eins zu eins auf den öffentlichen Sektor übertragen werden kann, da hier meist eine Gewinnerzielungsabsicht fehlt. Weiter lassen sich die Aktiva des öffentlichen Sektors weit schwieriger bewerten als in der Privatwirtschaft, da sich deren Produktion zur Bereitstellung öffentlicher Güter weniger genau quantifizieren lässt als im privaten Sektor. Ein weiterer Kritikpunkt ist die Vergangenheitsorientierung des Ressourcenverbrauchskonzeptes.[266]

Der WNA-Ansatz prognostiziert die Wachstumswirksamkeit öffentlicher Ausgaben, deren Messbarkeit jedoch theoretisch wie empirisch höchst strittig ist.[267] Auch der eindeutige Bezug zur Nachhaltigkeit bleibt im Unklaren. So fiele eine qualitative Konsolidierung mittels eines nach WNA-Kriterien aufgeschlüsselten Budgets unter Umständen leichter, sie wäre allerdings nicht mit einer nachhaltigen Finanzpolitik identisch, da offen bleibt, wann die wachstumsfördernden Ausgaben, sollte es sich denn um solche handeln, wirksam werden. Sollte die Verschuldung eine schnellere Wachstumsrate aufweisen, als das mit Hilfe dieser Ausgaben erzeugte Wachstum, so wäre die intertemporale Budgetrestriktion verletzt.[268]

Die Nachteile der Generationenbilanz liegen vor allem in ihrem langen Prognosezeitraum von bis zu 250 Jahren und den Unsicherheiten, die mit der Prognose über solch lange Zeiträume verbunden sind.[269] Neben der unbefriedigenden Ermittlung der Wirkungen öffentlicher Ausgaben und Einnahmen ist vor allem auch die Wahl der Diskontrate, die zur Ermittlung der jeweiligen Barwerte unerlässlich ist, mit Unsicherheiten behaftet. Auch muss, da, wie beim OECD-Konzept auch, lediglich ein endlicher Zeithorizont betrachtet werden kann, für das letzte Jahr der Betrachtung ein zu erreichender Schuldenstand festgelegt werden, was insofern problematisch ist, als es die Wissenschaft bislang nicht vermocht hat, einen optimalen Schuldenstand zu bestimmen.[270]

Der Prognosezeitraum des OECD-Konzeptes beträgt in der Regel nicht mehr als 30 Jahre, was als Vorteil gegenüber der Generationenbilanz gesehen werden

---

266 Vgl. Jochimsen, B. (2008).

267 Vgl. hierzu z.B. Jochimsen, B. (2007c), die keinen Zusammenhang zwischen der Personalausstattung und Effizienz deutscher Kfz-Zulassungsstellen findet.

268 Vgl. Jochimsen, B. (2008).

269 Vgl. Jochimsen, B. (2008).

270 Vgl. Jochimsen, B. (2008).

kann, jedoch stellt auch hier die Bestimmung der Diskontrate ein Problem dar. Da sich die Zielsetzung des OECD-Konzeptes an einer konstanten Schuldenstandsquote orientiert, muss hierfür die Schuldenstandsquote eines Basisjahres bestimmt werden, was relativ willkürlich geschieht. Auch die Bestimmung eines optimalen Schuldenstandes am Ende des Betrachtungszeitraumes stellt, wie bei der Generationenbilanz auch, einen Kritikpunkt dar.[271]

Die bisher verwendeten Indikatoren zur Bewertung der Haushaltslage einer Gebietskörperschaft stellen sich als unzulänglich heraus, da sie kaum objektivierbar, gestaltungsanfällig und mit großen Umsetzungsproblemen behaftet sind. Es ist daher fraglich, ob sich anhand solcher Indikatoren eine Haushaltskrise einer Gebietskörperschaft bestimmen lässt. Nichtsdestotrotz bilden diese Indikatoren gegenwärtig die gängige Praxis zur Bewertung von Haushaltslagen und zur Feststellung von Schuldenkrisen. Das nächste Unterkapitel beleuchtet, wie mit derart festgestellten Schuldenkrisen umgegangen werden kann, welche Möglichkeiten sich einer öffentlichen Gebietskörperschaft also bieten, ihrer Verschuldung zu begegnen.

3.3.2 Möglichkeiten der Entschuldung

Drei prinzipielle Entschuldungsmöglichkeiten für Gebietskörperschaften wurden weiter oben bereits angesprochen und sollen deshalb hier nur kurz wiederholt werden. Diese wurden zwar als Indikatoren für die unbegrenzte Kreditwürdigkeit eines potentiellen Schuldners aufgeführt, sie eignen sich jedoch ebenfalls zur Schuldentilgung. Die drei Entschuldungsmöglichkeiten sind die eigene Geldproduktion, die Möglichkeit zur beliebigen Beschaffung von Einnahmen oder aber das Beibringen eines verlässlichen Bürgen, was keine Entschuldungsmöglichkeit als Eigenleistung einer Gebietskörperschaft darstellt, sondern das Verlassen auf einen Außenstehenden.[272]

Ein Staat kann sich seiner Schulden theoretisch entledigen, indem er diese monetarisiert, also eine inflationsgetriebene Geldpolitik betreibt. Dies steht zwar prinzipiell jedem Staat offen, jedoch weder den EU-Mitgliedstaaten, da diese ihr Geldschöpfungsmonopol an die EZB abgetreten haben, noch den Bundesländern, da diese selbst in der Zeit vor der EU keine eigene Geldschöpfung betreiben konnten, da diese bei der Deutschen Bundesbank zentralisiert war.[273]

---

271 Vgl. Jochimsen, B. (2008).

272 Vgl. Peffekoven, R. (2006).

273 Vgl. Peffekoven, R. (2006). Dazu sei angemerkt, dass die EZB allerdings in großem Maße Staatsschuld, vor allen Dingen griechische, monetarisiert hat.

Die Steuereinnahmen der Bundesländer als Instrument sich zusätzliche finanzielle Mittel zu verschaffen lassen sich maximal in einer Streubreite von ± einem Prozent beeinflussen, wodurch die zweite Möglichkeit der Entschuldung für sie unbedeutend ist und somit keine Option darstellt.[274] Dem Bund sowie jedem anderen Staat steht dieses Finanzierungsinstrument jedoch offen, allerdings ist das sich hieraus ergebende Einnahmepotential nicht unbegrenzt, da ab einem gewissen Steuersatz das Steueraufkommen rückläufig ist.[275] Zudem hängt das Steuereinnahmepotential eines jeden Staates auch von der wirtschaftlichen Basis ab und nimmt mit steigender Wirtschaftskraft zu, mit abnehmender Wirtschaftskraft jedoch ab. Etwas lapidar formuliert, kann der Staat keine Steuern vereinnahmen, wenn niemand etwas zu versteuern hat.

Die Möglichkeit einen Bürgen beizubringen steht prinzipiell jeder Gebietskörperschaft offen, wenn sie denn jemanden findet, der bereit ist, sich für sie zu verbürgen. Der Bund dient durch die faktische Haftungsgemeinschaft als Bürge für die Länder, so dass sich hierdurch für sie die Möglichkeit eröffnet, sich „auf seine Kosten" zu entschulden.[276] Analog gilt dies übrigens auch für die EU-Mitgliedstaaten, wie man derzeit am Beispiel Griechenlands sieht. Die EU-Gemeinschaft, sowie die Europäische Zentralbank und der Internationale Währungsfonds treten hier in großem Stil als Bürgen auf. Dazu sei allerdings auf die Ausführungen im folgenden Unterkapitel verwiesen.

Weitere Möglichkeiten der Entschuldung bieten sich für souveräne Schuldner durch Wachstum, die Einstellung von Zahlungen und die Haushaltskonsolidierung über Ausgabenreduktionen.[277] Ein Staat kann grundsätzlich aus seiner Schuld herauswachsen, jedoch bedarf es hierfür spektakulärer Wachstumsraten, wie in den USA nach dem Bürgerkrieg sowie dem Ersten Weltkrieg oder auch in Deutschland nach dem Zweiten Weltkrieg.[278] Dies wäre sicher die angenehmste Lösung, da sich hierdurch keinerlei negative Effekte ergeben würden, von einer gesteigerten Inflation, welche in der Regel mit einem starken Wirtschaftswachstum einhergeht, mal abgesehen.[279] Während die jährlichen Wachstumsraten des

---

274 Vgl. Seitz, H. (2007).

275 Siehe hierzu die Ausführungen im Kapitel 8.8.1., insbesondere die Erläuterungen zur Abbildung 12.

276 Vgl. Peffekoven, R. (2006).

277 Vgl. Jochimsen, B. und K. A. Konrad (2006).

278 Vgl. Jochimsen, B. und K. A. Konrad (2006).

279 Dieser Zusammenhang findet sich indirekt bei Phillips, A. W. H. (1958), der für das Vereinigte Königreich einen Zusammenhang zwischen der Steigerung der Nominallöhne und Unterbeschäftigung feststellte. Die Nominallohnrate stieg dabei mit

Bruttoinlandsprodukts für Deutschland in den 1950er Jahren zwischen 4,5 % als niedrigstem Wert im Jahr 1958 und 12,1 % im Jahr 1955 lagen,[280] lagen sie in den vergangenen zehn Jahren zwischen einem Niedrigstwert von -4,7 % im Jahr 2009 und einem Höchstwert von 3,6 % im Jahr 2010.[281] Wie es scheint, ist es dem Bund und den Ländern derzeit nicht möglich, aus ihrer Schuld herauszuwachsen.

Es ist jeder Gebietskörperschaft weiter möglich, ihre Tilgungs- und Zinszahlungen einfach einzustellen. Für die deutschen Bundesländer stellt dies allerdings keine Option dar, da die notwendigen Gesetzesänderungen nur auf der Bundesebene erfolgen könnten. Abgesehen hiervon ist diese Option auch mit der Preisgabe gewisser Elemente der Rechtsstaatlichkeit verbunden und würde Vertrauensverluste sowie Sanktionen in zwischenstaatlichen Beziehungen nach sich ziehen.[282]

Es verbleibt der Weg der Haushaltskonsolidierung durch Ausgabenreduktionen. Auch hier steht es einer jeden Gebietskörperschaft frei, sich dieser Option zu bedienen. Jedoch sind Ausgabenkürzungen nicht beliebig vornehmbar und haben Auswirkungen auf die jeweilige Wirtschaft.[283] So machte der Anteil des öffentlichen Sektors an der gesamten Wertschöpfung, die Staatsquote, in Deutschland im Jahr 2009 47,6 % aus.[284] Die Möglichkeit, ihren Haushalt ausgabeseitig zu konsolidieren steht zwar auch den Bundesländern offen, jedoch ergeben sich hier Beschränkungen durch die Zuweisung staatlicher Befugnisse und Aufgaben auf die Länder durch die Bundesebene. Diese Aufgaben haben die Länder eigenständig zu erfüllen und die hiermit verbundenen Kosten der Ausführung selbst zu tragen. Ihnen verbleibt zwar Spielraum für ausgabeseitige Konsolidierungen, sie bestimmen diesen Spielraum allerdings nicht selbst und müssen, wie der Bund auch, negative Wachstumsanreize, die mit einer sinkenden öffentlichen wirtschaftlichen Aktivität verbunden sind, tragen.

Historisch haben Staaten ihre Schuldenkrisen oftmals durch die Umwandlung von Schulden in Eigenkapital überwunden. Die Gläubiger erhielten in diesen

dem Beschäftigungsniveau. Da das Beschäftigungsniveau und mit ihm die Inflationsrate mit wirtschaftlichem Wachstum steigen, gilt dieser Zusammenhang auch indirekt für die Beziehung zwischen Inflation und Wachstum.

280 Früheres Bundesgebiet ohne Saarland und Westberlin.

281 Vgl. Statistisches Bundesamt (2013a).

282 Vgl. Jochimsen, B. und K. A. Konrad (2006).

283 Vgl. dazu schon Stützel, W. (1978). Hishow, O. N. (2011) führt die Problematik einer Wachstumshemmung durch Ausgabenkürzungen für die beiden EU-Mitgliedstaaten Griechenland und Irland auf.

284 Vgl. Statistisches Bundesamt (2010).

Fällen Staatsbetriebe der Schuldnerstaaten, deren Gewinne den Inhabern von Staatsanleihen zuflossen.[285] Häufig wurde dies mit militärischer Gewalt erzwungen, z.B. in Lateinamerika oder auch in den Kolonien. So besetzten britische Truppen 1882 Ägypten nachdem es den Schuldendienst für Suezkanalanleihen nicht mehr bedienen konnte und erzwangen die Übertragung der Suezkanalaktien Ägyptens und weiteren ägyptischen Staatsvermögens auf Großbritannien.[286] Es versteht sich von selbst, dass eine derartige Enteignung, geschweige denn ein militärisches Vorgehen zur Entschuldung, heutzutage außer Frage steht, zumindest stehen sollte. Ganz nebenbei bemerkt, wird wohl kaum ein Bundesland die nötigen militärischen Kapazitäten für einen derartigen Eingriff besitzen, zumal die Bundeswehr dem Bund untersteht.

Es bleibt festzuhalten, dass einem Bundesland, wenn es sich aus eigener Kraft entschulden möchte, lediglich der Rückgriff auf eine ausgabeseitige Haushaltskonsolidierung verbleibt, die aber mit wachstumshemmenden Effekten einhergehen kann. Eine Möglichkeit unter Hilfe Dritter wäre es, Hilfen der Bund-Länder-Gemeinschaft wahrzunehmen. Wie im folgenden Unterkapitel gezeigt wird, ist dies in Deutschland auch schon geschehen. Die sich hieraus ergebenden negativen Anreizwirkungen wurden weiter oben bereits ausführlich erläutert. Im folgenden Unterkapitel soll aufgezeigt werden, wie Schuldenkrisen bislang begegnet wurde bzw. momentan begegnet wird. Dabei werden drei Beispiele skizziert und deren Eignung zur Entschuldung anhand ihrer Wirkungsweisen untersucht.

3.3.3 Der bisherige und der aktuelle Umgang mit Schuldenkrisen

Dieses Kapitel beleuchtet exemplarisch drei Fälle von Schuldenkrisen und ihren Lösungsweg. Es werden zwei Fälle von Schuldenkrisen auf Staatenebene, ein zurückliegender und ein aktueller, und ein Fall einer Schuldenkrise auf Ebene der deutschen Bundesländer betrachtet. Bei den beiden Schuldenkrisen auf Staatenebene handelt es sich um die Schuldenkrise Argentiniens in den Jahren 2001/2002 und die aktuelle Schuldenkrise Griechenlands. Es fänden sich weitere Beispiele, jedoch soll hier nur skizziert werden, wie auf Schuldenkrisen in der Vergangenheit reagiert wurde und keine abschließende Aufzählung sämtlicher historischer Schuldenkrisen öffentlicher Gemeinwesen gegeben werden.[287]

285 Vgl. Schäfer, H.-B. (2010).
286 Vgl. Schäfer, H.-B. (2010).
287 Für eine umfassende Datensammlung zu Staatsbankrotten siehe Reinhart, C. M. und K. S. Rogoff (2009).

Es wurden zum einen die Argentinienkrise ausgesucht, da dieser mit Hilfe des IWF und letztendlich mit einer Zahlungseinstellung und somit quasi Insolvenz begegnet wurde. Zudem handelt es sich bei Argentinien um einen souveränen Staat. Zum anderen wird die aktuelle Griechenlandkrise dargestellt, da es sich hierbei, anders als bei Argentinien, um ein Mitglied eines Staatenverbundes, nämlich der EU, handelt. Auf Ebene der deutschen Bundesländer wird die Finanzlage der beiden Länder Bremen und des Saarlandes betrachtet, die 1988 (Bremen) bzw. 1989 (Saarland) vor dem Bundesverfassungsgericht auf Sanierungshilfen zur Überwindung einer Extremen Haushaltsnotlage klagten. Somit werden drei verschiedene Körperschaftsebenen (souveräner Staat, Staat in einem Staatenverbund, Bundesland im Föderalstaat) abgedeckt, in denen Schuldenkrisen auftraten und jeweils deren Behandlung aufgezeigt.

3.3.3.1 Die Argentinienkrise

Die Argentinienkrise begann weit vor der Erklärung des Defaults Argentiniens durch die argentinische Regierung im Jahr 2001. Den Staat plagten von Anfang der 1990er Jahre an große Schuldenprobleme. Die konsolidierte Staatsschuld Argentiniens betrug im Jahr 1991 64,7 Mrd. US-$ und stieg bis zum Jahr 2001, dem Jahr der Defaulterklärung, auf 172,2 Mrd. US-$ an. Bemerkenswert ist, dass sich die Staatsschuld Argentiniens von 1991 bis zum Jahr 1998 auf 123,5 Mrd. US-$ nahezu verdoppelt hat, und das trotz eines beachtlichen durchschnittlichen realen Wirtschaftswachstums in dieser Zeit. So lagen die realen Wachstumsraten des argentinischen Bruttoinlandsprodukts in diesem Zeitraum zwischen 3,8 % im Jahr 1998 und 10,5 % im Jahr 1991, die einzige Ausnahme bildete das Jahr 1995, das Jahr der sogenannten Tequilakrise in Mexiko.[288] Von 1999 an war Argentinien dann einem negativen realen Wirtschaftswachstum und einer weiter steigenden Staatsverschuldung ausgesetzt. Die Staatsverschuldung stieg von 1998 bis zum Jahr 2001 um 48,7 Mrd. US-$, was einem Anstieg von 39 % entspricht. Ins Verhältnis zum Bruttoinlandsprodukt gesetzt ergibt sich eine Schuldenstandsquote Argentiniens von 32 % im Jahr 1992, welche bis Ende des Jahres 2001 auf 64 % anstieg.[289] Damit überschritt Argentinien zwar nur leicht die heutigen EU-Konvergenzkriterien, jedoch muss dabei beachtet werden, dass Argentinien zu dem Zeitpunkt kaum Steuereinnahmepotentiale besaß, was sich daran zeigt, dass es Steuereinnahmen von kaum mehr als 20 % seines Bruttoinlandsprodukts

288 Vgl. Krueger, A. O. (2002a).
289 Vgl. Krueger, A. O. (2002a).

aufwies.[290] Gavin und Hausmann (1998, S. 40) weisen darauf hin, dass *"[…] GDP provides an incomplete and potentially misleading ruler with which to measure the macroeconomic costs of fiscal deficits and debts."* Sie führen weiter aus: *"Here a more appropriate metric may be a government's tax capacity."*[291]

Diese Problematik zeigt sich ebenfalls daran, dass lateinamerikanische Staaten im Schnitt Schulden in Höhe des zweieinhalbfachen ihrer Steuereinnahmen aufweisen, wohingegen dieser Faktor bei Industriestaaten durchschnittlich 1,6 beträgt.[292] Argentinien hätte für den Abbau seines konsolidierten Schuldenstandes des Jahres 2001 fast das Dreifache seiner damaligen Steuereinnahmen benötigt.[293]

Ein Großteil der argentinischen Staatsschuld entfiel dabei auf ausländische Forderungen. Dies zeigt sich am Verhältnis des Auslandsschuldendienstes Argentiniens zu seinen gesamten Exporterlösen. Dieses Verhältnis lag im Jahr 2011 bei 80 %, wobei drei Viertel der gesamten Auslandsverschuldung auf den öffentlichen Sektor entfielen.[294] Auch die Zinsbelastung Argentiniens war im Vorfeld der Krise enorm. So betrug der zu leistende Zinsdienst im Jahr 1991 noch 2,5 Mrd. US-$, 1995 waren es bereits 4,8 Mrd. US-$, 1998 7,83 Mrd. US-$ und 2001 schließlich 13,02 Mrd. US-$.[295] Von 1991 bis zum Jahr 2001 hat sich die Zinsbelastung Argentiniens mehr als verfünffacht. Das Verhältnis von Zinszahlungen zum Bruttoinlandsprodukt betrug im Jahr 1991 noch 3,0 %, im Jahr 2001 dann schon 4,8 %.[296] Die Steuereinnahmen sind in dem selben Zeitraum auf das Zweifache angewachsen.[297] Bei doppelt so hohen Steuereinnahmen, jedoch einer Verfünffachung der Zinslasten, ergibt sich im Jahr 2001 eine mehr als doppelt so hohe Zins-Steuer-Quote als noch im Jahr 1991.[298] Dies bedeutet, dass Argentinien im Jahr 2001 mehr als zweimal so viel seiner Steuereinnahmen für den Zinsdienst verwenden musste als noch zehn Jahre zuvor. Das argentinische Haushaltsdefizit betrug im Jahr 1991 vier Prozent, war im gesamten Zeitraum zwischen 1991 bis 2001 negativ und erreichte im Jahr 2001 schließlich einen Wert von über sechs Prozent.[299]

---

290 Vgl. Mussa, M. (2002).
291 Gavin, M. und R. Hausmann (1998), S. 40.
292 Vgl. Gavin, M. und R. Hausmann (1998).
293 Vgl. Jost, C. (2003).
294 Vgl. Jost, C. (2003).
295 Vgl. Internationaler Währungsfonds (2002a) und Krueger, A. O. (2002a).
296 Nach Daten von Krueger, A. O. (2002a).
297 Vgl. Internationaler Währungsfonds (2002a).
298 Vgl. Jost, C. (2003).
299 Nach Daten von Krueger, A. O. (2002a).

Am 24. Dezember 2001 erklärte Argentinien schließlich den Default seiner öffentlichen Schulden. Da es damals wie heute keine Regeln für eine geordnete Insolvenz von Staaten gab, kam dies einer ungeordneten Insolvenz gleich. Argentinien versuchte allerdings weit vorher, unter anderem durch Vereinbarungen mit dem Internationalen Währungsfonds, Herr seiner Schuldenlage zu werden. Deshalb kann zwischen zwei Phasen der Krisenbehandlung unterschieden werden. Zum einen die Phase vor der Erklärung des Defaults und zum anderen die Phase nach der Defaulterklärung.

Bereits im Jahr 1992, also neun Jahre vor der Erklärung des Defaults, traf Argentinien mit dem Internationalen Währungsfonds eine Kreditvereinbarung über 3,89 Mrd. US-$, welche 1995 um 2,41 Mrd. US-$ auf nun insgesamt 6,3 Mrd. US-$ heraufgesetzt wurde.[300] Ein Jahr später bewilligte der Fonds einen Beistandskredit über einen Zeitraum von 21 Monaten mit einem Volumen von 1,04 Mrd. US-$.[301] 1998 dann nahm Argentinien eine erweiterte dreijährige Fondsfazilität über 2,8 Mrd. US-$ in Anspruch.[302] Im Jahr 2000 trafen Argentinien und der Internationale Währungsfonds eine Bereitschaftskreditvereinbarung über 7,2 Mrd. US-$, welche ein Jahr später auf 14 Mrd. US-$ heraufgesetzt wurde.[303]

Im Juni 2001 wurde durch die Regierung ein groß angelegter Schuldentausch, der sogenannte megacanje verkündet. Es wurden in- und ausländische Bonds im Gesamtvolumen von 29,5 Mrd. US-$ restrukturiert.[304] Durch die hiermit verbundene Streckung der Laufzeiten neuer Bonds erhoffte man sich geringere jährliche Kosten für den Schuldendienst. Tatsächlich konnte Argentinien die Kosten für seinen Schuldendienst zwischen 2001 und 2005 um 12 Mrd. US-$ senken, damit einher ging jedoch ein Anstieg des Schuldenstandes um 66 Mrd. US-$ ab dem Jahr 2006.[305] Dass damit keine Lösung, sondern lediglich ein Aufschub des Problems stattfand zeigt sich daran, dass Argentinien schon bald wieder Mittel des Internationalen Währungsfonds beanspruchen musste. Noch im September 2001 wurden die Mittel aus dem Abkommen mit dem Fonds vom Januar 2001 auf 21,57 Mrd. US-$ aufgestockt.[306] Im November des Jahres 2001 fand ein zweiter großer Schuldentausch im Volumen von

300 Vgl. Internationaler Währungsfonds (1995).
301 Vgl. Internationaler Währungsfonds (1996).
302 Vgl. Internationaler Währungsfonds (1998).
303 Vgl. Internationaler Währungsfonds (2000) und (2001a).
304 Vgl. Independent Evaluation Office (2004).
305 Vgl. Mussa, M. (2002).
306 Vgl. Internationaler Währungsfonds (2001b).

50 Mrd. US-$ statt, der sich auf inländische Bonds konzentrierte.[307] Doch all dies konnte den Default Argentiniens nicht verhindern.

Als Argentinien im November 2001 das vom Internationalen Währungsfonds vorgegebene Haushaltsziel von 6,5 Mrd. US-$ nicht einhalten konnte, verweigerte der Fonds eine Tranche im Volumen von 1,26 Mrd. US-$, die für den Dezember vorgesehen war.[308] Am 01. Dezember 2001 verfügte die argentinische Regierung eine Konteneinfrierung und schränkte den Zahlungsverkehr ein.[309] Am 24. Dezember 2001 erklärte die argentinische Regierung den Default ihrer öffentlichen Schuld. Es wurden alle Zahlungen auf sämtliche Schuldtitel, sowohl inländische als auch ausländische, ausgesetzt. Lediglich Zahlungsverpflichtungen gegenüber internationalen Finanzinstitutionen wurden fortgesetzt.

Im Januar 2002, also kurz nach der Verkündung des Defaults, prolongierte der Internationale Währungsfonds die Rückzahlung einer Fazilität zur Stärkung der Währungsreserven Argentiniens in Höhe von 933 Mio. US-$.[310] Der Fonds prolongierte im Verlauf des Jahres 2002 weitere Rückzahlungsverpflichtungen Argentiniens im Gesamtwert von 3,93 Mrd. US-$.[311] Ebenfalls im Jahr 2002 gab der damalige argentinische Präsident Eduardo Duhalde bekannt, dass der Peso abgewertet werde.[312] Im Jahr 2003 folgte eine erneute Bereitschaftskreditvereinbarung mit dem IWF über 2,98 Mrd. US-$.[313] Im selben Jahr schloss Argentinien eine weitere Bereitschaftskreditvereinbarung mit dem Fonds über ein Volumen von 12,55 Mrd. US-$ über drei Jahre ab.[314] Im Jahr 2004 prolongierte der IWF mehrere Rückzahlungsverpflichtungen Argentiniens im Gesamtvolumen von 1,1 Mrd. US-$ um jeweils ein Jahr.[315]

Im März 2005 gelang es Argentinien eine große Umschuldung von mehr als 100 Mrd. US-$ an Anleihe- und Zinsschulden durchzusetzen. Es konnte ein Großteil der privaten Gläubiger überzeugt werden auf rund drei Viertel seiner Forderungen zu verzichten.[316] Durch diesen Schritt gelang eine Beteiligung privater Gläubiger in Form eines konkreten Forderungsverzichts, was bis dahin,

---

307 Vgl. Jost, C. (2003).
308 Vgl. Jost, C. (2003).
309 Vgl. Jost, C. (2003).
310 Vgl. Internationaler Währungsfonds (2002b)
311 Vgl. Internationaler Währungsfonds (2002c), (2002d) und (2002e).
312 Vgl. Institute of International Finance (2002).
313 Vgl. Internationaler Währungsfonds (2003a).
314 Vgl. Internationaler Währungsfonds (2003b).
315 Vgl. Internationaler Währungsfonds (2004).
316 Vgl. Weltwirtschaft Ökologie und Entwicklung e.V. (2006).

zumindest in dieser Höhe, ein Novum darstellte. Im selben Jahr prolongierte der Fonds erneut Zahlungsverpflichtungen Argentiniens um ein Jahr, diesmal im Gesamtvolumen von 2,5 Mrd. US-$.[317] Im Jahr 2006 schließlich zahlte Argentinien seine Schulden beim Internationalen Währungsfonds in Höhe von nun 9,8 Mrd. US-$ frühzeitig zurück.[318] Hierdurch konnte es etwa 842 Mio. US-$ an Zinszahlungen einsparen.[319]

Kritisch zu beurteilen ist im Falle Argentiniens die Rolle des Internationalen Währungsfonds. Vor allem der plötzliche Zahlungsstopp des Fonds, welcher als letzte Konsequenz zur Defaulterklärung führte, ist kritisch zu beäugen. Der IWF stellte Argentinien über Jahre hinweg immer neue Gelder zur Verfügung und untergrub damit den Anreiz für den Staat seriös zu haushalten. Auch die privaten Gläubiger verließen sich aufgrund dieser Erfahrungen darauf, dass der Fonds die Zahlungsfähigkeit Argentiniens mittels immer neuer Bail-outs weiter aufrecht erhalten würde.[320] Dies führte zu dem bereits ausführlich diskutierten Problem des Moral Hazards.[321]

Auch die Vorgaben des IWF, welche Argentinien seit 1991 allesamt umsetzte, führten nicht zu einer Verbesserung der Lage. Im Gegenteil muss sich der Fonds vorhalten lassen, die Lage in Argentinien dramatisch falsch eingeschätzt zu haben. So wurde dessen Wirtschaftspolitik 1999 vom Fonds noch in höchsten Tönen gelobt, während zwei Jahre später die große Krise begann.[322] Manche Autoren machen den IWF sogar direkt für die Krise Argentiniens verantwortlich.

> „Seit dem Crash des Jahres 2002 ist die Wirtschaft des Landes spektakulär gewachsen, mit Wachstumsraten von um neun Prozent pro Jahr. Die Exporte stiegen seit 2002 um 50 Prozent, die Devisenreserven konnten verdreifacht werden. Damit hat das zweitgrößte Land des Kontinents die Krise zwar noch nicht vollständig überwunden, aber die in Argentinien herrschende Einschätzung ist eindeutig: Die Empfehlungen des IWF führten das Land in eine schwere Krise. Ohne den Fonds können sich Wachstumskräfte besser entfalten."[323]

Ein weiterer Kritikpunkt am Internationalen Währungsfonds ist die Vergabepraxis von Finanzierungsbeiständen. Insbesondere hat sich durch die Fall-zu-Fall

---

317 Vgl. Internationaler Währungsfonds (2005).

318 Vgl. Internationaler Währungsfonds (2006).

319 Vgl. Weltwirtschaft Ökologie und Entwicklung e.V. (2006).

320 Vgl. Jost, C. (2003).

321 Zum Moral Hazard bei IWF-Hilfen siehe z.B. Haldane, A. und J. Scheibe (2004) oder auch Haldane, A. und A. Taylor (2003).

322 Vgl. Dieter, H. (2006).

323 Dieter, H. (2006), S. 3.

Abwägung der Sanktionen des Fonds eine Tendenz hin zu einer subjektiven Sanktionierung ergeben.[324] Staaten wie Brasilien, Russland oder auch die Türkei können, ob ihrer weltwirtschaftlichen oder auch -politischen Bedeutung, auch im Fall der Nichteinhaltung von IWF-Vorgaben weiterhin mit Unterstützungsleistungen des Fonds rechnen, wohingegen strategisch weniger bedeutsame Staaten harte Sanktionen in Form von Kreditverweigerungen zu spüren bekommen.[325] Auch sieht sich der Fonds dem Vorwurf ausgesetzt, dass er eine Interessenpolitik zugunsten von, insbesondere amerikanischen, Banken betreibt, so dass mit seinen Krediten keine Stabilisierung der Staaten, sondern ein Bail-out für Banken einhergeht.[326]

Dass viele Entwicklungsländer das Vertrauen in den Internationalen Währungsfonds verloren haben, zeigt sich am Volumen seiner Kreditvergabe. Im Finanzjahr 2005 vergab der Fonds bspw. lediglich neue Kredite in Höhe von 2,1 Mrd. US-$, was den niedrigsten Stand seit den 1970er Jahren darstellt. Weiter sank auch die Summe der ausstehenden Kredite von 90 Mrd. US-$ im April 2004 über 66 Mrd. US-$ im November 2005 auf etwa 40 Mrd. US-$ im März 2006.[327] Die Abwendung der Entwicklungsländer insbesondere Lateinamerikas und Ostasiens vom Fonds hat ihren Grund auch in seinem Legitimationsdefizit. Die große Mehrheit der Stimmrechte im IWF entfällt auf die großen Industrienationen, von denen mit Ausnahme Mexikos 1994/95 und Südkoreas 1997 nicht ein Staat jemals die Hilfe des Fonds hat in Anspruch nehmen müssen.[328] Die EU-Staaten verfügen über insgesamt 31,4 % der Stimmrechte im Fonds, die USA über 17,1 %, was das erhebliche Gewicht dieser Staaten zeigt.[329] Die große Unterrepräsentation vor allem der asiatischen Länder zeigt sich daran, dass bspw. China über weniger Stimmrechte verfügt als Italien und Indonesien, immerhin 200 Mio. Einwohner stark und in Zeiten der Asienkrise wichtiger Kreditnehmer des Fonds, weniger Stimmrechte besitzt als Schweden.[330] Da hierdurch die Industrienationen die Politik des Fonds bestimmen, die Entwicklungsländer aber die Einzigen sind, die diese zu spüren bekommen, verliert der Fonds ihnen gegenüber an Glaubwürdigkeit.

---

324 Vgl. Frech, T. (2005).
325 Vgl. Frech, T. (2005).
326 Vgl. Schäfer, H.-B. (2010).
327 Vgl. Dieter, H. (2006).
328 Vgl. Dieter, H. (2006).
329 Vgl. Dieter, H. (2006).
330 Vgl. Dieter, H. (2006).

So löste sich Argentinien dann auch vom IWF und erklärte eigenmächtig den Default seiner öffentlichen Schuld. Erst die Erklärung des Defaults durch die Regierung brachte eine Wende zum Besseren, da Argentinien dadurch in einem erheblichen Ausmaß real entlastet wurde. Dieses Vorgehen kommt aber einer ungeordneten Insolvenz gleich und birgt erhebliche Risiken für den Staat, welcher seinen Default erklärt. Es kann sein, dass Vermögenswerte des Staates, welcher seine Schuldendienstzahlungen einstellt, im Ausland beschlagnahmt werden. Weiter könnte der Schuldnerstaat von den internationalen Kapitalmärkten ausgeschlossen werden, was insbesondere Entwicklungsländer, die auf internationale Kapitalzuflüsse angewiesen sind, vermutlich hart treffen würde.[331] Auch ist ein Verlust kurzfristiger Handelskredit- und Interbanklinien denkbar, was den Nutzen aus dem internationalen Handel stark einschränken könnte.[332] Da es sich bei der einseitig verkündeten Zahlungseinstellung um eine Form der ungeordneten Insolvenz handelt, könnte sich auch der Prozess der Verhandlungen zwischen dem Schuldner und seinen Gläubigern kompliziert gestalten und in die Länge ziehen, was zu Produktions- und Wachstumseinbußen führen kann.[333]

Abschließend muss bei der Erklärung des Defaults eines Schuldner stets zwischen ability-to-pay und willingness-to-pay Problemen unterschieden werden. Bei der ability-to-pay geht es um die Fähigkeit eines Staates seine Schulden zu tilgen, die willingness-to-pay entspricht dem Willen eines Staates hierzu. Es gibt Hinweise darauf, dass der Default Argentiniens aus opportunistischen Gründen erfolgte und somit ein willingness-to-pay Problem darstellt und weniger ein ability-to-pay Problem, was einer formalen Insolvenz gleich käme.[334] Dies ist insofern von Bedeutung, als dass ein Default lediglich dann gerechtfertigt erscheint, wenn tatsächlich eine Zahlungsunfähigkeit und keine Zahlungsunwilligkeit vorliegt. Im Falle Argentiniens kann Zweites zumindest nicht ausgeschlossen werden.

3.3.3.2 Die Schuldenkrise Griechenlands

Griechenland befindet sich seit mehr als drei Jahren in einer Situation in der es sich nicht mehr in der Lage sieht, seine Schulden zu bedienen und in der es sich vom Kapitalmarkt ausgeschlossen sieht. Das griechische Defizit erreichte

331 Vgl. Rose, A. K. (2002).
332 Vgl. Rose, A. K. (2002).
333 Vgl. Dooley, M. P. (2000).
334 Vgl. Sturzenegger, F. (2002).

im Jahr 2010 einen Wert von -10,5 %, die griechische Schuldenstandsquote betrug im selben Jahr 142,8 %.[335] Für 2012 wurde eine Schuldenstandsquote von 156 % für Griechenland erwartet, was es höchst wahrscheinlich macht, dass der Staat außer Stande sein wird, den erforderlichen Zinsdienst, welcher sich auf acht Prozent des Bruttoinlandsprodukts und 20 % der Steuer- und Abgabenquote in 2011 belief, zu erbringen.[336] Angesichts dieser Zahlen und der sich daraus ergebenden Probleme der drohenden Zahlungsunfähigkeit Griechenlands sahen sich die übrigen EU-Mitgliedstaaten gezwungen ein Konsolidierungsprogramm für die griechischen Staatsfinanzen aufzulegen. Der Erfolg dieses Konsolidierungsprogramms ist derzeit noch offen, da sich Griechenland noch nicht am Ende des Konsolidierungsprozesses befindet. Ob die im Folgenden dargestellten Mittel das griechische Finanzierungsproblem dauerhaft werden lösen können, ist eine spannende Frage und dürfte sich erst innerhalb der nächsten Jahre entscheiden.

Griechenlands Zahlungsunfähigkeit wurde durch Rettungspakete der EU-Gemeinschaft abgewendet.[337] Der sogenannte „EU-Rettungsschirm" gewährt notleidenden EU-Mitgliedstaaten Hilfen in Form von Krediten und Garantien bis zum Jahr 2013.[338] Die Direkthilfen in Form von Krediten an Griechenland beliefen sich auf 80 Mrd. €, die von den EU-Mitgliedstaaten getragen werden, und weitere 30 Mrd. €, welche der IWF zur Verfügung stellte.[339] Darüber hinaus wurde im Mai 2010 im Rahmen der Europäischen Finanzstabilisierungsfazilität (EFSF) beschlossen, notleidenden EU-Mitgliedstaaten Bürgschaften in Höhe von 440 Mrd. € und Kredite der EU-Kommission im Umfang von 60 Mrd. € zu gewähren.[340] Unter der Bedingung, dass der betroffene EU-Mitgliedstaat mit dem IWF ein von der Eurogruppe anerkanntes wirtschafts- und finanzpolitisches Stabilisierungspaket vereinbart, sagt der IWF seinerseits weitere Bürgschaften in Höhe von bis zu 250 Mrd. € zu.[341] Insgesamt beläuft sich das Volumen des EFSF somit auf 750 Mrd. €. Mit den 110 Mrd. € Direkthilfen in Form von Krediten wird sogar ein Volumen von 860 Mrd. € erreicht. Den

335 Vgl. Eurostat (2011).
336 Vgl. Hishow, O. N. (2011).
337 Zum EU-Rettungsschirm siehe auch die Erklärung der Staats- und Regierungschefs des Euro-Währungsgebietes (2010).
338 Vgl. Hishow, O. N. (2011).
339 Vgl. Erklärung der Staats- und Regierungschefs des Euro-Währungsgebietes (2010).
340 Zum EFSF siehe auch die Erklärung des Europäischen Rates (2010).
341 Vgl. Dietrich, D. et al. (2010).

EFSF in Anspruch nehmen darf ein EU-Mitgliedstaat dann, wenn er aufgrund außergewöhnlicher Ereignisse in Finanzprobleme gerät.[342] Flankiert wurden diese Maßnahmen von einem massiven Ankauf vor allem griechischer, irischer und portugiesischer Staatsanleihen durch die Europäische Zentralbank im Gesamtwert von 70 Mrd. € bis 2011.[343] Diese Hilfen betreffen augenscheinlich nicht nur Griechenland, es kann durchaus konstatiert werden, dass die EU mit Hilfe des IWF für die Zukunft vorgesorgt hat, da es wahrscheinlich schien und noch immer scheint, dass sich zukünftig weitere Länder neben Griechenland unter den EU-Rettungsschirm flüchten werden, zuvorderst dürften dies Portugal, Irland, was bereits beträchtliche Kredithilfen erhielt, oder auch Spanien sein.[344] Eine weitere Diskussion dreht sich darum, eine Entschuldung Griechenlands durch einen Rückkauf von Staatsanleihen zu ermöglichen.[345] Eine derart gestaltete Rettung sieht vor, dass der EFSF Staatspapiere zu Marktpreisen aufkauft. Da diese in Krisenländern wie Griechenland derzeit unter dem Nennwert der Papiere notieren, ließe sich durch den Tausch dieser Papiere gegen neue Anleihen mit niedrigerem Nennwert die Staatsverschuldung um die Differenz zwischen Nennwert und Marktpreis reduzieren.[346]

Problematisch an der Rettungsaktion der EU für Griechenland ist, dass jedes Rettungspaket eine zusätzliche Last darstellt. Es ist fraglich, ob dem Staat damit langfristig geholfen werden kann oder dessen Zahlungsunfähigkeit lediglich hinausgezögert wird. Ein Hinweis auf die Unwirksamkeit des Rettungspakets zeigt sich in den Konditionen der frischen Kredite an Griechenland unmittelbar nach Schnüren des Pakets. Diese wurden zu Zinssätzen von fünf Prozent vergeben und lagen damit über dem nominalen Wirtschaftswachstum.[347] Das griechische Bruttoinlandsprodukt sank etwa von 2009 auf 2010 um über zwei Prozent.[348]

Vor dem Hintergrund der enormen Schuldenlast Griechenlands stellt sich auch die Frage, ob Hilfen in Form von Krediten und Garantien zielführend sind oder ob vielmehr ein Teil der Schulden von der EU-Gemeinschaft übernommen werden und auch bedient werden sollte. Dies entspräche einer realen Entlastung Griechenlands. Hishow (2011) beziffert die Schuldenlast Griechenlands, welche von der EU-Gemeinschaft übernommen werden sollte auf etwa 70 % des griechischen

342 Vgl. Dietrich, D. et al. (2010).
343 Vgl. Grossmann, V. (2011).
344 Vgl. z.B. Hishow, O. N. (2011).
345 Vgl. bspw. Gros, D. und T. Mayer (2011).
346 Vgl. Grossmann, V. (2011).
347 Vgl. Hishow, O. N. (2011).
348 Berechnet aus Eurostat (2011).

Bruttoinlandsprodukts oder in monetären Werten etwa 160 Mrd. €. Seine Berechnungen beruhen dabei auf einer Tragfähigkeitsbetrachtung mit der Annahme, dass sich das nominale Wachstum des griechischen Bruttoinlandsprodukts zwischen 4,5 und fünf Prozent (bei einer angenommenen mittelfristigen Inflationsrate von drei Prozent) einpendelt.[349] Allerdings hätte eine Übernahme griechischer Schulden durch andere EU-Mitgliedstaaten möglicherweise langfristige adverse Wachstumseffekte für die betreffenden Staaten, da diese künftig durch höhere Schuldenstände belastet würden, was die Finanzierungsmöglichkeiten öffentlicher Investitionen etwa in Infrastruktur oder Bildung verringern würde. Ebenso könnte eine, unter Umständen notwendig werdende, Steuererhöhung die Standortattraktivität eines Geberlandes senken und somit zu einer Kapitalflucht aus der Eurozone beitragen.[350] Diese Effekte können allerdings auch bei der gegenwärtigen Praxis der Kredit- und Garantiegewährung auftreten.

Weiter ist die Wiederherstellung der Kapitalmarktfähigkeit Griechenlands durch das Rettungspaket der EU-Gemeinschaft zumindest fraglich. Durch direkte Kredithilfen und Garantien in Milliardenhöhe sollte auch das Vertrauen der Finanzmärkte in die Fähigkeit des Staates, seine Schulden zu bedienen, gestärkt oder besser gesagt zurückgewonnen werden. Vertrauen der Kreditmärkte drückt sich durch die Zinsen auf Staatsanleihen aus. Ein Blick auf den Verlauf der Zinssätze griechischer Staatsanleihen zeigt, dass diese zwar direkt nach der Verabschiedung des Rettungspakets gesunken sind, diese Entwicklung jedoch nur von kurzer Dauer war. Bereits im Oktober 2010 begannen die Zinsen wieder beträchtlich zu steigen. Gleiches gilt im Übrigen für irische sowie portugiesische Staatsanleihen.[351]

Die Kredit- und Garantiegewährung an Griechenland birgt auch im Zusammenhang mit deren Seniorität ein nicht unerhebliches Risiko. Der ESM (European Stability Mechanism), der am 27. September 2012 als Erweiterung und Ersatz des EFSF in Kraft trat, besitzt einen bevorrechtigten Gläubigerstatus, welcher lediglich dem IWF nachgeordnet ist.[352] Die immer umfangreichere Zurverfügungstellung öffentlicher Ressourcen für die Griechenlandhilfe könnte von den Kapitalmärkten als Signal interpretiert werden, dass die Risiken, in Form größerer Anteile an den Verlusten, auf private Halter von Staatsanleihen mit

349 Die tragfähige Schuldenstandsquote errechnet sich aus der Formel.
(Zinslast als Anteil des BIP) / (Durchschnittszinssatz der Gesamtschuld)=Tragfähige Schuldenstandsquote.

350 Vgl. Grossmann, V. (2011).

351 Vgl. Grossmann, V. (2011).

352 Vgl. Belke, A. (2011).

längerer Laufzeit übergehen.[353] Dies führte aber dazu, dass private Gläubiger in ihrer Kreditvergabe vorsichtiger werden, die Risikoprämien steigen und letztendlich auch die Anleiherenditen, was eine Rückkehr Griechenlands an den Kapitalmarkt so gut wie ausschließt.[354] Kurioserweise wurde das Fehlen der Seniorität des EFSF genau auf diese Weise begründet.[355] Diese Umkehr deutet wahrscheinlich darauf hin, dass die EU-Mitgliedstaaten eine Insolvenz Griechenlands zumindest für möglich halten.

Einen Schlüsselindikator für die Reaktion der Finanzmärkte auf das Rettungspaket stellen die Anleiherenditen dar, was dazu führen kann, dass mit jedem zusätzlichen Rettungspaket die Anleiherenditen weiter steigen, was in einem Teufelskreis aus weiteren und möglicherweise auch größeren Rettungspaketen und, als Reaktion darauf, weiter steigenden Anleiherenditen münden kann.[356] Es ist zudem durch den Rettungsfonds und die damit einhergehenden Verpflichtungen der Geberländer nicht auszuschließen, dass der Euro eine Abwertung erfährt.[357] So lag der nominale effektive Wechselkurs des Euros Anfang Juni 2010 gegenüber den Währungen der 21 wichtigsten Handelspartner des Euro-Währungsgebietes sieben Prozent unter dem Niveau von Ende Februar 2010 und gar 10,4 % unter dem Jahresdurchschnitt von 2009.[358]

Manche Autoren monieren weiter, dass die Rettung Griechenlands eine versteckte Rettung nationaler Kreditinstitute sei, da insbesondere französische und deutsche Banken in einem hohen Maße griechische Anleihen hielten.[359] Auch hat im Zuge der Griechenlandhilfen die Europäische Zentralbank an Glaubwürdigkeit verloren, hat sie sich doch als unabhängige Zentralbank in erster Linie der Gewährleistung von Preisstabilität und nicht einer Monetarisierung oder inflationsbedingten Entwertung von Staatsschulden verschrieben.[360]

Es ist zudem zu beachten, dass das Gros der Erfolgsaussichten der Griechenlandrettung vom Erfolg des griechischen Konsolidierungsprogramms abhängt. Wenn auch das griechische Parlament bislang alle Sparmaßnahmen genehmigte, so führten die geplanten Ausgabenkürzungen doch zu enormen sozialen Spannungen, die sich in Massendemonstrationen und teils regelrechten

353 Vgl. Belke, A. (2011).
354 Vgl. Belke, A. (2011).
355 Vgl. EFSF (2011).
356 Vgl. Gros, C. (2010).
357 Vgl. Grossmann, V. (2011).
358 Vgl. Europäische Zentralbank (2010).
359 Vgl. Grossmann, V. (2011) oder auch Degenhart, C. (2011).
360 Vgl. Dietrich, D. et al. (2010).

Straßenschlachten entluden. Es ist ebenfalls nicht sicher, ob das Sparpaket die gewünschten Effekte haben wird, da es möglich ist, dass die schwächere wirtschaftliche Entwicklung, welche durch die erheblichen Einsparungen induziert werden kann, die erhoffte Reduktion der Defizitquoten konterkariert.[361] Auch der Internationale Währungsfonds sieht hohe Risiken des Konsolidierungsprogramms und bezeichnet es als „*[...] unprecedented [...]*“, also als beispiellos.[362] Der Konsolidierungsplan Griechenlands sieht eine Verbesserung des Primärsaldos im Verhältnis zum Bruttoinlandsprodukt um 9,6 Prozentpunkte innerhalb von drei Jahren vor.[363] Ein Vergleich mit ähnlich ambitionierten Konsolidierungsanstrengungen, betrachtet werden alle Fälle in denen es einem Staat gelang den Primärsaldo im Verhältnis zum Bruttoinlandsprodukt um mindestens sieben Prozentpunkte innerhalb von drei Jahren zu verbessern, auf Grundlage einer OECD-Datenbasis zeigt, dass es seit den 1970er Jahren lediglich zwei Ländern gelungen ist, einen ähnlichen Konsolidierungspfad einzuhalten, wie es für Griechenland momentan vorgesehen ist. Namentlich waren dies Dänemark in den 1980er und Schweden in den 1990er Jahren. Allerdings profitierten beide Staaten von einer zügig expandierenden nominalen Produktion, welche die öffentlichen Einnahmen wachsen ließ und somit die relative Zinslast minderte. Zudem kam beiden Staaten die gute internationale Konjunktur ab Mitte der 1990er Jahre zu Gute.[364]

Die Situation Griechenlands ist mit der Schwedens und Dänemarks in ihren Phasen erfolgreicher Konsolidierung aber nicht zu vergleichen. Zum einen waren die Konjunkturaussichten Griechenlands bei Beginn der Konsolidierung negativ.[365] So prognostizierte der Internationale Währungsfonds das reale Wirtschaftswachstum für das Jahr 2010 mit -4,0 % und für das Jahr 2011 mit -2,6 %. Erst für das Jahr 2012 wurde wieder ein, mit 1,1 % jedoch alles andere als üppiges, positives Wachstum erwartet.[366] Auch die Aussichten der Weltwirtschaft waren und sind angesichts der europäischen Sorgenkinder Griechenland, Portugal, Spanien und Zypern sowie der angespannten Haushaltslage in den USA und den Folgen des Erdbebens im japanischen Fukushima gedämpft.[367] Ebenso legen

361 Vgl. Dietrich, D. et al. (2010).
362 Internationaler Währungsfonds (2010); S. 1.
363 Vgl. Dietrich, D. et al. (2011).
364 Vgl. Dietrich, D. et al. (2011).
365 Vgl. Europäische Zentralbank (2011).
366 Vgl. Internationaler Währungsfonds (2010).
367 Vgl. Internationaler Währungsfonds (2011a) und Internationaler Währungsfonds (2011b).

Untersuchungen nahe, dass es nach einer derart verheerenden Finanzkrise wie der derzeitigen erheblich länger dauert, bis die Wirtschaft ihren ursprünglichen Wachstumspfad wieder erreicht.[368] Zum anderen steht es Griechenland nicht offen, seine Exportwirtschaft durch eine Abwertung zu stärken und auf diesem Weg zu mehr gesamtwirtschaftlichem Wachstum zu gelangen, da es als EU-Mitgliedstaat seine geldpolitischen Befugnisse an die Europäische Zentralbank abgetreten hat.[369]

Die Fragwürdigkeit der Wirkung des Rettungsversuchs Griechenlands liegt auch darin begründet, dass die EU-Gemeinschaft davon auszugehen scheint, dass in Griechenland lediglich eine Liquiditätskrise vorliegt, vieles allerdings auf eine Solvenzkrise hindeutet.[370] Es ist nicht verwunderlich, dass die Lösungsvorschläge für ein Problem ins Leere laufen, wenn das Problem von vornherein falsch definiert wurde.

Zum Vorschlag, die Entschuldung mittels eines Aufkaufs der Staatspapiere durch den EFSF voranzutreiben, lassen sich zwei wesentliche Kritikpunkte anführen. Die Ankündigung eines solchen Rückkaufprogramms würde vermutlich die Preise für die betroffenen Anleihen in die Höhe treiben, so dass das Reduzierungspotential der Staatsschulden hierdurch unmittelbar gemindert würde. Des Weiteren ist nicht sicher, ob die so erreichte Rückführung der Staatsschulden ausreichen würde, um die Solvenz eines Krisenstaates wiederherzustellen.[371] Hier stellt sich zunächst die Problematik, die exakte hierfür nötige Schuldenstandsquote und somit den Umfang der notwendigen Reduzierung der Staatsschuld zu bestimmen, was wissenschaftlich umstritten ist.[372]

Sollten die Gläubiger eines Krisenstaates der, wenn auch subjektiven, Überzeugung sein, dass die Reduzierung dessen Schuldenstandes ausreiche, um seine Solvenz wiederherzustellen, so ist es für sie individuell irrational einem Rückkauf zuzustimmen, da sie die Erwartung haben, nach Wiederherstellung der Solvenz die volle Rückzahlung erzielen zu können.[373] Sollte es einem Krisenstaat durch die Reduzierung der Staatsschuld nicht gelingen, die Solvenz wiederzuerlangen,

---

368 Vgl. Koopman, G. J. und I. P. Székely (2009).

369 Vgl. Dietrich, D. et al. (2011).

370 Vgl. Eichengreen, B. (2010). Zur kurzen, aber prägnanten Unterscheidung zwischen Liquiditäts- und Solvenzkrisen siehe Abberger, K. (2010).

371 Vgl. Grossmann, V. (2011).

372 Vgl. Jochimsen, B. (2008) und die Ausführungen zum Konzept der Nachhaltigkeit im Kapitel 3.3.1.

373 Vgl. Grossmann, V. (2011).

so wäre die Hauptlast eines zukünftig womöglich notwendigen Forderungsverzichts durch den EFSF zu tragen.[374]

Auch wird im Falle der Griechenlandrettung durch die Übernahme von Einstandspflichten leistungsschwächerer Mitgliedstaaten durch leistungsstärkere Mitgliedstaaten eine quasi-föderale Haftungsgemeinschaft begründet, welche den Anreiz Griechenlands und anderer EU-Mitgliedstaaten untergraben kann, zukünftig solide zu wirtschaften.[375] Des Weiteren sind die Signale an den Kapitalmarkt anreiztheoretisch kritisch zu betrachten.[376]

Aus rechtlicher Perspektive ist abschließend anzumerken, dass der den EFSF abgelöste ESM die verfassungsrechtliche Budgethoheit des Parlaments und somit ein wesentliches und prägendes Element der parlamentarischen Demokratie nachhaltig verkürzt.[377] Dem ESM fehlt es somit an ausreichender politischer Legitimation.

Aus den soeben aufgeführten Gründen, mehren sich in der Wissenschaft die Stimmen, die fordern, Griechenland den Weg einer geordneten Insolvenz zu ebnen, mindestens jedoch die griechischen Schulden geordnet umzustrukturieren.[378]

3.3.3.3 Die Extremen Haushaltsnotlagen Bremens und des Saarlandes

Der dritte Fall einer Schuldenkrise bezieht sich auf die Ebene der deutschen Bundesländer. Bremen und das Saarland sahen sich in den 1980er Jahren in einer Situation, in der sie es aus eigener Kraft nicht mehr vermochten, ihren Haushalt zu konsolidieren. Sie klagten 1988 (Bremen) bzw. 1989 (Saarland) vor dem Bundesverfassungsgericht auf Sanierungshilfen. Das Bundesverfassungsgericht beurteilte die Schwere der finanziellen Schieflage beider Länder anhand der beiden Kriterien der Kreditfinanzierungsquote und der Zins-Steuer-Quote.[379] Aufgrund der im Verhältnis zum Länderdurchschnitt weit höheren Werte dieser beiden Kennziffern für Bremen und das Saarland und der ausbleibenden Verbesserung bis zum Jahr 1992 gab das Bundesverfassungsgericht den Klagen in seinem Urteil

---

374 Vgl. Grossmann, V. (2011).

375 Vgl. Degenhart, C. (2011).

376 Zum Anreizproblem bei Bail-outs siehe die Kapitel 3.1.3.2.1. bis 3.1.3.2.3.

377 Vgl. Degenhart, C. (2011).

378 Vgl. bspw. Schäfer, H.-B. (2010), Dietrich, D. et al. (2010). Hishow, O. N. (2011), Paulus, C. G. (2010), Holtemöller, O. und T. Knedlik (2011), Smeets, H.-D. (2010), Kirchner, C. (2011).

379 Zur Erklärung dieser beiden Kennziffern sei auf das Kapitel 3.3.1. verwiesen.

vom 27. Mai 1992 statt.[380] Bremen und das Saarland erhielten als Folge dieses Urteils in den Jahren 1993 bis 2004 Sanierungshilfen in Höhe von insgesamt 8,6 Mrd. € für Bremen und 6,6 Mrd. € für das Saarland, in Summe also 15,2 Mrd. €.[381] Es fand ein Bail-out durch die Bund-Länder Gemeinschaft statt. Bremen und das Saarland erhielten auf diese Weise Gelder von außen, um ihre Haushalte zu konsolidieren.

Der Erfolg der Sanierungshilfen für die beiden Bundesländer ist als mäßig zu bewerten. In den Jahren nach der Gewährung der Sanierungshilfen trat keine Besserung ein. Von 1995 bis 2001 konnte Bremen seine Einnahmen lediglich um 1,3 % steigern, das Saarland um 5,9 %, was jeweils unter dem Durchschnitt der übrigen Länder lag. Bei den Ausgaben ergibt sich ein positiveres Bild. Die Zuwachsrate der Ausgaben in Bremen lag im Zeitraum von 1995 bis 2001 bei 6,6 %, die des Saarlandes bei 2,7 %, was weit unter dem Durchschnitt der Länder und Gemeinden mit 11,3 % lag.[382]

Die Betrachtung der Defizitquote, also des Verhältnisses von Finanzierungsdefizit zu den Gesamtausgaben, trübt dieses Bild allerdings. Während die Defizitquote in den westdeutschen Bundesländern bis 1999 um 80 % gesenkt werden konnte, belief sich dieser Wert für Bremen auf lediglich 33,3 % und für das Saarland auf 25 %.[383] Im Falle der Kreditmarktschulden zeigt sich, dass Bremen diese zwischen 1994 und 2000 um 1,3 % und das Saarland im selben Zeitraum um 9,5 % senken konnte, jedoch war vom Jahr 1998 an in beiden Ländern ein Anstieg der Verschuldung pro Kopf zu verzeichnen, was mit hohen Bevölkerungsverlusten erklärt werden kann.[384]

Der Schuldenstand in Bremen (Land und Städte) konnte vom Jahr 1994 an, ab dem die Sanierungshilfen flossen, bis zum Jahr 1999 durchgängig gesenkt werden, ab dem Jahr 2000 ergibt sich hier allerdings eine Umkehr. So sank der Schuldenstand in Bremen von 1994 bis zum Jahr 1999 von 9,02 Mrd. € auf 8,79 Mrd. €, also um 0,23 Mrd. €.[385] Von 1999 bis zum Jahr 2009 stieg der Schuldenstand dann von 8,79 Mrd. € auf 16,99 Mrd. €, also um ganze 8,2 Mrd. €.[386]

---

380 Zu den Klagen Bremens und des Saarlandes auf Sanierungshilfen siehe auch die Ausführungen im Kapitel 3.1.3.2.1., zu den genauen Werten der Kreditfinanzierungsquote und der Zins-Steuer-Quote für die beiden Länder sei auf das Kapitel 3.3.1. verwiesen.

381 Vgl. Färber, G. (2006).

382 Vgl. Lang, W. und R. Hickel (2002).

383 Vgl. Lang, W. und R. Hickel (2002).

384 Vgl. Lang, W. und R. Hickel (2002).

385 Vgl. Rechnungshof der Freien Hansestadt Bremen (2003).

386 Vgl. Rechnungshof der Freien Hansestadt Bremen (2010).

Im Jahr 2010 betrug der Schuldenstand für das Land Bremen 17,88 Mrd. €.[387] Der Schuldenstand des Saarlandes war von 1994 bis zum Jahr 2000 rückläufig, stieg ab dem Jahr 2001 aber wieder kontinuierlich an. Von 1994 bis zum Jahr 2000 sank der Schuldenstand des Saarlandes von 7,23 Mrd. € auf 6,21 Mrd. €, a lso um 1,02 Mrd. €. Von 2000 bis zum Jahr 2009 stieg der Schuldenstand dann aber von 6,21 Mrd. € auf 10,64 Mrd. €, also um ganze 4,43 Mrd. €.[388] In beiden Ländern konnte der Schuldenstand also nur kurzfristig zurückgeführt werden. Mittelfristig erreichten die Schuldenstände in Bremen und dem Saarland ein Niveau, welches deutlich über dem des Jahres 1994 lag, ab welchem die Sanierungshilfen für beide Länder zu fließen begannen.

Interessant ist ein Blick auf die Entwicklung der Kreditfinanzierungsquote und der Zins-Steuer-Quote in den beiden Ländern, da das Bundesverfassungsgericht sein Urteil mit einer Extremen Haushaltnotlage begründete, welche es anhand dieser beiden Kennziffern attestierte. Die Kreditfinanzierungsquote für Bremen betrug im Jahr 1995, also unmittelbar nach Beginn des Empfangs der Sanierungszahlungen, -0,5 % und lag damit deutlich unter dem Länderdurchschnitt von 7,9 %, es konnte in der Tat kurzfristig eine deutliche Verbesserung gegenüber der Ausgangssituation erzielt werden. Im Jahr 2000 betrug der Wert 4,1 % und lag damit bereits wieder über dem Länderdurchschnitt von 3,7 %. 2005 erreichte die Kreditfinanzierungsquote in Bremen mit 26,5 % bereits wieder einen mehr als dreimal so hohen Wert wie der Durchschnitt der Länder mit 7,2 %. 2006 sank die Kreditfinanzierungsquote Bremens zwar auf 20,4 %, lag dabei allerdings um ein annähernd siebenfaches höher als beim Länderdurchschnitt.[389] Auch in jüngerer Zeit lag dieser Wert für Bremen stets deutlich mehr als zweimal über dem Länderdurchschnitt. Im Jahr 2008 betrug er 12,1 % im Vergleich zum Länderdurchschnitt mit 0,5 %. 2009 waren es dann 23,8 %, bei 5,8 % für den Länderdurchschnitt. Und 2010 betrug der Wert für Bremen 23,1 %, der Länderdurchschnitt für dieses Jahr lag bei 8,7 %.[390] Für das Saarland betrugen die Werte -3,8 % im Jahr 1995 und -1,6 % im Jahr 2000. Hier dauerte die anfängliche Erholung sichtbar länger an als in Bremen. Jedoch war auch diese Entwicklung nicht von Dauer. Im Jahr 2005 erreichte die Kreditfinanzierungsquote des Saarlandes einen Wert von 17,3 % und lag damit deutlich über dem Zweifachen des Länderdurchschnitts. 2006 betrug der Wert der Kreditfinanzierungsquote für das Saarland 16,5 % und lag damit fast

387 Vgl. Rechnungshof der Freien Hansestadt Bremen (2011).

388 Vgl. Rechnungshof des Saarlandes (2010).

389 Vgl. für die Werte der Kreditfinanzierungsquote bis hierhin Dietz, O. (2008).

390 Vgl. für die Werte der Kreditfinanzierungsquote ab 2008 Bundesministerium der Finanzen (2010).

um das Fünffache höher als der Länderdurchschnitt.[391] Für die jüngere Vergangenheit ergibt sich folgendes Bild. Im Jahr 2008 lag die Kreditfinanzierungsquote des Saarlandes bei 13,8 %, 2009 waren es dann 24,9 % und im Jahr 2010 lag der Wert bei 21,8 %.[392] Damit lag auch im Saarland die Kreditfinanzierungsquote in jüngeren Jahren stets bei mehr als einem Zweifachen des Durchschnitts der Bundesländer. In beiden Ländern kam es mit Hilfe der Sanierungshilfen zwar kurzfristig zu einer Verringerung der Kreditfinanzierungsquote relativ zum Länderdurchschnitt, jedoch erreichten beide Länder schon bald eine ähnlich hohe Relation wie noch zu Beginn der Sanierungshilfen. In den letzten drei Jahren übertraf die Relation zum Länderdurchschnitt für beide Länder die ursprünglichen Werte sogar deutlich.

Für die Zins-Steuer-Quote ergibt sich ein ähnliches Bild. Die Zins-Steuer-Quote für das Land Bremen betrug im Jahr 1995 28,2 % und im Jahr 2000 21,2 %. Sie lag damit deutlich über dem Länderdurchschnitt von 11,1 % (1995) bzw. 10,6 % (2000). Im Jahr 2005 erreichte die Zins-Steuer-Quote des Landes Bremen einen Wert von 21,6 % und im Jahr 2006 dann 21,2 %, was wiederum deutlich über dem Durchschnitt der Bundesländer mit 11,6 % (2005) bzw. 10,7 % (2006) lag.[393] Im Jahr 2008 lag dieser Wert für Bremen bei 20,0 %, im Jahr 2009 bei 22,7 % und im Jahr 2010 schließlich bei 24,7 %. Die Vergleichswerte für den Länderdurchschnitt lagen bei 10,0 % im Jahr 2008, 10,1 % im Jahr 2009 und 11,3 % im Jahr 2010.[394] Die Werte für Bremen lagen damit in jüngerer Vergangenheit stets um mindestens ein Zweifaches höher als für den Länderdurchschnitt. Für das Saarland ergeben sich Werte von 24,3 % im Jahr 1995 und 17 % im Jahr 2000. Das Saarland übertrifft damit den Länderdurchschnitt in beiden Jahren, wenn auch nicht so deutlich wie Bremen. In den Jahren 2005 und 2006 lag der Wert für das Saarland bei 17,0 % (2005) bzw. bei 16,6 % (2006).[395] Auch hier wird der Durchschnitt der Länder übertroffen, um jeweils mehr als fünf Prozentpunkte. In der jüngeren Vergangenheit lag die Zins-Steuer-Quote für das Saarland bei 17,3 % (2008), 19,1 % (2009) und 21,5 % (2010).[396] Das Saarland bleibt damit zwar unter der Relation des Landes Bremen zum Durchschnitt der Bundesländer, jedoch liegen diese Werte auch für das Saarland deutlich über den Relationen zum Ausgangszeitpunkt der Sanierungshilfen.

---

391 Vgl. für die Werte der Kreditfinanzierungsquote bis hierhin Dietz, O. (2008).

392 Vgl. für die Werte der Kreditfinanzierungsquote ab 2008 Bundesministerium der Finanzen (2010).

393 Vgl. Dietz, O. (2008).

394 Vgl. Bundesministerium der Finanzen (2010).

395 Vgl. Dietz, O. (2008).

396 Vgl. Bundesministerium der Finanzen (2010)

Nach den Kriterien des Bundesverfassungsgerichts aus dem Jahr 1992 befinden sich beide Länder also nach wie vor in einer Extremen Haushaltsnotlage. In Bremen und dem Saarland scheint diese Ansicht ebenfalls vorzuherrschen. Beide Länder befinden sich derzeit in einem weiteren Klageverfahren vor dem Bundesverfassungsgericht. Diese Klagen ruhen jeweils nur, da die beiden Länder im Zuge der Implementierung der neuen Schuldenbremse nach Art. 109 Abs. 3 GG Konsolidierungsländer sind und der Art. 143d Abs. 2 Satz 6 GG die gleichzeitige Gewährung von Konsolidierungshilfen und Sanierungshilfen aufgrund einer Extremen Haushaltsnotlage ausschließt.

Es kann konstatiert werden, dass das Ziel, die Haushalte beider Länder zu konsolidieren, verfehlt wurde. Es ist, zumindest langfristig, keine Besserung eingetreten. Noch immer belasten beide Länder hohe Schuldenstände und damit verbunden hohe Zins- und Tilgungszahlungen. Beide Länder haben es nicht vermocht, die Sanierungshilfen, welche ihnen zugesagt wurden, effizient in dem Sinne einzusetzen, als dass damit eine Verbesserung ihrer jeweiligen Haushaltslage einherginge. Auch ging mit der Gewährung der Sanierungshilfen an Bremen und das Saarland keine Verbesserung der vom Bundesverfassungsgericht in seinem Urteil von 1992 für wesentlich befundenen finanzwirtschaftlichen Kennziffern, der Kreditfinanzierungsquote und der Zins-Steuer-Quote, einher. Die Lage verschlechterte sich vielmehr. Dies ist auch vor dem Hintergrund des weiter oben ausführlich dargestellten Problems des Moral Hazards zu kritisieren. So stellt Färber (2005, S. 327) heraus, dass beide Länder den eingeschlagenen Weg der Konsolidierung mit in Kraft treten der Sanierungshilfen verließen:

> „Bremen und das Saarland zeigten im Vorfeld der Verfassungsklage und im Zuge der Verhandlungen um den Staatsvertrag, über den die Gewährung der Haushaltsnotlagendotationen abgesichert wurde, scharfe Haushaltsdisziplin."

So wies Bremen im Jahr 1992 noch einen Primäreinnahmenüberschuss auf, in den 12 darauffolgenden Jahren jedoch verschlechterte sich die Primärausgabenquote. Ende 2004 wies Bremen schließlich einen Primärausgabenüberhang von 26 % auf.[397] Weiter ist die bereits geäußerte Kritik an der unterschiedlichen Bewertung der Lage Berlins im Vergleich zu der Bremens und des Saarlandes im Berlin-Urteil des Bundesverfassungsgerichts aus dem Jahr 2006 zu erneuern. Offensichtlich erfolgten die Beurteilungen der Klagen der drei Länder nach subjektiven Einschätzungen.

Es ist allerdings zu beachten, dass bei der Konsolidierung Bremens und des Saarlandes konterkarierende Konjunktureinflüsse und Steuerreduzierungen der

397 Vgl. Färber, G. (2006).

Bundesebene wirkten. So war ein Teil der bremischen Sanierungsstrategie die Stärkung der Wirtschaftskraft im Rahmen der Teilentschuldung durch die Verwendung der Zinsersparnisse für Investitionen in die regionale wirtschaftliche Infrastruktur. Hierbei ist zu beachten, dass die geltende Verteilung originärer Steuereinnahmen über, auch anderen Ländern zufließende, Gemischtsteuern den unmittelbaren Niederschlag höherer Steuerkraft durch eine Verbesserung der Wirtschaftskraft verhinderten.[398]

Alle drei Fälle des Umgangs mit einer Schuldenkrise sind, unabhängig von der institutionellen Ausgestaltung, kritisch zu beurteilen und haben nicht die zur Entlastung der öffentlichen Haushalte notwendigen Impulse setzen können. Oder aber, wie im Falle Griechenlands, bei dem der Prozess aufgrund der Aktualität noch nicht abschließend zu beurteilen ist, ist die Wirkung der Krisenmechanismen weiterhin fraglich. Gemein ist allen drei Fällen, dass die Schuldenkrisen ad-hoc gelöst wurden. Weder gab es handfeste, objektive, ökonomisch begründete und nachvollziehbare Indikatoren zur Feststellung einer Schuldenkrise noch waren die getroffenen Maßnahmen ausreichend strukturiert oder zielgerichtet. Auch fehlt es manchen Maßnahmen, es sei hier auf die Griechenlandrettung verwiesen, an politischer Legitimation.

Im Gegenteil haben viele der Maßnahmen die Lage in den betreffenden Gebietskörperschaften noch verschlimmert oder werden sie womöglich noch verschlimmern. Einzig die Maßnahme Argentiniens seinen Default zu erklären ist als positiv einzuordnen, da es Argentinien gelungen ist, eine reale Entlastung von seiner Schuldenlast, vor allem durch die Beteiligung privater Gläubiger in Form eines erheblichen Hair-cuts, also Forderungsverzichts, herbeizuführen. Allerdings ist selbst dieses Vorgehen nur unter Vorbehalt gutzuheißen. Es wurde weiter oben bereits beschrieben, welche negativen Auswirkungen eine einseitige Einstellung der Zins- und Tilgungszahlungen für eine Volkswirtschaft haben kann. Die generelle Beteiligung privater, aber auch öffentlicher, Gläubiger mittels eines Hair-cuts, welcher der Gebietskörperschaft den nötigen Raum für Sanierungen und Restrukturierungen der Wirtschaft verschafft, ist jedoch generell zu begrüßen. Ein solches Verfahren sollte aber nicht ad-hoc und einseitig erfolgen. Vielmehr sollten schon im Vorfeld Regelungen zum Beginn, Ablauf und Ende eines solchen Verfahrens feststehen, um allen Beteiligten Handlungssicherheit und eine bessere Informationsgrundlage zu liefern. Hierfür bietet sich ein Verfahren nach dem Vorbild der privatrechtlichen Insolvenz an.

---

398 Vgl. Lang, W. und R. Hickel (2002).

4 Zwischenfazit

Es wurde in der bisherigen Arbeit die gegenwärtige Verschuldungssituation der deutschen Bundesländer, sowie der EU-Mitgliedstaaten aufgezeigt. Weiter wurde diskutiert, dass Verschuldung nicht per se zu verteufeln ist, sondern in gewissen Grenzen etwas vollkommen Normales und auch Notwendiges darstellt. Allerdings sind mit einer übermäßigen öffentlichen Verschuldung auch gewisse Gefahren verbunden. Stichworte hier sind die Verlagerung von Handlungsspielräumen von der Zukunft in die Gegenwart und somit die Einengung der Handlungsspielräume zukünftiger Generationen sowie eng damit verbunden das Thema der Generationengerechtigkeit.

Des Weiteren wurden die verschiedenen Gründe für die öffentliche Kreditaufnahme einer näheren Betrachtung unterzogen und dahingehend untersucht, ob sie auch für die deutschen Bundesländer Gültigkeit besitzen, was zum Großteil zutrifft. Dabei lassen sich sowohl polit- als auch sozio-ökonomische Phänomene aufzeigen, die eine erhöhte öffentliche Verschuldung begünstigen. Unter speziellem Blick auf die deutschen Bundesländer wurden weiter zwei wesentliche spezifische verschuldungsfördernde Sachverhalte aufgezeigt. Das Auseinanderfallen von einnahme- und ausgabeseitiger Autonomie und das Anreizproblem der gesamtschuldnerischen Haftung der Bund-Länder-Gemeinschaft.

Dadurch, dass die Bundesländer ausgabeseitig weitestgehend autonom sind, einnahmeseitig jedoch stark abhängig von der bundesstaatlich determinierten Steuergesetzgebung, verbleibt ihnen lediglich die Verschuldung als flexibel gestaltbares Einnahmeinstrument. Tritt nun eine Überschuldung eines einzelnen Bundeslandes ein, so haften der Bund und die übrigen Länder gemeinschaftlich im Sinne des „Bündischen Prinzips“ des Einstehens füreinander. Dies setzt sowohl bei den Ländern als auch den Kapitalmärkten negative Anreize. Die Länder unterliegen keinerlei Anreizen, solide zu haushalten und auf Kreditaufnahmen zu verzichten, da die Bund-Länder-Gemeinschaft im Falle der Zahlungsunfähigkeit letztlich ihre Schulden übernimmt. Die Kapitalmärkte können bei der Kreditvergabe an die Länder sorglos agieren und auf eine Prüfung der Bonität einzelner Bundesländer verzichten, da im Zweifelsfall die Bund-Länder-Gemeinschaft für deren Schulden aufkommt, die Kreditgeber ihr Geld also letzten Endes so oder so zurück erhalten. Von wem ist ihnen dabei zweitrangig.

Anschließend hieran wurden drei Verschuldungsregeln behandelt, mit welchen bislang versucht wurde die öffentliche Verschuldung einzugrenzen. Dies waren der Art. 115 Abs. 1 GG a.F., der Art. 109 Abs. 3 GG und die EU-Konvergenzkriterien. Der Art. 115 Abs. 1 GG a.F. beschränkt die Kreditaufnahme des Bundes sowie der Länder auf die im Haushaltsplan veranschlagten Ausgaben für Investitionen. Hier erfolgt eine Begrenzung des Zweckes sowie der Höhe nach, was ebenfalls einem Verbot der Kreditfinanzierung konsumtiver Ausgaben entspricht. Die ökonomische ratio dahinter ist die „Goldene Regel der Finanzpolitik", die besagt, dass Investitionen Wachstum generieren und die Erträge der Investitionen zur Bedienung der Zinslasten herangezogen werden können sowie zukünftige Generationen, aufgrund des Nutzens, der ihnen aus den gegenwärtigen Investitionen entsteht, an deren Finanzierung beteiligt werden dürfen. Der Art. 115 Abs. 1 GG a.F. war jedoch wegen zweier Gründe nicht wirksam. Zum einen bietet die ungenaue Definition der öffentlichen Investitionen in § 10 Abs. 3 Ziffer 2 Satz 2 HGrG einen erheblichen Ermessensspielraum für die Kreditaufnahme. Exemplarisch soll hier aufgeführt werden, dass bspw. die Investitionen als Brutto- anstatt als Nettoinvestitionen angesetzt werden oder Privatisierungserlöse unberücksichtigt bleiben, obwohl mit ihnen ein Abbau staatlichen Vermögens und somit Desinvestitionen einhergehen. Zum anderen bietet der Ausnahmetatbestand der Störung des gesamtwirtschaftlichen Gleichgewichts und dessen ebenfalls nicht präzise gefasste Eingrenzung ein willkommenes Schlupfloch für die Überschreitung der vorgegebenen Kreditobergrenze. Die Kriterien, denen das gesamtwirtschaftliche Gleichgewicht genügen muss, sind dabei in § 1 StabG als Preisniveaustabilität, hoher Beschäftigungsstand, außenwirtschaftliches Gleichgewicht und stetiges und angemessenes Wirtschaftswachstum definiert. Jedoch ist keines dieser Kriterien mit Grenzwerten versehen, ab denen das gesamtwirtschaftliche Gleichgewicht als gestört gelten kann. Auch sei darauf verwiesen, dass die ratio der „Goldenen Regel der Finanzpolitik" zumindest in Frage gestellt werden kann. Der Anteil der Investitionsausgaben an den Gesamtausgaben ist, bei zugleich ansteigender Verschuldung, rückläufig, womit eine generationengerechte Finanzierungsbeteiligung zweifelhaft ist. Auch das Argument der selbstfinanzierenden Objekte weiß nicht zu überzeugen, da hierfür ein Vergleich der Renditen öffentlichen und privaten Kapitals notwendig wäre.

Der ab dem 01.01.2011 verfassungsrechtlich verankerte Art. 109 Abs. 3 GG versucht diese Schwächen der alten Schuldenregel zu beheben, indem er für die Länder grundsätzlich eine Nullverschuldung vorschreibt, sowie die Neuverschuldung des Bundes auf 0,35 % des Bruttoinlandsprodukts beschränkt. Diese

Regelung gilt für die Länder ab 2020 und für den Bund ab 2016. Allerdings weist auch diese Schuldenregel Schwächen in Form von nicht näher präzisierten Ausnahmeregelungen auf. So werden zwei Ausnahmetatbestände aufgeführt, die eine Verschuldung über die Null- bzw. 0,35-Prozent-Grenze hinaus ermöglichen. Eine Kreditaufnahme aus konjunkturellen Gründen sowie bei Naturkatastrophen und außergewöhnlichen Notsituationen, die sich der Kontrolle des Staates entziehen. Es bedarf nicht viel Fantasie, womit die Länder und der Bund die nächste Überschreitung der Schuldengrenze rechtfertigen werden. Begünstigt wird dies durch eine unzureichend präzise Definition der Ausnahmetatbestände. Weitere Schwächen sind die ausschließliche Betrachtung der expliziten Verschuldung, die Erlaubnis der Kreditfinanzierung konsumtiver Zwecke durch den Bund in Höhe von 0,35 % des Bruttoinlandsprodukts, die unzulängliche Abgrenzung des öffentlichen Sektors und die Bereinigung der Einnahmen und Ausgaben sowohl des Bundes als auch der Länder um finanzielle Transaktionen, was einen erheblichen Verschuldungsspielraum eröffnet. Auch der neu geschaffene Stabilitätsrat kann als zahnloser Tiger charakterisiert werden, da er lediglich eine mahnende Funktion einnimmt und keinerlei Sanktionsrechte besitzt. Es ist zudem nicht sichergestellt, dass die Schuldenbremse auch tatsächlich bis 2016 bzw. 2020, dem Zeitpunkt ihres Inkrafttretens, Bestand haben wird, da es nicht das erste Mal wäre, dass im Zeitablauf eine Verfassungsänderung stattfindet.

Die EU-Konvergenzkriterien sind in Art. 126 AEUV und dem dem Vertrag angehängten Protokoll 12 festgehalten. Sie beziehen sich auf die gesamtstaatliche Ebene und konstituieren somit keine Schuldengrenze speziell für die Bundesländer. Die EU-Konvergenzkriterien bestimmen, dass das Haushaltsdefizit eines EU-Mitgliedstaates drei Prozent im Verhältnis zu seinem Bruttoinlandsprodukt nicht überschreiten darf und dass ferner die Schuldenstandsquote eines EU-Mitgliedstaates einen Wert von 60 % nicht überschreiten darf. Bei Betrachtung der momentanen Schuldensituation auf EU-Ebene wird unmittelbar ersichtlich, dass die EU-Konvergenzkriterien weitestgehend wirkungslos geblieben sind. Im Jahr 2010 wiesen 22 von 27 EU-Mitgliedstaaten ein Defizit auf, dass dem Drei-Prozent-Kriterium nicht genügt. Weiter überstieg im Jahr 2010 in 14 der 27 EU-Mitgliedstaaten der Schuldenstand die 60-Prozent-Grenze. Besonders ersichtlich wird diese Problematik mit Blick auf Griechenland, welches sich momentan lediglich mit Hilfe verschiedener Rettungspakete der EU-Gemeinschaft solvent halten kann. Als Schwächen der EU-Konvergenzkriterien sind die willkürlich festgesetzten, ökonomisch kaum zu begründenden Grenzwerte von drei bzw. 60 Prozent des Bruttoinlandsprodukts, der rätselhafte Bezug zu diesem und nicht zum Einnahmepotential, die mangelnde Sanktionierung ihrer Verletzung und nicht zuletzt die unmögliche Vereinbarkeit der beiden Kriterien miteinander zu nennen.

Daran anschließend wurden bislang verwendete Indikatoren zur Beurteilung öffentlicher Haushaltslagen vorgestellt und diskutiert. Angefangen mit den beiden Konstrukten der Extremen Haushaltsnotlage und des Bundesstaatlichen Notstands, welche durch das Bundesverfassungsgericht geprägt wurden über die Orientierung an den EU-Konvergenzkriterien bis hin zum Nachhaltigkeitskonzept. Die Extreme Haushaltsnotlage manifestiert sich anhand der beiden Kennziffern der Kreditfinanzierungsquote und der Zins-Steuer-Quote. Eine Extreme Haushaltsnotlage liegt vor, wenn die Kreditfinanzierungsquote eines Landes langfristig mehr als doppelt so hoch ist wie die des Bundesländerdurchschnitts und gleichzeitig die Zins-Steuer-Quote langfristig um mehr als 70 % über dem Bundesländerdurchschnitt liegt. Im Jahr 1992 urteilte das Bundesverfassungsgericht, dass die Länder Bremen sowie das Saarland diese Kriterien erfüllen und gestand diesen Sanierungshilfen im Umfang von 8,6 Mrd. € (Bremen) und 6,6 Mrd. € (Saarland) zu. Jedoch scheinen die Grenzwerte beider Indikatoren willkürlich gesetzt und wurden danach durch das Bundesverfassungsgericht nicht konsequent angewandt. Im Jahr 2006 beschied das Bundesverfassungsgericht eine Klage Berlins auf Sanierungshilfen zur Überwindung einer Extremen Haushaltsnotlage abschlägig, obwohl Berlin sich damals in einer vergleichbaren Lage befand wie das Saarland und Bremen ihrerzeit. Stattdessen berief sich das Bundesverfassungsgericht auf den von ihm neu eingeführten Indikator des Bundesstaatlichen Notstands, der dann vorliegt, wenn es einem Bundesland unmöglich ist, seinen verfassungsrechtlichen Aufgaben adäquat nachkommen zu können. Die Frage, wann dies der Fall ist, hat das Bundesverfassungsgericht allerdings nicht beantwortet und somit den Bundesstaatlichen Notstand nicht ausreichend präzisiert.

Die EU-Konvergenzkriterien sind kein Indikator der Tragfähigkeit der Finanzpolitik eines Mitgliedstaates, jedoch ist zu vermuten, dass ein Staat, der dauerhaft die Konvergenzkriterien überschreitet, nach Meinung der EU, eine nicht tragfähige Finanzpolitik betreibt. Die EU-Konvergenzkriterien sind aus den oben aufgeführten Gründen nicht geeignet eine tragfähige Finanzpolitik zu definieren.

Das Nachhaltigkeitskonzept beschreibt, ob es einer öffentlichen Gebietskörperschaft gelingt, eine nachhaltige Finanzpolitik in dem Sinne zu betreiben, als dass die gegenwärtig verfolgte Finanzpolitik sich auch in Zukunft fortsetzen lässt. Das Nachhaltigkeitskonzept lässt sich als Ressourcenverbrauchskonzept, als WNA-Ansatz, als Generationenbilanz sowie als OECD-Konzept konkretisieren. Allen Ansätzen ist gemein, dass die zu erreichenden Zielwerte willkürlich und nicht nach objektivierbaren, wissenschaftlichen Maßstäben festgelegt werden.

Weiter wurden Entschuldungsmöglichkeiten für Gebietskörperschaften aufgezeigt und deren Eignung und Verfügbarkeit zur Entschuldung auf Ebene der deutschen Bundesländer geprüft. Einer Gebietskörperschaft stehen prinzipiell sechs (sieben) Möglichkeiten offen, sich ihrer Schulden zu entledigen. Im Detail sind dies die eigene Produktion von Geld, die beliebige Beschaffung von Einnahmen, das Haften eines Dritten für die eigene Schuld in Form eines Bürgen, Wachstum, die Einstellung von Schuldzahlungen sowie die Haushaltskonsolidierung durch Ausgabenreduktion. Die Monetarisierung von Staatschulden steht den Bundesländern nicht offen, da sie in der Geldpolitik dem Bund untergeordnet sind, der wiederum sein Geldschöpfungsmonopol an die Europäische Zentralbank abgetreten hat. Da sich die Steuereinnahmen der Länder maximal in einer Streubreite von ± einem Prozent beeinflussen lassen, steht die beliebige Beschaffung von Einnahmen für sie ebenfalls außer Frage. Dem Bund ist dies jedoch, im Rahmen bestimmter Grenzen, möglich. Da der Bund in der Vergangenheit bereits als Bürge für die Länder aufgetreten ist, steht den Ländern diese Möglichkeit der Entschuldung, gepaart mit der Fähigkeit des Bundes sich Einnahmen in erheblichem Maße zu beschaffen, offen. Ein Herauswachsen aus der Staatsschuld erscheint für die Länder und selbst für den Bund in Anbetracht der mäßigen Wachstumsraten des vergangenen Jahrzehnts unrealistisch. Eine Einstellung der Zins- und Tilgungszahlungen ist lediglich für den Bund möglich, da die dafür notwendigen Gesetzesänderungen nicht durch die Länder, sondern lediglich auf Bundesebene durchführbar sind. Jedoch sind damit selbst für den Bund negative Wirkungen, wie z.B. Sanktionen in zwischenstaatlichen Beziehungen, verbunden. Den Ländern ist es, wie dem Bund auch, jedoch unter Vorbehalt der ihnen vom Bund zugewiesenen Aufgaben, möglich, ausgabeseitige Kürzungen vorzunehmen, was sich aber negativ auf das Wirtschaftswachstum auswirken kann. Eine siebte, jedoch wohl allgemein anerkannt außer Frage stehende, Möglichkeit der Entschuldung stellt ein militärisches Eingreifen dar.

Nachdem aufgezeigt wurde, welche Möglichkeiten prinzipiell vorhanden sind, mit öffentlichen Schulden umzugehen wurde anhand dreier Beispiele gezeigt, wie dies in der Vergangenheit geschah und gegenwärtig geschieht. Dazu wurden die Beispiele Argentiniens, Griechenlands und der Bundesländer Bremen und des Saarlandes behandelt. Argentinien versuchte mit Hilfe des Internationalen Währungsfonds seine Schuldenkrise zu lösen. Dieses Vorgehen war allerdings nicht vom Erfolg gekrönt, so dass es letztlich den Weg der einseitigen Einstellung der Zins- und Tilgungszahlungen beschritt. Auf diesem Weg konnte sich Argentinien eines Großteils seiner Schulden entledigen und ist mittlerweile erfolgreich auf den Kapitalmarkt zurückgekehrt. Die vorherigen Versuche mit Hilfe des IWF Herr der Schulden zu werden schlugen fehl, da der Fonds durch seine immerwährende Hilfestellung das Moral Hazard Problem auf Gläubigerseite schürte, die Argentinien von ihm auferlegten Programme nicht zum Erfolg führten und er offensichtlich die Lage Argentiniens dramatisch falsch eingeschätzt hatte.

Griechenland befindet sich derzeit in einer Haushaltskrise, welcher mittels immer neuer Hilfspakete der EU-Gemeinschaft, der Europäischen Zentralbank und des Internationalen Währungsfonds zu begegnen versucht wird. Dabei scheinen alle Akteure die Zeichen der Zeit falsch zu deuten, da sie offenbar annehmen, Griechenland befände sich in einer Liquiditätskrise, die man mit immer neuen Krediten überbrücken kann. Jedoch mehren sich die Anzeichen dafür, dass sich Griechenland bereits in einer Solvenzkrise befindet, die einen Schuldenschnitt unabdingbar und, um das Unwort des Jahres 2010 zu bemühen, wohl auch alternativlos macht. Zumindest ist unter den bisherigen Umständen nicht mit einer baldigen Besserung der griechischen Haushaltslage zu rechnen.

Bremen und das Saarland erhielten Sanierungshilfen der Bund-Länder-Gemeinschaft zur Überwindung ihrer haushaltspolitischen Probleme. Trotz der Hilfen gelang es keinem der beiden Länder, seinen Haushalt langfristig zu konsolidieren. Im Gegenteil klagten beide Länder bis vor Kurzem auf erneute Sanierungshilfen und sind Konsolidierungsländer im Rahmen der Übergangsregelungen zur neuen Schuldenbremse. Kritisch anzumerken ist zudem die angesprochene andersartige Bewertung der Lage Berlins im Jahr 2006 durch das Bundesverfassungsgericht und die mit einem Bail-out verbundenen Anreizprobleme, welche im Übrigen auch für den Fall Griechenlands gelten.

Die Verschuldungssituation der deutschen Bundesländer ist zumindest als kritisch zu bewerten. Zwar scheint der Punkt, an dem die Solvenz der Bund-Länder-Gemeinschaft erschöpft ist, noch weit. Bei einer stetigen Neuverschuldung und dem damit verbundenen Anstieg der Schuldenstände jedoch scheint selbst dies lediglich eine Frage der Zeit zu sein. Die bisherigen Mechanismen zur Beurteilung, Prävention und Behebung einer Schuldenkrise scheinen nicht ausreichend zu sein. Die Beurteilung von Schuldenkrisen erfolgt ad-hoc, willkürlich und auf Basis ökonomisch nicht objektivierbarer Indikatoren. Die Prävention ist durch Anreizprobleme gekennzeichnet und bietet eine Fülle an Schlupflöchern. Die Behebung von Schuldenkrisen erfolgt ebenfalls ad-hoc, nicht in geregelten

Abläufen, oft subjektiv und willkürlich und ist in den wenigsten Fällen vom Erfolg gekrönt. Zudem befeuert sie im Falle von Bail-outs das Moral Hazard Problem sowohl auf Seiten der Schuldner als auch der Gläubiger. Im weiteren Verlauf dieser Arbeit soll daher ein Insolvenzmechanismus auf Ebene der deutschen Bundesländer entwickelt werden, der die bisherigen Mängel behebt und in allen drei Phasen einer Schuldenkrise eine bessere Handlungsgrundlage bietet.

5 Beispiele für Insolvenzen öffentlicher Schuldner und für die Wirkungsweise von No-bail-out Regelungen weltweit – Ein Blick über den deutschen Tellerrand

Bevor in den Kapiteln 6 bis 8 ein Insolvenzverfahren und seine Wirkungsweise in den drei Phasen einer Insolvenz, der Prävention, der Feststellung mittels eines Insolvenzindikators und der Abhilfe bei Vorliegen einer Insolvenz entwickelt wird, wird in diesem Kapitel die Situation im Ausland betrachtet. Es gibt bereits jetzt Staaten mit funktionierenden Insolvenzrechten für souveräne Schuldner oder zumindest glaubhaften No-bail-out Regelungen. Diese werden mit Fallbeispielen vorgestellt. Es soll dabei gezeigt werden, dass Insolvenzmechanismen für souveräne Schuldner in der internationalen Praxis bereits angewandt werden und auch greifen. Dabei werden nicht nur Fälle von Insolvenzen öffentlicher Schuldner betrachtet, sondern ebenfalls Fälle von Überschuldung in denen zwar kein Insolvenzmechanismus gegriffen hat, jedoch auch kein Bail-out stattfand. Es wird weiter gezeigt, dass No-bail-out Regelungen wirkungsvolle Instrumente sind, um die Verschuldung öffentlicher Gebietskörperschaften einzugrenzen, solange diese Regelungen glaubwürdig sind und auch tatsächlich lückenlos und konsequent angewendet werden.

Erfahrungen mit Insolvenzen öffentlicher Schuldner und auch No-bail-out Regelungen liegen dabei sowohl für die Staatenebene als auch für untergeordnete Gebietskörperschaften vor. Es können in diesem Kapitel unmöglich alle Fälle der Insolvenzen und No-bail-out Regelungen für souveräne Schuldner aufgezählt werden, da dies den Rahmen der vorliegenden Arbeit sprengen würde. Es wird aber im Laufe des Textes auf weiterführende Literatur hierzu verwiesen.

Zu Beginn soll auf ausgewählte Fälle einer Staateninsolvenz eingegangen werden, welche nicht nach einem geordneten Insolvenzverfahren abgewickelt wurden. Da derzeit kein Insolvenzmechanismus für souveräne Staaten existiert, muss eine Staateninsolvenz zwangsläufig ad-hoc und somit, wenn nicht ungeordnet, so doch ohne einen festen rechtlich vorgegebenen Rahmen abgewickelt werden.[399] Da die Anzahl historischer Fälle faktisch insolventer Staaten

399 Für eine gute Übersicht über und einen Vergleich von einige(n) Vorschläge(n) für einen Insolvenzmechanismus auf Staatenebene sei auf Berensmann, K. und A. Herzberg (2007) verwiesen.

den Rahmen dieser Arbeit sprengen würde, werden hier nur einige ausgewählte Fallbeispiele besprochen.[400]

Als erstes Beispiel sei auf den weiter oben bereits ausführlich erläuterten Defaults Argentiniens hingewiesen. Argentiniens Schuldenkrise begann Anfang der 1990er Jahre. Das Land sah sich zu dem Zeitpunkt einer hohen Verschuldung ausgesetzt, die im Zeitablauf dramatisch anstieg. Trotz mehrerer Kreditabkommen mit dem Internationalen Währungsfonds trat keine Besserung ein. Am 24. Dezember 2001 sah sich Argentinien nicht mehr in der Lage, seine Tilgungs- und Zinszahlungen zu leisten und verkündete die Einstellung seiner Schuldzahlungen. Es folgte eine Aussetzung aller Schuldzahlungen auf sämtliche, sowohl in- als auch ausländische, Schuldtitel. Argentinien kam lediglich noch seinen Zahlungsverpflichtungen an internationale Finanzinstitutionen nach. Nach mehrfacher Prolongierung fälliger Rückzahlungen mehrerer Kreditfazilitäten durch den Internationalen Währungsfonds und weiteren Bereitschaftskreditvereinbarungen mit dem Fonds gelang Argentinien schließlich im Jahr 2005 eine Umschuldung im Umfang von mehr als 100 Mrd. US-$ an Anleihe- und Zinsschulden. Dies kam einem erheblichen teilweisen Forderungsverzicht der Gläubiger gleich. Im Jahr 2006 tilgte Argentinien schließlich seine Restschulden beim Internationalen Währungsfonds.

Weitere Beispiele für Staatsinsolvenzen in Südamerika sind Ecuador, welches im Jahr 2007 den größten Teil der Zahlungen seiner Inlands- und Auslandsschuld komplett aussetzte, Peru, dessen Zahlungsausfall im September 2000 nach einem 30tägigen Tilgungsaufschub behoben wurde und Uruguay, dass 2002 einen Zahlungsausfall auf Verbindlichkeiten, die nicht Staatsschulden darstellten, verzeichnete und im Mai 2003 zwar keinen unmittelbaren Zahlungsausfall zu verkraften hatte, jedoch seine Zahlungsunfähigkeit lediglich durch einen Schuldentausch vermeiden konnte.[401]

Ein weiteres prominentes Beispiel der Insolvenz eines Staates stellt Russland dar. In den Jahren 1998/1999 erlebte Russland einen Default seiner Staatsschuld in Höhe von insgesamt 73,34 Mrd. US-$.[402] Russland wies im Jahr 1998 eine Gesamtverschuldung in Höhe von 156,7 Mrd. US-$ auf. Das reale Bruttoinlandsprodukt wies im selben Jahr ein Negativwachstum in Höhe von

400 Für eine Übersicht über historische Staatsinsolvenzen siehe Reinhart, C. M. und K. S. Rogoff (2009).

401 Vgl. Frech, T. (2005).

402 Vgl. Frech, T. (2005). Da hier lediglich auf die Restrukturierungsmaßnahmen eingegangen werden soll, sei für eine Erklärung der Entstehung des russischen Schuldenproblems auf OECD (2000) verwiesen.

fünf Prozent auf. Der Haushaltssaldo betrug dabei -5,0 % des Bruttoinlandsprodukts.[403] Auch die Jahre davor waren durch einen mäßigen bis negativen Wachstumspfad mit starken Haushaltsdefiziten gekennzeichnet. So wuchs das reale Bruttoinlandsprodukt im Jahr 1997 um lediglich einen Prozent, 1996 sank es sogar um drei Prozent. Das Haushaltsdefizit betrug in den beiden Jahren neun Prozent (1996) bzw. sieben Prozent (1997).[404] Russland sah sich zunächst nicht mehr in der Lage seine Schulden, die auf inländischer Währung lauteten, zu begleichen. Am 17. August 1998 verkündete es eine unilaterale Restrukturierung seiner auf Rubel lautenden öffentlichen Schuld. Es wurde ebenfalls ein 90tägiges Moratorium ausgerufen, welches sich auf die Rückzahlung von Krediten, die Inländern durch Nichtinländer verlängert wurden, auf Versicherungszahlungen für Kredite, die mit pfändbaren Sicherheiten beliehen wurden und auf Devisentermingeschäfte bezog. Im November 1998 wurde eine Umschuldung von Schatzanweisungen in Höhe von 17,2 Mrd. US-$ vorgeschlagen, die sich im Besitz ausländischer Gläubiger befanden. Weitere Maßnahmen waren ein Verbot des Investments in auf Rubel lautende Anleihen mit einer Laufzeit von einem Jahr oder weniger durch Nichtinländer, die Einführung von Kapitalverkehrskontrollen sowie der Übergang zu einem freien Floating des Rubels.[405]

Am 14. Mai 1999 verkündete Russland einen Zahlungsausfall auf in Rubel ausgegebene Staatsanleihen.[406] Doch auch auf ausländische Währungen lautende Schulden war Russland nicht mehr in der Lage zu bedienen. Am 01. August 1999 einigte sich Russland mit den Mitgliedern des Pariser Clubs auf eine Restrukturierung von Krediten der Fälligkeitsjahre 1999 - 2000 in Höhe von insgesamt etwa acht Mrd. US-$. Die Rückzahlung dieser Schulden wurde dabei auf 15 - 20 Jahre gestreckt. Die Zahlungsverpflichtungen für den Zeitraum 1999–2000 wurden so auf etwa 600 Mio. US-$ gedrückt.[407] Am 11. Februar 2000 handelte Russland mit dem Londoner Club die Restrukturierung sämtlicher Altschulden

403 Vgl. OECD (2000).

404 Vgl. OECD (2000).

405 Vgl. Buch, C. M. et al. (2000), deren Ausführungen Daten aus Brücker, H. (1996), Weltbank (1992) und (1999) und Goldman Sachs Economics (2000) zugrunde liegen, welche durch die Autoren aktualisiert wurden.

406 Vgl. Frech, T. (2005)

407 Vgl. Buch, C. M. et al. (2000), deren Ausführungen Daten aus Brücker, H. (1996), Weltbank (1992) und (1999) und Goldman Sachs Economics (2000) zugrunde liegen, welche durch die Autoren aktualisiert wurden.

aus der Sowjetära im Volumen von etwa 31,8 Mrd. US-$ aus.[408] Die Rückzahlung wurde in drei Schritte unterteilt. Der erste Schritt umfasste einen Eurobond mit 30 jähriger Laufzeit, wovon sieben Jahre tilgungsfrei bleiben sollten. Die Rückzahlungskonditionen waren dabei wie folgt geregelt: Halbjährliche Kupons in Höhe von 2,25 und 2,5 % im ersten Jahr, fünf Prozent in den Jahren zwei bis sieben und 7,5 % für die restliche Laufzeit. Der zweite Schritt bezog sich auf einen Eurobond mit 10 jähriger Laufzeit, wovon nach einer Initialzahlung in Höhe von 9,5 % sechs Jahre tilgungsfrei bleiben sollten. Die restlichen Jahre wurde der Eurobond mit konstanten Kupons in Höhe von 8,25 % getilgt. Der dritte Schritt umfasste schließlich einen 10jährigen Eurobond mit halbjährlichen Kupons in Höhe von 8,25 %. Des Weiteren wurden Russland Schulden in Höhe von etwa 10,6 Mrd. US-$ erlassen.[409]

Ein weiterer osteuropäischer Staat, der eine faktische Insolvenz erlitt, war die Ukraine. Im Januar 2000 verzeichnete die Ukraine einen Ausfall ihrer Fremdwährungsschulden in einem Volumen von insgesamt 1,06 Mrd. US-$.[410]

Auch die Bundesrepublik Deutschland war in ihrer Geschichte bereits mehrfach insolvent. Bezieht man das Deutsche Reich und seine Vorläuferstaaten mit ein, ergeben sich sieben Insolvenzen Deutschlands.[411] Gemessen an der Anzahl der Bankrotte steht Deutschland damit innerhalb Europas an zweiter Stelle nach Spanien mit acht Bankrotten.[412] Zwei prominente Fälle der Insolvenz Deutschlands sind die Zahlungsunfähigkeiten in Folge der beiden Weltkriege von 1923 und 1948.[413] Es existiert zudem eine ganze Reihe weiterer Staaten, deren Zahlungsausfall auf ihre Schulden lediglich durch massive Interventionen des Internationalen Währungsfonds abgewendet werden konnte.[414]

Im Folgenden werden Fallbeispiele für Insolvenzen und die Anwendung von No-bail-out Regelungen bei nachgeordneten Gebietskörperschaften gegeben. Beides hängt zusammen, da ein glaubwürdiger Insolvenzmechanismus einen

---

408 Zum Abkommen Russlands mit dem Londonder Club siehe auch Hishow, O. N. (2000).

409 Vgl. Buch, C. M. et al. (2000), deren Ausführungen Daten aus Brücker, H. (1996), Weltbank (1992) und (1999) und Goldman Sachs Economics (2000) zugrunde liegen, welche durch die Autoren aktualisiert wurden.

410 Vgl. Frech, T. (2005).

411 Vgl. Reinhart, C. M. und K. S. Rogoff (2009).

412 Vgl. Abberger, K. (2010).

413 Vgl. Blankart, C. B. et al. (2006).

414 Eine Chronologie sowie eine umfassende Diskussion hierzu findet sich bei Eichengreen, B. (2002).

No-bail-out bedingt, weil im Falle eines Bail-outs die Insolvenz einer nachgeordneten Gebietskörperschaft faktisch ausgeschlossen werden kann. Daher wird auf eine trennscharfe Trennung verzichtet und die Fallbeispiele nicht chronologisch oder fallweise unterschieden. Es werden Fälle der, zumindest faktischen, Insolvenz nachgeordneter Gebietskörperschaften in Kanada, den USA, der Schweiz und Tschechien vorgestellt. Die nachfolgenden Ausführungen beziehen sich dabei hauptsächlich auf Jochimsen (2007a), die einen sehr guten Überblick über Insolvenzen und Rettungen öffentlicher Schuldner unter No-bail-out Regelungen gibt. Im Text wird ebenfalls auf weiterführende Quellen verwiesen.

In Kanada ist eine Haftung der Bundesebene für die Verschuldung ihrer Provinzen ausgeschlossen. Diesen ist es gestattet, sich auf dem Kapitalmarkt frei zu verschulden. Der Markt verfolgt die Verschuldung der Provinzen hierbei intensiv und beurteilt sie nach der Fähigkeit, ihren Schuldendienst zu leisten. Der Kreditmarkt ist zu diesem intensiven Monitoring angehalten, da er sich durch den glaubwürdigen No-bail-out der Zentralebene einem realistischen Ausfallrisiko seiner Kredite, die er an die Provinzen vergibt, ausgesetzt sieht. Dies muss er in sein Entscheidungskalkül mit einbeziehen. Dass der Kapitalmarkt in Kanada in der Lage ist, die Verschuldung der Provinzen wirkungsvoll zu begrenzen lässt sich an seiner Reaktion auf den stetigen Anstieg der Verschuldung der kanadischen Provinzen in den 1980er und 1990er Jahren erkennen. Im Zuge ihrer hohen Verschuldung verschlechterten sich die Ratings der Provinzen zu der Zeit stetig. Sie begannen daraufhin, ihre Neuverschuldung zu reduzieren, da sie eine Kreditrationierung durch den Markt befürchten mussten. Hierdurch konnte eine Überschuldung vermieden werden.[415] In der Geschichte Kanadas gab es lediglich einen Fall der Überschuldung einer Provinz. Dies war derjenige der Provinz Alberta, welche im Zuge der Weltwirtschaftskrise der 1930er Jahre im Jahr 1936 nicht mehr in der Lage war, ihre Schulden zu bedienen. Alberta war damals eine der ärmsten kanadischen Provinzen, heute ist sie die wohlhabendste. Als Ergebnis der Ablehnung eines Bail-outs durch die Bundesregierung, sahen sich die Gläubiger Albertas gezwungen auf schätzungsweise ein Drittel ihrer Anleiheforderungen zu verzichten, während die Zinszahlungen, allerdings zu einem verminderten Zinssatz, fortgesetzt wurden.[416]

In den USA existiert mit dem Chapter 9 des US Bankruptcy Codes das wohl am weitesten entwickelte Insolvenzrecht für souveräne Schuldner, weshalb für die USA, absolut betrachtet, auch eine Fülle an Fallbeispielen der

415 Vgl. Ter-Minassian, T. und J. Craig (1997).
416 Vgl. Bird, R. M. und A. Tassonyi (2003).

Zahlungsunfähigkeit öffentlicher Schuldner vorliegt. Absolut deshalb, weil die Anzahl an Insolvenzanträgen nach Chapter 9 relativ gesehen recht übersichtlich erscheint,[417] was allerdings von manchen Autoren auf die hohen Barrieren für die Akzeptanz des Insolvenzantrags eines souveränen Schuldners zurückgeführt wird.[418] Es werden hier einige ausgewählte Fälle aufgezeigt.

Zunächst wird der Fall New York Citys aus dem Jahr 1975 betrachtet.[419] Mitte der 1970er Jahre befand sich die Stadt New York in einer angespannten Haushaltssituation. Um Gehälter und weitere laufende Ausgaben finanzieren zu können, bediente sie sich des Instruments kurzfristiger Kredite, mittels derer auch fällige Kredite finanziert wurden. Als die Banken die Vergabe neuer kurzfristiger Kredite ohne Sicherheiten ablehnten und die Stadt sich einer drohenden Zahlungsunfähigkeit ausgesetzt sah, wandte sie sich an den Bundesstaat New York und den Bund mit der Bitte um finanzielle Unterstützungsmaßnahmen. Die Unterstützung, die New York City zukam, war allerdings nicht finanzieller Natur, so dass hier kein klassischer Bail-out stattfand. Es wurden der Stadt die Vorauszahlung von Zuweisungen, Garantien für langfristige Anleihen sowie Kredite unter der Auflage scharfer Finanzkontrollen gewährt. Weiter wurde der Schuldendienst zum Teil ausgesetzt. Die Sanierung wurde auch durch Ausgabenkürzungen und Steuererhöhungen vorangetrieben.[420]

Der Bundesstaat New York erließ zudem zur Abhilfe der Verschuldungssituation und zur Verfolgung der aufgeführten Unterstützungsmaßnahmen für die Stadt ein Gesetz, dass eine neue staatliche Agentur begründete, die Municipal Acceptance Corporation (MAC).[421] Die Mitglieder dieser Agentur wurden durch den Gouverneur des Staates New York bestimmt.[422] Die Agentur legte langfristige Anleihen auf, welche durch einen Staatskredit abgesichert waren, und verwendete die Erträge dafür, die kurzfristigen Schulden der Stadt zu begleichen. Damit wurden kurzfristige Zahlungsverpflichtungen in langfristige Verbindlichkeiten umgewandelt.[423] Als Gegenzug erhielt die MAC das Recht auf Rückzahlung durch zukünftige Steuereinnahmen der Stadt. Weiter erhielt die MAC ein Bewilligungsrecht bezüglich des städtischen Haushalts, städtischer Arbeitsverträge

---

417 Vgl. Morrison, F. L. (2002).

418 Vgl. McConnell, M. W. und R. C. Picker (1993).

419 Für eine genaue Beschreibung der Gründe der Schuldenkrise New York Citys sowie deren Behebung sei auch auf Shalala, D. E. und C. Bellamy (1976) verwiesen.

420 Vgl. Shalala, D. E. und C. Bellamy (1976).

421 Vgl. McKinney (1975).

422 Vgl. Morrison, F. L. (2002).

423 Vgl. Morrison, F. L. (2002).

sowie anderer wesentlicher städtischer Aufwendungen.[424] Die politisch gewählten Entscheidungsträger wurden weder entlassen noch ersetzt und trafen weiterhin alle grundlegenden Entscheidungen. So entwarfen der Bürgermeister und der Stadtrat weiter einen Stadthaushalt und handelten auch weiterhin Verträge mit den städtischen Angestellten aus, ihre Entscheidungen mussten jedoch in allen Fällen durch die MAC bewilligt werden. Die Stadt wurde damit quasi einer Art finanzieller Vormundschaft durch die MAC und somit indirekt des Staates New York unterstellt.[425] Die finanziellen Lasten aus der Sanierung New York Citys verteilten sich durch Ausgabenkürzungen sowie Steuererhöhungen auf die Bürger der Stadt, über die Stundung des Schuldendienstes auf ihre Gläubiger sowie durch die Bürgschaft für Kredite ebenfalls auf die Bürger des Staates New York sowie des Bundes.

Auch die Stadt Ecorse im US-Bundesstaat Michigan stand im Jahr 1986 vor der Zahlungsunfähigkeit.[426] Ecorse, eine Stadt mit damals 12.000 Einwohnern, hatte bis 1986 insgesamt sechs Mio. US-$ Schulden angehäuft, die sie nicht mehr in der Lage war zu bedienen. In den 1950er Jahren war Ecorse ein prosperierendes Industriezentrum. Mitte der 1980er Jahre allerdings hatte die Stadt fast ihre gesamte Industrie sowie 40 Prozent ihrer Bevölkerung verloren. Im Dezember 1986 wurde Ecorse einem Insolvenzverwalter unterstellt, der fast alle städtischen Leistungen, wie z.B. die Schneeräumung oder die Baumpflege, privatisierte und unterausgelastete Einrichtungen, u.a. eine Eishalle, schloss. Weiter reduzierte er die Gehälter städtisch Bediensteter und veräußerte das Gebäude sowie die Ausrüstung des Stadtbetriebes. Innerhalb von nur drei Jahren hatte er das jährliche Budget halbiert, das Defizit beglichen und, bis auf eine Mio. US-$, sämtliche Schulden bezahlt.

Die Stadt Bridgeport im US-Bundesstaat Connecticut stand 1991 vor ähnlichen fiskalischen sowie ökonomischen Problemen wie New York City in den 1970er Jahren. Das damalige Defizit betrug 12 Mio. US-$. Bridgeport weigerte sich dieses Defizit über eine Anhebung der ohnehin schon hohen Vermögenssteuer zu beheben. Auch eine, durch den Überwachungsausschuss des Staates vorgeschlagene, Budgetkürzung um 18 % wurde abgelehnt. Stattdessen sollte durch finanzielle Einbußen der öffentlich Bediensteten, die, so erhoffte es sich Bridgeport, im Zuge eines Insolvenzverfahrens leichter durchsetzbar wären, sowohl der Haushalt konsolidiert als auch sichergestellt werden,

424 Vgl. Morrison, F. L. (2002).

425 Vgl. Morrison, F. L. (2002).

426 Die Ausführungen zum Fall Ecorse sind McConnell, M. W. und R. C. Picker (1993) entnommen.

die Gläubiger während des Insolvenzverfahrens unvermindert bedienen zu können. Der Insolvenzantrag wurde, unter dem Hinweis darauf, dass Bridgeport über ein Barvermögen von 25 Mio. US-$ verfüge, mangels Glaubwürdigkeit abgewiesen. Innerhalb weniger Tage stuften die beiden Ratingagenturen Standard & Poor's und Moody's die Bonität Bridgeports unter den Investment-Grade-Status und empfahlen somit die Anleihen der Stadt zum Verkauf. Somit musste sich Bridgeport sowohl ohne Insolvenzverfahren als auch ohne Bail-out durch den Bundesstaat Connecticut oder die Bundesebene sanieren, was bedeutete, dass die Einwohner der Stadt die finanziellen Lasten der Sanierung zu tragen hatten.[427]

Die größte US-amerikanische Gemeinde, die jemals einen Insolvenzantrag nach Chapter 9 gestellt hat, war Orange County im Jahr 1994. Ursache hierfür waren mit dem Geld der Gemeinde getätigte hochriskante Investitionen in Derivate, was im Zuge unerwarteter Zinsentwicklungen dazu führte, dass der Schuldendienst der Gemeinde ihre Einnahmen aus diesen Investitionen schon bald überstieg. Es wurde schließlich öffentlich bekannt, dass Orange County einen Verlust von 1,64 Mrd. US-$ erlitten hatte, was zu einem Ansturm der Gläubiger führte. Mit dem Versuch der ersten Investmentbank, welche ihre Sicherheiten zu verwerten suchte, meldete die Regierung Orange Countys Insolvenz an. Diese wurde vom Bundesgericht anerkannt. Die Haushaltssanierung erfolgte über strikte Budgetkürzungen sowie einen merklichen Personalabbau. Die Märkte reagierten unverzüglich und stuften die Anleihen des Countys auf Junk-Bond-Niveau herab.[428] Doch die Insolvenz Orange Countys hatte auch negative Externalitäten auf andere Gebietskörperschaften und sogar auf Banken zur Folge. Sie führte dazu, dass sich die Ratings aller amerikanischen Gemeindeanleihen und Fonds mit Gemeindeanleihen verschlechterten und die Aktienkurse von Investment- und Geschäftsbanken sanken, die Aktivitäten im Derivatgeschäft ausübten.[429] Die finanziellen Lasten des Insolvenzverfahrens Orange Countys wurden vollständig von den Bürgern der Gemeinde getragen, die Gläubiger mussten keinerlei Verluste hinnehmen. Des Weiteren entstanden Wohlfahrtsverluste durch Ansteckungseffekte auf andere amerikanische Gemeinden sowie einen Teil des Bankenmarktes.

Auch in der Schweiz existiert ein prominentes Beispiel für die Überschuldung einer Gemeinde, die nicht durch einen Bail-out, sondern durch

---

427 Vgl. Lewis, C. W. (1994).

428 Vgl. Baldassare, M. (1998).

429 Vgl. Halstead, J. M. et al. (2004).

Eigenanstrengungen behoben wurde oder, aus Sicht der Gemeinde, behoben werden musste. Die Gemeinde Leukerbad im Kanton Wallis sah sich im Dezember 1998 nicht mehr in der Lage, ihren Schuldendienst zu erbringen und versuchte per Klage, welche sie gemeinsam mit drei ihrer Hauptgläubiger einreichte, den Kanton Wallis zur Begleichung dieser Schulden zu verpflichten. Leukerbad war aufgrund von Fehlinvestitionen in touristische Infrastrukturprojekte mit 346 Mio. Schweizer Franken verschuldet. Dies entsprach einer Pro-Kopf-Verschuldung von 200.000 Schweizer Franken. Die Klage Leukerbads wurde im Jahr 2003 sowohl vom Kanton Wallis als auch vom obersten Schweizer Gericht abgelehnt.[430]

Bereits vor der endgültigen Ablehnung der Klage wurden dabei Maßnahmen zur Schuldenrestrukturierung eingeleitet. Die Gemeinde und ihre Kreditgeber einigten sich unmittelbar nach der Zahlungsunfähigkeit Leukerbads auf einen Fälligkeitsaufschub der Forderungen. Gleichzeitig verpflichtete sich Leukerbad weiterhin teilweise Tilgungs- und Zinszahlungen zu leisten. Weiter wurden die Steuern der Gemeinde durch die kantonale Zwangsverwaltung auf das zulässige Höchstmaß heraufgesetzt. Die kantonale Zwangsverwaltung verfügte darüber hinaus erhebliche Ausgabenkürzungen und verhinderte die Aufnahme neuer Schulden durch die Gemeinde.[431] Nach der Ablehnung der Klage im Jahr 2003 musste die Gemeinde sämtliche Vermögenswerte, vor allem die touristische Infrastruktur, veräußern. Des Weiteren wurden die Gläubiger zu einem 78 prozentigen Verzicht auf ihre Forderungen verpflichtet und die Restschulden in Höhe von 30 Mio. Schweizer Franken vom Kanton verbürgt.[432] Der Kapitalmarkt reagierte unmittelbar nach Bekanntwerden der Zahlungsunfähigkeit Leukerbads mit der Einführung eines Ratingsystems für Gemeinden und andere Großschuldner, was zu einer Divergenz in den Anleihekonditionen für die Schweizer Gemeinden führte.[433] Die finanziellen Lasten der Sanierung wurden durch die Steuererhöhungen und Ausgabenkürzungen von den Bürgern und durch den 78prozentigen Forderungsverzicht durch die Gläubiger Leukerbads getragen. Des Weiteren brachte der durchschnittliche Anstieg der Refinanzierungskosten der Schweizer Gemeinden langfristige Wohlfahrtsverluste mit sich.

---

430 Vgl. Schweizer Bundesgericht (2003).

431 Vgl. Uebersax, P. (2005).

432 Vgl. Uebersax, P. (2005).

433 Für den Versuch, eine Reaktion der Kapitalmärkte auf das Urteil aus dem Jahr 2003 festzustellen, siehe Fasten, E. R. (2005).

Auch in Tschechien haftet die Bundesebene nicht für die untergeordneten Gebietskörperschaften, welche sich seit dem Jahr 1993 frei auf dem Kapitalmarkt verschulden dürfen. Die tschechischen Gebietskörperschaften machen von dieser Möglichkeit regen Gebrauch, trotzdem übersteigt die Verschuldung aller Gebietskörperschaften einen Wert von drei Prozent des Bruttoinlandsprodukts nicht.[434] Allerdings kam es in relativ kurzer Zeit bereits zur Überschuldung einer tschechischen Gemeinde, der Gemeinde Rokytnice im Jahr 2002. Auch Rokytnice investierte in Infrastrukturprojekte, wie z.B. eine Seilbahn. Die Schulden Rokytnices stiegen auf bis zu 11 Mio. US-$ an, bei einer Einwohnerzahl von gerade einmal 3.254. Da die Gewinne der Investitionen nicht so profitabel waren wie erwartet, war es der Gemeinde nicht mehr möglich ihre Schulden zu bedienen.[435] Da ein Bail-out einer übergeordneten Gebietskörperschaft nicht vorgesehen war, übernahm die tschechische Konsolidierungsagentur die Schulden und bediente sie über eine Zwangsversteigerung gemeindlichen Vermögens. Weiter stimmte Rokytnice der sukzessiven Rückzahlung seiner Schulden bis 2008 zu. Begleitet wurde dies durch einen Schuldenerlass in Höhe von 50 %.[436] Die finanziellen Lasten der Sanierung wurden hier sowohl von den Bürgern, über eine Zwangsversteigerung von Gemeindevermögen, sowie von den Gläubigern, über einen 50prozentigen Schuldenerlass, getragen.

Tabelle 7 gibt einen Überblick über die Verteilung der Sanierungslasten aus den eben aufgeführten Haushaltskrisen und deren Behebung bei untergeordneten Gebietskörperschaften.

Tabelle 7: Die Verteilung der Sanierungslasten bei der Behebung von Haushaltskrisen in untergeordneten Gebietskörperschaften bei Insolvenz und No-bail-out, eigene erweiterte Darstellung in Anlehnung an Jochimsen, B. (2007a)

Fall	**Sanierungslast trugen die**			
	Bürger der betroffenen Gebietskörperschaft	**Bürger benachbarter Gebietskörperschaften**	**Bürger übergeordneter Gebietskörperschaften**	**Gläubiger der betroffenen Gebietskörperschaft**
Alberta	++	–	–	++
New York City	+++	–	+	+
Bridgeport	+++	–	–	–

434 Vgl. Jahoda, R. (2006).
435 Vgl. Jahoda, R. (2006).
436 Vgl. Jahoda, R. (2006).

Orange County	+++	+	–	–
Ecorse	+++	–	–	–
Leukerbad	+++	+	–	+++
Rokytnice	++	–	–	++

Aus der Tabelle 7 geht hervor, dass die finanziellen Sanierungslasten in den meisten Fällen sowohl von den Bürgern als auch den Gläubigern der betroffenen Gebietskörperschaft getragen werden mussten. Lediglich in den Fällen Orange Countys und Bridgeports wurden die Sanierungslasten vollständig von den Bürgern der jeweils betroffenen Gebietskörperschaft getragen, wobei bei Orange County auch die Wohlfahrtsverluste aufgrund der negativen Spillover-Effekte auf andere Gebietskörperschaften nicht von der Betrachtung ausgeschlossen werden dürfen. In allen anderen Fällen wurden die Gläubiger durch teilweise Forderungsverzichte ebenfalls empfindlich getroffen.

Die nachfolgenden Kapitel skizzieren den Prozess der Insolvenz eines souveränen Schuldners, hier der deutschen Bundesländer, in seinen drei Phasen der Prävention, der Feststellung und der Behebung einer Insolvenz. Das eigentliche Insolvenzverfahren, die Phase der Sanierung, bildet dabei den Abschluss dieses Vorgehens. Im Vorhinein muss ein Indikator definiert werden, der eine klare Aussage darüber zulässt, wann sich ein Bundesland tatsächlich in einer Situation der Zahlungsunfähigkeit befindet. Das Vorliegen einer Insolvenzsituation markiert gleichzeitig das Ende der präventiven Wirkungen eines Insolvenzmechanismus und ist diesem Sachverhalt daher vorangestellt. Nach der Entwicklung eines Insolvenzindikators für die deutschen Bundesländer wird ausgeführt, welche präventiven Wirkungen ein Insolvenzmechanismus entfalten sollte und kann. Erst wenn diese präventiven Maßnahmen scheitern, es also zu einem Insolvenzfall gekommen ist, setzt das eigentliche Insolvenzverfahren ein. Das Ziel eines solchen Verfahrens ist es, das Bundesland aus der Situation der Insolvenz herauszuführen, seine Schuldenlast auf ein tragfähiges Niveau zu reduzieren und es an die Kapitalmärkte zurückzuführen. Hierfür ist eine Fülle an Vorkehrungen und Regelungen zu treffen, wie bspw. die Bestimmung des tragfähigen Schuldenstandes oder aber auch die Koordination der verschiedenen Gläubiger, die einem Insolvenzplan zustimmen müssen.

6 Ein Indikator für die Auslösung der Insolvenz eines Bundeslandes

Bevor auf die Vorzüge eines Insolvenzmechanismus bezüglich der Prävention von Haushaltskrisen eingegangen werden kann, muss vorab klar sein, bis wie weit diese präventiven Wirkungsmechanismen greifen sollen. Genauer gesagt, muss die Frage geklärt werden, wann sie keine ausreichende Wirkungskraft entfalten konnten, der Insolvenzfall also nicht vermieden werden konnte. Da das Vorliegen einer Insolvenz das Ende der präventiven Wirkungen eines Insolvenzmechanismus markiert, bedarf es eines Indikators, der anzeigt, wann ein Bundesland als insolvent gilt.

In diesem Kapitel werden die Bedingungen für das Vorliegen der Insolvenz eines Bundeslandes definiert. Hierzu wird zunächst auf die im Privatrecht gängigen Insolvenzindikatoren der Überschuldung, der drohenden Zahlungsunfähigkeit und der Zahlungsunfähigkeit abgestellt. Diese werden in der gebotenen Kürze dargestellt und auf ihre Eignung zur Anwendung auf eine Bundesländerinsolvenz hin untersucht. Im Anschluss daran werden weitere mögliche Insolvenzindikatoren für die Länderebene vorgestellt und diskutiert, u. a. wird auf die Extreme Haushaltsnotlage sowie den Bundesstaatlichen Notstand rekurriert. Als Kern dieses Kapitels wird der Vorschlag unterbreitet, die Insolvenz eines Bundeslandes mittels eines benchmarkingbasierten Ansatzes zu überprüfen. Da dieser Ansatz auf einer Effizienzanalyse mittels der Data Envelopment Analysis (DEA) basieren soll, wird dieses Analyseinstrument vorgestellt und erläutert, bevor der Versuch unternommen wird, unter Zuhilfenahme der DEA einen Indikator zu entwickeln, welcher die Insolvenz eines Bundeslandes anzuzeigen im Stande ist. Zur Illustration der Funktionsweise eines solchen Insolvenzindikators wird des Weiteren ein Fallbeispiel aufgeführt. Das Kapitel schließt mit einer Betrachtung der für die Entwicklung eines Insolvenzindikators auf Länderebene notwendigen Voraussetzungen und Anforderungen.

6.1 Mögliche Indikatoren als Auslösungsgründe einer Bundesländerinsolvenz

Als Ausgangspunkt für die Ermittlung eines Insolvenzindikators für souveräne Schuldner kann die deutsche Insolvenzordnung dienen. Sie beschreibt die Voraussetzungen für das Vorliegen einer privatrechtlichen Insolvenz. In den USA existiert hingegen bereits ein Insolvenzindikator für souveräne Schuldner, festgeschrieben im Chapter 9 des US-Bankruptcy Codes. Weiter kann an Insolvenzindikatoren wie dem Konzept der Nachhaltigkeit, einer Orientierung an den Marktzinsen und einer allgemeinen Betrachtung der Schuldentragfähigkeit angeknüpft werden. Auch die Konzepte der Extremen Haushaltsnotlage und des Bundesstaatlichen Notstand werden auf ihre Eignung als Indikatoren der Insolvenz eines souveränen Schuldners geprüft.

6.1.1 Die privatrechtlichen Insolvenzindikatoren der deutschen Insolvenzordnung

Das privatrechtliche Insolvenzrecht in Deutschland kennt in Form der Überschuldung, der drohenden Zahlungsunfähigkeit sowie der Zahlungsunfähigkeit drei Indikatoren, die die Insolvenz einer Privatperson oder einer juristischen Person anzeigen. Die Regelungen zu den einzelnen Insolvenzindikatoren sind in der deutschen Insolvenzordnung festgehalten. § 16 InsO setzt voraus, dass für die Eröffnung eines Insolvenzverfahrens ein Eröffnungsgrund gegeben sein muss. In den §§ 17–19 InsO erfolgt eine nähere Beschreibung der drei Eröffnungsgründe.

Der § 19 InsO beschreibt die Überschuldung. § 19 Abs. 1 InsO macht auf die Besonderheit aufmerksam, dass der Eröffnungsgrund der Überschuldung lediglich juristischen Personen offen steht. § 19 Abs. 2 InsO definiert die Überschuldung einer juristischen Person:

> „Überschuldung liegt vor, wenn das Vermögen des Schuldners die bestehenden Verbindlichkeiten nicht mehr deckt, es sei denn, die Fortführung des Unternehmens ist nach den Umständen überwiegend wahrscheinlich."

§ 18 Abs. 1 InsO lässt den Eröffnungsgrund der drohenden Zahlungsunfähigkeit zu. In § 18 Abs. 2 InsO ist die drohende Zahlungsunfähigkeit wie folgt definiert:

> „Der Schuldner droht zahlungsunfähig zu werden, wenn er voraussichtlich nicht in der Lage sein wird, die bestehenden Zahlungspflichten im Zeitpunkt der Fälligkeit zu erfüllen."

Der Auslösungsgrund der drohenden Zahlungsunfähigkeit bietet einen nicht unerheblichen Vorteil gegenüber dem der bereits eingetretenen Zahlungsunfähigkeit. Paulus (2004, S. 1574) führt dazu aus, dass die drohende Zahlungsunfähigkeit *„[…] in eine Phase des kriselnden Unternehmens reicht, in der die Chancen für eine Sanierung noch nicht verbaut sind."* Den entscheidenden Vorteil sieht er dabei darin, dass die Auslösung des Insolvenzverfahrens in diesem Fall ausschließlich vom Schuldner ausgehen und dieser durch keinen Gläubiger mit einem eigenen Antrag überrumpelt werden könne. Er empfiehlt weiter ein Vorgehen, welches er als *„pre-packaged-plan“* beschreibt.[437] Demzufolge sollen sich der Schuldner, Rechtsberater und die wichtigsten Gläubiger zu Verhandlungen treffen, um noch vor Stellung des Insolvenzantrags über einen Sanierungsplan zu verhandeln. Dies habe den Vorteil, dass nach der Eröffnung des Insolvenzverfahrens schnellstmöglich über diesen Plan abgestimmt werden könne. Als Beleg dient ihm der Fall der Herlitz-Insolvenz, die nach einem derartigen Vorgehen bereits nach sechs Wochen abgeschlossen werden konnte.

§ 17 InsO hat die Zahlungsunfähigkeit zum Inhalt. Diese ist nach § 17 Abs. 1 InsO ein allgemeiner Eröffnungsgrund, was bedeutet, dass sie sowohl auf natürliche als auch juristische Personen anwendbar ist. In § 17 Abs. 2 InsO heißt es wörtlich:

> „Der Schuldner ist zahlungsunfähig, wenn er nicht in der Lage ist, die fälligen Zahlungspflichten zu erfüllen. Zahlungsunfähigkeit ist in der Regel anzunehmen, wenn der Schuldner seine Zahlungen eingestellt hat.“

Bevor die Anwendbarkeit dieser drei privatrechtlichen Eröffnungsgründe für ein Insolvenzverfahren auf die Bundesländerebene geprüft wird, soll nicht unerwähnt bleiben, dass alleine deren Anwendung auf Privatpersonen und juristische Personen bereits erhebliche Probleme mit sich bringt. So weist das Bundesministerium für wirtschaftliche Zusammenarbeit und Entwicklung (2000) darauf hin, dass die eindeutige Feststellung sowie die gesetzliche Definition einer Insolvenz ein praktisch ungelöstes Problem darstellt. Während der Insolvenzauslösungsgrund der (drohenden) Zahlungsunfähigkeit bzw. der Zahlungseinstellung weithin akzeptiert und ohne größere Probleme anwendbar ist, gestaltet sich die Definition der Überschuldung eines Unternehmens erheblich komplizierter.[438] Ein Unternehmen kann dann als überschuldet angesehen werden, wenn der Barwert seiner zukünftigen Einnahmen den Barwert seiner Schulden nicht länger übersteigt, seine Verschuldung also ein nicht mehr tragfähiges Niveau erreicht hat. Jedoch hängt eine solche Bewertung von der Einschätzung vieler unsicherer Faktoren ab. Es sei bspw. an die eigene Marktposition, die Zinsentwicklungen, die Entwicklungen der Personalkosten oder auch die gesamtwirtschaftlichen Entwicklungen gedacht, um nur einige wenige Einflüsse zu nennen, die nicht exakt bestimmt werden können, sondern denen lediglich Einschätzungen zugrunde liegen.[439] Es ist etwa möglich, dass ein Unternehmen in einem Markt operiert,

437 Paulus, C. G. (2004), S. 1574.

438 Vgl. Weltbank (2011).

439 Vgl. Jochimsen, B. und K. A. Konrad (2006).

der durch eine schlechte gesamtwirtschaftliche Entwicklung unter allgemeinen Druck geraten ist. Die Möglichkeit der Fortführung des Unternehmens ist in diesem Fall stark von der Entwicklung der gesamtwirtschaftlichen Lage abhängig. Eine Einschätzung darüber ist aber nicht exakt möglich.

In einem nächsten Schritt wird die Eignung der drei privatrechtlichen Insolvenzauslösungsgründe der deutschen Insolvenzordnung auf die Bundesländerebene geprüft. Das Kriterium der Zahlungsunfähigkeit wird in der Literatur für Insolvenzen souveräner Schuldner eher angewandt als das der Überschuldung.[440] Jedoch gibt es auch Stimmen, die die Überschuldung als auslösendes Moment für die Insolvenz souveräner Schuldner als geeigneter sehen.[441]

In einem ersten Schritt ließe sich an den privatrechtlichen Insolvenzindikator der Überschuldung anknüpfen. Die Überschuldung kann als eine Barwertbetrachtung definiert werden. Es wird dem Barwert der Schulden der Barwert zukünftiger, zur Schuldentilgung verfügbarer, Einnahmen gegenübergestellt, um festzustellen, ob die gegenwärtigen Schulden durch zukünftige Einnahmen gedeckt sind. Für souveräne Schuldner bedeutet das, dass sie so lange nicht überschuldet sind, wie der Barwert der Summe aller ihrer möglichen zukünftigen Steuereinnahmen den Barwert ihrer Schulden übersteigt. Hier stellt sich bereits das erste Problem. Der Barwert aller zukünftiger Steuereinnahmen eines souveränen Schuldners ist kaum exakt zu bestimmen. Ein souveräner Schuldner kann sich prinzipiell durch die Erhebung von Steuern und Abgaben laufend neue finanzielle Mittel beschaffen. Solange dies funktioniert kann er somit nicht überschuldet sein. Es ist aber zu beachten, dass die Möglichkeiten der Einnahmebeschaffung über Steuern und Abgaben nicht unendlich sind. Steuern führen immer auch zu Ausweichreaktionen (eine Ausnahme stellt die Kopfsteuer dar) und ab einem gewissen Punkt steigt das Steueraufkommen mit höherem Steuersatz nicht mehr, sondern geht zurück.[442] Diesen Punkt zu bestimmen, der zugleich den aufkommensmaximierenden Steuersatz darstellt, ist nahezu unmöglich. Fehlt es aber an einer Bestimmung über diesen Punkt, so kann nicht gefolgert werden, ob ein souveräner Schuldner wirklich überschuldet ist oder aber den Barwert seiner zukünftigen Einnahmen durch Steuererhöhungen steigern kann.

440 Siehe beispielhaft Reinhart, C. M. und K. S. Rogoff (2009) oder Paulus, C. G. (2002), deren Ausführungen sich jedoch auf die Staatenebene beziehen.

441 Siehe beispielhaft Hildebrandt, A. (2009).

442 Siehe hierzu die Ausführungen des Kapitels 3.1.3.2.1. und das Kapitel 8.8.1., insbesondere die Ausführungen zur Abbildung 12.

Betrachtet man die Definition der Überschuldung nach § 19 Abs. 2 InsO und versucht diese auf die deutschen Bundesländer anzuwenden, ergibt sich weiter das Problem der Bestimmung deren Vermögens. Zwar ließen sich die Vermögenswerte in öffentlichem Besitz problemlos bestimmen, jedoch stehen diese nicht allesamt zur Schuldentilgung zur Verfügung. Und diejenigen, welche zur Schuldentilgung zur Verfügung stünden sind in ihrem exakten Wert schwer zu bestimmen. Weiter sieht die privatrechtliche Definition der Überschuldung die Restriktion vor, dass eine Überschuldung nicht vorliegt, wenn die Weiterführung des betreffenden Unternehmens überwiegend wahrscheinlich ist. Da eines der besonderen Merkmale souveräner Schuldner eben in ihrer Souveränität liegt und ihre Liquidation in jedem Fall unzulässig ist, folgt hieraus, dass souveräne Schuldner prinzipiell nicht überschuldet sein können, da ihre Weiterführung immer gewährleistet ist. Eine Übernahme des Insolvenzauslösungsgrundes der Überschuldung scheint alleine schon deswegen nicht empfehlenswert. Selbst Autoren, die sich für die Überschuldung als Indikator für eine Bundesländerinsolvenz aussprechen, müssen beträchtliche Anwendungsprobleme eingestehen. So räumt Hildebrandt (2009) ein, dass die Feststellung einer Überschuldung sich erheblich komplizierter gestalte, als die einer Zahlungsunfähigkeit. Weiter sei sie *„[...] offen für Auseinandersetzungen sowie für strategische Manipulationen.“*[443] Er schlägt vor, die Entscheidung über das Vorliegen einer Überschuldung einem Insolvenzgericht zu übertragen. Da das Insolvenzgericht jedoch mit den oben aufgeführten Problemen konfrontiert wäre, wird in dieser Arbeit empfohlen, die Überschuldung als Insolvenzindikator für souveräne Schuldner nicht anzuwenden.

Es ließe sich weiter auf die Zahlungsunfähigkeit als Indikator für die Insolvenz eines souveränen Schuldners abstellen. Eine Zahlungsunfähigkeit kann dann als gegeben betrachtet werden, wenn der souveräne Schuldner Tilgungs- oder Zinszahlungen, zumindest partiell, nicht rechtzeitig bedienen kann.[444] Ein häufiger Grund für, zumindest faktische, Staatsbankrotte ist die Unfähigkeit, auslaufende Altschulden zu bedienen. Sollten die Kreditmärkte das Vertrauen in die Zahlungsfähigkeit eines Staates verloren haben, so werden sie für neue Kredite höhere Risikoprämien verlangen. Hierdurch kann eine Abwärtsspirale entstehen und ein Bankrott erst ausgelöst werden. Ab einem bestimmten Punkt werden die Kreditmärkte dem betroffenen Staat keine neuen Kredite mehr gewähren.[445]

443 Hildebrandt, A. (2009), S. 15.
444 Vgl. Reinhart, C. M. und K. S. Rogoff (2009).
445 Vgl. Abberger, K. (2010).

In beiden Fällen wäre der Staat nicht mehr in der Lage, seine Schulden rechtzeitig zu bedienen und somit zahlungsunfähig. Dieser Mechanismus ist ebenfalls auf andere souveräne Schuldner wie z.B. auch die deutschen Bundesländer anwendbar. Schäfer (2010) bspw. sieht den Tatbestand des finanziellen Staatsnotstandes als gegeben an, wenn es nicht mehr gelingt, auslaufende Anleihen durch Neuemissionen oder Bankkredite zu refinanzieren.

6.1.2 Das Chapter 9 des US-Bankruptcy Codes

An die Zahlungsunfähigkeit knüpft auch das Chapter 9 des US-Bankruptcy Codes an, welches es souveränen Schuldnern in den USA ermöglicht, unter bestimmten Voraussetzungen, den Weg einer Insolvenz zu gehen.[446] McConnell und Picker (1993) nennen dieses Vorgehen einen „*cash flow insolvency test*". Sie führen dazu aus:

> "In this context, insolvency means that the municipal debtor either currently cannot pay its debts as they become due - the bills arrive and cannot be paid - or that the debtor will not be able to pay such debts as they become due - the bills will arrive in six months and cannot be paid then."[447]

Der Grund, warum das US-amerikanische Insolvenzrecht auf die Zahlungsunfähigkeit und nicht auf die Überschuldung abstellt, ist, dass der Großteil der Vermögenswerte eines insolventen souveränen Schuldners nach US-amerikanischem Recht nicht pfändbar ist. Hierdurch kann sich die Situation ergeben, dass bspw. eine Stadt insolvent ist, obwohl sie über umfangreiche und wertvolle Vermögenswerte verfügt.[448] Der Zugang zum Insolvenzverfahren wird in den USA durch das Kriterium der Zahlungsunfähigkeit deutlich beschränkt. Dies ist zu begrüßen, da eine zu einfache Entschuldung zu Moral Hazard Problemen führen würde. Wenn die handelnden Akteure bei einer Entschuldung die Konsequenzen ihrer Entscheidungen nicht in ihrer ganzen Fülle zu tragen haben, wird dadurch ein Anreiz gesetzt, nachlässiger mit dem Instrument der Verschuldung umzugehen.[449] Dieser Umstand ähnelt dem Anreizproblem durch eine gesamtschuldnerische Haftung.[450] Während ein erschwerter Zugang zum Insolvenzverfahren aus anreiztheoretischer Perspektive prinzipiell positiv ist, ergeben sich hieraus jedoch auch erhebliche Defizite. So wird der Zugang zu einem

---

446 Vgl. US-Code Title 11: Bankruptcy Chapter 1 § 101 (32)(C).
447 McConnell, M. W. und R. C. Picker (1993), S. 456.
448 Vgl. McConnell, M. W. und R. C. Picker (1993).
449 Vgl. Hildebrandt, A. (2009).
450 Siehe hierzu die Kapitel 3.1.3.2.1. bis 3.1.3.2.3.

Insolvenzverfahren für große Städte in den USA erheblich erschwert oder sogar ganz ausgeschlossen.[451] Das Ende der Zahlungsfähigkeit größerer Städte ist in den USA unmittelbar an das Ende ihrer Kreditwürdigkeit geknüpft. Das heißt, dass eine Stadt vor der Anerkennung einer Insolvenz immer neue Kredite zu immer ungünstigeren Konditionen aufnehmen muss.[452] Durch das Hinauszögern der Insolvenz stehen im schließlich eintretenden Insolvenzfall beide Parteien, sowohl der Schuldner als auch die Gläubiger, schlechter da. So führen McConnell und Picker (1993, S. 456) dann auch aus:

> "It [das Kriterium der Zahlungsunfähigkeit] postpones the day of reckoning, while the city continues to pile on new debt at ever-increasing interest rates, further burdening the municipal budget and guaranteeing that each creditor will receive less value in bankruptcy."

Für die deutschen Bundesländer ergibt sich aufgrund der starken Haftungsverflechtung zwischen den Ländern und ebenfalls zwischen den Ländern und dem Bund ein weiteres Problem.[453] Dadurch, dass die Länder und der Bund als Haftungsgemeinschaft wahrgenommen werden und diese gegenseitige Haftung von den Kapitalmärkten als Versicherung gegen etwaige Zahlungsausfälle einzelner Länder interpretiert wird, wird ein einzelnes Land so lange Kredite erhalten, und das zu durchaus komfortablen Konditionen, wie die Bund-Länder-Gemeinschaft als Ganzes eine gute Bonität besitzt. Erst an dem Punkt, an dem jedes Land und der Bund nicht mehr in der Lage sind, sich glaubhaft für die Kredite einzelner Länder zu verbürgen, die gesamte Bund-Länder-Gemeinschaft also als weniger kreditwürdig empfunden wird, werden sich Restriktionen der Kapitalmärkte bis hin zur Kreditrationierung einstellen. Diese Restriktionen haben dann aber Gültigkeit für die Ländergesamtheit sowie für den Bund. In letzter Konsequenz bedeutet das, dass ein Land nie alleine, sondern nur die Bund-Länder-Gemeinschaft als Ganzes insolvent sein kann.[454]

Weiter ist gegen die Zahlungsunfähigkeit als Insolvenzauslösungsgrund die ungenügend präzise Unterscheidung zwischen der Zahlungsunfähigkeit

---

451 Vgl. McConnell, M. W. und R. C. Picker (1993), die ausführen, dass das Chapter 9 des US-Bankruptcy Codes zumeist von kleineren Gemeinden in Anspruch genommen wird.

452 Vgl. Hildebrandt, A. (2009).

453 Zur gesamtschuldnerischen Haftung und den damit verbundenen Anreizproblemen siehe die Kapitel 3.1.3.2.1. bis 3.1.3.2.3.

454 Konrad, K. A. (2007b) bezieht diese Überlegungen auf Sanierungszuweisungen an Bundesländer in einem Bundesstaatlichen Notstand, sie lassen sich jedoch auch auf den Fall der Zahlungsunfähigkeit einzelner Länder anwenden.

(unability to pay) und der Zahlungsunwilligkeit (unwillingness to pay) eines souveränen Schuldners einzuwenden. Die Willigkeit eines souveränen Schuldners, seine Schulden zu bedienen, ist stets auch Ergebnis innenpolitischer Überlegungen.[455] So findet Sturzenegger (2002) Hinweise darauf, dass der Default Argentiniens von 2002 eher einer Zahlungsunwilligkeit denn einer Zahlungsunfähigkeit geschuldet war. Konsistent mit dieser Annahme ist, dass das Haushaltsdefizit Argentiniens größtenteils hausgemacht war. Es kam vor allem zu Stande durch die ausgabenorientierte Haushaltpolitik der Regierung Menem. Weiter entzogen sich die Gliedstaaten Argentiniens der staatlichen Kontrolle und verschuldeten sich massiv.[456] Dies spricht dafür, die Insolvenz Argentiniens als strategischen Kreditausfall zu betrachten.

Die Zahlungsunfähigkeit scheint sich aufgrund der aufgeführten Mängel nicht als Insolvenzauslösungsgrund für die deutschen Bundesländer zu eignen. Insbesondere die mangelnde Unterscheidungsmöglichkeit zwischen der Unfähigkeit und der Unwilligkeit der Begleichung der Schulden souveräner Schuldner sowie die mögliche Hinauszögerung der Insolvenz auf einen Zeitpunkt, zu dem große Sanierungschancen bereits verbaut sind, bereitet Kopfzerbrechen. Es wäre in Anlehnung an Paulus (2002) höchstens daran zu denken, die drohende Zahlungsunfähigkeit als Auslösungsgrund einer Insolvenz genügen zu lassen, da hier die Chancen auf eine schnelle Schuldenbereinigung größer sind, als bei einer späteren Insolvenzauslösung. Allerdings stellt sich hier das Problem der Bestimmung darüber, wann eine Zahlungsunfähigkeit droht. Es ist etwa kaum zu beantworten, ab welchem Zinssatz davon ausgegangen werden kann, dass ein Bundesland bei weiterer Aufnahme von Krediten zahlungsunfähig wird. Selbst wenn eine solche Bestimmung möglich sein sollte, stellt es eine erhebliche Hürde dar, die Entwicklung der Marktzinsen zu prognostizieren. Auch wenn ein Land sich steigenden Zinsen ausgesetzt sähe, so wäre es durchaus möglich, dass diese lediglich das Resultat von Marktgegebenheiten sind und in naher Zukunft wieder sinken. In dieser Arbeit wird vorgeschlagen, auf die (drohende) Zahlungsunfähigkeit als Insolvenzindikator für die deutschen Bundesländer zu verzichten.

6.1.3 Alternative Insolvenzindikatoren

Alternativ ließe sich auf weitere mögliche Insolvenzindikatoren abstellen. Zu denken wäre hierbei an das Konzept der Nachhaltigkeit, an eine

---

455 Vgl. Kirchner, C. (2011).

456 Vgl. Dillinger, W. und S. B. Webb (1999).

Orientierung an den Marktzinsen oder auch an eine allgemeine Betrachtung der Schuldentragfähigkeit.

Das Konzept der fiskalischen Nachhaltigkeit wurde im Kapitel 3.3.1. ausführlich erläutert, weshalb hier auf eine Vorstellung der verschiedenen Nachhaltigkeitsansätze verzichtet werden soll. Es könnte angenommen werden, dass ein Bundesland dann insolvent ist, wenn es eine nicht (mehr) nachhaltige Finanzpolitik betreibt. Die Eignung des Nachhaltigkeitskonzepts als Insolvenzindikator ist allerdings kritisch zu hinterfragen. Aufgrund der zahlreichen Mängel der verschiedenen Nachhaltigkeitsansätze scheint es nicht geeignet, die Insolvenz eines Bundeslandes anzuzeigen. Bspw. werden die zu erreichenden Zielwerte bei einer Nachhaltigkeitsberechnung willkürlich und nicht nach wissenschaftlichen, objektivierbaren Kriterien festgelegt.[457] Auch lässt sich das Ergebnis solcher Berechnungen durch die Wahl des Betrachtungszeitraumes nicht unwesentlich beeinflussen.[458]

Bei einer Orientierung an den Marktzinsen könnte entweder der Zins, der einem Bundesland für die Kreditvergabe von den Kapitalmärkten auferlegt wird, betrachtet werden oder aber der Zinsspread, also der Aufpreis, den ein verschuldetes Bundesland bei der Aufnahme neuer Kredite bezahlen muss. In beiden Fällen müsste aber ein Grenzwert festgelegt werden, ab dem von der Insolvenz eines Bundeslandes ausgegangen werden kann. Dies dürfte kaum objektiv möglich sein. Zusätzlich sei auf die obigen Ausführungen verwiesen, nach denen die deutschen Bundesländer lediglich gemeinsam und zusammen mit dem Bund diese Grenzwerte überschreiten können. Es ist zwar prinzipiell begrüßenswert, die Marktkräfte walten zu lassen und sich am Marktergebnis zu orientieren, jedoch erscheint es angesichts der Erfahrungen der Vergangenheit nicht sinnvoll, die Entscheidung über die Insolvenz souveräner Schuldner in die Hände der Kapitalmärkte oder der Ratingagenturen, deren Bewertungen für die Kapitalmärkte maßgeblich sind, zu legen. Die Ratingagenturen haben bereits des Öfteren wirtschaftliche Entwicklungen nicht oder falsch prognostiziert. Man denke nur an die Finanzkrise mit Beginn des Jahres 2007 oder die momentane Schuldenkrise Griechenlands. Vor Beginn der griechischen Schuldenkrise existierten bspw. kaum Unterschiede in der Bewertung von Anleihen der Eurostaaten. Zudem ist es fraglich, ob die sich gegenwärtig einstellenden Zinsunterschiede tatsächlich eine differenzierte und effiziente Bewertung der Ausfallrisiken der Staatsanleihen verschiedener Eurostaaten darstellen. Vielmehr

457 Vgl. Jochimsen, B. und K. A. Konrad (2006).
458 Vgl. Jochimsen, B. (2008).

dürfte, zusätzlich zu dem Ausfallrisiko, das Liquiditätsrisiko einen wesentlichen Teil zu der beobachtbaren Zinsdifferenzierung beitragen. Die Zinsunterschiede stellen somit nicht das reine Ausfallrisiko von Staatsanleihen dar, sondern sind vielmehr Ausdruck allgemeiner Marktunsicherheit und niedriger Umsätze.[459]

Bei der Schuldentragfähigkeit geht es darum, eine Schuldenbelastung festzulegen, die für einen souveränen Schuldner tragbar ist.[460] Auf die Schuldentragfähigkeit wird im Kapitel 8.5. noch zurückzukommen sein, weswegen die Ausführungen hier in der gebotenen Kürze erfolgen. Die Schuldentragfähigkeit spiegelt quasi das staatliche Existenzminimum wieder. Die Schuldenlast darf nicht so hoch sein, dass ein Bundesland seinen vorab festgelegten notwendigen staatlichen Aufgaben im Umfang eines ebenfalls vorab festzulegenden Mindestniveaus nicht mehr nachkommen kann. Die Festlegung eben dieser notwendigen unabdingbaren staatlichen Leistungen einschließlich des Mindestniveaus ihrer Erfüllung ist eine, aufgrund der subjektiven Empfindungen darüber, was als notwendig erachtet wird, kaum zu lösende Aufgabe. Daher soll in dieser Arbeit von der Bestimmung der Schuldentragfähigkeit als Insolvenzauslösungsgrund abgesehen werden.

6.1.4 Die Extreme Haushaltsnotlage und der Bundesstaatliche Notstand als Anknüpfungspunkte eines Indikators für eine Bundesländerinsolvenz

Es kann weiter auf zwei Kriterien zur Beurteilung der Haushaltslage eines Bundeslandes abgestellt werden, die das Bundesverfassungsgericht zweien seiner Urteile zugrunde gelegt hat. Die Extreme Haushaltsnotlage und der Bundesstaatliche Notstand. In seinem Urteil vom 27. Mai 1992 erkannte das Bundesverfassungsgericht den Ländern Bremen und dem Saarland zu, sich in einer Extremen Haushaltsnotlage zu befinden, aus der sich beide Länder unter Eigenanstrengungen nicht befreien könnten.[461] Als Kennziffern einer solchen Haushaltsnotlage bestimmte das Gericht die Kreditfinanzierungsquote und die Zins-Steuer-Quote eines Landes.[462] Allerdings lagen der Einschätzung des Gerichts keine konkreten

---

459 Vgl. Holtemöller, O. und T. Knedlik (2011).

460 Verschiedene Vorschläge zur Bestimmung der Schuldentragfähigkeit von Staaten im Rahmen eines Insolvenzverfahrens liefern Berensmann, K. und A. Herzberg (2007). Sie beziehen sich allerdings auf die Phase des eventuell notwendigen Schuldenerlasses.

461 Für diese und folgende Ausführungen zum Indikator einer extremen Haushaltsnotlage siehe Bundesverfassungsgericht (1992).

462 Für die Erklärung beider Kennziffern sei auf das Kapitel 3.3.1. verwiesen.

Vorgaben zu Grunde. Vielmehr hat es lediglich konstatiert, dass eine Extreme Haushaltsnotlage in den Ländern Bremen und dem Saarland gegeben sei, aber keine genauen Grenzwerte festgesetzt, ab wann eine solche Notlage genau vorliegt. Eine objektive Beurteilung der Haushaltslage eines Bundeslandes anhand des Indikators der Extremen Haushaltsnotlage scheint somit kaum möglich zu sein.[463]

In seinem Urteil vom 19. Oktober 2006 lehnte das Bundesverfassungsgericht eine Klage Berlins auf Anerkennung von Sanierungshilfen ab, da hier der vom Bundesverfassungsgericht neu formulierte Indikator eines Bundesstaatlichen Notstands nicht erfüllt sei.[464] Ein Bundesstaatlicher Notstand liegt nach Ermessen des Gerichts vor, wenn die Haushaltslage eines Landes sowohl relativ zu den anderen Ländern als auch absolut als extrem zu werten ist. Das Bundesverfassungsgericht verpasste es jedoch, die vielen unbestimmten Rechtsbegriffe mit Leben zu füllen. In seiner derzeitigen Form stellt der Bundesstaatliche Notstand keinen handfesten Indikator zur Beurteilung der Haushaltslage eines Bundeslandes dar. In dieser Arbeit wird dennoch vorgeschlagen, die Insolvenz eines Bundeslandes als Bundesstaatlichen Notstand zu definieren. Es muss dazu allerdings gelingen, die fehlende Präzision und mangelnde inhaltliche Ausgestaltung zu überwinden. Hierfür wird ein zweistufiges Vorgehen vorgeschlagen, wobei dem Bundesverfassungsgericht die Rolle der Schlichtungsinstanz im Insolvenzfall zukommen soll. Letztendlich soll also das Gericht über das Vorliegen eines Bundesstaatlichen Notstands und damit auch einer Insolvenz entscheiden. In Form eines benchmarkingbasierten Ansatzes wird dabei versucht, dem Gericht bei seiner Entscheidung ein objektives Bewertungskriterium an die Hand zu geben.

6.2 Der Bundesstaatliche Notstand als Auslösungsgrund einer Bundesländerinsolvenz

In dieser Arbeit wird vorgeschlagen, dass der Bundesstaatliche Notstand als Insolvenzindikator für einen Insolvenzmechanismus auf Ebene der deutschen Bundesländer fungieren soll. Bei Vorliegen eines solchen Notstandes soll auch das Vorliegen einer Insolvenz als gegeben gelten. Die Bewertung darüber, ob

---

463 Zur Kritik am Indikator der Extremen Haushaltsnotlage sei auf das Kapitel 3.3.1. verwiesen.

464 Für die Ausführungen zum Berlin-Urteil und der damit zusammenhängenden Definition des Indikators des Bundesstaatlichen Notstands siehe Bundesverfassungsgericht (2006).

ein Bundesstaatlicher Notstand vorliegt oder nicht wird bei diesem Vorschlag dem Bundesverfassungsgericht überlassen. Seine Aufgabe soll es sein, Anträge von Ländern zu bewerten, die einen Bundesstaatlichen Notstand für sich geltend machen und darauf aufbauend den Zugang zu einem Insolvenzverfahren ersuchen. Der Prozess der Beurteilung solcher Insolvenzanträge soll in einem zweistufigen Verfahren erfolgen. Es wird vorgeschlagen, das Gericht in einem ersten Schritt darüber entscheiden zu lassen, ob ein Bundesstaatlicher Notstand vermutet werden kann. Sollte es diese Frage bejahen, soll es unter Zuhilfenahme eines benchmarkingbasierten Ansatzes überprüfen, ob dieser auch tatsächlich vorliegt oder aber die finanziellen Schwierigkeiten des betreffenden Landes in Ineffizienzen bei seiner Aufgabenerfüllung begründet liegen.

In einem ersten Schritt soll es dem Bundesverfassungsgericht obliegen, zu prüfen, ob ein Bundesstaatlicher Notstand vermutet werden kann. Gemäß der Rechtsprechung des Gerichts zum Berliner Haushalt ist ein Bundesstaatlicher Notstand *„[…] eine[r] nicht ohne fremde Hilfe abzuwehrende[e] Existenzbedrohung des Landes als verfassungsgerecht handlungsfähigen Trägers staatlicher Aufgaben […]“.*[465] Zudem sei es *„[…] bundesstaatliches Gebot, die Existenz des Not leidenden Landes als einen handlungsfähigen Adressaten verfassungsrechtlicher Pflichten und als einen Träger verfassungsrechtlicher Aufgaben auch finanziell zu gewährleisten.“*[466] Legt man diese Ausführungen zu Grunde, kann gefolgert werden, dass ein Bundesstaatlicher Notstand dann vorliegt, wenn ein Land seinen verfassungsrechtlichen Pflichten und Aufgaben nicht ohne fremde Hilfe nachzukommen im Stande ist, seine Existenz als deren handlungsfähiger Träger sich also nicht mehr gewährleisten lässt. Doch bereits hier stellt sich die erhebliche Schwierigkeit, diese Pflichten und Aufgaben zweifelsfrei zu identifizieren und vor allem im Hinblick auf ihre Bedienungsdichte hin zu bestimmen.[467] Unter leichtem Vorgriff auf die Kapitel 8.5. und 8.8.2., die sich mit der Bestimmung der Schuldentragfähigkeit bzw. mit ausgabeseitigen Maßnahmen zur Wiederherstellung der Solvenz eines insolventen Bundeslandes befassen, sei darauf hingewiesen, dass es alleine aufgrund subjektiver Empfindungen über die Notwendigkeit bestimmter staatlicher Leistungen kaum möglich sein wird, diese, vor allem auch in ihrer Höhe, zu objektivieren. Dennoch sollte dieser Umstand dem Verfahren nicht im Wege stehen. Das Bundesverfassungsgericht soll nach eigenem Ermessen vorab über die notwendigen verfassungsrechtlichen Pflichten und Aufgaben

465 Bundesverfassungsgericht (2006).

466 Bundesverfassungsgericht (2006).

467 Vgl. Blankart, C. B. und E. R. Fasten (2009).

befinden. Es wäre dabei wünschenswert, wenn nicht gar geboten, wenn es sich dazu fundierter Hilfe aus der Wissenschaft bedient.

Vermutet das Gericht nun einen Bundesstaatlichen Notstand, so heißt dies noch nicht, dass er auch tatsächlich vorliegt. Vielmehr sollte eine weitere Überprüfung anhand eines benchmarkingbasierten Ansatzes mittels einer Effizienzanalyse erfolgen. Zwar wäre auch eine Modifizierung bisher eingesetzter Konzepte zu diesem Zweck zu überlegen, jedoch erscheint dem Autor, aufgrund der im vorigen Verlauf dieser Arbeit herausgestellten Mängel ebendieser Konzepte, der Einsatz eines neuen Instrumentariums zielführender. Wie das Bundesverfassungsgericht in seiner Rechtsprechung betont hat, liegt ein Bundesstaatlicher Notstand dann vor, wenn die Unfähigkeit eines Bundeslandes, seinen verfassungsrechtlichen Pflichten und Aufgaben nachzukommen, nicht ohne fremde Hilfe behoben werden kann. Es kann aber auch der Fall vorliegen, dass ein Land diesen Pflichten und Aufgaben tatsächlich nicht nachkommen kann, der Grund hierfür jedoch in landesinternen Ineffizienzen liegt, so dass es über Potentiale verfügt, die es ausschöpfen kann, um seine Lage zu verbessern. Solch eine Situation lässt sich eher als ein finanzieller Notstand, als ein Bundesstaatlicher Notstand beschreiben. In einem solchen Fall hat das Land zunächst seine vorhandenen, noch nicht ausgeschöpften, Einnahme- oder Einsparpotentiale zu erschließen, bevor es Hilfen anderer geltend machen kann, zu denen auch ein Insolvenzverfahren zählt. Sollte ein Bundesland also die Auffassung vertreten, sich in einem Bundesstaatlichen Notstand zu befinden und das Bundesverfassungsgericht diese Vermutung teilen, so ist in einem zweiten Schritt zu prüfen, ob es dem Land tatsächlich an Solvenz mangelt oder aber, ob es lediglich ineffizient arbeitet.

Um diese Unterscheidung zwischen Insolvenz und Ineffizienz treffen zu können, wird in dieser Arbeit ein Vergleich der Bundesländer untereinander in Form eines Benchmarkings vorgeschlagen. Ein solches Benchmarking sollte auf der Methode der Data Envelopment Analysis (DEA) basieren. Die DEA ermöglicht es, verschiedene Organisations- oder Entscheidungseinheiten (DMU = Decision Making Units) im Hinblick auf ihre Effizienz zu überprüfen und untereinander zu vergleichen. So lassen sich die Länder als Entscheidungseinheiten modellieren und ihre Produktivitäten zueinander in Relation setzen. Hieraus lässt sich dann eine Effizienzanalyse erstellen, die aufzeigen kann, welche Bundesländer im Vergleich zu den anderen Ländern ineffizient arbeiten. Effizienz kann dabei als die Vermeidung von Ressourcenverschwendung verstanden werden.[468] Sollte ein Land relativ zu den anderen ineffizient arbeiten, es

468 Vgl. Varmaz, A. (2006).

also entweder bei gleichem Input mehr Output erzeugen können oder aber bei gleichem Output mit weniger Input auskommen können, kann gefolgert werden, dass es sich nicht in einem Bundesstaatlichen Notstand befindet, da es seine finanzielle Notsituation durch Effizienzsteigerungen eigenständig abwenden kann. Es gäbe hierdurch, trotz der subjektiven Entscheidung des Bundesverfassungsgerichts im ersten Schritt, im zweiten Schritt des Bewertungsverfahrens einen Maßstab zur Beurteilung der Haushaltslage eines Bundeslandes, welcher den Kriterien der Klarheit und Objektivität genügt. Weiter soll er eindeutig, formelhaft und ökonomisch begründet sein.

Im Übrigen kann ein Benchmarking nach der Methode der DEA nicht nur der Feststellung einer Insolvenz dienen, sondern auch der Signalisierung einer drohenden Insolvenz und somit als Zeichen an die Finanzmärkte, die sich bei ihrer Kreditvergabe bislang lediglich an den Ratings der Länder bei den Ratingagenturen orientieren konnten.

Im Folgenden wird die DEA in ihrem Grundmodell vorgestellt und erläutert. Darauf aufbauend wird sie auf ihre Anwendbarkeit auf die deutschen Bundesländer hin überprüft und einige hilfreiche Erweiterungen vorgestellt.

6.3 Die DEA als Bewertungsmaßstab für die Effizienz von Entscheidungseinheiten

Die Data Envelopment Analysis ist ein mathematisches, nicht-parametrisches Verfahren und dient der relativen Performancemessung und somit der Bewertung von Entscheidungseinheiten. Die Untersuchung mittels DEA setzt eine homogene Gruppe von DMU voraus. Der Leistungserstellungsprozess dieser DMU muss sich weiter durch die selben Input- und Outputfaktoren abbilden lassen.[469] Die DEA hat ihren Ursprung in den grundlegenden und einflussreichen Arbeiten von Charnes et al. (1978) und Banker et al. (1984). Die ursprüngliche Intention war es, mittels der DEA Organisationen aus dem Non-Profit-Sektor, die keinen direkt vergleichbaren monetären Unternehmenserfolg ausweisen, vergleichen zu können.[470] Dies können z.B. Krankenhäuser,[471] Gerichte[472] oder auch Universitäten[473] sein. Das Konzept der DEA scheint daher gut geeignet für die

---

469 Vgl. Varmaz, A. et al. (2011).

470 Vgl. Kleine, A. (2001).

471 Siehe z.B. Kuntz, L. und S. Scholtes (1999).

472 Siehe z.B. Lewin et al. (1982).

473 Siehe z.B. Backes-Gellner, U. und E. Zanders (1989).

Anwendung auf die deutschen Bundesländer, da es auch die Effizienzmessung bei Vorliegen nicht monetärer In- und Outputs ermöglicht.

Die Data Envelopment Analysis ist Teil des Prozesses des Benchmarkings, also dem kontinuierlichen Prozess des Vergleichens von Produkten, Dienstleistungen, Prozessen und Methoden betrieblicher Funktionen über mehrere Alternativen hinweg.[474] Mit der DEA lassen sich verschiedene DMU untereinander vergleichen und eventuelle Leistungslücken einzelner DMU zu gefundenen best practice DMU und somit mögliche Verbesserungspotentiale für ineffiziente DMU aufdecken. Die DEA trägt zum Prozess des Benchmarkings bei, indem sie zum einen mögliche Benchmarkingpartner identifiziert und es zum anderen vermag, das Ausmaß vorhandener Leistungslücken zu bestimmen.[475] Nach Horváth (2011) lassen sich vier Phasen des Benchmarkings unterscheiden.

- Die Vorbereitung
- Die Analyse
- Die Umsetzung sowie
- Die Kontrolle

In die Phase der Vorbereitung fällt die Auswahl des Objektes, die Auswahl der Vergleichsmenge und die Datengewinnung. Es muss zunächst der Untersuchungsgegenstand abgegrenzt werden, es muss festgelegt werden, ob man bspw. Produkte, Produktgruppen oder auch ganze Unternehmen betrachtet. Anschließend daran muss entschieden werden, ob ein interner, ein externer oder ein zeitlicher Vergleich angestellt werden soll. Schließlich müssen die für die Analyse notwendigen Daten generiert werden. Die Phase der Analyse hat die Identifizierung der Leistungslücke zu einer oder mehreren best practice Alternativen sowie die Feststellung der Ursache vorhandener Leistungslücken zum Inhalt. In der Phase der Umsetzung geht es darum, die identifizierten Leistungslücken durch geeignete Maßnahmen zu schließen. Als abschließender Schritt müssen die Maßnahmen auf ihre Wirksamkeit hin überprüft werden und ein wiederholtes Benchmarking erfolgen, um die Aktualität der Ergebnisse zu gewährleisten.[476]

Die DEA kommt in der Phase der Analyse zum Einsatz. Sie erlaubt es, zur Effizienzmessung unterschiedlich skalierte real- und finanzwirtschaftliche

474 Vgl. Horváth, P. (2011).
475 Vgl. Varmaz, A. (2006).
476 Vgl. Horváth, P. (2011).

In- und Outputs einer DMU heranzuziehen. Mittels der Verdichtung der In- und Outputs zu einer Kennzahl gibt sie dabei die Effizienz einer DMU im Vergleich zu den betrachteten Alternativen an. Die so ermittelte Effizienz erlaubt es nicht nur effiziente und ineffiziente DMU zu unterscheiden und somit in Form effizienter DMU Benchmarks zu identifizieren, sie erlaubt auch eine Aussage über das Ausmaß der Ineffizienz und somit einen Vergleich auch ineffizienter DMU untereinander.[477] Grundlage der Beurteilung der Effizienz einer DMU ist dabei das ökonomische Prinzip.[478] Es findet seinen Niederschlag in dem Dominanzprinzip nach Charnes et al. (1978), nachdem eine DMU dann effizient ist, wenn keine andere DMU existiert, die ein besseres Verhältnis von Outputs zu Inputs aufweist. Um eine Mehrgüterproduktion auf ihre Effizienz hin zu untersuchen, ist es notwendig, die In- und Outputs zu aggregieren und objektiv zu gewichten. Die DEA löst dieses Problem mittels Optimierung. Die DEA ermittelt effiziente DMU und verknüpft diese mittels linearer Funktionen zu einer best practice frontier. Weiter werden die effizienten DMU mittels Dominanzbeziehungen zur Beurteilung nicht effizienter DMU herangezogen.[479]

Bei der Effizienzmessung wird allgemein die Produktivität einer DMU beurteilt, die dem Verhältnis von Outputs zu Inputs entspricht. Wenn aber ein objektiv gegebener, optimaler Zielwert fehlt, so muss die Produktivität einer DMU in Relation zu den Produktivitäten anderer DMU beurteilt werden. Dividiert man sämtliche Produktivitäten durch die höchste Produktivität innerhalb einer betrachteten Gruppe von DMU, erhält man eine relative Erfolgskennzahl, die einen Wert zwischen Null und Eins annehmen kann. Diese relative Produktivität soll hier als Effizienz verstanden werden. DMU mit einem Wert dieser Kennzahl von Eins sind effizient und dienen den anderen, nicht effizienten, DMU als Benchmarks. Solche DMU mit einer Effizienz kleiner als Eins sind ineffizient. Darüber hinaus zeigt die Differenz zum Wert Eins unmittelbar den Grad an Ineffizienz gegenüber der Benchmark an.[480] Vor diesem Hintergrund scheint es angebracht, darauf hinzuweisen, dass Effizienz hier als Synonym für einen relativen Effizienzwert und nicht als absolute Effizienz verstanden wird.[481] Dies sei nachfolgend an einem Beispiel verdeutlicht, aus dem auch hervorgehen soll, dass Effizienz im

---

477 Vgl. neben Poddig, T. und A. Varmaz (2005a) auch Cook, W. D. und L. M. Seiford (2009).

478 Vgl. Poddig, T. und A. Varmaz (2005a).

479 Vgl. Varmaz, A. (2006).

480 Vgl. neben Poddig, T. und A. Varmaz (2005a) auch Avkiran, N. K. (2009).

481 Vgl. Avkiran, N. K. (2009).

Sinne der DEA stets mit Bezug auf vorab zu definierende Ziele und Alternativenmengen zu verstehen ist.[482]

Es werden sechs DMU betrachtet, die jeweils einen Output erbringen, den sie mit einem Input erzeugen. Diese Annahme ist zwar sehr restriktiv, zum Verständnis der obigen Ausführungen jedoch gut geeignet. Für alle sechs DMU werden die In- und Outputs angegeben, sowie hieraus die jeweiligen Produktivitäten und die Effizienz bestimmt. Tabelle 8 fasst diese Betrachtungen zusammen.[483]

Tabelle 8: Beispiel für eine Effizienzbetrachtung anhand der Kennzahlen von sechs DMU, eigene Darstellung in Anlehnung an Poddig und Varmaz (2005a)

	Input	**Output**	**Produktivität**	**Effizienz**
DMU 1	5	2,5	0,50	0,20
DMU 2	4	10	2,50	1,00
DMU 3	3	6	2,00	0,80
DMU 4	8	12	1,50	0,60
DMU 5	6	5	0,83	0,33
DMU 6	1	1	1,00	0,4

Die DMU 2 hat mit 2,5 die höchste Produktivität aller betrachteten DMU und stellt somit die Benchmark für die übrigen DMU dar. Diese sind ineffizient, da sie allesamt Produktivitäten aufweisen, die unter denen der DMU 2 liegen. Die Effizienz der DMU ergibt sich durch die Division ihrer jeweiligen Produktivitäten durch die höchste Produktivität der DMU 2. Die Effizienzwerte geben auch den Grad der Ineffizienz einer DMU an. DMU 1 ist mit dem niedrigsten Wert aller betrachteten DMU als besonders ineffizient zu kennzeichnen. Im Folgenden soll eine inputorientierte Betrachtung der Effizienz erfolgen, also Einsparmöglichkeiten identifiziert werden. Der Effizienzwert von 0,20 für die DMU 1 bedeutet, dass ihre Produktivität lediglich ein Fünftel der Produktivität der DMU 2 beträgt. Die DMU 1 könnte somit ihre Inputs auf ein Fünftel reduzieren und dabei den gleichen Output produzieren. Im Effizienzfall würde die DMU 1 einen Input von 1 und einen Output von 2,5 aufweisen, womit sie die

482 Vgl. Kleine, A. (2001).

483 Die Tabelle 8 sowie die Abbildungen 7 und 8 und die zugehörigen Ausführungen sind stark angelehnt an Poddig, T. und A. Varmaz (2005a).

gleiche Produktivität realisieren könnte, wie die effiziente DMU 2. Dies sei in der Abbildung 7 grafisch veranschaulicht.

Abbildung 7: Technische Effizienz der sechs DMU aus Tabelle 8, eigene Darstellung in Anlehnung an Poddig und Varmaz (2005a)

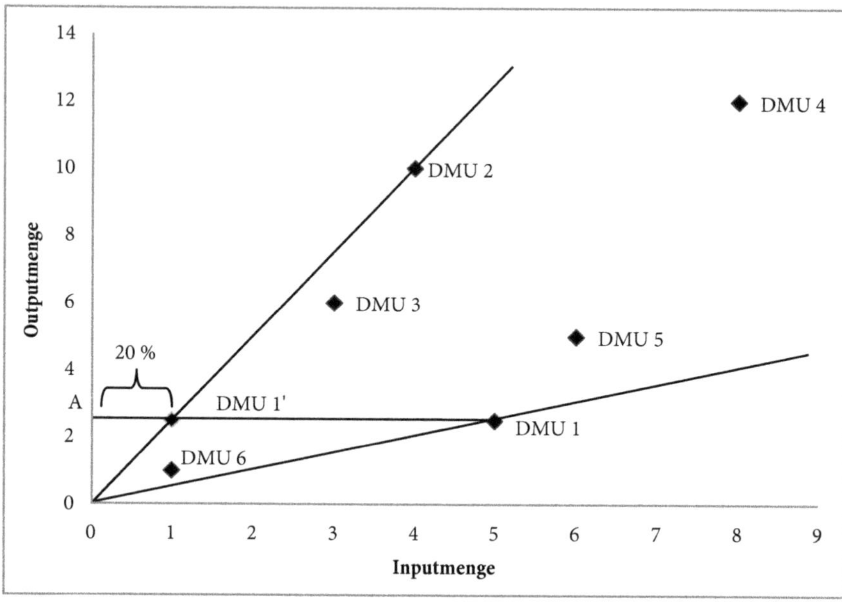

Es lassen sich vom Ursprung ausgehende Geraden durch die jeweiligen Input-Output-Kombinationen der DMU ziehen. Die Steigungen der Geraden geben die Produktivitäten wieder. Der Einfachheit halber wurden lediglich die beiden Geraden der DMU 1 und der DMU 2 gezogen. Die DMU 2 weist die größte Steigung aller DMU auf, sie wird von keiner anderen Geraden dominiert. Sie bildet somit die Benchmark für die übrigen DMU. Die DMU 1 hingegen operiert ineffizient und weist die niedrigste Produktivität aller DMU auf, weshalb ihre Gerade auch die geringste Steigung hat. Würde die DMU 1 effizient operieren, müsste sie sich im Punkt DMU 1' befinden. Dieser Punkt stellt eine Skalierung der DMU 2 dar. In diesem Punkt würde die DMU 1 mit einem Input von 1 einen Output von 2,5 produzieren. Dies entspricht der oben aufgeführten Absenkung der Inputmenge auf ein Niveau von 20 %. 20 % oder auch 0,2 entspricht wiederum exakt der Effizienz der DMU 1. Die Effizienz errechnet sich hierbei als Relation der Strecken $\overline{(A)(DMU1')}$ und $\overline{(A)(DMU1)}$. Der hier vorgestellte Effizienzmaßstab wird auch als technische Effizienz (TE^{CRS}) bezeichnet.

$$TE^{CRS} = \frac{\overline{(A)(DMU1')}}{\overline{(A)(DMU1)}} \quad (1)$$

Wie Poddig und Varmaz (2005a) anmerken ist eine solche Betrachtung jedoch recht restriktiv, da von Größenunterschieden zwischen den DMU abstrahiert wird, was konstante Skalenerträge impliziert. Dies bedeutet weiter, dass die technische Effizienz auch die Möglichkeit der Betriebsgrößenanpassung beinhaltet. Möchte man die DMU jedoch unabhängig von ihrer Größe betrachten, also die Möglichkeit skalenbedingter Ineffizienz ausklammern, so muss man sich der reinen technischen Effizienz (TE^{VRS}) bedienen. Die reine technische Effizienz nimmt variable Skalenerträge und somit gleiche Betriebsgrößen der zu untersuchenden DMU an. Die Möglichkeit der Betriebsgrößenanpassung wird hier ausgeblendet. Die technische Effizienz hingegen umfasst sowohl die reine technische Effizienz als auch die mögliche skalenbedingte Effizienz. Der Unterschied zwischen der technischen und der reinen technischen Effizienz wird anhand der Abbildung 8 verdeutlicht.

Abbildung 8: Reine technische Effizienz und technische Effizienz der sechs DMU aus Tabelle 8, eigene Darstellung in Anlehnung an Poddig und Varmaz (2005a)

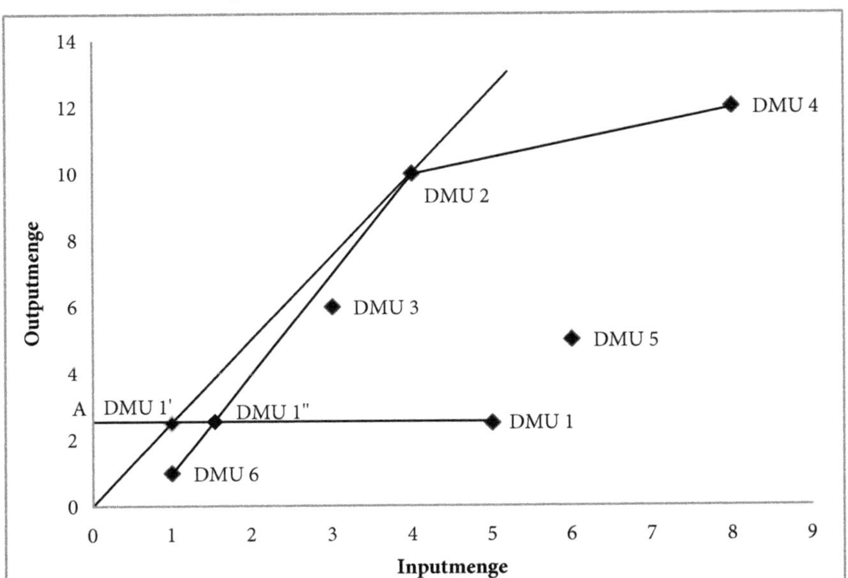

Gibt man die Annahme konstanter Skalenerträge auf und nimmt variable Skalenerträge an, so stellt nicht mehr die Ursprungsgerade durch den Punkt DMU 2 den Vergleichsmaßstab dar, sondern der Linienzug durch die Punkte DMU 6, DMU 2 und DMU 4. In diesem Fall besteht die Benchmark aus drei best practice DMU. Der Linienzug ergibt sich wie folgt: Er ist die Verbindung benachbarter DMU, die von keiner anderen, gleich großen DMU dominiert werden. Der Punkt DMU 6 bspw. wird mit dem Punkt DMU 2 verbunden, da diese Verbindung die größtmögliche Steigung aufweist. Für die weiteren Punktverbindungen wird analog verfahren. Der Unterschied zwischen der technischen Effizienz und der reinen technischen Effizienz besteht nun darin, dass die DMU 1 nicht länger mit dem Punkt DMU 1', sondern mit dem Punkt DMU 1" verglichen wird. Dieser Punkt wird dabei als eine Linearkombination der benachbarten Punkte DMU 6 und DMU 2 konstruiert. Die DMU 6 und 2 stellen die Benchmark für die DMU 1 dar. Sie definieren den relevanten Benchmarkabschnitt, auf dem sich DMU 1" befindet.

Die reine technische Effizienz wird weiter als das Streckenverhältnis der Strecke $\overline{(A)(DMU1'')}$ zur Strecke $\overline{(A)(DMU1)}$ definiert.

$$TE^{VRS} = \frac{\overline{(A)(DMU1'')}}{\overline{(A)(DMU1)}} \tag{2}$$

Eine weitere Information ergibt sich aus dem Vergleich der Punkte DMU 1' und DMU 1". Die Strecke zwischen beiden Punkten gibt die Skaleneffizienz an. Mittels der Skaleneffizienz lässt sich feststellen, ob eine DMU eine suboptimale Betriebsgröße aufweist. Die Skaleneffizienz ist definiert als das Verhältnis von technischer zu rein technischer Effizienz:

$$SE = \frac{\dfrac{\overline{(A)(DMU1')}}{\overline{(A)(DMU1)}}}{\dfrac{\overline{(A)(DMU1'')}}{\overline{(A)(DMU1)}}} = \frac{TE^{CRS}}{TE^{VRS}} \tag{3}$$

Ein Wert kleiner Eins lässt eine suboptimale Betriebsgröße vermuten, welche sowohl zu hoch als auch zu klein sein kann. Dies ist abhängig von der Art der Skalenerträge mit denen eine DMU produziert. Bei steigenden Skalenerträgen (IRS = Increasing Returns to Scale) kann eine DMU durch eine Betriebsgrößenerhöhung sinkende Durchschnittskosten realisieren. Bei sinkenden Skalenerträgen (DRS = Decreasing Returns to Scale) hingegen lassen sich die Durchschnittskosten durch eine Betriebsgrößenminderung senken.[484]

Die Data Envelopment Analysis (DEA) bietet im Vergleich oder besser als Ergänzung zu den soeben aufgeführten Prinzipien des Kennzahlencontrollings den Vorteil, dass sie die simultane Betrachtung mehrerer In- und Outputs ermöglicht. Die produktionstheoretisch fundierte Messung mittels DEA ermöglicht auch die Berücksichtigung nicht-monetärer Größen. Weiter ist eine Vorabgewichtung für die Aggregation der In- und Outputs nicht notwendig. Die DEA bedient sich zwecks der Berechnung der Kennzahlen Methoden aus dem Bereich des Operations Research. Die drei Optimierungsansätze der technischen, der reinen technischen sowie der Skaleneffizienz berechnen sich wie folgt. Angenommen seien $k = 1, \dots , k$ DMU, $n = 1, \dots, N$ Inputmengen X sowie $m = 1, \dots , m$ Outputmengen Y. Hieraus ergibt sich für eine DMU für die Inputs eine $N * K$-Matrix und für die Outputs eine $M * K$-Matrix. Die unternehmensspezifischen In- und Outputs seien weiter in einem $N * l$-Inputmengenvektor x_i sowie einem $M * l$-Outputmengenvektor y_i zusammengefasst. Der Gewichtungsvektor λ_i ist unbekannt. Er wird im Rahmen der Optimierung bestimmt. Unter diesen Annahmen lassen sich die drei Kennziffern zur Effizienzbestimmung wie folgt berechnen.[485]

Berechnung der technischen Effizienz (TE^{CRS})[486]

$$
\begin{aligned}
&\min \theta_i^{CRS} \\
&\theta_i^{CRS}, \lambda_i \\
&\text{u.d.N.} \\
&Y\lambda_i \geq y_i \\
&X\lambda_i \leq \theta_i^{CRS} x_i \\
&\lambda_i \geq 0, \theta_i^{CRS} \geq 0
\end{aligned}
\tag{4}
$$

484 Siehe für eine ausführliche Darstellung dieser Zusammenhänge Thanassoulis, E. (2001).

485 Vgl. Poddig, T. und A. Varmaz (2005a).

486 Vgl. neben Poddig, T. und A. Varmaz (2005a) auch Charnes, et al. (1978) und Cooper, W. et al. (2007).

Berechnung der reinen technischen Effizienz (TE^{VRS})[487]

$$
\begin{aligned}
&\min_{\theta_i^{VRS}, \lambda_i} \theta_i^{VRS} \\
&\text{u.d.N.} \\
&Y\lambda_i \geq y_i \\
&X\lambda_i \leq \theta^{VRS} x_i \\
&\lambda_i \geq 0, \theta_i^{VRS} \geq 0 \\
&e^T \lambda_i = 1, (e = (1, \ldots, l)^T)
\end{aligned}
\tag{5}
$$

Berechnung der Skaleneffizienz (SE)[488]

$$
SE_i = \frac{\theta_i^{CRS}}{\theta_i^{VRS}} \tag{6}
$$

6.3.1 Die Möglichkeit der Anwendung der DEA auf die deutschen Bundesländer

Führte man eine Effizienzanalyse der deutschen Bundesländer mittels der reinen technischen Effizienz durch, so ließe sich feststellen, welche Bundesländer in welchem Bereich ineffizient arbeiten. Es ließen sich Benchmarks in Form anderer, effizient arbeitender, Bundesländer bilden an denen sich ein ineffizientes Land orientieren sollte. Diese Benchmarks werden mit Gewichtungsfaktoren versehen, die es möglich machen, festzustellen, an welcher Benchmark sich ein ineffizientes Bundesland zu welchem Grad orientieren sollte. Dies soll kurz an einem einfachen fiktiven Beispiel mit jeweils nur einem In- und Output erläutert werden.

Ein (ineffizientes) Bundesland A beschäftigt 500 Steuerbeamte, die den Input darstellen, mit dem der Output der bearbeiteten Steuererklärungen produziert wird.[489] Die Benchmark für das Bundesland A wird dabei von den Bundesländern B und C definiert, welche lediglich 400 (B) bzw. 350 (C) Steuerbeamte

487 Vgl. neben Poddig, T. und A. Varmaz (2005a) auch Banker, R. D. et al. (1984).

488 Vgl. neben Poddig, T. und A. Varmaz (2005a) auch Cooper, et al. (2007).

489 Es sei bereits hier angemerkt, dass mit der Bestimmung der In- und Outputs im Rahmen der DEA große Schwierigkeiten verbunden sind. Gerade im Bereich eines öffentlichen Gemeinwesens stellt es eine Herkulesaufgabe dar, sämtliche In- und Outputs zweifelsfrei in ihrer Art und Höhe zu bestimmen.

einsetzen. Die DEA identifiziert dabei das Bundesland B mit einem Wert von 0,6 und das Bundesland C mit einem Wert von 0,4 als Benchmarks. Die beiden Benchmarks sollten vom Bundesland A also zu 60 % (B) bzw. zu 40 % (C) imitiert werden. Das bedeutet, dass das Bundesland A seinen Input, bei gleichbleibendem Output, auf 60 % des Inputs des Bundeslandes B plus 40 % des Inputs des Bundeslandes C reduzieren könnte. Anstatt 500 Steuerbeamte zur Bearbeitung der Steuererklärungen einzusetzen, wird empfohlen, den Beschäftigungsstand auf 380 Beamte $((0,6 * 400) + (0.4 * 350) = 380)$ zu reduzieren.

Es ließen sich weiter die technische Effizienz sowie die Skaleneffizienz betrachten. Dies ist für die Bundesländerebene jedoch wenig sinnvoll. Beide Effizienzmaße unterstellen eine beliebige Veränderbarkeit der Betriebsgröße einer DMU.[490] Die deutschen Bundesländer sind aber nicht kurzfristig größenveränderbar. Zwar sieht der Art. 29 Abs. 1 GG die Möglichkeit der Neugliederung der Bundesländer zur Gewährleistung der wirksamen Erfüllung der ihnen obliegenden Aufgaben vor, jedoch bedarf eine solche Neugliederung nach Art. 29 Abs. 2 GG der Bestätigung durch Volksentscheid in den betreffenden Ländern. Eine Veränderung der Größe der Länder stellt somit ein langwieriges Prozedere dar, weshalb die Betrachtung der skalenbedingten Ineffizienz auf Ebene der deutschen Bundesländer ausgeblendet werden kann.

Ein Problem bei der Anwendung des DEA-Grundmodells auf die deutschen Bundesländer liegt darin, dass ausschließlich die Länder als Ganzes untereinander verglichen werden. Diese (mit Ausnahme der Stadtstaaten Hamburg und Berlin sowie des Zwei-Städte-Staates Bremen) untergliedern sich jedoch weiter in Gemeinden, die ebenfalls öffentliche Leistungen wahrnehmen. Eine Verbesserung der internen Länderstruktur bliebe mit dem soeben skizzierten Verfahren aus. Es ließe sich aber auch eine interne Effizienzanalyse eines einzelnen Bundeslandes anhand seiner Gemeinden durchführen. Dies hat insofern seine Berechtigung, da die öffentlichen Leistungen eines Bundeslandes in vielen Fällen auf Gemeindeebene bereitgestellt werden.

Das Bundesland würde dann als Organisation modelliert und seine Gemeinden als Unterorganisationen bzw. Filialen des Landes. Dies hätte den entscheidenden Vorteil, dass neben der Betrachtung der reinen technischen Effizienz auch eine Betrachtung der technischen Effizienz und somit der Skaleneffizienz ermöglicht würde. Die Neugliederung von Gemeinden ist nach Art. 29 Abs. 8 GG mit geringeren Restriktionen verbunden, als eine Neugliederung der Bundesländer. Im Gegensatz zum vorangegangenen Vorschlag würde hier eine interne

490 Vgl. Poddig, T. und A. Varmaz (2005a).

Leistungsbewertung stattfinden. Die Gemeinden eines Bundeslandes würden untereinander verglichen und es würden Einsparpotentiale durch ein effizienteres Handeln sowie durch einen Zusammenschluss oder eine weitere Aufspaltung einzelner Gemeinden identifiziert werden. Es ist aber kritisch anzumerken, dass eine solche interne Analyse für die Stadtstaaten ohne Bedeutung wäre, da sie sich aus lediglich einer Gemeinde zusammensetzen, sieht man von Bremen mit den Gemeinden Bremen und Bremerhaven mal ab. Allerdings wird eine DEA für das Land Bremen mit seinen lediglich zwei Gemeinden ebenfalls keine belastbaren Ergebnisse liefern, da für eine robuste Analyse etwa dreimal so viele Beobachtungen wie im Modell berücksichtigte Input- und Outputfaktoren benötigt werden.[491] Eine solche Effzienzanalyse würde weiter den Nachteil bergen, dass lediglich die Leistungserstellung innerhalb eines Bundeslandes optimiert wird, was erst einmal als positiv zu bewerten ist, jedoch Einsparpotentiale gegenüber den anderen Ländern unberücksichtigt blieben. Auch blieben mögliche Leistungssteigerungen durch eine zentrale Ressourcenumverteilung unberücksichtigt.

Eine Möglichkeit, diesem Makel zu begegnen bietet eine modifizierte Form der DEA-Analyse nach Varmaz et al. (2013). Die Autoren entwickeln, ausgehend vom CRA-DEA-Modell nach Lozano und Villa (2004), ein modifiziertes CRA-DEA-Modell, welches es erlaubt, DMU gleichzeitig hinsichtlich ihrer internen Strukturen zu optimieren sowie hinsichtlich ihrer Gesamtleistung untereinander zu vergleichen. Das Modell ist zwar primär auf die Leistungsbewertung im Rahmen der Banksteuerung ausgerichtet, eine Prüfung von dessen Anwendbarkeit auf die deutschen Bundesländer ist jedoch allemal eine Überlegung wert, zumal die Autoren in ihrem Fazit bereits die Anregung geben, das Modell auf öffentlich-rechtliche Kreditinstitute anzuwenden.

6.3.2 Das erweiterte CRA-DEA-Modell von Varmaz et al. (2013)

Das hier vorgestellte DEA-Modell geht zurück auf Varmaz et al. (2013). Es stellt eine Erweiterung des CRA-DEA-Modells von Lozano und Villa (2004) dar. Lozano und Villa (2004) reagieren mit ihrem Modell der CRA-DEA (CRA = Centralized Resource Allocation) auf die Unzulänglichkeiten der herkömmlichen DEA-Modelle bezüglich der Berücksichtigung der Folgen gemeinsam genutzter Ressourcen. Ihr, ursprünglich für die Prozessoptimierung im Altglasrecycling entwickeltes, Modell ermöglicht es, die Möglichkeit der Umverteilung vorhandener Ressourcen in die Leistungsbewertung und -beurteilung einzubeziehen. Varmaz et al. (2013) nehmen sich des Modells an und erweitern es um eine Modifikation,

491 Vgl. Dyson, R. et al. (2001).

die es erlaubt, parallel eine Verbesserung der internen Strukturen einer DMU zu erzielen sowie ihre Leistung relativ zu anderen DMU zu beurteilen. Die Autoren beziehen sich auf den Leistungsvergleich bei der Gesamtsteuerung von Banken, eine Anwendung auf andere Organisationen ist jedoch möglich, wie die grundlegende Arbeit von Lozano und Villa (2004) bereits zeigt. Im Folgenden soll dieses Modell beschrieben werden, seine Vorteile gegenüber der herkömmlichen DEA sowie gegenüber dem Modell von Lozano und Villa (2004) herausgestellt sowie die Möglichkeit seiner Anwendung auf die Bundesländerebene geprüft werden. Folgende Ausführungen sind dabei stark angelehnt an Varmaz et al. (2013).

6.3.2.1 Das DEA-Modell von Banker et al. (1984) als Ausgangspunkt

Ausgangspunkt der Betrachtung ist das, vor allem in der Bankenbewertung weit verbreitete, inputorientierte Modell von Banker et al. (1984), welches in der Formel dargestellt ist.

$$
\begin{aligned}
&\min \theta_0^{VRS} \\
&\theta_0^{VRS},\ \lambda_j \\
&\text{u.d.N.} \\
&\sum_{j=1}^{n} \lambda_j x_{ij} \leq \theta_0^{VRS} x_{i0}, \qquad \forall i \\
&\sum_{j=1}^{n} \lambda_j y_{kj} \geq y_{k0}, \qquad \forall k \\
&\sum_{j=1}^{n} \lambda_j = 1 \\
&\lambda_{jr} \geq 0
\end{aligned}
\qquad (7)
$$

Dieses Optimierungsproblem ist für jede der n betrachteten DMU zu lösen. 0_0^{VRS} bezeichnet dabei den Effizienzparameter einer DMU 0 und ist im Intervall [0,1] definiert. Er stellt die weiter oben vorgestellte reine technische Effizienz einer DMU 0 dar. Auf eine erneute Erläuterung der reinen technischen Effizienz soll hier verzichtet werden. Es sei lediglich erwähnt, dass ein Wert von $\theta_0^{VRS} = 1$ bedeutet, dass eine DMU rein technisch effizient ist, ein Wert von kleiner Eins hingegen Ineffizienz anzeigt. Die Bestimmung des Effizienzwertes sowie seine Bedeutung für den Grad an Ineffizienz und somit die Zielvorgabe einer DMU wurden weiter oben ebenfalls bereits erläutert. Es sollen jedoch die Nebenbedingungen näher beleuchtet werden. Mittels der erste(n) Nebenbedingung(en) wird sichergestellt, dass die Inputs, welche eine DMU 0 im Optimum aufwenden muss, höchstens den Inputs der Zielvorgabe entsprechen, wobei die Mengen der Inputs i, die von allen n DMU verwendet werden, im Vektor x_i beinhaltet sind. Diese Nebenbedingung ist für jeden Input i zu erfüllen. Durch die zweite(n) Nebenbedingung(en) wird gewährleistet, dass eine DMU 0 im Optimum von jedem Output k mindestens den aktuellen Wert herstellen kann. Der Vektor y_k gibt die Outputs aller DMU wieder. Die zulässigen Erzeugungsarten der virtuellen Vergleichsobjekte werden durch die dritte(n) Nebenbedingung(en) definiert. Da das hier dargestellte Modell von Banker et al. (1984) mögliche Skaleneffekte (VRS = Variable Returns to Scale, weshalb es auch als VRS-Modell bezeichnet wird) bei der Leistungserstellung berücksichtigt, werden zur Erzeugung der virtuellen Referenzeinheiten ausschließlich konvexe Linearkombinationen der best practices verwendet. Es erfolgt somit ein Vergleich einer DMU 0 ausschließlich mit ähnlich großen DMU.

Das VRS-Modell weist jedoch zwei zentrale Schwachstellen auf. Zum einen erlaubt es nicht die Berücksichtigung eventueller Wechselwirkungen zwischen Filialen einer Bank. Zum anderen beinhaltet es nicht die Möglichkeit einer globalen Leistungsoptimierung potentiell zusammengehöriger DMU. Das herkömmliche DEA-Modell vernachlässigt die beiden genannten Anwendungsmöglichkeiten, da es lediglich auf die individuelle Leistungsverbesserung einer Filiale abzielt. So kann es sein, dass etwa eine Bankfiliale 0 durch eine technisch mögliche erhebliche Steigerung ihres Geschäftsvolumens zu einem Konkurrenten anderer Filialen wird und somit unerwünschten bankinternen Wettbewerb erzeugt, der sich letztlich negativ auf die Gesamtleistung einer Bank auswirken kann. Die Unmöglichkeit der globalen Leistungsmaximierung führt dazu, dass die Möglichkeit des Verschiebens freier Ressourcen zu überdurchschnittlich produktiven Filialen nicht in Betracht gezogen wird. Sie ist in dem Modell schlicht nicht vorgesehen.

6.3.2.2 *Das CRA-DEA-Modell nach Lozano und Villa (2004) und seine Erweiterung durch Varmaz et al. (2013)*

Das CRA-DEA-Modell ist in der Lage, diese beiden Probleme zu beheben, indem es eine simultane Analyse der gesamten Ressourcenaufwandstruktur einer Bank ermöglicht. Im VRS-DEA-Modell hingegen wird jede Bankfiliale einzeln betrachtet. Mittels der CRA-DEA kann eine optimale Verteilung gemeinsam genutzter Ressourcen berechnet werden, bei der es einzelnen Filialen erlaubt ist, zusätzliche Ressourcen zu verbrauchen. Allerdings nur, soweit der Gesamtverbrauch der Bank dadurch unberührt bleibt. Ziel ist es, die Gesamtproduktivität einer Bank durch die optimale Verteilung freier und transferierbarer Ressourcen zu maximieren. Das CRA-DEA-Modell ist in der Formel dargestellt. Es handelt sich dabei um das von Varmaz et al. (2013) modifizierte Modell von Lozano und Villa (2004).

$$\min \theta^{CRA}$$
$$\theta^{CRA},\ \lambda_{jr}$$
u.d.N.
$$\sum_{r=a}^{b}\sum_{j=1}^{n}\lambda_{jr}x_{ij} \leq \theta\sum_{r=a}^{b}x_{ir}, \qquad \forall i \tag{8}$$
$$\sum_{r=a}^{b}\sum_{j=1}^{n}\lambda_{jr}y_{kj} \geq \sum_{r=a}^{b}y_{kr}, \qquad \forall k$$
$$\sum_{j=1}^{n}\lambda_{jr} = 1, \qquad \forall r$$
$$\lambda_{jr} \geq 0; \theta^{CRA}\ frei$$

Die Notation entspricht der im gewöhnlichen DEA-Modell. Die i Inputs werden weiter durch die x_i-Vektoren abgebildet und die k Outputs weiter durch die y_k-Vektoren. Der fundamentale Unterschied zwischen beiden Modellen besteht in den Optimierungsvariablen. Das Optimierungsproblem ist hier lediglich ein Mal zu lösen. Mit θ^{CRA} wird für die Bank sodann auch nur ein einziger Effizienzparameter ermittelt. Er zeigt an, um wie viel die gesamten Inputs der betrachteten Bank bei gleichbleibendem Output technisch gesenkt werden können. Es wird eine gesamtoptimale Ressourcenverteilung durch eine simultane Bewertung und Projektion sämtlicher Filialen auf die Referenztechnologie berechnet. Dies bietet den Vorteil, dass sowohl die Auswirkungen individueller Verhaltensanpassungen auf die anderen Filialen als auch Verbesserungsmöglichkeiten durch eine Umverteilung verfügbarer Ressourcen betrachtet werden können.

Neben den zusätzlich benötigten Summenoperatoren bleibt auch die Dimension des λ-Vektors nicht unverändert. Die Anzahl der λ-Variablen innerhalb des Optimierungsproblems nimmt erheblich zu, sie steigt um das n-fache. Das CRA-DEA-Modell verwendet weiter zur Konstruktion von Zielvorgaben nur solche Filialen, die auch im VRS-DEA-Modell als effizient identifiziert würden. Allerdings kann die Anzahl der Filialen, die zur Konstruktion von

Zielvorgaben verwendet werden, abnehmen. Die Nebenbedingungen im CRA-DEA-Modell unterscheiden sich gegenüber denen im VRS-DEA-Modell lediglich dadurch, dass ausschließlich die aufsummierten und somit nicht mehr die Filialindividuellen In- und Outputs Restriktionen unterliegen. Die erste Nebenbedingung dient der Sicherstellung, dass der gesamte Ressourcenverbrauch, also das gesamte Niveau an Inputs, durch die Restrukturierung nicht größer wird als zuvor. Die zweite Nebenbedingung stellt sicher, dass das Outputniveau nicht abnimmt und die dritte Nebenbedingung schließlich sorgt dafür, dass nur konvexe Linearkombinationen der best practices als Lösungen zulässig sind.

Die entscheidende Modifikation, die durch Varmaz et al. (2013) an dem Modell von Lozano und Villa (2004) vorgenommen wurde, betrifft die Summenlimits des ersten Summenoperators in den ersten beiden Nebenbedingungen. Im Standard-CRA-DEA-Modell gilt hier $a = 1$ und $b = n$, was dazu führt, dass externe Informationen etwa über weitere technisch realisierbare Produktionsstrukturen außerhalb eines geschlossenen Systems von Sub-DMU nicht berücksichtigt werden können. Im modifizierten CRA-DEA-Modell lassen sich externe Informationen durch eine einfache Anpassung von und jedoch berücksichtigen und in die Effizienzanalyse einbinden. Dies führt im Bankensektor dazu, dass auch die Leistungen der Filialen anderer Banken bei der Optimierung des Gesamtressourcenverbrauchs einer Bank berücksichtigt werden können. Eine Umverteilung der Ressourcen zwischen Filialen verschiedener Banken ist dabei selbstverständlich ausgeschlossen, der Einbezug der Filialen anderer Banken dient lediglich der Ermittlung der optimalen Strategien. Dies ist auch für die deutschen Bundesländer von Bedeutung, wie weiter unten noch zu erläutern sein wird.

In Bezug auf die deutschen Bundesländer bietet das modifizierte CRA-DEA-Modell gegenüber den beiden vorangegangen dargestellten Vorschlägen entscheidende Vorteile. Zum einen ermöglicht es parallel sowohl eine Optimierung der internen Leistungsstruktur der Länder sowie einen Interländervergleich, also auch die Betrachtung von Einsparpotentialen den anderen Ländern gegenüber. Es berücksichtigt dabei auch die Möglichkeit der Ressourcenumverteilung zwischen den Gemeinden eines Landes, wodurch Effizienzsteigerungen auf der Ebene eines Landes realisiert werden können. Durch die Modifikation des Standard-CRA-DEA-Modells ist es zudem möglich auch für Länder, die aus nur wenigen Gemeinden bestehen, zu robusten Ergebnissen zu gelangen, indem man die Effizienzbetrachtung auf die Gemeinden anderer Länder ausweitet. Aufgrund dieser erheblichen Vorteile, sollte eine Effizienzanalyse der deutschen Bundesländer mittels des modifizierten CRA-DEA-Modells, wenn möglich, stets bevorzugt werden. In der Tabelle 9 wird beispielhaft dargestellt, wie sich aus einer Effizienzanalyse mittels des modifizierten CRA-DEA-Modells Handlungsempfehlungen für ein Bundesland ableiten ließen. Dieses Beispiel dient dabei lediglich der näheren Veranschaulichung und beruht auf künstlich konstruierten Bundesländern.

Es seien drei Bundesländer A, B und C betrachtet, die sich aus zehn (A), drei (B) und sechs (C) Gemeinden zusammensetzen. Auf eine genaue Festlegung der In- und Outputs der Länder sei an dieser Stelle verzichtet, da hier lediglich ein Einblick in die Systematik der Analyse gewonnen werden soll. Es sei angenommen, dass die Länder sich durch zwei Input- und drei Outputfaktoren auszeichnen. Insgesamt werden also fünf Faktoren betrachtet. Für eine robuste Effizienzanalyse würden somit 15 Beobachtungen benötigt, eine Bedingung, die keines der drei Länder erfüllt. Durch die gemeinsame Betrachtung der Gemeinden aller drei Länder wird die Anzahl an Beobachtungen jedoch auf 19 erweitert. Eine robuste Effizienzanalyse mit belastbaren Ergebnissen wird somit ermöglicht. Es wird weiter lediglich eine einperiodige Beobachtung für ein Haushaltsjahr durchgeführt. Führte man jetzt eine Effizienzanalyse mittels des modifizierten CRA-DEA-Modells durch, ergäbe sich für jedes Land ein Effizienzparameter (θ_A^{CRA} für das Land A, θ_B^{CRA} für das Land B und θ_C^{CRA} für das Land C), der die Gesamteffizienz eines Landes darstellt. Dieser Parameter gibt die jeweiligen Einsparpotentiale der drei Länder wieder. Hiermit gehen allerdings noch keine konkreten Handlungsempfehlungen einher. Diese werden gesondert ausgewiesen. Tabelle 9 gibt diese für die drei Länder beispielhaft wieder.

Tabelle 9: Eine beispielhafte Lösung der modifizierten CRA-DEA-Optimierung, eigene Darstellung in Anlehnung an Varmaz et al. (2013)

Bundesland	**DMU**	λ_A^{CRA}	λ_B^{CRA}	λ_C^{CRA}
Bundesland A	1	21	0	11
	2	8	41	18
	5	30	0	0
	7	4	13	26
	10	15	1	13
Bundesland B	12	2	15	1

Bundesland	DMU	λ_A^{CRA}	λ_B^{CRA}	λ_C^{CRA}
Bundesland C	15	0	7	15
	16	10	11	6
	19	10	12	10
Σ		100	100	100

Die Nummerierung der DMU, in diesem Fall der Gemeinden der Länder, erfolgt fortlaufend. Die Gemeinden 1 bis 10 gehören zum Land A, die Gemeinden 11 bis 13 zum Land B und die Gemeinden 14 bis 19 zum Land C. Die Tabelle enthält nur solche Gemeinden, die zur Konstruktion von Zielwerten verwendet wurden, also während des Betrachtungszeitraums effizient waren. Das erklärt, warum nicht alle 19 Gemeinden in der Abbildung auftauchen. Die angegebenen Werte der Tabelle 9 sind wie folgt zu interpretieren. Die Werte der Spalten drei bis fünf geben in Verbindung mit der zweiten Spalte für die drei Länder jeweils an, zu welchem Grad sie sich bei der Leistungserstellung an dem Verhalten einzelner Gemeinden orientieren sollten. Dies soll anhand des Bundeslandes A erläutert werden. Der λ_A^{CRA}-Wert von 30 für die DMU 5 gibt an, dass es für das Bundesland A optimal wäre, das Verhalten der Gemeinde 5 zu 30 % zu imitieren. Wie aus der Tabelle hervorgeht, existieren innerhalb des Bundeslandes A insgesamt fünf Gemeinden, anhand derer sich Handlungsempfehlungen für das Land A ableiten ließen. Aber, und das ist einer der zentralen Vorteile des modifizierten CRA-DEA-Modells, auch die Ableitung von Handlungsempfehlungen anhand der Gemeinden anderer Länder ist möglich. So gibt der λ_A^{CRA}-Wert von 2 für die Gemeinde 12 an, dass es für das Land A optimal wäre, sich zu zwei Prozent am Verhalten der Gemeinde 12 des Bundeslandes B zu orientieren. Wie weiter aus der Tabelle 9 hervorgeht, sollte sich das Land A auch an den Gemeinden 16 und 19 des Landes C orientieren und zwar zu jeweils zehn Prozent. Zwar kann das Land A durch eine Orientierung an den Verhaltensweisen landesinterner Gemeinden die größten Einsparpotentiale realisieren, jedoch bleibt auch die Betrachtung der Gemeinden anderer Länder nicht unberücksichtigt.

Es ist anzumerken, dass die hier vorgestellten Effizienzanalysen mittels DEA lediglich inputorientierte Betrachtungen darstellen. Eine outputorientierte Betrachtung wäre ebenfalls möglich, hierzu müsste das DEA-Optimierungsmodell lediglich umgeformt werden.[492] In diesem Fall würde betrachtet werden,

492 Vgl. Poddig, T. und A. Varmaz (2005a).

ob es einem Bundesland möglich wäre mit gleichem Mitteleinsatz ein Mehr an Output zu erzielen. Die Benchmarks würden dann nach dem Zielwert der Outputmaximierung ausgewählt. Für die deutschen Bundesländer kann dies allerdings vernachlässigt werden, da ein Bundesland dann als insolvent gelten soll, wenn es ein Minimum an staatlichen Leistungen aus eigener Kraft nicht mehr zu erfüllen im Stande ist. Das Ausbringungsniveau als Art und Volumen der öffentlichen Leistungen wird einem Bundesland somit vorgegeben und es wird untersucht, ob es ein solches staatliches Existenzminimum mit einem Weniger an Input realisieren könnte oder nicht. Ist dies nicht möglich, operiert das Land also bereits rein technisch effizient, so ist es als insolvent anzusehen. Es darf allerdings nicht unerwähnt bleiben, dass die Reduzierung auf eine inputorientierte Effizienzbetrachtung die Gefahr birgt, dass eine Verschwendung von Output nicht erfasst wird.[493] Dies kann dazu führen, dass lediglich eine schwache Effizienz ausgewiesen wird.[494]

Es ist weiter darauf hinzuweisen, dass diese Vorgehensweise mit grundlegenden Problemen der DEA behaftet ist. Vor der Effizienzmessung mittels DEA muss die Wahl der In- und Outputs hinsichtlich des Analyseziels sowie der zu untersuchenden DMU festgelegt werden. Die Bestimmung der relevanten In- und Outputs ist dabei in der Regel mit Schwierigkeiten verbunden und auch theoretisch umstritten.[495] Schon bei scheinbar problemlosen Definitionen, etwa der Bestimmung der In- und Outputs von Banken, treten erhebliche Schwierigkeiten auf.[496] Gerade in Bezug auf die deutschen Bundesländer oder auch allgemein auf öffentliche Gemeinwesen trifft man hier auf schwerwiegendere definitorische Hindernisse. Während sich die Inputs relativ leicht bestimmen lassen, bereitet vor allem die Definition der Outputs Kopfzerbrechen und wird wohl zu Uneinigkeiten führen. Was sind etwa die Outputs der Polizei eines Landes und wie misst man diese? Nimmt man bspw. als Input die Anzahl der Polizeibeamten und als Output die Festnahme Krimineller an, so könnte sich dadurch ein falsches Bild der Produktivität, gemessen an Festnahmen pro Polizeibeamten, ergeben. Es könnte durchaus sein, dass die Polizei eines Landes hier eine höhere Produktivität aufweist als die eines anderen Bundeslandes, der Grund dafür aber darin zu sehen ist, dass sie mit weniger komplexen und somit leichter

493 Vgl. Dyckhoff, H. und K. Allen (1997).
494 Siehe Dyckhoff, H. (1982) für eine Diskussion der schwachen Outputeffizienz.
495 Für eine Diskussion über die Problematik der Bestimmung der In- und Outputs sei auf Scheel, H. (2000) verwiesen.
496 Siehe z.B. Poddig, T. und A. Varmaz (2004) für eine bankenbezogene Diskussion der Problematik.

zu lösenden Kriminalfällen konfrontiert ist. So liegt die Aufklärungsrate bei Delikten wie Körperverletzung in der Regel höher als etwa bei Fahrraddiebstählen. Ebenso würde eine solche Betrachtung die präventiven Wirkungen der Polizei außer Acht lassen. So stellt auch die Abschreckung durch Präsenz oder das Vermitteln von Sicherheit den Einwohnern eines Bundeslandes gegenüber eine polizeiliche Aufgabe dar. Es ist jedoch nahezu unmöglich, die Anzahl an unterlassenen Verbrechen aufgrund von Polizeipräsenz als Output zu bestimmen. Auch der Grad des Gefühls an Sicherheit, der in der Bevölkerung herrscht, ist wohl kaum quantitativ zu ermitteln. Aus diesem Beispiel sollte ersichtlich geworden sein, wie kompliziert sich die Bestimmung der In- und Outputs eines Bundeslandes gestalten kann.

Weitere Kritikpunkte ergeben sich aus fünf wesentlichen Grundannahmen der DEA:[497]

- Sämtliche Input- und Outputmengen sind nichtnegativ
- Sämtliche relevanten Input- und Outputarten müssen messbar und vollständig sein. In- und Outputs derselben Art müssen für verschiedene DMU untereinander vergleichbar, also homogen, sein. Weiter müssen sie den Ansprüchen der Einfachheit genügen
- Die Input- und Outputvektoren sämtlicher DMU beruhen auf derselben Technik
- Alle Konvexkombinationen der i DMU bzw. ihrer beobachteten Aktivitäten sind technisch möglich
- Für die Effizienz einer DMU ist es ceteris paribus umso vorteilhafter je größer die Outputs und je kleiner die Inputs sind

Bereits die zweite Grundannahme stellt extrem hohe Anforderungen an die Festlegung der relevanten In- und Outputs. Auf die Probleme der Messbarkeit bestimmter öffentlicher Leistungen bspw. wurde oben bereits ausführlich eingegangen. Die Input- und Outputvektoren sämtlicher DMU sollen weiter auf der selben Technik beruhen, diese ist jedoch weitestgehend unbekannt. Auch dürften sich die deutschen Bundesländer in der Art der Herstellung ihrer öffentlichen Leistungen unterscheiden. Die vierte Grundannahme unterstellt Konvexität der unbekannten Technik in dem durch die betrachtete DMU bestimmten Teil. Sie lässt damit steigende Skalenerträge nur eingeschränkt zu. Auch wird die Diskretion der Technik ausgeschlossen. Eine diskrete Technik müsste aber bei

497 Vgl. für die Grundannahmen der DEA und die folgende Kritik hieran Dyckhoff, H. und T. Allen (1997).

Ganzzahligkeit mindestens einer Objektart auftreten. So lässt sich bspw. der Input einer Landespolizei, wenn man ihn als Anzahl an Polizeibeamten definiert, unmöglich teilen. Auch die Annahme, dass jeglicher Input unerwünscht und jeglicher Output erwünscht sei, scheint fraglich.[498]

Weiter lässt sich die Anzahl effizienter Organisationen durch die Wahl der Input- und Outputfaktoren nach Art und Anzahl beeinflussen. Je nach Wahl dieser Faktoren, etwa durch die Hinzunahme oder Vernachlässigung bestimmter Kriterien, ist es möglich, dass sich die Menge der effizienten DMU verändert. Es ist notwendig zu prüfen, ob die ausgewählten Kriterien auch tatsächlich geeignet sind, die Effizienz einer DMU zu beurteilen.[499] Die Input- und Outputfaktoren sollten also mit größter Sorgfalt vor allem im Hinblick auf das Untersuchungsziel ausgewählt werden.

Auch die Datenerfassung stellt bei der DEA ein grundlegendes Problem dar.[500] Bei den deutschen Bundesländern ist zu beachten, dass die Datenverfügbarkeit von Land zu Land unterschiedlich ist, da die Bundesländer keine einheitliche Rechnungslegung betreiben. Es wäre wünschenswert, die Rechnungslegung der deutschen Bundesländer zu vereinheitlichen, um über eine vergleichbare Datenbasis zu verfügen, bspw. über eine verbindliche Umstellung auf die Doppik mit der Erstellung von kommunalen Produktplänen, wie sie einige Länder bereits anwenden.[501]

Die Anwendung auf die Bundesländerebene bietet im Gegensatz zur Anwendung auf Banken, wie in vorab ausführlich zitierter Arbeit von Varmaz et al. (2013) einen zentrealen Vorteil. Banken oder auch konkurrierende Unternehmen im Allgemeinen verfügen selten über einen derart detaillierten Einblick in die Leistungsinformationen anderer Unternehmen, wie es für eine Verwendung des Modells notwendig wäre.[502] Auf Länderebene hingegen könnten erhebliche Einsparpotentiale identifiziert werden, wenn ein solcher Leistungsaustausch politisch gefördert würde. Eine solche Förderung, mindestens aber die Möglichkeit zu einem Benchmarking, ist im deutschen Grundgesetz im Art. 91d ausdrücklich vorgesehen.

Nachfolgend wird die Anwendbarkeit einer Effizienzanalyse auf Bundesländerebene mittels eines DEA-Modells geprüft.

---

498 Siehe dazu auch Cook, W. D. und L. M. Seiford (2009).

499 Vgl. Kleine, A. (2001).

500 Vgl. Kleine, A. (2001).

501 So zum Beispiel die Bundesländer Baden-Württemberg und Sachsen, das auf der Internetpräsenz seiner kommunalen Verwaltung ebenfalls eine unverbindliche Empfehlung für den Mindestinhalt eines Produktblattes darstellt.

502 Vgl. Varmaz, A. et al. (2011).

6.4 Die Anwendung der DEA für eine Effizienzanalyse auf Bundesländerebene

In diesem Kapitel wird versucht, die vorangegangen vorgestellten Verfahren der DEA auf die Ebene der deutschen Bundesländer anzuwenden. Hierfür bedarf es zunächst einer Untersuchung der Voraussetzungen, welche für eine robuste Effizienzanalyse notwendig sind und einer Prüfung, ob diese Voraussetzungen auf Ebene der deutschen Bundesländer vorliegen. Eine derartige Analyse der Voraussetzungen einer DEA muss sich immer auch nach der Art der DEA richten. So bedarf das Standard-DEA-Modell anderer Voraussetzungen als das erweiterte CRA-DEA-Modell nach Varmaz et al. (2013). Anschließend wird versucht einen Effizienzvergleich unter den deutschen Bundesländern durchzuführen.

Die Untersuchung mittels DEA setzt eine homogene Gruppe von DMU voraus. Der Leistungserstellungsprozess dieser DMU muss sich weiter durch die selben Input- und Outputfaktoren abbilden lassen.[503] Für die deutschen Bundesländer kann diese Voraussetzung als gegeben angenommen werden. Sie unterscheiden sich lediglich in der Anzahl ihrer Gemeinden, jedoch nicht in der prinzipiellen Zusammensetzung aus Gemeinden. Weiter stellen sie zumindest ähnliche öffentliche Güter und Dienstleistungen bereit. Als Inputfaktoren bedienen sie sich jeweils öffentlich Bediensteter und, u.a. in Form von Gehältern, auch monetärer Inputs.

Vor der Effizienzmessung mittels DEA muss weiter die Wahl der In- und Outputs hinsichtlich des Analyseziels sowie der zu untersuchenden DMU festgelegt werden. Die Wahl der Inputs stellt kein wesentliches Problem dar. Man kann sowohl die monetären Ausgaben als auch die Anzahl öffentlich Bediensteter als Inputs definieren. Da die DEA eine simultane Betrachtung mehrerer In- und Outputs ermöglicht, kann auch auf beide Inputfaktoren gleichzeitig abgestellt werden. Die Auswahl der Outputs gestaltet sich insofern schwieriger, als das diese erst einmal definiert werden müssen, bevor aus einer vorab festgelegten Art und Menge an Outputs diejenigen ausgewählt werden, die in die Analyse einbezogen werden sollen.

Eine weitere wichtige Voraussetzung ist, dass für eine robuste DEA-Anwendung die Anzahl an Beobachtungen um mindestens ein dreifaches höher sein muss, als die im Modell berücksichtigten Input- und Outputfaktoren.[504] Diese Voraussetzung macht eine interne Leistungsbewertung der Stadtstaaten anhand ihrer Gemeinden selbst bei lediglicher Berücksichtigung jeweils eines

503 Vgl. Varmaz, A. et al. (2011).

504 Vgl. Dyson, R. et al. (2001).

Input- und Outputfaktors unmöglich, da selbst in dem Fall mindestens 6 Beobachtungen notwendig wären. Die Stadtstaaten setzen sich jedoch aus nur einer (Berlin, Hamburg) bzw. zwei (Bremen) Gemeinden zusammen. Die übrigen Länder stünden einer solchen Analyse jedoch offen.

Unter den aufgeführten Voraussetzungen sind prinzipiell drei Anwendungen der DEA für die deutschen Bundesländer denkbar:

- Eine interne Effizienzanalyse anhand der Gemeinden, wobei diese Anwendung lediglich für die Flächenländer in Frage kommt
- Eine Effizienzanalyse der deutschen Bundesländer untereinander mittels des Standard-DEA-Modells und
- die Anwendung des erweiterten CRA-DEA-Modells auf Ebene der deutschen Bundesländer

Da das erweiterte CRA-DEA-Modell eine Zusammenfassung der ersten beiden Methoden bietet und zudem die Stadtstaaten einer internen Effizienzanalyse zugänglich macht, ist die Anwendung dieser Methode empfehlenswert. Des Weiteren wird eine inputorientierte Analyse empfohlen, da ein Bundesland dann als insolvent gelten soll, wenn es ein Minimum an staatlichen Leistungen aus eigener Kraft nicht mehr zu erfüllen im Stande ist. Das Outputniveau kann, muss aber nicht maximiert werden.

6.5 Ein Effizienzvergleich zwischen den deutschen Bundesländern mittels des DEA-Modells

Dieses Kapitel hat einen Effizienzvergleich zwischen den deutschen Bundesländern mittels der DEA anhand eines konkreten Fallbeispiels zum Inhalt. Es sollen dabei die deutschen Bundesländer hinsichtlich der Effizienz ihrer Aufgabenerfüllung betrachtet werden.

Das Vorgehen gliedert sich in vier Schritte. In einem ersten Schritt werden die Aufgaben der Länder definiert, deren Bereitstellung Gegenstand der Effizienzanalyse sein soll. Hierbei gilt es auch, die für die Aufgabenwahrnehmung notwendigen Inputs sowie die aus der Aufgabenwahrnehmung resultierenden Outputs zu bestimmen. Anschließend daran ist es notwendig, die für die Analyse benötigten Daten zu generieren. In einem letzten Schritt wird dann das geeignete DEA-Verfahren bestimmt, anhand dessen die Effizienzanalyse durchgeführt wird. Dabei ist zu beachten, dass es nicht zwangsläufig das optimale, im Sinne von theoretisch beste, DEA-Verfahren sein muss, das eingesetzt wird. Vielmehr ist das Ziel, das für die geplante Analyse zweckmäßigste Verfahrensmodell zu bestimmen und anzuwenden. Diese drei Schritte fallen allesamt in die Phase der Vorbereitung. Ist diese abgeschlossen kann eine konkrete Berechnung durchgeführt werden, die einen Effizienzvergleich zwischen den Bundesländern hinsichtlich der Erfüllung ihrer öffentlichen Aufgaben zum Inhalt hat.

6.5.1 Voraussetzungen und Verfahrensschritte bei der Anwendung der DEA auf Ebene der deutschen Bundesländer

Bei der Anwendung der DEA auf die deutschen Bundesländer werden deren staatliche Aufgaben als Geschäftsbereiche modelliert, die jeweils Inputs benötigen und Outputs generieren. Es können dabei nur die Aufgaben in die Analyse einbezogen und somit der Effizienzgrad ihrer Erfüllung betrachtet werden, die von jedem Land wahrgenommen werden. Vorab muss weiter abgewägt werden, ob wirklich alle öffentlichen Aufgaben in die Analyse einbezogen werden sollen. Es wird hier vorgeschlagen, nicht sämtliche öffentliche Aufgaben einzubeziehen, sondern lediglich die notwendigen staatlichen Aufgaben, also diejenigen, die unabdingbar sind, um einen minimalen notwendigen Staatsbetrieb, auch zur Versorgung der Bürger eines Landes mit den für die Sicherung ihrer Grundbedürfnisse notwendigen öffentlichen Gütern und Dienstleistungen, aufrechtzuerhalten. Lediglich diese Aufgaben sollen Gegenstand eines Effizienzvergleichs mittels der DEA sein. Nachdem diese Aufgaben definiert wurden, müssen die zur Aufgabenerfüllung notwendigen Inputs festgelegt werden. Zusätzlich dazu ist es erforderlich, die Outputs zu bestimmen, die durch die Aufgabenwahrnehmung der jeweiligen Länder generiert werden.

Nach der Bestimmung der Aufgaben, die in die DEA einbezogen werden sollen, sowie der Festlegung der damit verbundenen notwendigen Inputs und sich ergebenden Outputs, müssen diese zahlenmäßig erfasst werden. Ähnlich der Rechnungslegung bei Unternehmen bietet es sich an, diese Daten aus den Haushaltsveröffentlichungen der Länder zu entnehmen. Es sei aber bereits an dieser Stelle darauf hingewiesen, dass die Länder, anders als Unternehmen, keiner Pflicht zu einer einheitlichen, standardisierten Rechnungslegung unterliegen, was die Datengewinnung erheblich erschwert.

Anschließend hieran wird das Modell der DEA bestimmt, welches sich am besten für einen Effizienzvergleich zwischen den Bundesländern eignet. Das zweckmäßigste Verfahren wird dabei anhand der Verfügbarkeit der benötigten Daten sowie weiterer Besonderheiten der Bundesländer gegenüber Unternehmen bestimmt. So ist etwa eine interne Effizienzanalyse nach dem Standard-DEA-Modell für eine Anwendung auf die Stadtstaaten nicht geeignet, da diese sich nicht in untergeordnete DMU, im Fall von Bundesländern Gemeinden, gliedern (abgesehen von Bremen, welches sich allerdings auch nur aus zwei Gemeinden zusammensetzt), was nicht ausreicht, um belastbare Ergebnisse zu generieren.

6.5.2 Die Bestimmung der öffentlichen Aufgaben der deutschen Bundesländer als Untersuchungsbereiche der DEA

Die Auswahl der öffentlichen Aufgabenbereiche soll nach dem Vorbild des Produktgruppenhaushalts des Landes Bremen erfolgen, da dieser nach Meinung des Autors eine übersichtliche und klare Aufgabenfestlegung sowie einen detaillierten Überblick über notwendige Inputs und entstehende Outputs bietet. Bremen erstellt seit dem Jahr 2004 (damals als Doppelhaushalt für die Haushaltsjahre 2004/2005) einen Produktgruppenhaushalt. Dieser gliedert sich aktuell in 23 Produktpläne, 67 Produktbereiche und 196 Produktgruppen.[505] Es wird in dieser Arbeit diesem Beispiel gefolgt und die 67 Produktbereiche als Landesaufgaben interpretiert. Bei Bedarf einer detaillierteren Betrachtung können diese weiter in Produktgruppen aufgeteilt werden. Dies kann fallweise entschieden werden. Jeder Produktplan gliedert sich in Produktbereiche. Innerhalb der Kapitel der Produktbereiche erfolgt eine kurze Erläuterung des Produktbereichs sowie eine Beschreibung der strategischen Ziele für den Aufstellungszeitraum. Anschließend folgt eine Aufstellung über den Ressourceneinsatz, der sich in die kameralen Finanzdaten (Einnahmen und Ausgaben) und die Personaldaten untergliedert. Hieraus lassen sich die Inputs für eine DEA entnehmen. Aus dem nächsten Teil des Produktbereichs, in dem Leistungsziele/-kennzahlen dargestellt sind, lassen sich die benötigten Outputs entnehmen.

Im Folgenden werden die öffentlichen Aufgaben, die Gegenstand einer DEA-Anwendung sein sollen, aus den Produktbereichen des Produktgruppenhaushalts Bremens für die Haushaltsjahre 2012/2013 entnommen und aufbauend hierauf geprüft, welche dieser öffentlichen Aufgaben tatsächlich Gegenstand eines Effizienzvergleichs sein sollen. Zur Erinnerung: Es sollen lediglich die unabdingbar notwendigen öffentlichen Aufgaben untersucht werden. Solche Aufgaben, die nicht zur Aufrechterhaltung eines minimalen staatlichen Betriebs benötigt werden, können auf ein Maß von Null reduziert, also gestrichen werden. Eine Betrachtung ihrer möglichst effizienten Ausführung erübrigt sich.

---

505 Vgl. Produktgruppenhaushalt Bremen (2012/2013).

Es ist vorab deutlich anzumerken, dass die Auswahl notwendiger öffentlicher Aufgaben selbstverständlich immer auch einer subjektiven Komponente unterliegt, was aber als notwendig angesehen werden muss, da es unmöglich sein wird, objektiv zu bestimmen, welche öffentlichen Leistungen für die minimale Existenz einer Gesellschaft unabdingbar sind. Im Endeffekt gilt, dass die Gesellschaft selber bestimmt, was sie als unabdingbar ansieht. Um es mit Buchanan (1985, S. 38) zu sagen:

> "[...] that which emerges from the interaction process is, quite simply, that which emerges. It is inappropriate to classify any one outcome or end-state as 'better than' another."

Auch die Festlegung darüber, welche öffentlichen Güter und Dienstleistungen eine Gesellschaft als notwendig ansieht wird in einem Interaktionsprozesses getroffen und ist als Ergebnis eines solchen zu akzeptieren. Da die Transaktionskosten bei einer Abstimmung über jede einzelne öffentliche Leistung den Nutzen solcher Abstimmungen jedoch weit überschreiten dürften, ist es legitim, dass die Gesellschaft die Entscheidung hierüber in die Hände von, in einem demokratischen Legitimationsprozess gewählten, Volksvertretern legt.

Ein Blick in den Produktgruppenhaushalt Bremens zeigt, dass sich dort anstatt der angekündigten 67 lediglich 66 Produktbereiche finden. Es war dem Autor nicht möglich in Erfahrung zu bringen, woran dies liegt, auch eine elektronische Anfrage beim Bremer Finanzsenat diesbezüglich blieb ohne Antwort. Im Folgenden erfolgt zunächst ein Ausschluss der Produktbereiche, welche nicht geeignet sind, in die Effizienzanalyse einzugehen.

Die Produktbereiche „Sonstiges (Allg. Kulturpflege)", „Sonstiges Wissenschaft", „Sonstiges Arbeit", „Sonstiges Jugend und Soziales", „Sonstiges Gesundheit", „Europa, Entwicklungszusammenarbeit", „Sonstiges Umwelt, Bau, Verkehr", „Sektorale Wirtschaftsförderung/Sonstiges", „Sonstiges Finanzen", „Zentral finanziertes Personal", „Zentrale Finanzen" und „IT/E-Government-Budget der FHB" werden aus der Effizienzanalyse ausgeschlossen, weil im Produktgruppenhaushalt für diese Produktbereiche schlichtweg keine Leistungsziele/-kennzahlen ausgewiesen werden, aus denen sich Outputs für die Effizienzanalyse generieren ließen.

Weiter fallen die drei Produktbereiche „Datenschutz und Informationsfreiheit im Lande Bremen", „Haushalt und Vermögen" und „Zentral veranschlagte Personalausgaben" aus der Betrachtung heraus. Im Produktbereich „Datenschutz und Informationsfreiheit im Lande Bremen" werden zwar Leistungsziele/-kennzahlen angegeben, jedoch sind diese nicht mit konkreten Angaben versehen. Es existieren vier Kennziffern, die lediglich die prozentuale Aufteilung des Produktbereichs auf diese vier Tätigkeiten darstellen. Für eine Effizienzanalyse bedürfte es aber der Angabe einer mengenmäßigen Ausbringung der Outputs. Der Produktbereich „Haushalt und Vermögen“ wird nicht auf seine Effizienz hin untersucht, weil er abhängig von den anderen Produktbereichen ist. Als Leistungsziele/-kennzahlen werden hier der Finanzierungssaldo, die Zinsausgaben sowie die durchschnittliche Verzinsung des Schuldenstandes aufgeführt. Die durchschnittliche Verzinsung des Schuldenstandes wird vom Markt vorgegeben und kann nicht als Ergebnis effizienten Arbeitens des Schuldners betrachtet werden. Die anderen beiden Kennzahlen sind das Ergebnis der Arbeit in anderen Produktbereichen. Es ist entbehrlich, zu untersuchen, ob ein Land im Bereich Haushalt und Vermögen effizient arbeitet. Ist es in anderen Bereichen ineffizient und kann dort Verbesserungspotentiale ausschöpfen, so wirkt sich dies automatisch positiv auf die Leistung in diesem Produktbereich aus. Bei den „Zentral veranschlagten Personalausgaben“ verhält es sich spiegelbildlich. Hier werden die Inputs durch die Arbeit in den anderen Produktbereichen bestimmt, weswegen sich eine gesonderte Untersuchung dieses Bereichs erübrigt.

Es fallen zudem die beiden Produktbereiche „Öffentliche Schulen der Stadtgemeinde Bremen“ und „Öffentliche Schulen der Stadtgemeinde Bremerhaven“ aus der Betrachtung heraus. Für diese beiden Produktbereiche ist ein Ländervergleich nicht möglich, da die Bundesländer ihre Schulen nicht einheitlich nach Schulform ausweisen. So weist Bremen bspw. im Produktgruppenhaushalt 2012/2013 im Produktplan 21 - Bildung, Produktbereich 21.01 - Öffentliche Schulen der Stadtgemeinde Bremen, Produktgruppe 21.01.01 die Schulen der Primarstufe aus. Dies sind die Grundschulen, die typischerweise von Kindern der Klassen 1 bis 4 besucht werden. Baden-Württemberg hingegen weist die Grundschulen gemeinsam mit den Haupt- und Werkrealschulen aus (Haushaltsplan 2013/2014, Einzelplan 04 - Ministerium für Kultus, Jugend und Sport, Kapitel 0405 - Grund-, Haupt- und Werkrealschulen). Es kommt hinzu, dass die Grundschule in Berlin und Brandenburg nicht vier, sondern sechs Klassenstufen umfasst, was die Grundschulen dieser beiden Länder mit denen der anderen nicht vergleichbar macht. Auch sind dadurch die Schüler beider Länder beim Eintritt in folgende Schulstufen anderen Alters, als die der übrigen Länder. Alleine hierdurch ist es nicht sinnvoll, die öffentliche Aufgabe der Schulen in einem Bundesländervergleich zu beleuchten. Weiter ist in 15 der 16 Bundesländer ein Abitur nach der 12. Klasse möglich, Rheinland-Pfalz ermöglicht dies jedoch nur in einem Modellversuch an Ganztagsschulen, wohingegen die reguläre Schulzeit an Gymnasien weiterhin 13 Jahre beträgt. Zusätzlich existieren in manchen Ländern neben dem traditionellen dreigliedrigen Schulsystem mittlerweile auch Gesamtschulen, die eine Differenzierung innerhalb der Schulen und nicht zwischen verschiedenen Schulformen darstellen. Das bedeutet, dass die Schüler nach der Grundschule nicht auf die drei Schulformen der Gymnasien, Realschulen und Hauptschulen aufgeteilt werden, sondern mindestens bis zur 9. oder 10. Klasse die Gesamtschule besuchen, an die sich dann eine gymnasiale Oberstufe anschließen kann. Die Vielfältigkeit an Schulsystemen und -formen, teils selbst innerhalb eines Bundeslandes, macht eine einheitliche Bewertung der Landesaufgabe der Schulen nicht möglich, weshalb sie nicht in der Effizienzanalyse beleuchtet werden kann.

Auch der Produktbereich „Feuerwehr" kann in der Analyse nicht berücksichtigt werden. Zwar unterhält jedes Land eine Feuerwehr und es würde sich sogar anbieten diesen Bereich zu betrachten, da die öffentliche Aufgabe Feuerwehr hauptsächlich von den Kommunen wahrgenommen wird, was eine Anwendung des erweiterten CRA-DEA-Modells nach Varmaz et al. (2013) ermöglichen würde. Jedoch ist die Feuerwehr in Deutschland größtenteils in Form von Freiwilligen Feuerwehren organisiert. Es existieren lediglich 102 Berufsfeuerwehren. Demgegenüber stehen 23.995 Freiwillige Feuerwehren. Von den 1.336.683 aktiven Mitgliedern der Feuerwehren in Deutschland sind lediglich 29.054 in Berufsfeuerwehren angestellt, wohingegen 1.036.745 Mitglieder der Freiwilligen Feuerwehren sind. Der Rest teilt sich auf Jugend- und Werksfeuerwehren auf. Lässt man die Mitglieder der Werksfeuerwehren, die nicht öffentlich finanziert werden, außen vor, ergibt sich eine Freiwilligenquote im Feuerwehrdienst von insgesamt etwa 96 %.[506]

Der Produktbereich „Häfen" scheidet ebenfalls aus der Analyse aus. Betrachtet man die See- und Binnenhäfen gemeinsam, so unterhalten lediglich neun Länder einen See- und/oder Binnenhafen. Für eine vergleichende Effizienzanalyse der deutschen Bundesländer mittels DEA kommen aber nur öffentliche Aufgaben in Frage, die von jedem Bundesland wahrgenommen werden.

Weiter wird in dieser Arbeit die Auffassung vertreten, dass sämtliche Produktbereiche des Produktplans „Kultur" nicht Gegenstand der Effizienzanalyse sein sollen. Der Produktbereich „Sonstiges (Allg. Kulturpflege)" wurde weiter oben bereits wegen des fehlenden Ausweises von Leistungszielen/-kennzahlen ausgeschlossen. In den Produktbereichen „Kommunale Kulturarbeit", „Theater und Musik", „Museen" und „Kulturelle Bildung" geht es, weit gefasst, um das Angebot kultureller Dienstleistungen. Es ist sicherlich ein Streitfall und es werden sich zahlreiche Gegenstimmen finden, jedoch wird in dieser Arbeit die Ansicht vertreten, dass diese vier Produktbereiche keine unmittelbar notwendig

506 Vgl. Deutscher Feuerwehrverband (2012).

auszuübende öffentliche Aufgabe darstellen. Sicher ist ein weitgreifendes kulturelles Angebot wünschenswert und subventionierte Kulturbereiche ermöglichen in der Theorie eine Teilhabe auch weniger gut situierter Menschen an allgemeiner Kultur. Jedoch muss im Insolvenzfall, der eine Existenzbedrohung für eine öffentliche Gebietskörperschaft darstellt, die Frage erlaubt sein, ob es nicht einen verzichtbaren Luxus darstellt, sich etwa ein öffentliches Theater zu leisten. Diese Frage ist umso eindringlicher zu stellen, wenn bedacht wird, dass sämtliche Produktgruppen der aufgeführten vier Produktbereiche öffentlich bezuschusst werden und Eigenfinanzierungsquoten von höchstens 56 % aufweisen (die Produktgruppe „Orchester"). Auch das Argument, dass sich bei privater Bereitstellung Preise einstellen würden, die weniger vermögende Wirtschaftssubjekte von der Teilhabe an Kultur ausschließen, weiß nicht vollständig zu überzeugen. Es ist anzunehmen, dass ein Wirtschaftssubjekt aus einer unteren Einkommens- und Bildungsschicht durch seine Erziehung und sein Umfeld eher nicht an kulturelle Angebote wie etwa einen Opernbesuch herangeführt wird. Der Wunsch, ein Konzert oder eine Oper zu besuchen, wird bei ihm weniger stark ausgeprägt sein, als bei Wirtschaftssubjekten höherer Bildungs- und Einkommensschichten. Die Subventionierung erfolgt hier, wenn auch vermutlich ungewollt, selektiv zugunsten der bessergestellten sozialen Schichten. Diesen Schichten wäre eine höhere Bepreisung bei privater Bereitstellung der Leistung durchaus zuzumuten. Aufgrund dieser Ausführungen werden die vier kulturellen Produktbereiche in dieser Arbeit nicht in die Effizienzanalyse einbezogen.

Es verbleiben somit 43 Produktbereiche, die generell geeignet erscheinen, in die Effizienzanalyse einbezogen zu werden. In einem weiteren Schritt werden von diesen 43 Produktbereichen diejenigen vorgestellt und aus der Analyse entfernt, für die zwar explizite Leistungsziele/-kennzahlen angegeben sind, diese Kennziffern sich jedoch zur Konstruktion sinnvoller Outputs nicht eignen. Es ist dabei zu beachten, dass nicht sämtliche Inputs und Leistungsziele/-kennzahlen als Outputs wiedergegeben werden, da diese oftmals in großer Fülle auftreten und die Analyse sich gezwungenermaßen auf maximal fünf In- und Outputs in Summe beschränken muss. Der Ausschluss der folgenden Produktbereiche von der Effizienzbetrachtung kann dabei zwei Gründe haben. Zum einen existieren Leistungsziele/-kennzahlen, die keinen Nachweis der Güte der Ausführung einer öffentlichen Aufgabe zulassen, sondern lediglich eine Quantifizierung deren Ausübung. Diese Produktbereiche sind in der Tabelle 10 dargestellt. Zum anderen werden teilweise Leistungsziele/-kennzahlen ausgewiesen, die von den Ländern nicht direkt beeinflussbar sind, zumindest nicht durch Maßnahmen innerhalb des Produktbereichs.

Die dazugehörigen Produktbereiche sind in der Tabelle 11 dargestellt. Für manche Produktbereiche treffen beide Einschränkungen zu. Diese sind in der Tabelle 12 dargestellt.

Tabelle 10: Ausgeschlossene Produktbereiche aufgrund von Leistungszielen/-kennzahlen, die keinen Aufschluss über die Effizienz der Aufgabenausführung zulassen, eigene Darstellung

Produktbereich	**Inputs**		**Leistungsziele/-kennzahlen**		
Rechnungsprüfung	Personalausgaben in €	Vollzeitäquivalente an Beschäftigten	Arbeitszeitvolumen für Prüfung und Beratung	Qualifizierungsmaßnahmen	
Bundes- und Europaangelegenheiten	Personalausgaben in €	Vollzeitäquivalente an Beschäftigten	Interessenwahrnehmung Bundesgesetzgebung	Interessenvertretung in Brüssel	Repräsentanz (in Berlin)
Gleichberechtigung	Personalausgaben in €	Vollzeitäquivalente an Beschäftigten	Beratungen	Vorträge	Veranstaltungen
Personal- und Verwaltungsmanagement	Personalausgaben in €	Vollzeitäquivalente an Beschäftigten	Fortbildungsveranstaltungen	Veranstaltungsteilnehmer	Projektberatungen

Es sei zur Erklärung der Tabelle 10 exemplarisch der Produktbereich „Rechnungsprüfung“ herausgegriffen. Hier lassen die zugehörigen Leistungsziele/-kennzahlen keinen Nachweis der Güte der Ausführung der jeweiligen Tätigkeiten zu, sondern lediglich eine quantitative Bestimmung deren Ausübung. Nun ist es etwa kein Qualitätsmerkmal, wenn für Prüfungen und Beratungen lediglich deshalb so viel Zeit aufgewendet wird, weil der Beratende ein geringes Maß an Kompetenz aufweist, wohingegen ein anderer Beratender denselben Sachverhalt in kürzerer Zeit klären kann. Auch für die anderen drei Aufgabenbereiche gilt, dass in den Leistungszielen/-kennzahlen lediglich zum Ausdruck kommt, wie oft diese ausgeführt werden, jedoch nicht wie effizient.

Tabelle 11: Ausgeschlossene Produktbereiche aufgrund von Leistungszielen/-kennzahlen, die außerhalb der Einflussmöglichkeiten der Länder liegen, eigene Darstellung

Produktbereich	**Inputs**		**Leistungsziele/-kennzahlen**		
Angelegenheiten des Staatsgerichtshofs	Personalausgaben in €	Vollzeitäquivalente an Beschäftigten	Verfahren		
Sonstiges Justiz	Personalausgaben in €	Vollzeitäquivalente an Beschäftigten	Gerichtshilfesachen	Bewährungsaufsichten	Führungsaufsichten
Sonstige Bildungseinrichtungen	Konsumtive Ausgaben in €		Schüler/-innen an Privatschulen	Schüler am Berufsbildungswerk	Schüler/-innen an allgemein bildenden Privatschulen
Hilfen und Leistungen für Zuwanderer	Konsumtive Ausgaben in €	Investive Ausgaben in €	Fälle nach dem Asylbewerberleistungsgesetz	Personen nach dem Asylbewerberleistungsgesetz	
Hilfen und Leistungen für ältere Menschen	Konsumtive Ausgaben in €	Investive Ausgaben in €	Personen mit Pflegeleistungen	Personen mit Landespflegegeld	Personen mit Blindenhilfe
Leistungen zur Existenzsicherung nach SGB XII und II	Personalausgaben in €	Vollzeitäquivalente an Beschäftigten	Leistungsfälle nach SGB II	Leistungsempfänger nach SGB II	Personen mit HLU und Gsi nach Kapitel 3 und 4 SGB XII
Schülerbezogene Förderungen	Anzahl Assistenzkräfte	Konsumtive Ausgaben in €	Schülerförderung (Inland), Geförderte	Beförderungen behinderter Schüler	Auslandsförderung, Geförderte
Fachbereich Bau und Stadtentwicklung	Personalausgaben in €	Vollzeitäquivalente an Beschäftigten	Empfänger Wohngeldzahlungen		
Allgemeine Finanzen	Konsumtive Ausgaben in €	Investive Ausgaben in €	Einnahmen aus Konzessionsabgaben in €		

Auch bei der Tabelle 11 sei exemplarisch an einem Produktbereich erklärt, wieso dessen Leistungsziele/-kennzahlen sich nicht für einen Effizienzvergleich eignen. Betrachtet seien die „Leistungen zur Existenzsicherung nach SGB XII und II". Die für diesen Produktbereich definierten Leistungsziele/-kennzahlen entziehen sich einem direkten Einfluss der Länder. Der Produktbereich bezieht sich auf die Grundsicherung für Arbeitssuchende [Sozialgesetzbuch (SGB) Zweites Buch (II)] und die Sozialhilfe (SGB XII). Diese Leistungsziele/-kennzahlen bedeuten Ausgaben für die Länder, die diese minimieren möchten. Jedoch sind sie diesbezüglich an gesetzliche Vorgaben gebunden, die sie nicht eigenständig beeinflussen können.

Tabelle 12: Ausgeschlossene Produktbereiche aufgrund von Leistungszielen/-kennzahlen, die außerhalb der Einflussmöglichkeiten der Länder liegen und keine Gliederung nach Effizienz ermöglichen, eigene Darstellung

Produktbereich	**Inputs**		**Leistungsziele/-kennzahlen**		
Bürgerschaft	Personalausgaben in €	Vollzeitäquivalente an Beschäftigten	Sitzungstage in der Bürgerschaft	Ausschusssitzungen	Petitionen
Senat, Senatskanzlei, Kirchliche Angelegenheiten	Personalausgaben in €	Vollzeitäquivalente an Beschäftigten	Eheschließungen im Rathaus	Beiratssitzungen	Bürgeranträge
Hilfe bei Krankheit und anderen besonderen Lebenslagen	Konsumtive Ausgaben in €	Investive Ausgaben in €	Betreute Personen	Plätze gemäß § 67 SGB XII	Ambulante/ stationäre Fälle gemäß § 68 und HLU
Sonstiges Bildung	Personalausgaben in €	Vollzeitäquivalente an Beschäftigten	Geförderte Bildungseinrichtungen		

Bei den in Tabelle 12 dargestellten Produktbereichen existieren zum einen Outputs, die keinen Aufschluss über die Effizienz der Aufgabenausführung ermöglichen und gleichzeitig solche, die durch die Länder nicht beeinflussbar sind. Es sei exemplarisch der Produktbereich „Hilfe bei Krankheit und anderen besonderen Lebenslagen" betrachtet. Die Anzahl an beratenen Personen gibt nicht wieder, ob effizient gearbeitet wird oder nicht. Es kann etwa sein, dass mehr Menschen in derselben Zeit hätten beraten werden können. Es kann aber auch sein, dass es schlichtweg nicht mehr zu Beratende gab. Bei den anderen beiden Kennziffern sind die Länder wiederum an gesetzliche Vorgaben gebunden und haben keine Handhabe diese zu beeinflussen.

Es verbleiben nach einer erneuten Filterung also noch 26 Produktbereiche, die in der Effizienzanalyse untersucht werden sollen. Von diesen 26 Produktbereichen existieren acht, die aufgrund ihrer Fülle an ausgewiesenen In- und Outputs weiter in ihre einzelnen Produktgruppen unterteilt werden. Dies sind die Produktbereiche „Fachgerichtsbarkeit", „Ordentliche Gerichtsbarkeit", „Staatsanwaltschaft", „Sport", „Gesundheitsförderung, -schutz und -hilfe", „Veterinärwesen, Lebensmittelsicherheit", „Arbeitsschutz, Sicherheit und Eichwesen" und „Verkehr, ÖPNV". Die weitere Untergliederung in die einzelnen Produktgruppen ist notwendig, um die Anzahl an In- und Outputs zu reduzieren. Zur Erinnerung bedarf es für eine robuste DEA-Anwendung etwa des dreifachen an Beobachtungen der aufsummierten In- und Outputs. Da die Anzahl an Beobachtungen durch die Anzahl an Bundesländern auf 16 normiert ist, darf die Summe an In- und Outputs einen Wert von fünf nicht überschreiten. Dies bedingt, dass maximal vier Outputs in die Betrachtung einbezogen werden können. Vier und nicht fünf, da eine Effizienzanalyse mindestens eines In- und eines Outputs bedarf. Nun weisen fast alle Produktbereiche mehr als vier Leistungsziele/-kennzahlen auf. Daher ist zu überlegen, ob es sinnvoll ist, alle Kennziffern als Outputs zu modellieren oder ob es möglich ist, die drei bzw. vier wichtigsten herauszugreifen, ohne den Charakter der öffentlichen Aufgabe zu verwässern. Für die acht genannten Produktbereiche ist dies nicht möglich, weshalb nicht sie, sondern ihre zugehörigen Produktgruppen als öffentliche Aufgaben modelliert werden. Hierdurch wird es möglich, die Fülle an Leistungszielen/-kennzahlen und somit die Fülle an Outputs zu reduzieren.

Im Folgenden werden die acht Produktbereiche vorgestellt und die ihnen zugehörigen Produktgruppen dahingehend untersucht, ob sie sich für eine Effizienzanalyse eignen.

Fachgerichtsbarkeit:
Vorab sei erwähnt, dass die Produktgruppe „Landessozialgericht Bremen-Niedersachsen" aus der Betrachtung ausscheidet, da für sie keine Leistungsziele/-kennzahlen angegeben sind und somit keine Outputs bestimmt werden können. Die weiteren Produktgruppen sind in der folgenden Tabelle dargestellt.

Tabelle 13: Die Produktgruppen des Produktbereichs „Fachgerichtsbarkeit", eigene Darstellung

Produktgruppe	**Inputs**		**Leistungsziele/-kennzahlen**		
Finanzgericht	Personalausgaben in €	Vollzeitäquivalente an Beschäftigten	Erledigte Klageverfahren	Erledigte Verf. z. Gewäh. v. vorl. Rechtsschutz[507]	Erledigungen je Richter
Sozialgericht	Personalausgaben in €	Vollzeitäquivalente an Beschäftigten	Erledigte Klageverfahren	Erledigte Verfahren im einstweiligen Rechtsschutz	Erledigungen je Richter
Oberverwaltungsgericht	Personalausgaben in €	Vollzeitäquivalente an Beschäftigten	Erledigte Hauptsacheverfahren	Erledigte Eilverfahren	Erledigungen je Richter
Verwaltungsgericht	Personalausgaben in €	Vollzeitäquivalente an Beschäftigten	Erledigte Hauptsacheverfahren	Erledigte Eilverfahren	Erledigungen je Richter
Landesarbeitsgericht Bremen	Personalausgaben in €	Vollzeitäquivalente an Beschäftigten	Erledigte Rechtsstreitigkeiten	Erledigungen je Richter	
Arbeitsgericht Bremen-Bremerhaven	Personalausgaben in €	Vollzeitäquivalente an Beschäftigten	Erledigte Rechtsstreitigkeiten	Erledigungen je Richter	

Die vorgestellten Produktgruppen eignen sich allesamt für eine Betrachtung hinsichtlich der Effizienz ihrer Aufgabenausführung. Die Ermittlung der Daten für die In- und Outputs erfolgt im nächsten Kapitel.

Ordentliche Gerichtsbarkeit:

Tabelle 14: Die Produktgruppen des Produktbereichs „Ordentliche Gerichtsbarkeit", eigene Darstellung

Produktgruppe	**Inputs**		**Leistungsziele/-kennzahlen**		
Hanseatisches Oberlandesgericht Bremen	Personalausgaben in €	Vollzeitäquivalente an Beschäftigten	Erledigungen je Richter Zivilsachen	Erledigungen je Richter Familiensachen	Erfolgreiche Abschlüsse pro Jahr (2. Staatsexamen) in %

507 Verf. z. Gewäh. v. vorl. Rechtsschutz = Verfahren zur Gewährung von vorläufigem Rechtsschutz.

Justizprüfungsamt	Personalausgaben in €	Vollzeitäquiva-lente an Beschäftigten	Erfolgreiche Abschlüsse pro Jahr (1. Staatsexamen) in %		
Landgericht Bremen	Personalausgaben in €	Vollzeitäquivalente an Beschäftigten	Erledigungen je Richter Zivilsachen erstinstanzliche Verfahren	Erledigungen je Richter Strafsachen erstinstanzliche Verfahren	Erledigungen je Richter Zivilsachen zweitinstanzliche Verfahren
Amtsgericht Bremen	Personalausgaben in €	Vollzeitäquivalente an Beschäftigten	Erledigungen je Richter Zivilsachen	Erledigungen je Richter Familiensachen	Erledigungen je Richter Strafsachen
Amtsgericht Bremerhaven	Personalausgaben in €	Vollzeitäquivalente an Beschäftigten	Erledigungen je Richter Zivilsachen	Erledigungen je Richter Familiensachen	Erledigungen je Richter Strafsachen
Amtsgericht Bremen-Blumenthal	Personalausgaben in €	Vollzeitäquivalente an Beschäftigten	Erledigungen je Richter Zivilsachen	Erledigungen je Richter Familiensachen	Erledigungen je Richter Strafsachen

Auch hier sind sämtliche Produktgruppen in die Effizienzanalyse einzubeziehen und im nächsten Kapitel ihre In- und Outputs zu erheben.

Staatsanwaltschaft:

Tabelle 15: Die Produktgruppen des Produktbereichs „Staatsanwaltschaft", eigene Darstellung

Produktgruppe	**Inputs**		**Leistungsziele/-kennzahlen**		
Generalstaatsanwaltschaft	Personalausgaben in €	Vollzeitäquivalente an Beschäftigten	Beschwerden gegen gerichtliche Entscheidungen u.a.	Revisionen und Rechtsbeschwerden	Ermittlungsverfahren gegen Rechtsanwälte
Staatsanwaltschaft Bremen	Personalausgaben in €	Vollzeitäquivalente an Beschäftigten	Erledigungen je Dezernent (StA/AA)	Durchschnittliche Verfahrensdauer	

Die Produktgruppe „Generalstaatsanwaltschaft“ eignet sich nicht für eine Effizienzanalyse, da ihre Leistungsziele/-kennzahlen nicht durch ein Bundesland beeinflussbar sind. Die „Staatsanwaltschaft Bremen“ hingegen wird in die Effizienzanalyse aufgenommen, sofern sich im nächsten Kapitel die notwendigen Daten bezüglich ihrer In- und Outputs generieren lassen.

Sport:

Tabelle 16: Die Produktgruppen des Produktbereichs „Sport“, eigene Darstellung

Produktgruppe	**Inputs**		**Leistungsziele/-kennzahlen**		
Generalstaatsanwaltschaft	Personalausgaben in €	Vollzeitäquivalente an Beschäftigten	Beschwerden gegen gerichtliche Entscheidungen u.a.	Revisionen und Rechtsbeschwerden	Ermittlungsverfahren gegen Rechtsanwälte
Staatsanwaltschaft Bremen	Personalausgaben in €	Vollzeitäquivalente an Beschäftigten	Erledigungen je Dezernent (StA/AA)	Durchschnittliche Verfahrensdauer	

Die Leistungsziele/-kennzahlen der Produktgruppe „Allgemeine Sportangelegenheiten“ sind zwar zum Großteil durch die Länder beeinflussbar, etwa die Anzahl an Kunstrasenplätzen oder auch die Anzahl geförderter Übungs- und Organisationsleiter, jedoch erfolgt hier lediglich eine Quantifizierung und keine Beurteilung nach der Güte der Aufgabenerfüllung. Für die Produktgruppe „Bäder“ hingegen können zwei vergleichende Outputs ermittelt werden, weshalb diese Produktgruppe in die Effizienzanalyse aufgenommen werden könnte. Da die öffentlichen Bäder im Land Bremen jedoch lediglich mit einem Kostendeckungsgrad von 74 % arbeiten und mit 1,70 € pro Besucher bezuschusst werden, stellt sich die Frage, ob diese Aufgabe von der öffentlichen Hand nicht abgegeben werden kann.[508] In dieser Arbeit wird diese Empfehlung ausgesprochen, da hier die Meinung vertreten wird, dass eine angemessene Ausstattung mit Schwimmbädern für ein Existenzminimum nicht entscheidend ist. Die Bereitstellung eines Bäderangebotes sollte der Privatwirtschaft überlassen werden und ist daher nicht Teil der durchzuführenden Effizienzanalyse auf Bundesländerebene.

508 Vgl. Produktgruppenhaushalt Bremen (2012/2013). Werte gelten für das Jahr 2010.

Gesundheitsförderung, -schutz und -hilfe:

Tabelle 17: Die Produktgruppen des Produktbereichs „Gesundheitsförderung, -schutz und -hilfe", eigene Darstellung

Produktgruppe	**Inputs**		**Leistungsziele/-kennzahlen**		
Gesundheitsförderung, -hilfe und -schutz	Konsumtive Ausgaben in €	Investive Ausgaben in €	Persönliche Beratung zu HIV/AIDS	Schwangerschaftskonfliktberatung	Beratung zur Familienplanung
Gesundheitsamt Bremen	Personalausgaben in €	Vollzeitäquivalente an Beschäftigten	Beratungskontakte HIV/AIDS/STD	Bürgerberatung zu Orts- und Umwelthygiene	Untersuchung neu in KTH aufgenommener Kinder/Schulanfänger
Hafengesundheitsamt Bremerhaven/Bremen	Personalausgaben in €	Vollzeitäquivalente an Beschäftigten	Schiffsabfertigungen durch Bordbesuche	Schiffsabfertigungen anhand gespeicherter Daten	Reisemedizinische Beratungen
Ambulante Drogen- und Suchtkrankenhilfe	Konsumtive Ausgaben in €	Investive Ausgaben in €	Betreute Klienten/Angehörige in den DBS	Betreute Klienten Kontakt- und Beratungszentrum	

Die Produktgruppe „Gesundheitsförderung, -hilfe und -schutz" eignet sich nicht für die Betrachtung innerhalb einer Effizienzanalyse. Ihre Leistungsziele/-kennzahlen sind durch ein Bundesland nicht beeinflussbar. So hängt etwa die Anzahl an persönlichen Beratungen zu HIV/AIDS davon ab, wie viele Menschen sich zur Beratung melden oder wie viele daran erkrankt sind. Es kann zwar durchaus sein, dass es mit weniger Mitarbeitern möglich wäre gleich viele Menschen zu beraten, was auf eine ineffiziente Arbeitsweise bei der Beratung hindeuten würde, jedoch ist dieser Zusammenhang keineswegs eindeutig. Für die Produktgruppen „Gesundheitsamt Bremen" und „Ambulante Drogen- und Suchtkrankenhilfe" gilt analoges. Für das „Hafengesundheitsamt Bremerhaven/Bremen" ist anzumerken, dass bei weitem nicht jedes Bundesland eine derartige Behörde unterhält, weshalb sich diese Produktgruppe nicht für einen Effizienzvergleich zwischen den Bundesländern eignet. So gibt es in Deutschland lediglich in den Ländern Bremen, Hamburg, Mecklenburg-Vorpommern, Niedersachsen und Schleswig-Holstein Seehäfen.

Binnenhäfen existieren zusätzlich in den Ländern Baden-Württemberg, Hessen, Nordrhein-Westfalen und Rheinland-Pfalz. Selbst wenn man nicht zwischen Binnen- und Seehäfen unterscheiden würde, wären lediglich neun Bundesländer zu vergleichen, was zu wenige Beobachtungen darstellt.

Veterinärwesen, Lebensmittelsicherheit:

Tabelle 18: Die Produktgruppen des Produktbereichs „Veterinärwesen, Lebensmittelsicherheit", eigene Darstellung

Produktgruppe	Inputs		Leistungsziele/-kennzahlen		
LMTVet-Dienste des Landes Bremen	Konsumtive Ausgaben in €	Investive Ausgaben in €	Einfuhrsendungen Grenzkontrollstelle	Schlachtungen	Abgefertigte Sendungen in der Pflanzenbeschau
Landesuntersuchungsamt (LUA)	Konsumtive Ausgaben in €	Investive Ausgaben in €	Untersuchungen im Rahmen der amtlichen Lebensmittelüberwachung	Untersuchungen Veterinärdiagnostik/ Fleischhygiene	Untersuchungen im Bereich Wasser

Hier müssen beide Produktgruppen von der Analyse ausgeschlossen werden, da ihre Leistungsziele/-kennzahlen lediglich einen quantitativen Vergleich der Aufgabenerfüllung ermöglichen, nicht jedoch Aufschluss über deren Güte geben. Eine hohe Anzahl an Prüfungen ist als Leistungskriterium alleine ungenügend. Vielmehr kommt es auf die Güte der Prüfungen an. Es kann viel, aber ungenau geprüft werden oder eben auch anders herum.

Arbeitsschutz, Sicherheit, Eichwesen:

Tabelle 19: Die Produktgruppen des Produktbereichs „Arbeitsschutz, Sicherheit, Eichwesen", eigene Darstellung

Produktgruppe	Inputs		Leistungsziele/-kennzahlen		
Fachdienste für Arbeitsschutz (bis 2011)	Personalausgaben in €	Vollzeitäquivalente an Beschäftigten	Arbeitsmedizinische Betreuung und Beratung	Betriebliche Sozialberatung	Sicherheitstechnische Betreuung und Beratung
Gewerbeaufsicht des Landes Bremen	Personalausgaben in €	Vollzeitäquivalente an Beschäftigten	Aufgesuchte Betriebe	Außendienstgeschäfte	Überprüfte Produkte

Eichamt des Landes Bremen	Personalausgaben in €	Vollzeitäquivalente an Beschäftigten	Eichungen und messtechnische Kontrollen	Überwachung Fertigpackungen	Überwachungen

Die „Fachdienste für Arbeitsschutz" können ignoriert werden, da diese Produktgruppe bis lediglich 2011 vorgesehen war und daher in Zukunft keine Rolle mehr in den öffentlichen Finanzen des Landes Bremen spielen wird. Die beiden Produktgruppen „Gewerbeaufsicht des Landes Bremen" und „Eichamt des Landes Bremen" können für die Effizienzanalyse ebenfalls vernachlässigt werden, da ihre Leistungsziele/-kennzahlen eine Bewertung der Outputs hinsichtlich der Effizienz der Aufgabenerfüllung nicht möglich machen. Es werden hier nur quantitative Kennziffern ausgewiesen.

Verkehr/ÖPNV:

Tabelle 20: Die Produktgruppen des Produktbereichs „Verkehr/ÖPNV", eigene Darstellung

Produktgruppe	**Inputs**		**Leistungsziele/-kennzahlen**
ÖPNV/Konsumtive Finanzhilfen	Personalausgaben in €	Vollzeitäquivalente an Beschäftigten	Verlustausgleich BSAG
Öffentliche Verkehrswege/ Finanzhilfen	Personalausgaben in €	Vollzeitäquivalente an Beschäftigten	Anzahl erfasster Straßenschäden

Die Produktgruppe „Öffentliche Verkehrswege/Finanzhilfen" wird aus der Untersuchung ausgeschlossen, da ihre Leistungsziele/-kennzahlen nicht durch ein Bundesland zu beeinflussen sind. Die Anzahl erfasster Straßenschäden ist eher von der Anzahl an bestehenden und entstehenden Straßenschäden abhängig, als von der Fähigkeit solche zu erkennen. Die Produktgruppe „ÖPNV/Konsumtive Finanzhilfen" bietet mit dem Verlustausgleich BSAG einen monetären Output, der negativ und als zu minimieren zu betrachten ist. Sie kann daher in die Effizienzanalyse aufgenommen werden.

Letztendlich verbleiben mit 18 Produktbereichen und 14 Produktgruppen 32 öffentliche Aufgabenbereiche, die einer Effizienzanalyse mittels DEA hinsichtlich ihrer effizienten Aufgabenerfüllung unterzogen werden können. Im nächsten Kapitel werden die Daten für die In- und Outputs dieser Produktbereiche und Produktgruppen erhoben.

Nachdem in diesem Kapitel die Auswahl an öffentlichen Aufgaben anhand der Produktbereiche bzw. einzelner Produktgruppen erfolgte, hat das nächste Kapitel die Generierung der Daten für die jeweiligen In- und Outputs zum Inhalt. Hierzu werden die öffentlichen Aufgabenbereiche einzeln dargestellt und geprüft, ob sich die erforderlichen Daten für alle Länder generieren lassen. Sollte dem nicht so sein, so wird der jeweilige Aufgabenbereich von der Analyse ausgeschlossen.

6.5.3 Die Datenerhebung für die öffentlichen Aufgabenbereiche der deutschen Bundesländer zur Durchführung einer Effizienzanalyse mittels DEA

In diesem Kapitel werden die einzelnen öffentlichen Aufgabenbereiche, die in die DEA einbezogen werden sollen, näher vorgestellt und versucht, die Daten bezüglich ihrer In- und Outputs für die Effizienzanalyse zu erheben. Sollte es nicht möglich sein, die notwendigen Daten für alle Länder zu erheben, so wird der Aufgabenbereich von der Analyse ausgeschlossen. Sollte die Datengenerierung erfolgreich sein, so wird im nächsten Kapitel eine Effizienzanalyse bezüglich der Aufgabenerfüllung der Bundesländer in dem jeweiligen Bereich durchgeführt. Die Aufzählung der einzelnen Aufgabenbereiche beginnt mit den Produktbereichen, die als einer Effizienzanalyse generell zugänglich identifiziert wurden. Anschließend wird das Vorgehen analog für die Produktgruppen durchgeführt. Die Betrachtung sowohl der Produktbereiche als auch der Produktgruppen erfolgt dabei chronologisch nach ihrer Auflistung im Produktgruppenhaushalt des Landes Bremen für die Haushaltsjahre 2012/2013. Die Daten für die In- und Outputs werden für das Jahr 2010 erhoben. Um der unterschiedlichen Größe der deutschen Bundesländer Rechnung zu tragen sind sämtliche In- und Outputs, außer der Quoten, in Relation zur Einwohnerzahl des jeweiligen Landes gesetzt. Die Prüfung der Verfügbarkeit der Daten für die einzelnen Länder erfolgt dabei gestaffelt nach den Flächenländern alte Länder, den neuen Flächenländern und abschließend den Stadtstaaten. Innerhalb dieser drei Gruppen wird alphabetisch vorgegangen. Stößt man bei einem Land an eine Grenze, ist also mindestens ein Input- oder Outputdatum nicht verfügbar, so wird der Aufgabenbereich aus der Analyse entfernt.

Bei der Datensuche wird dabei wie folgt vorgegangen. Zunächst wird in den Haushaltsplänen der jeweiligen Länder überprüft, ob die entsprechende öffentliche Aufgabe dort ausgewiesen wird. Wenn ja, werden die Haushaltsrechnungen der jeweiligen Länder für das Jahr 2010 untersucht und dort nach Daten für die In- und Outputs gesucht. Ist dies erfolglos, wird in den Haushaltsplänen oder den Abschlussberichten zu den Haushaltsplänen der Länder gesucht. Dieses Vorgehen ist gerade was die Outputs anbelangt wichtig. Die Leistungskennzahlen für die öffentlichen Aufgabenbereiche des Landes Bremen für das Jahr 2010 etwa finden sich nicht in der Haushaltsrechnung 2010, sondern entweder rückwärtsgewandt im Produktgruppenhaushalt für die Jahre 2012/2013 als Ist-Werte oder aber im Abschlussbericht zum Produktgruppenhaushalt 2010. Ist auch diese Suche erfolglos, werden die Datenbestände des Statistischen Bundesamtes und der jeweiligen Statistischen Landesämter bemüht. Bei dann immer noch nicht vollständiger Datenlage erfolgt eine elektronische Anfrage beim zuständigen Ministerium bzw. Senat des jeweiligen Landes oder bei den für diese Aufgabe direkt Verantwortlichen (im Falle der Polizeistatistiken etwa die jeweiligen Landespolizei- oder Landeskriminalämter). Sollte auch dies nicht zum gewünschten Erfolg führen, wird in einem letzten Schritt geprüft, ob sich alternative In- oder Outputs generieren lassen, die eine ähnliche Aussagekraft haben, wie die ursprünglich konzipierten und für die sich Daten für alle Länder erheben lassen.

Es werden in einem ersten Schritt die Produktbereiche und Produktgruppen festgestellt, die aufgrund mangelnder Datenlage von der DEA ausgeschlossen werden müssen, bevor in einem zweiten Schritt diejenigen Produktbereiche und Produktgruppen präsentiert werden, die einem DEA-Verfahren zugänglich sind.

Öffentliche Ordnung:
Für den Produktbereich „Öffentliche Ordnung" wurden als Inputs die Personalausgaben pro Einwohner in € und die Anzahl der Einwohner je Vollzeitäquivalent an Beschäftigten definiert. Als Outputs wurden die erfolgreich erledigten Rechtsbehelfe, die Einhaltung einer Wartezeit von unter 20 Minuten für Terminkunden sowie die Einhaltung einer Wartezeit von unter 30 Minuten für Kraftfahrzeuge modelliert. Bei der Generierung der Outputs wurde gleich beim ersten Bundesland, Baden-Württemberg, festgestellt, dass sich diese öffentliche Aufgabe nicht in seinem Haushaltsplan wiederfindet. Entsprechend werden hierzu keine Daten bezüglich der In- und Outputs ausgewiesen. Diese finden sich auch nicht in den anderen untersuchten Quellen. Lediglich der Input der Anzahl der Einwohner je Vollzeitäquivalent an Beschäftigten lässt sich feststellen. Er findet sich in Statistisches Bundesamt (2011c). Dort findet sich der Aufgabenbereich „Öffentliche Sicherheit und Ordnung". Einer seiner Unterpunkte ist die Aufgabe „Polizei". Zieht man von der Anzahl an Vollzeitäquivalenten im Bereich „Öffentliche Sicherheit und Ordnung" die Anzahl der Vollzeitäquivalente der Aufgabe „Polizei" ab und dividiert die Einwohnerzahl des jeweiligen Landes durch das Residuum so erhält man die benötigte Inputgröße. Da eine Effizienzanalyse mit nur einem Input und ohne jegliche Outputs aber wertlos ist, muss auf den Einbezug der öffentlichen Aufgabe „Öffentliche Ordnung" verzichtet werden.

Sonstiges Inneres:
Für den Produktbereich „Sonstiges Inneres" wurden die Inputs der Personalausgaben pro Einwohner in € und die Anzahl der Einwohner je Vollzeitäquivalent

an Beschäftigten bestimmt. Als Output wurde die Termintreue definiert, was augenscheinlich ist, da sie das/die einzige angegebene Leistungsziel/-kennzahl für diesen Produktbereich ist. Allerdings geht weder aus der Beschreibung des Produktbereichs noch aus den ihm untergliederten Produktgruppen hervor, worauf sich die Termintreue genau bezieht. Eine Analyse mit einem Output, der unklar ist, durchzuführen erscheint wenig sinnvoll. Daher wird der Produktbereich „Sonstiges Inneres" von der Effizienzanalyse ausgeschlossen. Im Übrigen würde eine Analyse auch daran scheitern, dass der Aufgabenbereich „Sonstiges Inneres" nicht bei jedem Bundesland ausgewiesen wird. Bereits bei der Prüfung Baden-Württembergs zeigt sich, dass das Land diese Aufgabe in seinem Haushalt nicht ausweist.

Justizvollzug:
Die Inputs für den „Justizvollzug" sind die Personalausgaben pro Einwohner in € und die Anzahl der Einwohner je Vollzeitäquivalent an Beschäftigten. Als Outputs wurden der Beschäftigungsgrad der Insassen in Prozent, die Anzahl der Insassen in Qualifizierungsmaßnahmen in Prozent sowie die Auslastungsquote der Justizvollzugsanstalten in Prozent ausgewählt. Für die Inputs lassen sich für alle Länder sämtliche Daten ermitteln. Auch für die Auslastungsquote in Prozent lassen sich Daten für sämtliche Länder erheben. Die Werte für die beiden Inputs und der Wert für die Auslastungsquote in Prozent lassen sich dabei einheitlicher Quellen entnehmen.[509] Für die Werte der beiden anderen Outputs ist wieder eine Quelle für jedes Bundesland einzeln zu suchen. Die Beschäftigungsquote der Insassen in Prozent lässt sich für Baden-Württemberg dabei dem Haushaltsplan 2013/2014 entnehmen. Für den Output der Anzahl der Insassen in Qualifizierungsmaßnahmen in Prozent liegen für Baden-Württemberg allerdings keine Daten in den untersuchten Quellen vor. Da hierdurch eine vollständige Erfassung sämtlicher Input- und Outputwerte für alle Länder nicht möglich ist, muss der Produktbereich „Justizvollzug" aus der Analyse ausgeschlossen werden. Zwar können für einen Output sämtliche Daten erhoben werden, jedoch wird die lediglich Betrachtung der Auslastungsquote der Justizvollzugsanstalten dem Umfang der öffentlichen Aufgabe „Justizvollzug" nicht gerecht, da noch weitere, durch die Länder beeinflussbare, Outputs existieren, die einfach ignoriert werden würden.

509 Vgl. für die Personalausgaben Statistisches Bundesamt (2012f) und für die Anzahl an Vollzeitäquivalenten Statistisches Bundesamt (2011c). Die Auslastungsquoten sind Statistisches Bundesamt (2013d) entnommen.

Schulbezogene Förderungen:
Als Inputs für den Produktbereich „Schulbezogene Förderungen" wurden die Personalausgaben pro Einwohner in € und die Anzahl der Einwohner je Vollzeitäquivalent an Beschäftigten bestimmt. Der Output ist die Anzahl an Abgängen an Referendaren. Gleich bei der Untersuchung des ersten Bundeslandes, Baden-Württemberg, wird festgestellt, dass dieser Bereich im dortigen Haushalt nicht ausgewiesen wird. Da auch die Untersuchung der anderen Quellen nicht die benötigten Daten liefern konnte und somit die Gewährleistung der Datenerhebung für alle 16 Bundesländer nicht gegeben ist, wird dieser Produktbereich von der Effizienzanalyse ausgeschlossen.

Hochschulbauförderung:
Im Bereich der „Hochschulbauförderung" wurden die investiven Ausgaben pro Einwohner in € als Input bestimmt, da sie als einziger Ausgabeposten im Produktgruppenhaushalt ausgewiesen werden. Die für diesen Bereich bestimmten Outputs sind die kapazitätswirksame Fläche je Einwohner in m^2, Flächen für Drittmittelforschung je Einwohner in m^2 und die flächenbezogenen Studienplätze je Einwohner. Allerdings taucht der Aufgabenbereich der „Hochschulbauförderung" bereits bei der Untersuchung des Bundeslandes Baden-Württemberg nicht in seinem Haushaltsplan und auch nicht in den weiteren untersuchten Quellen auf, womit er von der Effizienzanalyse ausgeschlossen werden kann. Im Haushaltsplan Baden-Württembergs findet sich zwar ein Posten zu Baumaßnahmen zur Forschungsförderung, jedoch kann dieser weder dem Bereich „Hochschulbauförderung" noch dem folgenden der „Forschungsförderung" eindeutig zugeteilt werden.

Forschungsförderung:
Für den Bereich der „Forschungsförderung" wurden die Inputs der konsumtiven Ausgaben pro Einwohner in € sowie der investiven Ausgaben je Einwohner in € bestimmt. Die zum Produktbereich zugehörigen Outputs sind die Anzahl der Beschäftigten in den Bremer Instituten je Einwohner, die Drittmittel der Bremer Institute je Einwohner in € und der Zuschussanteil an den Ausgaben der Bremer Institute in Prozent. Wieder wird als erstes das Bundesland Baden-Württemberg untersucht. Dessen Haushaltsplan lassen sich zwar Angaben zum Volumen der Forschungsförderung entnehmen, jedoch werden keine Daten zu den ausgewählten Outputs ausgewiesen. Auch in den anderen untersuchten Quellen fanden sich hierzu keine Angaben, weshalb der öffentliche Aufgabenbereich der „Forschungsförderung" aufgrund der Verletzung der Bedingung, dass die Daten für die definierten In- und Outputs für sämtliche Länder vorliegen müssen, aus der weiteren Betrachtung ausgeschlossen wird.

Studenten:
Die Inputs für diesen Produktbereich sind die konsumtiven Ausgaben pro Einwohner in € und die investiven Ausgaben pro Einwohner in €. Als Outputs wurden der Anteil an Zuschuss an den Betriebskosten sowie die Umsatzerlöse pro bedienstetem Vollzeitäquivalent bestimmt. Auch für diesen Produktbereich zeigt sich bei der Untersuchung gleich des ersten Bundeslands, Baden-Württemberg, dass diese öffentliche Aufgabe sich so weder im Haushaltsplan noch in den anderen untersuchten Quellen findet. Entsprechend finden sich keine exakten Daten zu den In- und Outputs. Es findet sich im Haushaltsplan unter dem Einzelplan 14, Kapitel 1409 lediglich der Posten der „Aufwendungen für die Förderung der Studierenden im Hochschulwesen". Es finden sich weiter Angaben zu Unterstützungsleistungen an die Studentenwerke u.a. in Form von Mietverzichten. Da es jedoch nicht möglich ist, die definierten Outputzahlen zu erheben, wird der Produktbereich von der Analyse ausgeschlossen.

Beschäftigungspolitisches Aktionsprogramm:
Für die öffentliche Aufgabe „Beschäftigungspolitisches Aktionsprogramm" wurden die Inputs der konsumtiven Ausgaben pro Einwohner in € und der investiven Ausgaben pro Einwohner in € ausgewählt. Als Outputgrößen werden die Anzahl an geförderten Beschäftigten, die Anzahl an weitergebildeten Arbeitslosen sowie die Anzahl an Langzeitarbeitslosen in Beschäftigungsmaßnahmen betrachtet. Sämtliche Outputwerte werden dabei in Relation zur Einwohnerzahl eines Landes gesetzt. Das „Beschäftigungspolitische Aktionsprogramm" findet sich lediglich im Produktgruppenhaushalt des Landes Bremen. Es wird hier aber die Untersuchung nicht abgebrochen, da jedes Land verschiedene Maßnahmen zur Beschäftigungsförderung ergreift, die lediglich verschieden ausgeprägt sind und auch anders benannt werden. Es wird versucht sich über die Outputs zu nähern. Die Quellen werden dahingehend untersucht, ob sie die definierten Outputs oder aber zumindest ähnliche ausweisen. Wenn ja, werden die zur Outputerstellung verwendeten Mittel betrachtet und hieraus neue Inputs für die öffentliche Aufgabe konstruiert. Betrachtet man den Haushaltsplan des Landes Baden-Württemberg, so findet sich dort lediglich der Output der Förderung nach dem ESF (Europäischer Sozialfonds). Es werden aber nur die Zahl der geförderten Projekte sowie der Teilnehmer insgesamt ausgewiesen. Eine weitere Unterteilung nach der Art der Fördermaßnahmen findet nicht statt. Die Outputs so zu lediglich einem Output zu aggregieren gibt ungenügend detaillierte Informationen wieder und wird somit verworfen. Da sich die Outputs weder beim Statistischen Landesamt Baden-Württemberg noch beim Statistischen Bundesamt und auch nicht mittels einer elektronischen Anfrage der Daten für

die 16 Bundesländer bei den verantwortlichen Ministerien finden ließen, wird der Produktbereich «Beschäftigungspolitisches Aktionsprogramm» von der Betrachtung ausgeschlossen.

Hilfen und Leistungen für Erwachsene:
Für diesen Produktbereich wurden die Inputs der Personalausgaben pro Einwohner in € sowie der Anzahl der Einwohner je Vollzeitäquivalent an Beschäftigten bestimmt. Als Output sind die Fälle an Arbeit in Werkstätten für behinderte Menschen für geistig, körperlich und mehrfach Behinderte je Einwohner definiert worden. In Anbetracht der möglichen weiteren Aufgliederung des Produktbereichs nach Produktgruppen scheint lediglich ein Output als zu gering gewählt. Jedoch stellt sich dieser Output, der sich konkret auf die Produktgruppe „Hilfen für Erwachsene mit Behinderungen" bezieht, als einziger dar, der durch die Länder unmittelbar zu beeinflussen und dazu noch geeignet ist, die Effizienz seiner Aufgabenausführung zu beurteilen. Wird nun mit der Erhebung der Daten für die Inputs sowie den Output begonnen, stellt sich gleich bei der Betrachtung des Bundeslandes Baden-Württemberg heraus, dass das Land weder den Produktbereich noch die untergeordnete Produktgruppe in seinem Haushalt ausweist. Anschließend wurde versucht, sich über den Output zu nähern, also die Fallzahlen für die Beschäftigung schwerbehinderter Menschen in Werkstätten für behinderte Menschen in Baden-Württemberg zu bestimmen, um diesem Output die entsprechenden Inputs zuzuordnen. Jedoch blieb auch dieses Vorgehen sowie die Suche in den weiteren Quellen ergebnislos, so dass dieser Produktbereich aus der Effizienzanalyse ausgeschlossen wird. Es existiert zwar ein Bericht der Gesellschaft für Integration, Sozialforschung und Betriebspädagogik (2008) in dem die benötigten Outputzahlen für die Länder erhoben werden, jedoch endet die dortige Betrachtung im Jahr 2006.

Hilfen für Sucht-, *Drogen- und psychisch Kranke:*
Dieser Produktbereich weist in seinen Leistungszielen/-kennzahlen keine Outputs auf, die für eine Effizienzanalyse geeignet wären. Lediglich der Output Betreutes Wohnen für psychisch Kranke ließe sich als Output modellieren, da er durch die Länder beeinflussbar ist und es als wünschenswertes Ziel angesehen werden kann, möglichst vielen psychisch Kranken ein betreutes Wohnen zu ermöglichen. Da sich dieser Output aber in der untergeordneten Produktgruppe „Sozialpsychiatrische Einrichtungen" wiederfindet und die Anzahl der Outputs mit den dort angegebenen Leistungszielen/-kennzahlen Wohnheime für suchtkranke Menschen und Wohnheime für psychisch kranke Menschen sinnvoll erweitert werden kann, wird diese Produktgruppe anstelle des Produktbereichs

„Hilfen für Sucht-, Drogen- und psychisch Kranke" als zu untersuchende öffentliche Aufgabe definiert. Die Outputs werden dabei wieder in Relation zur Einwohnerzahl eines Landes gesetzt. Als Inputs werden im Produktgruppenhaushalt Bremens lediglich die konsumtiven Ausgaben in € aufgelistet. Diese werden in Relation zur Einwohnerzahl als Input aufgenommen und ergänzt um den Input der Personalkosten pro Einwohner in €, für den versucht wird, die Daten aus anderweitigen Quellen zu generieren. Beim Blick in den Haushalt des Landes Baden-Württemberg fällt auf, dass die öffentliche Aufgabe „Sozialpsychiatrische Einrichtungen" dort nicht ausgewiesen wird. Auch finden sich weder im Haushalt noch in den anderen untersuchten Quellen Daten zu den In- und Outputs. Allerdings findet sich im Haushalt Baden-Württembergs unter dem Einzelplan 9, Kapitel 0930 die Aufgabe „Zentren für Psychiatrie und Psychisch-Kranken-Hilfe-Gesetz". Hier finden sich sowohl Daten zu den Ausgaben dieses Bereichs als auch eine Auflistung der Bettenanzahl in den Zentren für Psychiatrie des Landes. Nun wäre es theoretisch möglich diese Aufgabe in die Effizienzanalyse einzubeziehen, sofern sich denn die Daten für die restlichen Bundesländer ausnahmslos feststellen ließen. Da aber das Psychisch-Kranken-Gesetz Baden-Württembergs laut Bundesverfassungsgericht in seiner Entscheidung vom 12. Oktober 2011 als unzureichende Gesetzesgrundlage zur Zwangsbehandlung psychisch Kranker beurteilt wurde, wird auf die Analyse verzichtet.[510]

Fachbereich Umwelt:
Die Inputs für den Fachbereich „Umwelt" sind die Personalausgaben pro Einwohner in € sowie die Anzahl der Einwohner je Vollzeitäquivalent an Beschäftigten. Als Outputs werden die CO_2-Reduktion gemäß des energiepolitischen Breitenförderungsprogramms in Tonnen je Einwohner und die Fläche der Grünanlagen in km^2 je Einwohner definiert. Für das Land Baden-Württemberg lassen sich alle Daten, außer der Anzahl an Vollzeitäquivalenten, erheben. Daher wird dieser Input ersetzt durch die gesamten Nettoausgaben pro Einwohner in €. Beim nächsten Bundesland Bayern findet man aber keine Werte für die CO_2-Reduktion. Hier wird sich damit beholfen, dass nicht auf die CO_2-Reduktion sondern auf die CO_2-Emission als negativen Output abgestellt wird. Der Vorteil ist, dass dieser Wert über Abruf auf der Website des Länderarbeitskreises Energiebilanzen erhoben werden kann. Jedoch werden dort lediglich für die beiden Länder Nordrhein-Westfalen und Rheinland-Pfalz Daten für das Jahr 2010 ausgewiesen.[511] Da sich die Effizienzanalyse aber für alle Länder

510 Vgl. Bundesverfassungsgericht (2011).
511 Vgl. Länderarbeitskreis Energiebilanzen (2013).

einheitlich auf das Jahr 2010 beziehen soll, kann der Produktbereich „Umwelt“ nicht in die Analyse aufgenommen werden. Es wäre zwar möglich die Effizienzanalyse mit lediglich einem Output, der Fläche der Grünanlagen in km^2 je Einwohner, durchzuführen, jedoch wird man der Aufgabe des Umweltschutzes nicht gerecht, wenn man lediglich diesen einen Output untersucht, zumal weitere durch die Länder beeinflussbare Kennziffern existieren.

Wirtschaftsstrukturpolitik:
Als Inputs für den Produktbereich „Wirtschaftsstrukturpolitik“ wurden die Personalausgaben pro Einwohner in € sowie die Anzahl der Einwohner je Vollzeitäquivalent an Beschäftigten bestimmt. Als Outputs werden die Neuschaffung von Arbeitsplätzen je Einwohner, die durch Investitionsförderung gesicherten Arbeitsplätze je Einwohner und die Arbeitsplätze aufgrund der Vermarktung von Gewerbeflächen je Einwohner betrachtet. Die Aufgabe der „Wirtschaftsstrukturpolitik“ taucht im Haushaltsplan des Landes Baden-Württemberg nicht auf. Dementsprechend können hier keine Daten gewonnen werden. Es wird aber versucht, dieses Problem zu umgehen, indem gemäß dem Produktplan 71 des bremischen Produktgruppenhaushalts die allgemeine öffentliche Aufgabe „Wirtschaftspolitik“ konstruiert wird. Die Inputs bleiben hierbei unverändert. Als Outputs werden nun die Entwicklung der Erwerbspersonen als Zuwachs an Erwerbspersonen je Einwohner, die Erwerbslosenquote in Prozent sowie die prozentuale Veränderung des BIP der Länder in jeweiligen Preisen von 2009 auf 2010 definiert. Für die Outputs lassen sich dabei für alle Länder sämtliche benötigte Daten erheben.[512] Allerdings zählen zur Wirtschaftspolitik vielfältige Maßnahmen, für die die wenigsten Länder aggregierte Kosten ausweisen. Hinzu kommt, dass die Bundesländer nicht selten unterschiedliche wirtschaftspolitische Maßnahmen ergreifen, deren Kosten vom Autor nicht allesamt lückenlos erhoben werden konnten. Aus diesem Grund wird diese öffentliche Aufgabe von der Betrachtung ausgeschlossen.

Finanzsteuerung:
Als Inputs für den Produktbereich „Finanzsteuerung“ wurden die Personalausgaben pro Einwohner in € sowie die Anzahl der Einwohner je Vollzeitäquivalent an Beschäftigten ausgewählt. Als Outputs wurden die Prüfungsturnusse bei Groß-, Mittel und Kleinbetrieben definiert. Die Inputs lassen sich aus den

512 Vgl. Statistisches Bundesamt (2011e) und (2012i) für die Anzahl Erwerbsloser sowie die Anzahl an Erwerbspersonen. Für die Entwicklung des BIP siehe Statistische Ämter der Länder (2013).

Haushaltsrechnungen der Länder allesamt erheben. Für die Outputs liefert der Benchmarking-Bericht des Landes Bremen eine Übersicht für die Daten aller 16 Bundesländer, jedoch stammt der letzte verfügbare Benchmarking-Bericht aus dem Jahr 2009 und die dort ausgewiesenen Daten beziehen sich auf das Jahr 2008.[513] Da sich die Effizienzanalyse für alle öffentlichen Aufgabenbereiche auf das Jahr 2010 beziehen soll, wird für die Länder einzeln geprüft werden müssen, ob Daten zu den Outputs vorliegen. Beim vierten zu untersuchenden Bundesland, Niedersachsen, finden sich lediglich Angaben zu den Prüfungsturnussen für das Jahr 2009. Der Produktbereich „Finanzsteuerung" wird daher von der Analyse ausgeschlossen.

Sozialgericht:
Bei der Produktgruppe „Sozialgericht" werden die ursprünglich angedachten Inputs der Personalkosten pro Einwohner in € sowie der Anzahl der Einwohner je Vollzeitäquivalent an Beschäftigten ersetzt durch die gesamten Ausgaben pro Einwohner in €, da Hamburg die Personalkosten lediglich aggregiert für den Punkt Fachgerichte ausweist, und die Anzahl der Einwohner je Personal in der Sozialgerichtsbarkeit, weil hier eine für alle Länder einheitliche Datengrundlage zur Verfügung steht.[514] Die Outputs sind die erledigten Klageverfahren je Einwohner, die erledigten Verfahren zur Gewährung von vorläufigem Rechtsschutz je Einwohner und die Erledigungen je Richter. Es treten hierbei zwei Probleme auf. Zum einen weist Baden-Württemberg in seinem Haushaltsplan im Einzelplan 05 - Justizministerium unter dem Kapitel 0506 das Landessozialgericht und die Sozialgerichte aggregiert aus. Dies macht eine Erhebung des Inputs der Ausgaben pro Einwohner in € gesondert für die Sozialgerichte nicht möglich. Auch eine Überprüfung der weiteren Quellen einschließlich einer elektronischen Nachfrage beim Finanz- sowie dem Justizministerium Baden-Württembergs brachte nicht die notwendigen Informationen. Es wäre zwar denkbar, eine Aggregation der Werte der In- und Outputs der Landessozialgerichte sowie der Sozialgerichte für alle Länder durchzuführen, da das Landessozialgericht und die Sozialgerichte aber nicht dieselben Aufgaben wahrnehmen, sondern vielmehr in hierarchischer Beziehung zueinander stehen (so ist das Landessozialgericht eines Landes in erster Linie als Rechtsmittelinstanz für Berufungen gegen Urteile der nachgeordneten Sozialgerichte zu verstehen) verbietet sich eine solche Aggregation, weshalb die Produktgruppe „Sozialgericht" nicht in der Effizienzanalyse berücksichtigt werden kann und folglich ausgeschlossen wird, da mindestens

513 Vgl. Finanzsenat Bremen (2010).
514 Vgl. Statistisches Bundesamt (2012j).

ein Land existiert, für das die notwendigen Daten nicht erhoben werden können. Selbst bei einer möglichen Aggregation würde ein zweites Problem hinzutreten. Bremen und Niedersachsen sowie Berlin und Brandenburg betreiben je ein gemeinsames Sozialgericht. Weist man diese vier Länder nun als Berlin/Brandenburg bzw. Niedersachsen/Bremen aus, so reduziert sich die Anzahl an Beobachtungen für die DEA auf lediglich 14, für eine robuste Analyse mit zwei Inputs und drei Outputs werden jedoch mindestens 15 Beobachtungen benötigt.

Oberverwaltungsgericht und Verwaltungsgericht:
Eine Betrachtung der Produktgruppen „Oberverwaltungsgericht" und „Verwaltungsgericht" samt ihrer In- und Outputs erübrigt sich, da hier dieselbe Argumentation wie beim Ausschluss der Produktgruppe „Sozialgericht" greift. Das Land Baden-Württemberg weist den Verwaltungsgerichtshof (in Baden-Württemberg, Bayern und Hessen wird das Oberverwaltungsgericht aus historischen Gründen Verwaltungsgerichtshof genannt) weder in seiner Haushaltsrechnung noch in seinem Haushaltsplan aus. Im Einzelplan 05 - Justizministerium werden unter dem Kapitel 0505 lediglich aggregierte Werte für die Verwaltungsgerichtsbarkeit ausgewiesen, weshalb sich keine gesonderten Daten für die monetären Inputs erheben lassen. Auch hier blieb die Überprüfung der anderen Quellen sowie eine elektronische Nachfrage beim Finanz- sowie dem Justizministerium Baden-Württembergs ohne brauchbare Ergebnisse. Es gilt analog zur Produktgruppe „Sozialgericht" die Argumentation, dass durch die gemeinsame Ausweisung des Verwaltungsgerichtshofs sowie der Verwaltungsgerichte im Haushalt Baden-Württembergs eine separate Betrachtung beider Produktgruppen nicht möglich ist und es sich aufgrund der unterschiedlichen Aufgabenstellungen sowie der hierarchischen Beziehung der Gerichte verbietet, die Daten zu aggregieren, weshalb sie nicht für alle Bundesländer vollständig erhoben werden können. Die beiden Produktgruppen können somit nicht in der Effizienzanalyse berücksichtigt werden und werden folglich von ihr ausgeschlossen.

Landesarbeitsgericht Bremen und Arbeitsgericht Bremen-Bremerhaven:
Für die Produktgruppen „Landesarbeitsgericht Bremen" und „Arbeitsgericht Bremen-Bremerhaven" gilt ebenfalls die Argumentation der beiden vorangegangenen Produktgruppen. Auch hier lassen sich keine gesonderten Daten für die monetären Inputs erheben. Baden-Württemberg weist in seinem Haushalt im Einzelplan 05 - Justizministerium unter dem Kapitel 0509 aggregierte Werte für die Arbeitsgerichtsbarkeit aus, was der Erhebung der Daten für die monetären Inputs im Weg steht. Die Überprüfung der anderen Quellen und auch eine elektronische Anfrage beim Finanz- sowie beim Justizministerium

Baden-Württembergs konnte die benötigten Daten ebenfalls nicht liefern. Auch hier wird argumentiert, dass die unterschiedliche Aufgabenwahrnehmung sowie die hierarchische Beziehung zwischen dem Landesarbeitsgericht und den Arbeitsgerichten eine Aggregation der Daten verbietet. Es können auch für diese beiden Produktgruppen nicht alle In- und Outputwerte lückenlos erhoben werden, weshalb sie aus der Effizienzanalyse ausscheiden müssen.

Hanseatisches Oberlandesgericht Bremen:
Als Inputs der Produktgruppe „Hanseatisches Oberlandesgericht Bremen" wurden die Personalausgaben pro Einwohner in € sowie die Anzahl der Einwohner je Vollzeitäquivalent an Beschäftigten bestimmt. Als Outputs fungieren die erledigten Zivilsachen je Richter, die erledigten Familiensachen je Richter sowie die Anzahl der gesamten Erledigungen je Einwohner. Die Aggregation der einzelnen Erledigungen zu den gesamten Erledigungen wird notwendig, da ansonsten ein Vielfaches an Outputs entstehen würde. Dadurch würde eine weit größere Anzahl an Beobachtungen als die der 16 Bundesländer notwendig werden und die Effizienzanalyse mittels DEA zu keinen robusten Ergebnissen führen. Die Anzahl der Einwohner je Vollzeitäquivalent an Beschäftigten wird dabei ersetzt durch die Anzahl der Einwohner je Personal am jeweiligen Oberlandesgericht, da hierfür eine einheitliche Datengrundlage für alle Länder besteht.[515] Die Outputs werden komplett aufgegeben, da die Definition anderer Outputs, die ebenfalls einen hohen Aussagegehalt bezüglich der effizienten Aufgabenwahrnehmung der öffentlichen Aufgabe der Oberlandesgerichte aufweisen, die Nutzung einer für alle Länder einheitlichen Quelle ermöglicht. Die neuen Outputs sind die erledigten Zivilsachen je Einwohner,[516] die erledigten Familiensachen je Einwohner[517] und die Erledigungen (Zivil- und Familiensachen) je Richter.[518] Es lassen sich für diese Produktgruppe sämtliche Outputwerte für alle Länder feststellen. Allerdings lassen sich für den Input der Personalausgaben pro Einwohner in € bereits beim Land Baden-Württemberg keine Werte ermitteln. Die Aufgabe der Oberlandesgerichte wird dort im Einzelplan 05 - Justizministerium unter dem Kapitel 0503 unter dem Posten „Gerichte der ordentlichen Gerichtsbarkeit und Staatsanwaltschaften" aggregiert ausgewiesen. Ein gesonderter Ausweis monetärer Inputs für die öffentliche

515 Vgl. Statistisches Bundesamt (2012j).
516 Vgl. Statistisches Bundesamt (2011g).
517 Vgl. Statistisches Bundesamt (2011h).
518 Vgl. Statistisches Bundesamt (2011g) und (2011h). Die Anzahl der Richter ergibt sich weiter aus Statistisches Bundesamt (2012j).

Aufgabe „Oberlandesgericht" ist somit nicht möglich. Da nicht für jedes Bundesland die Daten für die In- und Outputs lückenlos erhoben werden können, wird die Produktgruppe „Hanseatisches Oberlandesgericht Bremen" aus der Effizienzanalyse ausgeschlossen.

Justizprüfungsamt, Landgericht Bremen, Amtsgericht Bremen, Amtsgericht Bremerhaven, Amtsgericht Bremen-Blumenthal und Staatsanwaltschaft Bremen:
Diese sechs Produktgruppen müssen allesamt von der Effizienzanalyse ausgeschlossen werden. Sie werden im Haushalt Baden-Württembergs im Einzelplan 05 - Justizministerium unter dem Kapitel 0503 „Gerichte der ordentlichen Gerichtsbarkeit und Staatsanwaltschaften" nicht gesondert, sondern aggregiert ausgewiesen. Eine Einzelbetrachtung ist somit für mindestens ein Bundesland nicht möglich und die Produktgruppen entziehen sich einem Effizienzvergleich zwischen den deutschen Bundesländern. Sie werden daher von der Analyse ausgeschlossen. Eine Aggregation für alle Bundesländer, um eine Effizienzanalyse durchführen zu können, ist ebenso wenig sinnvoll. Hier wird der Aussagegehalt der Analyse nahezu vollständig verwässert, weil unter einem Oberpunkt eine Gemengelage an Gerichten mit unterschiedlichen Aufgabenstellungen stattfindet. Das Justizprüfungsamt Bremen etwa hat die Abnahme der ersten juristischen Staatsprüfung zur Aufgabe. Das Landgericht Bremen hat bspw. die Aufgaben der Gewährung individuellen Rechtsschutzes oder auch der Herstellung von Rechtssicherheit für die Allgemeinheit, wohingegen das Amtsgericht Bremen unter anderem als zentrales Mahngericht des Landes Bremen fungiert und die Staatsanwaltschaft Bremen hauptsächlich die Sicherheit der Bürger kraft Durchsetzung des staatlichen Strafanspruchs leisten soll.

ÖPNV/konsumtive Finanzhilfen:
Als Inputs für die Produktgruppe „ÖPNV/konsumtive Finanzhilfen" wurden die Personalausgaben pro Einwohner in € und die Anzahl der Einwohner je Vollzeitäquivalent an Beschäftigten definiert. Als Outputs sollen die Anzahl der beförderten Personen im VBN (Verkehrsverbund Bremen/Niedersachsen) sowie die konsumtiven Einnahmen herangezogen werden. Gleich für das erste Bundesland, Baden-Württemberg, finden sich im Haushalt keine entsprechenden Angaben. Da sich auch in den anderen Quellen keine Daten für die In- und Outputs finden und die notwendigen Daten somit nicht für alle Bundesländer erhoben werden können, muss die Produktgruppe „ÖPNV/konsumtive Finanzhilfen" von der Effizienzanalyse ausgeschlossen werden.

Im Folgenden werden die Produktbereiche und Produktgruppen vorgestellt, die geeignet sind, in eine DEA einbezogen zu werden.

Polizei:
Die Daten der In- und Outputs der Landesaufgabe Polizei lassen sich, wenn auch unter einigen Mühen, für alle 16 Bundesländer vollständig erheben. Sie sind in der Tabelle 21 aufgeführt. Zu den Quellen der Daten sei auf den Punkt „A.1 Besondere Erläuterungen zu Tabelle 21" im Anhang verwiesen. Als Inputs wurden die Personalausgaben pro Einwohner in € sowie die Anzahl der Einwohner je Vollzeitäquivalent an Beschäftigten eines Landes ausgewählt. Als Outputs wurden die Anzahl der Straftaten je 100.000 Einwohner sowie die Anzahl an Gewaltstraftaten je 100.000 Einwohner ausgewählt. Beide Outputgrößen spiegeln einen der Gründe der Existenz des Polizeidienstes wider, nämlich die Vereitelung und Prävention von Straftaten. Als dritter Output wurde die Aufklärungsquote ausgewählt, die eine direkte Auskunft über die Güte der Aufklärungsarbeit der Polizei gibt.

Tabelle 21: Die In- und Outputs für einen Effizienzvergleich der öffentlichen Aufgabe „Polizei" der deutschen Bundesländer, eigene Darstellung

Bundesland	**Inputs**		**Outputs**		
	Personalausgaben pro Einwohner in €	**Anzahl der Einwohner je Vollzeitäquivalent an Beschäftigten**	**Anzahl der Straftaten pro 100.000 Einwohner**	**Aufklärungsquote in %**	**Anzahl der Gewaltstraftaten pro 100.000 Einwohner**
Baden-Württemberg	99,40	384,25	5.319,5	59,90	177,49
Bayern	100,15	344,64	4.946,7	64,60	160,91
Hessen	145,69	349,68	6.623,7	58,30	235,66
Niedersachsen	113,92	354,52	7.357,0	62,90	257,83
Nordrhein-Westfalen	93,73	384,41	8.085,1	49,90	285,90
Rheinland-Pfalz	120,99	341,82	6.989,1	62,50	243,39
Saarland	110,51	298,41	7.064,6	55,30	285,58
Schleswig-Holstein	105,40	371,51	7.815,5	50,00	274,92
Brandenburg	135,17	270,83	8.161,7	51,00	202,81
Mecklenburg-Vorpommern	154,75	281,94	7.884,5	60,10	231,43
Sachsen	106,82	301,17	7.004,4	57,30	166,18

Sachsen-Anhalt	166,82	278,31	8.101,2	58,30	254,26
Thüringen	125,32	305,33	6.176,7	65,30	187,96
Berlin	265,21	155,27	13.726	48,40	514,66
Bremen	216,60	208,82	13.483	48,90	519,59
Hamburg	289,40	195,58	12.582	46,20	481,85

Hochschulen:
Als Inputs für den Produktbereich „Hochschulen" wurden die Personalausgaben pro Einwohner in € sowie die Investitionsausgaben pro Einwohner in € bestimmt. Der Input der Personalausgaben pro Einwohner in € weicht vom Produktgruppenhaushalt des Landes Bremen ab, dort findet sich keine Angabe zu den Personalausgaben. Auch die Outputs wurden im Vergleich zur Systematik des Produktgruppenhaushalts variiert. Der Output der Relation der Drittmittel zu den Gesamtausgaben in Prozent wurde übernommen. Er gibt Auskunft über die Fähigkeit einer Hochschule Drittmittel einzuwerben. Anstelle der Anzahl der Absolventen wurde die Erstabsolventenquote in Prozent definiert. Diese gibt den Anteil der Absolventen eines Erststudiums an der altersspezifischen Bevölkerung wieder. Weiter wurde der Anteil der Studierenden in Regelstudienzeit an der Gesamtzahl an Studierenden in Prozent ersetzt durch den Output des Anteils der 25- bis 64-jährigen mit einem Bildungsabschluss im Tertiärbereich in Prozent. Beide Outputs geben einen Hinweis auf die Güte der Lehre an einer Hochschule. Für den Produktbereich „Hochschulen" konnten sämtliche notwendige Daten für alle Länder erhoben werden, weshalb er im nächsten Kapitel einem Effizienzvergleich unterzogen werden kann.

Tabelle 22: Die In- und Outputs für einen Effizienzvergleich der öffentlichen Aufgabe „Hochschulen" der deutschen Bundesländer, eigene Darstellung

Bundesland	**Inputs**		**Outputs**		
	Personalausgaben pro Einwohner in €	**Investitionsausgaben pro Einwohner in €**	**Erstabsolventenquote in %**	**Drittmittel zu Gesamtausgaben in %**	**25- bis 64jährige mit Bildungsstand im Tertiärbereich in %**
Baden-Württemberg	328,89	71,92	34,50	15,67	29,00
Bayern	265,98	66,08	28,30	14,49	28,00

Bundesland	Inputs		Outputs		
	Personalausgaben pro Einwohner in €	Investitionsausgaben pro Einwohner in €	Erstabsolventenquote in %	Drittmittel zu Gesamtausgaben in %	25- bis 64jährige mit Bildungsstand im Tertiärbereich in %
Hessen	299,60	65,06	33,70	12,07	28,00
Niedersachsen	238,58	33,71	25,80	14,22	22,00
Nordrhein-Westfalen	254,80	44,05	30,40	13,63	23,00
Rheinland-Pfalz	215,68	20,12	28,20	10,91	24,00
Saarland	352,36	66,89	19,30	8,95	21,00
Schleswig-Holstein	248,87	32,85	20,20	9,23	23,00
Brandenburg	116,93	30,22	21,30	17,90	30,00
Mecklenburg-Vorpommern	326,77	70,47	21,40	10,06	27,00
Sachsen	296,21	81,11	30,80	19,75	32,00
Sachsen-Anhalt	284,24	41,42	24,40	9,60	25,00
Thüringen	274,45	50,12	29,60	12,47	28,00
Berlin	446,78	56,33	34,70	19,91	36,00
Bremen	390,86	50,40	57,80	26,51	25,00
Hamburg	436,58	71,60	34,00	12,65	30,00

Für die Quellenangaben zu den Daten aus der Tabelle 22 sei auf den Punkt „A.2 Besondere Erläuterungen zu Tabelle 22“ im Anhang verwiesen.

Soziale Sicherung, soziale Kriegsfolgeaufgaben, Wiedergutmachung:
Als Inputs der öffentlichen Aufgabe „Soziale Sicherung, soziale Kriegsfolgeaufgaben, Wiedergutmachung“ wurden die Personalausgaben pro Einwohner in € und die Anzahl der Einwohner je Vollzeitäquivalent an Beschäftigten ausgewählt. Als Output wurde die Förderung der Teilhabe schwerbehinderter Menschen am Arbeitsleben je Einwohner definiert. Gemessen wird dieser Output als die Anzahl an geförderten Personen mit schwerer Behinderung. Es werden zwar weit mehr Leistungsziele/-kennzahlen im Produktgruppenhaushalt

ausgewiesen, jedoch lassen sich diese durch die Länder nicht direkt beeinflussen. Diese öffentliche Aufgabe findet sich zudem nicht exakt so im Produktgruppenhaushalt wieder, dort heißt der Produktbereich „Soziale Sicherheit". In den zugehörigen Produktgruppen werden jedoch die Kriegsfolgeaufgaben und Wiedergutmachungen ausgewiesen, weshalb hier trotzdem eine Vergleichbarkeit mit den Haushalten der anderen Bundesländer gewährleistet ist. Die Daten für die Inputs lassen sich für alle 16 Bundesländer anhand je einer Quelle bestimmen. Eine direkte Kennziffer zur Förderung der Teilhabe behinderter Menschen am Arbeitsleben wird nur von Bremen ausgewiesen. Allerdings lässt sich der Output variieren und als Beschäftigungsquote schwerbehinderter Menschen im öffentlichen Dienst in Prozent ausweisen. Die Länder sind nach § 71 Abs. 1 SGB IX, sofern sie jahresdurchschnittlich monatlich mindestens 20 Arbeitsplätze haben, dazu verpflichtet, mindestens fünf Prozent dieser Arbeitsplätze mit schwerbehinderten Menschen zu besetzen. Die Variierung des Outputs ermöglicht die Erfassung der Outputwerte für sämtliche Länder und macht diesen Produktbereich einer Effizienzanalyse im nächsten Kapitel zugänglich.

Tabelle 23: Die In- und Outputs für einen Effizienzvergleich der öffentlichen Aufgabe „Soziale Sicherung, soziale Kriegsfolgeaufgaben, Wiedergutmachung" der deutschen Bundesländer, eigene Darstellung

Bundesland	**Inputs**		**Outputs**
	Personalausgaben pro Einwohner in €	**Anzahl der Einwohner je Vollzeitäquivalent an Beschäftigten**	**Beschäftigungsquote schwerbehinderter Menschen im öffentlichen Dienst in %**
Baden-Württemberg	129,35	5.9413,70	5,80
Bayern	104,24	3.793,86	6,40
Hessen	154,11	8.368,30	8,10
Niedersachsen	133,87	4.303,42	5,10
Nordrhein-Westfalen	108,99	10.660,19	6,70
Rheinland-Pfalz	151,86	3.780,68	5,10
Saarland	101,22	1.633,33	5,80
Schleswig-Holstein	113,96	6.668,84	6,00
Brandenburg	202,53	3.443,29	6,00

Bundesland	Inputs		Outputs
	Personalausgaben pro Einwohner in €	Anzahl der Einwohner je Vollzeitäquivalent an Beschäftigten	Beschäftigungsquote schwerbehinderter Menschen im öffentlichen Dienst in %
Mecklenburg-Vorpommern	118,73	2.932,73	6,80
Sachsen	157,37	5.607,40	6,10
Sachsen-Anhalt	172,59	2.557,51	5,40
Thüringen	127,96	8.563,31	6,30
Berlin	103,45	270,71	7,70
Bremen	118,06	219,80	6,50
Hamburg	29,11	770,02	6,30

Für die Quellenangaben zu den Daten aus der Tabelle 23 sei auf den Punkt „A.3 Besondere Erläuterungen zu Tabelle 23" im Anhang verwiesen.

Hilfen für junge Menschen und Familien:

Die Inputs für den Produktbereich „Hilfen für junge Menschen und Familien" sind die Personalausgaben pro Einwohner in € und die Anzahl der Einwohner je Vollzeitäquivalent an Beschäftigten. Als Outputs wurden die Betreuungsquote für Kinder zwischen null und drei Jahren in Prozent sowie die für Kinder zwischen drei und sechs Jahren in Prozent ausgewählt. Die Betreuungsquote gibt dabei den Anteil an betreuten Kindern innerhalb aller Kinder in der jeweiligen Altersgruppe in Kindertageseinrichtungen sowie in der öffentlich geförderten Kindertagespflege an. Dies scheint auf den ersten Blick eine doch recht eingeschränkte Auswahl, wenn man bedenkt, dass der Produktbereich sich in sieben Produktgruppen gliedert, deren Inhalt weit über die Thematik der Kinderbetreuung hinaus geht. Betrachtet man jedoch die einzelnen Produktgruppen, so wird augenscheinlich, dass die dort angegebenen Leistungsziele/-kennzahlen durch die Länder entweder kaum zu beeinflussen sind, wie etwa die Fälle an Vollzeitpflege in der Produktgruppe der „Betreuung und Unterbringung außerhalb der Familien", oder aber keine ausreichende Kennziffer für die Beurteilung der Effizienz der Aufgabenausführung darstellen, wie etwa die Anzahl der Veranstaltungen in der Produktgruppe „Bürgerschaftliches Engagement, Selbsthilfe, Familienpolitik", die lediglich einen quantitativen Wert wiedergibt. Aus diesem Grund werden lediglich die beiden ausgewählten Outputs ausgewiesen und der Produktbereich auf die Produktgruppe der „Kindertagesbetreuung" eingeschränkt.

Die Personalausgaben pro Einwohner in € lassen sich für alle Länder erheben. Ebenso die beiden Outputs. Bei der Anzahl der Einwohner je Vollzeitäquivalent an Beschäftigten kann auf Statistisches Bundesamt (2011c) zurückgegriffen werden, hier werden jedoch keine Werte für die Stadtstaaten ausgewiesen. Ein alternativer Input wäre der Personalschlüssel in Kindertageseinrichtungen, welcher angibt wie viele ganztags betreute Kinder auf eine pädagogisch vollzeittätige Person kommen. Diese Daten lassen sich aus Statistisches Bundesamt (2011d) erheben, jedoch wird hier kein Wert für das Land Berlin ausgewiesen. Daher wird anstelle eines dieser nicht-monetären Inputs ein weiterer monetärer Input in die Analyse aufgenommen, der des laufenden Sachaufwands pro Einwohner in €. Dieser Input lässt sich nun für alle Länder erheben, weshalb die öffentliche Aufgabe „Kindertagesbetreuung" im folgenden Kapitel theoretisch einer Effizienzanalyse unterzogen werden kann.

Es sticht allerdings direkt ins Auge, dass die Stadtstaaten, vor allem Berlin und Hamburg, die mit Abstand geringsten Personalkosten aller Länder haben, wie aus der Tabelle 24 hervorgeht. Eine telefonische Nachfrage beim Statistischen Bundesamt, aus dessen Quelle die Daten für die Personalkosten stammen, brachte die Auskunft, dass es bei Erhebungen des Amtes im Bereich der Kindertagesstätten schon immer Probleme mit der Datenerhebung für die Stadtstaaten gab. Dies liegt daran, dass diese drei Länder die „Kindertagesbetreuung" aus ihrem Haushalt ausgelagert haben und somit ein korrekter Nachweis der Kosten hier nicht möglich ist. Deshalb muss dieser Produktbereich, obwohl ausreichende Daten für die In- und Outputs zur Verfügung stehen, ebenfalls von der Effizienzanalyse ausgeschlossen werden, da die Daten für die Inputs nicht aussagekräftig sind und auch weitere Untersuchungen, einschließlich direkter Anfragen bei den jeweils verantwortlichen Stellen der drei Stadtstaaten, ohne Ergebnis blieben.

Tabelle 24: Die In- und Outputs für einen Effizienzvergleich der öffentlichen Aufgabe „Kindertagesbetreuung" der deutschen Bundesländer, eigene Darstellung

Bundesland	**Inputs**		**Outputs**	
	Personalausgaben pro Einwohner in €	**Nettoausgaben pro Einwohner in €**	**Betreuungsquote für Kinder zwischen null und drei Jahren in %**	**Betreuungsquote für Kinder zwischen drei und sechs Jahren in %**
Baden-Württemberg	73,83	145,71	18,30	94,80
Bayern	51,76	179,44	18,50	90,00
Hessen	81,09	181,80	19,30	92,60

Bundesland	**Inputs**		**Outputs**	
	Personalausgaben pro Einwohner in €	**Nettoausgaben pro Einwohner in €**	**Betreuungsquote für Kinder zwischen null und drei Jahren in %**	**Betreuungsquote für Kinder zwischen drei und sechs Jahren in %**
Niedersachsen	51,40	109,37	15,80	89,50
Nordrhein-Westfalen	37,99	194,11	14,00	91,80
Rheinland-Pfalz	89,17	180,08	20,10	96,60
Saarland	37,34	169,03	17,70	93,90
Schleswig-Holstein	39,87	109,73	18,10	86,80
Brandenburg	115,05	256,46	51,00	95,40
Mecklenburg-Vorpommern	34,71	61,50	50,70	95,20
Sachsen	81,94	168,45	42,80	95,20
Sachsen-Anhalt	97,22	233,83	55,90	94,40
Thüringen	61,74	204,02	45,10	95,90
Berlin	0,29	12,43	42,10	93,70
Bremen	15,14	207,35	16,10	88,10
Hamburg	1,12	262,53	28,50	83,00[519]

Für die Quellenangaben zu den Daten aus der Tabelle 24 sei auf den Punkt „A.4 Besondere Erläuterungen zu Tabelle 24" im Anhang verwiesen.

Sicherstellung der Krankenhausversorgung:
Für diesen Produktbereich weist der Bremer Produktgruppenhaushalt die konsumtiven und die investiven Ausgaben jeweils in € aus. Für die Analyse sollen aber die Personalausgaben pro Einwohner in € sowie die Anzahl an Einwohnern je Vollzeitäquivalent an Beschäftigten ausgewiesen werden. Als Leistungsziele/-kennzahlen

519 Darüber hinaus besuchten 8,6 Prozent aller Kinder dieser Altersgruppe (vor-)schulische Einrichtungen.

werden die Anzahl der Betten sowie die KHG-Förderung pro Bett ausgewiesen. Die KHG-Förderung pro Bett ist allerdings an rechtliche Vorgaben geknüpft und somit durch die Länder nicht beeinflussbar, weshalb von den beiden Kennzahlen lediglich die Anzahl der Betten je Einwohner als Output ausgewiesen wird. Zusätzlich wird die durchschnittliche Verweildauer je Patient in Tagen ausgewiesen, da sie, je kürzer sie ist, ein Indiz dafür liefern kann, wie effizient die Patientenbehandlung erfolgt. Es ist jedoch zu beachten, dass diese Kennziffer nicht komplett in den Händen der Länder liegt. Wenn ein Patient eine schwere Krankheit hat, so muss er zwangsläufig länger stationär betreut werden, als nach einer leichteren Operation. Die notwendigen Daten der In- und Outputs konnten für alle Länder vollständig erhoben werden. Die öffentliche Aufgabe „Sicherstellung der Krankenversorgung" kann somit im nächsten Kapitel einer Effizienzanalyse unterzogen werden.

Tabelle 25: Die In- und Outputs für einen Effizienzvergleich der öffentlichen Aufgabe „Sicherstellung der Krankenhausversorgung" der deutschen Bundesländer, eigene Darstellung

Bundesland	**Inputs**		**Outputs**	
	Personalausgaben pro Einwohner in €	**Anzahl der Einwohner je Vollzeitäquivalent an Beschäftigten**	**Betten je Einwohner**	**Durchschnittliche Verweildauer je Patient in Tagen**
Baden-Württemberg	0,58	101,01	185,27	7,90
Bayern	0,58	98,34	165,44	7,70
Hessen	0,53	109,75	169,26	7,90
Niedersachsen	0,54	110,82	188,63	7,80
Nordrhein-Westfalen	0,62	97,22	146,54	8,00
Rheinland-Pfalz	0,58	102,46	157,31	7,70
Saarland	0,72	80,60	155,40	7,90
Schleswig-Holstein	0,53	111,30	180,03	8,00
Brandenburg	0,46	120,95	164,21	8,30
Mecklenburg-Vorpommern	0,57	92,71	157,10	7,50

Bundesland	Inputs		Outputs	
	Personalausgaben pro Einwohner in €	Anzahl der Einwohner je Vollzeitäquivalent an Beschäftigten	Betten je Einwohner	Durchschnittliche Verweildauer je Patient in Tagen
Sachsen	0,52	102,09	157,28	7,90
Sachsen-Anhalt	0,60	92,17	141,28	7,70
Thüringen	0,60	92,92	139,17	8,00
Berlin	0,59	96,80	174,94	7,80
Bremen	0,84	73,40	126,48	7,30
Hamburg	0,73	82,55	150,16	8,00

Für die Quellenangaben zu den Daten aus der Tabelle 25 sei auf den Punkt „A.5 Besondere Erläuterungen zu Tabelle 25“ im Anhang verwiesen.

Finanzgericht:
Die Inputs der Produktgruppe „Finanzgericht“ sind die Personalausgaben pro Einwohner in € und die Anzahl der Einwohner je Vollzeitäquivalent an Beschäftigten. Als Outputs wurden die erledigten Klageverfahren je Einwohner, die erledigten Verfahren zur Gewährung von vorläufigem Rechtsschutz je Einwohner und die Erledigungen je Richter ausgewählt. Die Outputs lassen sich für sämtliche Länder erheben. Hierbei ist auf die Besonderheit hinzuweisen, dass Brandenburg und Berlin ein gemeinsames Finanzgericht betreiben, weshalb beide Länder als fiktives Land Berlin/Brandenburg ausgewiesen werden. Für die Effizienzanalyse ist dies nicht hinderlich, da weiterhin eine ausreichende Anzahl an Beobachtungen, 15, zur Verfügung stünde. Der Input der Anzahl der Einwohner je Vollzeitäquivalent an Beschäftigten wird ersetzt durch die Anzahl der Einwohner je Personal in der Finanzgerichtsbarkeit, da hierfür eine einheitliche Quelle zur Datengenerierung für alle Länder zur Verfügung steht. Bei den Personalausgaben pro Einwohner in € finden sich Daten für alle Länder, außer Hamburg, in ihren Haushaltsrechnungen oder -plänen. Hamburg weist die Personalausgaben lediglich für den aggregierten Posten Gerichte aus. Im Hamburger Haushaltsplan, Einzelplan 2 – Behörde für Justiz und Gleichstellung weist Hamburg das Finanzgericht gemeinsam mit dem Landesarbeits- und Arbeitsgericht, dem Landessozial- und Sozialgericht sowie dem Oberverwaltungs- und Verwaltungsgericht unter dem Punkt Fachgerichte aus.

Nur für diese aggregierte Aufgabe existiert eine Aufschlüsselung der Ausgaben nach Arten. Deshalb wird anstelle der Personalkosten auf die gesamten Ausgaben abgestellt.

Tabelle 26: Die In- und Outputs für einen Effizienzvergleich der öffentlichen Aufgabe „Finanzgericht" der deutschen Bundesländer, eigene Darstellung

Bundesland	**Inputs**		**Outputs**		
	Ausgaben pro Einwohner in €	**Anzahl der Einwohner je Personal in der Finanzgerichtsbarkeit**	**Erledigte Klageverfahren je Einwohner**	**Erledigte Verfahren zur Gewährung von vorläufigem Rechtsschutz je Einwohner**	**Erledigungen je Personal im richterlichen Dienst**
Baden-Württemberg	0,58	124.006,92	0,0004457	0,0000549	104,52
Bayern	0,77	90.499,43	0,0004178	0,0000695	79,77
Hessen	1,07	76.314,73	0,0004483	0,0000915	80,67
Niedersachsen	0,94	71.691,20	0,0008171	0,0001071	131,26
Nordrhein-Westfalen	1,13	58.543,25	0,0006999	0,0001144	93,70
Rheinland-Pfalz	0,55	121.325,61	0,0003914	0,0000480	83,76
Saarland	0,66	101.756,70	0,0006005	0,0001425	108,00
Schleswig-Holstein	0,59	113.825,66	0,0003183	0,0001062	81,28
Berlin/ Brandenburg	0,88	68.074,40	0,0006965	0,0001464	117,59
Mecklenburg-Vorpommern	0,58	134.067,51	0,0003051	0,0000658	105,91
Sachsen	0,76	96.387,39	0,0004605	0,0001130	96,16
Sachsen-Anhalt	0,71	82.074,02	0,0006741	0,0001546	117,27
Thüringen	0,78	93.126,04	0,0004224	0,0000823	102,55
Bremen	1,10	72.605,05	0,0006765	0,0001044	86,00
Hamburg	1,66	46.839,22	0,0006952	0,0001260	75,08

Nach den notwendigen Variationen in den In- und Outputs lassen sich nun sämtliche Daten für alle Länder erheben, was es möglich macht, die Aufgabe „Finanzgericht" im nächsten Kapitel einer Effizienzanalyse zu unterziehen. Für die Quellenangaben zu den Daten aus der Tabelle 26 sei dabei auf den Punkt „A.6 Besondere Erläuterungen zur Tabelle 26" im Anhang verwiesen.

Nachdem die einzelnen Produktbereiche bzw. Produktgruppen, die einer Effizienzanalyse unterzogen werden sollen vorgestellt und auf ihre Eignung zur Effizienzbetrachtung untersucht worden sind, werden die einzelnen öffentlichen Aufgaben, welche als geeignet erachtet wurden, einer Effizienzanalyse unterzogen.

6.5.4 Die Effizienzanalyse mittels DEA hinsichtlich der Aufgabenerfüllung des Saarlandes im Vergleich zu den anderen Bundesländern und eine kritische Würdigung der Ergebnisse

In diesem Kapitel werden die Bundesländer hinsichtlich der Effizienz ihrer Aufgabenausführung vergleichend betrachtet. Hierbei wird für die öffentlichen Aufgaben, für die im Kapitel 6.5.3.2. sämtliche notwendigen Werte für die In- und Outputs ermittelt werden konnten, eine Analyse mittels der DEA durchgeführt. Die Analyse ist dabei inputorientiert, es werden also Benchmarks ermittelt, die mindestens den gleichen Output bei geringerem Einsatz mindestens eines Inputs erzeugen. Die Analyse wird dabei separat für jeden Aufgabenbereich durchgeführt. Die Interpretation der Ergebnisse wird anhand der Analyse eines Produktbereichs in der Tabelle 27 genauer aufgezeigt. Die Ergebnisse für alle Produktbereiche bzw. Produktgruppen werden schließlich zusammenfassend in den Tabellen 28 und 29 dargestellt.

Zur Effizienzberechnung wird auf das Standard-DEA-Modell zurückgegriffen, welches sich leicht in Microsoft Excel umsetzen lässt. Die Lösung des Optimierungsproblems erfolgt mit der Solverfunktion in Microsoft Excel. Als Grundlage für die Programmierung diente das Begleitmaterial zum Fallbeispiel aus Poddig und Varmaz (2005a).[520] Das Beispiel der Autoren beruht auf der Betrachtung von 79 Filialen einer großen kanadischen Bank, deren Daten öffentlich verfügbar sind. Die Berechnung der Effizienz der Aufgabenausführung der Bundesländer in den verschiedenen öffentlichen Aufgabenbereichen baut mit einigen Modifikationen auf diesem Beispiel auf. Zur Programmierung einer Effizienzanalyse mittels DEA in Microsoft Excel sei auf den Punkt „A.7 DEA in

520 Die Autoren stellen das Begleitmaterial zum Artikel auf der Lehrstuhlseite von Prof. Dr. Poddig zur Verfügung; www.fiwi.uni-bremen.de.

Excel“ im Anhang verwiesen, welcher sich in seinen Ausführungen an dem Begleitmaterial des Artikels von Poddig und Varmaz (2005a) orientiert.

Vorab ist festzuhalten, dass es einige Outputs gibt, deren Behandlung nach dem oben genannten Prinzip der Inputminimierung bei mindestens Gleicherhaltung der Outputs augenscheinlich nicht erwünscht sein kann. Für die Landesaufgabe der „Polizei“ sind dies die Anzahl der Straftaten je 100.000 Einwohner und die Anzahl der Gewaltstraftaten je 100.000 Einwohner, für die Landesaufgabe der „Sicherstellung der Krankenhausversorgung“ ist dies die durchschnittliche Verweildauer je Patient in Tagen. Diese Werte sollten keinesfalls maximiert, sondern vielmehr minimiert werden. Für die Inputs gilt spiegelbildlich, dass die Anzahl der Einwohner je Vollzeitäquivalent an Beschäftigten, die als Input bei den Aufgaben der „Polizei“, der „Sozialen Sicherung, soziale Kriegsfolgeaufgaben, Wiedergutmachung“ sowie bei der „Sicherstellung der Krankenhausversorgung“ vorkommt, einen Input darstellt, der nicht minimiert, sondern maximiert werden sollte, da je kleiner der Wert hier ist, je mehr vollzeitäquivalent Beschäftigte existieren würden. Wünschenswert wäre aber eine Einsparung an Personal. Selbes gilt für die Anzahl der Einwohner je Personal in der Finanzgerichtsbarkeit der öffentlichen Aufgabe „Finanzgericht“.

Diese Einschränkungen lassen sich aber leicht beheben, indem man die entsprechenden Outputs als Inputs und die angesprochenen Inputs als Outputs modelliert. Es lässt sich auch mit dem Kehrwert der jeweiligen In- und Outputs rechnen. Als Beispiel sei der Output der Anzahl an Straftaten je 100.000 Einwohner des Produktbereichs „Polizei“ betrachtet. Bildet man hier den Kehrwert, so stellt eine Maximierung dieses Wertes eine Minimierung der Anzahl der Straftaten je 100.000 Einwohner dar, da sich diese Kennziffer im Nenner des Bruches befindet und eine Steigerung des Wertes des gesamten Bruches gleichbedeutend mit einer Minimierung des Nenners, bei Konstanz des Zählers, ist. Es wird in der folgenden Analyse gemäß diesem Beispiel jeweils mit dem Kehrwert der oben aufgeführten In- und Outputs gerechnet.

Es ist nun vorab festzulegen, welches Bundesland hinsichtlich der Effizienz der Erfüllung seiner öffentlichen Aufgaben betrachtet werden soll. Hier bieten sich zwei Länder an, Bremen und das Saarland. Beide Länder scheinen deshalb als zu betrachtende Länder prädestiniert, da sie in der Vergangenheit bereits einen Anspruch auf Sanierungshilfen aufgrund einer Extremen Haushaltsnotlage geltend gemacht haben und sich bis zur Gewährung von Konsolidierungshilfen im Rahmen der Einführung des Art. 109 Abs. 3 GG in weiteren Klageverfahren vor dem Bundesverfassungsgericht befanden. Führt man jedoch eine Effizienzanalyse für das Land Bremen durch, so wird offensichtlich, dass es aufgrund der strukturellen Andersartigkeit der öffentlichen Aufgabenerfüllung in den

Stadtstaaten als Groß- und Hauptstädte ohne Umland und der Aufgabenerfüllung in Flächenländern äußerst fragwürdig ist, Stadtstaaten und Flächenländer zu vergleichen. Augenscheinlich wird dies, wenn man die Ergebnisse der DEA-Berechnung für Bremen im Bereich der Polizei betrachtet. Hier empfiehlt die inputorientierte Analyse mittels des Standard-DEA-Modells eine Absenkung des Inputniveaus für Bremen auf 54 Prozent des ursprünglichen Wertes. Um dieses Ziel zu erreichen, wird eine hundertprozentige Orientierung des Stadtstaates Bremen am größten Flächenland Nordrhein-Westfalen empfohlen. Bremen als Großstadt ohne Umland ist im Gegensatz zu Flächenländern wie Nordrhein-Westfalen aber sehr viel stärker mit großstadttypischer Kriminalität konfrontiert. Es wäre sinnvoller, Bremen mit ähnlich großen Großstädten innerhalb Deutschlands zu vergleichen wie etwa Frankfurt am Main, Stuttgart oder auch Düsseldorf. Die Ergebnisse dürften hier für Bremen und auch die anderen beiden Stadtstaaten Hamburg und Berlin durchweg positiver ausfallen.

Aufgrund dieser Einschränkungen wird in dieser Arbeit der Weg gegangen, die Stadtstaaten nicht in der DEA zu betrachten. Es wird ein Effizienzvergleich lediglich zwischen den Flächenländern durchgeführt, da diese eine weit bessere Vergleichbarkeit untereinander aufweisen. Aus den oben aufgeführten Gründen heraus wird als zu betrachtendes Bundesland das Saarland ausgewählt. Durch den Ausschluss der drei Stadtstaaten von der Effizienzanalyse reduziert sich die Anzahl an Beobachtungen jedoch von 16 auf 13, was es lediglich möglich macht, vier anstatt fünf In- und Outputs in Summe zu betrachten. Dies führt dazu, dass bei den Produktbereichen der „Polizei" und der „Hochschulen" sowie bei der Produktgruppe des „Finanzgerichts" jeweils ein Output gestrichen werden muss. Als zu streichender Output im Produktbereich „Polizei" wird der Output der Anzahl an Straftaten je 100.000 Einwohner ausgewählt, da mit dem Output der Anzahl an Gewaltstraftaten je 100.000 Einwohner ein Output mit ähnlichem Inhalt und ähnlicher Aussagekraft existiert. Bei dem Produktbereich „Hochschulen" wird der Output der 25- bis 64jährigen mit Bildungsstand im Tertiärbereich in Prozent entfernt. Bei der Produktgruppe „Finanzgericht" fällt der Output der erledigten Klageverfahren zur Gewährung von vorläufigem Rechtsschutz je Einwohner aus der Analyse raus. Hier existiert mit den erledigten Klageverfahren je Einwohner ein Output, unter dem der wegfallende subsummiert und somit indirekt ebenfalls betrachtet wird. Nach Durchlaufen dieser Einschränkungen kann nun eine Effizienzanalyse des Saarlandes hinsichtlich der Effizienz seiner öffentlichen Aufgabenerfüllung stattfinden.

In der Tabelle 27 wird anhand der Ergebnisse der DEA für den Produktbereich „Sicherstellung der Krankenhausversorgung" die Betrachtung des Excel-Auswurfs einer DEA dargestellt. Die Bundesländer sind in der Tabelle 27 mit den Zahlen von 1 bis 13 indiziert. Die Zahlen 1 bis 8 stellen dabei alphabetisch aufsteigend die alten Flächenländer dar, die Zahlen 9 bis 13 alphabetisch aufsteigend die neuen Flächenländer. Es wird in der Analyse das Bundesland 7 betrachtet, also das Saarland.

Tabelle 27: Die reine technische Effizienz für das Saarland bezüglich des Produktbereichs „Sicherstellung der Krankenhausversorgung", eigene Darstellung

B	**Vektor Lambda (λ): K x 1 Vektor**	**Optimierungsproblem für reine technische Effizienz**		
1	0	Bundesland		
2	0			
3	0	7		
4	0,64			
5	0			
6	0	Outputnebenbedingungen	Betten je Einwohner	179,2 >= 155,4
7	0		Durchschnittliche Verweildauer je Patient in Tagen	7,9 <=7,9
9	0,27	Inputnebenbedingungen	Personalausgaben pro Einwohner in €	0,52 <= 0,52
10	0,09		Anzahl der Einwohner je Vollzeitäquivalent an Beschäftigten	111,4 >= 111,4
11	0			
12	0	Effizienzwert	0,72	
13	0			
		Σ Lambdas	1 = 1	

Die erste Spalte gibt die Bundesländer als Zahlenindizes an (B = Bundesland), die zweite Spalte gibt den Lambda-Vektor an, der anzeigt, zu wie viel Prozent sich ein ineffizientes Bundesland an seinen durch die DEA bestimmten Benchmarks orientieren sollte. Die dritte Spalte bildet das Optimierungsproblem ab. In der zweiten Zeile dieser Spalte wird das Bundesland angezeigt, welches auf seine Effizienz hin untersucht werden soll. Die dritte Zeile stellt die

Outputnebenbedingung(en) dar, die vierte die Inputnebenbedingungen. Die fünfte Zeile gibt den Effizienzwert für das untersuchte Bundesland an und die sechste Zeile erfüllt die Nebenbedingung, dass sich die Lambda-Werte aus Spalte 2 zu eins aufsummieren müssen.

Die DEA zeigt für das Saarland bezüglich des Produktbereichs „Sicherstellung der Krankenhausversorgung“ einen Effizienzwert von 0,72 an. Das bedeutet, dass das Saarland seine Inputs bei gleichbleibendem Outputniveau auf ein Niveau von 72 % proportional absenken könnte, würde es rein technisch effizient operieren. Aus den Outputnebenbedingungen geht hervor, dass das Outputniveau bezüglich der durchschnittlichen Verweildauer je Patient in Tagen unverändert bliebe. Das Saarland kann das Ausbringungsniveau dieses Outputs nicht erhöhen, ohne mindestens einen Inputfaktor zu erhöhen. Mit Blick auf den zweiten Outputfaktor, der Anzahl an Betten je Einwohner, zeigen die Outputnebenbedingungen, dass es dem Saarland hier möglich wäre, die Bettenanzahl je Einwohner von 155,4 auf 179,2 zu erhöhen. Gleichzeitig wird in den Inputnebenbedingungen angezeigt, dass das Saarland die Personalausgaben je Einwohner in € auf 0,52 € pro Einwohner absenken kann. Der ursprüngliche Wert für das Saarland lag hier bei 0,72 € pro Einwohner, was eine Einsparung von 0,2 € je Einwohner und insgesamt 203.513,4 € bedeutet. Die Anzahl der Einwohner je Vollzeitäquivalent an Beschäftigten kann von 80,6 auf 111,4 erhöht werden, was einem Personalabbau von 3.491 vollzeitäquivalent (von ursprünglich 12.625 auf nun 9.134) Beschäftigten entspricht. Als Benchmarks für das Saarland wurden die Bundesländer 4, 9 und 10, also Niedersachsen, Brandenburg und Mecklenburg-Vorpommern ausgewiesen. Das Saarland sollte sich dabei nach Empfehlung der DEA in seinem Verhalten bei der Aufgabenausführung zu 64 % an Niedersachsen, zu 27 % an Brandenburg und zu neun Prozent an Mecklenburg-Vorpommern orientieren, um seine brachliegenden Effizienzpotentiale bestmöglich ausschöpfen zu können. Im Bereich der „Sicherstellung der Krankenhausversorgung“ birgt das Saarland also erhebliche Effizienzpotentiale, die es ausschöpfen kann, um Kosten in diesem Bereich einzusparen.

Die Ergebnisse für die anderen Produktbereiche bzw. die Produktgruppe „Finanzgericht“ sind in den Tabellen 28 und 29 ausgewiesen. Dabei sind in der Tabelle 28 die Produktbereiche dargestellt, in denen das Saarland effizient arbeitet. Die Tabelle 29 weist diejenigen Produktbereiche bzw. die Produktgruppe „Finanzgericht“ aus, in denen das Saarland seine Effizienzpotentiale noch nicht vollkommen ausgeschöpft hat und somit Einsparpotentiale realisieren könnte. Dabei ist in der ersten Spalte der jeweilige Produktbereich (PB) bzw. die jeweilige Produktgruppe (PG) abgebildet. In der zweiten Spalte findet sich der Effizienzwert des Saarlandes bezüglich der

Ausführung der jeweiligen öffentlichen Aufgabe wieder. Die dritte Spalte zeigt die durch die DEA identifizierten Benchmarks an, wobei die vierte Spalte angibt, zu welchen Anteilen das Saarland sein Verhalten bei der Aufgabenausführung an der jeweiligen Benchmark ausrichten sollte. Die fünfte Spalte zeigt die Inputnebenbedingung(en) an. Die sechste Spalte schließlich bildet die Outputnebenbedingung(en) ab.

Tabelle 28: Die nach der DEA vom Saarland effizient erfüllten öffentlichen Aufgaben, eigene Darstellung

PB/ PG	**Effizienzwert**	**Benchmarkingpartner**	**Vektor Lambda (λ): K x 1 Vektor**	**Inputs**		**Outputs**	
Soziale Sicherheit	1	/	/	Personalausgaben pro Einwohner in €	101,2 <= 101,2	Beschäftigungsquote schwerbehinderter Menschen im öffentlichen Dienst	5,8 >= 5,8
				Anzahl der Einwohner je Vollzeitäquivalent an Beschäftigten	1.633 >= 1.633		
Finanzgericht	1	/	/	Ausgaben pro Einwohner in €	0,66 <= 0,66	Erledigte Klageverfahren je Einwohner	0,0006005 >= 0,0006005
				Anzahl der Einwohner je Personal in der Finanzgerichtsbarkeit	101.756,7 >= 101.756,7	Erledigungen je Personal im richterlichen Dienst	108 >= 108

Im Produktbereich „Soziale Sicherheit“ sowie der Produktgruppe „Finanzgericht“ arbeitet das Saarland effizient, weshalb für beide ein Effizienzwert von 1 ausgewiesen wird. Die Spalten drei und vier bleiben somit leer, da kein Bundesland existiert, welches mit einem niedrigeren Einsatz mindestens eines Inputs mindestens gleich hohe Outputs erzeugen kann. Eine Betrachtung der Lambdawerte, also zu welchen Anteilen das Saarland das Verhalten seiner Benchmarks imitieren sollte, erübrigt sich, da keine Benchmarks existieren. Die Spalten fünf und sechs zeigen bei Effizienz des untersuchten Landes, des Saarlandes, sodann auch keine Variationen in den In- und Outputs an.

Tabelle 29: Die nach der DEA vom Saarland ineffizient erfüllten öffentlichen Aufgaben, eigene Darstellung

PB/ PG	Effizienzwert	Benchmarkingpartner	Vektor Lambda (λ): K x 1 Vektor	Inputs		Outputs	
Polizei	0,87	Bayern	0,37	Personalausgaben pro Einwohner in €	96,09 <= 96,09	Anzahl der Gewaltstraftaten je 100.000 Einwohner	222,43 <= 285,58
		Nordrhein-Westfalen	0,63	Anzahl der Einwohner je Vollzeitäquivalent an Beschäftigten	368,78 >= 368,78	Aufklärungsquote	55,30 >= 55,30
Hochschulen	0,41	Rheinland-Pfalz	0,28	Personalausgaben pro Einwohner in €	144,4 <= 144,4	Erstabsolventenquote in %	23,22 >= 19,3
		Brandenburg	0,72	Investitionsausgaben pro Einwohner in €	27,4 <= 27,4	Drittmittel zu Gesamtausgaben in %	15,96 >= 8,95
Sicherstellung der Krankenhausversorgung	0,72	Niedersachsen	0,64	Personalausgaben pro Einwohner in €	0,52 <= 0,52	Betten je Einwohner	179,2 >= 155,4
		Brandenburg Mecklenburg-Vorpommern	0,27 0,09	Anzahl der Einwohner je Vollzeitäquivalent an Beschäftigten	111,4 >= 111,4	Durchschnittliche Verweildauer je Patient in Tagen	7,9 <= 7,9

Es existieren drei Produktbereiche in deren Aufgabenausführung das Saarland ineffizient agiert. Der Produktbereich der „Sicherstellung der Krankenhausversorgung“ wurde eingangs ausführlich besprochen, weshalb lediglich die beiden übrigen Produktbereiche erläutert werden, für die die DEA eine ineffiziente Aufgabenausführung anzeigt.

Im Bereich der „Polizei“ zeigt die DEA einen Effizienzwert von etwa 0,87 an. Das Saarland kann also seine Inputs auf ein Niveau von 87 % proportional absenken, ohne weniger Output zu erzeugen. So kann das Saarland die Personalausgaben je Einwohner in € von 110,51 € auf 96,09 € absenken. Gleichzeitig kann die Anzahl der Einwohner je Vollzeitäquivalent an Beschäftigten von 298,41 auf 368,78 erhöht werden, die Relation von vollzeitäquivalent beschäftigtem Personal zu Einwohnern also reduziert werden. Weiter zeigt die DEA, dass das Saarland parallel zur Inputsenkung auch seinen Output bezüglich Anzahl der Gewaltstraftaten je 100.000 Einwohner steigern könnte. Da für ein Bundesland aber entscheidend ist, mit weniger Inputs, also sparsamer, ein Mindestmaß an Outputs zu gewährleisten, kann die Outputseite vernachlässigt werden. Als Benchmarks für das Saarland wurden Bayern mit einem Lambda-Wert von 37 und Nordrhein-Westfalen mit einem Lambda-Wert von 63 identifiziert. Es wird also empfohlen, dass sich das Saarland bei der Ausübung der Landesaufgabe „Polizei“ zu 37 % an Bayern und zu 63% an Nordrhein-Westfalen orientiert.

Für den Produktbereich „Hochschulen“ liegt der Effizienzwert des Saarlandes bei 0,41. Das Saarland kann also seine Inputs proportional auf ein Niveau von 41 % absenken, ohne Einbußen beim Outniveau in Kauf nehmen zu müssen. So kann das Saarland seine Ausgaben pro Einwohner in € von ursprünglich 352,36 € auf 144,4 € senken. Die Investitionsausgaben pro Einwohner können von ursprünglichen 66,89 € auf 27,4 € gesenkt werden. Die Benchmarks bei der Analyse dieses Produktbereichs sind die Länder Rheinland-Pfalz und Brandenburg mit Lambda-Werten von 0,28 für Rheinland-Pfalz und 0,72 für Brandenburg. Das Saarland sollte sich also zu 28 % am Verhalten von Rheinland-Pfalz und zu 72 % am Verhalten Brandenburgs orientieren.

Betrachtet man diese Ergebnisse, so zeigt sich, dass die DEA es durchaus vermag, für die betrachteten öffentlichen Aufgabenbereiche belastbare, vergleichende Ergebnisse zu generieren. Führt man sich allerdings die Tatsache vor Augen, dass es lediglich für fünf Produktbereiche bzw. Produktgruppen möglich war, eine Effizienzanalyse mittels des Standard-DEA-Modells durchzuführen, muss abschließend konstatiert werden, dass das Potential der DEA nach jetzigem Stand nicht vollständig ausgeschöpft werden kann. Das große Hindernis hierbei ist die uneinheitliche und teils unübersichtliche Rechnungslegung der Bundesländer. Der Ausweis der Leistungskennzahlen der einzelnen öffentlichen Aufgabenbereiche, sofern diese überhaupt ausgewiesen werden, folgt keinem einheitlichen Schema. All dies macht es lediglich für fünf der hier definierten öffentlichen Aufgabenbereiche möglich, eine Effizienzanalyse durchzuführen. Solange aber nicht jede notwendige öffentliche Aufgabe analysiert werden kann, lässt sich mit der DEA ein Bundesstaatlicher Notstand als auslösendes Moment einer Bundesländerinsolvenz nicht eindeutig feststellen. Es wäre etwa möglich, dass ein Land, welches Zugang zu einem Insolvenzverfahren sucht, in jedem der fünf in diesem Kapitel analysierten Aufgabenbereiche effizient arbeitet. Dies würde für einen Bundesstaatlichen Notstand und somit eine Insolvenz dieses Landes sprechen. Nun kann es aber sein, dass das Land in diversen anderen Aufgabenbereichen ineffizient arbeitet, womit es keineswegs insolvent wäre, sondern noch Effizienzpotentiale zur Abwendung einer Insolvenz ausschöpfen könnte. In dem Fall würde das Land unberechtigten Zugang zu einem Insolvenzverfahren erhalten. Da nicht alle öffentlichen Aufgabenbereiche einer DEA zugänglich sind, kann sie also keine exakte Aussage über die Effizienz der gesamten öffentlichen Aufgabenerfüllung eines Landes treffen.

Dieser Einwand spricht aber nicht prinzipiell gegen die Nutzung der DEA. Die Anwendung der DEA als Indikator einer Bundesländerinsolvenz krankt keineswegs an der Systematik an sich. Die DEA liefert sehr wohl belastbare Ergebnisse in einem Effizienzvergleich bei vergleichbaren Entscheidungseinheiten, wie im Fallbeispiel den Flächenländern. Die Anwendung als Insolvenzindikator krankt vielmehr an der mangelhaften Datenlage, die durch die unübersichtliche und vor allem lückenhafte öffentliche Rechnungslegung der deutschen Bundesländer bedingt ist. Dies ist umso bemerkenswerter und eindringlicher zu kritisieren, als dass unweigerlich der Eindruck entsteht, dass die Bundesländer den Art 91d GG, welcher eine eindeutige Empfehlung zum Benchmarking der Länder untereinander darstellt und sogar die Veröffentlichung der Ergebnisse solcher Vergleichsstudien vorsieht, konsequent ignorieren.

Eine zentrale Empfehlung dieser Arbeit lautet daher, die Rechnungslegung der Länder zu standardisieren, so wie es etwa bei den IFRS (International Financial Reporting Standards) in der Privatwirtschaft der Fall ist, die bspw. in der EU für kapitalmarktorientierte Unternehmen bei der Erstellung von Konzernabschlüssen verpflichtend sind. Ein einheitlicher Ausweis der Landesaufgaben sowie standardisierte Leistungsindikatoren für die jeweiligen Aufgaben erleichtern einen Effizienzvergleich maßgeblich. Derzeit werden erhebliche Potentiale verschenkt, die DEA als Effizienzmessinstrument in der öffentlichen Wirtschaft einzusetzen.

Als Vorschlag für eine standardisierte Rechnungslegung soll hierbei der Produktgruppenhaushalt des Landes Bremen dienen. Die Gliederung der Landesaufgaben soll dabei wie im Kapitel 6.5. erfolgen. Weiter sollten für die Produktbereiche bzw. Produktgruppen, für die keine aussagekräftigen Leistungsziele/-kennzahlen existieren, solche definiert und durch alle Länder standardisiert ausgewiesen werden. Unter der Voraussetzung einer klaren, transparenten und standardisierten Rechnungslegung der Länder lassen sich sämtliche Landesaufgaben hinsichtlich ihrer effizienten Aufgabenerfüllung durch die Länder mittels des Standard-DEA-Modells vergleichen.

Unter der Voraussetzung einer standardisierten Rechnungslegung auch auf Gemeindeebene ließe sich die inputorientierte Effizienzanalyse auch auf die Gemeindeaufgaben ausweiten und die Nutzung des erweiterten CRA-DEA-Modells nach Varmaz et al. (2013) ermöglichen. Dies würde den Mehrgewinn einer besseren Vergleichbarkeit zwischen den Stadtstaaten und den Flächenländern generieren. Wie bereits mehrfach erwähnt wurde, wäre dies das wünschenswerteste Ergebnis. Die größte Hürde hierfür dürfte dabei allerdings der Wille der einzelnen Länder sein, sich tatsächlich untereinander vergleichen zu lassen, da ein schlechtes Abschneiden bei einem Effizienzvergleich dem Ansehen der jeweils amtierenden Landespolitiker schaden könnte.

Es kann abschließend konstatiert werden, dass die DEA sich als Insolvenzindikator für die deutschen Bundesländer eignet und ihrer zielgerichteten und wirkungsvollen Anwendung lediglich die, politökonomisch gewollte, mangelnde Vergleichbarkeit der Länderdaten im Weg steht. Die Arbeitshypothese I kann somit bestätigt werden. Es ist derzeit zwar nicht möglich, mittels eines auf der DEA basierenden Benchmarkings einen Bundesstaatlichen Notstand und daraus folgend die Insolvenz eines Bundeslandes zu identifizieren, die Systematik an sich ist hierfür allerdings geeignet und es ist möglich, die DEA durch die Schaffung geeigneter Voraussetzungen als Insolvenzindikator für die deutschen Bundesländer nutzbar zu machen.

Nachdem in diesem Kapitel dargelegt wurde, wie sich die Insolvenz eines Bundeslandes anhand des Indikators des Bundesstaatlichen Notstands, der mit Hilfe der DEA identifiziert wird, feststellen ließe und darauf hingewiesen wurde, dass dies unter den jetzigen Voraussetzungen nicht möglich ist, wird im folgenden Kapitel dargelegt, wie sich ein Insolvenzmechanismus auf die Entscheidungsfindung der Länder als Kreditnehmer, des Kapitalmarktes als Kreditgeber sowie auf die Beziehungen zwischen Politikern und Wählern auswirkt. Es wird argumentiert, dass alleine das Vorhandensein eines Insolvenzmechanismus die öffentliche Verschuldung präventiv begrenzt und im besten Falle die Anwendung eines Insolvenzverfahrens überflüssig macht.

7 Die präventivenn Wirkungen eines Insolvenzmechanismus auf Ebene der deutschen Bundesländer

Ein Insolvenzmechanismus zeichnet sich nicht nur dadurch aus im Insolvenzfall diesen bestmöglich abzuwickeln. Vielmehr soll ein wirkungsvoller Insolvenzmechanismus alleine durch seine Existenz präventiv wirken, also vorrangig Insolvenzen verhindern. Dies geschieht durch eine Veränderung der Anreizstrukturen der Kreditaufnahme und -vergabe. Zunächst wird aufgezeigt, wie ein Insolvenzmechanismus durch eine Veränderung der Anreizstrukturen das Problem des Moral Hazards auf Seiten der Kreditgeber und der Kreditnehmer aus einer Finanzmarktperspektive heraus löst. Weiter wird dargelegt, wie ein Insolvenzmechanismus die Politik in ihrem Verschuldungsverhalten disziplinieren kann. Dies wird zum einen aus einer politökonomischen Perspektive heraus erläutert und zum anderen aus der Perspektive einer Principal-Agent-Beziehung zwischen Wählern und Politikern. Bei beiden Perspektiven steht jeweils die Disziplinierung der Politik durch die Wähler im Vordergrund. Die Disziplinierung erfolgt über das Drohpotential der Nichtwahl bzw. der Abwahl von Politikern durch die Wähler. Abschließend werden die Anforderungen und Voraussetzungen für eine wirkungsvolle Entfaltung der präventiven Wirkungen eines Insolvenzmechanismus auf die Kreditgeber und die Kreditnehmer herausgearbeitet.

7.1 Die Lösung des Moral Hazard Problems auf Seiten der Kreditgeber und der Kreditnehmer aus einer Finanzmarktperspektive heraus

Das Moral Hazard Problem sowohl auf Seiten der Kreditgeber als auch der Kreditnehmer wurde weiter oben bereits ausführlich behandelt und soll hier deshalb lediglich in der gebotenen Kürze wiederholend zusammengefasst werden. Dieses Kapitel verfolgt nicht den Zweck der Darstellung, sondern vielmehr der Lösung des Problems. Es sei lediglich skizziert, dass durch die faktische Funktion der Bund-Länder-Haftungsgemeinschaft für beide Seiten als eine Art Versicherungsgeber, diese lediglich schwache, wenn nicht gar überhaupt keine Anreize haben, in ihrem Kreditvergabe- bzw. -aufnahmeverhalten vorsichtig und bedächtig zu agieren. Im Falle der Zahlungsunfähigkeit haben die Länder als Kreditnehmer keine Konsequenzen zu befürchten, da die Bund-Länder-Gemeinschaft solidarisch für ihre Schulden haftet. Die Kreditgeber wiederum müssen kein Ausfallrisiko für ihre Forderungen einkalkulieren, da die Bund-Länder-Gemeinschaft für sie ebenfalls eine Versicherung hiergegen darstellt. Sie sind in ihrem Kreditvergabeverhalten nachlässiger, als wenn keine derartige Versicherung gegen etwaige Zahlungsausfälle bestünde. Dies zeigt sich u.a. an den günstigen Konditionen der Kreditaufnahme der Länder am Kapitalmarkt, die in fast allen Fällen nicht nur untereinander dieselben Ratings erhalten, sondern auch im Vergleich zum Bund fast identisch bewertet werden. Anhand der Ausführungen des Kapitels 3.1.3.2. wird nachfolgend gezeigt, wie das Moral Hazard Problem in der Interaktion zwischen den Bundesländern und den Kapitalmärkten überwunden werden kann.

Ein Insolvenzmechanismus auf Ebene der deutschen Bundesländer bedingt, dass diese in ihrer Haushaltswirtschaft nicht nur autonom und unabhängig voneinander und vom Bund sind, sondern letztendlich auch selbstverantwortlich, bis zu dem Punkt einer möglich werdenden Insolvenz.[521] Dadurch, dass die Länder nicht mehr auf eine Auslösung durch die Bund-Länder-Gemeinschaft hoffen können, müssen sie sich im Falle der Zahlungsunfähigkeit einem Insolvenzverfahren unterziehen, in welchem sie in eigenständige Verhandlungen mit ihren Kreditgebern treten müssen. Im Laufe eines solchen Verfahrens soll ein Ausgleich zwischen den Interessen der Länder als Schuldner und denen ihrer Gläubiger herbeigeführt werden.[522] Ein Insolvenzverfahren für souveräne Schuldner kann sich grob an dem privatrechtlichen Insolvenzverfahren, dessen Vorgaben in der deutschen Insolvenzordnung festgehalten sind, orientieren. Zwar unter Beachtung der Besonderheiten souveräner Schuldner, jedoch und das ist der entscheidende Punkt, mit der Vorgabe, dass sowohl das Land als Schuldner als auch die Kreditgeber als Gläubiger die Lasten einer Insolvenz zu tragen haben. Dieser Sachverhalt begründet die präventive Wirkungsweise eines Insolvenzmechanismus aus der Perspektive des Kapitalmarktes heraus.

Die Kapitalmärkte haben die, nun aufgebrochene, Bund-Länder-Haftungsgemeinschaft als eine Art Versicherung gegen etwaige Verluste im Falle der Zahlungsunfähigkeit eines Schuldners interpretiert und dementsprechend niedrige Zinssätze für ihre Kreditvergabe sowohl an den Bund als auch an die Länder angesetzt.[523] Dies

---

521 U.a. plädieren Konrad, K.A. (2007a) und (2007b), Blankart, C.B. und Fasten, E.R. (2009), Hildebrandt, A. (2009), Jochimsen, B. (2007a) und (2007b) und Jochimsen, B. und K. A. Konrad (2006) für die Auflösung der Haftungsgemeinschaft von Bund und Ländern. Auch der Wissenschaftliche Beirat beim Bundesministerium der Finanzen (2005) sowie der Wissenschaftliche Beirat beim Bundesministerium für Wirtschaft und Arbeit (2005) machen Vorschläge für mehr eigenstaatliche Verantwortung der Bundesländer bis hin zu einem Föderalismus mit beschränkter Haftung.

522 Vgl. Konrad. K. A. (2007b).

523 Hier sei auf die Kapitel 3.1.3.2.1. bis 3.1.3.2.3. verwiesen. Heppke-Falk, K. und G. B. Wolff (2008), Lemmen, J. (1999) und Schuknecht, L. et al. (2009) kommen

wäre ihnen im Falle der Insolvenzfähigkeit der Länder nicht mehr möglich. Im Gegenteil müssten sie, wie bei jedem privaten Schuldner auch, die Länder anhand ihrer individuellen Bonität beurteilen, anstatt den Bund und alle Länder einheitlich zu bewerten. Der Grund hierfür ist, dass die Länder durch den Verlust des Bürgen Bund nicht mehr unbegrenzt kreditwürdig wären.[524] Die Länder ihrerseits würden nun mit individuellen Zinsstrukturkurven konfrontiert, die die Gestalt der Abbildung 9 besitzen.[525] Die Zinsbildung orientiert sich hier an den jeweiligen finanziellen Möglichkeiten der Länder, anstatt an den gemeinschaftlichen finanziellen Möglichkeiten des Haftungsverbundes.[526] Es greift der normale Mechanismus der Zinsbildung, wonach Projekte nach Wichtigkeit und Profitabilität angeordnet werden und die Konditionen der Kreditvergabe derart bestimmt werden, dass riskante Projekte und/oder hohe Schuldenstände mit einer entsprechenden Risikoprämie verbunden sind. Auch wird eine höhere Kreditnachfrage eines Landes im Vergleich zu einem anderen, ceteris paribus, mit höheren Zinsen einhergehen.[527]

Abbildung 9: Finanzierungskosten eines Bundeslandes bei Haftungsausschluss, eigene Darstellung in Anlehnung an Konrad (2007b)

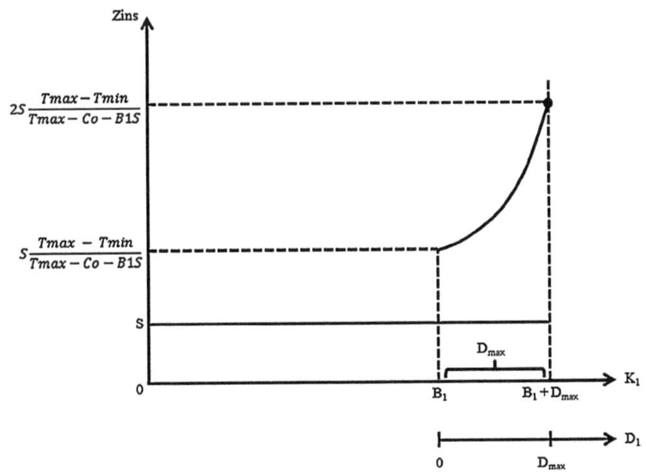

allesamt zu dem Schluss, dass die Kapitalmärkte die unterschiedlich hohe Verschuldung einzelner Bundesländer nicht einpreisen.

524 Vgl. z. B. Jochimsen, B. (2007a) und für die Bedingungen unbegrenzter Kreditwürdigkeit Peffekoven, R. (2006).

525 Die Abbildung 9 sowie die Ausführungen dazu sind stark angelehnt an Konrad, K. A. (2007b).

526 Vgl. Blankart, C. B. und E. R. Fasten (2009).

527 Vgl. Blankart, C. B. und E. R. Fasten (2009).

In Abbildung 9 wird ein Land betrachtet, dass sich am Kapitalmarkt verschuldet. Bis zum Punkt B_1 befindet sich das Land innerhalb der Bund-Länder-Haftungsgemeinschaft, wodurch sich das einheitliche Zinsniveau S für sämtliche Länder einstellt. Ab dem Punkt B_1 hingegen greift der Haftungsausschluss und das Land sieht sich einer steigenden Zinskurve gegenüber. Der Zins für das Land steigt mit zunehmender Verschuldung an. Das liegt daran, dass die Kreditgeber im Falle der Zahlungsunfähigkeit des Landes nicht auf einen Bail-out spekulieren können und somit eine Risikoprämie für das Land veranschlagen. Ab einem gewissen Punkt erfolgt schließlich eine Kreditrationierung durch den Kapitalmarkt, selbst wenn das Land bereit wäre, weit höhere Zinsen zu zahlen.[528]

Sollten die Kapitalmärkte also ein individuelles Ausfallrisiko für einzelne Länder einkalkulieren müssen, führte dies dazu, dass die Kreditvergabe weniger nachlässig erfolgt. Dieser Effekt sollte durch eine Vorrangigkeit der Belange der Bürger gegenüber den Forderungen der Kreditgeber verstärkt werden, da ein No-bail-out hierdurch an Glaubwürdigkeit gewinnt.[529] Bei einer Insolvenz wären also die Kreditgeber die ersten, die die Wahrung ihrer finanziellen Interessen in Gefahr sähen. Sie würden eine, zumindest teilweise, Transformation ihrer Forderungen hinnehmen müssen, was in Form eines Hair-cuts, welcher eine Herabsetzung des Nominalwerts ihrer Forderungen darstellt, einer Laufzeitverlängerung oder aber einer Zinssenkung auf bereits bestehende Forderungen geschehen kann.[530] Dieses Aufbrechen des bislang scheinbar sakrosankten Gläubigerschutzes lässt sich auch unter ökonomischen Gesichtspunkten rechtfertigen.[531] Im Gegensatz zu den Bürgern, welche als Steuerzahler letztlich einen Bail-out finanziell zu tragen haben, sind die Gläubiger im Besitz von vor Gericht verwertbaren Titeln. Dies ermöglicht den Gläubigern ein gewisses Drohpotential in Form der Einstellung ihrer Leistungen, sofern sich der Schuldner ihnen gegenüber missverhält.[532] Überdies scheint es kaum plausibel, warum die Gläubiger an der Insolvenz eines Bundeslandes nicht beteiligt werden sollten. Ganz intuitiv lässt sich argumentieren, dass jeder Kreditgeber bei der Kreditvergabe das Risiko eingeht, im Falle der Zahlungsunfähigkeit des Schuldners sein Geld nicht zurückzuerhalten. Letztendlich ist jeder Kreditgeber selber dafür

528 Für die Gründe einer Kreditrationierung sei auf Stiglitz, J. E. und A. Weiss (1981) sowie die Ausführungen im Kapitel 3.1.3.2.3. verwiesen.

529 Vgl. Konrad, K. A. (2007b).

530 Vgl. Kirchner, C. (2011).

531 Auch Paulus, C. G. (2002) kritisiert die herausragende Bedeutung der Gläubigerbefriedigung in Deutschland.

532 Vgl. Blankart, C. B. und E. R. Fasten (2009).

verantwortlich, mit wem er Verträge schließt und mit wem nicht. Sollte er die Bonität oder den Charakter eines Kreditnehmers nicht hinreichend geprüft haben, so hat er schlicht fahrlässig gehandelt und es ist nicht plausibel, warum er bei einer öffentlichen Anleihe ein Recht auf vollständige Bedienung der Schuld genießen sollte, im privaten Bereich hingegen nicht. In der Regel handelt es sich bei den Schulden souveräner Schuldner um hochverzinsliche Papiere, die ein gewisses Ausfallrisiko in sich bergen. Deshalb sollte es eigentlich selbstverständlich sein, die Gläubiger an diesem Risiko zu beteiligen und sie nicht auf Kosten der Steuerzahler zu entlasten.[533] Nach bisheriger Bail-out Praxis ist die Kreditvergabe an öffentliche Schuldner für die Kapitalmärkte jedoch mit einer Lizenz zum Gelddrucken zu vergleichen. Das ist umso erstaunlicher, als jegliche gesetzliche Grundlage fehlt, die einen Bail-out garantieren würde. Die Spekulationen auf einen Bail-out sind lediglich Reaktionen auf die bisherige Praxis und einzelne ad-hoc Fälle.

Ein weiteres Problem der Bund-Länder-Haftungsgemeinschaft bestand darin, dass ein Anreiz für Landespolitiker geschaffen wurde ein gegebenes Finanzvolumen vollständig in gegenwärtigen Perioden zu verausgaben, anstatt es über die Zeit hinweg ausgewogen zu verteilen. Wenn das gegebene Finanzvolumen bereits in gegenwärtigen Perioden aufgebraucht wurde, sprang die Bund-Länder-Gemeinschaft ein und garantierte ein Mindestniveau an öffentlichen Ausgaben für das jeweilige Land. Die dafür notwendigen Ausgaben wurden in letzter Konsequenz durch die Bund-Länder-Gemeinschaft finanziert.[534] Ohne diese Versicherung in Form der Bund-Länder-Haftungsgemeinschaft würde sich die Situation für einen Landespolitiker nicht mehr so einfach darstellen. Er müsste sein gegebenes Finanzvolumen nun tatsächlich so über die Zeit hinweg verteilen, dass die letzte Einheit öffentlichen Konsums und die zukünftige Verwendung der aufgezinsten Einheit das Wohlbefinden der Bürger in gleichem Maße steigern.[535] Möchte er jetzt in einer Periode mehr ausgeben als er an, hauptsächlich durch Steuereinnahmen determiniertem, Finanzvolumen zur Verfügung hat, so muss er sich wiederum der Kreditaufnahme bedienen, was durch die hiermit verbundenen Zins- und Tilgungszahlungen zu einem eingeschränkten Handlungsspielraum in zukünftigen Perioden führt. Dieses Problem kann nicht mehr durch eine immer wiederkehrende Kreditaufnahme umgangen werden, wenn jedes Bundesland für seine Schulden eigenverantwortlich ist. Ab einem

533 Vgl. Hefeker, C. (2002).

534 Für eine detaillierte Darstellung des Problems sei auf die Abbildung 4 aus dem Kapitel 3.1.3.2.2. verwiesen.

535 Vgl. Konrad, K. A. (2007b).

bestimmten Punkt, abhängig vom Stand der Verschuldung und der Risikohaftigkeit seiner Investitionen, würde es eine Kreditrationierung durch die Märkte erfahren, die es notwendig machen würde, das Niveau öffentlicher Leistungen so weit zu reduzieren, dass seine Verschuldung wieder tragfähig wird. Dieser Situation, welche in letzter Konsequenz auch die Insolvenz eines Bundeslandes begründen kann, würde es sich nun nicht mehr durch Garantien der Bund-Länder-Haftungsgemeinschaft entziehen können. Unter Verweis auf die Abbildung 4 im Kapitel 3.1.3.2.2. würde die Budgetlinie eines Bundeslandes bei vollkommener finanzpolitischer Eigenverantwortlichkeit jetzt nicht länger der Linie HFK, sondern der tatsächlichen Budgetgeraden HA entsprechen, die die Menge aller Punkte anzeigt, welche einer Ausgabenverteilung gleichkommen, die einen ausgeglichenen Haushalt garantiert.[536] Um von dieser Budgetlinie abweichen zu können, müsste der Landespolitiker eine zukünftige Unterversorgung der Bürger seines Landes in Kauf nehmen. In Bezug auf Wahlen wird er dahingehend vorsichtig sein, da er befürchten muss, dass die Wähler ihn in einem solchen Fall mit Abwahl strafen werden.

Auch das ursprünglich bestehende gemeinschaftliche Kapitalmarktrating mit der Folge einheitlicher Konditionen der Kreditaufnahme für alle Länder würde nunmehr nicht länger als öffentliches Gut in Form eines Allemendegutes bestehen. Durch das Aufbrechen der Bund-Länder-Haftungsgemeinschaft und der Konsequenz, dass sich dadurch verschiedene Ratings für die einzelnen Länder ergeben, fände ein direkter Ausschluss der Länder vom Gut des gemeinschaftlichen Kapitalmarktratings statt. Dieses Gut würde schlichtweg nicht mehr existieren. Es ergäben sich vielmehr private Güter in der Form des Zugangs der einzelnen Länder zum Kapitalmarkt und deren Konditionen der Kreditaufnahme, die entscheidend durch ihre Kapitalmarktratings determiniert würden. Für diese Ratings hätten die Länder nun selber Rechnung zu tragen.[537]

Es würde sich weiter ein privates Gut in Form der verfügbaren finanziellen Mittel, welche die Kreditmärkte zu vergeben bereit sind, ergeben. Vom Zugang zum Kapitalmarkt können die Länder durch die Kreditgeber ausgeschlossen werden, angefangen mit höheren Zinsen, welche die Länder auf ihre Schulden zahlen müssen bis hin zur vollständigen Kreditrationierung, also dem Stopp

536 Vgl. Konrad, K. A. (2007b).

537 Siehe zu den unterschiedlichen Güterarten die Abbildung 5 aus dem Kapitel 3.1.3.2.2. Für die Erklärung des gemeinschaftlichen Kapitalmarktratings der Bundesländer sei auf die Abbildung 6 und die Ausführungen hierzu im Kapitel 3.1.3.2.2. verwiesen.

der Kreditvergabe durch die Kapitalmärkte. Rivalität herrscht hierbei nicht in den einzelnen Ratings, diese sind ein Gut im vollständigen Besitz des jeweiligen Landes, sondern im Zugang zu den begrenzten finanziellen Mitteln der Kapitalmärkte. Die Kapitalmärkte orientieren sich bei ihrer Kreditvergabe an der Wahrscheinlichkeit, dass die potentiellen Schuldner ihre Zins- und Tilgungszahlungen werden bedienen können. Länder mit geringer Bonität, also mit geringer Wahrscheinlichkeit ihre aufgenommenen Schulden fristgerecht und vollständig bedienen zu können, werden höhere Zinsen bis hin zu einer Kreditrationierung erfahren.[538] Die Länder müssten also durch bedächtige Kreditaufnahme und einen konsolidierten Haushalt eine hohe Bonität anstreben, um hierdurch ihren Zugang zum Kapitalmarkt zu sichern. Sie können sich nicht mehr auf Kosten der Bund-Länder-Gemeinschaft verschulden.

Auf Seiten der Kreditgeber entstünde, neben der oben angesprochenen Notwendigkeit der Einschätzung des realistisch gewordenen Zahlungsausfalls eines Schuldners durch die Auflösung der Bund-Länder-Haftungsgemeinschaft, ebenfalls ein Principal-Agent-Problem.[539] Es ergäben sich für die Kreditgeber verschiedene Unsicherheiten, welche sie aufgrund der Haftungsgemeinschaft von Bund und Ländern bislang vernachlässigen konnten. Es handelt sich hierbei um die Problembereiche der Adverse Selection, des Moral Hazards und des Hold ups.[540] Der Kreditgeber ist im Falle der Kreditgewährung der Principal und das Land als Kreditnehmer der Agent. Beide schließen einen Vertrag über ein Kreditgeschäft ab, in dem unter anderem die Rückzahlungsbedingungen des Kredits geregelt sind. Der Kreditgeber als Principal erteilt dem Kreditnehmer als Agenten den Auftrag, seinen Kredit fristgerecht und zu den vorab vereinbarten Konditionen zu tilgen.

Hierbei tritt Ex-ante das Problem der Adverse Selection auf. Der Kreditgeber muss die potentiellen Kreditnehmer vorab hinsichtlich ihrer Rückzahlungsfähigkeit und -willigkeit unterscheiden, was aufgrund der zwischen den beiden potentiellen Vertragsparteien herrschenden Informationsasymmetrie mit einigen Unsicherheiten behaftet ist. Diese Informationsasymmetrie wird auch als Hidden-Characteristics bezeichnet.[541] Es existieren dabei zwei Typen potentieller Kreditnehmer, um deren Existenz der Kreditgeber weiß. Dies sind zum

538 Vgl. Stadler, V. (2007).

539 Für eine grundlegende Darstellung zur Problematik von Principal-Agent-Beziehungen sei auf Ross, S. A. (1973) verwiesen.

540 Vgl. hierzu auch die Ausführungen im Kapitel 3.1.3.2.3. und für eine tabellarische Übersicht über die Problemtypen und deren Ursachen Roiger, M. B. (2007).

541 Vgl. Roiger, M. B. (2007).

einen diejenigen potentiellen Kreditnehmer mit hoher und zum anderen die mit geringer Bonität. Der Kreditgeber wird lediglich gewillt sein, Kreditverträge mit „guten“ Kreditnehmern abzuschließen, also mit solchen hoher Bonität, da er bei ihnen die Erwartung haben kann, dass diese im Stande und auch willens sein werden, ihren Kredit fristgerecht und vollständig zu bedienen. Anstatt jetzt jedem Bundesland quasi blind Geld leihen zu können, was aufgrund deren gleicher und höchster Ratings die bisherige Praxis war, müsste sich ein Kreditgeber nun vorab über die Fähigkeit und Willigkeit des jeweiligen Bundeslandes informieren, seinen Kredit zu tilgen. Hierdurch entstünden den Kreditgebern Informationskosten, die sie in ihren Konditionen der Kreditvergabe einpreisen werden. Dies sollte zu tendenziell höheren Kosten der Kreditaufnahme für die Länder führen und auf diese Weise verschuldungshemmend wirken. Auch sollte dies eine, bislang fehlende, Klassifikation von Ländern in „gute“ und „schlechte“ Risiken, abhängig von deren Rückzahlungsfähigkeit und-willigkeit, bedingen.

Weiter ergibt sich das Problem des Moral Hazards, was sich in die Problembereiche der Hidden-Information, welche der Hidden-Characteristics ähnelt, und der Hidden-Action unterteilen lässt.[542] Hidden-Information wäre in der Beziehung zwischen einem Bundesland als Kreditnehmer und den Kapitalmärkten als Kreditgeber der Fall, dass die Kapitalmärkte z.B. erst nach Vertragsabschluss in Erfahrung brächten, dass das Bundesland nicht die Bonität besitzt, die diesem vorab zugestanden wurde. Dies könnte etwa dann der Fall sein, wenn ein zahlungsunfähiges Land nicht durch einen Bail-out der Bund-Länder-Gemeinschaft aus einer Schuldensituation herausgelöst wird, obwohl die Kapitalmärkte genau darauf spekuliert haben. Bislang ist dieser Fall undenkbar, da § 12 Abs. 1 InsO die Insolvenz eines Bundeslandes formal ausschließt. Sollte jedoch einem Land die Insolvenzfähigkeit ermöglicht werden, würde dies zu einem realistischen Szenario werden, gegen das sich die Kapitalmärkte wappnen müssten. Ebenso wie im Fall der Hidden-Characteristics müssten sie sehr viel sorgfältiger bei der Auswahl der Länder als potentielle Kreditnehmer sein, was wiederum Kosten verursacht, welche sie in den Kreditkonditionen einpreisen würden.

Bei der Hidden-Action bezieht sich die Informationsasymmetrie auf die Unsicherheit der Kreditgeber, ob die Bundesländer auch tatsächlich ihr Möglichstes tun werden, um ihren Verpflichtungen aus dem Kreditvertrag nachzukommen. Ebenso wie bei der Hidden-Information stehen die Kreditgeber hier vor einem Ex-post Problem. Sie sind sich im Unklaren darüber, welche Handlungen die Bundesländer nach Vertragsabschluss ergreifen werden. Diese könnten bspw.

542 Zur Einführung der beiden Begriffe sei auf Arrow, K. J. (1985) verwiesen.

ihre Verschuldung weiter ausweiten anstatt ihren Haushalt zumindest so weit zu konsolidieren, als dass die Rückzahlung ihrer Kreditverpflichtungen nicht in Gefahr geriete. Die in letzter Konsequenz daraus resultierende nun mögliche Zahlungsunfähigkeit eines Bundeslandes und die dadurch ausgelöste Insolvenz würden für die Kreditgeber bedeuten, dass sie zumindest auf einen Teil ihrer Forderungen verzichten müssten. Auch dieses Risiko würden sie in Form höherer Zinsen einpreisen, was die Kreditaufnahme der Bundesländer tendenziell hemmen sollte.

Hold up meint, dass beziehungsspezifische Investitionen, welche den zukünftigen Nutzen der Akteure beeinflussen zwar beobachtbar, jedoch einem unabhängigen Dritten gegenüber nicht verifizierbar sind.[543] Des Weiteren versteht man unter Hold up die Unmöglichkeit, langfristige und nachverhandlungssichere Verträge abzuschließen.[544] Im Verhältnis der Kapitalmärkte und der Bundesländer als Kreditgeber bzw. -nehmer spielen beziehungsspezifische Investitionen zwar keine Rolle, jedoch ist es in der Tat kaum möglich, langfristige und nachverhandlungssichere Verträge zu schließen. Nachverhandlungen können bei der Insolvenz eines Landes schon in der Form auftreten, dass die Kreditgeber im Zuge einer Sanierung auf einen Teil ihrer Forderungen verzichten müssen. Dieses Risiko könnte, bei Auflösung der Bund-Länder-Haftungsgemeinschaft und der Möglichkeit der Länderinsolvenz, von den Kapitalmärkten nicht länger vernachlässigt werden.

Dass die vorangegangen beschriebenen Wirkungsmechanismen zur Disziplinierung der Bundesländer über den Kapitalmarkt geeignet sind, die öffentliche Verschuldung zu begrenzen, lässt sich anhand internationaler Beispiele dokumentieren. Dass die Zinsbildung für öffentliche Anleihen am Kapitalmarkt von den Erwartungen über die Wahrscheinlichkeit eines Bail-outs abhängt zeigt weiter das Beispiel der Europäischen Union. Als die hohe Verschuldung einiger EU-Mitgliedstaaten, vor allem Griechenlands, Portugals und Irlands, Anfang April 2011 offensichtlich wurde, stiegen auch die Zinsen für Anleihen dieser Staaten stark an. Unmittelbar nach dem Schnüren des Rettungspakets für Griechenland sanken diese aber wieder.[545] Es kann vermutet werden, dass die Kapitalmärkte einen Bail-out ursprünglich für unwahrscheinlich hielten, da eine Haftung der EU-Gemeinschaft für die Schulden eines EU-Mitgliedstaates in Art. 125 Abs. 1 AEUV explizit ausgeschlossen wird. Mit dem Schnüren des Rettungspakets

543 Vgl. Roiger, M. B. (2007).

544 Vgl. Nöldeke, G. und K. M. Schmidt (1995) oder grundlegend Grossman, S. J. und O. D. Hart (1986).

545 Vgl. Grossmann, V. (2011).

für Griechenland hingegen wurde dem Kapitalmarkt ein starkes Signal gegeben, dass die EU eine Zahlungsunfähigkeit Griechenlands abwehren würde, womit sich die darauffolgenden Zinssenkungen erklären lassen. Die zuletzt beobachtbaren Zinsanstiege auf Anleihen hochverschuldeter EU-Mitgliedstaaten sprechen nicht zwingend gegen diese These. Sie müssen kein Zeichen dafür sein, dass die Kapitalmärkte einen Bail-out für unwahrscheinlich halten, sondern können als Indiz dafür interpretiert werden, dass die Kapitalmärkte davon ausgehen, dass z.B. Griechenland trotz eines Bail-outs nicht zu retten sein wird. Dieses Beispiel auf EU-Ebene zeigt, dass die Kapitalmärkte unterschiedliche Ausfallrisiken in der Tat in die Bewertung von Staatsanleihen einpreisen. Die Ausfallrisiken sind dabei umso höher, je unwahrscheinlicher ein Bail-out ist. Die unterschiedlichen Kreditaufnahmekonditionen sprechen auch für ein Aufbrechen der Konditionen der Kreditaufnahme als ein Kollektivgut, was in Deutschland ein ausgeprägtes Phänomen darstellt.

Für die USA lässt sich auf der Ebene der Bundesstaaten bis hinunter zu den Städten zeigen, dass die Kreditvergabe der Kapitalmärkte durch eine glaubhafte No-bail-out Regelung beschränkt werden kann.[546] Verschiedene Studien bestätigen die Annahme, dass die Kapitalmärkte die Risikoprämien für Anleihen von US-Bundesstaaten und Städten bei einer Verschlechterung der fiskalischen Fundamentaldaten, zu denen auch die Verschuldung rechnet, anheben.[547] Ein Beispiel dafür, dass die Kapitalmärkte bei zu hoher Verschuldung einer Gebietskörperschaft die Kredite an diese rationieren, ist der Fall Philadelphias aus dem Jahr 1990. Philadelphia versuchte im Jahr 1990 375 Mio. US-$ über den Kapitalmarkt aufzunehmen, was jedoch nicht gelang, da private Investoren der Stadt, aufgrund ihrer finanziellen Schieflage, Kredite verweigerten. Philadelphia sah sich gezwungen seine Finanzen unter Eigenanstrengung zu sanieren, um auf diesem Weg die Kapitalmarktfähigkeit wiederzuerlangen.[548]

Die Kreditrationierung an Gebietskörperschaften durch die Kapitalmärkte in den USA kann als direkter Ausfluss des Chapter 9 des US Bankruptcy Codes gesehen werden, in dem Regelungen über die Insolvenz US-amerikanischer souveräner Schuldner festgehalten sind. Der mit der Insolvenzmöglichkeit einhergehende Ausschluss eines Bail-outs restringiert wirksam die Kreditvergabe an die Bundesstaaten und Städte. Wobei zu beachten ist, dass die Bundesstaaten der Insolvenzordnung zwar formal nicht unterstehen, sie allerdings von einem

546 Vgl. Bayoumi, T. et al. (1995).

547 Vgl. Capeci, J. (1991) und (1994) und Alesina, A. et al. (1992).

548 Vgl. Inman, R. (1995).

Bail-out der Zentralebene trotzdem ausgeschlossen sind. Hier zeigt sich, anhand der individuellen Bewertung der Bonität von Städten und US-Bundesstaaten, dass kein ausgeprägtes Kollektivgutproblem der Konditionen der Kreditaufnahme existiert.

Auch in Kanada existiert eine No-bail-out Regelung, die Bundesebene ist für die Schulden der kanadischen Provinzen, welche sich frei auf dem Kapitalmarkt verschulden können, nicht haftbar.[549] Auch hier zeigt sich eine No-bail-out Regelung als wirkungsvolles Instrument zur Begrenzung der öffentlichen Verschuldung. Zum einen zeigt die Verschlechterung der Ratings kanadischer Provinzen in den 1980er und 1990er Jahren, dass die Kapitalmärkte deren Verschuldung bei der Bewertung ihrer Bonität einpreisen.[550] Der Mechanismus der Verteuerung der Kredite für souveräne Schuldner, bis hin zu einer Kreditrationierung, funktioniert somit. Zum anderen zeigt die Anzahl der Überschuldungen von Provinzen in der Geschichte Kanadas, dass die Disziplinierungswirkung hinsichtlich der öffentlichen Verschuldung, welche von den Kapitalmärkten ausgeht, wirkungsvoll ist. Es gab in der Geschichte Kanadas bislang lediglich einen Fall der Überschuldung einer Provinz, den Albertas im Jahr 1936.[551]

Auch in Tschechien zeigt sich, dass ein No-bail-out geeignet ist, die Verschuldung öffentlicher Gebietskörperschaften einzudämmen. Da sich die tschechischen Gemeinden und Kapitalmärkte nicht auf einen Bail-out durch die Zentralebene verlassen können, sind ihre individuellen Verschuldungsstände entscheidend für die Konditionen der Kreditaufnahme. Der niedrige Verschuldungsstand tschechischer Gemeinden von insgesamt unter drei Prozent des Bruttoinlandsprodukts lässt darauf schließen, dass die Disziplinierung über die Kapitalmärkte funktioniert.[552] Nimmt man die vier am stärksten verschuldeten tschechischen Städte, Prag, Brünn, Ostrau und Pilsen, die gemeinsam für über 60 % der Gesamtschulden der tschechischen Gemeinden verantwortlich sind, aus der Betrachtung heraus, liegt die Verschuldung der restlichen Gemeinden sogar bei nur noch etwa einem Prozent des Bruttoinlandsprodukts.[553]

Am Beispiel der Schweiz lässt sich zeigen, dass sich die Kapitalmärkte als Kreditgeber einem Principal-Agent-Problem gegenübersehen. Im Zuge des Falls Leukerbad hat sich in der Schweiz ein differenziertes Ratingsystem entwickelt, welches sowohl die Kantone als auch die Gemeinden hinsichtlich ihrer Bonität

549 Vgl. Jochimsen, B. (2007a).
550 Vgl. Ter-Minassian, T. und J. Craig (1997).
551 Siehe für eine genaue Beschreibung dieses Falls Bird R. M. und A. Tassonyi (2003).
552 Vgl. Jahoda, R. (2006).
553 Vgl. Jahoda, R. (2006).

individuell bewertet und den Gläubigern als Entscheidungshilfe bei der Kreditvergabe dient.[554] Dies ist Ausfluss der Rechtsprechung des Schweizer Bundesgerichts vom 03. Juli 2003, in der es einen Bail-out Leukerbads durch den Kanton Wallis ablehnte und somit deutlich gemacht hat, dass Bail-outs von Gemeinden in der Schweiz nicht zu erwarten seien.[555] Auf einen solchen Bail-out hatten die Gläubiger Leukerbads aber spekuliert.[556] Die Kantone und Gemeinden wiederum ergriffen ihrerseits Maßnahmen, etwa Reformen des Rechnungswesens, um eine höhere Bonität und somit günstigere Kreditkonditionen zu erreichen.[557] Auch hier wird die individuelle Schuldnerbewertung und damit das Aufbrechen der Kollektivgutproblematik deutlich. Die Kantone und Gemeinden müssen jeder für sich Sorge tragen, den Kapitalmärkten ausreichend Informationen über ihre finanzielle Situation bereitzustellen und zudem ihre Finanzen auf einem soliden Niveau halten.

Es können anhand internationaler Beispiele also durchaus Rückschlüsse darauf gezogen werden, dass eine No-bail-out Regelung geeignet ist, die Verschuldung der deutschen Bundesländer über die Kapitalmärkte wirkungsvoll präventiv zu beschränken. Weiter kann eine Beeinflussung der Verschuldungsneigung der Politik über die Wähler erfolgen. Diese können die Politik über ihr Wahlverhalten dazu anhalten, sich lediglich moderat zu verschulden. Die Wirkungsweise einer solchen Disziplinierung wird im folgenden Kapitel beleuchtet.

7.2 Die Lösung des Moral Hazard Problems auf Seiten der Bundesländer als Kreditnehmer

Nachdem aufgezeigt wurde, wie ein Insolvenzmechanismus auf Ebene der deutschen Bundesländer das Moral Hazard Problem sowohl auf Seiten der Kreditgeber als auch der Kreditnehmer aus einer Finanzmarktperspektive heraus lösen kann, wird in diesem Kapitel auf die Minderung der Neigung der Politik zur übermäßigen Verschuldung durch die Wähler fokussiert. Zunächst wird die Lösung des Moral Hazard Problems auf Seiten der Bundesländer aus einer politökonomischen Perspektive heraus aufgezeigt. Anschließend daran wird das Verhältnis zwischen Wählern und Politikern als Principal-Agent-Beziehung modelliert und die sich hieraus ergebenden

554 Vgl. Blankart, C. B. und E. R. Fasten (2009). Siehe zum Fall Leukerbad auch die Ausführungen im Kapitel 5.

555 Vgl. Schweizer Bundesgericht (2003).

556 Vgl. Jochimsen, B. (2007a).

557 Vgl. Blankart, C. B. und E. R. Fasten (2009).

verschuldungshemmenden Wirkungen auf die Bundesländer herausgearbeitet. In beiden Fällen spielen die Wähler die entscheidende Rolle, da sie die Politik über ihr Wahlverhalten derart disziplinieren können, dass sie Politiker, mit deren Arbeit sie unzufrieden sind, nicht wählen bzw. abwählen.

7.2.1 Modelle des Wahlverhaltens von Bürgern in Demokratien

Der Begriff der Politischen Ökonomie entstand im 17. Jahrhundert und hatte seinen ursprünglichen Bezug zur Wirtschaftspolitik eines Staates sowie zur dazugehörigen theoretischen Reflexion. Die Neue Politische Ökonomie hingegen bedient sich des Instrumentariums der modernen Wirtschaftstheorie und analysiert, ausgehend vom ökonomischen Handlungsmodell, politische Prozesse und Institutionen sowie deren Einfluss auf das Wirtschaftsgeschehen.[558] Heute werden zwei Begriffsarten der Politischen Ökonomie verwendet: Zum einen Studien, die politikwissenschaftliche Gegenstände mittels ökonomischer Annahmen, Modelle und Methoden analysieren und zum anderen Studien, die die Erforschung von Überschneidungen der beiden wissenschaftlichen Bereiche zum Inhalt haben. Für diese Arbeit relevant ist die erste Lesart der Politischen Ökonomie, nach der politikwissenschaftliche Fragestellungen mittels eines der Ökonomik entlehnten Instrumentariums untersucht werden.[559] Es geht im Folgenden darum, das Verhalten politischer Akteure, speziell das Wahlverhalten der Bürger sowie das Verschuldungsverhalten von Landespolitikern, mittels ökonomischer Ansätze zu erklären.

In diesem Kapitel wird zunächst behandelt, wonach Landespolitiker ihr Handeln, insbesondere ihr Verschuldungsverhalten, ausrichten. Es wird dabei vermutet, dass sie ausschließlich an ihrer Wiederwahl interessiert sind, da sie hieraus Nutzen generieren, und ihr politisches Verhalten, einschließlich der Verschuldung, hieran ausrichten. Weiter wird untersucht wie und anhand welcher Präferenzen sich die Wahlentscheidungen von Bürgern eines Bundeslandes herausbilden. Es wird vor allen Dingen herausgearbeitet, inwiefern die Präferenzen der Wähler, welche letztendlich über die (Wieder)wahl von Landespolitikern entscheiden, dazu beitragen können, die Verschuldung von Bundesländern zu begrenzen und insbesondere inwiefern ein Insolvenzmechanismus auf Ebene der deutschen Bundesländer hierzu beitragen kann, indem er die Präferenzen der Bürger berührt.

558 Vgl. Holzinger, K. (2009).
559 Vgl. Holzinger, K. (2009).

Ausgangspunkt jeglicher Überlegungen der Ökonomischen Theorien der Politik ist der methodologische Individualismus, der soziale Prozesse auf der Grundlage von Verhaltensannahmen einzelner Akteure erklärt.[560] Die dem methodologischen Individualismus zugrunde liegende Sichtweise manifestiert sich im Menschenbild des Homo Oeconomicus', des ausschließlich nach wirtschaftlichen Gesichtspunkten denkenden und handelnden Menschen.[561] Er zeichnet sich durch Eigenschaften wie rationales Verhalten, durch Ressourcenknappheit eingeschränkte Nutzenmaximierung, vollständige Information sowie vollständige Kenntnis über alle Entscheidungsmöglichkeiten aus.[562] Psychologische Faktoren werden dabei nahezu vollständig ausgeblendet. Bspw. wird den Entscheidungen des Homo Oeconomicus' eine unbeschränkte Willenskraft zugrunde gelegt, was bedeutet, dass er weder dem Einfluss von Selbstkontrollproblemen noch Emotionen unterliegt. Weiter unterstellt der Ökonomische Ansatz menschlichen Verhaltens, dass Verhaltensänderungen von Wirtschaftssubjekten durch eine Änderung der relativen Preise ausgelöst werden, sie durch Anreize von außen, also extrinsisch, veranlasst werden, ihr Verhalten zu ändern.[563] Hier soll auf das rationale Verhalten von politischen Akteuren abgestellt werden, um zu erklären, wie politische Handlungen von Landespolitikern und die Wahlentscheidung von Bürgern zu Stande kommen und wie diese Verhaltensweisen durch einen Insolvenzmechanismus auf Ebene der deutschen Bundesländer beeinflusst werden können.

Rationalität bedeutet dabei die Ausrichtung von Entscheidungen an den Konsequenzen des eigenen Handelns.[564] Es soll sich hier keine Stilblüte einschleichen, Rationalität ist keinesfalls mit Amoralität gleichzusetzen.[565] Der Rationalität liegt das Ökonomische Handlungsmodell zugrunde, nach dem Akteure systematisch auf Anreize reagieren, welche sich aus ihren Präferenzen sowie aus, ihnen extern vorgegebenen, Handlungsbeschränkungen ergeben. Sie wählen aus den ihnen zur Verfügung stehenden Handlungsalternativen diejenige, die verspricht, ihren Nutzen zu maximieren. Voraussetzung hierfür ist,

---

560 Vgl. Coleman, J. S. (1994).

561 Siehe ausführlich zur Beschreibung des Homo Oeconomicus' Kirchgässner, G. (2008).

562 Vgl. Kirchgässner, G. (2008).

563 Vgl. Benz, M. und B. S. Frey (2001).

564 Vgl. Holzinger, K. (2009) oder auch Zintl, R. (2006). Weiter gibt Braun, N. (2009) einen guten Überblick über die Rational Choice Theorie aus soziologischer Perspektive.

565 Siehe hierzu auch Arrow, K. J. (1967) und Sen, A. K. (1977) und (1986).

dass die Akteure im Stande sind ihre Ziele konsistent gemäß einer Präferenzordnung zu gliedern und die zu erwartenden Wirkungen einzelner Handlungsalternativen zu bewerten.[566]

Auch Popper (1995) erklärt soziale Phänomene und Prozesse derart, dass er annimmt, dass die jeweiligen Entscheidungssituationen abzubilden sind und daran anschließend anzunehmen ist, dass die involvierten Akteure situationsgerecht und vernünftig handeln. Nach Becker (1976) versucht jeder Akteur, durch die optimale Verwendung ihm zur Verfügung stehender Mittel vor dem Hintergrund seiner Präferenzen beim Treffen von Entscheidungen und den damit verbundenen Handlungen, den für ihn bestmöglichen Zustand zu erreichen. Der Rational Choice Ansatz wird für die diesem Kapitel zugrunde liegende Fragestellung verwendet, da er es erlaubt, die Aspekte und Folgen menschlichen Handelns näher zu untersuchen, die eine Wahl zwischen konkurrierenden Alternativen, wie z.B. die Wahl einer Partei aus Sicht der Bürger oder aber die Bestimmung eines bestimmten Steuersatzes oder Verschuldungsniveaus aus Sicht von Landespolitikern, erfordern.[567]

Downs (1957b) beschrieb bereits früh das Verhalten von Politikern und Wählern aus der Perspektive der Rational Choice Theorie. Er unterscheidet dabei zwischen einer Welt mit vollständiger und kostenloser Information und einer mit unvollständiger Information. Er unterstellt den Akteuren ein strikt rationales Handeln, was bedeutet, dass sie ihre Entscheidungen stets und ausschließlich an ihrem jeweiligen Nutzen ausrichten.

Vorab stellt er die folgenden Definitionen:

- Die Regierung ist der Teil der arbeitsteiligen Gesellschaft, welcher in der Lage ist, gegenüber allen anderen Akteuren der Gesellschaft Zwang auszuüben. Die Regierung ist somit der Ort äußerster Macht innerhalb einer Gesellschaft.[568]
- Eine Demokratie zeichnet sich durch folgende Charakteristika aus:
  - Es treten zwei oder mehr Parteien in periodisch abgehaltenen Wahlen gegeneinander an.
  - Die Partei oder auch Koalition, welche die Mehrheit der Stimmen auf sich vereinen kann, ist bis zur nächsten Wahl im Besitz der Regierungsgewalt.
  - Weder werden unterlegene Parteien die Sieger der Wahl davon abzuhalten versuchen, die Regierungsgewalt einzunehmen, noch werden siegreiche

566 Vgl. Holzinger, K. (2009).
567 Vgl. Braun, N. (2009).
568 Diese Definition entnimmt er Dahl, R. A. und C. E. Lindblom (1953).

Parteien versuchen die unterlegenen Parteien daran zu hindern bei der nächsten Wahl wieder anzutreten.

- Alle Wahlberechtigten sind Bürger und jeder Bürger hat genau eine Stimme bei jeder Wahl.

Weiter stellt er folgende Axiome auf:

- Jede politische Partei ist eine Koalition von Politikern mit gleichen Zielen, nämlich einzig und allein die Regierungsgewalt zu erlangen, um die damit verbundenen Vorteile wie Einkommen, Macht und Prestige genießen zu können.[569]
- Die Partei oder auch Koalition, welche die Mehrheit der Stimmen in einer Wahl auf sich vereinen kann, hat die vollständige Regierungsgewalt während des gesamten Zeitraums bis zur nächsten Wahl inne, womit Vertrauensvoten ausgeschlossen werden. Ebenfalls werden die Anweisungen der Regierung in keinster Weise vom Beamtenapparat abgewehrt oder sabotiert.
- Die Regierung besitzt unbeschränkte wirtschaftliche Macht, sie kann beliebig verstaatlichen oder privatisieren.
- Die Macht der Regierung ist lediglich dadurch limitiert, dass sie in keiner Weise die politische Freiheit von Oppositionsparteien oder einzelnen Bürgern beschränken kann, es sei denn diese wollen die Regierung mit Gewalt stürzen.
- Jeder Akteur der Gesellschaft verhält sich zu jeder Zeit rational. Das bedeutet, dass die Akteure ihre Ziele mit einem Minimum an knappen Ressourcen verfolgen und nur die Handlungen ausführen, bei denen der Grenznutzen die Grenzkosten übersteigt.

Aus diesen Definitionen und Axiomen leitet Downs (1957b) seine zentrale Hypothese ab, dass Parteien in Demokratien ihre Politik ausschließlich daran ausrichten, die Stimmen der Wähler, die sie auf sich vereinen können, zu maximieren. Sie versuchen nicht die Regierungsgewalt zu erlangen, um bestimmte vorgefasste Politiken auszuführen oder um Interessengruppen zu dienen, sondern formulieren ihre Politik und bedienen Interessengruppen stets nach dem Ziel der Maximierung von Wählerstimmen. Sie sind also ausschließlich an ihrer Wiederwahl interessiert. Dazu müssen sie ihre Politik nach den Wünschen der Wähler ausrichten. Diese Hypothese wie auch die folgende zum Wählerverhalten gilt sowohl bei vollständiger und kostenloser als auch bei unvollständiger Information.

---

569 Diese Definition entstammt ursprünglich Marschak, J. (1954). Jedoch verwendet Downs, A. (1957b) in seinem Beitrag den Begriff des Teams anstatt der Koalition.

Auch Schneider (2007) unterstellt Regierungen wahlstrategisches Verhalten, da sie sich periodisch abgehaltenen Wahlen stellen müssen. Ferejohn (1986) konstatiert, dass Politiker die Wiederwahl anstreben, um einerseits die Vorzüge ihres Amtes genießen zu können als auch andererseits, und hier unterscheidet er sich von der Sicht Downs' (1957b), ihre eigenen Vorstellungen von Politik verwirklichen zu können. Da sie aber aus der Verfolgung ihrer bevorzugten Politiken Nutzen ziehen, so kann auch dieses Verhalten der Annahme der Rationalität und Nutzenmaximierung standhalten.

Zimmermann (2006) unterstellt der Politik auf der Gemeindeebene in Deutschland ihre Handlungen an kurzfristigen Wahlüberlegungen auszurichten. Weitere Hinweise darauf, dass Politiker ihre Handlungen kurzfristig am Wahltermin und somit den Präferenzen der Wähler ausrichten finden sich bei Heinemann (2010), Wagschal et al. (2009) und Barro (1979).

Doch lässt sich diese Hypothese des rational und streng am Eigennutz orientierten Politikers auch empirisch belegen? Eine Möglichkeit, sich dieser Fragestellung anzunähern, bietet die Theorie fiskalpolitischer Konjunkturzyklen. Annahmegemäß machen Politiker ihren Wählern schuldenfinanzierte Wahlgeschenke, um ihre Wiederwahl zu sichern.[570] Daher erhöhen Regierungen im unmittelbaren Vorfeld von Wahlen ihre Ausgaben und finanzieren diese zusätzlichen Ausgaben über die Kreditaufnahme.[571] Die Empirie geht hier auseinander. So finden verschiedene Autoren Hinweise auf eine erhöhte Defizitfinanzierung im Vorfeld von Wahlen, andere hingegen keinen und teils sogar einen negativen Zusammenhang zwischen dem Vorwahljahr und dem Haushaltsdefizit.[572] Für die deutschen Bundesländer zeigt bspw. Wagschal (1996a), dass linke Regierungen die öffentliche Verschuldung stärker am Wahltermin ausrichten als bürgerliche, wobei auch diese eine leichte Tendenz hin zu fiskalpolitischen Konjunkturzyklen zeigen. Schneider (2007) stellt ebenfalls fest, dass die SPD in Vorwahljahren zu höheren Defiziten neigt als die CDU. Sie stellt aber auch fest, dass das Haushaltsdefizit im Vorfeld von Wahlen tendenziell sinkt. Auch Wagschal et al. (2009) finden keine Hinweise auf fiskalpolitische Konjunkturzyklen auf der Ebene der deutschen Bundesländer. Die Empirie ist nicht eindeutig, jedoch legen neuere Arbeiten eher eine Ablehnung der These fiskalpolitischer Konjunkturzyklen nahe. Jedoch lassen sich fiskalpolitische Konjunkturzyklen

---

570 Vgl. Zimmermann, H. (1999).

571 Siehe Drazen, A. (2000) für eine Übersicht über verschiedene Ansätze der geld- und fiskalpolitischen Konjunkturzyklen.

572 Für eine Übersicht beider Autorengruppen sei auf das Kapitel 3.1.1. und die dort aufgeführten Autoren verwiesen.

nicht vollständig negieren und sind somit als Erklärungsgrund für rationales Politikerverhalten nicht auszuschließen, zumal die internationale Empirie diesen Schluss durchaus zulässt.[573]

Für die Erklärung des Wählerverhaltens soll wiederum die grundlegende Arbeit nach Downs (1957b) bemüht werden. Auch hierfür stellt er zunächst einige Prämissen auf:

- Die Handlungen der Regierung sind eine Funktion des von ihr erwarteten Verhaltens der Wähler und der Strategien der Opposition.
- Die Regierung erwartet, dass die Wähler nach Veränderungen in ihren Nutzen durch die Regierungsarbeit und der Strategie anderer Parteien wählen.
- Wähler wählen tatsächlich nach den Veränderungen ihres Nutzens durch die Regierungsarbeit und den Alternativen, welche ihnen von anderen Parteien angeboten werden.
- Der Nutzen der Wähler basiert auf der Regierungsarbeit während der Wahlperiode.
- Die Strategien der Oppositionsparteien hängen von ihrer Interpretation des Nutzens der Wähler durch die Regierungsarbeit und von der aktuellen Regierungsarbeit selbst ab.

Auf diesen Prämissen basierend stellt Downs (1957b) die Hypothese auf, dass Wähler stets die Partei präferieren, deren Politik ihnen den größtmöglichen Nutzen verspricht. Jeder Wähler wägt also zunächst den Nutzen, welchen er aus der Regierungsarbeit einer jeden Partei erwartet, ab, um dann diejenige Partei zu wählen, die den Erwartungswert seines Nutzens maximiert. Seine Schätzung basiert dabei auf einer Auswertung seines Nutzens aus der Regierungsarbeit einer Partei oder Koalition der vergangenen Wahlperiode und dem Nutzen, den er seiner Meinung nach erzielt hätte, wäre in der vergangenen Wahlperiode eine der anderen Parteien an der Macht gewesen. Eine hierfür notwendige Annahme ist, dass sich jede Oppositionspartei zu jedem Thema geäußert hat, welches von der Regierungspartei angegangen wurde. Auch Schneider (2007) unterstellt, dass Wähler nach rationalen Erwartungen und vorausschauend wählen, um ihren Nutzen zu maximieren. Die Wähler haben als Reaktion auf eine ihnen unzulänglich erscheinende Politik zwei Möglichkeiten: Die der Abwanderung und die der Abwahl.[574] Schoen (2009) beschreibt das Wahlverhalten als einzige Möglichkeit

573 Siehe z. B. Alesina, A. et al. (1992 und 1997), Beck, N. (1987), Franzese, R. J. (1999, 2002a und 2002b) oder Harrinvirta, M. und M. Mattila (2001).

574 Hirschman, A. O. (1970) charakterisiert diese beiden Reaktionsmöglichkeiten in Bezug auf die Unzufriedenheit mit Leistungen einer Organisation. Da politische

politischer Partizipation für Menschen in Demokratien. Durch Abwahl drohen Politiker das zu verlieren, woran ihnen am meisten liegt, nämlich ihr Amt und den damit verbundenen Nutzen aus Macht, Einkommen und Prestige. Daher haben Wähler den Politikern gegenüber ein gewisses Drohpotential. Sie können sie dahingehend beeinflussen, die Politik zu verfolgen, welche ihren Nutzen maximiert. Zusammenhängend damit maximieren die Politiker simultan ihren Nutzen, der sich ausschließlich am Machterhalt orientiert. Hiervon geht ein Disziplinierungseffekt auf die Politik von Seiten der Wähler aus.

Es ist nachfolgend zu klären, inwieweit dieser Disziplinierungseffekt auch auf der Ebene der öffentlichen Verschuldung greift und wie dieser durch einen Insolvenzmechanismus auf Ebene der deutschen Bundesländer erreicht oder intensiviert werden kann. Die Hypothese ist, dass die Wähler bei Vorhandensein eines Insolvenzmechanismus auf Ebene der deutschen Bundesländer Politiker, welche eine hohe öffentliche Verschuldung zu verantworten haben, eher abwählen als dies bislang der Fall ist. Hierzu ist zunächst zu klären, ob die Bürger eines Landes die öffentliche Verschuldung tatsächlich in ihr Wahlkalkül einbeziehen. Weiter ist zu untersuchen, wie die öffentliche Verschuldung durch einen Insolvenzmechanismus auf Ebene der deutschen Bundesländer ins Bewusstsein der Wähler gerufen oder aber, sollte sie bereits bei der Wahlentscheidung berücksichtigt werden, stärker in deren Fokus gerückt werden kann. Hierdurch soll schließlich die Politik in ihrem Verschuldungsverhalten diszipliniert werden.

Sowohl Politiker als auch Wähler sind strikt rational handelnde, am Eigennutz orientierte, Wirtschaftssubjekte. Wähler strafen Politiker, welche nicht die für sie optimale Politik verfolgen, mit Abwahl. Doch lässt sich dies auch empirisch belegen und woraus ziehen Wähler ihren Nutzen aus der Regierungsarbeit, welche politischen Themen sind für sie also relevant und welche Rolle spielt die öffentliche Verschuldung bei der Wahlentscheidung? Zur Beantwortung dieser Fragen sollen aus den zahlreichen Modellen über das Wahlverhalten von Bürgern in Demokratien drei ausgewählte Beispiele aufgezeigt werden, die für eine Verbindung mit einem Insolvenzmechanismus auf Ebene der deutschen Bundesländer geeignet sind.[575]

Begonnen wird mit dem Sozialpsychologischen Ansatz, welcher auf die Arbeit „The Voter Decides" von Campbell et al. (1954) zurückgeht, in welcher die Autoren eine landesweite Untersuchung zur Präsidentschaftswahl 1952 in den USA

Parteien durchaus als Organisationen aufgefasst werden können, lassen sich diese beiden Reaktionstypen auch auf das Wählerverhalten anwenden.

575 Für eine ausführliche Darstellung der Entwicklung verschiedener Ansätze der Politischen Ökonomie zum Wähler- und auch Politikerverhalten sei auf Kühnel, S. et al. (2009) verwiesen.

auswerten. Sie führen dabei drei gleichberechtigte Erklärungsgrößen für die Wahlentscheidung von Bürgern an: Die Bewertung der Kandidaten, die Einstellungen zu den politischen Themen sowie die Parteiidentifikation. Allerdings zog dieser Ansatz trotz seiner hohen empirischen Erklärungskraft Kritik auf sich, da den Autoren vorgeworfen wurde, dass ihre Erklärungen tautologischer Natur seien und die Entstehung der von ihnen beschriebenen Einstellungen ausgeblendet würde.[576] Dies führte zur Weiterentwicklung des Ansatzes durch Campbell et al. (1960). Sie modellieren in ihrem erweiterten Ansatz die Wahlentscheidung als Mündung eines Trichters, welcher alle für die Wahlentscheidung relevanten Faktoren enthält. Der Sozialpsychologische Ansatz lässt sich wie in Abbildung 10 darstellen.[577]

Abbildung 10: Darstellung des Sozialpsychologischen Ansatzes aus Campbell et al. (1960), eigene Darstellung in Anlehnung an Schoen (2009)

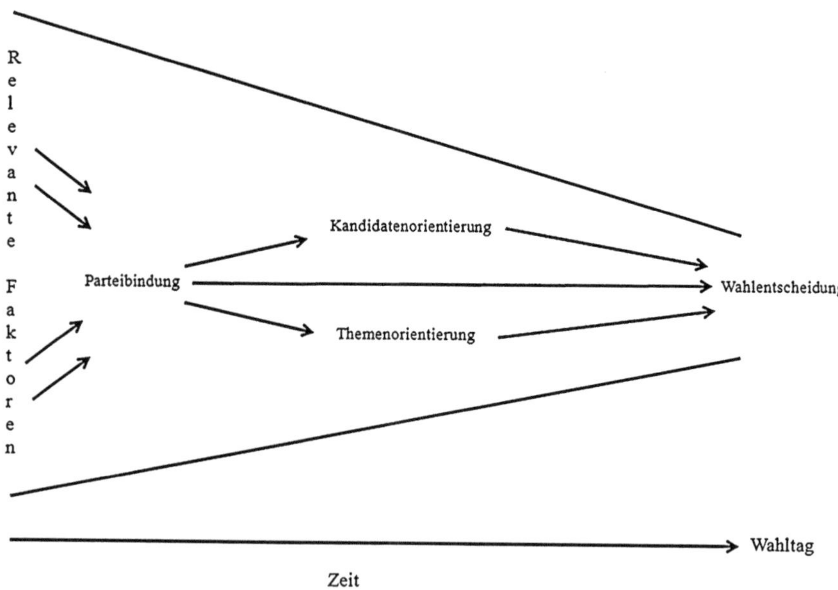

Das Wahlverhalten wird dabei direkt durch die ihm unmittelbar vorgelagerten politischen Einstellungen, wie der Kandidaten- und Themenorientierung, welche wiederum von der Parteibindung abhängen, beeinflusst. Je weiter man sich

576 Vgl. Rossi, P. H. (1959).

577 Abbildung 10 sowie die folgenden Erläuterungen zum Sozialpsychologischen Ansatz nach Campbell et al. (1960) sind stark an die Ausführungen bei Schoen, H. (2009) angelehnt.

zeitlich von der Mündung des Trichters entfernt, desto mehr stößt man auf in der Vergangenheit liegende Ereignisse, welche das Wahlverhalten nicht direkt, sondern lediglich indirekt, über ihre Wirkungen auf die Parteibindung, beeinflussen. Die Wahlentscheidung wird letztendlich entscheidend durch die Parteiidentifikation determiniert, da diese ebenfalls Einfluss auf die beiden anderen Einstellungsvariablen hat. Allerdings können die Kandidaten- und Themenorientierung als kurzfristig variable Faktoren durchaus zu einer von der Parteiidentifikation abweichenden Wahl führen. Die Parteiidentifikation selber kann sich bspw. im Zuge nationaler Krisen verändern.

Schoen (2009) findet Evidenz für eine starke, jedoch abnehmende Parteibindung in der Bundesrepublik Deutschland. So stellt er anhand von Daten aus dem Politbarometer fest, dass sich Ende der 1970er Jahre etwa 80 Prozent der Westdeutschen mit einer politischen Partei identifizierten, Anfang der 1980er und 1990er Jahre verstärkte sich die Parteibindung, um dann zu Beginn des 21. Jahrhunderts auf etwa zwei Drittel abzusinken. Für die neuen Bundesländer stellt er nach der Wiedervereinigung fest, dass der Anteil der Ostdeutschen, die sich mit einer politischen Partei identifizieren zwischen einem Wert von 50 und 60 % schwankt.[578]

Eine zurückgehende Parteibindung kann wiederum als Hinweis darauf gewertet werden, dass kurzfristige Faktoren stärker auf das Wahlverhalten Einfluss zu nehmen im Stande sind.[579] Vor allem rückt dadurch die Rolle der Kandidaten- und Themenorientierung in den Vordergrund. Ein solcher Trend hin zu mehr Kandidaten- und Themenorientierung lässt sich in Deutschland bislang jedoch kaum nachweisen. Kontrolliert man etwa den Einfluss von Einstellungen gegenüber Kanzlerkandidaten unter Kontrolle der Parteibindungen und Themenorientierungen auf das Wahlverhalten bei Bundestagswahlen so ist dieser Effekt verschwindend gering, was für die alten sowie die neuen Bundesländer gleichermaßen gilt.[580] Es sind dabei lediglich wahlspezifische Schwankungen, jedoch keine längerfristig stärkere Kandidatenorientierung zu beobachten.[581] Klein und Ohr (2000) sowie Klein und Rosar (2005) hingegen lassen anhand ihrer empirischen Überprüfungen den Schluss zu, dass das Wahlverhalten tatsächlich durch Merkmale politischer Kandidaten, wie das Privatleben oder sogar die physische Attraktivität, beeinflusst wird. Die empirische Evidenz zu diesem Thema ist in Deutschland allerdings recht spärlich, so dass keine

578 Siehe hierzu auch Arzheimer, K. und H. Schoen (2005).

579 Vgl. Schoen, H. (2009).

580 Vgl. Gabriel, O. W. und K. Neller (2005).

581 Vgl. Schoen, H. (2009).

Aussagen über langfristige Trends getroffen werden können.[582] Internationale empirische Untersuchungen deuten jedoch darauf hin, dass ein solcher Trend nicht zu erkennen sei.[583] Es ist also für Deutschland eine starke, wenn auch abnehmende, Parteiidentifikation festzustellen. Die Kandidatenorientierung scheint hingegen von geringerer Bedeutung zu sein. Die Rolle der Themenorientierung bleibt recht unklar, jedoch kann ihr Einfluss auf das Wahlverhalten nicht vollständig negiert werden.

Eine weitere Möglichkeit das Wahlverhalten von Bürgern zu erklären bietet die Theorie der Yardstick Competition. Die Theorie der Yardstick Competition besagt im Zusammenhang mit dem Wahlverhalten, dass rationale Wähler ihre Wahlentscheidung auf einem Vergleich der Regierung der Gebietskörperschaft in der sie leben und den Regierungen in Nachbarregionen basieren. Sie beurteilen die Regierung also relativ zu anderen Regierungen. Sollten Wähler beobachten, dass die Regierung der Gebietskörperschaft in der sie leben im Vergleich zu einer Regierung in einer angrenzenden Gebietskörperschaft schlechter, wie auch immer dies von den Wählern definiert wird, arbeitet, tendieren sie dazu sie abzuwählen.[584] Die Hypothese lautet, dass vor allem die Steuern hierbei von großer Bedeutung sind. Es wird vermutet, dass wenn die Regierung einer Gebietskörperschaft im Vergleich zu Regierungen angrenzender Gebietskörperschaften hohe Steuern erhebt, sie tendenziell mit Abwahl durch ihre Bürger zu rechnen hat. Gleiches gilt annahmegemäß auch für Steuerveränderungen. Wenn diese in einer Gebietskörperschaft stärker ausfallen als in angrenzenden Gebietskörperschaften, so ist die Regierung eher mit der Gefahr der Abwahl durch ihre Bürger konfrontiert.[585] Konsistent mit dieser Annahme ist die Feststellung von Beyle (1983), dass Steuern ein Hauptgrund bei der Abwahl von 30 Prozent der Gouverneure in den USA in den 1960er Jahren und 20 Prozent der Gouverneure in den USA in den 1970er Jahren waren. Auch Hansen (1983) findet Evidenz dafür, dass Mitte der 1970er Jahre Steuern zu einem erheblichen Faktor in den USA wurden, für oder gegen einen Kandidaten, sowohl bei Kongress- als auch bei Präsidentschaftswahlen, zu stimmen. Sie führt weiter aus, dass bei einer Befragung im Jahr 1980 15 Prozent der Befragten angaben, dass Steuern einen unmittelbaren Bestimmungsgrund ihrer Wahlentscheidung darstellten.

Besley und Case (1995) vergleichen die Abwahl von Gouverneuren in 48 US-Bundesstaaten mit Steuerveränderungen in eben diesen Staaten. Sie kommen zu

---

582 Vgl. Schoen, H. (2009).
583 Vgl. King, A. (2002).
584 Vgl. Besley, T. und A. Case (1995).
585 Vgl. Besley, T. und A. Case (1995).

dem Ergebnis, dass eine Steuererhöhung in den US-Bundesstaaten die Wahrscheinlichkeit der Abwahl eines Gouverneurs signifikant steigert. Weiter stellen sie fest, dass eine Steuererhöhung in benachbarten Gebietskörperschaften die Wahrscheinlichkeit der Abwahl eines Gouverneurs signifikant senkt. Im Umkehrschluss kann davon ausgegangen werden, dass eine Steuersenkung in benachbarten Gebietskörperschaften die Wahrscheinlichkeit der Abwahl eines Gouverneurs steigert. Auch weisen sie nach, dass das Wirtschaftswachstum von Bedeutung ist. Ein negatives Wachstum in der eigenen Gebietskörperschaft steigert die Wahrscheinlichkeit der Abwahl eines Gouverneurs in den USA, dieser Effekt ist sowohl von großer Bedeutung als auch signifikant. Weiter mindert ein positives Wachstum in benachbarten Gebietskörperschaften die positiven Effekte des Wachstums in der eigenen Gebietskörperschaft auf die Wiederwahl eines Gouverneurs, was darauf hindeutet, dass nicht nur das eigene Wirtschaftswachstum, sondern vor allem das Wachstum relativ zu benachbarten Gebietskörperschaften für die Bürger von Bedeutung ist.

Diese Ergebnisse deuten darauf hin, dass die relative Zufriedenheit mit der Regierungsarbeit für die Wahlentscheidung der Bürger von großer Bedeutung ist. Für die Bundesrepublik Deutschland ist eine empirische Überprüfung der Theorie der Yardstick Competition in Bezug auf Steuerveränderungen allerdings kaum möglich, da die deutschen Bundesländer über eine sehr eingeschränkte Steuerautonomie verfügen und somit ihre Steuern kaum merklich anheben oder absenken können. Die Länder können lediglich die Grunderwerbsteuer autonom gestalten, deren Anteil am gesamtstaatlichen Steueraufkommen im Jahr 2010 jedoch bei lediglich knapp einem Prozent lag.[586] Das macht einen Vergleich eigener Steuerveränderungen mit Steuerveränderungen in benachbarten Bundesländern obsolet.

In der reinen Theorie des Wahlkampfes vergleichen Wähler die Wahlprogramme der verschiedenen Kandidaten und votieren für den Kandidaten, dessen Programm sie bevorzugen. Erwartungen über die Strategien der Kandidaten werden dabei mittels ihrer Versprechen bezüglich ihrer künftigen Regierungsarbeit gebildet.[587] Derartige Modelle wurden bereits früh in statischer, McKelvey (1975), sowie in dynamischer Form, Kramer (1977), entwickelt. Da allerdings anzunehmen ist, dass Politiker keinen Anreiz haben, sich nach der Wahl an ihre Wahlversprechen zu halten, sollten Wähler sich bei ihrer Wahlentscheidung

586 Eigene Berechnung anhand der Daten aus Statistisches Bundesamt (2011a).
587 Vgl. Ferejohn, J. (1986).

ebenfalls an einer Auswertung der bisherigen Regierungsarbeit orientieren.[588] Bereits Kramer (1971) und Fiorina (1981) bestätigten diesen Mechanismus empirisch. Sie belegen, dass Wähler sowohl die Wahlversprechen der Politiker als auch die bisherige Regierungsarbeit in ihr Wahlkalkül einbeziehen. Herrmann et al. (2006) untersuchen Wählerpräferenzen mit der Methode der Rank Ordered Logit und kommen anhand einer Umfrageanalyse zu dem Schluss, dass die Regierungszufriedenheit eine erhebliche Determinante der Wahlentscheidung darstellt. Somit lässt sich die Annahme, dass Wähler ihre Wahlentscheidung maßgeblich von ihrer Zufriedenheit mit der Arbeit einer Regierung abhängig machen, zumindest nicht verwerfen.

7.2.2 Der Einfluss der öffentlichen Verschuldung auf das Wahlverhalten

Dieses Kapitel untersucht, wie die oben vorgestellten Ansätze des Wählerverhaltens in Verbindung mit einem Insolvenzmechanismus auf Ebene der deutschen Bundesländer dazu geeignet sind, eine Disziplinierungsfunktion auf die Politik hinsichtlich ihres Verschuldungsverhaltens auszuüben. Dazu wird zunächst untersucht, welchen Wert die Wähler der öffentlichen Verschuldung beimessen und wie sich diese als Wahlkampfthema in die verschiedenen Ansätze zum Wählerverhalten integrieren lässt.

Allgemein soll hier auf den Einfluss der beiden Faktoren der öffentlichen Verschuldung und der Besteuerung auf die Wahlentscheidung von Bürgern eingegangen werden. Andere Faktoren können zwar nicht gänzlich ausgeblendet werden, jedoch liegt der Fokus dieses Kapitels auf der Analyse der Disziplinierung der Politik in ihrem Verschuldungsverhalten durch den Wähler und nicht darauf, abschließend alle Motive des Wahlverhaltens abzubilden und zu erklären. Da Besteuerung und Kreditaufnahme die beiden bedeutendsten Instrumente öffentlicher Gemeinwesen sind, Einnahmen zu erzielen, muss geprüft werden, welche Präferenzen die Wähler diesbezüglich besitzen. Ein amtierender Politiker wägt immer zwischen diesen beiden Instrumenten der Finanzierung ab. Er kann bspw. weniger Steuern erheben als eigentlich notwendig und das Finanzloch durch eine höhere öffentliche Kreditaufnahme schließen. Dies führt in der Zukunft zu Zins- und Tilgungszahlungen, die durch zukünftig höhere Steuern wieder beglichen werden müssen.

Es kann jedoch argumentiert werden, dass Schulden für die Wahlentscheidung von Bürgern wenig relevant sind. Die öffentlichen Schulden müssen zwar eines Tages durch höhere Steuern beglichen werden, jedoch ist dieser Effekt

588 Vgl. Ferejohn, J. (1986).

nicht unmittelbar spürbar. Im Gegensatz zu höheren Steuern, welche das verfügbare Einkommen reduzieren und somit den Wählern direkt fühlbar werden, werden die Folgen öffentlicher Kreditaufnahme, wie die Zins- und die Tilgungszahlungen, in die Zukunft verlagert und sind somit nicht unmittelbar fühl- und beobachtbar, was dazu führt, dass sie übersehen oder auch verdrängt werden.[589] Dieser Sachverhalt wird auch als Schuldenillusion umschreiben. Nach Oates (1988) ist die Schuldenillusion eine Unterform der Fiskalillusion und liegt darin begründet, dass es Wählern eher möglich ist, Kosten der Besteuerung als Kosten der Schuldenaufnahme wahrzunehmen. Wagschal (1996a) argumentiert, dass ein ausgeglichenes Budget im Gegensatz zu niedrigen Steuern erst langfristig wirksam wird, was ebenfalls ein Grund dafür ist, dass Politiker versuchen ihre kurzfristige Wiederwahl durch höhere Schulden und niedrigere Steuern zu sichern. Auch Heinemann (2010) führt aus, dass der Zusammenhang zwischen heutigen Schulden und zukünftigen Steuern den Wählern nicht immer bewusst ist. Vielmehr führe die Fiskalillusion dazu, dass die Wähler die Budgetrestriktion des Staates nicht in Gänze verstünden. Erschwerend kommt hinzu, dass die Zeitpräferenzraten von Wirtschaftssubjekten mit dem Zeitverlauf fallend sind.[590]

Zeitpräferenzraten drücken die Diskontfaktoren des intertemporalen Kalküls aus und werden selber durch die Zeitpräferenz bestimmt. Bei stabilen Zeitpräferenzraten sind die Diskontfaktoren des intertemporalen Kalküls konstant, was bedeutet, dass es für den für das Konsumkalkül zwischen zwei Perioden relevanten Diskontfaktor unerheblich ist, wie weit diese beiden Perioden zeitlich voneinander entfernt liegen. Bei fallenden Zeitpräferenzraten aber ist ein Wirtschaftssubjekt umso eher zum Konsumverzicht bereit, je weiter dieser zeitlich entfernt ist.[591] Individuen ziehen es demnach vor in der Gegenwart zu konsumieren. Da der Konsumverzicht durch Besteuerung unmittelbar (über eine Reduktion des verfügbaren Einkommens) eintritt, der durch eine erhöhte Kreditaufnahme jedoch erst in Zukunft, schmälert die Besteuerung den subjektiven Nutzen eines Wählers in einem größeren Ausmaß als die öffentliche Kreditaufnahme, weshalb zu vermuten ist, dass er dieser weniger Wert bei seiner Wahlentscheidung beimisst.

Wähler erwerben des Weiteren wahlrelevante Informationen als Nebenprodukt ihres Alltagshandelns.[592] Dies können etwa Informationen über

---

589 Vgl. Zimmermann, H. (1999).

590 Für eine Übersicht experimenteller Forschung, die diese Aussage bestätigt, siehe Frederick, S. et al. (2002).

591 Vgl. Heinemann, F. (2010).

592 Vgl. Hildebrandt, A. (2009).

die Arbeitslosensituation sein, welche sich leicht anhand der regelmäßig veröffentlichten und in den Medien populär vertretenen Arbeitslosenrate gewinnen lassen, wobei sich die Situation am Arbeitsmarkt auch durch persönliche Erfahrungen, wie z.B. der Sicherheit des eigenen Arbeitsplatzes oder auch der von Freunden oder Familienangehörigen, beurteilen lässt. Weitere Beispiele sind die Lohnentwicklung, die sich monatlich auf dem Lohnzettel wiederfindet oder auch die Preisentwicklung, die nicht nur über die Veröffentlichung der aktuellen Inflationsraten, sondern auch beim Einkauf beobachtbar ist.[593] Die öffentliche Verschuldung hingegen weist keinen derartigen alltäglichen Bezug auf, weshalb sie auch weniger merklich für die Bürger ist.[594]

Schneider (2007) allerdings, zeigt mittels einer Verknüpfung der Theorie des Politischen Konjunkturzyklus' mit der Theorie des Economic Voting, dass Wähler Regierungen bei strategischer Steigerung des Haushaltsdefizits abstrafen. Sie untersucht hierzu einen Datensatz, welcher die westdeutschen Länder in einem Panel von 1970 bis 2003 umfasst. Da sie den Effekt der Verschuldung auf den Wahlausgang untersuchen möchte, betrachtet sie aus dem Datensatz lediglich die Wahljahre in den Bundesländern. Sie misst die abhängige Variable als Veränderung des Stimmanteils einer Regierungspartei im Vergleich zur vorherigen Wahl. Im Ergebnis kann sie nachweisen, dass eine Regierungspartei bei strategischer Erhöhung des Haushaltsdefizits Wählerstimmen verliert. Dieser Befund steht im Gegensatz zu den Annahmen, dass Wähler der Verschuldung wenig bis gar keine Bedeutung beimessen. Diese Beobachtung bedeutet aber nicht zwingend, dass die eben diskutierten Annahmen vollständig zu verwerfen wären. Die Abneigung gegenüber einer stärkeren öffentlichen Verschuldung auf Wählerseite kann sich dadurch erklären lassen, dass schuldenfinanzierte Wahlgeschenke oftmals nur eine bestimmte Wählerklientel erreichen, wohingegen die übrige Wählerschaft schlicht einen Anstieg des Defizits beobachtet. Dies bedeutet nicht, dass sie Steuererhöhungen einem Anstieg des Defizits vorziehen würde, sondern lediglich, dass ein reiner Defizitanstieg ohne Nutzen für sie abgelehnt wird.

Die Meinungen und auch die Empirie zur Stellung der öffentlichen Verschuldung im Kontext des Wahlverhaltens von Bürgern sind nicht eindeutig. Schleierhaft bleibt, warum die öffentliche Verschuldung stetig angewachsen ist, wenn doch Landesregierungen Anreize hätten, diese aufgrund des drohenden Verlustes von Wählerstimmen nicht zu erhöhen. Ebenso bildet der Stadtstaat Bremen ein erwähnenswertes Beispiel. In Bremen ist die SPD bei bislang jeder

593 Vgl. Hildebrandt, A. (2009).
594 Vgl. Kirchgässner, G. et al. (1999).

Landtagswahl als stärkste Partei hervorgegangen und war somit ununterbrochen in der Regierungsgewalt. Geht man tatsächlich davon aus, dass Wähler eine hohe Verschuldung abstrafen, so mutet dies insofern kurios an, als Bremen das Bundesland ist, welches den höchsten Schuldenstand pro Kopf seiner Einwohner aufweist.[595]

Es lässt sich zumindest nicht ausschließen, dass das Thema der Verschuldung derzeit keine außerordentliche Bedeutung für die Wähler besitzt, weshalb der Politik auch nicht daran gelegen sein dürfte, sich in ihrem Verschuldungsverhalten gemäßigt zu verhalten. Die Verschuldung lässt sich nach derzeitiger Lage auch nicht in die oben aufgeführten Theorien des Wählerverhaltens einbetten. Da Schulden unerheblich zu sein scheinen, werden diese wohl kaum die Parteibindung beeinflussen, noch auf die Kandidaten- und vor allen Dingen nicht auf die Themenorientierung einwirken, da die öffentliche Verschuldung ja von vornherein nicht Inhalt des Wahlkalküls der Bürger ist. Im Falle der Theorie der Yardstick Competition angewandt auf die Wahlentscheidung von Bürgern sollte die Vernachlässigung des Themas öffentliche Schulden durch die Wähler das Verschuldungsverhalten der Politiker im Gegenteil sogar zusätzlich dahingehend antreiben, dass diese ihre Ausgaben eher durch Kreditaufnahme als durch Steuern finanzieren, da mit höheren Steuern annahmegemäß die Gefahr der Abwahl steigt. Auch in der Auswertung der bisherigen Regierungsarbeit in Kombination mit der Erwartung über die zukünftige Politik anhand der Wahlprogramme einzelner Parteien ist kein disziplinierender Effekt auf die öffentliche Verschuldung zu erwarten. Da die Bürger die öffentliche Verschuldung nicht unmittelbar spüren, spielt diese bei der Bewertung der bisherigen Regierungsarbeit und bei der Erwartungsbildung über die zukünftige Politik einer Partei keine Rolle.

Diesen Unzulänglichkeiten der Disziplinierung der Politik in ihrem Verschuldungsverhalten über die Wähler ließe sich mit einem Insolvenzmechanismus auf Ebene der deutschen Bundesländer begegnen. Dies geschieht dadurch, dass das Insolvenzverfahren im Falle der Insolvenz eines Bundeslandes die Kosten der Überschuldung für die Bürger eines Landes fühlbar macht.

7.2.3 Eine politökonomische Perspektive zur Eindämmung der Verschuldung der deutschen Bundesländer durch einen Insolvenzmechanismus

Das Ziel dieses Kapitels ist über einen Insolvenzmechanismus auf Ebene der deutschen Bundesländer die Verschuldung stärker in das Bewusstsein der Bürger

595 Daten entnommen aus Statistisches Bundesamt (2012a).

und somit in ihr Wahlkalkül zu rücken. Tatsächlich hat die Einführung der Insolvenzfähigkeit der Länder das Potential eine solche Leistung zu erbringen. Ein insolventes Bundesland wird zur Restrukturierung und Wiedererlangung seiner Handlungs- und Kapitalmarktfähigkeit eine Reihe schmerzhafter Einsparungen und Einnahmeerhöhungen durchführen müssen, die auch die Bürger treffen. Dies ist ökonomisch zu rechtfertigen, da die Bürger den Nutzen aus einer hohen Staatsverschuldung genossen haben und sie deshalb auch an den Folgen einer ebensolchen beteiligt werden dürfen. Es ist zu vermuten, dass bei einem hohen Schuldenstand die Bürger in der Gegenwart entweder zu gering besteuert werden oder aber sie eine zu gute Versorgung an öffentlichen Gütern erfahren.[596]

Die Bürger würden durch eine Beteiligung an der Sanierung des insolventen Landes dazu veranlasst, die Verschuldung nicht nur für den Fall der konkreten Insolvenz in ihr Wahlkalkül einzubeziehen, sondern ebenfalls die Verschuldungssituation des Bundeslandes in dem sie leben dahingehend zu beurteilen, ob eine zukünftige Insolvenz droht. Landespolitiker, die ein Bundesland in die Insolvenz geführt haben oder nach Meinung der Wähler auf dem Weg dorthin sind, würden dann mittels Abwahl abgestraft und hätten dadurch ein Interesse ihre Verschuldungssituation besser im Blick zu haben und gemäßigter Kredite aufzunehmen, da sie ansonsten ihre Wahl und damit zusammenhängend ihren Machterhalt gefährden, an dem sie einzig und allein interessiert sind. Es sollen hier die drei vorangestellten Theorien des Wahlverhaltens darauf untersucht werden, wie sich deren Entscheidungsgrundlage mit der Einführung eines Insolvenzmechanismus auf Ebene der deutschen Bundesländer verändert. Grundannahme ist die oben aufgeführte Rationalität sowohl der Politiker als auch der Wähler. Beide maximieren streng ihren Nutzen. Der Nutzen der Politiker liegt dabei in ihrem Machterhalt und den damit verbundenen Vorzügen wie Prestige, Einkommen und der Verfolgung präferierter Politiken. Der Nutzen der Wähler kann bspw. in einem hohen verfügbaren Einkommen, verbunden mit niedrigen Steuern, einem umfassenden Angebot an öffentlichen Gütern, Arbeitsplatzsicherheit sowie einer positiven wirtschaftlichen Entwicklung bestehen.

Die Rolle der öffentlichen Verschuldung in der Wahlentscheidung von Bürgern ist dabei ambivalent. Viele Theorien nehmen an, dass der Verschuldung kein Wert beigemessen wird, da sie nicht unmittelbar fühlbar sei, empirische Überprüfungen hingegen scheinen diese These zu widerlegen. Dies ist allerdings für die weiteren Ausführungen praktisch irrelevant. Sollten die Bürger der Verschuldung tatsächlich einen untergeordneten Wert beimessen, so wird diese

596 Vgl. Seitz, H. (2007).

über einen Insolvenzmechanismus auf Ebene der deutschen Bundesländer in ihr Gedächtnis gerufen, da sie hierdurch sicht- und fühlbar gemacht wird. Sollte die Verschuldung bereits eine Rolle spielen, so hilft der Insolvenzmechanismus sie noch stärker ins Bewusstsein der Bürger zu rücken. Da ein Land bei einer Insolvenz definitiv zu hoch verschuldet ist, wird es den Bürgern zudem leichter möglich werden, die öffentliche Verschuldungssituation zu beurteilen. Die Bürger eines Bundeslandes müssen also die Folgen einer Insolvenz spüren und einen Teil der Lasten der Sanierung tragen. Die Fallbeispiele aus dem Kapitel 5 zeigen, dass dies in der Realität bei bereits existierenden Insolvenzrechten oder zumindest No-bail-out Regelungen für souveräne Schuldner der Fall ist.

Der sozialpsychologische Ansatz unterstellt, dass Bürger ihre Wahlentscheidung anhand der drei Kriterien der Parteibindung, der Kandidaten- sowie der Themenorientierung treffen. Die Parteibindung untersteht dabei einer relativ festen, gewachsenen, Struktur, die sich aber im Falle nationaler Krisen ändern kann. Die nationale Krise kann sich hier in Form der Insolvenz eines Bundeslandes manifestieren. Die Insolvenz würde durch die Wähler als nationale Krise dadurch wahrgenommen, dass die zur Sanierung des Landeshaushalts notwendigen Einsparungen und/oder Steuererhöhungen Auswirkungen nicht nur auf ihr verfügbares Einkommen, sondern unter Umständen auch auf die Wirtschaftsleistung des Bundeslandes haben. Politiker, die eine Insolvenz des von ihnen regierten Bundeslandes anmelden müssen, riskieren somit den Verlust der Identifikation der Wählerschaft mit ihrer Partei.

Die Kandidatenorientierung folgt derselben Logik. In Deutschland ist die Wahl zwar nicht personalisiert, da die Wahlstimme den Parteien gilt, jedoch stellt jede Partei einen Spitzenkandidaten, dessen Wirkung nach außen vermutlich auch auf die Partei abfärbt und somit die Wahlentscheidung beeinflusst. Nun bestünde auch hier das Risiko, dass ein Politiker als Regierungschef die Insolvenz eines Bundeslandes verkünden muss, was die Bürger unmittelbar trifft, woraufhin sie ihm das Vertrauen entziehen. Wie wichtig Vertrauen und damit zusammenhängend auch die Reputation in wirtschaftlichen Beziehungen ist, wurde bereits von Spremann (1988) herausgestellt. Es liegt nahe, zu vermuten, dass dieser Zusammenhang auch auf das Verhältnis zwischen Politikern und Wählern zutrifft.

Auf die Themenorientierung wirkt der Insolvenzmechanismus auf Ebene der deutschen Bundesländer direkt ein. Die Verschuldung stand bislang nicht auf der Agenda der Wähler. Dadurch dass die Insolvenz eines Bundeslandes nun möglich wird und mit ihr, auch für die Bürger, schmerzhafte Sparanstrengungen sowie Einnahmeerhöhungen in Form von Steuererhöhungen verbunden sind, wird die öffentliche Verschuldung verstärkt zum Wahlkampfthema. Konkret werden die Wähler Regierungen, die sich hoch verschuldet haben, mit Abwahl strafen. Selbst für den Fall, dass die öffentliche Verschuldung im Wahlkalkül der Bürger bereits vorher eine Rolle spielte, wird sie durch den Insolvenzmechanismus für diese fühlbarer und zeigt direkte Auswirkungen auf ihre Nutzenfunktionen. Im Falle der Insolvenz kann es zu Steuererhöhungen, einem niedrigeren Niveau der Versorgung mit öffentlichen Gütern sowie einer erhöhten Arbeitsplatzunsicherheit kommen, da zum einen Stellen in der öffentlichen Verwaltung abgebaut werden können, sowie auch Unternehmen Rationalisierungsmaßnahmen einleiten könnten, da sie ihren Gewinn durch höhere Steuern gemindert sehen und diesen Verlust durch Personaleinsparungen zu kompensieren versuchen.

Bei der Theorie der Yardstick Competition angewandt auf das Wahlverhalten wirkt der Insolvenzmechanismus auf Ebene der deutschen Bundesländer über das Niveau der Besteuerung. Sind die Steuern in einer Gebietskörperschaft im Vergleich zu angrenzenden Gebietskörperschaften hoch, so werden die Wähler ihre Regierung bei der nächsten Wahl tendenziell abwählen. Dies gilt simultan für das Niveau von Steuererhöhungen. Durch die Insolvenz eines Bundeslandes würden neben den notwendigen Einsparungen zur Restrukturierung unter Umständen ebenfalls höhere Steuern erhoben werden müssen. Dadurch würde das Niveau der Besteuerung im Vergleich zu anderen Bundesländern für die Bürger des insolventen Landes unattraktiver. Es kann dabei zwischen drei Fällen unterschieden werden. Ein Bundesland kann ursprünglich im Vergleich zu anderen Bundesländern geringere Steuern erheben, das Niveau der Besteuerung in etwa gleich sein oder aber die Höhe der Steuern die in anderen Bundesländern übertreffen. Für den ersten Fall würde sich das Niveau der Besteuerung dem anderer Bundesländer annähern, im zweiten Fall würde es dieses Niveau übertreffen und im dritten Fall vergrößerte sich der Abstand noch weiter. In allen drei Fällen würde die Regierung des insolventen Bundeslandes ihre Ausgangsposition bei Wahlen verschlechtern, da die Güte ihrer Arbeit im Vergleich zu anderen Ländern, bezogen auf die Höhe der Steuern, abnimmt. Aber nicht nur das Niveau der Besteuerung ist von Bedeutung, sondern auch die Steuerveränderungen relativ zu anderen Bundesländern. Es kann durchaus sein, dass ein Bundesland unter dem Niveau der Besteuerung aller anderen Bundesländer liegt und zwar soweit, dass dies selbst nach einer leichten Steuererhöhung noch zuträfe. Lassen dabei allerdings alle anderen Bundesländer ihre Steuern unverändert, so würde das insolvente Land eine relativ höhere Steuerveränderung als der Rest der Bundesländer verzeichnen. Auch dies würde durch die Wähler abgestraft werden.

Die reine Theorie des Wahlkampfes besagt, dass Wähler ihre Wahlentscheidung davon abhängig machen, welches Wahlprogramm sie bevorzugen. Erwartungen über die zukünftige Regierungsarbeit werden dabei mittels der

Versprechen der Politiker gebildet. Empirische Untersuchungen zeigen zudem, dass nicht nur die Wahlversprechen, sondern ebenfalls eine Auswertung der bisherigen Regierungsarbeit für die Wahlentscheidung der Bürger von Bedeutung ist. Auf die Wahlversprechen der Parteien kann ein Insolvenzmechanismus nur bedingt Einfluss nehmen. Durch die Gefahren der hohen Verschuldung und der dadurch evtl. bedingten Insolvenz wäre es den Politikern aber nun nicht mehr möglich fantastische Wahlversprechen zu machen. Die Wähler würden antizipieren, dass zu euphorische, ausgabenorientierte Wahlgeschenke in der Realität nicht umsetzbar sein werden. Begünstigt würde dies durch eine regelmäßige Berichterstattung über die finanzielle Situation der Bundesländer, welche die Bürger aufgrund des Insolvenzrisikos nicht ignorieren könnten und somit in ihr Wahlkalkül einbeziehen müssten. Politiker könnten ihre Wahlversprechen zwar dennoch umsetzen, jedoch droht dann die Insolvenz und in diesem Fall der Abstieg in der Gunst der Wähler und womöglich die Abwahl bei der nächsten Gelegenheit.

Der Insolvenzmechanismus wirkt weiter unmittelbar auf die Auswertung der bisherigen Regierungsarbeit einer Partei durch die Wählerschaft ein. Die Wähler betrachten bei der Auswertung der aktuellen Regierungsarbeit, ob die Politik der derzeitigen Regierung ihnen einen höchstmöglichen Nutzen gestiftet hat. Entscheidend hierfür wären nun nicht mehr nur Aspekte wie etwa das verfügbare Einkommen, das Angebot an öffentlichen Gütern, die Arbeitsplatzsicherheit sowie die wirtschaftliche Entwicklung, sondern ebenfalls das Niveau der öffentlichen Verschuldung, da diese im Fall der Insolvenz eines Bundeslandes direkt auf die vorgenannten Faktoren einwirken würde. Es würde für die Wähler auch notwendig werden, nicht nur die aktuelle Verschuldungssituation eines Bundeslandes, sondern auch die Entwicklung dieser Situation zu beurteilen und diese dahingehend zu antizipieren, ob sich daraus zukünftig ein Insolvenzfall ergeben könnte, der ihren Nutzen unmittelbar schmälern würde.

Ein weiterer Anhaltspunkt dafür, dass die Politik mittels eines Insolvenzmechanismus auf Ebene der deutschen Bundesländer in ihrem Verschuldungsverhalten durch die Wähler diszipliniert werden kann, ergibt sich durch die Modellierung des Verhältnisses zwischen Wählern und Politikern als Principal-Agent-Beziehung.

7.2.4 Die Beziehung zwischen Politikern und Wählern aus der Sicht der Principal-Agent-Theorie

Dieses Kapitel erklärt die Beziehung zwischen Wählern und Politikern aus der Perspektive der Principal-Agent-Theorie heraus. Die Politiker werden hierbei als Agenten des Principals Wählerschaft modelliert und es wird herausgearbeitet, inwiefern sich aus dieser Perspektive unter Einbezug eines Insolvenzmechanismus auf Ebene der deutschen Bundesländer eine Disziplinierung der Politik hinsichtlich ihres Verschuldungsverhaltens erreichen lassen kann. Für eine detaillierte Beschreibung eines Principal-Agent-Problems sei auf das Kapitel 3.1.3.2.3. und die dort aufgeführte Literatur verwiesen. Anhand der Ausführungen dort wird hier ein Modell der Principal-Agent-Theorie entwickelt, welches das Verhältnis von Wählern und Politikern beschreibt.

Der Auftraggeber bzw. Principal ist in diesem Modell der Wähler bzw. die Wählerschaft, der Auftragnehmer bzw. Agent der Politiker. Den Vertrag oder besser den Vertragsabschluss stellt die Wahl eines Politikers für die Wahlperiode von fünf bzw. vier Jahren (in Bremen und Hamburg) dar. Die Interaktion beider Parteien während der Laufzeit des Vertrages ist durch eine asymmetrische Informationsverteilung zwischen ihnen gekennzeichnet. Informationsasymmetrien bedeuten in der Principal-Agent-Theorie, dass beide Parteien in einer Welt agieren, welche durch unvollkommene Information und Unsicherheit gekennzeichnet ist.[597] Bei der Auftragsausführung trifft der Agent Entscheidungen, welche nicht nur seinen eigenen Nutzen, sondern auch den des Principals berühren.[598] Die Beziehung zwischen Principal und Agenten zeichnet sich weiter durch unterschiedliche Zielsetzungen, differierende Risikoeinstellungen sowie individuelle Nutzenmaximierung aus.[599]

Asymmetrische Information zeigt sich bereits vor Vertragsabschluss in Form der Hidden-Characteristics. Der Principal kennt nicht alle wesentlichen Eigenschaften des Agenten. Dieser hingegen ist sich seiner charakterlichen Eigenschaften durchaus bewusst.[600] Nach Vertragsabschluss zeigt sich asymmetrische Information in Form der Hidden-Action. Der Principal kann die für die Auftragsausführung wichtigen Handlungen des Agenten nur eingeschränkt beobachten. Der Agent hingegen sollte sich immer im Bilde darüber sein, was er tut und getan hat. Auch kann der Principal, im Gegensatz zum Agenten, nicht genau bestimmen, ob das Ergebnis der Auftragsausführung des Agenten ausschließlich durch dessen eigene Anstrengungen oder aber durch zufällige externe Variablen determiniert ist.[601] Unterschiedliche Zielsetzungen manifestieren sich darin, dass sowohl Principal als auch Agent ausschließlich daran interessiert sind, ihren

597 Vgl. Mensch, G. (1999).
598 Vgl. Feldmann, H. (1995) oder auch Grossman, S. J. und O. D. Hart (1983).
599 Vgl. Picot, A. und R. Neuburger (1995).
600 Vgl. Roiger, M. B. (2007).
601 Vgl. Picot, A. et al. (2001) oder auch Jost, P.-J. (2001).

eigenen Nutzen zu maximieren, was nicht zwangsläufig miteinander harmonieren muss.[602] Besonders zeigt sich dies darin, dass der Agent seine Arbeitsleistung so weit zu reduzieren sucht, dass er mit dem geringstmöglichen Aufwand den Principal gerade noch zufrieden stellt, da Anstrengungen für ihn Kosten bedeuten.[603] Er stellt seine Interessen über die des Principals. Williamson (1975) gebraucht für die Beschreibung dieses Problems das Wort Opportunismus und meint damit, dass die beiden Vertragsparteien zur Verfolgung ihres Vorteils sogar zu betrügen bereit seien. Bezüglich der Risikoeinstellung wird angenommen, dass der Principal risikoneutral, der Agent hingegen risikoavers handelt.[604]

Welche Möglichkeiten hat nun ein Principal im Allgemeinen und ein Wähler im Speziellen den Agenten dahingehend zu verpflichten, in seinem Interesse zu handeln? Man muss hierbei zwischen Situationen vor und nach Vertragsabschluss unterscheiden. Vor Vertragsabschluss kann der Principal seine Unsicherheit dadurch verringern, indem er sich Informationen über den Agenten beschafft und somit seinen Informationsnachteil verringert.[605] Dies kann etwa in Form von Prüfungen, Gutachten oder Tests geschehen.[606] Denkbar wären auch der Aufbau eines Berichtswesens mit Leistungs- und Wirkungsindikatoren, der Einsatz von Intermediären wie z.B. Überwachungsgesellschaften oder anderer Informationsmodelle wie z.B. Ratings.[607] Allerdings verursacht dies Kosten für den Principal, so dass dieser sorgsam abwägen muss, ob sich die Beschaffung zusätzlicher Informationen für ihn lohnt oder aber ob diese Kosten die einer Entscheidung unter Unsicherheit übertreffen.[608]

Für Situationen der Unsicherheit nach Vertragsabschluss kann durch eine entsprechende Ausgestaltung des Vertrags Vorsorge getroffen werden. In First-Best-Situationen besteht keine Informationsasymmetrie zwischen den Vertragsparteien, weshalb ein perfekter Vertrag geschlossen werden kann, der jedes Detail der Beziehung regelt.[609] Da aber in Principal-Agent-Beziehungen Informationsasymmetrie vorherrscht, ist dies hier nicht möglich.

602 Vgl. Ebers, M. und W. Gotsch (1995).
603 Vgl. Gilardi, F. und D. Braun (2002) oder auch Balmaceda, F. et al. (2010).
604 Vgl. Kaluza, B. et al. (2003).
605 Vgl. Schedler, K. (2007).
606 Vgl. Spremann, K. (1990).
607 Vgl. Schedler, K. (2007).
608 Vgl. Spremann, K. (1990).
609 Vgl. Laffont, J. J. und D. Martimort (2002) oder auch Harris, M. und A. Raviv (1979).

Es muss trotzdem gelingen einen nicht perfekten Vertrag in der Form auszugestalten, dass der Agent einen Anreiz hat, im Sinne des Principals zu handeln. Entscheidend sind also die Anreizstrukturen.[610] Daher schlug bereits Arrow (1971), bezogen auf die Entlohnung von Managern, die Strategie der Coinsurance vor, was bedeutet, dass das Gehalt und/oder die Karriere eines Managers zumindest teilweise vom Betriebsergebnis abhängig gemacht wird. So wird versucht, die divergierenden Interessen des Agenten auf die des Principals abzustimmen, wodurch der Agent zu weniger opportunistischem Verhalten angehalten werden soll.[611] Die Entlohnung des Agenten wird vom Ergebnis der Zusammenarbeit und somit implizit von seinem Anstrengungsniveau abhängig gemacht.[612] Das Ergebnis des Handelns des Agenten wird hierbei als Hinweis auf sein Anstrengungsniveau interpretiert. Es ist allerdings zu beachten, dass das Ergebnis nicht vollständig durch seine eigenen Handlungen determiniert sein muss, sondern auch das Resultat zufälliger Faktoren oder Umwelteinflüsse sein kann.[613] Die Wirkung eines solchen Entlohnungsschemas wird sich aber nur dann entfalten können, wenn die Größen, von denen die Entlohnung abhängig gemacht wird, auch durch den Agenten beeinflussbar sind, von beiden Vertragsparteien beobachtet werden können und der Agent sich der Wirkungsweise seiner Entscheidungen auf seinen Lohn im Klaren ist.[614] Auch können Verträge zwischen Principal und Agenten Strafen enthalten. Eine Strafe hat den Zweck, das Nutzenniveau des Agenten in dem Umfang zu reduzieren, der notwendig ist, damit er sein Anstrengungsniveau bzw. seine Sorgfalt derart wählt, dass dies den Interessen des Principals entspricht. Wichtig für die Strafandrohung ist dabei, dass der Agent auch einwilligt, die Strafe zu akzeptieren sowie dass die Strafandrohung glaubwürdig ist. Glaubwürdigkeit erhält eine Strafandrohung u.a. dadurch, dass dem Agenten eine Wohlstandsposition entzogen werden kann.[615]

Nachdem die Beziehung von Wählern und Politikern als Principal-Agent-Beziehung modelliert und weiter auf die grundsätzlichen Möglichkeiten der Principal-Agent-Theorie eingegangen wurde, den Agenten auf die Interessen des Principals zu verpflichten, soll nachfolgend erklärt werden, wie sich die Beziehung zwischen Wählern und Politikern mit Einführung eines Insolvenzmechanismus auf Ebene der deutschen Bundesländer verändert. Insbesondere

610 Vgl. Gilardi, F. und D. Braun (2002).
611 Vgl. Becker, J. et al. (2009).
612 Vgl. Balmaceda, F. et al. (2010).
613 Vgl. Grossman, S. J. und O. D. Hart (1983).
614 Vgl. Spremann, K. (1988).
615 Vgl. Spremann, K. (1988).

soll gezeigt werden, dass der Insolvenzmechanismus hierbei verschuldungshemmend auf das Verhalten der Politiker wirken kann.

7.2.5 Die Disziplinierung der Politik durch einen Insolvenzmechanismus aus Sicht der Principal-Agent-Theorie

Im Fall der Beziehung zwischen Wählern und Politikern erteilt der Wähler als Principal dem Politiker als Agenten den Auftrag in seinem Namen zu regieren. Beide schließen hierüber einen impliziten Vertrag über die jeweilige Wahlperiode ab. Erfüllt der Politiker seinen Auftrag nicht wunschgemäß, so wird der Wähler seinen Vertrag nicht verlängern, den Politiker also abwählen. Der Vertrag ist deshalb implizit, weil es unmöglich für den Politiker sein wird mit jedem Bürger, welcher ihn gewählt hat, einen individuellen Vertrag über Leistung und Gegenleistung abzuschließen. Allein das Wahlgeheimnis in Deutschland macht dies unmöglich.

Im Rahmen der Principal-Agent-Theorie ist der Vertragsbegriff dabei sehr weit gefasst.

> „Als Vertrag werden nämlich sämtliche institutionellen Vorkehrungen gedeutet, welche die Möglichkeiten der strategischen Interaktion von individuellen Entscheidungsträgern definieren, beeinflussen und koordinieren"[616]

Der Auftrag des Wählers an den Politiker umfasst dabei nicht nur das Regieren an sich, sondern das Regieren im Auftrag des Wählers in dem Sinne, dessen Nutzen zu maximieren. Das Nutzenniveau des Wählers wird dabei durch Faktoren wie ein hohes verfügbares Einkommen, eine gute wirtschaftliche Entwicklung etc. maximiert. Die öffentliche Verschuldung spielt hierbei, wie im Kapitel 7.2.2. gezeigt wurde, bislang eine untergeordnete Rolle.

Bei der Beauftragung eines Politikers durch seine Wahl steht ein Wähler vor den bekannten Problemen der Adverse Selection, des Moral Hazards und des Hold ups.[617] Alle diese Probleme sind informationsasymmetrisch bedingt.[618] Im Fall der Adverse Selection stellt sich für den Wähler das Problem,

---

616 Schweizer, U. (1999), S. 5.

617 Für eine genauere Beschreibung der drei Problembereiche siehe das Kapitel 3.1.3.2.3. Für eine kurze, aber prägnante tabellarische Übersicht hierzu sei auf Roiger, M. B. (2007) verwiesen.

618 Bereits Von Hayek, F. A. (1945) hatte betont, dass jegliches Problem der Koordination wirtschaftlicher Aktivität in der fehlenden Information in ihrer Gänze durch die wirtschaftlichen Akteure begründet liege.

den „richtigen“ Politiker auszuwählen. Richtig soll hier verstanden werden als richtig in dem Sinne, als dieser Politiker die von dem Wähler gewünschte Politik ausführen wird. Er ist sich also hinsichtlich der Charakteristika des jeweiligen Politikers im Unklaren. Dies wird auch als Problem der Hidden-Characteristics bezeichnet. Beim Moral Hazard stößt der Wähler auf das Problem der Hidden-Action.[619] Er kann die Handlungen des Politikers im Nachhinein, also nach der Wahl, nur schwer beobachten. Er sieht zwar das Ergebnis des Regierungshandelns in Form der Steuersätze, des Verschuldungsstandes etc., jedoch wird ihm kaum bekannt werden, ob dies Ergebnis der Anstrengung des Politikers oder Zufall ist. Dies wird dadurch verstärkt, dass der Politiker, ebenso wie der Wähler, ein reiner Nutzenmaximierer ist. Er verfolgt strikt nur die Politik, die seinen eigenen Nutzen maximiert. Das Problem des Hold-ups ist für den Wähler insofern von Belang, als der Vertrag, den er mit dem Politiker schließt nicht nachverhandlungssicher ist. Für fünf bzw. vier Jahre sind dem Wähler die Hände gebunden und er ist abhängig vom Verhalten des gewählten Politikers ohne hierauf Einfluss nehmen zu können. Erst mit Ablauf der Wahlperiode und der nächsten Wahl bietet sich ihm die Möglichkeit den Vertrag zu kündigen oder zu verlängern. Er kann den Vertrag dahingehend modifizieren, dass er dem Politiker seine Zustimmung verweigert, so dass dieser seine politische Einstellung überdenken muss, um in Zukunft erneut in die Machtposition zu gelangen, die er bis dahin inne hatte. Der Politiker ist nun angehalten, die Vorgaben des Wählers bestmöglich umzusetzen, um seinen Nutzen, in Form der Wahl in ein politisches Amt und der damit verbundenen Vorzüge, nicht zu gefährden. Da die öffentliche Verschuldung nur eine untergeordnete Rolle spielt, wird der Politiker darauf kaum Acht geben. Im Gegenteil wird er versuchen, Ausgaben, die das Nutzenniveau der Wählerschaft heben, wie z.B. eine bessere und umfassendere Versorgung mit öffentlichen Gütern, über die öffentliche Kreditaufnahme zu finanzieren, da die zweite Alternative, eine Erhöhung der Steuern, das Nutzenniveau der Wähler unmittelbar senken und somit seinen Machterhalt gefährden würde.

Die vertragliche Beziehung zwischen beiden Parteien ist in der Abbildung 11 veranschaulicht.

---

619 Das Problem der Hidden-Information soll wegen der Ähnlichkeit zur Hidden-Characteristics hier vernachlässigt werden.

Abbildung 11: Die Beziehung von Wählern und Politikern als Principal-Agent-Modell, eigene Darstellung in Anlehnung an Picot et al. (2001)

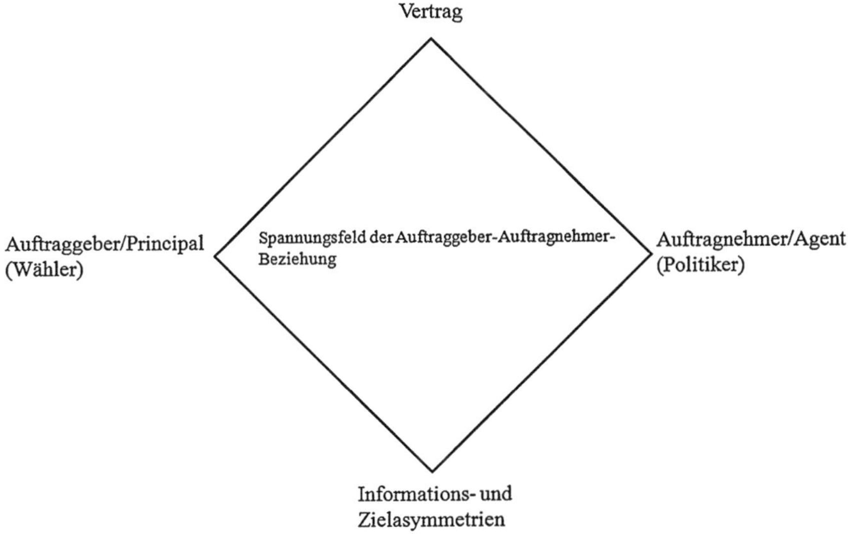

Der Wähler als Principal kann sich grundsätzlich der oben aufgeführten Möglichkeiten bedienen, den Politiker als Agenten auf sein Wohl zu verpflichten. Die Informationsbeschaffung stellt dabei eine Möglichkeit vor Vertragsabschluss, also vor der Wahl, dar. Wähler können sich Informationen zu den für sie wichtigen Wahlkampfthemen entweder explizit beschaffen oder aber sie greifen diese nebenher im Alltag auf. Solche Informationen wie z.B. die Situation auf dem Arbeitsmarkt, die Lohn- sowie die Preisentwicklung wurden bereits im vorangegangenen Kapitel angesprochen. Informationen über die öffentliche Verschuldung könnten durch die Wähler ebenfalls beschafft werden, da jedoch die öffentliche Verschuldung für sie nicht merklich und somit auch nicht wahlrelevant ist, verzichten sie darauf, sich diesbezüglich zu informieren, da der hierfür benötigte Zeitaufwand in keinem ausgewogenen Verhältnis zu dem daraus entstehenden Nutzen steht. Es kann den Wählern gleich sein, ob ein Politiker für hohe öffentliche Verschuldung steht oder nicht, da sie dies in ihrer Wahlentscheidung ohnehin kaum berücksichtigen werden. Auch bei der Beurteilung der Parteien, der Kandidaten, sowie der Themen spielt die Verschuldung keine Rolle. Ebenfalls wird es sich nicht lohnen, die Wahlprogramme und die bisherige Regierungsarbeit einer Partei hinsichtlich der Verschuldung auszuwerten, wenn diesem Thema kein Wert beigemessen wird.

Für Situationen nach Vertragsabschluss steht den Wählern die Möglichkeit offen, den Vertrag dahingehend zu präzisieren, dass die Politik die Handlungen ergreifen wird, die den Nutzen der Wählerschaft maximieren. Da hier keine First-Best-Situation vorliegt, müssen anreizbasierte Verträge geschlossen werden. Das Gehalt eines Politikers kann aber nicht vom Ergebnis seiner Politik abhängig gemacht werden, da dieses festgeschrieben ist. Allerdings bietet sich dem Wähler die Möglichkeit, die Karriere eines Politikers vom Ergebnis der durch ihn verfolgten Politik abhängig zu machen. Dies geschieht in Form der Nichtwahl eines Politikers bzw. in der Form seiner Abwahl. Die Wähler werden dem Politiker die Gefolgschaft verweigern, wenn es diesem nicht gelingt, ihren Nutzen durch seine politischen Handlungen zu maximieren. Die hierfür relevanten Größen sind dabei vom Politiker beeinflussbar, da er durch wirtschafts- und finanzpolitische Maßnahmen direkt und indirekt Einfluss darauf nehmen kann. Die Möglichkeit der Verweigerung der Gefolgschaft durch die Wähler stellt sogleich eine vertragliche Strafe für einen Politiker dar. Diese Strafe reduziert seinen Nutzen empfindlich, da er die Vorzüge des politischen Amtes, was er anstrebt nicht erhält oder aber sie, sollte er aus einem politischen Amt abgewählt werden, verliert. Der Politiker hat dadurch, dass er sich in regelmäßigen Abständen einem Votum stellen muss, ferner keine Möglichkeit die Strafe abzulehnen. Des Weiteren ist diese Art der Strafandrohung äußerst glaubwürdig, da die Vergangenheit gezeigt hat, dass Politiker regelmäßig abgewählt werden. Zudem besitzt der Politiker mit dem Amt, welches er anstrebt oder bekleidet, durchaus eine Wohlstandsposition, die er zu verlieren fürchten muss.

Der Nutzen eines Politikers durch seine Wahl wird also direkt mit dem Nutzen der Wähler aus der Regierungsarbeit verknüpft. Das Ergebnis der politischen Handlungen eines Politikers ist hierbei für die Wähler dann von einer ausreichenden Güte, wenn die für ihren Nutzen relevanten Faktoren entsprechend ihrer Präferenz vom Politiker gestaltet werden. Solche Faktoren können eine positive wirtschaftliche Entwicklung, ein hohes verfügbares Einkommen etc. sein. Die Verschuldung ist abermals von geringer Bedeutung. Der Politiker hat also wiederum keinerlei Anreiz Sorgfalt bei der öffentlichen Kreditaufnahme walten zu lassen. Im Gegenteil wird er versuchen die Wählerpräferenzen auf Kosten einer erhöhten öffentlichen Verschuldung zu bedienen.

Dies kann sich mit Einführung eines Insolvenzmechanismus auf Ebene der deutschen Bundesländer ändern. Da dieser eine zu hohe öffentliche Verschuldung für die Wähler spürbar machen würde, würden diese ihr eine höhere Bedeutung beimessen und von Beginn an den Auftrag an die Politik dahingehend modifizieren, dass sie von ihr auch ein umsichtiges Verschuldungsverhalten einfordern, da durch die Insolvenz eines Bundeslandes und den damit verbundenen

Entbehrungen, ihr Nutzenniveau empfindlich reduziert würde.[620] Aus diesem Grund würde für sie ein Anreiz geschaffen, sich im Vorfeld von Wahlen zu informieren, von welchem Politiker ein sorgsames Verschuldungsverhalten erwartet werden kann bzw. welcher Politiker sich in der Vergangenheit durch ein umsichtiges Verschuldungsverhalten ausgezeichnet hat. Es sollte dann derjenige Politiker den Vorzug erhalten, von dem die Wähler sich ein solches Verhalten am ehesten versprechen. Der Nutzen aus der Informationsbeschaffung übersteigt nun deren Kosten. Die Kosten wären vergleichsweise gering, da die Bürger sich leicht mittels vom Statistischen Bundesamt veröffentlichten Verschuldungskennziffern über den Stand der Verschuldung der jeweiligen Bundesländer informieren könnten.[621] Die Kosten hierfür sind der Zeit- und Suchaufwand, den man aber dadurch verringern könnte, dass eine unabhängige Instanz regelmäßig öffentlich und transparent über den jeweiligen Verschuldungsstand der Bundesländer berichtet und eine Einschätzung darüber abgibt, wie wahrscheinlich eine Insolvenz für das jeweilige Land ist und wie diese Wahrscheinlichkeit für die Zukunft eingeschätzt wird. Denkbar wäre, dass diese Funktion vom Stabilitätsrat übernommen wird. Dem Stabilitätsrat in seiner jetzigen Ausgestaltung kommen die Aufgaben der Haushaltsüberwachung von Bund und Ländern, sowie die Durchführung von Sanierungsverfahren zu.[622] Letzteres wäre in der präventiven Phase des Insolvenzmechanismus nicht von Bedeutung. Der Stabilitätsrat könnte sich aber in der präventiven Phase des Insolvenzmechanismus auf den Kernbereich der Berichterstattung und Informationsbereitstellung konzentrieren und für mehr Transparenz der öffentlichen Verschuldung der Länder sorgen. Der Nutzen der Wähler aus der Informationsbeschaffung lässt sich dabei nicht direkt messen. Er ergibt sich indirekt darüber, dass die Bürger vor ihrer Wahlentscheidung das Problem der Hidden-Characteristics und somit das der Adverse Selection bei der Wahl eines Politikers wenn nicht lösen, so doch zumindest verringern würden. Dadurch, dass eine umfassende und transparente Informationsbasis über die Verschuldung es für sie einfacher und somit wahrscheinlicher machen würde, den Politiker auszuwählen, von dem sie sich am ehesten ein zurückhaltendes Verschuldungsverhalten und somit die geringste Wahrscheinlichkeit einer Insolvenz versprechen, verringerte sich für sie die

620 Dazu, wie ein Insolvenzmechanismus auf Ebene der deutschen Bundesländer die Einstellungen der Wähler zur öffentlichen Verschuldung berührt sei auf das Kapitel 7.2.3. verwiesen.

621 So veröffentlicht das Statistische Bundesamt regelmäßig Verschuldungsdaten des Bundes sowie der Länder und ihrer Gemeinden in der Fachserie 14 Reihe 5.

622 Vgl. §2 des Stabilitätsratsgesetzes (StabiRatG).

Wahrscheinlichkeit zukünftiger Nutzeneinbußen durch Sanierungsmaßnahmen im Zuge der Insolvenz eines Bundeslandes in Form höherer Steuern, eines geringeren Angebots an öffentlichen Gütern etc.

Für die Situation nach der Wahl könnten die Wähler den Vertrag, den sie mit dem jeweiligen Politiker abschließen, dahingehend modifizieren, dass sie diesen als erfüllt betrachten, wenn der Politiker ihren Nutzen nicht lediglich durch Wahlgeschenke, wie z.B. ein erhöhtes Angebot an öffentlichen Gütern, sondern eben auch durch ein zurückhaltendes Verschuldungsverhalten maximiert. Sollte ein Politiker entgegen seiner Wahlversprechen oder seines vergangenen Verhaltens ein Bundesland durch eine überhöhte öffentliche Kreditaufnahme in die Insolvenz führen oder die Wähler eine solche Situation für die Zukunft antizipieren, so würden sie ihm die Gefolgschaft verweigern, ihn also abwählen. Dies kann als vertragliche Strafe interpretiert werden. Eine solche Möglichkeit der Bestrafung wäre zwar auch ohne einen Insolvenzmechanismus auf Ebene der deutschen Bundesländer vorhanden, jedoch ändert sich mit Einführung des Insolvenzmechanismus und somit der Möglichkeit der Insolvenz eines Bundeslandes die Entscheidungsgrundlage der Wähler bezüglich der zufriedenstellenden Vertragserfüllung durch einen Politiker. Es wären durch die Fühlbarkeit einer Insolvenz, über Nutzenreduktionen für die Wähler, nicht mehr nur Faktoren wie das Angebot öffentlicher Güter oder niedrige Steuern relevant, sondern in besonderer Weise das Ausmaß der öffentlichen Verschuldung. Ebenfalls würde Politikern der Anreiz genommen, von ihren Wahlversprechen abzuweichen. Sollten sie sich im Vorfeld von Wahlen für eine mäßige öffentliche Verschuldung ausgesprochen haben, so können sie während ihrer Amtszeit zwar nachwievor davon abweichen. Da die Wähler sie dann aber bei der nächsten Wahl abstrafen würden, da sie nicht nur die Wahlversprechen, sondern auch eine Evaluierung der bisherigen Regierungsarbeit in ihr Wahlkalkül einbeziehen, hätten sie dazu einen geringeren Anreiz.

Ein Insolvenzmechanismus auf Ebene der deutschen Bundesländer vermag es also, die Politik über die Wähler in ihrem Verschuldungsverhalten zu disziplinieren. Entscheidend ist hierbei, dass durch den Insolvenzmechanismus das Entscheidungskalkül der Bürger modifiziert würde. Dies geschieht über eine empfindliche Reduzierung ihres Nutzens bei einer überhöhten öffentlichen Verschuldung. Da Politiker einzig und allein an ihrer Wahl in ein politisches Amt und den damit verbundenen Vorzügen interessiert sind, ist anzunehmen, dass sie sich im Sinne der Bürger verhalten. Sie würden nicht mehr versuchen die Wählergunst über schuldenfinanzierte Wahlgeschenke zu erwerben, da sich diese Verschuldung langfristig negativ auf das Nutzenniveau der Wähler auswirken würde und diese, soweit sie sich darüber im Klaren und solche Situationen zu antizipieren im Stande sind, mit Abwahl reagieren würden. Um seine

Wiederwahl zu sichern, sollte ein Politiker vielmehr eine ausgewogene Mischung aus Wirtschafts- und Finanzpolitik finden und die öffentliche Kreditaufnahme nicht mehr als beliebiges Instrument zur Sicherung seiner Macht einsetzen. Dies gilt sowohl für die verschiedenen Theorien der Wählerpräferenzen aus politökonomischer Perspektive, die im Kapitel 7.2.1. vorgestellt wurden, als auch für die Modellierung der Beziehung zwischen Wählern und Politikern aus der Perspektive der Principal-Agent-Theorie. Die Politik würde über eine Veränderung der Entscheidungsgrundlage der Wählerschaft in allen Fällen zu einem mäßigen Umgang mit dem Instrument der öffentlichen Verschuldung angehalten werden.

Damit die vorgestellten präventiven Mechanismen zur Eindämmung der Verschuldung der deutschen Bundesländer greifen, sind bestimme Anforderungen zu erfüllen bzw. Änderungen am bisherigen Recht vorzunehmen.

7.3 Anforderungen an einen Insolvenzmechanismus auf Ebene der deutschen Bundesländer zur Disziplinierung der Politik als Schuldner und der Kapitalmärkte als Gläubiger

Um eine Disziplinierung der Politik sowie der Kreditgeber aus einer finanzmarkttheoretischen Perspektive heraus dahingehend zu erreichen, dass die Politik sich nicht weiter in einem so starken Ausmaß verschuldet und die Kapitalmärkte ihr nicht weiterhin sorglos und in großem Umfang Kredite bereitstellen, ist es notwendig, dass eine, wie auch immer formulierte, No-bail-out Regelung glaubwürdig ist. Dies ist die entscheidende Bedingung, da alle weiteren Überlegungen der Disziplinierung der Kreditnehmer und -geber hierauf aufbauen. Es ist konkret notwendig, dass die Politik weiß, dass sie nicht aus einer Schuldensituation herausgelöst werden wird und die Folgen einer zu hohen Verschuldung selbst zu tragen hat. Zudem müssen sich die Gläubiger bewusst sein, dass sie im Falle der Zahlungsunfähigkeit eines Bundeslandes erhebliche Opfer in Form von, zumindest teilweisen, Forderungsverzichten zu erbringen haben. Solange die Kapitalmärkte als Kreditgeber und die Politik als Kreditnehmer damit rechnen können, dass zumindest eine implizite Bail-out Garantie besteht, werden sie ihr Kreditvergabe- sowie Kreditaufnahmeverhalten nicht ändern, da sich im Fall eines Bail-outs trotz eigentlicher No-bail-out Regelung die Entscheidungsgrundlagen der Kreditvergabe und -aufnahme nicht ändern würden. Die Politik müsste für die Schulden ihres Bundeslandes nicht haften, sondern würde diese durch die Bund-Länder-Gemeinschaft beglichen wissen und die Kreditgeber erhielten ihr Geld ebenfalls von eben dieser Haftungsgemeinschaft erstattet, ohne ein Ausfallrisiko ihrer Forderungen in Betracht ziehen zu müssen.

Dass es Situationen gibt, in denen ein No-bail-out unglaubwürdig erscheinen kann, zeigt sich am Beispiel der Schweizer Gemeinde Leukerbad aus dem Kapitel 5. Da in der Schweiz seit jeher eine hohe fiskalische Autonomie der Kantone und Gemeinden herrscht, sollte eine No-bail-out Regelung hier eine große Glaubwürdigkeit genießen. Zumal sich die Autonomie der Kantone und Gemeinden nicht nur auf die Ausgaben, sondern auch auf die Einnahmen bezieht, so dass sie sich, zumindest in der Theorie, durch Steuererhöhungen das nötige Geld zur Begleichung von öffentlichen Schulden beschaffen können.[623] Die weitere Gewährung von Krediten durch die Banken an Leukerbad, als es bereits hoch verschuldet war und überdies die weitere Kreditaufnahme der Gemeinde sogar vom Kanton Wallis verboten wurde, deutet jedoch darauf hin, dass die Kreditgeber implizit von einem Bail-out im Falle der Zahlungsunfähigkeit Leukerbads ausgingen.[624] Die Abweisung der Klage Leukerbads und drei ihrer Hauptgläubiger auf Finanzhilfen des Kantons Wallis durch das Schweizer Bundesgericht belehrte die Kapitalmärkte allerdings eines Besseren.[625] Auch in Kanada lässt sich, trotz Haftungsausschlusses der Bundesebene für die Schulden ihrer Provinzen, empirisch belegen, dass dort eine implizite Bail-out-Garantie vermutet werden kann.[626]

Auch auf EU-Ebene lässt sich ein solches Verhalten der Kapitalmärkte beobachten. Obwohl es in dem Art. 125 Abs. 1 AEUV eine explizite No-bail-out Regelung auf Ebene der EU gibt, existierten bis kurz vor Beginn der Schuldenkrisen einiger EU-Mitgliedstaaten kaum Unterschiede in der Bewertung von Staatsanleihen der EU-Staaten, was nichts anderes bedeuten kann, als dass die Kapitalmärkte die No-bail-out Regelung des Art. 125 Abs. 1 AEUV für nicht glaubwürdig hielten und trotz derer Existenz auf einen Bail-out für zahlungsunfähige Mitgliedstaaten spekulierten. Letztlich sahen sich die Kreditgeber durch das Schnüren verschiedener Hilfspakete zur Rettung hoch verschuldeter EU-Mitgliedstaaten auch bestätigt.[627]

In Deutschland ist es umso schwieriger einen Bail-out auszuschließen, da das Bundesverfassungsgericht einen solchen in Form von Sanierungszuweisungen in seinem Berlin-Urteil vom 19. Oktober 2006 explizit als *„[…] verfassungsrechtlich*

623 Vgl. Feld, L. P. (2004).
624 Vgl. Jochimsen, B. (2007a)
625 Vgl. Schweizer Bundesgericht (2003).
626 Vgl. Landon, S. und C. E. Smith (2000).
627 Für eine Beschreibung dieser Situation in der EU siehe bspw. Kirchner, C. (2011), Belke, A. (2011), Degenhart, C. (2011), Grossmann, V. (2011) und Holtemöller, O. und T. Knedlik (2011).

zulässig und geboten […]" bezeichnet hat.[628] Weiter legte es fest, dass ein Bundesland dann Anspruch auf Sanierungshilfen habe, wenn *„[…] das Land alle ihm verfügbaren Möglichkeiten der Abhilfe erschöpft hat, so dass sich eine Bundeshilfe als einzig verbliebener Ausweg darstellt."* Auch dürfte ein No-bail-out, zumindest ein vollständiger, kaum mit dem Prinzip der Bundestreue vereinbar sein.[629] Entscheidend ist also nicht nur die Ankündigung, ja nicht einmal die gesetzliche Verankerung einer No-bail-out Regelung, sondern vor allem die Wahrscheinlichkeit ihrer tatsächlichen Anwendung.

Eine erste Annäherung daran, Glaubwürdigkeit für eine No-bail-out Regelung zu schaffen, wäre das Urteil des Bundesverfassungsgerichts vom 19. Oktober 2006 dahingehend auszulegen, dass die Möglichkeiten der Abhilfe eines Bundeslandes auch die der Insolvenz beinhalten.[630] Dann hätte ein Land alle ihm verfügbaren Möglichkeiten der Abhilfe erst dann erschöpft, wenn es Insolvenz angemeldet hat. Da dann aber das Insolvenzverfahren, einschließlich des Insolvenzplans zur Restrukturierung, einsetzt, wäre eine Bundeshilfe, also ein Bail-out, nicht mehr notwendig. Somit würde durch die bloße Existenz eines Insolvenzmechanismus auf Ebene der deutschen Bundesländer ein Bail-out zu einem unwahrscheinlicheren Ereignis. Da die deutschen Bundesländer nach derzeitigem Recht gemäß § 12 Abs. 1 InsO nicht insolvent werden können, muss ihnen im Falle der Zahlungsunfähigkeit zwangsläufig anderweitig geholfen werden. Durch die Möglichkeit der Insolvenz würde diese weitergehende Hilfe überflüssig.

Blankart et al. (2006) führen eine Reihe von Einflussfaktoren auf die Wahrscheinlichkeit eines Bail-outs an. Für sie sind von Bedeutung: Die politischen Kosten eines No-bail-outs, mögliche Ansteckungseffekte, die Mobilität von Arbeit und Kapital sowie die Besteuerungsbasis eines Bundeslandes.[631] Als ersten Punkt führen sie die politischen Kosten einer Nichtauslösung an. Die politischen Kosten sind dabei als Vergleich zwischen der Anzahl an Wählerstimmen, welche die übergeordnete Gebietskörperschaft zu verlieren droht, sollte sie die untergeordnete Gebietskörperschaft nicht auslösen und den Kosten einer solchen Auslösung zu verstehen. Je höher dabei die politischen Kosten sind, umso wahrscheinlicher wird ein Bail-out. Die Autoren führen drei Fälle an, die für die politischen Kosten eines No-bail-outs von Bedeutung

628 Bundesverfassungsgericht (2006).
629 Vgl. Hildebrandt, A. (2009).
630 Vgl. Konrad, K. A. (2007a).
631 Die folgenden Ausführungen betreffend diese vier Sachverhalte sind Blankart, C. B. et al. (2006) entnommen und um weitere Quellen ergänzt.

sind. Ein Bundesland kann sehr groß sein und somit für eine große Zahl an Wählerstimmen stehen, was die politischen Kosten eines No-bail-outs für die Bundesebene hoch erscheinen lässt. Dieses Kriterium bezeichnen sie als *„too big to fail"*.[632] Es kann aber auch sein, dass ein zahlungsunfähiges Bundesland so klein ist, dass die Zahl der Wählerstimmen, die dieses repräsentiert hinreichend niedrig ist, um einen No-bail-out zu politisch geringen Kosten durchführen zu können. Dies wird dann begünstigt, wenn die Kosten für einen Bail-out dieses Bundeslandes relativ hoch sind. Dieser Fall wird als *„small enough to fail"*[633] bezeichnet. Die Kosten der Auslösung eines kleinen Bundeslandes können jedoch auch hinreichend gering sein, so dass sich relativ günstig Wählerstimmen retten ließen. Dieser Umstand wird von den Autoren als *„too small to fail"*[634] bezeichnet.

Da sich, wie sich auf EU-Ebene zeigte, selbst ein gesetzliches Bail-out Verbot für eine übergeordnete Gebietskörperschaft nur schwerlich durchsetzen lässt, müsste hier, um die Glaubwürdigkeit eines No-bail-outs zu erhalten, versucht werden, die politischen Kosten eines ebendiesen niedrig zu gestalten. Dies ist wohl kaum zu erreichen, da die politischen Kosten von der Größe bzw. der Anzahl wahlberechtigter Einwohner eines zahlungsunfähigen Bundeslandes abhängen. Es ist aber eine Überlegung wert, den spiegelbildlichen Weg zu gehen und die politischen Kosten eines Bail-outs zu erhöhen. Da der Bund nicht dem Insolvenzmechanismus unterstünde, muss es gelingen, die Wähler auf anderem Wege für dessen Verschuldung zu sensibilisieren. Dies könnte z.B. dadurch erreicht werden, dass der Stabilitätsrat, der die Funktion der Berichterstattung über die Verschuldungssituation und der Einschätzung der Wahrscheinlichkeit einer Insolvenz für die Bundesländer wahrnehmen sollte, dies auch für die Bundesebene tut. Eine Einschätzung der Insolvenzwahrscheinlichkeit des Bundes mag hierbei auf den ersten Blick wie ein Muster ohne Wert erscheinen, da dieser dem Insolvenzmechanismus ja nicht untersteht, jedoch zeigt die jüngste Vergangenheit in Form von Griechenland oder die historischen Beispiele aus dem Kapitel 5, dass auch Staaten faktisch zahlungsunfähig werden können. Ferner könnte diese Instanz Berichte darüber veröffentlichen, welche Wohlfahrtsverluste durch Bail-outs des Bundes entstehen und entstehen können. Dies können z.B. langfristig adverse Wachstumseffekte sein, die einer langfristig höheren Schuldenbelastung des Bundes geschuldet wären und die Finanzierung öffentlicher Investitionen

632 Blankart, C. B. et al. (2006), S. 568.
633 Blankart, C. B. et al. (2006), S. 568.
634 Blankart, C. B. et al. (2006), S. 569.

beeinträchtigten.[635] Dies würden die Bürger im gesamten Bundesgebiet in Form höherer Arbeitslosigkeit, erhöhter Steuern etc. spüren. Ihnen dies klar und umfassend zu verdeutlichen wäre eine Möglichkeit, den Bund zur Befolgung einer No-bail-out Regelung anzuhalten.

Weiter führen die Autoren aus, dass auch Ansteckungseffekte bei der Frage der Wahrscheinlichkeit eines Bail-outs von Bedeutung sind. Demnach könnte es sein, dass ein Staat einem Nachbarstaat Finanzhilfen leistet, wenn er Ansteckungseffekte auf seine eigene Volkswirtschaft fürchtet. Diese können zum einen durch den Nachfragerückgang in dem zahlungsunfähigen Staat begründet sein. Es wird befürchtet, dass bspw. ein eventueller Rückgang der Exporte in den Nachbarstaat, die eigene Wirtschaft belasten könnte. Zum anderen könnte es sein, dass Banken im dem „gesunden" Staat Anleihen des zahlungsunfähigen Staates halten. Werden diese wertlos, so belastet dies die Aktiva dieser Banken. Beide Gründe werden oftmals auch bei der Rettung Griechenlands durch die EU-Gemeinschaft ins Feld geführt. Für den zweiten Punkt spricht dabei, dass insbesondere deutsche und französische Banken griechische Anleihen in großen Volumina halten, weswegen manche Autoren die Griechenlandrettung auch als eine geheime Bankenrettung bezeichnen.[636]

Diese Überlegungen auf Staatenebene lassen sich, mit einigen Modifikationen, auch auf die Ebene der deutschen Bundesländer übertragen. Zwar dürfte die Gefahr der Ansteckung der Bundesländer untereinander gering sein und auch das Bankenargument dürfte kaum schlagkräftig sein, da es kaum Banken gibt, die alleine einem Bundesland zuzurechnen sind, jedoch sind andere negative Effekte von Bedeutung. So war es im Fall Orange Countys und Leukerbads so, dass die Zahlungsunfähigkeit und damit einhergehend die geringere Bonität beider Gemeinden eine Verschlechterung der Kreditkonditionen anderer Gemeinden zur Folge hatte.[637] Hier gilt es nun, solche Ansteckungseffekte zu vermeiden, zumindest aber abzufedern. Dies kann durch mehr Transparenz und Deutlichkeit in der Berichterstattung über die Verschuldungssituation und das Investitionsverhalten der deutschen Bundesländer erreicht werden.[638] Dann würden die Kapitalmärkte das Risiko der Investitionen sowie die Verschuldung

635 Vgl. Grossmann, V. (2011), der diesen Zusammenhang für Griechenland als zahlungsunfähigen Staat und den übrigen EU-Mitgliedstaaten diskutiert. Analog kann dies auch für den Bund und seine Länder gelten.

636 Vgl. Grossmann, V. (2011) oder auch Degenhart, C. (2011).

637 Siehe hierzu die Ausführungen im Kapitel 5.

638 So betont Jochimsen, B. (2007a), dass die Gründe für die Ansteckung weiterer amerikanischer Gemeinden im Fall Orange Countys in der Intransparenz der

der Länder bereits frühzeitig einpreisen und es käme nicht zu schockartigen Anpassungen.

Einen dritten Einflussfaktor auf die Wahrscheinlichkeit eines Bail-outs sehen Blankart et al. (2006) in der Mobilität von Arbeit und Kapital. Immobile Faktoren steigern dabei die Wahrscheinlichkeit eines Bail-outs. Mobile Faktoren können sich der Haftung im Falle der Zahlungsunfähigkeit eines Bundeslandes durch Abwanderung leicht entziehen. Die Zins- und Tilgungszahlungen verbleiben dann bei den immobilen Faktoren, insbesondere bei den Grundbesitzern, die einen Verlust der Werte ihrer Grundstücke um den diskontierten Wert der zu tilgenden Schuldenlast zu verzeichnen haben. Aber auch die Gläubiger haben in dem Fall einen Teil der Schuldenlast zu tragen, da Grundstückswerte nicht unter null fallen können. Bei immobilen Faktoren gestaltet sich der Ausschluss eines Bail-outs schwierig, da in diesem Fall die Schuldenlast zu großen Teilen bei den örtlichen Wählern verbleibt. Diese werden in Form der Androhung einer Abwahl der Politik Druck auf diese ausüben, einen Bail-out durchzuführen. Kapital ist, auch global gesehen, äußerst mobil. Lapp (1996) weist für Deutschland empirisch eine ansteigende Kapitalmobilität nach, die sehr hoch, jedoch nicht vollkommen, ist. Haas (2000) stellt weiter für Westdeutschland fest, dass die Arbeitsmobilität im Zeitraum von 1980 bis 1995 sowohl auf der Ebene der Arbeitsmarktregionen als auch der Kreise und Bundesländer gestiegen ist. Sie macht dies anhand steigender Mobilitätsquoten aus. Von dem Faktor immobile Arbeit und Kapital geht in Deutschland somit keine große Bedrohung für die Glaubwürdigkeit einer No-bail-out Regelung aus.

Als letzten Faktor, welcher die Wahrscheinlichkeit eines Bail-outs beeinflusst, führen die Autoren die Besteuerungsbasis eines Bundeslandes an. Sollte ein zahlungsunfähiges Bundesland über autonom zu erhebende Steuern verfügen, so kann sich der Bund mit dem Verweis hierauf von einem Bail-out dieses Landes distanzieren. Wenn dem Bundesland die Möglichkeit, seine Steuern zur Behebung einer finanziellen Schieflage zu erhöhen, allerdings nicht offen steht, wird es sich darauf bezugnehmend an den Bund wenden, der, sollte das Land alle Einsparpotentiale ausgeschöpft haben, dieses Gesuch nur schwerlich wird abweisen können.

Die Steuereinnahmen der deutschen Bundesländer stellen für diese momentan letztlich ein extern gesetztes Datum dar.[639] Sie haben nach Art. 105 Abs. 2a

Gemeindeinvestitionen lagen. Im Fall Leukerbads sieht sie die Gründe in dem wenig bis gar nicht ausgeprägten Ratingsystem für Schweizer Gemeinden.

639 Vgl. Hildebrandt, A. (2008).

Satz 2 GG lediglich die Möglichkeit zur Festlegung des Steuersatzes bei der Grunderwerbsteuer. Das Volumen der Grunderwerbsteuer lag im Jahr 2010 jedoch lediglich bei etwa einem Prozent des gesamtstaatlichen Steueraufkommens.[640] Bedenkt man nun, dass die Streubreite der möglichen Beeinflussung des Steueraufkommens auf Länderebene bei maximal ± einem Prozent liegt, so liegt der Schluss nahe, dass ein Bail-out hierdurch sehr wahrscheinlich begünstigt wird.[641] Es ist daher notwendig, die Besteuerungsbasis der Länder zu erhöhen und ihnen die Möglichkeit zu geben, ihr Steueraufkommen mittels Anhebung der Steuersätze positiv zu beeinflussen. Nur so können sie sich eigenständig Mittel beschaffen, um eine Zahlungsunfähigkeit aus eigener Kraft, also unter Ausschluss eines Bail-outs, abzuwenden bzw. zu beheben.[642] Seitz (2007) setzt ebenfalls bei der Autonomie der Bundesländer an. Er argumentiert, dass es den Ländern an ausreichenden Instrumenten und Entscheidungsfreiheiten fehle, hohe Schuldenlasten durch Ausgabenkürzungen und Steuermehreinnahmen zu bewältigen. Er argumentiert, dass der Bund bzw. die Bund-Länder-Gemeinschaft unter diesen Voraussetzungen keine glaubwürdige No-bail-out Regelung formulieren könne. Er führt weiter aus, dass erschwerend hinzukäme, dass unter der Zielvorgabe der gleichwertigen Lebensverhältnisse die Versorgung mit öffentlichen Gütern und somit auch die Pro-Kopf-Ausgaben der Länder stark reguliert würden. Auch hier ist der Schlüssel zur Herstellung der Glaubwürdigkeit einer No-bail-out Regelung die Schaffung von mehr Autonomie.[643] Während Blankart et al. (2006) lediglich auf die Einnahmeseite abstellen, betrachtet Seitz (2007) hingegen auch die Ausgabenseite. Dies zu Recht, da die Länder nach Art. 30 GG staatliche Befugnisse und Aufgaben, welche ihnen die Bundesebene zuweist, eigenständig zu erfüllen und nach Art. 104 Abs. 1 GG die sich hieraus ergebenden Kosten selbst zu tragen haben. Auch Jochimsen und Konrad (2006) kritisieren die ausgabeseitige Einschränkung der Länder bei gleichzeitig geringem Spielraum zur Variierung des länderspezifischen Steueraufkommens.

---

640 Berechnet anhand der Daten in Statistisches Bundesamt (2012a).

641 Vgl. Seitz, H. (2007).

642 Der Wissenschaftliche Beirat beim Bundesministerium der Finanzen (2005) schlägt bspw. autonome Zuschlagssätze zur Einkommen- und Körperschaftsteuer oder auch zur Grundsteuer vor, um den Ländern ein zusätzliches Instrument zur Prävention von Haushaltskrisen an die Hand zu geben. Auch Kitterer, W. und M. Groneck (2006) beziehen sich in ihrem Beitrag auf diesen Vorschlag und bejahen ihn.

643 Auch Konrad, K. A. (2007a) plädiert für mehr eigenstaatliche Verantwortung in Verbindung mit mehr finanzpolitischer Autonomie für die Länder.

Es gilt, die bundesstaatlich vorgegebenen Aufgaben dahingehend zu überprüfen, ob diese nicht besser zur Disposition der Länder stehen sollten oder aber ob der Bund an den hieraus entstehenden Kosten zumindest beteiligt werden sollte. So ließe sich die Glaubwürdigkeit einer No-bail-out Regelung erhöhen.

Wichtig für ihre Glaubwürdigkeit ist auch die zeitliche Konsistenz einer No-bail-out Regelung. Seitz (2007) nennt die zeitliche Konsistenz als wichtiges Kriterium für die Errichtung eines Haushaltsnotlagenpräventionsmechanismus'. Da ein Insolvenzmechanismus auf Ebene der deutschen Bundesländer dem mindestens ähnelt, kann das Kriterium der zeitlichen Konsistenz auch hierauf angewendet werden. Seitz (2007) bewertet zeitliche Konsistenz dahingehend, dass er fordert, vorab feststehende Spielregeln, wie er es formuliert, Ex-post nicht verändern zu dürfen. Veränderungen sieht er nur mit einem Zeitverzug von mehreren Jahren als gerechtfertigt, um der Politik die Option zu nehmen, den Sanktionsmechanismus (hier die No-bail-out Regelung) nach Gutdünken zu umgehen. Eine Möglichkeit Glaubwürdigkeit zu schaffen, bestünde darin, das Insolvenzverfahren automatisch einsetzen zu lassen, ohne größere ad-hoc Verhandlungen im Vorfeld.[644] Dies dürfte sich allerdings schwierig gestalten, da immer vorab ein Insolvenzantrag eingereicht werden muss, ob von dem Bundesland oder den Gläubigern ist hierbei nicht entscheidend, über den eine unabhängige Instanz entscheidet. Dieser Instanz tatsächlich Unabhängig zukommen zu lassen, könnte aber ein Schlüssel zu mehr Glaubwürdigkeit sein. Dazu sollte sie von der Politik und den Gläubigern vollständig unabhängig und exklusiv in dem Entscheidungsprozess über die Annahme eines Insolvenzantrags involviert sein.[645] Paulus (2010) schlägt für ein Insolvenzverfahren für EU-Mitgliedstaaten etwa die Schaffung einer gerichtsgleichen Institution vor, die über die Anerkennung der Insolvenz und den Insolvenzplan entscheiden soll. Damit wäre der Politik die Chance genommen, nachträglich einzugreifen und einen Bail-out durchzuführen.

Eine höhere Glaubwürdigkeit erhielte eine No-bail-out Regelung auch dadurch, dass man von dem, in Deutschland im privatrechtlichen Insolvenzrecht traditionell im Vordergrund stehendem, Prinzip der Gläubigerbefriedigung abrückt.[646] Diesen Gläubigerschutz bezeichnen Blankart und Fasten (2009, S. 44) gar als „*[...] sakrosankt [...]*". Vielmehr muss ein Insolvenzmechanismus auf Ebene der deutschen Bundesländer eine Grundlage für die Zukunft eines

---

644 So plädiert Seitz, H. (2007) im Zusammenhang mit einem Haushaltsnotlagenpräventionsmechanismus für automatische Sanktionen.

645 Vgl. Schäfer, H.-B. (2010).

646 Vgl. Paulus, C. G. (2002).

insolventen Landes schaffen und nicht als oberstes Ziel haben, die Forderungen der Gläubiger vollständig zu bedienen.[647] Es muss also ein zumindest teilweiser Forderungsverzicht der Gläubiger zu einem realistischen Szenario werden.[648] Dies manifestiert sich bereits in den Rahmenbedingungen eines Insolvenzmechanismus für die deutschen Bundesländer. So liegt ein fundamentaler Unterschied zwischen der privat-rechtlichen und der Insolvenz souveräner Schuldner darin, dass bei einem Unternehmen in letzter Konsequenz auch dessen Liquidierung möglich ist. Die Gläubiger werden dann aus der Konkursmasse bedient. Ziel des Insolvenzerfahrens für die deutschen Bundesländer muss es aber sein, deren Zahlungsfähigkeit im Insolvenzfall wiederherzustellen.[649] Blankart et al. (2006, S. 567) führen so auch aus: *„Die Insolvenz eröffnet gleichzeitig die Perspektive eines späteren Neuanfangs."* Paulus (2010) benutzt daher im Zusammenhang mit einem Insolvenzrecht für EU-Mitgliedstaaten auch den Terminus Resolvenzrecht anstelle des Begriffs der Insolvenz.

Es ist weiter notwendig, den Gläubigern keine Möglichkeit zu lassen, ungeordnet und individuell auf das Vermögen eines Bundeslandes zuzugreifen.[650] Hierfür ist es unerlässlich, klare Grenzen der Liquidierbarkeit von Vermögensgegenständen zu definieren.[651] Die Belange der Bürger eines Landes müssen Vorrang vor den Interessen der Gläubiger haben, Kreditforderungen gegenüber elementaren Landesaufgaben, die Ausfluss des verfassungsmäßigen Auftrags eines Landes gegenüber seinen Einwohnern sind, nachrangig sein.[652] Diesen verfassungsmäßigen Auftrag sieht Schäfer (2010, S. 19) in *„[...] Mindeststandards für die Gewährleistung essentieller Staatsfunktionen [...]"*.[653] Konrad (2007b, S. 157) stellt die Priorität der Versorgung der Bürger eines Bundeslandes *„[...] mit öffentlichen Gütern und öffentlichen Dienstleistungen in angemessenem Umfang [...]"* heraus. Weitere Vorschläge zielen darauf ab, das Landesvermögen in

647 Vgl. Schuppert, G. F. und Rossi, M. (2006).

648 Vgl. Konrad, K. A. (2007a) oder auch Schäfer, H.-B. (2010).

649 Vgl. Konrad, K. A. (2007a). Auch Hildebrandt, A. (2009) spricht sich klar für ein Verbot der Auflösung eines Bundeslandes im Rahmen eines Insolvenzverfahrens aus.

650 Vgl. Konrad, K. A. (2007a) und (2007b).

651 Vgl. Holtemöller, O. und T. Knedlik (2011), die für die EU-Ebene argumentieren, dass die Liquidierung von Vermögensgegenständen einer vorab definierten Grenze unterliegen muss.

652 Vgl. Konrad, K. A. (2007a).

653 Auch Hildebrandt, A. (2009) plädiert für vorab festgelegte Pfändungsgrenzen in einem Insolvenzverfahren für souveräne Schuldner. Diese Pfändungsgrenzen definiert er als ein Aufrechterhalten minimaler Staatstätigkeit.

Verwaltungs- und Finanzvermögen zu trennen, wobei das Verwaltungsvermögen von einer Liquidierung ausgeschlossen sein soll.[654] Auch im Vorschlag des Internationalen Währungsfonds zur Schaffung eines Insolvenzverfahrens für souveräne Staaten steht der Schutz des Schuldners vor den Gläubigern im Vordergrund.[655] Zusammenfassend lässt sich mit Konrad (2007a, S. 583) formulieren: „*Eine auf eine Sanierung des Schuldners abzielende Insolvenzordnung, in der die Belange der Bürger vorrangig gegenüber den Belangen der Kreditgeber sind, macht ein No-bail-out glaubwürdig.*“[656]

Auch für die Disziplinierung der Politik über die Wähler aus einer politökonomischen Perspektive sowie der Theorie der Principal-Agent-Theorie heraus ist die Glaubwürdigkeit einer No-bail-out Regelung von übergeordneter Bedeutung. Um die öffentliche Verschuldung für die Wähler unmittelbar fühlbar zu machen, müssen diese im Insolvenzfall des Bundeslandes, in dem sie leben, auch einen Teil der Sanierungslasten tragen. Dies könnte über höhere Steuern oder auch ein niedrigeres Angebot an öffentlichen Gütern, bedingt durch Ausgabenkürzungen der öffentlichen Hand, geschehen. Nur in dem Fall haben die Wähler einen Anreiz, Politiker für ihr nachlässiges Verschuldungsverhalten durch Abwahl zu strafen. Wenn allerdings einem zahlungsunfähigen Bundesland durch einen Bail-out geholfen wird, so sind diese harten Sanierungsmaßnahmen nicht notwendig und die Politik kann ohne Rücksicht auf die Verschuldungssituation die Steuern auf ihrem Niveau belassen und das Angebot an öffentlichen Gütern weiter kreditfinanzieren. Da die Wähler in diesem Fall die Verschuldung nicht beachten würden, wäre die Politik aus wahlkampftaktischen Zwecken sogar zu einem derartigen Verhalten angehalten. Auf die Faktoren, die die Wahrscheinlichkeit eines Bail-outs bestimmen, wurde vorangehend bereits näher eingegangen. Zur Gewährleistung der Effektivität der Disziplinierung der Politik durch die Wähler sind allerdings noch weiterführende Voraussetzungen zu erfüllen.

Es muss sichergestellt werden, dass die Bürger eines zahlungsunfähigen Bundeslandes tatsächlich einen Teil der Sanierungslasten effektiv zu tragen haben. Aus diesem Grund muss der Forderungsverzicht, welcher den Gläubigern aufgebürdet wird, ein vernünftiges Maß haben. Ein vollständiger Schuldenerlass würde für die Bundesländer einen negativen Anreiz setzen, da man ihre fiskalische Disziplinlosigkeit auf diesem Weg sogar noch belohnen würde.[657] Sie könnten sich ohne jedwede Opfer auf einen Schlag all ihrer Schulden entledigen

654 Vgl. Blankart, C. B. und E. R. Fasten (2009).
655 Vgl. Krueger, A. (2002b).
656 Ähnlich äußert sich auch Konrad, K. A. (2007b).
657 Vgl. Smeets, H.-D. (2010).

und die Sanierungslasten vollständig auf die Gläubiger abwälzen.[658] Harte Sanierungsmaßnahmen und somit eine Bestrafung durch die Wähler wären auch hier nicht zu befürchten. Dies könnte zu einem inflationären Einsatz des Instruments der Insolvenz führen, um sich zu entschulden. Vielmehr müssten im Zuge eines Insolvenzverfahrens durch Leistungskürzungen, Steuererhöhungen und Vermögensveräußerungen erhebliche Härten für die Bevölkerung eines zahlungsunfähigen Bundeslandes spürbar werden, ohne dass diese allerdings rein zu Lasten der Bezieher niedrigerer Einkommen gehen dürften.[659] Eine Möglichkeit bestünde darin, die Schuldenlast zu reduzieren oder zumindest die Kreditkonditionen bei zeitlicher Streckung günstiger zu gestalten, ohne dabei eine vollständige Entschuldung durchzuführen.[660] Belke (2010) schlägt bspw. auf EU-Ebene vor, den Forderungsverzicht der Gläubiger nominal so zu begrenzen, dass nach dem Hair-cut nur noch Nominalschulden in Höhe von 60 % des Bruttoinlandsprodukts des zahlungsunfähigen EU-Mitgliedstaates verbleiben. Dieser Vorschlag scheint mit Verweis auf die im Kapitel 3.2.6. angesprochenen Unzulänglichkeiten des 60-Prozent-Kriteriums jedoch nicht zielführend zu sein. Wichtig ist trotz alledem, dass die Forderungen der Schuldner keineswegs vollständig entwertet würden, vielmehr gilt es, dem Bundesland einen Neustart bei gleichzeitiger, begrenzter, Anspruchserfüllung für die Gläubiger zu ermöglichen.[661]

Um die Folgen einer Insolvenz nicht nur für die Gläubiger, sondern auch für die Bürger eines insolventen Bundeslandes spürbar zu machen, wäre es zudem notwendig, die Möglichkeit zu schaffen, einem insolventen Bundesland von außen schwere Reformschritte und Lasten aufzuerlegen.[662] Dass die Sanierungslasten zumindest zum Teil auch von der Bevölkerung einer untergeordneten Gebietskörperschaft getragen werden zeigen die Beispiele aus dem internationalen Bereich aus dem Kapitel 5. Um die Lasten einer Sanierung auch auf die Bürger eines zahlungsunfähigen Bundeslandes verteilen zu können, wären dem jeweiligen Bundesland hierzu weitgehende Rechte gegenüber seinen Bürgern einzuräumen. Dies kann dadurch gerechtfertigt und begründet werden, dass die Maxime eines Insolvenzverfahrens für die deutschen Bundesländer das Weiterexistieren des zahlungsunfähigen Landes ist. Zur Wahrung seiner zukünftigen

658 Es sei angemerkt, dass sich langfristig jedoch Kosten in Form höherer Zinsen auf zukünftige Kredite durch einen Vertrauensverlust der Kreditmärkte ergeben könnten und sehr wahrscheinlich auch ergäben.

659 Vgl. Hildebrandt, A. (2009).

660 Vgl. Hefeker, C. (2002).

661 Vgl. Hildebrandt, A. (2009).

662 Vgl. Schäfer, H.-B. (2010), der dies für ein Insolvenzverfahren für Staaten fordert.

Handlungsfähigkeit im Zuge des Insolvenzverfahrens ist es notwendig, dass das Land sich den benötigten Handlungsspielraum hierfür beschafft, was auch zu Lasten der Bürger gehen darf. Diesbezügliche Maßnahmen könnten z.B. im Recht der Neuverhandlung von Tarifverträgen des öffentlichen Sektors liegen, was für die öffentlich Bediensteten eine Verringerung ihres Einkommens bedeuten würde.[663]

Da ein Insolvenzmechanismus auf Ebene der deutschen Bundesländer die Bürger vor allem über Steuererhöhungen und Ausgabenkürzungen in den schmerzhaften Prozess der Haushaltssanierung einbeziehen soll, wäre es notwendig den Ländern hier mehr Kompetenzen und autonome Gestaltungsmöglichkeiten zuzuerkennen. Konkret müssten sie, nach einer vorab zu treffenden Festlegung über unantastbare Kernbereiche staatlicher Tätigkeit, selber entscheiden können, welche Aufgaben und damit verbundenen Ausgaben sie zu tragen im Stande sind. Weiter müssten ihnen autonome Steuergesetzgebungskompetenzen eingeräumt werden, also die Möglichkeit im Bedarfsfall ihr Steueraufkommen über eine Anhebung der Steuersätze beeinflussen zu können. Es wurde bereits beleuchtet, wie den Ländern sowohl ausgaben- wie auch einnahmeseitig mehr Autonomie zugestanden werden könnte. Diese Vorschläge sind auch hier zu beachten.

Eine weitere zentrale Voraussetzung dafür, dass ein Insolvenzmechanismus auf Ebene der deutschen Bundesländer seine präventiven Wirkungen bestmöglich entfalten kann, ist eine Reform des Rechnungswesens der Länder. Da die Finanzmärkte die Länder bei Ausschluss eines Bail-outs einzeln anhand ihrer finanziellen Lage beurteilen und ihrer Kreditvergabeentscheidung nicht mehr die Bonität der Bund-Länder-Gesamtheit zugrunde legen würden, ist es notwendig, dass die Länder ein aussagekräftiges und transparentes Rechnungswesen pflegen. Nur so ließe sich vermeiden, dass die Kapitalmärkte aufgrund mangelnder Einsicht in die finanzielle Situation eines Bundeslandes dieses „auf Verdacht" mit hohen Zinsen belegen. Zudem zeigt das Beispiel Orange Countys, dass ein intransparentes öffentliches Rechnungswesen Ansteckungseffekte bei der Insolvenz eines Landes begünstigt.[664] Eine Reduktion solcher Ansteckungseffekte trägt auch zur Glaubwürdigkeit einer No-bail-out Regelung bei. Diesen Weg der klareren Rechnungslegung gingen die Kantone und die Gemeinden der Schweiz

663 Vgl. Schäfer, H.-B. (2010).

664 Siehe für eine genaue Beschreibung der Folgen der Insolvenz Orange Countys für die Ratings ähnlicher US-amerikanischer öffentlicher Anleihen und für die Ratings von Investment- und Geschäftsbanken Halstead, J. M. et al. (2004). Zur Insolvenz Orange Countys sei auch auf die Ausführungen des Kapitels 5 verwiesen.

nach der Insolvenz der Schweizer Gemeinde Leukerbad im Jahr 2003.[665] Durch Reformen im Rechnungswesen strebten sie eine bessere Bonität und damit verbunden günstigere Kredite an.[666] Sollten die Länder durch ein undurchsichtiges Rechnungswesen eine finanzielle Schieflage ihrer Haushalte zu verschleiern versuchen, so sollten die Kapitalmärkte dies mit hohen Zinsen abstrafen.

Eine transparentere und vor allen Dingen auch verständlichere Rechnungslegung der öffentlichen Haushalte kann ebenfalls positive Wirkungen bezüglich der Disziplinierung der Politik durch die Wähler haben. Verständlichere finanzwirtschaftliche Kennziffern würden es ihnen erleichtern, sich ein Bild von der finanziellen Situation des Haushalts in einem Bundesland zu machen. In dem Wissen, dass dem Bundesland bei zu hoher Verschuldung in letzter Konsequenz die Insolvenz droht, was für sie mit schweren Opfern verbunden sein wird, würden sie über ihre Wahlentscheidung die Politik in ihrem Verschuldungsverhalten disziplinieren. Dies fällt umso leichter, je verständlicher die Bundesländer ihre Haushalte darlegen. Auch Seitz (2007, S. 81) fordert im Rahmen eines Haushaltsnotlagenpräventionssystems finanzwirtschaftliche Kennziffern, die *„[...] leicht berechenbar und für Bürger und Politiker auch verständlich sind."* Weiter fordert er, neben mehr Transparenz der öffentlichen Haushalte, finanzstatistische Reformen, um zu einer besseren Vergleichbarkeit der Länder zu gelangen. Dies ist auch im Sinne der Theorie der Yardstick Competition ausdrücklich zu begrüßen. Können die Bürger eines Bundeslandes die finanzielle Situation ihres Landes besser mit der in den anderen Ländern vergleichen, so würde es ihnen erleichtert, einzuschätzen, wie ihr Bundesland im Ländervergleich wirtschaftet. Damit verbunden könnte das relative Risiko einer Insolvenz und das durch diese bedingte Risiko drohender Steuererhöhungen besser eingeschätzt werden. Zur Erinnerung sei darauf verwiesen, dass die Bevölkerung eines Landes die Politik durch Abwahl strafen wird, wenn die in einem Land erhobenen Steuern relativ zu denen in anderen Ländern hoch sind.

Eine Möglichkeit der transparenteren und auch verständlicheren Rechnungslegung bietet die Anwendung der Doppik auf der Ebene der öffentlichen Haushaltsrechnung.[667] Die Doppik bildet die Haushaltssituation eines Bundeslandes umfassender und detaillierter ab, als die bislang weitverbreiteten Arten der Rechnungslegung, da sie über eine bloße Betrachtung der Einnahmen und Ausgaben hinausgeht. So bildet sie durch den Einbezug u.a. der Vermögensabnutzung

---

665 Siehe hierzu auch die Ausführungen des Kapitels 5.

666 Vgl. Blankart, C B. und E. R. Fasten (2009).

667 Siehe z.B. Wagener, S. (2005), der die Einführung der Doppik auf der Bundesebene fordert.

oder auch des Zinsaufwands den gesamten Aufwand sowie die gesamten Erträge ab.[668] Zudem erfasst die Doppik neben der expliziten ebenfalls die implizite öffentliche Verschuldung, etwa durch den Einbezug zukünftiger Pensionslasten.[669] Anhand eines kurzen Beispiels soll verdeutlicht werden, wieso die Doppik die Haushaltslage eines Bundeslandes detaillierter abbildet, als es etwa die Kameralistik tut. Die Aufnahme eines Kredites gilt in der Doppik zunächst lediglich als Bilanzverlängerung, da sich sowohl das Fremdkapital auf der Passivseite als auch das Vermögen auf der Aktivseite erhöhen. In späteren Perioden jedoch führt die Kreditaufnahme zu einem Aufwand durch die Zinszahlungen. Dieser Aufwand wird in der Ergebnisrechnung festgehalten. Sollte dieser Aufwand nicht durch zusätzliche Erträge in derselben Periode oder aber in Folgeperioden gedeckt werden können, so ist, nach der Logik der Doppik, ein Land nicht in der Lage, sich diese Kreditaufnahme zu leisten. Gleiches gilt für kreditfinanzierte Investitionen. Hier entsteht nicht nur durch die Zinszahlungen Aufwand, sondern ebenfalls durch Abschreibungen, sollte das kreditfinanzierte Vermögen abnutzbar sein.[670] Eine Irreführung der Wähler mit Verweis darauf, dass mit aufgenommenen Krediten ja auch Vermögen in gleichem Wert geschaffen werde, wäre somit nicht mehr möglich.
Sollten die in diesem Kapitel skizzierten Präventionsmechanismen nicht greifen und ein Bundesland den Weg einer Insolvenz gehen müssen, so muss es in einem Insolvenzverfahren, welches im nachfolgenden Kapitel nachgezeichnet wird, seine Handlungs- und Kapitalmarktfähigkeit wiedererlangen.

668 Vgl. Magin, C. (2010).
669 Vgl. Besendorfer, D. et al. (2006).
670 Vgl. Magin, C. (2010).

8 Der Ablauf und die konkrete Ausgestaltung eines Insolvenzverfahrens auf Ebene der deutschen Bundesländer

Nachdem in den beiden vorangegangenen Kapiteln ein Indikator zur Feststellung der Insolvenz eines Bundeslandes sowie die präventiven Wirkungen eines Insolvenzmechanismus auf Ebene der deutschen Bundesländer dargestellt wurden, wird in diesem Kapitel der konkrete Ablauf sowie die Ausgestaltung eines Insolvenzverfahrens dargelegt, dem sich ein insolventes Bundesland zur Sanierung unterziehen muss. Es werden folgend die konkreten Schritte des Insolvenzverfahrens skizziert und mit Inhalt gefüllt sowie abschließend die Anforderungen an ein solches Verfahren formuliert. Die Entwicklung der Schritte des Insolvenzverfahrens orientiert sich an der Darstellung in Berensmann und Herzberg (2007), die zwar für Staaten gilt, jedoch mit einigen Modifikationen auch auf die Ebene der deutschen Bundesländer übertragbar ist. Inhaltlich orientiert sich der Ablauf des Insolvenzverfahrens für die deutschen Bundesländer zu großen Teilen an den Vorgaben des Chapter 9 des US-Bankruptcy Codes und wird dabei gemäß der Besonderheiten der Bundesländer modifiziert. Abschließend werden die Voraussetzungen beschrieben, die den vorab gekennzeichneten Verfahrensablauf einer Insolvenz ermöglichen und unterstützen.

8.1 Die Eröffnung und der Abschluss des Insolvenzverfahrens

Die Phase der Eröffnung eines Insolvenzverfahrens ist eng verknüpft mit der Frage, wer zur Antragsstellung einer Insolvenz berechtigt sein soll. Dies können theoretisch das jeweilige Bundesland als Schuldner, seine Gläubiger oder auch die Bürger eines Bundeslandes sein. Daran schließt sich die Frage, bei welcher Instanz ein solcher Antrag auf Insolvenz eingereicht wird. Diese Instanz muss schließlich über den Insolvenzantrag entscheiden. Hier ist zu klären, anhand welcher Kriterien dies geschehen soll. Weiter sind elementare Anforderungen an die Natur dieser Instanz zu stellen. An die Frage der Verfahrenseröffnung ist die des Verfahrensabschlusses gekoppelt. Diese gilt es hier ebenfalls zu beantworten.

Die Bürger eines Bundeslandes sollten vom Recht der Beantragung eines Insolvenzverfahrens ausgeschlossen werden. Es ist zu vermuten, dass ihnen die notwendigen Einblicke in und die exakten Kenntnisse über die Finanzsituation eines Bundeslandes fehlen. Vor allen Dingen aber wäre mit einer Flut an

Anträgen zu rechnen. So findet sich auch in der Literatur kein Vorschlag, der ein Antragsrecht für die Bürger einer Gebietskörperschaft vorsieht. Es wird nicht einmal die Frage danach aufgeworfen. Den Bundesländern ist in jedem Fall ein Antragsrecht einzuräumen. Die Frage ist lediglich, ob sie die alleinigen Antragsberechtigten sein sollen. In der Literatur wird vorwiegend dem Schuldner das alleinige Antragsrecht eingeräumt.[671] Auch das Chapter 9 des US-Bankruptcy Codes als rechtlich gültige Insolvenzordnung für souveräne Schuldner bestimmt, dass allein der Schuldner ein Insolvenzverfahren beantragen und somit einleiten darf. Diese Vorgehensweise wird mit der Wahrung der Souveränität einer öffentlichen Gebietskörperschaft begründet.[672] Den Gläubigern verbleibt allerdings das Recht gegen den Insolvenzantrag einer Gebietskörperschaft Einspruch zu erheben.[673] Weiter wird argumentiert, dass der Schuldner über einen Informationsvorsprung verfüge was seinen Liquiditätsbedarf bzw. den Auslösungsgrund des Insolvenzverfahrens anbelangt. Weiter habe er Anreize, zur Vermeidung des Anwachsens seiner Schuldverpflichtungen, ein solches Verfahren möglichst früh anzustrengen.[674] Paulus (2002) argumentiert, dass ein Antragsrecht für die Gläubiger überflüssig sei, da diesen erhebliche Zustimmungsrechte im laufenden Insolvenzverfahren zustünden. Es gibt allerdings Gegenstimmen, die dafür plädieren, auch den Gläubigern das Recht auf Verfahrenseröffnung zuzugestehen. Da ein Schuldner den Beginn eines Insolvenzverfahrens aus Angst vor Reputationsverlusten erheblich verzögern kann, sei es nötig, auch den Gläubigern ein Antragsrecht einzuräumen.[675] Es ist allerdings zu beachten, dass die Gefahr des Missbrauchs des Rechts auf Antragstellung durch eine Minderheit von Gläubigern besteht. Aus diesem Grund sollten nicht einzelne Gläubiger, sondern lediglich eine Mehrheit der Gläubiger, welche dem Antrag auf Eröffnung des Insolvenzverfahrens zustimmen muss, antragsberechtigt sein.[676]

In dieser Arbeit wird die Ansicht vertreten, dass sowohl die Schuldner als auch die Gläubiger berechtigt sein sollten, den Antrag auf Eröffnung eines Insolvenzverfahrens gegen ein Bundesland zu stellen. Der Schuldner weiß in der Regel am besten über seine finanzielle Situation Bescheid und vermag daher eher

671 Siehe z.B. Schwarcz, S. L. (2000) und (2004), Raffer, K. (1990) und (2005b), Krueger, A. O. (2002b), Fritz, T. und P. Hersel (2002), Berensmann, K. und F. Schroeder (2006), Hildebrandt, A. (2009) oder auch Paulus, C. G. (2002) und (2010).

672 Vgl. Paulus, C. G. (2002) oder auch Berensmann, K. und A. Herzberg (2007).

673 Vgl. King, L. P. (1977).

674 Vgl. Berensmann, K. und A. Herzberg (2007).

675 Vgl. Bolton, P. und D. A. Jr. Skeel (2004).

676 Vgl. Bolton, P. und D. A. Jr. Skeel (2004).

in der Lage zu sein, seine Solvenz realistisch einzuschätzen. Als Schuldner gilt hierbei das jeweilige Bundesland, das vertreten wird durch seine Landesregierung. Nur die amtierende Regierungspartei oder aber Regierungskoalition soll dabei als Schuldner den Antrag auf Eröffnung eines Insolvenzverfahrens stellen dürfen. Der Opposition sollte kein Antragsrecht eingeräumt werden, da die Gefahr bestünde, dass diese es zu wahlkampftaktischen Zwecken missbraucht. So bestünde die Möglichkeit im Vorfeld von Wahlen einen Insolvenzantrag zu stellen, um die amtierende Regierung zu diskreditieren. Es ist aber zu überlegen, der Opposition im Landtag ein Zustimmungsrecht in der Form einzuräumen, dass ein Insolvenzantrag erst dann durch die Regierung eingereicht werden darf, wenn die Mehrheit der Mitglieder des Landtages dafür stimmen. Da allerdings ein Insolvenzantrag ohnehin von einer unabhängigen und neutralen Instanz auf seine Berechtigung hin überprüft werden sollte, ist ein solches Zustimmungserfordernis obsolet.

Bei der alleinigen Beantragungsbefugnis durch den Schuldner besteht allerdings die Gefahr der Insolvenzverschleppung aus den oben genannten Gründen. Erschwerend kommt hinzu, dass ein Landespolitiker äußerstes Interesse daran haben wird, im unmittelbaren Vorfeld einer Wahl ein Insolvenzverfahren zu vermeiden, weshalb er die Eröffnung vermutlich verzögern wird, um seine Wiederwahl nicht zu gefährden. Aus diesem Grund sollte auch den Gläubigern ein eingeschränktes Antragsrecht eingeräumt werden. Die Gläubiger sollten dabei nicht individuell, sondern lediglich mit einer qualifizierten Mehrheit ihrer Stimmen die Eröffnung eines Insolvenzverfahrens gegen ein Bundesland beantragen dürfen.

Der Antrag auf Eröffnung eines Insolvenzverfahrens muss bei einer geeigneten Instanz, ähnlich einem Insolvenzgericht, eingereicht werden, welche dann über seine Annahme oder Ablehnung entscheidet. Diese Instanz spielt auch im weiteren Insolvenzprozess eine bedeutende Rolle. Ihr kommt die Rolle als Entscheidungs- und Schlichtungsinstanz, etwa bei dem Prozess der Schuldenumstrukturierung, zu.[677] Sie sollte weiter den Prozess der Haushaltssanierung überwachen und begleiten. Eine solche Instanz müsste den Ansprüchen der Unparteilichkeit, Transparenz und Unabhängigkeit genügen,[678] um in der Lage zu sein die verschiedenen Interessen der involvierten Parteien vernünftig gegeneinander abzuwägen.[679] Unparteilichkeit soll hier bedeuten, dass die Instanz

677 Vgl. Paulus, C. G. (2002).

678 Vgl. Internationaler Währungsfonds (2003c).

679 Vgl. Schäfer, H.-B. (2010).

und ihre Mitglieder keiner der involvierten Rechtsparteien angehören. Politiker, sowohl auf Bundes- als auch auf Länderebene, sowie Angehörige der einzelnen Gläubigergruppen sollten also von der Stellenbesetzung ausgeschlossen werden.[680] Transparenz soll als Transparenz über die Arbeit, insbesondere die Entscheidungsfindung, verstanden werden. Die Instanz, welcher Art sie auch sein möge, muss ihre Entscheidungen anhand eines transparenten, für die Öffentlichkeit und die involvierten Rechtsparteien nachvollziehbaren Verfahrens mit vorab feststehenden Entscheidungsregeln treffen.[681] Als unabhängig kann eine solche Instanz dann bezeichnet werden, wenn die Möglichkeit der Einflussnahme durch eine der involvieren Rechtsparteien oder auch außenstehende Interessengruppen ausgeschlossen werden kann. Des Weiteren darf diese Instanz keine eigenen Interessen verfolgen, da dies ihre Objektivität untergraben würde. Weiter sollte der Kreis der für die Besetzung einer solchen Instanz in Frage kommenden Personen möglichst klein gehalten werden, damit sich im Zeitablauf eine Expertise herausbilden kann.[682]

Es ließe sich hierzu entweder eine gänzlich neue Instanz schaffen[683] oder aber auf bereits bestehende Institutionen zurückgreifen.[684] Der Internationale Währungsfonds (2003c) sieht in seinem Vorschlag eines Insolvenzverfahrens für Staaten die Bildung eines Streitschlichtungsgremiums vor. Diesem sollen die Aufgaben der Verfahrensverwaltung, der Schlichtung von während des Umstrukturierungsprozesses auftretenden Unstimmigkeiten sowie der Anordnung der Aussetzung von Klagen auf Antrag des Schuldners, welche der Zustimmung der Gläubiger bedürfen, übertragen werden. Das Streitschlichtungsgremium wäre allerdings beim Fonds selbst angesiedelt. Da er weitgehende Einflussmöglichkeiten auf das Gremium, wie z.B. ein einseitiges Widerrufrecht hinsichtlich der getroffenen Entscheidungen, hätte, wäre dessen Unabhängigkeit schwer zu gewährleisten.[685]

Berensmann und Schroeder (2006) schlagen die Schaffung von zwei Institutionen vor. Eine permanente, die vor allem mit Aufgaben der Prävention, wie

680 Auch Seitz, H. (2007, S. 81) fordert für ein Haushaltsnotlagenpräventionssystem die Errichtung eines Schuldenkontrollrates „[…] weitgehend außerhalb der Politik […]".

681 Vgl. Paulus, C. G. (2002).

682 Vgl. Paulus, C. G. (2002).

683 Vgl. Raffer, K. (1990) und (2005b), Internationaler Währungsfonds (2003c), Fritz, T. und P. Hersel (2002) oder auch Berensmann, K. und F. Schroeder (2006).

684 Vgl. Bolton, P. und D. A. Jr. Skeel (2004).

685 Vgl. Paulus, C. G. (2002) und Berensmann, K. (2003).

der Informationsvorbereitung, der Informationsanalyse und auch des Informationsaustausches zwischen den Gläubigern, dem Schuldner sowie Finanzmarktexperten, betraut wird. Und eine zweite, ad-hoc tagende, zur Sicherstellung der Umsetzung des Umstrukturierungsprozesses. Weitere Vorschläge zielen darauf ab, einen ad-hoc einzuberufenden Schiedsausschuss zu gründen. Dieser soll sich aus einer ungeraden Anzahl an Schiedsrichtern zusammensetzen, von denen der Schuldner und die Gläubiger jeweils die gleiche Anzahl ernennen. Die auf diese Weise ernannten Mitglieder wählen wiederum eine weitere Person als ihren Vorsitzenden.[686] Die zentralen Aufgaben des Schiedsausschusses sollen die Vermittlung zwischen dem Schuldner und den Gläubigern, die beratende Unterstützung der involvierten Rechtsparteien sowie den Vorsitz bei den Umstrukturierungsverhandlungen umfassen.[687]

Ein Insolvenzverfahren kann aber auch so ausgestaltet werden, dass es keiner Entscheidungs- und Schlichtungsinstanz bedarf. Nach dem Vorbild des US-amerikanischen Rechts können die Umstrukturierungsverhandlungen zwischen dem Schuldner und seinen Gläubigern selbst durchführbar sein. Es würde dann lediglich eine neutrale Instanz zur Schlichtung bei Unstimmigkeiten benötigt.[688] Dazu ließe sich bspw. ein ad-hoc tagender Schiedsausschuss bilden, der sich aus Personen zusammensetzt, welche die involvierten Rechtsparteien aus einem bestehenden, vorab gebildeten, Pool an neutralen Schiedsrichtern auswählen.[689]

Für die Nutzung bestehender Institutionen kämen nationale[690] sowie internationale[691] Gerichte in Frage. Bolton und Skeel (2004) schlagen vor, dem Schuldner als Antragssteller das Recht einzuräumen, ein ausländisches Gericht in dem Heimatland eines Gläubigers auszuwählen, welches dann den Insolvenzprozess begleitet. Allerdings verstößt dieser Vorschlag wohl gegen den Anspruch der Unparteilichkeit, da nicht ausgeschlossen werden kann, das nationale Gerichte Forderungen von, aus ihrer Sicht, inländischen Gläubigern bevorzugt behandeln werden.[692] Weiter würden sich Schuldner dann vermutlich die Gerichte aussuchen, welche als besonders schuldnerfreundlich gelten, was mit der Gefahr einer einseitigen Belastung der Gläubiger einherginge.[693] Paulus (2002) und Schwarcz

---

686 Vgl. Raffer, K. (1990) und (2005b) sowie Fritz, T. und P. Hersel (2002).
687 Vgl. Raffer, K. (1990) und (2005b) sowie Fritz, T. und P. Hersel (2002).
688 Vgl. Schwarcz, S. L. (2000) und (2004).
689 Vgl. Schwarcz, S. L. (2000) und (2004).
690 Vgl. Bolton, P. (2003) und Bolton, P. und D. A. Jr. Skeel (2004).
691 Vgl. Paulus, C. G. (2002) und Schwarcz, S. L. (2000) und (2004).
692 Vgl. Frankel, J. A. (2003).
693 Vgl. Bolton, P. und D. A. Jr. Skeel (2004).

[(2000) und (2004)] schlagen vor, den Internationalen Gerichtshof oder eine ihm unterstehende juristische Instanz zu nutzen. Dies hätte den Vorteil, dass der Internationale Gerichtshof über eine große Kompetenz und auch Erfahrung bei der Schlichtung internationaler Rechtsfragen verfügt. Diese Kompetenz und Erfahrung bezieht sich jedoch nicht auf das Gebiet der Insolvenz.[694]

Für die Nutzung bestehender Institutionen spricht, neben der fachlichen Kompetenz sowie der möglicherweise hohen Reputation bereits existierender Instanzen, vor allen Dingen auch die Reduzierung des zeitlichen sowie finanziellen Aufwands.[695] Gegen die Nutzung bestehender Institutionen und somit für die Errichtung neuer spricht, dass eine geeignete Institution auch tatsächlich vorhanden sein muss, was nicht garantiert ist. Ist dies nicht der Fall, muss zwangsläufig eine neue Institution geschaffen werden.

Für den in dieser Arbeit zu entwickelnden Insolvenzmechanismus auf Ebene der deutschen Bundesländer wird auf den Vorschlag von Berensmann und Schroeder (2006) zurückgegriffen. Es soll zwischen zwei Institutionen unterschieden werden. Die erste soll permanent bestehen und präventiv darauf hinwirken, Insolvenzen von Bundesländern zu vermeiden. Die zweite soll eine ad-hoc zu berufende darstellen, die im Insolvenzfall den Restrukturierungsprozess begleitet und überwacht. Es wird vorgeschlagen, diese beiden Institutionen nicht gänzlich neu zu schaffen, sondern auf bereits bestehende zurückzugreifen.

Die erste Institution auf die zurückgegriffen werden soll, ist der Stabilitätsrat. Dem Stabilitätsrat soll die Aufgabe zukommen, regelmäßig öffentlich und transparent über die Verschuldungssituation der Bundesländer zu berichten und ebenfalls eine Einschätzung darüber abzugeben, wie die Entwicklung dieser Situation hinsichtlich der Gefahr einer Insolvenz erwartet wird. Er kann dazu auch Berechnungen gemäß des Insolvenzindikators aus dem Kapitel 6, sofern es denn gelingt seine Schwachstellen zu beheben, durchführen und die Ergebnisse regelmäßig veröffentlichen. Dadurch wirkt er insofern präventiv, als dass die Kapitalgeber und Wähler bei zu hoher Verschuldung eines Bundeslandes dieses dahingehend disziplinieren würden, weniger Kredite aufzunehmen oder gar Kredite zu tilgen und somit den Schuldenstand zu reduzieren.[696] Um seiner Berichts- und Informationsfunktion bestmöglich nachkommen zu können, sollten dem Stabilitätsrat durch die jeweiligen Landesrechnungshöfe umfassende

694 Vgl. Berensmann, K. und A. Herzberg (2007).
695 Vgl. Berensmann, K. und A. Herzberg (2007).
696 Siehe zu diesen präventiven Wirkungen die Ausführungen im Kapitel 7.2.3.

Daten zur Verschuldungssituation der Bundesländer bereitgestellt werden. Der Zyklus der Veröffentlichungen des Stabilitätsrats sollte halbjährlich sein. Dies sollte ihn in seiner Arbeit nicht überfordern und zudem eine ausreichende zeitliche Dichte der Informationsgewinnung für die Bürger und die, auch potentiellen, Kreditgeber eines Bundeslandes darstellen. Neben den regelmäßigen Veröffentlichungen sollte den Kapitalgebern auch das Recht eingeräumt werden, Informationen über die Verschuldungssituation, die Entwicklung dieser Situation und die Entwicklungsaussichten darüber beim Stabilitätsrat anzufordern. So erhielten sie auch in der Zeit zwischen den Veröffentlichungen des Stabilitätsrats ausreichend Zugang zu Informationen auf denen sie die Konditionen ihrer Kreditvergabe an die Bundesländer basieren können. Auch ein Monitoring zum Schutz ihrer Investitionen würde ihnen hierdurch möglich gemacht.[697] Zudem würde dies eine Orientierung der Kreditgeber an Kapitalmarktratings überflüssig machen.[698]

Für den Stabilitätsrat käme der Zuschnitt seiner Aufgaben in dieser Phase des Insolvenzprozesses einer Reduzierung auf die bloße Haushaltsüberwachung gleich, welche ergänzt wird um die Einschätzung der Insolvenzgefährdung der Bundesländer. Da er momentan ebenfalls die Aufgabe der Haushaltsüberwachung wahrnimmt, kann hier auf bereits vorhandene Expertise zurückgegriffen und aufgebaut werden. Erst wenn die präventiven Wirkungen ihr Ende erreicht haben und ein Bundesland insolvent ist, bzw. das Land oder eine Gläubigermehrheit den Antrag auf Insolvenz gestellt haben, sollte sich eine zweite Institution einschalten. Diese sollte am Bundesverfassungsgericht angesiedelt werden und stellte ebenfalls eine permanente, aber nur bei konkreten Rechtsfragen anzurufende, dar.

Das Bundesverfassungsgericht scheint insofern als Instanz zur Entscheidung über einen Insolvenzantrag sowie zur Durchführung und Begleitung des Restrukturierungsprozesses eines insolventen Bundeslandes geeignet, da es traditionell unparteilich, neutral und unabhängig ist. Zudem besitzt es eine gute Reputation. Die Unparteilichkeit, Neutralität und Unabhängigkeit des Gerichts kommen im Gesetz über das Bundesverfassungsgericht (Bundesverfassungsgerichtsgesetz - BVerfGG) explizit zum Ausdruck. Dort heißt es in § 1 Abs. 1 BVerfGG:

> „Das Bundesverfassungsgericht ist ein allen übrigen Verfassungsorganen gegenüber selbstständiger und unabhängiger Gerichtshof des Bundes."

---

697 Vgl. Blankart, C. B. und E. R. Fasten (2009).

698 Zur Kritik an der Arbeit der Ratingagenturen sei auf Rosenbaum, J. (2004), Gras, I. (2003) oder auch Buschmeier, A. (2011) verwiesen.

§ 3 Abs. 3 BVerfGG bestimmt weiter:

> „Sie [die Mitglieder des Bundesverfassungsgerichts] können weder dem Bundestag, dem Bundesrat, der Bundesregierung noch den entsprechenden Organen eines Landes angehören. Mit ihrer Ernennung scheiden sie aus solchen Organen aus.“

Damit ist ebenfalls sichergestellt, dass die Entscheidungen des Bundesverfassungsgerichts unabhängig und frei vom Einfluss der Politik getroffen werden können. Es könnten weder der Bund noch das betreffende Land aus wahlpolitischen Motiven heraus die Entscheidungen des Gerichts beeinflussen und die Insolvenz eines Landes hinauszögern oder gar durch die Durchsetzung eines Bail-outs letztlich verhindern.[699] Die Verfassungsrichter werden nach § 5 Abs. 1 BVerfGG jeweils hälftig von Bundestag und Bundesrat gewählt, was zwar einen Einfluss der Politik vermuten lässt und sicher nicht völlig entkräftet werden kann. Jedoch haben die Verfassungsrichter während ihrer Amtszeit keine Anreize, sich im Sinne einer bestimmten Regierungspartei oder eines Bundeslandes zu verhalten, um ihre Wiederwahl nicht zu gefährden, da eine solche gemäß § 4 Abs. 2 BVerfGG nicht nur unmittelbar anschließend an eine Amtszeit, sondern auch zu einem späteren Zeitpunkt nicht möglich ist. Die Amtszeit der Verfassungsrichter ist nach § 4 Abs. 1 BVerfGG auf 12 Jahre oder aber die Altersgrenze von 68 Jahren nach § 4 Abs. 3 BVerfGG begrenzt.

Die Expertise des Bundesverfassungsgerichts wird durch die Voraussetzungen, welche die Verfassungsrichter zu erfüllen haben, garantiert. Nach § 3 Abs. 2 BVerfGG müssen sie *„[…] die Befähigung zum Richteramt nach dem Deutschen Richtergesetz besitzen […]“*. Weiter setzt der § 3 Abs. 1 BVerfGG ein Mindestalter von 40 Jahren für die Verfassungsrichter voraus, was eine gewisse Erfahrung garantiert und somit ihrer Kompetenz zuträglich ist. Einer Person mit der Befähigung zum Richteramt in Deutschland darf darüber hinaus durchaus der objektive, zielführende und kompetente Umgang mit der Insolvenzsituation eines Bundeslandes zugetraut werden.

Ginge ein Insolvenzantrag eines Bundeslandes oder der Mehrheit seiner Gläubiger beim Bundesverfassungsgericht ein, so sollte dieses anhand eines geeigneten, unter der Schaffung geeigneter Voraussetzungen des im Kapitel 6 entwickelten, Insolvenzindikators über diesen Antrag entscheiden. Eine Prüfung des Insolvenzantrags ist dabei notwendig, um zu verhindern, dass sich

699 Siehe das Kapitel 7.3. zu den wahlkampfstrategischen Motiven der Politik die Insolvenz eines Landes zu verhindern. Insbesondere sei auf die Beweggründe der Zentralebene, hier des Bundes, verwiesen, einen Bail-out entgegen anderslautender Vereinbarungen und rechtlicher Vorschriften doch durchzusetzen.

ein Bundesland lediglich für zahlungsunfähig erklärt, um sich kostengünstig und ohne schmerzhafte Eigenanstrengungen seiner Schulden zu entledigen.[700] Das Gericht sollte dem Antrag stattgeben, wenn die Voraussetzungen des Insolvenzindikators erfüllt sind und ihn abschlägig beurteilen, sollten diese Voraussetzungen nicht erfüllt sein. Es kann hierbei auf die Berechnungen des Stabilitätsrats aufbauen. Der Stabilitätsrat hätte dem Bundesverfassungsgericht zu diesem Zweck seine Berechnungen zukommen zu lassen und ihm weitere, für die Entscheidungsfindung notwendige, Informationen bereitzustellen. Das Urteil des Bundesverfassungsgerichts basierte dann u.a. auf einer Einschätzung dieser Berechnungen. Seine weitere Aufgabe bestünde in der Prüfung der Berechnungen. Insbesondere soll dabei deren Richtigkeit geprüft werden. Dem Bundesverfassungsgericht sollten dazu auf Anfrage weitere Informationen durch das betroffene Land bereitgestellt werden, um zu verhindern, dass ein Land sich künstlich arm rechnet, um sich durch eine Insolvenz zu entschulden, obwohl noch Spielraum bestünde, diese durch vorherige Eigenanstrengungen zu vermeiden. Bei Antragstellung durch die Gläubiger kann wiederum der Fall eintreten, dass ein Landespolitiker unter allen Umständen die Insolvenz seines Bundeslandes verschleiern möchte, um seine Wiederwahl nicht zu gefährden und daher bewusst falsche Daten angibt.

Durch die Prüfung der Ergebnisse des Insolvenzindikators nach den Berechnungen des Stabilitätsrates würde auch eine weitere wichtige Kontrolle erfolgen. Zwar würde der Stabilitätsrat den Insolvenzindikator nach bestem Treu und Glauben berechnen und dabei auch unterstützende Daten der Landesrechnungshöfe erhalten, jedoch ist nicht auszuschließen, dass er bei der Berechnung Fehler begeht, wichtige Daten schlicht übersieht oder durch die Landesrechnungshöfe bewusst fehlinformiert wird. Durch die neuerliche Prüfung durch das Bundesverfassungsgericht wäre gewährleistet, dass es für ein Bundesland zumindest erschwert wird, sich durch die Bereitstellung falscher Informationen Zugang zu einer Entschuldung durch Insolvenz zu verschaffen oder aber Zeit zu kaufen, um sich dem Insolvenzverfahren erst nach einer bevorstehenden Wahl unterziehen zu müssen.

Es muss abschließend festgelegt werden, wann ein Insolvenzverfahren für einen souveränen Schuldner enden soll. Der Internationale Währungsfonds (2003c) schlägt vor, dass das Verfahren vorzeitig beendet werden kann, wenn mindestens 40 % aller Gläubigerforderungen die Verfahrenseröffnung als ungerechtfertigt betrachten. Der Begriff „ungerechtfertigt“ wird dabei allerdings nicht näher erläutert. Weiter schlägt der Fonds [(2002f) und (2003c)] vor, dass

700 Vgl. Blankart, C. B. und E. R. Fasten (2009).

das Verfahren auf Anfrage des Schuldners jederzeit eingestellt werden kann oder aber es mit der Zertifizierung der Umstrukturierungsvereinbarung automatisch endet.

In Analogie zum Privatrecht wäre es ebenfalls denkbar, das Insolvenzverfahren zu befristen. Die deutsche Insolvenzordnung sieht im achten und neunten Teil die Möglichkeit vor, den Schuldner, sofern er eine natürliche Person ist, nach einem Zeitraum von sechs Jahren von seinen Restschulden zu befreien. In diesen sechs Jahren hat er, nachdem er sein Vermögen veräußert hat, den pfändbaren Teil seines Einkommens zur Gläubigerbefriedigung abzutreten. Das Insolvenzverfahren endet hier gemäß den Vorschriften der deutschen Insolvenzordnung nach sechs Jahren mit der Restschuldbefreiung des Schuldners automatisch. In den Vereinigten Staaten von Amerika findet sich eine solche Regelung im Chapter 7 des US-Bankruptcy Codes, welches die Liquidierung des Vermögens des privaten Schuldners unter Wahrung einer Pfändungsgrenze vorsieht. Anschließend ist der Schuldner üblicherweise schuldenfrei.[701] Chapter 11 des US-Bankruptcy Codes ermöglicht es dem privaten Schuldner über die Anwendung eines von ihm vorgeschlagenen Rückzahlungsplans spätestens nach fünf Jahren schuldenfrei zu sein. Voraussetzung hierfür ist, dass seine Schulden unter einer bestimmten Grenze liegen.[702]

Es wäre nun denkbar, dieselbe Logik auch auf souveräne Schuldner anzuwenden. Dem stünden aber negative Anreizwirkungen entgegen. Es bestünde die Gefahr, dass ein souveräner Schuldner sich leichtfertiger hoch verschuldet, wenn er weiß, dass die damit verbundenen Härten im Rahmen eines Insolvenzverfahrens auf einen vorher festgelegten Zeitraum begrenzt sind und ihm zudem nach Ablauf dieses Zeitraums seine bis dahin nicht getilgten Schulden erlassen werden. Zudem dürfte sich die Restschuldbefreiung anreizfeindlich auf die Bemühungen zur Schuldentilgung seitens des Schuldners während des laufenden Verfahrens auswirken. Des Weiteren dürfte eine objektive, sinnvolle Bestimmung des Zeitraums dieser sogenannten Wohlverhaltensphase kaum möglich sein. Für die deutschen Bundesländer soll daher gelten, dass das Insolvenzverfahren mit Beschluss des Bundesverfassungsgerichts endet. Keinesfalls soll es einen automatischen Mechanismus zur Schuldenbefreiung geben, da hiervon zum einen anreizfeindliche Wirkungen ausgehen würden und der Insolvenzplan zum anderen, wie noch zu zeigen sein wird, durchaus Forderungsverzichte der Gläubiger beinhalten kann. Kommt es zusätzlich zu einer garantierten

701 Vgl. Administrative Office of the United States Courts (2005b).

702 Vgl. Administrative Office of the United States Courts (2005c).

Restschuldbefreiung würden die Gläubiger übermäßig stark belastet. Zudem ist eine damit verbundene Komplettentschuldung der Überwindung der Moral Hazard Problematik nicht förderlich.[703]

Eine Einstellung des Verfahrens auf Antrag einer Gläubigermehrheit, da diese die Eröffnung dessen für ungerechtfertigt hält, sollte ausgeschlossen werden. Da für die Gläubiger mit einem Insolvenzverfahren in der Regel finanzielle Verluste in Form von Forderungsverzichten einhergehen, wird damit zu rechnen sein, dass sie jedwede Verfahrenseröffnung für ungerechtfertigt halten. Zudem würde die Richtigkeit der Verfahrenseröffnung bei der Einreichung des Insolvenzantrags ohnehin durch das Bundesverfassungsgericht als neutraler Instanz geprüft werden.

Es sollte vorgesehen werden, dass das Verfahren mit der Verifizierung des Insolvenzplans durch das Bundesverfassungsgericht endet. Das Bundesverfassungsgericht sollte darüber hinaus die Einhaltung der Vereinbarungen des Insolvenzplans überwachen und die Möglichkeit haben, das Verfahren bei Verstößen einer der beiden Seiten gegen Bestimmungen des Plans wiederzueröffnen sowie weitere Sanktionen gegen den oder die Sünder zu verhängen. Mutmaßliche Verstöße gegen den Insolvenzplan sollten dabei ebenfalls von den Gläubigern oder dem Schuldner beim Gericht angezeigt werden können, welches diese Vorwürfe dann prüft. Das Gericht soll die Einhaltung des Plans so lange überwachen, bis es der Meinung ist, dass das Bundesland die Insolvenz überwunden hat. Weiter kann es beobachten, wie sich die Kreditkonditionen für das Bundesland auf den Kapitalmärkten entwickeln. Es ist zu vermuten, dass ein Bundesland, welches Kredite zu günstigen Konditionen erhält, bei Insolvenzfähigkeit und somit einem Aufbrechen der faktischen Bund-Länder-Haftungsgemeinschaft, als zahlungsfähig angesehen werden kann.

Für den Prozess der Beurteilung eines Insolvenzantrags ist die Informationsbereitstellung durch das Bundesland als Schuldner von großer Bedeutung. Doch auch im laufenden Verfahren kommt ihr eine wichtige Rolle zu, um den Prozess möglichst transparent und nachvollziehbar zu gestalten.

8.2 Die Informationsbereitstellung vor und während des Insolvenzverfahrens

Im vorigen Kapitel wurde bereits angesprochen, dass die Bundesländer im Vorfeld einer Insolvenz dem Stabilitätsrat umfassende Informationen für seine Tätigkeit der Berichterstattung bereitzustellen haben. Dies erleichtert es ihm

703 Vgl. Hefeker, C. (2002).

seiner Arbeit nachzugehen, insbesondere soll eine transparente Berichterstattung unterstützt werden. Ferner sollen die Länder auch dem Bundesverfassungsgericht bei seiner Entscheidung über die Annahme oder die Ablehnung eines Insolvenzantrags auf Anfrage Informationen bereitstellen. Dadurch wird vermieden, dass mögliche vorherige Versäumnisse des Stabilitätsrats durch das Gericht ohne weitere Prüfung übernommen werden.

Zudem kommt der Informationsbereitstellung auch im laufenden Insolvenzverfahren eine große Bedeutung zu. Da der Erfolg eines Insolvenzverfahrens maßgeblich vom Informationsstand der involvierten Vertragsparteien abhängt, schlägt der Internationale Währungsfonds [(2002f) und (2003c)] vor, dass der Schuldner dem Schlichtungsgremium sämtliche Informationen über seine Verschuldungssituation einschließlich der Verschuldung der ihm unterstehenden öffentlichen Einheiten zur Verfügung stellt. Diese Informationen sollen ein Verzeichnis sämtlicher Schulden umfassen, die vom Sovereign Debt Restructuring Mechanism (SDRM) umfasst werden sowie weiter alle Schulden beinhalten, die einer Strukturierung außerhalb des SDRM unterliegen sollen und die Schulden benennen, die nicht umstrukturiert werden sollen.[704] Es ist auch vorgesehen, dass diese Informationen auf einer Internetseite veröffentlicht werden.[705] Dieser Vorschlag wird in dieser Arbeit übernommen. Das betroffene Land soll dem Bundesverfassungsgericht die Forderungen benennen, die im Insolvenzverfahren umstrukturiert werden sollen, die, die außerhalb des Verfahrens umstrukturiert werden sollen und die, die keiner Umstrukturierung unterliegen sollen. Das Bundesverfassungsgericht soll weiter nach Vorbild des Vorschlags des IWF, die Informationen zur Finanzlage eines insolventen oder im Zuge der Antragstellung befindlichen Bundeslandes auf einer Internetseite veröffentlichen. Dies kann auf der Internetpräsenz des Gerichts selbst erfolgen oder aber es wird hierzu eine neue Domäne geschaffen.

Im Zuge eines Insolvenzverfahrens sollen nach verschiedenen Vorschlägen der Literatur die Umschuldungsverhandlungen öffentlich und transparent erfolgen.[706] Eine solche Art der Umschuldungsverhandlungen hat die insolvenzrechtlichen Vorgaben in den USA zum Vorbild, die ein derartiges Verfahren in der Rule 2018, Federal Rules of Bankruptcy Procedures vorsehen. Dies kann durch eine Partizipation der Zivilbevölkerung an den Umschuldungsverhandlungen erreicht werden, entweder durch öffentliche Anhörungen vor dem Parlament des

704 Siehe zum SDRM auch Krueger, A. O. (2002b).

705 Vgl. Internationaler Währungsfonds (2003c).

706 Vgl. Berensmann, K. und F. Schroeder (2006), Raffer, K. (1990) und (2005b), Fritz, T. und P. Hersel (2002).

Schuldners[707] oder aber durch Anhörungen vor dem Schlichtungsausschuss.[708] Eine Anhörung der Zivilbevölkerung soll aber der Genehmigung durch die Schlichtungsinstanz bedürfen.[709] Der große Vorteil eines solchen Einbezugs der Zivilbevölkerung ist die Stärkung der Rechenschaftspflicht des betroffenen Schuldners seiner Bevölkerung gegenüber, was auch einen Schutz der Grundbedürfnisse dieser bedeutet.[710] In dieser Arbeit soll jedoch auf ein Anhörungsrecht der Zivilbevölkerung verzichtet werden, da dies mit einigen praktischen Umsetzungsschwierigkeiten behaftet ist. So ist es schwierig festzustellen, wer und was die relevanten und repräsentativen zivilgesellschaftlichen Gruppen sind. Es besteht zudem die Gefahr einer erheblichen Verzögerung des Insolvenzverfahrens.[711]

Mit dem Einreichen eines Antrags auf Insolvenz muss vorab auch festgelegt werden, welche Verfahrensschritte danach durchlaufen werden. Hier wird vorgeschlagen, dass unmittelbar mit dem Einreichen des Insolvenzantrags ein Schuldenmoratorium in Kraft tritt. Dessen konkrete Ausgestaltung und die Vorteile, welches es mit sich bringt, werden im nachfolgenden Kapitel erläutert.

8.3 Das Schuldenmoratorium nach Eröffnung des Insolvenzverfahrens

Da die Zielsetzung eines Insolvenzverfahrens für die Bundesländer immer sein sollte, die weitere Existenz sowie die politische Handlungsfähigkeit des betroffenen Landes zu gewährleisten[712] muss sichergestellt werden, dass das betroffene Land mit seinen Gläubigern in Dialog tritt und ein Insolvenzplan vorgelegt

707 Vgl. Berensmann, K. und F. Schroeder (2006).

708 Vgl. Fritz, T. und P. Hersel (2002).

709 Vgl. Raffer, K. (2005b) und Fritz, T. und P. Hersel (2002).

710 Vgl. Raffer, K. (2005b), Fritz, T. und P. Hersel (2002) und Berensmann, K. und F. Schroeder (2006).

711 Vgl. Berensmann, K. und A. Herzberg (2007).

712 Vgl. z.B. Paulus, C. G. (2002). Die Zielvorgabe des Erhalts und der Wiedererlangung der finanzpolitischen Handlungsfähigkeit eines insolventen Bundeslandes ist an die Zielsetzung des Fresh-starts des Chapter 9 des US-Bankruptcy Codes angelehnt. In der deutschen Insolvenzordnung existiert eine derartige Vorgabe in Form des Planverfahrens, welches in den §§ 217 ff. InsO geregelt ist und ebenfalls einen Automatic-stay in Form des Verbots jeglicher Zugriffshandlungen der Gläubiger auf das Vermögen des Schuldners vorsieht.

wird, der vorsieht, wie das Land seine Schulden zurückführen kann und wird.[713] Um sicherzustellen, dass es auch zu solchen Verhandlungen und somit zu einem geordneten Prozess der Sanierung des insolventen Bundeslandes kommt, ist es notwendig zu verhindern, dass die Gläubiger unmittelbar nach Eröffnung des Insolvenzverfahrens ungeordnet und individuell auf Landesvermögen zugreifen können.[714] Nur so kann eine Disziplinierung sowohl der Gläubiger als auch des Schuldners erreicht werden, da die Gläubiger während des Schuldenmoratoriums keinerlei Zugriffsrechte auf das Schuldnervermögen haben und somit keine Aussicht darauf, ihre Forderungen zu befriedigen. Der Schuldner kann im Gegenzug während des Schuldenmoratoriums keine Absenkung seiner Schuldenlast und somit eine zumindest partielle Rückgewinnung seiner finanzpolitischen Handlungsfähigkeit erreichen.[715]

Der Zugriffsstopp der Gläubiger auf das Schuldnervermögen dient dabei der Wahrung der politischen Handlungsfähigkeit des insolventen Bundeslandes sowie der Gewährleistung seiner Fähigkeit, seine Bevölkerung auch weiterhin ausreichend mit öffentlichen Gütern und Dienstleistungen versorgen zu können.[716] Auch das Bundesverfassungsgerichtsurteil zur Verfassungsklage des Landes Berlin kann als Gebot der Wahrung dieser Funktionen eines Bundeslandes interpretiert werden. So sei es *„[…] bundesstaatliches Gebot, die Existenz des Not leidenden Landes als eines handlungsfähigen Adressaten verfassungsrechtlicher Pflichten und als einen Träger verfassungsrechtlicher Aufgaben auch finanziell zu gewährleisten.“*[717] Dies wäre nicht möglich, wenn sämtliche Gläubiger mit Einreichen der Insolvenz eines Bundeslandes ihre Forderungen zu verwerten suchten. Ein solches Verhalten der Gläubiger bezeichnen Blankart und Fasten (2009, S. 50) als *„[…] Windhundrennen […]“*.

Aus diesem Grund sieht das Chapter 9 des US-Bankruptcy Codes im § 362 den sogenannten Automatic-stay vor. Dieser bedeutet ein Stillhalten der Gläubiger durch ein Einfrieren ihrer Forderungen, also ein Schuldenmoratorium und zwar unmittelbar mit Einreichen des Insolvenzantrags durch die betroffene Gebietskörperschaft. Hierdurch wird Zeit gewonnen, einen Insolvenzplan

---

713 So sieht das Chapter 9 des US-Bankruptcy Codes den sogenannten Fresh-start vor, also die Möglichkeit der insolventen Gebietskörperschaft auf einen Neuanfang. Siehe hierzu Jochimsen, B. (2007a) oder auch Jochimsen, B. und K. A. Konrad (2006).

714 Vgl. Konrad, K. A. (2007a) und (2007b) oder auch Hildebrandt, A. (2009).

715 Vgl. Paulus, C. G. (2002).

716 Vgl. Konrad, K. A. (2007a) und (2007b).

717 Bundesverfassungsgericht (2006).

auszuarbeiten, dem Insolvenzgericht vorzulegen und, bei Genehmigung des Plans durch das Gericht und der Zustimmung der Gläubiger zu diesem Plan, diesen umzusetzen. Der Automatic-stay ist Ausfluss des besonderen Schutzes demokratisch legitimierter Gebietskörperschaften und soll gewährleisten, dass diese im Laufe und zu Beginn eines Insolvenzverfahrens weiter ihrer Aufgabe nachkommen können, öffentliche Leistungen in einem angemessenen Umfang bereitzustellen.[718] Durch den Automatic-stay werden zudem gläubigerbenachteiligende Handlungen des Schuldners vermieden.[719] So wird einem Zugriff des Schuldners auf sein Vermögen ein Riegel vorgeschoben, da es ihm sonst möglich wäre, dieses bspw. durch ein Verschieben zwischen Körperschaftsebenen dem Zugriff der Gläubiger im Zuge des Insolvenzverfahrens zu entziehen. Auch wird verhindert, dass er Finanzvermögen in Verwaltungsvermögen umschichtet und sich anschließend darauf beruft, dass das Verwaltungsvermögen unerlässlich für die Staatstätigkeit sei.[720] Gemäß Paulus (2002) wäre zu überlegen, den Automatic-stay zeitlich zu befristen, um die Umschuldungsverhandlungen zwischen dem Schuldner und den Gläubigern zu beschleunigen. Die Vorgabe des Automatic-stays des Chapter 9 US-Bankruptcy Code wird in der Literatur von vielen Autoren übernommen und ist auch für diese Arbeit maßgeblich.[721]

Bei einem Insolvenzmechanismus auf Ebene der deutschen Bundesländer ist es aus den oben aufgeführten Gründen unabdingbar, dass auch hier unmittelbar mit dem Einreichen eines Insolvenzantrags durch eine der beiden involvierten Vertragsparteien ein Schuldenmoratorium einhergeht, was nicht nur ein Zugriffsverbot der Gläubiger auf Landesvermögen betrifft, sondern auch die Vermeidung gläubigerbenachteiligender Handlungen durch das Bundesland als Schuldner umfasst. Dadurch, dass beide Seiten während eines solchen Moratoriums weder ihre Schuldenlast senken, noch ihre Forderungen verwerten können, hätten sie einen starken Anreiz, zügig in Umschuldungsverhandlungen einzutreten und diese ebenso zügig voranzutreiben. Dies fördert einen geordneten Prozess der Schuldenumstrukturierung. Es würde zudem verhindert, dass das Bundesland aufgrund fehlender Vermögenswerte nicht mehr fähig ist, seine Bevölkerung mit notwendigen öffentlichen Leistungen zu versorgen.

Das Schuldenmoratorium sollte zudem zeitlich befristet sein, um die Umstrukturierungsverhandlungen zwischen den Vertragsparteien zu beschleunigen.

---

718 Vgl. Hildebrandt, A. (2009).

719 Vgl. Paulus, C. G. (2002).

720 Vgl. Blankart, C. B. und E. R. Fasten (2009).

721 Vgl. Schäfer, H.-B. (2010), King, L. P. (1977), Jochimsen, B. (2007a), Blankart, C. B. und E. R. Fasten (2009) oder auch Jochimsen, B. und K. A. Konrad (2006).

Nach Ablauf des Moratoriums sollten die vorherigen Rechtspositionen wieder aufleben. Dann bestünde für die Gläubiger die Gefahr der Zahlungsverweigerung durch das Bundesland und für das Bundesland wiederum die Gefahr des ungeordneten Gläubigerzugriffs auf das Landesvermögen. Die Überwachung und Einhaltung des Schuldenmoratoriums auf beiden Seiten soll dabei Aufgabe des Stabilitätsrats sein, der eine Verletzung des Moratoriums durch eine der beiden Seiten dem Bundesverfassungsgericht meldet, welches dann über, eventuell durch den Stabilitätsrat mit der Meldung über die Verletzung bereits vorgeschlagene, Sanktionen beraten und entscheiden soll.

Das Schuldenmoratorium hat zum Ziel, die Gläubiger und den Schuldner dahingehend zu disziplinieren, dass sie in zügige Verhandlungen über eine Schuldenumstrukturierung treten. Die konkreten Maßnahmen zur Schuldenumstrukturierung werden dabei in einem Insolvenzplan festgehalten.

8.4 Die Schuldenumstrukturierung in Form des Insolvenzplans

Nachdem der Schuldner und die Gläubiger in Verhandlungen getreten sind und sich auf einen Prozess der Schuldenumstrukturierung geeinigt haben, müssen sie dies in einem Insolvenzplan festhalten, der der Schlichtungsinstanz vorgelegt wird, die dann über die Annahme des Plans entscheidet.[722] Es wäre auch möglich, dass der Schuldner in Eigenregie einen Insolvenzplan ausarbeitet und der Schlichtungsinstanz vorlegt.[723] In dem Fall müsste jedoch nicht nur die Schlichtungsinstanz darüber befinden, sondern ebenfalls den Gläubigern ein Vetorecht eingeräumt werden. Weiter wäre es möglich, den Plan vom Schuldner ausarbeiten zu lassen, der diesen vor dem Einreichen bei der Schlichtungsinstanz mit seinen Gläubigern bespricht.[724]

Der Vorteil einer gemeinsamen Ausarbeitung des Insolvenzplans ist, dass es sich erübrigen kann, eine Entscheidungsinstanz mit einzubeziehen.[725] Erst wenn die Gläubiger einem Vorschlag des Schuldners nicht zustimmen, entscheidet die Schlichtungsinstanz in letzter Konsequenz hierüber.[726] Das Chapter 9 des US-Bankruptcy Codes sieht als Voraussetzung der Inanspruchnahme der Insolvenzregelungen des Chapters vor, dass mit dem Insolvenzantrag auch der klare Wille zum Ausdruck kommt, dass mit dem Insolvenzplan eine Anpassung der Schulden

722 Vgl. King, L. P. (1977).
723 Vgl. Paulus, C. G. (2010).
724 Vgl. Paulus, C. G. (2010).
725 Vgl. Paulus, C. G. (2002).
726 Vgl. Hildebrandt, A. (2009).

des Schuldners einhergehen soll.[727] Der Insolvenzplan muss weiter die konkreten Verfahrensschritte für die Restrukturierung des insolventen Schuldners enthalten. Dies umfasst die Bestimmung der Schuldentragfähigkeit des Schuldners, die Einbeziehung von Forderungen in das Insolvenzverfahren, den Umfang der einzubeziehenden Forderungen, die Klassifikation der Forderungen, sowie sämtliche Maßnahmen des Schuldners zur Wiederherstellung seiner Solvenz.[728] Auf alle Verfahrensschritte wird nachfolgend in gesonderten Kapiteln eingegangen.

Die Bestimmung der Schuldentragfähigkeit meint die Bestimmung eines Schuldenniveaus, welches es dem Schuldner ermöglicht seine Handlungsfähigkeit zurückzuerlangen. Bis zu diesem Niveau müssen die Schulden mindestens zurückgefahren werden, was auch einen, zumindest partiellen, Schuldenverzicht für die Gläubiger bedeuten kann.[729] Die Einbeziehung der Forderungen bedeutet, dass Bestimmungen über den Registrierungs- und Verifizierungsprozess der Forderungen getroffen werden müssen. Konkret muss feststehen, welche Forderungen in das Insolvenzverfahren einbezogen werden und in welcher Form diese registriert werden.[730] Der Umfang der Forderungen ist dahingehend zu bestimmen, ob sowohl Forderungen öffentlicher als auch privater Kreditgeber in das Insolvenzverfahren einbezogen werden sollen. Weiter muss geklärt werden, ob dem Insolvenzverfahren die inländischen und ausländischen Forderungen oder beide Forderungsarten unterliegen sollen.[731] Bei der Klassifikation der Forderungen werden diese in eine Rangfolge gebracht, die bestimmt, welche Gläubiger bei der Bedienung ihrer Forderungen Vorrang haben.[732] Die Maßnahmen des Schuldners zur Wiederherstellung seiner Solvenz können sowohl einnahmeseitige als auch ausgabeseitige Maßnahmen umfassen. Der Schuldner muss darlegen, wie er durch Einnahmeerhöhungen und/oder Ausgabenreduzierungen seine Zahlungsunfähigkeit zu überwinden gedenkt.[733] Die Ausführung des Insolvenzplans kann dann entweder dem Schuldner alleine überlassen werden oder aber sie wird durch die Schlichtungsinstanz zumindest überwacht und kontrolliert. Auch eine Sanktion in der Form, dass bei Nichteinhaltung des Plans die Schulden wieder ihren ursprünglichen Wert annehmen, wäre denkbar.[734]

727 Vgl. King, L. P. (1977).
728 Vgl. Berensmann, K. und A. Herzberg (2007).
729 Vgl. Berensmann, K. und A. Herzberg (2007).
730 Vgl. Berensmann, K. und A. Herzberg (2007).
731 Vgl. Berensmann, K. und A. Herzberg (2007).
732 Vgl. Berensmann, K. und A. Herzberg (2007) oder auch Konrad, K. A. (2007b).
733 Vgl. Berensmann, K. und A. Herzberg (2007).
734 Vgl. Paulus, C. G. (2002).

Im Falle eines Insolvenzmechanismus auf Ebene der deutschen Bundesländer müsste also ein Land alleinverantwortlich oder unter Einbezug seiner Gläubiger einen Insolvenzplan ausarbeiten, der eine Bestimmung seiner Schuldentragfähigkeit, den Einbezug, den Umfang sowie die Klassifikation der Forderungen seiner Gläubiger sowie seine einnahme- und ausgabeseitigen Maßnahmen zur Wiedererlangung seiner Zahlungsfähigkeit enthält. Dieser Plan würde dann einer Genehmigung durch das Bundesverfassungsgericht unterliegen. Sollte das Bundesland den Plan in Eigenregie ausgearbeitet und dem Bundesverfassungsgericht vorgelegt haben, so wäre die Zustimmung der Gläubiger zu diesem Plan notwendig. Dazu müssten Vorgaben über die Beschlussfassungen im Rahmen des Insolvenzverfahrens getroffen werden, die insbesondere die Gläubigerkoordination umfassen. Weiter müssten Sanktionen festgelegt werden, falls eine der involvierten Vertragsparteien gegen die vereinbarten Beschlüsse verstößt.[735] Im Insolvenzplan müsste also, salopp ausgedrückt, festgehalten werden, wie, wann und in welchem Umfang die Schulden eines Bundeslandes beglichen werden.[736]

Für die Einreichung eines Insolvenzplans soll keine bestimmte Frist gelten, da durch das Wiederaufleben der alten Rechtspositionen mit Ablauf des Schuldenmoratoriums sowohl das Bundesland als auch die Gläubiger ein Interesse haben, einen solchen Plan möglichst früh zu verabschieden. Die sich hieraus ergebenden Anreizwirkungen wurden im vorangegangenen Kapitel bereits erläutert. Weiter sollten Regelungen getroffen werden, die sicherstellen, dass ein Bundesland nicht beliebig oft eine Insolvenz beantragen kann, um eine inflationäre Inanspruchnahme des Instruments der Insolvenz zur schnellen Schuldenbefreiung zu vermeiden.[737] Es wäre hierbei etwa an einen Zeitraum von mindestens einem Jahr zu denken, bevor ein erneuter Insolvenzantrag gestellt werden darf.

Den endgültigen Beschluss über die Annahme eines Insolvenzplans sollte alleine das Bundesverfassungsgericht fassen. Das Gericht wird dabei in beiden Fällen, sowohl der Einreichung des Plans alleine durch das Bundesland als auch bei einer Vereinbarung zwischen dem Land und seinen Gläubigern angerufen. So kann sichergestellt werden, dass eine Schuldenumstrukturierung nicht zu sehr zu Lasten der Bürger eines Bundeslandes geht. Wenn die Vereinbarungen zwischen dem Bundesland und seinen Gläubigern, in Form etwa zu großer Steuererhöhungen oder einer zu umfangreichen Ausgabenreduktion, zur Folge

735 Vgl. Berensmann, K. und A. Herzberg (2007).

736 Vgl. Paulus, C. G. (2002).

737 Vgl. Paulus, C. G. (2002). Auch Hildebrandt, A. (2009) betont, dass es einem Bundesland nicht möglich sein sollte, sich zu einfach zu entschulden.

haben, dass die Befriedigung der Grundbedürfnisse der Bürger eines Bundeslandes nicht mehr möglich ist, so sollte ein solcher Plan vom Bundesverfassungsgericht abgelehnt werden. Das Chapter 9 des US-Bankruptcy Codes kennt die Formel der „basic functions of government“, also der unverzichtbaren Funktionen, die eine Gebietskörperschaft ihren Bürgern gegenüber auszuüben hat.[738] Ein Insolvenzplan sollte die weitere Ausübung solcher Funktionen garantieren.

Die wichtigste Vorgabe bei der Beschlussfassung durch das Bundesverfassungsgericht ist, dass es seine Entscheidung, wie bei der Entscheidung über einen Insolvenzantrag bereits im Kapitel 8.1. angesprochen, auf Basis eines transparenten Verfahrens trifft und begründet, wobei es auch seine Unparteilichkeit und Unabhängigkeit wahren muss.[739] Das Bundesverfassungsgericht sollte den Insolvenzplan weiter auf seine Realisierbarkeit und seine Fundiertheit hin prüfen.[740] Sollte ein Plan nicht realisierbar sein, so sollte er durch das Gericht abgewiesen werden, insbesondere, da sich hierbei der Verdacht aufdrängt, dass der Plan lediglich dazu dient, die Gläubiger hinzuhalten.[741] Analog zu den Regelungen des Chapter 9 des US-Bankruptcy Codes soll das Gericht deshalb auch prüfen, ob der Plan nach Treu und Glauben erstellt wurde. Auch sollte es den Plan dahingehend beurteilen, ob er das Bundesland und somit seine Bürger oder die Gläubiger zu stark belastet. Der Insolvenzplan muss zwar im besten Interesse der Gläubiger sein, kann ihnen allerdings auch einen Teil der Sanierungslasten zumuten.[742] Eine zu einseitige oder gar alleinige Belastung des Bundeslandes und/oder seiner Bürger würde den Gläubigern die Anreize nehmen, die Bundesländer nicht übermäßig und unvorsichtig mit Krediten zu versorgen. Zudem bestünde die oben angesprochene Gefahr der Unterversorgung der Bevölkerung eines Bundeslandes mit notwendigen öffentlichen Leistungen. Bei einer vollständigen Belastung der Gläubiger ist den Bundesländern wiederum der Anreiz genommen, in ihrem Verschuldungsverhalten zurückhaltend zu agieren, zudem sie keine Abwahl durch die Wähler zu befürchten haben, sollten diese nicht an den Sanierungslasten beteiligt werden.[743]

---

738 Vgl. Schäfer, H.-B. (2010).

739 Vgl. Internationaler Währungsfonds (2003c). Paulus, C. G. (2002) stellt ebenfalls die Anforderungen der Neutralität einer Schlichtungsinstanz sowie der Transparenz des Beschlussverfahrens heraus.

740 Vgl. Paulus, C. G. (2010).

741 Vgl. Paulus, C. G. (2002).

742 Vgl. Jochimsen, B. (2007a) oder auch Schäfer, H.-B. (2010).

743 Siehe zu den präventiven Wirkungen des Insolvenzmechanismus auf Ebene der deutschen Bundesländer das Kapitel 7.

Die Ausführung des Insolvenzplans sollte dem betroffenen Bundesland überlassen werden, allerdings unter der Überwachung und Kontrolle des Stabilitätsrats, der bei Verstößen das Bundesverfassungsgericht informieren sollte, welches in einem solchen Fall Sanktionen verhängen könnte. Die Verhängung von Sanktionen sollte dabei automatisch erfolgen und keiner weiteren Diskussion mehr zugänglich sein.[744] Ähnlich dem Vorschlag von Paulus (2002) zu Staatsinsolvenzen sollen auch hier die Forderungen in ihrer ursprünglichen Höhe wieder aufleben, sollte das Bundesland gegen Vorgaben des Insolvenzplans verstoßen. Durch den Ausschluss eines sofortigen erneuten Stellens eines Insolvenzantrags wäre das Bundesland dazu angehalten, sich an die Vorgaben des Insolvenzplans zu halten und diesen nicht zu torpedieren.

Um den Beginn und somit den Prozess der Insolvenz nicht unnötig zu verzögern, sollten vorab Bestimmungen über die Schuldentragfähigkeit der Bundesländer, den Einbezug, den Umfang sowie die Klassifikation der Forderungen, den Prozess des Beschlussfassung, Sanktionen bei Verstößen gegen Beschlüsse sowie den Abschluss des Insolvenzverfahrens getroffen werden. Lediglich die einnahme- und ausgabeseitigen Anstrengungen des Bundeslandes sowie die Höhe des eventuellen Hair-cuts für die Gläubiger sollten im Rahmen des Insolvenzplans flexibel gestaltbar sein. Dies würde den Insolvenzprozess beschleunigen und zudem eine Ex-ante Klarheit über Verfahrensfragen schaffen.

Nachdem beschrieben wurde, welche Inhalte der Insolvenzplan enthalten muss und in welcher Art und Weise das Bundesverfassungsgericht über seine Zulassung entscheidet sind die Regelungen zu entwickeln, die vorab getroffen werden müssen, um einen schnellen Verfahrensablauf zu gewährleisten. Begonnen wird dabei mit der Definition des tragfähigen Schuldenstandes eines Bundeslandes.

8.5 Die Bestimmung der Schuldentragfähigkeit

Die Bestimmung der Schuldentragfähigkeit eines Bundeslandes gehört zu den wichtigsten Regelungen, die in einem Insolvenzverfahren getroffen werden müssen. Sie ist eng verknüpft mit der Frage nach der Höhe eines möglichen Schuldenerlasses, da die Schuldentragfähigkeit eine Benchmark für eine Schuldenumstrukturierung und die Höhe eines eventuellen Schuldenerlasses darstellt. Die Schuldenlast muss in dem Maße reduziert werden, dass dem Schuldner hierdurch ein Neubeginn ermöglicht wird.[745] Um dabei dem Grundsatz der

744 Vgl. Seitz, H. (2007).

745 Vgl. Berensmann, K. und A. Herzberg (2007).

Gläubigergleichbehandlung Rechnung zu tragen, sollte ein Forderungsverlust die Gläubiger im Verhältnis zu ihren Forderungen treffen.[746] Gemäß dem Internationalen Währungsfonds (2003c) soll die endgültige Höhe des Schuldenerlasses im Umschuldungsplan verifiziert werden, welcher seinerseits das Ergebnis von Umschuldungsverhandlungen des Schuldners mit seinen Gläubigern darstellt. Auch weitere Vorschläge für ein Insolvenzverfahren für Staaten sehen eine dezentrale Bestimmung der Schuldentragfähigkeit vor.[747] Der Schuldner soll einen Umschuldungsplan vorlegen, über den die Gläubiger schließlich abstimmen. Es kann dabei auch eine gesonderte Abstimmung über die Höhe des Schuldenerlasses vorgesehen werden.[748]

Es kann ebenfalls vorgesehen werden, dass eine Instanz gegründet wird, die Kriterien zur Bestimmung der langfristigen Schuldentragfähigkeit eines Schuldner festlegt. Diese Kriterien umfassen dabei sowohl Indikatoren als auch Grenzwerte. Den endgültigen Plan zur Umschuldung arbeitet hier allerdings eine ebenfalls zu gründende Schlichtungsinstanz aus.[749] Auch Fritz und Hersel (2002) sehen vor, eine Drittinstanz mit der Ausarbeitung des Umschuldungsplans zu beauftragen. Sie fordern, dass dabei ein Minimum an Grundbedürfnissen für die Bevölkerung gewährleistet wird. Weiter soll ebenfalls ein Minimum an Menschenrechten und Menschenwürde für die armen Bevölkerungsteile gewahrt werden. Als Grundbedürfnisse können etwa eine kostenfreie Grundschulbildung, eine ausreichende medizinische Grundversorgung sowie der Zugang zu Wasser und ausreichenden sanitären Einrichtungen angesehen werden.[750] Weiter sollte jeglicher Eingriff in die Grundrechte der Bevölkerung eines souveränen Schuldners von vornherein ausgeschlossen werden.[751]

Es ist bei der Bestimmung der Schuldentragfähigkeit auch zu beachten, dass die Souveränität eines Schuldners bezüglich der Bereitstellung öffentlicher Güter und Dienstleistungen Bestand haben sollte.[752] Dies kann z.B. dadurch geschehen, dass der Schutz bestimmter öffentlicher Leistungen vorab verankert wird.[753] Das Chapter 9 des US-Bankruptcy Codes trägt der Souveränität eines öffentlichen

---

746 Vgl. Meessen, K. M. (1990), Fritz, T. und P. Hersel (2002) und Bolton, P. und D. A. Jr. Skeel (2004).
747 Vgl. Schwarcz, S. L. (2004) und Bolton, P. und D. A. Jr. Skeel (2004).
748 Vgl. Bolton, P. und D. A. Jr. Skeel (2004).
749 Vgl. Berensmann, K. und F. Schroeder (2006).
750 Vgl. Berensmann, K. und A. Herzberg (2007).
751 Vgl. Schäfer, H.-B. (2010).
752 Vgl. Fritz, T. und P. Hersel (2002) und Raffer, K. (2001) und (2005a).
753 Vgl. Bolton, P. und D. A. Jr. Skeel (2004).

Schuldners Rechnung, indem es festlegt, welche Gegenstände für die Ausübung hoheitlicher Rechte und Pflichten unverzichtbar sind und diesen Gegenständen im Verfahren einen besonderen Schutz zukommen lässt.[754] Die Sicherstellung eines solchen staatlichen Existenzminimums ist auch eine zentrale Forderung von Paulus (2002) und findet weitgehende Anerkennung in der Literatur.[755] In diesem Zusammenhang wäre eine Streichung sämtlicher Schulden denkbar, die die Leistungsfähigkeit des Schuldners übersteigen oder aber durch ihre Bedienung das Existenzminimum des Schuldners gefährden.[756] Auch wären vorab definierte Pfändungsgrenzen denkbar, die festlegen, bis zu welchem Wert das Vermögen eines souveränen Schuldners reduziert werden darf, ohne dass dies seine Fähigkeit zur Versorgung seiner Bevölkerung mit den erforderlichen staatlichen Mindestleistungen einschränkt.[757] Pfändungsgrenzen könnten ebenfalls durch eine Definition nicht liquidierbaren Vermögens gezogen werden.[758]

Eine Verifizierung der Höhe der Schuldentragfähigkeit insolventer Bundesländer kann prinzipiell in den Umschuldungsverhandlungen zwischen dem betroffenen Land und seinen Gläubigern stattfinden. Das Ergebnis dieser Verhandlungen würde schließlich im Insolvenzplan festgehalten, der dann durch das Bundesverfassungsgericht als Schlichtungsinstanz bestätigt werden müsste. Allerdings sollte, wie im Zustimmungserfordernis des Bundesverfassungsgerichts bereits zum Ausdruck kommt, die Schuldentragfähigkeit nicht alleiniges Ergebnis der Verhandlungen zwischen dem insolventen Bundesland und seinen Gläubigern sein, da es sein kann, dass ein durch beide Parteien ausgehandelter Sanierungsplan eine ausreichende Mindestversorgung der Bevölkerung mit staatlichen Leistungen nicht garantiert. Es ist deshalb unabdingbar, vorab bestimmte essentielle staatliche Leistungen zu definieren, die es unter allen Umständen zu schützen gilt. Ihre Bereitstellung durch das Bundesland sollte im Insolvenzverfahren garantiert werden. Diese Kriterien sollten vom Bundesverfassungsgericht festgelegt werden. Eine Festlegung solcher Kriterien sollte sich an der Rechtsprechung des Gerichts orientieren, nach der *„[…] die Existenz des Not leidenden Landes als eines handlungsfähigen Adressaten verfassungsrechtlicher Pflichten und als einen Träger verfassungsrechtlicher Aufgaben auch finanziell*

754 Vgl. Paulus, C. G. (2010).

755 Vgl. bspw. Häde, U. (2006), Konrad, K. A. (2007a) und (2007b), Jochimsen, B. und K. A. Konrad (2006), Hildebrandt, A. (2009) oder Schäfer, H.-B. (2010).

756 Vgl. Raffer, K. (2001), und (2005a).

757 Vgl. Hildebrandt, A. (2009).

758 Vgl. Blankart, C. B. und E. R. Fasten (2009).

zu gewährleisten." ist.[759] Sollte ein Insolvenzplan die Mindestversorgung der Bevölkerung mit staatlichen Leistungen nicht garantieren können, so sollte er vom Gericht abgelehnt werden.

Hierfür muss vorab festgelegt werden, welche staatlichen Leistungen als unabdingbar angesehen werden und wann ein Bundesland nicht mehr im Stande ist, diese zu erfüllen. Diese Leistungen und mit ihnen verbunden der finanzielle Bedarf für ihre Bereitstellung sollen eine Untergrenze für den Schuldenstand darstellen, der als tragbar gilt. Angesichts der Subjektivität bei der Empfindung darüber, was als unverzichtbare staatliche Leistung angesehen wird, stellt sich eine solche Festlegung allerdings als äußerst kompliziert dar. So dürfte in Anlehnung an Fritz und Hersel (2002) unstrittig sein, dass die Grundbedürfnisse sowie die Menschenrechte und die Menschenwürde der Bevölkerung eines insolventen Bundeslandes gewahrt werden müssen. Als nicht verhandelbare Grundbedürfnisse werden dabei eine kostenfreie Grundschulbildung, eine ausreichende medizinische Grundversorgung sowie der Zugang zu Wasser und ausreichenden sanitären Einrichtungen angesehen.[760] Diese Grundsätze gelten in ihrem ursprünglichen Vorschlag für Entwicklungsländer. Für die deutschen Bundesländer kann ihre Geltung, ebenso wie für jede öffentliche Gebietskörperschaft, jedoch ebenfalls beansprucht werden, da ihnen eine universelle Gültigkeit zugeschrieben werden kann. So wäre bspw. eine komplette Privatisierung von Grundschulen ausgeschlossen. Die Wahrung der Menschenwürde sowie von Menschenrechten sollte auf der Agenda einer jeden Gebietskörperschaft stehen und in keinem Fall zur Diskussion stehen, so auch nicht im Zuge eines Insolvenzverfahrens.

Weiter wird die Idee aufgegriffen, die Souveränität eines Bundeslandes bei der Bereitstellung öffentlicher Güter und Dienstleistungen zu gewährleisten.[761] Souveränität soll hier aber keine vollkommene Bestimmungsfreiheit des insolventen Bundeslandes über die Art und den Umfang seiner öffentlichen Güter und Dienstleistungen bedeuten. Lediglich bestimmte öffentliche Leistungen, die unverzichtbar sind, sollen vorab definiert und ihre Gewährleistung garantiert werden.[762] Dazu gehören die oben aufgeführten Leistungen sowie die Wahrung eines Existenzminimums für die Bevölkerung eines insolventen Bundeslandes. Ein solches Existenzminimum muss sich dabei ausdrücklich nicht an dem Niveau der staatlichen Sozialhilfe orientieren. Es sollte möglich und

759 Bundesverfassungsgericht (2006).
760 Vgl. Berensmann, K. und A. Herzberg (2007).
761 Vgl. Fritz, T. und P. Hersel (2002) und Raffer, K. (2001) und (2005a).
762 Vgl. Bolton, P. und D. A. Jr. Skeel (2004).

der Bevölkerung des betroffenen Bundeslandes auch zumutbar sein, dass das Niveau der Sozialleistungen zumindest vorübergehend das der übrigen Länder unterschreitet. Es wird eine Orientierung an einem absoluten Richtwert anstatt an einem relativen zur Ländergesamtheit vorgeschlagen. Sollte die Definition eines solchen Existenzminimums gelingen, so sind sämtliche Schulden zu streichen, deren Bedienung es dem Bundesland unmöglich macht, dieses Niveau zu gewährleisten.[763]

Es sind zudem Pfändungsgrenzen für das Vermögen eines Bundeslandes zu definieren. Diese Pfändungsgrenzen sollten sich daran orientieren, welches Landesvermögen unverzichtbar ist, um die Bevölkerung eines insolventen Bundeslandes weiterhin mit den notwendigen staatlichen Leistungen versorgen zu können.[764] Hierzu wird vorgeschlagen, das Landesvermögen in Verwaltungs- und Finanzvermögen zu unterteilen.[765] Das Verwaltungsvermögen soll dabei definiert sein, als das Vermögen, welches zur Erfüllung der vorab festgelegten notwendigen staatlichen Aufgaben unabdingbar ist. Als solch betriebsnotwendiges Vermögen soll es von einer Liquidation ausgeschlossen sein. Das darüber hinausgehende Vermögen, das Finanzvermögen, hingegen wäre im Zuge eines Insolvenzverfahrens liquidierbar, auch wenn damit beträchtliche Härten und Verluste für das insolvente Bundesland und seine Bevölkerung einhergehen würden.[766] Eben dieser Effekt ist aus anreiztheoretischer Perspektive heraus jedoch erwünscht und beabsichtigt.

Die Problematik bei der Bestimmung der Schuldentragfähigkeit stellt sich in ihrer geringen Objektivierbarkeit. Weder unverzichtbare staatliche Leistungen sowie deren Umfang und somit die Finanzierungsbedürfnisse eines Landes lassen sich zweifelsfrei und vollständig definieren noch ist es möglich, die Grundbedürfnisse einer Bevölkerung in der Sache und in ihrem Umfang exakt zu bestimmen. Auch die Ableitung eines Existenzminimums gestaltet sich problematisch. Definiert man als Existenzminimum bspw. ein Leben oberhalb, jedoch keinesfalls unterhalb, der Armutsgrenze so stünde man sogleich vor dem Problem der Auswahl eines geeigneten Armutsindikators.[767] Es stellten sich die Fragen, ob man die Armut direkt oder indirekt messen sollte, ob man absolute oder relative Indikatoren verwenden sollte und sollte man sich schließlich für

763 Vgl. Raffer, K. (2001), und (2005a).

764 Vgl. Hildebrandt, A. (2009).

765 Vgl. Blankart, C. B. und E. R. Fasten (2009).

766 Vgl. Blankart, C. B. und E. R. Fasten (2009).

767 Zur Problematik der Bestimmung eines objektiven, ausreichend operationalisierbaren Armutsindikators siehe Groh-Samberg, O. und J. Goebel (2007).

einen Indikator entschieden haben, so steht man immer noch vor der Wahl dessen konkreter Gestaltung. Selbst wenn die soeben genannten Probleme gelöst werden könnten, so wäre es in einem nächsten Schritt notwendig, das Landesvermögen zu benennen, welches zur Erfüllung der notwendigen Aufgaben unverzichtbar ist. Die oben beschriebene Unterscheidung zwischen Verwaltungs- und Finanzvermögen ist dabei nicht ohne Weiteres möglich. So wird ein Bundesland vermutlich darauf pochen, dass das Rathaus als repräsentativer Regierungssitz unveräußerlich sei. Es wird jedoch unstrittig sein, dass die Qualität des Regierungshandelns nicht davon abhängt, ob sich der Regierungssitz in öffentlicher Hand befindet oder aber veräußert und von Privaten gemietet wird.

Als Ergebnis wird ein zweistufiges, subjektives Verfahren zur Feststellung der Schuldentragfähigkeit eines insolventen Bundeslandes vorgeschlagen. In einem ersten Schritt sollen die Gläubiger sowie das betroffene Bundesland die Schuldentragfähigkeit in Umschuldungsverhandlungen festlegen und im Insolvenzplan festhalten. Es ist ebenfalls möglich, dass das Bundesland einen Insolvenzplan in Eigenregie erstellt. Dann müssten die Gläubiger diesem aber ihre Zustimmung erteilen. In einem zweiten Schritt soll das Bundesverfassungsgericht als Schlichtungsinstanz über die Annahme des Plans und damit in letzter Instanz auch über das Niveau der für das Land tragbaren Verschuldung entscheiden. Dabei hätte es zu beachten, dass ein Bundesland unverzichtbare öffentliche Aufgaben erfüllt, für die eine gewisse Finanzausstattung notwendig ist, welche keinesfalls unterschritten werden darf. Das Bundesverfassungsgericht soll, unter Orientierung an den oben aufgeführten Kriterien wie z.B. der Wahrung der Menschenwürde oder sozialer Mindeststandards, eigenständig die Art sowie den Umfang dieser öffentlichen Aufgaben festlegen. Es ist aber nochmals deutlich herauszustellen, dass jeder souveräne Schuldner und somit auch die deutschen Bundesländer eine gewisse Schuldenlast zu tragen im Stande ist, es also im Zuge eines Insolvenzverfahrens keinesfalls dazu kommen darf, dass ihm seine gesamte Schuld erlassen wird. Dies ist allein schon aus anreiztheoretischen Überlegungen heraus strikt abzulehnen.[768] Die Schuldentragfähigkeit eines insolventen Bundeslandes liegt also in jedem Fall über Null.

Eine Möglichkeit der Annäherung an eine objektive Bestimmung der Schuldentragfähigkeit eines insolventen Bundeslandes bietet sich, indem an den im Kapitel 6 entwickelten Insolvenzindikator angeknüpft wird. Mittels des Indikators kann bestimmt werden, mit welchem Niveau an Inputs ein Bundesland seine öffentlichen Aufgaben erbringen kann. Aus dem Niveau an Inputs kann eine

768 Vgl. Hefeker, C. (2002) und die Ausführungen des Kapitels 7.

hierfür notwendige Finanzausstattung ermittelt werden. Diese Finanzausstattung kann als die zur öffentlichen Aufgabenerfüllung notwendige Mindestausstattung angesehen werden. Die tragfähige Verschuldung ist nun so zu bestimmen, als dass die daraus resultierenden Tilgungs- und Zinszahlungen diese Mindestfinanzausstattung nicht untergraben. Bei Anwendung dieses Verfahrens ergeben sich allerdings zwei Problemfelder. Zum einen müssen die im Kapitel 6.5.4 skizzierten Voraussetzungen geschaffen werden, um den Insolvenzindikator der Anwendung auf die Bundesländer zugänglich zu machen. Und zum anderen würde das im jeweiligen Land vorherrschende Niveau an Erfüllung der öffentlichen Aufgaben als Mindestniveau definiert werden. Die inputorientierte DEA ermittelt das Mindestniveau an Inputs, mit dem ein vorgegebenes Outputniveau erstellt werden kann. Die Möglichkeit der Outputsenkung ist ausgeschlossen, was insofern kritisch ist, als dass es sein kann, dass ein Land im Niveau der Erfüllung seiner öffentlichen Aufgaben einen notwendigen absoluten Mindestwert überschreitet. Da dieses Mindestniveau immer auch subjektiv geprägt ist, gilt es diesen Mangel zu akzeptieren oder aber mindestens einen gesellschaftlichen Konsens über das Mindestausbringungsniveau öffentlicher Leistungen herbeizuführen. In dem Fall könnte nicht nur der Mindestbedarf an Inputs bei mindestens gleichbleibendem Outputniveau, sondern ebenfalls der Mindestbedarf an Inputs bei vorgegebenem Mindestniveau an Outputs ermittelt werden.

Mit der Bestimmung der Schuldentragfähigkeit geht auch eine Festlegung darüber einher, welche Eigenanstrengungen einem Bundesland zur Überwindung der Insolvenz zugemutet werden können. Parallel dazu wird eine Bestimmung über das Volumen eines Schuldenerlasses der Gläubiger getroffen, da die Schulden, die für das Land untragbar sind, gestrichen werden. Für diesen Prozess sind vorab Vorgaben über den Einbezug sowie die Klassifikation der verschiedenen Forderungen zu treffen.

8.6 Der Einbezug der Forderungen

Zu den Regelungen, die vorab getroffen werden müssen gehört der Verifizierungsprozess der Forderungen, die in ein Insolvenzverfahren einbezogen werden sollen. Es muss festgelegt werden, welche Forderungen in das Insolvenzverfahren einbezogen und wie diese registriert werden sollen. Zusätzlich muss eine Bestimmung darüber getroffen werden, in welchem Umfang die registrierten und verifizierten Forderungen in das Insolvenzverfahren einzubeziehen sind.[769]

769 Vgl. Berensmann, K. und A. Herzberg (2007) und Konrad, K. A. (2007b).

Es sollten sämtliche Forderungen bei der Schlichtungsinstanz anzumelden, sowie zu registrieren und zu verifizieren sein.[770] Für die Anmeldung der Forderungen kann eine zeitliche Begrenzung vorgesehen werden. Vorgeschlagen wird in der Literatur etwa eine Frist von 30 Tagen nach Verfahrenseröffnung.[771] Über die Anerkennung der Forderungen soll letztlich die Schlichtungsinstanz entscheiden.[772] Gemäß eines Vorschlags des Internationalen Währungsfonds (2002f) soll der Schuldner selbst aus dem Kreis der für die Umschuldung in Frage kommenden Forderungen diejenigen auswählen, die anschließend registriert werden. Der Kreis der in Frage kommenden Forderungen ergibt sich hierbei aus vertraglich zugesicherten Ansprüchen und aus Ansprüchen, die ihren Ursprung in der wirtschaftlichen Aktivität eines Schuldners haben. Ausgenommen hiervon sollen demnach Löhne, Gehälter, Pensionszahlungen, Beiträge an internationale Organisationen, Schadensersatzansprüche, Forderungen aus Kriegsverbrechen und Menschenrechtsverletzungen sowie Forderungen aus Enteignungen sein.[773] Ferner käme eine Umschuldung von Forderungen, welche bereits dem inländischen Recht oder der inländischen Rechtsprechung unterliegen, die über gerichtlich, vertraglich oder gesetzlich zugesicherte Vorrechte verfügen, die noch nicht in Anspruch genommene Garantien und Sicherheiten oder Eventualforderungen („*[...] contingent claims [...]*")[774] darstellen nicht in Frage. Die Gläubiger sollen die Möglichkeit haben die registrierten Forderungen innerhalb einer bestimmten Frist anzufechten. Sollte dies nicht fristgerecht geschehen, würden die Forderungen verifiziert werden.[775]

Der Einbezug des Umfangs der Forderungen bezieht sich auf deren Art. Hier können sowohl private und öffentliche als auch inländische und ausländische Kreditgeber unterschieden werden. Gemäß des Grundsatzes der Gläubigergleichbehandlung sollten sämtliche Forderungsarten in das Insolvenzverfahren einbezogen werden.[776] Gläubigergleichbehandlung bedeutet dabei,

770 Vgl. Paulus, C. G. (2002), Raffer, K. (2005b) und Internationaler Währungsfonds (2003c).

771 Vgl. Schwarcz, S. L. (2004).

772 Vgl. Hildebrandt, A. (2009).

773 Die potentiell für eine Umschuldung in Frage kommenden Forderungen werden im Vorschlag des Internationalen Währungsfonds (2003c) als „[...] eligible claims [...]" bezeichnet, was am ehesten als qualifizierte oder berechtigte Forderungen übersetzt werden kann.

774 Internationaler Währungsfonds (2003c), S. 24.

775 Siehe dazu auch Internationaler Währungsfonds (2003c).

776 Vgl. Berensmann, K. und A. Herzberg (2007) oder auch Konrad, K. A. (2007a).

dass sowohl die Anteile, zu denen die Forderungen erfüllt werden als auch damit einhergehend die prozentuale Höhe eines eventuellen Forderungsverzichts für alle Gläubiger gleich sein sollen.[777] Der kleinste gemeinsame Nenner vieler Vorschläge zu Staatsinsolvenzen umfasst den Einbezug der Forderungen ausländischer privater Gläubiger.[778] Manche dieser Vorschläge gehen weiter und fordern ebenfalls den Einbezug multi- sowie bilateraler öffentlicher Gläubiger in das Insolvenzverfahren.[779] Der Internationale Währungsfonds (2002f) sieht in seinem Vorschlag die Möglichkeit der Behandlung bilateraler öffentlicher Gläubiger sowohl inner- als auch außerhalb des Insolvenzverfahrens vor. Bei einer Behandlung außerhalb des Insolvenzverfahrens ist eine Aushandlung von Konditionen möglich, die von denen privater Kredite abweichen können. Es bestünde etwa die Möglichkeit, öffentliche bilaterale Gläubiger von der Pflicht eines Forderungsverzichts für den Fall auszunehmen, dass sich die privaten Gläubiger bereits auf einen derartigen Schritt verständigt haben. Für den Fall multilateraler öffentlicher Gläubiger sieht der Fonds eine parallele Verfahrensart vor.[780]

Einige Vorschläge fordern ebenfalls eine Umstrukturierung der Inlandsschulden vor dem Hintergrund, dass die inländische Finanzlage eines Schuldners seine Fähigkeit zur Bedienung seiner Auslandsschuld entscheidend beeinflusst.[781] Allerdings soll diese Umstrukturierung nicht innerhalb des Insolvenzverfahrens stattfinden[782] oder aber der Einbezug der inländischen Forderungen fallweise geprüft werden.[783] Es ist bei jedem der hier genannten Vorschläge zu beachten, dass eine Umstrukturierung inländischer Schulden ohne eine Abstimmung mit der Umstrukturierung ausländischer Schulden nicht in Frage kommt. So bestünde die Gefahr, dass inländische Gläubiger durch eine Zahlungsaussetzung lediglich ausländischer Schulden bevorzugt behandelt würden.[784]

777 Vgl. Meessen, K. M. (1990).

778 Vgl. Raffer, K. (1990) und (2005b), Schwarcz, S. L. (2000) und (2004), Internationaler Währungsfonds (2003c), Krueger, A. O. (2002b), Fritz, T. und P. Hersel (2002), Paulus, C. G. (2002) und Berensmann, K. und F. Schroeder (2006).

779 Vgl. Raffer, K. (1990) und (2005b), Schwarcz, S. L. (2000) und (2004), Fritz, T. und P. Hersel (2002), Paulus, C. G. (2002) und Berensmann, K. und F. Schroeder (2006).

780 Vgl. Internationaler Währungsfonds (2002f) und (2003c).

781 Vgl. Paulus, C. G. (2002), Internationaler Währungsfonds (2002f) und Berensmann, K. undF. Schroeder (2006).

782 Vgl. Internationaler Währungsfonds (2002f).

783 Vgl. Berensmann, K. und F. Schroeder (2006) und Kaiser, J. und F. Schroeder (2002).

784 Vgl. Hefeker, C. (2002).

Für den Insolvenzmechanismus auf Ebene der deutschen Bundesländer soll die Anmeldung und die Registrierung der Forderungen beim Bundesverfassungsgericht erfolgen. Es soll zudem eine zeitliche Begrenzung für die Anmeldung vorgesehen werden. Um den Verfahrensablauf nicht unnötig zu verzögern wird in Anlehnung an Schwarcz (2004) eine Frist von 30 Tagen vorgeschlagen. Die Anerkennung der Forderungen und somit ihre Verifizierung soll ebenfalls dem Gericht vorbehalten sein.

Es wird weiter der Vorschlag des Internationalen Währungsfonds (2002f) aufgegriffen, wonach der Schuldner, hier das betroffene Bundesland, die Forderungen benennt, die in das Insolvenzverfahren einbezogen werden sollen. Allerdings wird vorgeschlagen, den Kreis der dafür in Frage kommenden Forderungen zu erweitern. Im Detail wird eine erhebliche Reduzierung der Forderungen, welche keinesfalls dem Insolvenzverfahren unterzogen werden dürfen, vorgenommen. Schadensersatzansprüche sowie Forderungen aus Enteignungen sollen ebenso wie Beiträge an internationale Organisationen, Forderungen aus Kriegsverbrechen und Menschenrechtsverletzungen sowie Forderungen aus Enteignungen ihre Sonderstellung behalten. Ein wichtiger Unterschied zum Vorschlag des Fonds besteht aber darin, dass Löhne, Gehälter und Pensionen durchaus Gegenstand einer Schuldenumstrukturierung sein sollen. Hierauf wird im Kapitel 8.8.2. im Rahmen von Ausgabenreduzierungen der öffentlichen Hand zur Wiedererlangung ihrer Solvenz näher einzugehen sein. Es sei hier lediglich vorab erwähnt, dass in der Literatur weitestgehender Konsens herrscht, dass Ausgabensenkungen, und dazu zählen auch die Entgelte öffentlich Bediensteter, Teil des Sanierungsprozesses eines insolventen Schuldners sein sollen.[785] Auch das Chapter 9 des US-Bankruptcy Codes sieht bspw. die Möglichkeit vor, Tarifabkommen durch den insolventen souveränen Schuldner aufzukündigen.[786] Hier sei auf die Praxisbeispiele aus dem Kapitel 5 verwiesen. Dies ist damit zu begründen, dass es unabdingbar ist, dass auch die Bürger eines Bundeslandes, und dies umfasst auch die öffentlich Bediensteten, einen Teil der Sanierungslasten zu tragen haben, da sich hieraus wichtige Disziplinierungseffekte hinsichtlich des Verschuldungsverhaltens für die Politik eines Bundeslandes ergeben.[787]

Für den in dieser Arbeit zu entwickelnden Insolvenzmechanismus auf Ebene der deutschen Bundesländer sollen sämtliche Forderungen Gegenstand der Schuldenumstrukturierung sein. Vertraglich, rechtlich oder gesetzlich

785 Vgl. z.B. Kirchner, C. (2011), Hildebrandt, A. (2009), Jochimsen, B. (2007a), Seitz, H. (2007) oder Schäfer, H.-B. (2010).

786 Vgl. King, L. P. (1977).

787 Siehe dazu die Ausführungen im Kapitel 7.2.3.

zugesicherte Vorrechte sollen hingegen nicht berührt werden dürfen, da sich daraus für zukünftige Fälle erhebliche Unsicherheiten für die Gläubiger ergäben, wenn diese Vorrechte fallweise aufgehoben würden, was vermutlich zu höheren Zinsaufschlägen oder gar zukünftiger Kreditverweigerung führen würde. Noch nicht in Anspruch genommene Garantien und Sicherheiten sowie Eventualforderungen sollen ebenfalls vom Umstrukturierungsverfahren ausgenommen sein. Es soll weiter ein Anfechtungsrecht der registrierten Forderungen vorgesehen werden. Um trotzdem einen zügigen Verfahrensablauf zu gewährleisten sollte das Anfechtungsrecht ebenso wie die Anmeldung und die Registrierung der Forderungen mit einer Frist von 30 Tagen versehen werden.

Bei der Einbeziehung des Umfangs der Forderungen sollen gemäß dem Gebot der Gleichbehandlung aller Gläubiger sämtliche Forderungsarten in das Insolvenzverfahren einbezogen werden.[788] Dabei sollen sowohl die Anteile, zu denen die Forderungen erfüllt werden als auch der prozentuale Forderungsverzicht für sämtliche Gläubiger identisch sein.[789] Es würden somit die Forderungen sowohl ausländischer als auch inländischer privater und öffentlicher Gläubiger erfasst. Sämtliche Schuldenumstrukturierungen erfolgten hierbei innerhalb des Insolvenzverfahrens.

Anschließend an die Frage des Registrierungs- und Verifizierungsprozesses sowie des Umfangs der einzubeziehenden Forderungen in ein Insolvenzverfahren stellt sich die nach deren Klassifikation.

8.7 Die Klassifikation und Rangfolge der Forderungen

Die Klassifikation der Forderungen, die in das Insolvenzverfahren einbezogen werden, dient dazu, die Frage zu klären, welche Gläubiger bei der Bedienung ihrer Forderungen Vorrang genießen. Dazu ist es notwendig, die verschiedenen Forderungen in eine Rangfolge zu bringen, aus der die Priorität der Forderungsbedienung hervorgeht.[790] Eine derartige vorab festgelegte Rangfolge dient vor allem dem Schutz der Gläubiger vor einer dem Vorrang ihrer Forderungen nicht gerecht werdenden Behandlung. Weiter gewährleistet sie einen zügigen Verfahrensablauf, da ein Wettlauf der Gläubiger um die Auszahlungsströme entfällt.[791] Wichtig ist, dass diese Regelungen vorab feststehen und nach objektiven Kriterien aufgestellt werden, da eine Auszahlungsrangfolge,

788 Vgl. Berensmann, K. und A. Herzberg (2007) oder auch Konrad, K. A. (2007a).
789 Vgl. Meessen, K. M. (1990).
790 Vgl. Berensmann, K. und A. Herzberg (2007) oder auch Konrad, K. A. (2007b).
791 Vgl. Berensmann, K. und A. Herzberg (2007).

die politischem Kalkül, finanziellen Bedürfnissen oder Prestigeüberlegungen seitens des Schuldners folgt, stets der Gefahr der Willkür unterliegt.[792] Auch kann eine Klassifizierung der Forderungen den Anreiz der Gläubiger erhöhen, an einer Umschuldung teilzunehmen.[793] Zur Klassifikation der Forderungen können diese zu Klassen zusammengefasst werden. Die Einordnung der Gläubiger in Klassen muss dabei sachlichen Kriterien genügen.[794] Dies ist auch für die Abstimmungsregeln im Insolvenzverfahren von Bedeutung, die im Kapitel 8.9. behandelt werden. Forderungen, welche nicht den gleichen Vorrang haben, sollen auch nicht in einer gemeinsamen Klasse auftauchen. Gleichrangige Forderungen haben im Umkehrschluss aber nicht allesamt in einer gemeinsamen Klasse aufzutauchen. Es wäre eine Gliederung nach folgenden Klassen an Forderungen denkbar:[795]

- Multilaterale Institutionen
- Bilaterale öffentliche Gläubiger
- Ausländische private Gläubiger
- Inländische private Gläubiger

Weiter wäre eine Klassifizierung nach Bankkrediten und Wertpapieren möglich.[796] Es ist zudem denkbar, Forderungen nach ihrer Datierung zu klassifizieren. Es ließe sich argumentieren, dass eine Forderung einen umso höheren Vorrang besitzen sollte, je länger sie besteht.[797] Begründet wird dies damit, dass Altgläubiger bei ihrer Kreditvergabeentscheidung die finanzielle Lage des Schuldners erheblich langfristiger und somit mit einer größeren Unsicherheit bewertet haben als Neugläubiger. Zudem würden Neugläubiger für das höhere Risiko des Zahlungsausfalls ihrer Kredite mit höheren Risikoprämien entschädigt.[798] Des Weiteren verwässerten neue Schulden durch eine Reduktion des relativen Werts der Aktiva die Forderungen der Altgläubiger.[799] Allerdings ist zu beachten, dass ein Schuldner im laufenden Insolvenzverfahren zur Aufrechterhaltung seiner Handlungsfähigkeit für gewöhnlich neuer Kredite bedarf. Diese neuen Kredite wird er wohl kaum bereitgestellt bekommen, wenn sie nicht alten Forderungen

792 Vgl. Gelpern, A. (2004).
793 Vgl. Paulus, C. G. (2002).
794 Vgl. Paulus, C. G. (2010).
795 Vgl. Schwarcz, S. L. (2000) und Bolton, P. und D. A. Jr. Skeel (2004).
796 Vgl. Bolton, P. und D. A. Jr. Skeel (2004).
797 Vgl. Bolton, P. und D. A. Jr. Skeel (2004).
798 Vgl. Blankart, C. B. und E. R. Fasten (2009).
799 Vgl. Fama, E. F. und M. M. Miller (1972).

gegenüber privilegiert sind.[800] Auch Krueger (2002b) spricht sich für eine Priorität neuer Schulden aus, um dem Schuldner zusätzliche Liquidität verschaffen zu können. Dies spricht auch gegen eine Einbeziehung neuer Kredite in das Insolvenzverfahren, da nahezu ausgeschlossen werden kann, dass ein Kapitalgeber einem insolventen Schuldner finanzielle Mittel zur Verfügung stellen wird, wenn diese unmittelbar von einem, zumindest teilweisen, Zahlungsausfall bedroht sind.[801] Weiter könnten die neuen Schuldner, obwohl ihre Forderungen außerhalb des Insolvenzverfahrens stehen, mit einem eigenen Stimmrecht an den Umschuldungsverhandlungen beteiligt werden. Dies würde ihnen eine Kontrollmöglichkeit eröffnen, um so die Wahrscheinlichkeit eines Zahlungsausfalls ihrer Kredite möglichst niedrig zu halten. Zudem dürfte hiervon ein nicht unerheblicher Disziplinierungseffekt auf den Schuldner ausgehen.[802]

Für den Insolvenzmechanismus auf Ebene der deutschen Bundesländer wird auf die Vorschläge von Schwarcz (2000) und Bolton und Skeel (2004) zurückgegriffen. Es werden die vier Forderungsklassen der multilateralen Institutionen, der bilateralen öffentlichen Gläubiger, der ausländischen privaten Gläubiger sowie der inländischen privaten Gläubiger gebildet anhand derer die Gläubiger eines insolventen Bundeslandes klassifiziert werden. Weiter soll eine Klassifizierung nach der Datierung der Forderungen in Altschulden sowie Neuschulden erfolgen. Abschließend wird eine weitere Klasse gebildet, die sämtliche Forderungen umfasst, welche für den Erhalt einer minimalen notwendigen Staatstätigkeit des betroffenen Bundeslandes notwendig sind.

Bei der Rangfolge der Forderungen ist es aufgrund der Notwendigkeit der Aufrechterhaltung eines minimalen Staatsbetriebs zur Versorgung der Grundbedürfnisse der Bürger eines Bundeslandes absolutes Gebot, dass diese Ausgaben Vorrang vor allen anderen Forderungen besitzen.[803] Dieser Vorrang der Bedürfnisse der Bevölkerung eines insolventen Bundeslandes lässt sich vor dem Hintergrund rechtfertigen, dass diese im Gegensatz zu Gläubigern, wie z.B. Banken, lediglich Empfänger gesetzlich normierter Leistungen sind und keine Möglichkeit hatten auf die Begründung des Schuldverhältnisses Einfluss zu nehmen.[804]

800 Vgl. Paulus, C. G. (2002) oder auch Hefeker, C. (2002).
801 Vgl. Paulus, C. G. (2002).
802 Vgl. Paulus, C. G. (2010).
803 So sprechen sich u.a. Hildebrandt, A. (2009), Jochimsen, B. (2007a), Konrad, K. A. (2007a) und (2007b), Schäfer, H.-B. (2010) oder Paulus, C. G. (2002) für eine Priorität der Aufrechterhaltung minimaler notwendiger Staatstätigkeit gegenüber den Ansprüchen der Gläubiger aus.
804 Vgl. Faber, A. (2005).

Der minimale Staatsbetrieb wird dabei Konrad (2007a, S. 583) folgend als die *„[...] elementaren Landesaufgaben [...]"* aufgefasst. Dies ist konsistent mit den Regelungen des Chapter 9 des US-Bankruptcy Codes, das die Wahrung der politischen Handlungsfähigkeit einer insolventen Gebietskörperschaft garantiert.[805] Auch das Bundesverfassungsgerichtsurteil zur Verfassungsklage Berlins stellt die Notwendigkeit der Wahrung der Fähigkeit eines Bundeslandes, seinen verfassungsrechtlichen Pflichten sowie seinen verfassungsrechtlichen Aufgaben nachkommen zu können, heraus.[806]

Weiter sollen die länger bestehenden Forderungen gegenüber jüngeren Forderungen privilegiert sein, die Bedienung der älteren Schulden also Vorrang vor der Bedienung der in jüngerer Zeit aufgenommenen Schulden haben. Da aber zur Aufrechterhaltung der finanzpolitischen Handlungsfähigkeit eines insolventen Bundeslandes die Neuaufnahme von finanziellen Mitteln unabdingbar sein wird, ist der Zugang des betroffenen Bundeslandes zum Kapitalmarkt auch während des Insolvenzverfahrens zu gewährleisten. Neue Kredite, also solche, die während eines laufenden Insolvenzverfahrens aufgenommen werden, sollten deshalb außerhalb des Verfahrens stehen, so dass sie von einem, in welcher Höhe auch immer vereinbarten, Forderungsverzicht ausgenommen sind. Sie würden aber trotzdem einem Ausfallrisiko unterliegen, da für sie im Gegenzug auch keine Garantie für eine Mindesttilgung in der Zukunft besteht. Um die Kapitalgeber davon zu überzeugen, einem insolventen Bundesland dennoch zusätzliche finanzielle Mittel zur Verfügung zu stellen, wird vorgeschlagen, diese an den Umschuldungsverhandlungen zu beteiligen und mit einem Stimmrecht bezüglich der Annahme des Insolvenzplans auszustatten. Sie hätten damit die Möglichkeit auf den Insolvenzplan zur Schuldenumstrukturierung dahingehend einzuwirken, dass die teilweise Bedienung der Altschulden nicht in einem unangemessenen Umfang zu Lasten der Bedienung der Neuschulden geht. Dies kann auch als Absicherung des Bundeslandes gegen die Erhebung von übermäßigen Risikoprämien durch die Neugläubiger dienen. Die neuen Gläubiger hätten damit zwar die Möglichkeit über ihre Zustimmung zum Insolvenzplan auf die Konditionen der Forderungstilgung für die Altgläubiger Einfluss zu nehmen, da ihre Kredite aber zur Aufrechterhaltung des Staatsbetriebs unerlässlich sind, ist dies als notwendiges Übel hinzunehmen und als eine Vermittlung zwischen den Interessen der Neu- und Altgläubiger zu verstehen.

In einem Insolvenzverfahren sind in Form des Insolvenzplans weiter die einnahme- und ausgabeseitigen Anstrengungen des insolventen Bundeslandes

805 Vgl. Administrative Office of the United States Courts (2005a).

806 Vgl. Bundesverfassungsgericht (2006).

zur Wiederherstellung seiner Zahlungsfähigkeit festzuhalten. Hierüber sollen, ebenso wie über den, den Gläubigern zumutbaren, Forderungsverzicht vorab keine Festlegungen getroffen werden.

8.8 Die Maßnahmen des insolventen Bundeslandes zur Wiederherstellung seiner Solvenz

Die Maßnahmen, die ein insolventer souveräner Schuldner zur Wiedererlangung seiner Solvenz zu ergreifen gedenkt, werden im Insolvenzplan festgehalten. Zur Erstellung und Verifizierung des Insolvenzplans sei auf das Kapitel 8.4. verwiesen. Dort wurde allgemein dargestellt, wie sich der Prozess der Ausarbeitung eines Insolvenzplans gestaltet, welche Inhalte er enthalten sollte und welchen Kriterien er genügen muss, um schließlich durch das Bundesverfassungsgericht genehmigt zu werden. Hier soll es darum gehen, konkrete Maßnahmen aufzuzeigen, die, neben dem notwendigen Schuldenerlass, einem insolventen Schuldner die Wiedererlangung seiner Solvenz ermöglichen. Prinzipiell hat jeder Schuldner, ob öffentlich oder privat, zwei Möglichkeiten, einer zu hohen Verschuldung und der damit verbundenen Zahlungsunfähigkeit zu begegnen. Es bieten sich ihm die beiden Möglichkeiten der Einnahmeerhöhung und der Ausgabenreduktion.

Für ein privates Unternehmen existiert in Form der Liquidation eine dritte Möglichkeit. Sollte es unmöglich erscheinen, dass ein privates Unternehmen den Weg aus der Zahlungsunfähigkeit findet, so kann es in letzter Konsequenz liquidiert und seine Vermögenswerte zur Gläubigerbefriedigung genutzt werden. Diese Variante kommt für eine Privatperson nicht in Frage, da ihre Liquidation gleichbedeutend mit ihrem Ableben wäre und selbst eine Liquidation ihrer kompletten Vermögenswerte bedeuten würde, dass sie am Ende des Insolvenzverfahrens besitzlos wäre. Dies scheint kaum mit der Gewährung minimaler Lebensstandards vereinbar. Auch für eine öffentliche Gebietskörperschaft steht diese Möglichkeit außerhalb jeder Diskussion, wie im Verlauf dieser Arbeit bereits mehrfach betont worden ist. Dies bedeutet, analog zu einem privaten Unternehmen, allerdings nicht, dass der Verkauf des Vermögens eines souveränen Schuldners vollständig untersagt ist. Vielmehr sind diejenigen Vermögenswerte zu identifizieren, die zur Gewährleistung eines Mindestniveaus öffentlicher Aufgaben und Leistungen unabdingbar sind und diejenigen, die im Falle einer Insolvenz zur Disposition stehen sollen. Im Folgenden werden die Möglichkeiten aufgezeigt, welche sich einem insolventen souveränen Schuldner bieten, seine Einnahmen zu erhöhen und/oder seine Ausgaben zu senken. Begonnen wird dabei mit den einnahmeseitigen Maßnahmen zur Sanierung.

8.8.1 Die einnahmeseitigen Maßnahmen zur Wiederherstellung der Solvenz

Zu den einnahmeseitigen Maßnahmen zur Überwindung einer finanziellen Krise zählen Steuererhöhungen bzw. die Erhebung neuer Steuern, die Erhöhung der Einnahmen aus wirtschaftlicher Tätigkeit, Vermögensveräußerungen, aber auch die erneute Kreditaufnahme. Es wäre zudem, zumindest in der reinen Theorie, auch denkbar, die Zahlungsverpflichtungen eines souveränen Schuldners über den Zugriff auf das Privatvermögen der Bevölkerung zu erfüllen.

Bei der Besteuerung muss unterschieden werden zwischen Steuererhöhungen und der Erhebung neuer Steuern. Beides stellt grundsätzlich eine Möglichkeit für öffentliche Gebietskörperschaften dar, sich zusätzliche finanzielle Mittel zu beschaffen. Dies trifft in jedem Fall auf die Staatenebene zu und, je nach Ausgestaltung des Systems der Steuergesetzgebungskompetenzen, auch auf die ihr untergeordneten Ebenen. Der souveräne Schuldner kann bei einer Steuererhöhung, analog zum privaten Insolvenzrecht, einen Teil seiner zukünftigen Einnahmen in Form von Steuern zur Tilgung seiner Schulden verpfänden. Neu erhobene Steuern können direkt an den Zweck der Tilgung der Schuldenlast gekoppelt werden. Zudem wäre es möglich, zukünftige Einnahmen aus Zahlungen Privater an das Bundesland zu verpfänden.[807] Solche Zahlungen wären bspw. einer Stadt zukommende Versicherungszahlungen.

Steuererhöhungen im Zuge der Sanierung öffentlicher Finanzen sind eine übliche Praxis. Es sei hier auf die Fallbeispiele aus dem Kapitel 5 verwiesen. Es wurden dabei in den Fällen New York Citys von 1975, Bridgeports 1991 sowie Leukerbads 1998/2003 die Steuern zum Teil massiv erhöht, um die Insolvenz zu überwinden. Die Pfändung zukünftiger Steuereinnahmen fand dabei im Falle New York Citys ebenfalls Anwendung. Zwar wurden zukünftige Steuereinnahmen nicht an die Gläubiger der Stadt verpfändet, jedoch an die Municipal Acceptance Corporation (MAC), die mittels der Erträge aus neu aufgelegten langfristigen Anleihen die kurzfristigen Zahlungsverpflichtungen der Stadt in langfristige Verbindlichkeiten umwandelte. Zur Finanzierung dieser Finanzoperation erhielt die MAC das Recht der Pfändung zukünftiger Steuereinnahmen der Stadt.[808] Der Oberste Gerichtshof der Vereinigten Staaten von Amerika hat zwar in einem sehr frühen Urteil die Pfändung zukünftiger Steuereinnahmen für unzulässig erklärt, da diese, solange

807 Vgl. McConnell, M. W. und R. C. Picker (1993).

808 Siehe zum Fall New York Citys neben den Ausführungen im Kapitel 5 auch Shalala, D. E. und C. Bellamy (1976), McKinney (1975), Jochimsen, B. (2007a) oder Morrison, F. L. (2002).

sie nicht endgültig durch die öffentliche Hand vereinnahmt wurden, keines der Merkmale von Eigentum aufweisen und daher in keiner Weise Teile des Vermögens der öffentlichen Hand darstellen würden.[809] Angesichts des Vorgehens im Falle New York Citys scheint diese Rechtsprechung jedoch überkommen.

Steuererhöhungen in Folge von Verschuldungskrisen ließen sich durch das Argument rechtfertigen, dass heutige Generationen zu Lasten zukünftiger Generationen zu gering besteuert würden.[810] Diese Vorteile der Vergangenheit werden durch eine zukünftig höhere Besteuerung lediglich ausgeglichen. Zudem ist eine Beteiligung der Bevölkerung an den Sanierungslasten souveräner Schuldner nach anreiztheoretischen Gesichtspunkten äußerst wünschenswert.[811] Steuererhöhungen zur Überwindung einer finanziellen Krise stellen etwa in den USA eine gängige Praxis dar. So hat der Oberste Gerichtshof der Vereinigten Staaten von Amerika in einem Urteil aus dem Jahr 1990 bekräftigt, dass ein Bundesbezirksrichter die Befugnis habe, die Vermögensteuer im Zuge eines Sanierungsplans zu erhöhen.[812] Auch die Erhebung neuer Steuern wurde durch den Obersten Gerichtshof der Vereinigten Staaten von Amerika in dem weiter oben bereits erwähnten Urteil schon im Jahr 1880 als mögliche Abhilfe bei Schuldenkrisen anerkannt. Das Gericht ging sogar so weit, dass es den Zwang durch eine übergeordnete Ebene, die mit den entsprechenden Steuergesetzgebungskompetenzen ausgestattet ist, auf eine ihr untergeordnete Ebene zur Erhebung neuer Steuern als zulässig erachtete.[813] Auch in der Verfassung vieler US-Bundesstaaten finden oder fanden sich ähnliche Vorgaben. So besagt die Verfassung Illinois' in ihrer Version von 1870 im Art. IX § 10, dass die Generalversammlung *"[...] shall require that all the taxable property within the limits of municipal corporations shall be taxed for the payment of debts contracted under authority of law [...]"* Im § 12 des selben Artikels hieß es weiter, dass jeder Bezirk, jede Stadt, jeder Schuldistrikt oder jegliche weitere öffentliche Körperschaft, welche sich verschuldet, dafür Sorge zu tragen hat, dass eine direkte jährliche Steuer existiert, deren Aufkommen es gewährleistet, die fälligen Zinslasten aus dieser Verschuldung zu tragen. Neu erhobene Steuern können dabei auch als einmalige Abgaben oder temporär, auf den Zeitraum des Insolvenzverfahrens beschränkt, ausgestaltet werden. Ihre Erhebung kann dabei auch explizit der Überwindung der Insolvenz gewidmet werden. Aus anreiztheoretischer Perspektive ist dies ausdrücklich zu begrüßen, da dem Wähler hierdurch die Verbindung

809 Vgl. Supreme Court of the United States (1880).

810 Vgl. Seitz, H. (2007).

811 Siehe die Ausführungen in den Kapiteln 7.2.3. und 7.2.5.

812 Vgl. Supreme Court of the United States (1990).

813 Vgl. Supreme Court of the United States (1880).

zwischen der unausgewogenen Finanzpolitik einer Regierung und der damit verbundenen, für ihn schmerzhaften, Steuererhöhung unmittelbar aufgezeigt wird.[814]

Es ist jedoch zu beachten, dass die zusätzliche Einnahmebeschaffung durch Steuern Grenzen unterliegt. Die Summe der Steuereinnahmen, die eine öffentliche Gebietskörperschaft erzielen kann unterschreitet deutlich den Barwert der in dieser Gebietskörperschaft möglichen Wertschöpfung. Mit steigendem Steuersatz nimmt ceteris paribus auch das Steueraufkommen zu. Jedoch ist dieser Zusammenhang in der Praxis äußerst fraglich. Wahrscheinlicher ist, dass ein erhöhter Steuersatz ab einem gewissen Punkt zu Steuerhinterziehung, einem Ausweichen in die Schattenwirtschaft, einer Beeinträchtigung des Wirtschaftsniveaus oder auch zu Abwanderungen führt. Dadurch sinkt die Besteuerungsbasis und, sofern sie stärker zurückgeht, als dass der Steuersatz steigt, auch das Steueraufkommen.[815] Abbildung 12 stellt diesen Zusammenhang grafisch dar.

Abbildung 12: Die Laffer-Kurve, eigene Darstellung in Anlehnung an Jochimsen und Konrad (2006)

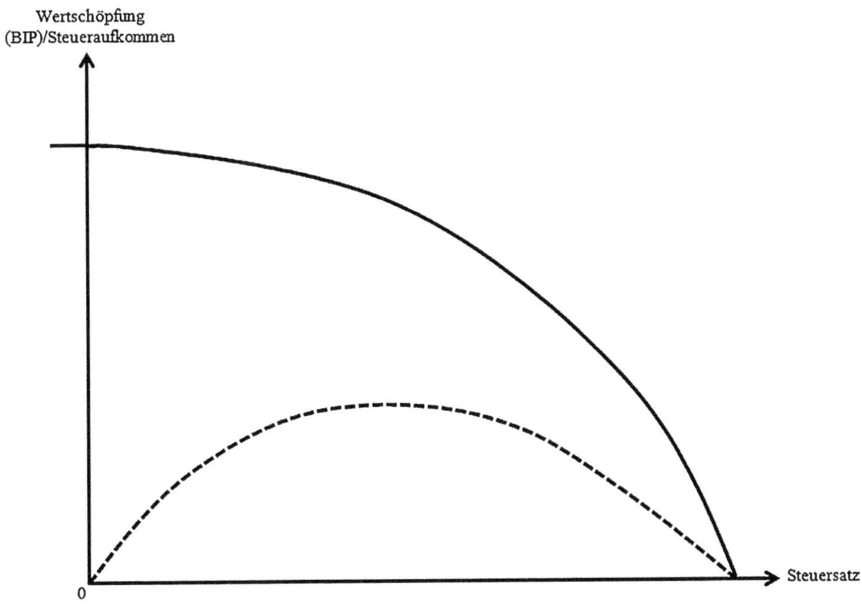

814 Siehe hierzu auch die Ausführungen in den Kapiteln 7.2.3.

815 Siehe für eine ausführliche Darstellung auch Jochimsen, B. und K. A. Konrad (2006) oder McConnell, M. W. und R. C. Picker (1993). Für grundlegende Literatur zur sogenannten Laffer-Kurve siehe Wanniski, J. (1978) und Laffer, A. B. (2004).

Die durchgezogene Linie stellt die Wertschöpfung einer Volkswirtschaft dar. Bei einem Steuersatz von null Prozent, also keinerlei Besteuerung, erreicht die Wertschöpfung ihr Maximum. Aufgrund der oben aufgeführten negativen Anreizwirkungen der Besteuerung sinkt die Wertschöpfung einer Volkswirtschaft mit steigendem Steuersatz bis sie letztendlich, bei einem Steuersatz von 100 %, den Wert Null erreicht. In diesem Punkt findet keinerlei Wertschöpfung mehr statt, da den Wirtschaftssubjekten ohnehin nichts von ihrem Einkommen bliebe und sie es deshalb vorziehen nicht oder zumindest nicht legal zu arbeiten. Die gestrichelte Linie stellt das Steueraufkommen dar, also den Teil der Wertschöpfung, den die öffentliche Hand für sich vereinnahmen kann. Dieser Anteil ist bei einem Steuersatz von null Prozent logischerweise Null. Mit steigendem Steuersatz steigt auch der Anteil der Wertschöpfung, der der öffentlichen Hand zufließt. Da allerdings simultan die Wertschöpfung rückläufig ist, sinkt dieser Anteil ab einem bestimmten Punkt. Dieser Punkt markiert zugleich den aufkommensmaximierenden Steuersatz. Von hier an sinkt das Steueraufkommen mit steigendem Steuersatz, bis es bei einem Steuersatz von 100 % schließlich wieder den Wert Null erreicht, da in diesem Punkt keinerlei Wertschöpfung mehr stattfindet und die öffentliche Hand keine Bemessungsgrundlage mehr hat, die sie besteuern könnte.[816]

Als ein Beleg für die These der sinkenden Steuermoral bei steigenden Steuersätzen soll das Beispiel der Stadt Asheville im US-Bundesstaat North Carolina dienen. Ashevilles Verschuldung stieg zwischen 1920 und 1930 auf das Sechsfache des nationalen Durchschnitts an. In den frühen Jahren der großen Depression war die Stadt sehr stark von Arbeitslosigkeit und zurückgehenden Einnahmen betroffen. Um dem zu begegnen, wurden in großem Volumen kurzfristige Schuldverschreibungen aufgelegt. Als dieses Instrument, bedingt durch Bankenzusammenbrüche in den Jahren 1930 und 1931, nicht mehr zur Verfügung stand war Asheville zum Zahlungsausfall gezwungen. Als Folge der dadurch bedingten Steuererhöhungen stieg die Quote der Steuerhinterziehung von 21 % in 1931 auf 58 % in 1933 an.[817]

Es ist zu vermuten, dass auch die Erhebung neuer Steuern zur Haushaltssanierung mit Ausweichreaktionen behaftet sein wird. Sollten die Bürger eines öffentlichen Gemeinwesens die neu erhobene(n) Steuer(n) als nicht legitim empfinden, so drohen Steuervermeidung und/oder -hinterziehung. Auch

816 Die Abbildung 12 sowie die Erläuterung hierzu sind stark an Jochimsen, B. und K. A. Konrad (2006) angelehnt. Für grundlegende Literatur zu dieser Thematik siehe Wanniski, J. (1978) und Laffer, A. B. (2004).

817 Vgl. Advisory Commission on Intergovernmental Relations (1973).

Abwanderungen sind nicht vollständig auszuschließen. Weiter stellt sich, analog zu bereits bestehenden Steuern, auch hier die Frage nach dem aufkommensmaximierenden Steuersatz. Es ist weiter unabdingbar, zu gewährleisten, dass mit Steuererhöhungen oder der Einführung neuer Steuern keine Benachteiligung einer bestimmten Bevölkerungsgruppe einhergeht. Diese Gefahr ist durch die höhere Mobilität einkommensstärkerer Bürger und Unternehmen aber durchaus gegeben.[818] Zudem sollte sich die Besteuerung danach richten, dass einem jeden Steuerzahler durch das ihm verbleibende Nettoeinkommen ein menschenwürdiges Dasein ermöglicht wird. Hierfür ist es notwendig ein, wie auch immer definiertes, Existenzminimum festzulegen, an dem sich die Steuerlast und somit das verbleibende Nettoeinkommen orientieren. Dies darf freilich nicht als Freibrief verstanden werden, die Steuerlast in jedem Fall derart anzuheben, dass an diesem Minimum gekratzt wird. Vielmehr ist es als absolute Untergrenze zu verstehen, die keinesfalls unterschritten werden darf.

Eine zweite Möglichkeit, die Einnahmen zu erhöhen, bietet sich einem öffentlichen Gemeinwesen über die Erhöhung seiner Einnahmen aus wirtschaftlicher Tätigkeit. Solche Einnahmen können bspw. Gewinne aus Unternehmen und Beteiligungen, Konzessionsabgaben oder Einnahmen aus Lotterien sein. Für Deutschland gehören z.B. die Überschüsse der Deutschen Bundesbank dieser Einnahmeart an.[819] Einnahmen aus wirtschaftlicher Tätigkeit stellen für gewöhnlich jedoch einen recht kleinen Posten auf der Einnahmeseite eines öffentlichen Haushalts dar. In Deutschland betrug der Anteil dieser Einnahmen an den gesamten bereinigten Einnahmen im Jahr 2010 lediglich knapp drei Prozent.[820] Auch lassen sich diese Einnahmen nicht per se erhöhen, da sie von der allgemeinen wirtschaftlichen Lage abhängig sind. Zudem ist ein öffentliches Gemeinwesen in seiner wirtschaftlichen Tätigkeit engen Grenzen des Wettbewerbs ausgesetzt, so dass es die Preise für seine Dienstleistungen, sofern ihnen ein privatwirtschaftliches Äquivalent gegenübersteht, nicht willkürlich anheben kann. Die Generierung zusätzlicher Einnahmen ist hier also lediglich äußerst beschränkt möglich.

Eine dritte Möglichkeit der Einnahmeerhöhung stellt die Veräußerung von Vermögen dar. Zur Generierung von Einnahmen kann ein souveräner Schuldner Teile seines Staatsbesitzes veräußern, um mit den Erlösen seine Schuldenlast abzubauen. Die Zulässigkeit des Verkaufs von öffentlichem Vermögen steht

---

818 Vgl. Briffault, R. (1990).

819 Vgl. Schulze-Steikow, R. et al. (2010).

820 Daten aus Statistisches Bundesamt (2011b).

dabei in Einklang mit der weitläufigen Meinung in der Literatur.[821] So argumentiert Faber (2005), dass die hundertprozentige Besitzstandswahrung auf Seiten aller Beteiligten, also sowohl des Schuldners als auch der Gläubiger, illusorisch sei. Auch dürfte es bei einem Ausschluss jeglicher Vermögensveräußerungen eines souveränen Schuldners bei gleichzeitiger Entschuldungshilfe zu erheblichen Moral Hazard Problemen kommen.[822] Jedoch sollte die Veräußerung öffentlicher Vermögenswerte strikten Grenzen unterliegen. Ein öffentliches Gemeinwesen hat bestimmte öffentliche Aufgaben und Pflichten zu erfüllen. Hierfür muss ein Minimum an staatlichen Leistungen definiert werden, dessen Gewährleistung es unter allen Umständen zu garantieren gilt. Diese Definition unterliegt allerdings stets einer subjektiven Komponente und ist auch in der Verfassung, zumindest in Deutschland, nicht exakt festgehalten. Zur Erfüllung dieses Minimums an staatlicher Tätigkeit, sofern es ausreichend umschrieben werden kann, sind gewisse Vermögenswerte unabdingbar. Sie bilden das Verwaltungsvermögen, welches zur Erfüllung des vorab festgelegten Minimums an staatlichen Aufgaben unerlässlich ist und somit außerhalb jeder Diskussion um eine Liquidierung stehen sollte.[823]

In den USA herrschte lange Zeit die Meinung vor, dass lediglich das Vermögen zur Bedienung der öffentlichen Schuld zur Verfügung stehen sollte, welches sich vermögensrechtlich in öffentlichem Besitz befindet. Darunter wurde Vermögen verstanden, welches sich aus Profitgründen oder als Einnahmequelle in öffentlichem Besitz befindet und keinerlei öffentlichem Zweck gewidmet ist.[824] In Abtrennung dazu war das sogenannte Öffentliche Vermögen (public property) hiervon ausgenommen und stand somit außerhalb der Leistung des Schuldendienstes.[825] Dieses öffentliche Vermögen ist dem in dieser Arbeit definierten Verwaltungsvermögen ähnlich. Es umfasst etwa Straßen, Kaie, Friedhöfe, Krankenhäuser, Gerichte und weitere öffentliche Gebäude.[826] Außerhalb dieses Verwaltungsvermögens steht jedoch jegliches darüber hinausgehende Vermögen eines souveränen Schuldners zur Disposition und kann zum Zwecke der

---

821 Siehe z.B. Faber, A. (2005), Jochimsen, B. (2007a), Blankart, C. B. und E. R. Fasten (2009), McConnell, M. W. und R. C. Picker (1993), Hildebrandt, A. (2009), Kirchner, C. (2011) oder auch Konrad, K. A. (2007a) und (2007b).

822 Vgl. McConnell, M. W. und R. C. Picker (1993).

823 Zu den Grenzen der Veräußerung öffentlichen Eigentums sei auf das Kapitel 8.5 verwiesen.

824 Vgl. Supreme Court of the United States (1880).

825 Vgl. Louisiana Supreme Court (1884).

826 Vgl. Supreme Courts of the United States (1880).

Einnahmeerhöhung veräußert werden. Dabei ist es wichtig, die Definition des Verwaltungsvermögens oder auch des Öffentlichen Vermögens nicht allein dem Schuldner zu überlassen, da dieser sicher eine sehr großzügige Interpretation dieser Begrifflichkeiten zu Grunde legen würde, um seiner Bevölkerung nicht zu große Opfer und Lasten zumuten zu müssen.[827] Dies ist anreiztheoretisch auch nachvollziehbar, da große Opfer für die Bevölkerung die Wiederwahlchancen der amtierenden Regierung des insolventen öffentlichen Gemeinwesens senken würden.[828]

Einem Vorschlag von McConnell und Picker (1993) folgend wäre ergänzend zu überlegen, das zur Veräußerung stehende öffentliche Vermögen und solches, welches außerhalb solcher Diskussionen stehen soll, wie folgt zu definieren. Jegliches Vermögen, welches positive Externalitäten verursacht und dessen Wert in öffentlicher Hand seinen privatwirtschaftlichen übersteigt, sollte in staatlicher Kontrolle belassen werden. Zudem ist es denkbar, dass öffentliches Eigentum und Vermögen existieren, dessen Wert in öffentlicher Hand den Wert für private Käufer übersteigt. Da in diesem Fall öffentliches Vermögen unter Wert verkauft werden müsste, sollte auch dieses Vermögen von einer Veräußerung ausgenommen sein.

Die Veräußerung öffentlichen Vermögens zur Überwindung von Schuldenkrisen ist in der internationalen Praxis nicht unüblich und auch bewährt. In den Fällen der US-amerikanischen Stadt Ecorse (1986), der Schweizer Gemeinde Leukerbad (1998/2003) sowie der Tschechischen Gemeinde Rokytnice (2002) wurde von diesem Instrument erfolgreich Gebrauch gemacht.[829] Große Ähnlichkeiten zur Vermögensveräußerung weist die Privatisierung ehemals staatlicher Unternehmen oder Leistungen auf. Als Beispiel für die Bundesrepublik Deutschland sei hier die Überführung der Deutschen Bundespost in die Deutsche Post AG, die Deutsche Telekom AG und die Deutsche Postbank AG genannt.[830] Im Fall der US-amerikanischen Stadt Ecorse aus dem Kapitel 5 kam es ebenfalls zu umfassenden Privatisierungen öffentlicher Leistungen.

Paradox anmuten mag die Möglichkeit, dass ein souveräner Schuldner, der sich erst durch seine übermäßige Verschuldung in die Lage der Insolvenz manövriert hat, diese ausgerechnet mit erneuter Kreditaufnahme überwinden soll.

827 Vgl. McConnell, M. W. und R. C. Picker (1993).

828 Siehe hierzu die Ausführungen im Kapitel 7.2.3.

829 Siehe die Fallbeispiele aus dem Kapitel 5 sowie zum Fall Ecorse McConnell, M. W. und R. C. Picker (1993), zum Fall Leukerbad Jochimsen, B. (2007a) und Uebersax, P. (2005) und zum Fall Rokytnice Jochimsen, B. (2007a) und Jahoda, R. (2006).

830 Siehe zur Privatisierung der Deutschen Bundespost Pohl, K. (1995).

Aber auch dieses Mittel der Abhilfe bei einer Insolvenz ist nicht kategorisch auszuschließen. Vielmehr bedingt die Aufrechterhaltung der finanzpolitischen Handlungsfähigkeit eines souveränen Schuldners im Laufe eines Insolvenzverfahrens die Aufnahme zusätzlicher finanzieller Mittel.[831] Diese werden allein schon als Überbrückungskredite benötigt werden, um den notwendigen Staatsbetrieb aufrechterhalten zu können. Es besteht zudem die Möglichkeit durch neue Schuldverschreibungen kurzfristig fällig werdende Forderungen in solche langfristiger Natur umzuwandeln, um einen größeren Haushaltsspielraum zu erlangen. So geschehen im Fall New York Citys im Jahr 1975.[832] Die Aufnahme frischen Kapitals kann grundsätzlich auch über die Emission neuer Anleihen erfolgen.[833] Auf die Notwendigkeit der Aufnahme neuer Kredite während des laufenden Insolvenzverfahrens wurde bereits im Kapitel 8.7. im Zusammenhang mit der Klassifikation der Forderungen eingegangen, worauf dann auch zur Erklärung dieser Notwendigkeit verwiesen sei.

Eine weitere Maßnahme, eine Insolvenz zu überwinden, bestünde für einen souveränen Schuldner darin, auf das Privatvermögen seiner Bevölkerung zuzugreifen, um hiermit seine Schulden zu bedienen. Dies ist oder war, zumindest in der internationalen Praxis, nicht immer unüblich. Es ließe sich argumentieren, dass es sich dabei lediglich um eine Variante der Besteuerung handele. Es ließe sich ergänzend ebenfalls darauf abstellen, dass die Pfändung von Privatvermögen lediglich einen Ausgleich für ehemals zu geringe Besteuerung und/oder ein überhöhtes Angebot an öffentlichen Leistungen darstelle.[834] Die Pfändung privaten Eigentums der Bevölkerung zur Schuldenbedienung war und ist in den USA, zumindest in der Theorie, in den meisten Staaten Neuenglands möglich.[835] Die Region Neuengland umfasst dabei die US-Bundesstaaten Connecticut, New Hampshire, Maine, Massachusetts, Rhode Island und Vermont. Die Gerichte in diesen Staaten beriefen sich dabei darauf, dass die Regel, nach der ein einzelnes Mitglied einer aggregierten Gesellschaft nicht für die Forderungen gegenüber dieser haftbar sei, für eine öffentlich-rechtliche Gemeinde nicht gelte, da diese seit alters her eine Ausnahme hiervon darstellen würde.[836] Außerhalb

831 Vgl. Paulus, C. G. (2002) oder auch Hefeker, C. (2002).

832 Siehe zum Fall New York Citys neben den Ausführungen im Kapitel 5 auch Shalala, D. E. und C. Bellamy (1976), McKinney (1975), Jochimsen, B. (2007a) oder Morrison, F. L. (2002).

833 Vgl. Paulus, C. G. (2010).

834 Vgl. Seitz, H. (2007).

835 Vgl. McConnell, M. W. und R. C. Picker (1993).

836 Vgl. Massachusetts Supreme Judicial Court (1837).

Neuenglands wurde die Pfändung von privatem Eigentum hingegen durchweg abgelehnt. Auch der Oberste Gerichtshof der USA ist der Auffassung, dass *"The private property of individuals within the limits of the territory of the city cannot be subjected to the payment of the debts of the city except through taxation."*[837] Es wäre zu argumentieren, dass die öffentliche Hand über Steuern und weitere Abgaben ebenfalls in die Vermögenswerte ihrer Bürger eingreift. Der Zugriff erfolgt allerdings indirekt und unter Übereinstimmung mit den Bürgern, die diesem über den demokratischen Prozess der Wahl und Repräsentation zugestimmt haben.[838]

Es besteht auch hier das Erfordernis, die Benachteiligung bestimmter Bevölkerungsgruppen zu vermeiden. Die Pfändung von Privatvermögen dürfte ebenfalls lediglich in dem Rahmen zulässig sein, der den Bürgern ein menschenwürdiges Dasein ermöglicht. Im Extrem gesprochen dürfte ihnen nicht jeglicher Besitz abgenommen werden. Analog zur Steuererhebung wäre auch hier ein Existenzminimum zu definieren, an dem sich die dafür notwendigen Vermögenswerte und somit Pfändungsgrenzen hierfür zu orientieren hätten. Dies stellt einen sehr schwierigen Prozess dar, sollte eine solche Definition allerdings gelingen und sichergestellt werden können, dass keine Bevölkerungsgruppe durch die Pfändung von Vermögensgegenständen übermäßig stark belastet wird, so sollte die Pfändung von Privatvermögen zur Schuldenbedienung nicht kategorisch ausgeschlossen werden. Es ergibt sich durch den stetigen Wandel in der Zusammensetzung der Bevölkerung einer öffentlichen Gebietskörperschaft jedoch ein weiteres, weit weniger leicht zu überwindendes, Hindernis. Es ist denkbar und nicht unwahrscheinlich, dass diejenigen Einwohner, welche in Zeiten übermäßiger Schuldenaufnahme von dieser profitiert haben, mit denen zum Zeitpunkt des Inkrafttretens eines Insolvenzverfahrens nicht identisch sind. Somit fielen die Verursacher oder zumindest die Profiteure der Verschuldung und die zu ihrer Beseitigung verpflichteten Bürger auseinander.[839] Die Kongruenz zwischen Verursachern und Lastenträgern einer Schuldenkrise herzustellen erscheint hierbei nahezu unmöglich.

Für die deutschen Bundesländer kommen die aufgeführten einnahmeseitigen Instrumente zur Überwindung einer Insolvenz nahezu allesamt in Frage. Es sei vorab erwähnt, dass die folgenden Überlegungen von bestehenden gesetzlichen Restriktionen abstrahieren. Die Entwicklung eines Insolvenzmechanismus auf Ebene der deutschen Bundesländer soll nicht lediglich aufzeigen, was momentan

---

837 Supreme Court of the United States (1880).
838 Vgl. McConnell, M. W. und R. C. Picker (1993).
839 Vgl. California Supreme Court (1858).

möglich ist, sondern einen zukunftsfähigen Weg weisen, der Änderungen bestehender Regelungen notwendig machen kann. Als Beispiel sei die beschränkte Fähigkeit der Länder erwähnt, eigenständig Steuern zu erheben. Hierauf wurde bereits mehrfach eingegangen. Für die folgenden Überlegungen sei jedoch angenommen, die Länder würden solchen Beschränkungen nicht unterliegen.

Steuererhöhungen als Abhilfe während eines Insolvenzverfahrens kommen für die deutschen Bundesländer grundsätzlich in Frage. Die sich hieraus ergebende Divergenz der Besteuerung im Bundesgebiet steht auch in keiner Weise im Widerspruch zur Gewährung einheitlicher Lebensverhältnisse, was im Kapitel 9 noch ausführlich darzulegen sein wird. Zudem ist es, wie gezeigt wurde, ein wichtiger Bestandteil der präventiven Wirkungen eines Insolvenzmechanismus eben solche Unterschiede in der Besteuerung zuzulassen. Die Steuereinnahmen der Länder sind derzeit fast vollständig bundesstaatlich determiniert, weshalb kaum die Möglichkeit besteht an dieser Stellschraube zu drehen. Würde man den Ländern jedoch eigene Besteuerungskompetenzen (über die Grunderwerbsteuer hinaus) zugestehen, so könnten sie je nach Bedarf ihre Steuersätze variieren und diese sich ändernden finanziellen Bedarfen anpassen. Es ist in Deutschland im Übrigen nicht unüblich, dass auf neue Finanzierungsbedürfnisse mit der Erhöhung bestehender Steuern reagiert wird. Als Beispiel ist an die Erhöhung der Tabaksteuer aus den Jahren 2002 und 2003 zu denken. Die Tabaksteuer wurde zur Finanzierung des Anti-Terror-Kampfes um einen Cent pro Zigarette erhöht. Es ist nicht abwegig dieselbe Logik auf erhöhte Finanzierungsbedürfnisse zur Abwendung oder Behebung einer Insolvenz anzuwenden und den Ländern dieses Instrument zugänglich zu machen.

Möglichkeiten für Steuererhöhungen bieten sich bei nahezu allen Steuerarten. Es müsste vorher aber festgelegt werden, über welche Steuern den Ländern die vollständige Autonomie gewährt werden soll und welche weiter zentral erhoben werden sollen. Es böte sich bspw. an, den Ländern autonome Zuschlagsätze zur Einkommen- und Körperschaftsteuer oder auch zur Grundsteuer zuzugestehen.[840] Die Länder könnten dann die Sätze variieren und bei der Einkommensteuer durch eine alleinige Erhöhung der Steuer für höhere Einkommensklassen auch einer Benachteiligung unterer Einkommensklassen entgegenwirken. Eine Steuer, welche aufgrund des damit verbundenen übermäßigen Verwaltungsaufwands jedoch weiter zentral erhoben werden sollte, stellt möglicherweise

840 Vgl. Wissenschaftlicher Beirat beim Bundesministerium der Finanzen (2005). Dieser Vorschlag wird ebenfalls von Kitterer, W. und M. Groneck (2006) aufgegriffen und bejaht.

die Umsatzsteuer dar. Bei solchen Steuern wäre es denkbar, dass der Bund sie zeitweise erhöht und aus dem zusätzlichen Aufkommen insolvente Bundesländer bei ihrer Restrukturierung unterstützt. Gerade im Bereich der Umsatzsteuer schlummern erhebliche Potentiale. So gilt der ermäßigte Umsatzsteuersatz nicht nur für Grundnahrungsmittel und Güter des täglichen Bedarfs, sondern ebenfalls für den Erwerb kostspieliger Kunstgegenstände oder auch Rennpferde. Es ist wohl kaum stichhaltig zu begründen, warum den Käufern derart teurer Produkte der reguläre Umsatzsteuersatz nicht aufzubürden sein sollte.

Generell sollten Steuererhöhungen jedoch weder in ihrer Art noch in ihrer Höhe beliebig durchführbar sein. Das Ausmaß der einem Land möglichen Steuererhöhungen sollte sich in einem klar definierten Rahmen bewegen. Es sollte ein Existenzminimum für die Bürger eines Bundeslandes gewährleistet werden, welches keinesfalls durch eine übermäßig hohe steuerliche Belastung unterschritten werden darf, so dass dem Steuerzahler über sein Nettoeinkommen kein menschenwürdiges Dasein mehr möglich wäre. Eine solche Definition ist nicht ohne Weiteres möglich und unterliegt immer auch subjektiven Kriterien und Einschätzungen darüber, was als notwendig für ein menschenwürdiges Dasein erachtet wird. Bei aller Schwierigkeit der Festlegung eines solchen Minimums soll eine Unterschreitung dessen in jedem Fall unzulässig sein. Weiter müsste gewährleistet werden, dass Steuererhöhungen nicht einseitig oder übermäßig zu Lasten einer bestimmten Bevölkerungsgruppe gehen. Letztlich gilt es ebenfalls, die Frage nach dem aufkommensmaximierenden Steuersatz zu beantworten, mindestens aber sicherzustellen, dass der Wendepunkt, ab dem das Steueraufkommen mit steigendem Steuersatz abnimmt, nicht überschritten wird. Dieser Effekt des abnehmenden Steueraufkommens würde vermutlich stärker ausfallen, wenn die Bevölkerung eines Bundeslandes die Steuererhöhung als nicht legitim betrachtet. Auch dieses Problem ist bislang nicht befriedigend gelöst worden.

Die Verpfändung zukünftiger Steuereinnahmen sollte den Bundesländern zur Beschaffung zusätzlicher Einnahmen ebenfalls offenstehen. Sie kann die Akquirierung zusätzlicher finanzieller Mittel erleichtern. Da ein Bundesland im Laufe eines Insolvenzverfahrens einen hohen Finanzierungsbedarf zur Aufrechterhaltung seiner staatlichen Funktionen und zur Finanzierung des Umschuldungsprozesses aufweisen wird, könnte es notwendig werden, zusätzliche finanzielle Mittel aufzunehmen.[841] Neben dem Ausschluss solcher neuen Forderungen vom Insolvenzverfahren kann die Verpfändung eines Teils der zukünftigen Steuereinnahmen als Sicherheit für die Gläubiger positive Konditionen bei

841 Vgl. Berensmann, K. und A. Herzberg (2007).

der Aufnahme neuer Kredite begünstigen. Den Bundesländern sollte die teilweise Verpfändung zukünftiger Steuereinnahmen ermöglicht werden. Jedoch sind auch hier klare Grenzen zu definieren. Es muss in Abstimmung dessen, was als minimale notwendige staatliche Tätigkeit angesehen wird, festgelegt werden, welcher finanzielle Bedarf hieraus entsteht. Dieser Bedarf muss letztendlich auch durch Steuereinnahmen gedeckt werden. Es sollen keinesfalls Steuereinnahmen in einer Höhe verpfändet werden dürfen, die das Volumen dieses finanziellen Bedarfs übersteigt.

Die Zahlungen Privater an ein Bundesland hingegen sollten unpfändbar sein. Betrachtet werden soll das Beispiel eines abgebrannten Verwaltungsgebäudes. Hieraus entstünden dem betroffenen Bundesland Versicherungszahlungen. Diese Versicherungszahlungen müssten aber zum Wiederaufbau oder zur Restaurierung des Gebäudes eingesetzt werden. Hätten Gläubiger auf diese Zahlungen Zugriff, so fehlten dem Bundesland die Mittel, das Gebäude wiederherzustellen und das öffentliche Vermögen würde dadurch sinken. Es sei denn, der Verlust der Versicherungszahlungen würde mit Krediten kompensiert werden. Dies trüge jedoch zu einem weiteren Anstieg der Schuldenlast bei und wäre im Sinne eines Insolvenzverfahrens, welches die Reduzierung der Schuldenlast zum Ziel hat, kontraproduktiv.

Es wird ebenfalls vorgeschlagen, den deutschen Bundesländern die Erhebung neuer Steuern zu ermöglichen. Zu denken wäre hier z.B. an die in Deutschland seit 1997 nicht mehr erhobene, den Ländern zustehende, Vermögensteuer. Der Vermögensteuersatz betrug dabei nach § 10 Vermögensteuergesetz (VStG) in der Fassung vom 29.10.2001 jährlich einen Prozent für natürliche Personen und 0,6 % für Körperschaften. Im letzten Jahr der Erhebung, 1996, nahmen die Bundesländer über die Vermögensteuer insgesamt neun Mrd. DM ein, was gut 4,6 Mrd. € entspricht.[842] Zudem wäre an die Möglichkeit einer einmaligen Vermögensabgabe zu denken. Auch hier wäre wieder zu bedenken, dass eine derartige Abgabe nicht unverhältnismäßig hoch sein darf. Es darf auch nicht passieren, dass ein Bundesland sich durch die Erhebung einer einmaligen Vermögensabgabe oder die (Wieder)einführung der Vermögensteuer mit hohem Satz vollständig zu Lasten seiner Bürger entschuldet.

Die Erhebung neuer Steuern stünde vor denselben Problemen und Hindernissen, wie die Erhöhung bestehender Steuern. Auch hier sind Grenzen zu beachten, welche sich in erster Linie an einem Existenzminimum für jeden einzelnen Bürger orientieren und weiter sicherstellen müssen, dass keine

842 Vgl. Deutscher Bundestag (1996).

Bevölkerungsgruppe übermäßig stark benachteiligt wird. Es wäre ebenfalls mit Ausweichreaktionen auf neu zu erhebende Steuern zu rechnen. Diese werden vermutlich umso größer ausfallen, je weniger die Bevölkerung die Legitimität der neuen Steuern als gegeben ansieht. Es wird in dieser Arbeit vorgeschlagen, sowohl die Erhöhung bestehender als auch die Erhebung neuer Steuern explizit an die Senkung der öffentlichen Verschuldung zu koppeln. Es sollte der Bevölkerung eines insolventen Bundeslandes aufgezeigt werden, dass dies ein notwendiges Opfer ist, welches sie zur Überwindung der Insolvenz des Landes tragen muss. Dies sensibilisiert die Bevölkerung für den Zusammenhang zwischen der steuerlichen Mehrbelastung und der vorangegangenen öffentlichen Verschuldung und verstärkt den präventiven Effekt des Insolvenzmechanismus auf die Politik.[843] Zudem kann hierdurch, durch das verständliche Aufzeigen der Sinnhaftigkeit der Steuererhebung zur Überwindung einer Insolvenzsituation, ein Mehr an Legitimität geschaffen werden.

Für alle drei hier vorgestellten steuerlichen Sanierungsinstrumente müssen allerdings klare Grenzen gelten, die sich an einem Existenzminimum für die Bürger eines insolventen Bundeslandes orientieren sollten. Eine steuerliche Belastung, die ein Unterschreiten dieses Minimums bedeuten würde, darf nicht zulässig sein. Da dieses Minimum ebenso wie die minimale notwendige staatliche Tätigkeit, die bei der Verpfändung zukünftiger Steuereinnahmen zu beachten ist, nicht zweifelsfrei objektiv festzulegen sein wird, wird vorgeschlagen diese Bestimmungen dem Bundesverfassungsgericht zu überlassen. Den Gläubigern sowie dem insolventen Bundesland soll hierbei ein Anhörungsrecht eingeräumt, die endgültige Festsetzung der Grenzen der Besteuerung und/oder der Verpfändung zukünftiger Steuereinnahmen aber dem Gericht überlassen werden.

Bei der Steigerung der Einnahmen aus wirtschaftlicher Tätigkeit unterliegen die Bundesländer keinerlei gesetzlichen Beschränkungen oder Reglementierungen durch die Bundesebene. Hier kann es folglich auch nicht zur Freisetzung von Steigerungspotentialen durch die Lockerung etwaiger Hemmnisse oder die Übertragung zusätzlicher Kompetenzen kommen. Die Einnahmen aus wirtschaftlicher Tätigkeit der Länder (ohne Gemeinden und Gemeindeverbände) betrugen im Jahr 2010 4,09 Mrd. €, was einem Anteil an den bereinigten Einnahmen von gerade einmal 1,5 % entspricht. Betrachtet man die Länder einschließlich ihrer Gemeinden und Gemeindeverbände so betrugen die Einnahmen aus wirtschaftlicher Tätigkeit gut 13 Mrd. €. Dies entspricht einem Anteil von knapp

843 Siehe die Ausführungen im Kapitel 7.2.3.

drei Prozent an den bereinigten Einnahmen.[844] Es ist fraglich, ob hier eine erhebliche Ausweitung der Einnahmen gelingen kann, zumal die Länder und ihre Gemeinden in ihrer wirtschaftlichen Tätigkeit den Begrenzungen des Wettbewerbs und der allgemeinen Konjunkturlage unterliegen.

Die Veräußerung von Landesvermögen sollte alleine schon aufgrund der damit verbundenen Anreizwirkungen als ein Instrument der Schuldenreduktion für die Bundesländer in Frage kommen. Zum einen würde ein Ausschluss jeglichen Vermögensverlustes in Verbindung mit einer umfassenden Entschuldung erhebliche Moral Hazard Probleme verursachen.[845] Zum anderen gehört dies zu den mit einem Insolvenzverfahren verbundenen Härten, die einem Bundesland und seiner Bevölkerung im Insolvenzfall zuzumuten wären. Hierüber würde die Politik direkt wie auch indirekt in ihrem Verschuldungsverhalten diszipliniert. Direkt, da sie unmittelbar spüren würde, dass eine zu hohe Verschuldung mit negativen Folgen verbunden ist. Indirekt über den drohenden Verlust der Regierungsgewalt, da die Bürger eines insolventen Landes dazu tendieren würden die amtierende Regierung abzuwählen, da diese für die Insolvenz und somit für die schweren Opfer, in diesem Fall der Vermögensveräußerung, verantwortlich gemacht würde.[846] Zu diesem Zweck wäre es auch notwendig, den Verkauf von Vermögen einer breiten Öffentlichkeit bekannt zu machen und die Verbindung mit der Insolvenz eines Landes klar zu benennen. Jedoch sollten bei der Veräußerung von Landesvermögen die im Kapitel 8.5. gezogenen Grenzen beachtet werden. Keinesfalls darf ein notwendiges Minimum an staatlicher Tätigkeit unterschritten werden. Somit stünden diejenigen Vermögenswerte, die für die Gewährleistung dieses staatlichen Existenzminimums erforderlich sind, außerhalb jeglicher Liquidationsüberlegungen.

Bezogen auf die Umsatzsteuer nennt Art. 106 Abs. 3 Nr. 1 GG im Zusammenhang mit der Festsetzung der Anteile von Bund und Ländern den gleichmäßigen Anspruch auf Deckung der notwendigen Ausgaben als einen Grundsatz für deren Festsetzung. Jedoch ist bisher weder dem Gesetzgeber noch der politischen Praxis oder der Wissenschaft eine befriedigende Aufstellung der notwendigen Aufgaben und mit ihnen zusammenhängenden notwendigen Ausgaben gelungen. Aufgrund der Subjektivität des Terminus‘ „notwendig“ muss dies wohl auch so bleiben. So kann es sein, dass ein Bundesland ein Theater betreibt, welches stark subventioniert wird und defizitär arbeitet. Die ökonomische ratio würde

844 Eigene Berechnung anhand der Daten aus Statistisches Bundesamt (2011b).
845 Vgl. McConnell, M. W. und R. C. Picker (1993).
846 Siehe hierzu das Kapitel 7.2.3.

hier einen Verkauf empfehlen. Jedoch erfüllen öffentliche Theater einen kulturellen Zweck, so dass es mit Sicherheit Meinungen geben wird, die ein Minimum an kulturellen staatlichen Leistungen für ebenso notwendig halten, wie bspw. die Garantie sozialer Leistungen und somit einem Verkauf abgeneigt wären.

Aufgrund solcher Härtefälle muss akzeptiert werden, dass eine exakte, nach wissenschaftlichen Kriterien objektivierbare Definition des Begriffs der notwendigen Ausgaben nicht möglich ist. Wie auch bei den Sanierungsinstrumenten der Besteuerung wird vorgeschlagen, eine solche Definition, unter dem Recht der Anhörung der Gläubiger sowie des insolventen Bundeslandes, dem Bundesverfassungsgericht zu überlassen. Dies ist insofern notwendig als dass die Gläubiger darauf drängen würden, sämtlichen Vermögensbesitz des Landes zu liquidieren, um einen möglichst hohen Grad der Befriedigung ihrer Forderungen zu erreichen. Die Regierung des insolventen Bundeslandes wiederum würde den Begriff der notwendigen Ausgaben und des hierfür notwendigen öffentlichen Vermögens beträchtlich ausdehnen, um die Opfer für das Land und die Bevölkerung möglichst niedrig zu halten, da mit steigenden Belastungen die Wahrscheinlichkeit der Abwahl zunimmt.[847] Die Einschaltung einer neutralen Instanz scheint hier notwendig zu sein.

Weiter soll in Anlehnung an McConnell und Picker (1993) solches Vermögen, dessen Wert in öffentlicher Hand denjenigen für private Käufer überschreitet, vom Verkauf ausgeschlossen werden, da das insolvente Bundesland hier Vermögen unter Wert veräußern würde. Es ist ebenfalls zu beachten, dass Landesvermögen existieren kann, das positive Externalitäten verursacht. Auch dieses Vermögen sollte in öffentlicher Hand belassen werden. Ein Beispiel für ein solches Vermögen könnte ein öffentlicher Badesee in einem Bundesland sein, der unentgeltlich nutzbar ist. Dieser kann volkswirtschaftlich einen sehr hohen Wert haben, da er allgemeinen Nutzen stiftet. Dieser volkswirtschaftliche Wert steigt zudem, falls der Badesee durch Einwohner angrenzender Bundesländer ebenfalls genutzt werden kann (von Überfüllungskosten sei hier abstrahiert). Sein volkswirtschaftlicher Wert in privater Hand dürfte weit niedriger liegen. Hier muss der Verkaufserlös, der dem Bundesland zugutekommt gegen die Nutzenverluste der Bevölkerung abgewogen werden, die nun vermutlich einen Eintrittspreis für die Nutzung des Sees zu entrichten hat. Allerdings sei einschränkend angemerkt, dass eben dieser Nutzenverlust für die Bevölkerung eines insolventen Bundeslandes anreiztheoretisch ausdrücklich erwünscht ist. Hier gilt es eine nicht immer einfache Einzelfallabwägung vorzunehmen. Dies sollte ebenfalls

847 Es sei hier wiederum auf das Kapitel 7.2.3. verwiesen.

dem Bundesverfassungsgericht überlassen werden. Das insolvente Bundesland sowie die Gläubiger sollten allerdings auf Antrag anzuhören sein.

Auch die Privatisierung öffentlicher Unternehmen könnte für die deutschen Bundesländer in Frage kommen, um ihre Schuldenlast zu drücken. Privatisierungserlöse wären bspw. im Bereich des ÖPNV denkbar. Jedoch stellen Privatisierungen beileibe kein Allheilmittel dar. Es darf nicht lediglich auf den kurzfristigen Verkaufserlös abgestellt, sondern es muss vielmehr überprüft werden, ob es sich um ein rentables Unternehmen handelt, dessen Barwert an Gewinnen einen möglichen Verkaufserlös übersteigt. Es sei in diesem Zusammenhang auf das Urteil des Bundesverfassungsgerichts vom 19. Oktober 2006 zur Verfassungsklage des Landes Berlin verwiesen, in dem dessen Klage auf Sanierungszuweisungen aufgrund einer Extremen Haushaltsnotlage abschlägig beschieden wurde.[848] Das Gericht urteilte, dass sich das Land Berlin unter Eigenanstrengung aus seiner misslichen Finanzlage befreien könne und schlug als Mittel zur Abhilfe u.a. vor, Privatisierungserlöse über den Verkauf städtischer Wohnungen zu erzielen. Der Sachverständigenrat zur Begutachtung der gesamtwirtschaftlichen Entwicklung (2006) wies in seinem Jahresgutachten 2006/2007 darauf hin, dass diese Maßnahme die Haushaltslage nicht entscheidend verbessern würde, da zum einen mit erheblichen Wertverlusten durch einen umfassenden Verkauf solcher Wohnungen zu rechnen sei und dem Verkaufserlös zudem verminderte Mieteinnahmen in der Zukunft gegenüberstünden. Dieses Beispiel macht deutlich, dass öffentliches Eigentum nicht beliebig privatisiert werden darf, sondern es einer sorgfältigen Abwägung der heutigen Erlöse und der zukünftigen Mindereinnahmen bedarf. Weiter ist zu beachten, dass viele öffentliche Unternehmen auch einen sozialen Zweck erfüllen. Zu denken ist hier etwa an städtische Wohnungsbaugesellschaften. Eine Privatisierung würde möglicherweise zu stark steigenden Mieten führen, die für Niedrigeinkommensbezieher nicht mehr bezahlbar wären. Hier ist eine fallweise Abwägung, nicht nur der rein ökonomischen Interessen, unerlässlich. Diese Abwägung sollte unter einem Anhörungsrecht, sowohl für das insolvente Bundesland als auch für seine Gläubiger, vom Bundesverfassungsgericht vorgenommen werden.

Wie bereits im Kapitel 8.7. angesprochen sollte es den Bundesländern im Insolvenzfall möglich sein, zusätzliche finanzielle Mittel aufzunehmen. Dies kann auch auf dem Kapitalmarkt geschehen und ist zur Aufrechterhaltung der finanzpolitischen Handlungsfähigkeit eines Bundeslandes auch während des Insolvenzverfahrens notwendig. Es ist aber zu beachten, dass das Volumen der

848 Vgl. Bundesverfassungsgericht (2006).

Kreditaufnahme ausdrücklich an die Wahrung der finanzpolitischen Handlungsfähigkeit gekoppelt werden sollte. Im Gegensatz zu den anderen Einnahmeformen geht es hier ausdrücklich nicht um eine Steigerung der Einnahmen. Es steht allein die Notwendigkeit der Kreditaufnahme zur Debatte, die Höhe dieser Kreditaufnahme muss begrenzt bleiben. Keinesfalls sollte das Verständnis vorherrschen, die Länder dürften ihre Einnahmen aus Krediten steigern. Lediglich die Mittel, die zur Aufrechterhaltung der minimalen notwendigen staatlichen Tätigkeit notwendig sind, sollen aufgenommen werden dürfen. Eine Kreditaufnahme darüber hinaus sollte unzulässig sein, bis sich das Land von seiner Insolvenz erholt hat.

Die Pfändung von Privatvermögen der Bevölkerung eines insolventen Bundeslandes sollte nicht zulässig sein. Es gilt zwar das Argument, dass bei der Besteuerung ebenfalls in das Vermögen der Bevölkerung eingegriffen wird, jedoch erfolgt dieser Eingriff indirekt und als Ausfluss des demokratischen Prozesses der Wahl und Repräsentation.[849] Zudem kann sich dem steuerlichen Zugriff entzogen werden. Nicht immer legal freilich, jedoch besteht für jeden Bürger die Möglichkeit sich einer hohen Besteuerung durch einen geringeren Arbeitseinsatz zu entziehen. Er hat im Gegenzug dafür die geringeren Einkommensmöglichkeiten zu akzeptieren. Dies stellt für ihn letztlich eine Interessenabwägung dar. Der Pfändung des Privatvermögens hingegen kann sich lediglich durch Abwanderung entzogen werden. Dies ist zwar nicht ohne Weiteres möglich, da niemand von heute auf morgen in der Lage sein wird seinen Wohnsitz zu verlagern, jedoch wird auch eine Vermögenspfändung nicht am Folgetag ihres Beschlusses direkt umgesetzt werden können, zumal ein solches Vorhaben der Öffentlichkeit sicher weit vorher bekannt würde. Hier stellt sich aber das Problem der Benachteiligung bestimmter Bevölkerungsgruppen, namentlich der Bezieher geringer Einkommen. Da einkommensstärkere Bürger und Unternehmen mobiler und zumeist auch im Besitz weitaus größerer Vermögenswerte sind, ist zu befürchten, dass sie sich bei Ankündigung einer einmaligen Vermögensabgabe absetzen und die Last ausschließlich von den einkommensschwächeren Teilen der Bevölkerung getragen werden muss.[850] Zudem stellt sich die Herstellung der Kongruenz zwischen Verursachern und/oder Profiteuren einer zu hohen öffentlichen Verschuldung und denjenigen, welche die Lasten hieraus zu tragen haben,

849 Vgl. McConnell, M. W. und R. C. Picker (1993).
850 Vgl. Briffault, R. (1990).

aufgrund der sich stetig wandelnden Zusammensetzung der Bevölkerung eines Bundeslandes, als nahezu unmögliches Unterfangen dar.[851]

Eine einmalige Vermögensabgabe hingegen sollte zulässig sein, wobei darauf zu achten sein sollte, dass die Bürger stärker belastet werden, die über ein großes Vermögen verfügen oder aber einen Großteil ihres Einkommens aus Vermögen beziehen. Besitzer kleinerer Vermögen sind zum einen weniger mobil und demnach weniger dazu in der Lage, sich dem Zugriff der Vermögensabgabe zu entziehen und verfügen zum anderen ohnehin über wenig Besitz. Deswegen wird vorgeschlagen, dass sich die Vermögensabgabe, ähnlich einer Freigrenze, lediglich auf die Vermögen ab einem bestimmten Wert beziehen soll.

Zusammenfassend wird vorgeschlagen, dass von den einnahmeseitigen Instrumenten zur Überwindung einer finanziellen Krise, die der Steuererhöhungen, der Erhebung neuer Steuern, der Erhöhung der Einnahmen aus wirtschaftlicher Tätigkeit, der Vermögensveräußerung und auch die der erneuten Kreditaufnahme für die deutschen Bundesländer zugänglich sein sollten. Diese Instrumente sollten den Ländern grundsätzlich offen stehen, um in einem Insolvenzverfahren ihre Schuldenlast zu reduzieren. Die Länder müssten mit den hierfür erforderlichen Kompetenzen ausgestattet werden. Der Zugriff auf das Privatvermögen der Bevölkerung eines insolventen Bundeslandes mittels der Pfändung von Vermögenswerten zur Überwindung einer Insolvenz soll unzulässig sein.

Die einnahmeseitigen Maßnahmen zur Überwindung einer Insolvenz werden im Insolvenzplan festgehalten, welcher der Bestätigung durch das Bundesverfassungsgericht bedürfen sollte. Hierdurch wird eine übermäßige oder auch einseitige Belastung des Bundeslandes, der Gläubiger oder der Bevölkerung des insolventen Bundeslandes vermieden. Das Bundesverfassungsgericht könnte bspw. entscheiden, dass eine neu erhobene Steuer unzulässig ist, weil sie eine Bevölkerungsgruppe zu stark benachteiligt. Bei einer Abweisung des Insolvenzplans aufgrund der Ablehnung einnahmeseitiger Maßnahmen zur Überwindung der Insolvenz durch das Bundesverfassungsgericht sollen diese zu überarbeiten und anzupassen sein, bis ein billiger Ausgleich zwischen den divergierenden Interessen der involvierten Parteien erzielt werden kann, der durch das Gericht als ausreichend angesehen wird.

Neben den einnahmeseitigen Instrumenten zur Überwindung einer Insolvenz bieten sich den Ländern auch auf der Ausgabenseite Möglichkeiten, ihre Schuldenlast zu reduzieren. Diese werden im Folgenden diskutiert.

851 Vgl. California Supreme Court (1858).

8.8.2 Die ausgabeseitigen Maßnahmen zur Wiederherstellung der Solvenz

Einem insolventen souveränen Schuldner bietet sich auf der Ausgabenseite durch Kürzungen der Aufgaben und der damit verbundenen Ausgaben die Möglichkeit, seine Schuldenlast zu reduzieren. Diese Seite der Haushaltskonsolidierung wird in der Literatur verstärkt betont.[852] Die Forderung nach einer ausgabeseitigen Konsolidierung deckt sich mit Ergebnissen der Empirie, nach denen Haushaltskonsolidierungen erfolgreich über die Ausgabenseite vorgenommen werden können und zudem die Gefahr eines wirtschaftlichen Abschwungs bei Ausgabenreduktionen geringer ist als im Falle von Steuererhöhungen.[853] Dies scheint aufgrund der oben geschilderten Ausweichreaktionen auf die Besteuerung einen logischen Schluss darzustellen.

Die Aufgaben und die daraus entstehenden Ausgaben, welche durch ein öffentliches Gemeinwesen getätigt werden, sind derart vielfältig, dass es unmöglich ist, auf jede einzelne Aufgabe im Detail einzugehen. Gerade auf Staatenebene hat der souveräne Schuldner im Grunde unbegrenzte Handlungsspielräume bei der Begrenzung seiner Auf- und Ausgaben, so dass eine detaillierte Erläuterung hier zu weit führen würde. Theoretisch könnte ein Staat sämtliche öffentliche Leistungen einstellen und somit sein Ausgabeniveau nahe Null reduzieren. Hiermit wären aber starke Legitimationsprobleme und soziale Unruhen verbunden. Die folgenden Schilderungen sollen daher allgemein gehalten werden und lediglich als Schaubeispiele dienen. Des Weiteren werden einige Besonderheiten ausländischer Insolvenzrechte aufgegriffen, in denen einem souveränen Schuldner weitreichende Kompetenzen bei der Reduktion seiner öffentlichen Ausgaben eingeräumt werden.

Auf eine Darstellung der Besonderheiten föderal strukturierter Staatssysteme wird bei der Prüfung der Anwendbarkeit von Ausgabenreduktionen zur Haushaltskonsolidierung auf Ebene der deutschen Bundesländer näher einzugehen sein. Es sei für‘s Erste lediglich darauf verwiesen, dass es in föderal strukturierten Staatssystemen Aufgaben gibt, die von der Bundesebene erfüllt werden und welche, deren Ausführung wiederum den untergeordneten Gliedstaaten obliegt. Diese Aufgaben können bundesstaatlich determiniert sein oder aber selbstbestimmte öffentliche Leistungen der Gliedstaaten darstellen. Die Finanzierung

---

852 Siehe z.B. Konrad, K. A. (2007b), Kirchner, C. (2011), Hildebrandt, A. (2009), Jochimsen, B. und K. A. Konrad (2006), Schäfer, H.-B. (2010), King, L. P. (1977) oder McConnell, M. W. und R. C. Picker (1993).

853 Vgl. Alesina, A. und S. Ardagna (2010) oder auch Feld, L. P. (2010).

öffentlicher Aufgaben kann den Gliedstaaten durch eigene Einnahmequellen ermöglicht werden oder aber sie werden zur Erfüllung ihrer Aufgaben bundesstaatlich alimentiert. In diesen Aspekten unterscheiden sich die verschiedenen föderalen Staatssysteme untereinander. Die folgenden Darstellungen sollen lediglich Einsparpotentiale aufzeigen und abstrahieren daher erst einmal von bundesgesetzlichen Vorgaben und der konkreten Struktur des jeweiligen Staatssystems.

Es soll an dieser Stelle nicht unbemerkt bleiben, dass sich eine Ausgabenreduktion bereits durch einen eventuellen, zumindest teilweisen, Schuldenerlass ergibt. Sinkt die Schuldenlast, so sinken einerseits die Tilgungszahlungen in Summe und andererseits die laufenden Zinszahlungen. Da dies gesondert verhandelt werden muss und bereits im Zusammenhang mit der Erstellung eines Insolvenzplans im Kapitel 8.4. und der Bestimmung der Schuldentragfähigkeit im Kapitel 8.5. diskutiert wurde, sei hier lediglich kurz darauf verwiesen.

Betrachtet man die Bundesrepublik Deutschland so lässt sich aus den Daten des Statistischen Bundesamtes ablesen, welches die einzelnen Ausgabeposten des öffentlichen Gemeinwesens in Deutschland sind. Zu beachten ist hierbei, dass die Ausgaben folgend nach Arten gegliedert sind. Sie ließen sich zudem nach Aufgabenbereichen ordnen. In Summe entsprechen sich beide Statistiken. Überragende Bedeutung nehmen hierbei die laufenden Zuweisungen und Zuschüsse sowie die Personalausgaben ein. Die laufenden Zuweisungen und Zuschüsse betrugen im Jahr 2010 insgesamt 275,62 Mrd. € an den öffentlichen Bereich und 162,7 Mrd. € an andere Bereiche. Die Personalausgaben summierten sich im selben Jahr auf insgesamt 175,53 Mrd. €. Weitere Ausgabenblöcke sind der laufende Sachaufwand (85,5 Mrd. € in 2010) und die Zinsausgaben an den öffentlichen Bereich sowie an andere Bereiche (226 Mio. € bzw. 56,23 Mrd. € in 2010). Die soeben aufgeführten Ausgabeposten bilden die Ausgaben der laufenden Rechnung, welche sich im Jahr 2010 auf insgesamt 613,55 Mrd. € belief. Diese Summe ergibt sich durch die Addition der genannten Ausgabeposten abzüglich der empfangenen Zahlungen von der gleichen Ebene (142,42 Mrd. € in 2010).[854]

Die öffentlichen Ausgaben gliedern sich weiter in die Kapitalrechnung. Die Kapitalrechnung umfasst dabei die Sachinvestitionen in Höhe von 38,05 Mrd. € im Jahr 2010, die sich in die Baumaßnahmen (30,12 Mrd. €) und den Erwerb von Sachvermögen (7,93 Mrd. €) aufteilen. Weiter zählen zur Kapitalrechnung die Vermögensübertragungen an den öffentlichen Bereich (50,04 Mrd. € in 2010) sowie die an andere Bereiche (23,95 Mrd. € in 2010), die Darlehen an

854 Sämtliche Daten dieses Absatzes sind Statistisches Bundesamt (2011b) entnommen.

den öffentlichen Bereich (153 Mio. € in 2010) und andere Bereiche (4,91 Mrd. € in 2010), der Erwerb von Beteiligungen (2,67 Mrd. € in 2010) sowie die Tilgungszahlungen an den öffentlichen Bereich (1,27 Mrd. € in 2010). Abzüglich der empfangenen Zahlungen von der gleichen Ebene (17,96 Mrd. € in 2010) ergeben sich für die Kapitalrechnung Ausgaben in Höhe von insgesamt 73,08 Mrd. € im Jahr 2010.[855]

Weitere Ausgabeposten finden sich unter den besonderen Finanzierungsvorgängen. Hierzu rechnen die Schuldentilgung am Kreditmarkt mit einem Volumen von 329,9 Mrd. € im Jahr 2010, die Rückzahlung Innerer Darlehen (45 Mio. € in 2010), die Zuführungen an Rücklagen (3,93 Mrd. € in 2010) sowie die Deckung von Vorjahresfehlbeträgen (2,1 Mrd. € in 2010). Insgesamt ergeben sich hier Ausgaben in Höhe von 335,97 Mrd. € für das Jahr 2010.[856]

Aus einer Gliederung der Ausgaben der Bundesebene nach Aufgabenbereichen geht hervor, dass die Ausgaben für Soziale Sicherung, Soziale Kriegsfolgeaufgaben sowie Wiedergutmachungen mit einem Anteil an den gesamten Ausgaben von über 50 % einen beträchtlichen Ausgabeposten darstellen.[857] Für die Länder einschließlich ihrer Gemeinden stellen von den aufgeführten Ausgabeposten die Personal- und Sozialausgaben die größten dar. All diese Ausgabeposten könnten theoretisch zur Disposition gestellt und dort Ausgabenkürzungen vorgenommen werden. Jedoch muss ein solches Vorgehen mit dem nötigen Augenmaß und unter Abwägung der damit verbundenen Risiken einhergehen.

Es ist zu beachten, dass es stets ein Minimum an staatlichen Leistungen geben muss, welches keinesfalls unterschritten werden darf. Konkret bedeutet dies die Gewährleistung der Versorgung der Bevölkerung eines Bundeslandes *„[…] mit öffentlichen Gütern und öffentlichen Dienstleistungen in angemessenem Umfang […].“*[858] Hier sei auf das Kapitel 8.5. verwiesen, in dem bereits erwähnt wurde, dass es gewisse unabdingbare öffentliche Aufgaben und Pflichten gibt, welche ein öffentliches Gemeinwesen zu erfüllen hat. Auch sollte sichergestellt werden, dass die Ausgabenkürzungen nicht die Teile der Bevölkerung besonders hart treffen, die als einkommensschwach zu bezeichnen sind.[859] Es ist weiter jedem Bürger ein Leben oberhalb des Existenzminimums zu garantieren. Auch hier stellt sich wieder das Problem der Definition eines solchen Existenzminimums. Ein

855 Sämtliche Daten dieses Absatzes sind Statistisches Bundesamt (2011b) entnommen.
856 Sämtliche Daten dieses Absatzes sind Statistisches Bundesamt (2011b) entnommen.
857 Vgl. Bundesministerium der Finanzen (2011).
858 Konrad, K. A. (2007b), S. 583. Siehe auch Konrad, K. A. (2007a).
859 Vgl. Hildebrandt, A. (2009).

Ansatz wäre es, sich am Niveau der staatlichen Sozialhilfe zu orientieren, dieser Ansatz wurde jedoch weiter oben bereits verworfen. Es muss bei der Feststellung bleiben, dass die Definition eines Minimums zur Gewährung eines menschenwürdigen Daseins immer auch eine subjektive Komponente beinhaltet. Es sind daneben ebenfalls die Grundbedürfnisse der Bevölkerung zu beachten. Ein gewisses Maß dieser Grundbedürfnisse, wie auch immer sie definiert sein mögen, ist stets zu gewährleisten. Die Definition der Grundbedürfnisse kann ebenso wie die Definition eines Existenzminimums nicht frei von einer subjektiven Komponente bleiben, da es kaum möglich sein wird, die Grundbedürfnisse objektiv zu bestimmen. Entscheidend ist, dass es soziale Mindeststandards geben muss, deren Gewährleistung in jedem Fall garantiert sein sollte.[860]

Weiter darf nicht außer Acht gelassen werden, dass bestimmte öffentliche Ausgaben wachstumswirksame Wirkungen haben. Die wirtschaftliche Tätigkeit der öffentlichen Hand stellt einen bedeutenden Zweig fast jeder Volkswirtschaft dar. Zu denken sei hier etwa an die investiven Ausgaben oder aber auch an öffentliche Unternehmen, die durch ihren Betrieb Ausgaben verursachen, jedoch auch profitabel sein können. Fallen wachstumswirksame öffentliche Ausgaben weg, so kann dies adverse Wachstumseffekte auf die Volkswirtschaft eines souveränen Schuldners haben. Um es mit Schäfer (2010, S. 21) plastisch auszudrücken, *„[…] darf die Wirtschaft eines Landes durch den Schuldendienst [nicht] verkrüppeln […]“* Idealerweise müssten die öffentlichen Ausgaben also auch danach beurteilt werden, ob sie wachstumswirksam sind und sich somit rentieren oder aber nicht. Eine solche Festlegung ist nicht einfach und wird sicherlich nicht immer unumstritten sein.

Es ist zusammenfassend notwendig, dass bestimmte öffentliche Leistungen, welche unverzichtbar sind, vorab verankert werden.[861] Diese können von Ausgabenkürzungen entweder nicht betroffen sein oder aber es wird vorab eine Untergrenze der Erbringung dieser Leistungen festgelegt und die möglichen Ausgabenkürzungen in dem Sinne daran gekoppelt, dass es keinesfalls zu einer Unterschreitung der für die Gewährung dieser Untergrenze notwendigen Ausgaben kommen darf.[862] Dieses Minimum an öffentlichen Gütern und

860 Vgl. Schäfer, H.-B. (2010).

861 Vgl. Bolton, P. und D. A. Jr. Skeel (2004).

862 Die Forderung nach der Gewährleistung eines solchen staatlichen Existenzminimums wird u.a. von Paulus, C. G. (2002) und (2010), Häde, U. (2006), Konrad, K. A. (2007a) und (2007b), Jochimsen, B. und K. A. Konrad (2006), Hildebrandt, A. (2009) oder Schäfer, H.-B. (2010) vertreten.

Dienstleistungen kann auch als die bereits erwähnten notwendigen Ausgaben bezeichnet werden, auf die im Art. 106 Abs. 3 Nr.1 GG hingewiesen wird.

Für die deutschen Bundesländer gilt es ebenso, vorab essentielle, unverzichtbare staatliche Leistungen zu definieren, deren Erhalt bzw. Niveau es unter allen Umständen zu wahren gilt. Ihre Bereitstellung durch das Bundesland muss im Insolvenzverfahren garantiert werden. Hierfür bedarf es einer Festlegung darüber, welche öffentlichen Leistungen als essentiell angesehen werden. Solche Leistungen können dabei sozialer oder ökonomischer Natur sein. Die sozialen öffentlichen Leistungen sollen die Leistungen bezeichnen, welche ein Bundesland unmittelbar an seine Bürger erbringt. Orientiert man sich am Chapter 9 des US-Bankruptcy Codes, so gilt es, die Leistungen, welche ein Bundesland gegenüber seiner Bevölkerung in jedem Fall erbringen muss, zu erfassen und diese von Ausgabenkürzungen auszunehmen. Mindestens jedoch sollte ein Ausgabenniveau garantiert werden, welches zur Erfüllung eines Minimums dieser Aufgaben notwendig ist.

Nach Fritz und Hersel (2002) ist es unstrittig, dass die Grundbedürfnisse sowie die Menschenrechte und die Menschenwürde der Bevölkerung eines insolventen souveränen Schuldners gewahrt werden müssen. Diese Ansicht soll für die deutschen Bundesländer übernommen werden. In Anlehnung an Berensmann und Herzberg (2007) sollen unter den Grundbedürfnissen in jedem Fall die kostenfreie Grundschulbildung, eine ausreichende medizinische Grundversorgung sowie der Zugang zu Wasser und sanitären Einrichtungen verstanden werden. Diese Bedürfnisse dürfen keinesfalls von zu starken Ausgabekürzungen betroffen sein. Welche Grundbedürfnisse darüber hinaus garantiert werden sollen, ist eine schwer zu beantwortende Frage und unterliegt immer auch subjektiven Einschätzungen.

Auch sollte der Bevölkerung eines insolventen Bundeslandes ein Leben oberhalb des Existenzminimums garantiert werden. Die sozialen Leistungen dürfen somit keinesfalls zu stark reduziert werden. Es ist allerdings zulässig und anreiztheoretisch ausdrücklich erwünscht, dass das Niveau der Sozialleistungen in einem insolventen Bundesland, zumindest temporär, unter das des Länderdurchschnitts fällt. Hierdurch würden die Auswirkungen der zu hohen öffentlichen Verschuldung, welche letztendlich entscheidend für die Insolvenz eines Bundeslandes ist, für die Bevölkerung spürbar und sie würde einen Anreiz erhalten die verantwortlichen Politiker mit Abwahl zu strafen.[863] Dies steht auch in keinem Konflikt zum Gebot der Gleichwertigkeit der Lebensverhältnisse im

863 Siehe hierzu auch das Kapitel 7.2.3.

Bundesgebiet, wie im Kapitel 9 noch zu zeigen sein wird. Die sozialen Leistungen dürfen jedoch keinesfalls unterhalb des absoluten Existenzminimums fallen. Abweichungen nach unten in Relation zur Ländergesamtheit sind indes möglich und auch erwünscht.

Eine Bestimmung darüber, welche öffentlichen Aufgaben und damit verbundenen Ausgaben über die oben genannten hinaus tatsächlich für die Aufrechterhaltung und Garantie der Grundbedürfnisse der Bevölkerung notwendig sind, soll dem Bundesverfassungsgericht überlassen werden. Ebenfalls soll es dem Gericht obliegen, ein Existenzminimum festzulegen, dessen Gewährleistung für die Bevölkerung außer Frage stehen sollte. Den Gläubigern eines insolventen Bundeslandes soll dabei ein Widerspruchsrecht zugestanden werden, da die Gefahr besteht, dass die notwendigen öffentlichen Aufgaben und Ausgaben sowie die Grenze des Existenzminimums zu großzügig ausgelegt werden, so dass die Forderungen der Gläubiger hierdurch nicht angemessen bedient werden können. Die Gläubiger könnten also gegen jede Interpretation der notwendigen Ausgaben Einspruch einlegen und würden vor dem Bundesverfassungsgericht gehört, dessen Entscheidung jedoch in letzter Instanz bindende Wirkungskraft entfalten sollte.

Bezüglich eines Existenzminimums stellt sich ebenfalls die Frage, ob es zulässig ist, die Gehälter öffentlich Bediensteter zu kürzen und wenn ja, in welchem Maße. Eine erste Annäherung hieran bietet wiederum die anreiztheoretische Perspektive. Auch öffentlich Bedienstete sind Wähler und somit über ihre Wahlentscheidung in der Lage, Politiker zu dem von ihnen präferierten Handeln anzuhalten. Nimmt man die Gehälter der öffentlich Bediensteten von jeglichen Einsparanstrengungen aus, so spürten sie nicht unmittelbar die negativen Folgen der Verschuldung und in letzter Konsequenz der Insolvenz eines Bundeslandes. Sie würden der Verschuldung daher weit weniger Bedeutung bei ihrer Wahlentscheidung beimessen, was den Anreiz für Politiker ihr Verschuldungsverhalten umsichtig zu gestalten, untergraben würde.[864] Aus anreiztheoretischer Perspektive sollte es also möglich sein, die Gehälter öffentlich Bediensteter zu kürzen. Jedoch gilt auch hier die strikte Beachtung eines vorab zu definierenden Existenzminimums.

864 Freilich ist nicht davon auszugehen, dass die öffentlich Bediensteten der Verschuldung in solch einem Fall gar keinen Wert beimessen, da sie die negativen Folgen der Insolvenz eines Bundeslandes über die Kürzung verschiedener öffentlicher Leistungen zu spüren bekommen. Die Gefahr einer Gehaltskürzung verstärkt das negative Empfinden gegenüber öffentlicher Verschuldung jedoch, da sie dadurch unmittelbar fühlbar und direkt auf der Gehaltsabrechnung ablesbar ist.

Ein Blick in die Vereinigten Staaten von Amerika zeigt, dass eine Kürzung der Gehälter öffentlich Bediensteter nicht unüblich ist. Im Gegenteil sieht das Chapter 9 des US-Bankruptcy Codes genau diese Möglichkeit vor. In den USA ist die finanzielle Situation einer Stadt oftmals eng mit den Verträgen mit den städtisch Angestellten verbunden. Tarifverträge mit Polizisten, Feuerwehrmännern, Lehrern etc. stellen eine erhebliche finanzielle Bürde für die Städte dar. Oftmals sind sie die Ursache finanzieller Schwierigkeiten einer Stadt.[865] Im § 365 des US-Bankruptcy Acts wird dem Schuldner ermöglicht, Vollstreckungsverträge anzupassen oder gar aufzukündigen. Unter dem § 365 (g) des US-Bankruptcy Acts ist der Schuldner zwar für Schäden, die durch einen solchen Vertragsbruch entstehen, verantwortlich, solche Verpflichtungen werden aber als ungesicherte Forderungen behandelt und somit in der Regel nicht vollständig bedient.[866] Tarifverträge sind nicht allzu deutlich von Vollstreckungsverträgen zu unterscheiden. So urteilte der Oberste Gerichtshof der Vereinigten Staaten von Amerika im Jahr 1984, dass Tarifverträge unter den Geltungsbereich des § 365 des US-Bankruptcy Acts fallen.[867] Der Kongress fügte dem Bankruptcy Act als Reaktion auf das Urteil zwar umgehend den § 1113 hinzu, der die Möglichkeiten eines Schuldners, Tarifverträge aufzukündigen, stark beschneidet, dieser gilt jedoch ausschließlich für Schuldner nach Chapter 11, also private Schuldner. Der Geltungsbereich des § 1113 schließt das Chapter 9, also die Insolvenz eines souveränen Schuldners, nicht mit ein. Souveränen Schuldnern steht es im Gegensatz zu privaten somit offen, Tarifverträge unilateral zu kündigen. Sie müssen ausschließlich für den hierdurch entstehenden Schaden aufkommen. Solche Forderungen werden in der Regel jedoch nicht vollständig bedient. Es erscheint angesichts der überragenden Bedeutung der Personalausgaben sinnvoll, diese Regelung des US-amerikanischen Insolvenzrechts für eines auf Ebene der deutschen Bundesländer zu übernehmen. Tarifverträge sollten im Insolvenzfall durch die Länder aufkündbar sein. Diese wären dann neu zu verhandeln. Es sollte den Bundesländern ebenfalls gestattet sein, Tarifverträge anzupassen. Es ist jedoch auch hier zu beachten, dass den öffentlich Bediensteten ein Leben oberhalb des Existenzminimums gewährleistet werden sollte.

Diejenigen Ausgaben, welche wachstumswirksam sind und somit einen positiven Effekt auf die Volkswirtschaft eines öffentlichen Gemeinwesens haben, sollen als ökonomische öffentliche Leistungen bezeichnet werden. Schlüsselt man

865 Vgl. McConnell, M. W. und R. C. Picker (1993).
866 Vgl. McConnell, M. W. und R. C. Picker (1993).
867 Vgl. Supreme Court of the United States (1984).

die öffentlichen Ausgaben nach Arten auf, so wären hier die Sachinvestitionen, die Baumaßnahmen, der Erwerb von Vermögen oder der Erwerb von Beteiligungen zu nennen. Nach Aufgabenbereichen wären dies etwa die Ausgaben für wirtschaftliche Zusammenarbeit und Entwicklung, die Ausgaben für Bildung, Wissenschaft und Forschung, die Ausgaben für Gesundheit, Umwelt, Sport und Erholung, die Infrastrukturausgaben sowie die Ausgaben für öffentliche Unternehmen.[868] All diese Ausgaben können für den Erhalt der Wirtschaftskraft eines Bundeslandes von Bedeutung sein. Wie bereits erwähnt können sich bspw. Ausgaben für den Betrieb öffentlicher Unternehmen durchaus rentieren.[869] Sachinvestitionen, Baumaßnahmen und Infrastrukturinvestitionen können als Voraussetzung gesehen werden, die Attraktivität eines Bundeslandes für Unternehmen zu erhalten oder zu erhöhen und somit Arbeitsplätze und hiermit verbunden Steuereinnahmen zu sichern.[870] Ausgaben für Bildung, Wissenschaft und Forschung sowie diejenigen für wirtschaftliche Zusammenarbeit und Entwicklung sind zum Erhalt, zur Entwicklung und zur Erschließung wirtschaftlicher Potentiale notwendig. Der Erwerb von Vermögen oder Beteiligungen kann für ein Bundesland profitabel sein, wenn das Vermögen im Wert steigt und die Beteiligungen eine ausreichende Rendite abwerfen. Selbst Ausgaben für Gesundheit, Sport, Umwelt und Erholung stellen einen wirtschaftlichen Faktor dar, wenn auch erst langfristig. Die Umwelt zu erhalten ist im Interesse eines jeden Wirtschaftssubjektes, da sie den Raum zum Leben darstellt und darüber hinaus die natürlichen ökonomischen Ressourcen beherbergt. Zudem können langfristig Kosten aus einer zerstörten Umwelt entstehen. Ausgaben zur Förderung von Sport, Gesundheit und Erholung wirken sich positiv auf die Krankenraten aus und entlasten auf lange Sicht die gesetzlichen Krankenkassen.

Es ist allerdings nicht so, dass die oben genannten Ausgabeposten in Stein gemeißelt und somit unantastbar sind. Vielmehr bedarf es einer Abwägung darüber, welche dieser Aufgaben einen ökonomischen Nutzen stiften, der über die Höhe der damit verbundenen Ausgaben hinausgeht. Dies festzustellen ist freilich nicht ohne Weiteres und sicher nicht ohne Komplikationen und

868 Die Ausgabenarten sind entnommen aus Statistisches Bundesamt (2011b). Die Ausgaben nach Aufgabenbereichen sind entnommen aus Bundesministerium der Finanzen (2011).

869 Siehe hierzu die Aussagen des Sachverständigenrats zur Begutachtung der gesamtwirtschaftlichen Entwicklung (2006) zur Möglichkeit der Privatisierung städtischer Wohnungen in Berlin.

870 Selbstverständlich ist zu beachten, dass durch den Länderfinanzausgleich nicht jeder zusätzliche Euro Steuereinnahmen in einem Bundesland verbleibt.

widersprüchliche Meinungen möglich. Ein Ansatz wäre die Orientierung an dem Konzept der wachstums- und nachhaltigkeitswirksamen Ausgaben. Dieses Konzept unterscheidet öffentliche Ausgaben nach ihrer Produktivität und Wachstumswirksamkeit.[871] Solche Ausgaben würden etwa Bildungsausgaben oder Ausgaben für familienpolitische Maßnahmen darstellen.[872] Allerdings ist die theoretische sowie die empirische Messbarkeit solcher Ausgaben strittig.[873] Es wäre notwendig, sämtliche öffentliche Ausgaben, die einen ökonomischen Zweck erfüllen, dahingehend zu überprüfen, ob und in welchem Maße sie wachstumswirksam sind. Solche Aufgaben, deren Wachstumswirkung die Höhe ihrer Ausgaben überschreitet, sollten von Einsparungen nicht betroffen sein, da es nicht nur im Interesse des insolventen Bundeslandes, sondern auch in dem der Gläubiger sein sollte, sie zu erhalten. Mit wirtschaftlichem Wachstum geht eine schnellere Entschuldung einher, welche zum einen die Tilgungs- und Zinsbelastungen für ein Bundesland reduziert und zum anderen den Gläubigern eine bessere Aussicht auf die Bedienung ihrer Forderungen bietet, da ein insolventes Bundesland umso eher und in größerem Umfang seine Schulden zu bedienen im Stande sein wird, je schneller der Prozess der Haushaltssanierung vorangeht.

Allerdings stellt sich eine Identifikation der öffentlichen Ausgaben nach Wachstumswirkung und Produktivität nicht immer komplikationslos dar. Deshalb muss mit der Empfehlung verblieben werden, dass unter Abwägung von Wachstums- und Produktivitätswirkungen entschieden werden sollte, welche Ausgaben in welchem Umfang eingeschränkt werden können. Die dafür in Frage kommenden Ausgaben werden im Insolvenzplan festgehalten, der dann vom Bundesverfassungsgericht bestätigt werden sollte. Im Rahmen dessen sollte das Bundesverfassungsgericht, unter Wahrung eines Anhörungsrechts für die Gläubiger, die Möglichkeit haben, eine Anpassung der Einsparvorschläge des Plans hinsichtlich dieser Ausgaben zu verlangen. Das Gericht sollte sich hierfür des Rates ökonomischer Expertise bedienen, da eine solche bei den Verfassungsrichtern nicht zwingend vorausgesetzt werden kann.

Die soeben diskutierte Einteilung nach sozialen und ökonomischen öffentlichen Aufgaben ergibt sich auch bei Anderson (1989), der sieben fundamentale Funktionen einer Regierung sieht:[874]

---

871 Vgl. Jochimsen, B. (2008).

872 Siehe Thöne, M. (2005) für eine detaillierte Auflistung wachstums- und nachhaltigkeitswirksamer Ausgaben.

873 Für eine kritische Auseinandersetzung mit dem WNA-Ansatz sei auf das Kapitel 3.3.1. verwiesen.

874 Siehe auch Hughes, O. E. (2003).

- Die Bereitstellung wirtschaftlicher Infrastruktur
- Der Schutz natürlicher Ressourcen
- Die Aufrechterhaltung von Wettbewerb, also die Verhinderung von Monopol- oder Kartellbildungen
- Die Stabilisierung der Volkswirtschaft
- Die Versorgung der Bevölkerung mit verschiedenen öffentlichen Gütern und Dienstleistungen
- Die Lösung und die Ordnung von Gruppenkonflikten, bspw. der Schutz vor Kinderarbeit oder die Bestimmung von Mindestlöhnen
- Die Sicherstellung eines minimalen Zugangs der Bevölkerung zu Gütern und Dienstleistungen der Wirtschaft

Die ersten vier Funktionen können dem ökonomischen Bereich zugerechnet werden, die letzten drei stellen soziale Aufgaben dar. Es geht hieraus ebenfalls hervor, dass es bestimme Aufgabenbereiche der öffentlichen Hand gibt, die es zu schützen und auch in einem laufenden Insolvenzverfahren zu gewährleisten gilt. Problematisch wird jedoch wiederum die konkrete Bestimmung derartiger Aufgaben und ihres notwendigen Umfangs. Es stellt sich, ähnlich der Bestimmung der Schuldentragfähigkeit, das Problem der geringen Objektivierbarkeit. Die essentiellen öffentlichen Aufgaben lassen sich zwar in ihrer Art relativ sicher bestimmen. So wird wohl niemand bezweifeln, dass einem jeden Menschen ein Leben oberhalb des Existenzminimums zusteht.[875] Auch die Forderung nach einem minimalen Zugang der Bevölkerung zu Gütern und Dienstleistungen der Wirtschaft wird kaum ernsthaft in Zweifel gezogen werden können. Der exakte Umfang dieses Zugangs lässt sich hingegen kaum zweifelsohne bestimmen.

Zusammenfassend wird vorgeschlagen, dass ein insolventes Bundesland jegliche Ausgabeposten auf ihre Notwendigkeit hin überprüfen und dort Einsparungen vornehmen sollte, wo sich Ausgaben in ihrer Art oder Höhe als nicht notwendig herausstellen. Dies abschließend zu beurteilen sollte Aufgabe des Bundesverfassungsgerichts als Schlichtungsinstanz sein.

Die einnahme- so wie die ausgabeseitigen Maßnahmen zur Überwindung der Insolvenz eines Bundeslandes werden im Insolvenzplan festgehalten. Der Insolvenzplan kann als Ergebnis der Verhandlungen zwischen dem Bundesland als Schuldner und seinen Gläubigern zustande kommen. Bestätigt wird er in letzter Instanz vom Bundesverfassungsgericht. Es kommt dabei wie an nahezu allen Stellen des Insolvenzverfahrens zu Regelungsbedürfnissen über die

875 Zur Problematik der Bestimmung eines Existenzminimums siehe Groh-Samberg, O. und J. Goebel (2007) sowie die Ausführungen im Kapitel 8.5.

Beschlussfassung im Verfahren. Es ist somit notwendig, die Vorgaben zur Beschlussfassung im Insolvenzverfahren vorab festzuhalten. Zudem kommt den Gläubigern an vielen Stellen des laufenden Insolvenzverfahrens zumindest ein Anhörungsrecht zu. Auch können sie auf eigene Initiative hin ein Insolvenzverfahren gegen ein Bundesland anstrengen. Für all diese Handlungen bedarf es einer Koordination der Gläubigergesamtheit.

8.9 Die Beschlussfassung im Insolvenzverfahren und die Koordination der Gläubiger

Es sind in allen Phasen eines Insolvenzverfahrens Beschlüsse nach vorab festgelegten Kriterien zu fassen. Angefangen bei der Beantragung des Insolvenzverfahrens und der Bewilligung des Antrags durch die Schlichtungsinstanz über die Zustimmung der Gläubiger zum Insolvenzplan bis zur Genehmigung des Insolvenzplans durch die Schlichtungsinstanz. Eine besondere Bedeutung kommt dabei der Koordination der Gläubiger in einem Insolvenzverfahren zu. Hierbei steht nicht nur die Koordination der Kommunikation zwischen dem Schuldner und seinen Gläubigern im Vordergrund, sondern insbesondere die der Gläubiger untereinander.[876]

Eine erste Beschlussfassung findet bei der Entscheidung über die Beantragung einer Insolvenz durch ein Bundesland bereits im Vorfeld des Insolvenzverfahrens statt. Da das Antragsrecht auf Schuldnerseite alleine bei der amtierenden Regierung oder Regierungskoalition liegt, ist hierfür keine spezielle Abstimmungsregel oder Koordination zu treffen. Die Regierungsmitglieder müssen sich lediglich untereinander einig sein, ob ein Insolvenzantrag gestellt werden soll oder nicht. Die Frage der Beschlussfassung über einen Insolvenzantrag durch die Seite der Gläubiger wird weiter unten gesondert behandelt und in einen allgemeinen Zusammenhang zu der Entscheidungsfindung und Koordination der Gläubiger untereinander gestellt. Die Entscheidung über die Bewilligung des Insolvenzplans durch die Schlichtungsinstanz bedarf keiner gesonderten Entscheidungsregel. Das Bundesverfassungsgericht sollte hier anhand seiner üblichen Routine der Entscheidungsfindung verfahren und sich weiter an den Vorgaben aus dem Kapitel 8.1. orientieren.

Schwieriger gestalten sich die Verhandlungen zwischen dem Schuldner und seinen Gläubigern über einen Insolvenzplan. Wie im Kapitel 8.4. dargestellt, können die beiden involvierten Vertragsparteien gemeinsam einen Insolvenzplan

---

876 Vgl. Berensmann, K. und A. Herzberg (2007).

aushandeln, welcher dann bei der Schlichtungsinstanz eingereicht wird, die über seine Annahme entscheidet, oder aber der Schuldner tut dies in Eigenregie. In dem Fall müssen die Gläubiger dem Plan vorab zustimmen, bevor die Schlichtungsinstanz über seine Annahme entscheidet. In beiden Fällen stellt sich die schwierige Frage der Gläubigerkoordination. Eine Koordination der Gläubiger ist alleine aufgrund ihrer Masse unabdingbar, da es für einen Schuldner nahezu unmöglich sein wird, mit jedem Gläubiger einzeln zu verhandeln. Dies wäre extrem kostenaufwendig und würde zudem den Sanierungsprozess erheblich verzögern. Grund hierfür ist die sich gewandelte Form der Kreditvergabe, welche in früheren Jahren noch wesentlich durch Bankenkredite bestimmt war und seitdem mehr und mehr in Form von Schuldverschreibungen und Anleihen erfolgt, was eine erheblich größere Vielfalt an Gläubigern zur Folge hat.[877] Diesem Problem ließe sich mit der Bildung von Gläubigerkomitees begegnen. Gläubigerkomitees dienen, neben der besseren und schnelleren Koordination der Gläubiger untereinander, vor allen Dingen der Erleichterung der Verhandlungen zwischen den Gläubigern und dem Schuldner, da diesem nun keine Schar an Gläubigern, sondern lediglich einige wenige Verhandlungspartner, gegenüberstehen.[878] Dabei kann zwischen formellen und informellen Gläubigerkomitees unterschieden werden.

So sehen Vorschläge des Internationalen Währungsfonds [(2002f) und (2003c)] die Bildung eines oder mehrerer Gläubigerkomitees vor. Es ist dabei zu beachten, dass die Bildung mehrerer Gläubigerkomitees die gleichzeitige Gründung eines Lenkungsausschusses erfordert, der die einzelnen Komitees koordiniert. Die Beschlüsse der Gläubigerkomitees sollen dabei lediglich empfehlenden Charakter haben und keine Bindungswirkung auf die Gläubigergemeinschaft entfalten. Sämtliche Kosten für die Errichtung der Gläubigerkomitees sowie gegebenenfalls eines Lenkungsausschusses sind hierbei alleine vom Schuldner zu tragen. Schwarcz (2000) hingegen lehnt die Bildung formeller Gläubigerkomitees mit dem Hinweis auf die ohnehin vorhandenen Anreize der Gläubiger, sich am Umschuldungsprozess zu beteiligen und sich dabei mittels informeller Organisation zu koordinieren, ab. Bei informellen Gläubigerkomitees werden die Kosten der Koordination, als Ausfluss der Freiwilligkeit der Errichtung solcher Komitees, von den Gläubigern getragen. Ferner wäre auch die Bestimmung von Gläubigervertretern als handelnde und verhandelnde Akteure eine Möglichkeit

877 Vgl. Hefeker, C. (2002).

878 Vgl. Berensmann, K. und A. Herzberg (2007).

die Zahl der Verhandlungspartner zu reduzieren.[879] Dieser Vorschlag orientiert sich an den Vorgaben des § 7 des Schuldverschreibungsgesetzes (SchVG), nach dem die Gläubiger einen Vertreter bestimmen können, dem durch Mehrheitsbeschluss bei den Verhandlungen mit dem Schuldner weitgehende Rechte und Befugnisse eingeräumt werden können.

Ziel muss es weiter sein, den Entscheidungsprozess innerhalb der Gläubigergemeinschaft durch vorab feststehende Abstimmungsregeln zu vereinfachen und somit zu beschleunigen.[880] Dazu ließen sich die Gläubiger durch verbindliche Entscheidungs- und Abstimmungsregeln zu einer Art Zwangsgemeinschaft zusammenführen.[881] Wichtigstes Merkmal einer solchen Zwangsgemeinschaft ist, dass ein Einstimmigkeitserfordernis der Gläubiger nicht länger erforderlich wäre, was zum einen den Sanierungsprozess beschleunigt und zum anderen das Problem des Hold-outs löst.[882] Ein Hold-out meint hier die Blockade von Beschlüssen durch eine Gläubigerminderheit. Insbesondere betrifft dies die Blockade von Beschlüssen, selbst wenn diese im Interesse des Gemeinwohls der Gläubigergesamtheit sind.[883] So sieht Paulus (2002, S. 7) in dem Wegfall des Einstimmigkeitserfordernisses auch einen *„[...] der wesentlichen Disziplinierungseffekte für ‚quer schießende' Gläubiger (‚Akkordstörer')."*

Die Gläubiger können des Weiteren, aufgrund des im Kapitel 8.3. vorgestellten Schuldenmoratoriums, nicht in individuelle Verhandlungen mit dem Schuldner treten, um ihren Anteil an der Verhandlungsmasse zu maximieren.[884] Vielmehr müssen sie gemeinschaftlich Beschlüsse fassen, die dann für ihre Gesamtheit bindend sind. Dies verhindert eine Blockade durch kooperationsunwillige Gläubiger, die versuchen, sich über den Gerichtsweg eine sofortige und vollständige Bedienung ihrer Forderungen, ohne Rücksicht auf die Belange der Gläubigergesamtheit, zu sichern.[885] Ein solches Beispiel findet sich im Fall von

---

879 Vgl. Paulus, C. G. (2010).

880 Vgl. Berensmann, K. und A. Herzberg (2007).

881 Vgl. Paulus, C. G. (2002) und (2010).

882 Vgl. Schwarcz, S. L. (2000) und (2004), Paulus, C. G. (2002) und (2010), Bolton, P. und D. A. Jr. Skeel (2004) und Internationaler Währungsfonds (2002f) und (2003c). Auch das Chapter 9 des US-Bankruptcy Codes erfordert keine Einstimmigkeit. Bei der Bewilligung des Sanierungsplans entscheidet gar ein Bundesgericht im Alleingang über dessen Annahme. Den Gläubigern kommt hierbei kein Stimmrecht zu. Siehe dazu Jochimsen, B. (2007a).

883 Vgl. McConnell, M. W. und R. C. Picker (1993).

884 Vgl. Blankart, C. B. und E. R. Fasten (2009).

885 Vgl. Hefeker, C. (2002).

Elliott Associates, einem kleinen Hedge Fonds, gegen Peru aus dem Jahr 1996. Elliott Associates hatte Schuldpapiere Perus mit einem Nennwert in Höhe von gut 20 Mrd. US-$ auf dem Sekundärmarkt erworben. Eine angebotene Umschuldung Perus schlug der Fonds aus. Mit der Gefahr der Klage und der Angst dadurch die Umstrukturierungsverhandlungen als Ganzes zu gefährden im Rücken, schloss Peru mit dem Fonds einen Vergleich, welcher diesem 56 Mrd. US-$ zusicherte. Die restlichen Gläubiger wurden weit weniger großzügig abgefunden.[886] In Kombination mit der Regelung des Schuldenmoratoriums trägt das Wegfallen des Einstimmigkeitserfordernisses somit erheblich zur Disziplinierung der Gläubiger bei und hilft eine solche Ungleichbehandlung zu vermeiden.

Es ist augenscheinlich unumgänglich, die Gläubiger mittels Abstimmungsregeln untereinander zu koordinieren. Lediglich über die Form einer solchen Koordination müssen noch Bestimmungen getroffen werden. Solche Bestimmungen betreffen vor allen Dingen die Gruppierung der einzelnen Gläubiger zu Forderungsklassen und die Mehrheitserfordernisse innerhalb der sowie zwischen den Klassen. Weiter ist die Frage zu klären, ob sich die Mehrheitserfordernisse auf das Volumen oder die Anzahl der Forderungen beziehen sollen oder sich ein Mix aus beidem anbietet. Auch muss geklärt werden, ob die Mehrheitserfordernisse sich auf alle Gläubiger beziehen, welche zur Abstimmung zugelassen sind oder aber lediglich auf Abstimmungsklassen.[887]

Eine Lösung wäre es, die Gläubiger in, sachlichen Einordnungskriterien gerecht werdenden, Gruppen einzuteilen, deren Zustimmung zu dem Insolvenzplan anstelle der Zustimmung sämtlicher einzelner Gläubiger vonnöten ist.[888] Hierbei wird unterschieden zwischen dem Mehrheitserfordernis innerhalb der einzelnen Gruppen und dem Mehrheitserfordernis zwischen den Gruppen. So kann die Zustimmung einer Gruppe dann als gegeben betrachtet werden, wenn innerhalb dieser Gruppe eine, wie auch immer definierte, Mehrheit an Gläubigern für den Insolvenzplan stimmt. Als zweites Erfordernis kommt ergänzend hinzu, dass auch die Mehrheit der einzelnen Gruppen dem Insolvenzplan zustimmen muss.[889] Die Vorgabe, dass die Zustimmung der Mehrheit der Gruppen für die Beschlussfassung ausreicht, also nicht jede einzelne Gruppe dem Insolvenzplan ihre Zustimmung erteilen muss, ist dem § 245 der deutschen Insolvenzordnung entnommen. Dieser sieht vor, dass ein Insolvenzplan unter bestimmten Bedingungen auch dann zu akzeptieren ist, wenn keine Einstimmigkeit,

886 Vgl. Hefeker, C. (2002).
887 Vgl. Paulus, C. G. (2002).
888 Vgl. Paulus, C. G. (2002) und (2010).
889 Vgl. Paulus, C. G. (2002) und (2010).

sondern lediglich eine einfache Mehrheit zwischen den Gruppen vorliegt. Dieses Verfahren wird auch als Cram-down-rule bezeichnet und setzt Anreize für die Gläubiger zu einem Konsens zu gelangen.[890] Die Cram-down-rule findet sich auch in einem Vorschlag von Bolton und Skeel (2004) wieder, die als Voraussetzung für die Anwendung dieser Regel die, von der Schlichtungsinstanz zu beurteilende, Fairness und Gerechtigkeit des Insolvenzplans vorsehen. Vorgaben darüber, wann ein Insolvenzplan als fair und gerecht betrachtet werden kann, finden sich etwa im Chapter 11 des US-Bankruptcy Codes oder im § 245 InsO. Die soeben vorgestellten Vorschläge enthalten sich allerdings einer konkreten Bestimmung der Mehrheitserfordernisse.

Verschiedene weitere Vorschläge setzen hingegen exakte Mehrheitserfordernisse für die Abstimmungen der Gläubiger. So schlägt der Internationale Währungsfonds (2003c) als Bedingung für die Annahme eines Insolvenzplans eine qualifizierte Mehrheit in Höhe von 75 % des ausstehenden Volumens sämtlicher verifizierter Forderungen vor. Schwarcz (2000) schlägt vor, dieses Zustimmungserfordernis um das der Zustimmung einer einfachen Mehrheit der gesamten Anzahl an Forderungen zu ergänzen.[891] Beide Abstimmungsregeln gelten dabei, sollten die Gläubiger in Gruppen eingeteilt werden, ausschließlich für Abstimmungen innerhalb der einzelnen Gruppen. Zwischen den einzelnen Gruppen wird Einstimmigkeit verlangt, es wird also jeder Gruppe ein Vetorecht zugestanden.[892]

Ein weiterer Ansatz die Gläubigerkoordination zu vereinfachen besteht in der Aufnahme sogenannter Collective-action-clauses in Anleihen oder Schuldverschreibungen.[893] Collective-action-clauses sehen ein geordnetes Umstrukturierungsverfahren im Insolvenzfall vor und binden dabei die Gläubigergesamtheit an ein Mehrheitsvotum. Sollte sich eine Mehrheit der Gläubiger auf eine Um- oder teilweise Entschuldung einigen, so ist dieser Beschluss für die übrigen Gläubiger ebenfalls bindend.[894] Collective-action-clauses durchbrechen somit das Einstimmigkeitserfordernis und halten auf diese Weise die Fähigkeit der Gläubigergemeinschaft zur geordneten Entscheidungsfindung aufrecht.[895]

890 Vgl. Paulus, C. G. (2010) und Bolton, P. und D. A. Jr. Skeel (2004).

891 Auch Paulus, C. G. (2002) schlägt vor, bei der Abstimmung zwischen dem Forderungsvolumen und der Forderungsanzahl zu unterscheiden.

892 Vgl. Schwarcz, S. L. (2000) und (2004).

893 Vgl. z.B. Sinn, H.-W. und K. Carstensen (2010).

894 Vgl. Hefeker, C. (2002), Paulus, C. G. (2002) und Horn, N. (2010). Für eine Darstellung der Entwicklung und Funktion von Collective-action-clauses siehe Horn, N. (2009).

895 Vgl. Blankart, C. B. und E. R. Fasten (2009).

Die Gläubiger erklären sich dabei bereits beim Erwerb ihrer Forderungen mit einem solchen Vorgehen einverstanden.[896] Mittels Collective-action-clauses wird versucht, kooperationsunwillige Gläubiger, welche sich einem geordneten Verfahren widersetzen, indem sie versuchen die sofortige und vollständige Bedienung ihrer Forderungen auf dem Gerichtsweg durchzusetzen, zu disziplinieren.[897] Sollte es trotzdem zu keiner Einigung kommen, kann vorgesehen werden, dass es keine Ersatzanleihen gibt und somit ein einseitiger Zahlungsausfall seitens des Schuldners verkündet werden muss.[898] Collective-action-clauses finden sich etwa in Schuldverschreibungen englischen Rechts.[899] Das Executive Board des Internationalen Währungsfonds (2001c) betont die positiven Wirkungen, die von Collective-action-clauses ausgehen können. Insbesondere werde durch derartige Klauseln die Berechenbarkeit des Restrukturierungsprozesses erhöht, was Sicherheit schaffe. Ein Nachteil, der sich bei der Nutzung von Collective-action-clauses ergibt ist, dass diese sich in ihrer ursprünglichen Form lediglich auf eine Klasse von Papieren beziehen, weshalb separate Verhandlungen mit den einzelnen Klassen zu führen wären. Bedenkt man nun, dass bspw. Argentinien vor seinem Zahlungsausfall 88 verschiedene Formen von Anleihen und Schuldverschreibungen emittiert hat, so ergibt sich intuitiv eine Vorstellung davon, wie kompliziert und langwierig sich solche Verhandlungen gestalten können.[900]

Diesem Manko wirkt Taylor (2002), Staatssekretär beim US-amerikanischen Schatzamt, entgegen, indem er eine Aggregationsklausel vorschlägt, die es erlaubt, Gläubiger verschiedener Klassen von Schuldpapieren zusammenzufassen. Weiter sieht er eine Repräsentationsklausel vor, nach der die Gläubiger eine Verbindungsstelle zum Schuldner zu errichten haben. Ein weiteres wichtiges Element seines Vorschlags ist eine Initiationsklausel, die mit Eröffnung des Insolvenzverfahrens rechtliche Schritte einer Gläubigerminderheit ausschließt. Es könnte kritisch angemerkt werden, dass sich die Kreditaufnahme durch das Signalisieren der Insolvenzmöglichkeit durch Collective-action-clauses möglicherweise bereits bei der Emission verteuert. Diese Vermutung kann allerdings anhand verschiedener Untersuchungen widerlegt werden.[901]

---

896 Vgl. Sinn, H.-W. und K. Carstensen (2010).

897 Vgl. Hefeker, C. (2002) und Paulus, C. G. (2002) und (2010).

898 Vgl. Holtemöller, O. und T. Knedlik (2011).

899 Vgl. Hefeker, C. (2002).

900 Vgl. Hefeker, C. (2002).

901 Vgl. Eichengreen, B. (2002), Eichengreen, B. et al. (2003), Eichengreen, B. und A. Mody (2004) und Becker, T. et al. (2003).

Bei einem Insolvenzmechanismus auf Ebene der deutschen Bundesländer soll auf die Bildung von formellen Gläubigerkomitees verzichtet werden. Da die hierfür anfallenden Kosten alleine durch das Bundesland als Schuldner zu tragen wären, erhöhte sich hierdurch dessen Finanzierungsbedarf unnötig und verzögerte somit den Sanierungsprozess.[902] Der Mehrgewinn in Form schnellerer und einfacherer Umstrukturierungsverhandlungen ist zudem durch die fehlende Bindungswirkung der Beschlüsse der Gläubigerkomitees fraglich. Vielmehr soll es den Gläubigern selbst überlassen werden, sich auf freiwilliger Basis zu koordinieren. Dies kann ausdrücklich auch durch die Bestimmung von Gläubigervertretern als handelnde und verhandelnde Akteure erfolgen. Es kann allerdings mit einigem Zeitaufwand und Komplikationen verbunden sein, bis sich die Gläubiger untereinander auf einen Vertreter geeinigt haben, zumal aus ihrer Sicht sichergestellt sein muss, dass dieser nicht in reinem Eigeninteresse, sondern zum Wohle der Gläubigergesamtheit handelt. Aus diesem Grund sollte eine solche Bestimmung den Gläubigern freigestellt und keinesfalls Vorschrift des Insolvenzmechanismus sein, da sich der Sanierungsprozess hierdurch in die Länge zu ziehen droht.

Bei der Formulierung der Abstimmungsregeln wird vorgeschlagen, die Gläubiger in Gruppen einzuteilen. Die Gruppierung der Gläubiger richtet sich dabei nach den im Kapitel 8.7. vorgestellten Forderungsklassen. Diese erfüllen die Vorgabe der sachlich gerechten Zuordnung der Gläubiger in Klassen und können daher übernommen werden. Die Gläubiger lassen sich somit grundsätzlich in vier Klassen einteilen:

- Multilaterale Institutionen
- Bilaterale öffentliche Gläubiger
- Ausländische private Gläubiger
- Inländische private Gläubiger

Diese vier Klassen werden dann sowohl für die Altgläubiger als auch für die neuen Kreditgeber gebildet. Die frischen Kredite sollen gemäß den Ausführungen des Kapitels 8.7. außerhalb des Insolvenzverfahrens stehen, um den Zugang eines insolventen Bundeslandes zu den Kapitalmärkten auch während des Verfahrens sicherzustellen. Da die neuen Forderungen, obwohl nicht von einem eventuellen Forderungsverzicht betroffen, so doch von einem Zahlungsausfall bedroht sind, sollte ihnen in der Phase der Abstimmung über den Insolvenzplan

902 Vgl. Berensmann, K. und A. Herzberg (2007).

ebenfalls ein Stimmrecht eingeräumt werden.[903] Die Klasse sämtlicher Forderungen, welche für den Erhalt minimaler notwendiger Staatstätigkeit eines Bundeslandes notwendig sind, kann hier unberücksichtigt bleiben. Da die minimale notwendige Staatstätigkeit absoluten Vorrang vor allen weiteren Forderungen genießt, blieben die hierfür notwendigen Ausgaben von einem Forderungsverzicht ausgenommen und sind auch nicht mit einem Ausfallrisiko behaftet, so dass diese Klasse an Forderungen kein eigenes Stimmrecht benötigt.

Die Mehrheitserfordernisse innerhalb der jeweiligen Gruppen sollen in Anlehnung an den Internationalen Währungsfonds (2003c) und Schwarcz (2000) bei einer qualifizierten Mehrheit des ausstehenden Volumens sämtlicher Forderungen liegen. Eine einfache Mehrheit hätte den Makel, dass eine Einigung, welche zu Ungunsten eines erheblichen Teils der Gläubiger geht, zu leicht zu Stande kommen könnte. Eine Mehrheit von 75 Prozent erscheint dabei allerdings als zu hohe Hürde, da dies die Einigung verkomplizieren und verzögern könnte. Daher soll für Entscheidungen der Gläubiger innerhalb der jeweiligen Gruppen eine qualifizierte Mehrheit von 66 Prozent genügen. Gemäß Schwarcz [(2000) und (2004)] soll diese erforderliche Mehrheit des ausstehenden Forderungsvolumens ergänzt werden um das Erfordernis einer einfachen Mehrheit der gesamten Forderungsanzahl. Es wäre sonst der Fall denkbar, dass ein Großgläubiger eine Sperrminorität an Forderungen besitzt und Beschlüsse zu seinen Ungunsten blockieren kann, wodurch er eine erhebliche Verhandlungsmacht erhielte, was zu einer starken Benachteiligung der restlichen Gläubiger führen würde.[904]

Es gilt weiter die Frage zu klären, wie die Mehrheitserfordernisse zwischen den Gläubigergruppen zu formulieren sind. Schwarcz [(2000) und (2004)] fordert Einstimmigkeit zwischen den Gruppen und lehnt die Anwendung der Cram-down-rule ab. Er begründet dies mit der schwierigen Bestimmung darüber, wann ein Insolvenzplan fair und gerecht sei. Orientiert man sich am Chapter 11 des US-Bankruptcy Codes, so findet sich dort die Formulierung, dass ein Plan unter anderem dann fair und gerecht sei, wenn die gegen den Plan stimmenden Gläubiger mindestens den Wert ihrer Forderungen erhielten, den sie bei einer Liquidation der Vermögenswerte des Schuldners erhalten würden.[905] Die Liquidation eines Bundeslandes und seiner Vermögenswerte ist aber zu

903 Vgl. Paulus, C. G. (2010).
904 Vgl. Hefeker, C. (2002) der diesen Fall für Collective-action-clauses durchdenkt.
905 Siehe zu der Cram-down-rule in den USA US-Code Title 11: Bankruptcy Chapter 11 § 1129(a)(7).

großen Teilen ausgeschlossen.[906] Bei der alternativen Abstellung auf den Fortführungswert stellen sich erhebliche Probleme der Bewertung, die, aufgrund deren grundsätzlich spekulativen Charakters, zu kostspieligen Auseinandersetzungen und langwierigen Rechtsstreitigkeiten führen können.[907] Eine Orientierung am § 245 der deutschen Insolvenzordnung hingegen lässt eine Anwendung der Cram-down-rule durchaus zu. Nach § 245 Abs. 1 Nr. 1 InsO gilt die Zustimmung einer Gruppe von Gläubigern auch bei fehlender Mehrheit innerhalb der Gruppe als erteilt, wenn diese Gruppe durch den Insolvenzplan nicht schlechter gestellt wird als sie ohne einen solchen Plan dastehen würde. Weiter fordert § 245 Abs. 1 Nr. 2 InsO eine angemessene Beteiligung dieser Gruppe an dem wirtschaftlichen Wert, welcher den Beteiligten gemäß des Insolvenzplans zukommen soll. Als letzte Bedingung fordert § 245 Abs. 1 Nr.3 InsO die Zustimmung der Mehrheit der Gruppen von Gläubigern zu dem Insolvenzplan mit den innerhalb einer Gruppe erforderlichen Mehrheiten.

Der § 245 InsO definiert sodann auch im zweiten Absatz in drei Punkten, wann eine Beteiligung der Gläubiger einer Gruppe angemessen sei. Erstens dürfe kein anderer Gläubiger wirtschaftliche Werte in einem größerem Volumen als es dem vollen Betrag seines Anspruchs entspricht erhalten. Zweitens dürfe kein ohne Insolvenzplan gegenüber der betroffenen Gläubigergruppe nachrangiger Gläubiger wirtschaftliche Werte erhalten. Gleiches gilt auch für den Schuldner oder an ihm beteiligte Personen. Drittens schließlich dürfe kein ohne Insolvenzplan gegenüber der Gläubigergruppe nachrangiger Gläubiger gegenüber dieser Gruppe besser gestellt werden. An diese drei Kriterien anknüpfend sollte die Cram-down-rule für den Insolvenzmechanismus auf Ebene der deutschen Bundesländer anwendbar sein. Die Mehrheit, die für die Akzeptanz des Insolvenzplans über alle Gruppen hinweg notwendig ist, soll auf eine qualifizierte Mehrheit von 75 Prozent normiert werden, um eine zu starke Benachteiligung einzelner Gläubigergruppen zu vermeiden. Einstimmigkeit jedoch ist nicht notwendig, da dies den Sanierungsprozess zu verschleppen droht.

Collective-action-clauses setzen ebenfalls an dem Punkt des Aufbrechens des Einstimmigkeitserfordernisses an. Durch den Vorschlag von Taylor (2002) können Collective-action-clauses eingeführt werden, ohne dass der Schuldner sich dabei einer Schar an Verhandlungspartnern gegenübersieht. Dies wird mittels der Aggregation verschiedener Klassen von Schuldpapieren erreicht. Allerdings

906 Siehe das Kapitel 8.8.1. für die Bestimmung darüber, welcher Staatsbesitz veräußerbar ist und welcher nicht.

907 Vgl. Schwarcz, S. L. (2000).

besteht bei Collective-action-clauses die Gefahr, dass ein Gläubiger durch den Erwerb einer Sperrminorität an Papieren auf dem Sekundärmarkt eine derartige Verhandlungsmacht erlangt, dass er beliebig Beschlüsse blockieren und den anderen Gläubigern seinen Willen aufzwingen kann. Ein weiteres Problem liegt darin begründet, dass solche Klauseln in Deutschland erst noch einzuführen wären. Bislang finden sie sich hauptsächlich in Papieren englischen Rechts. Da die in den neu zu emittierenden Papieren enthaltenen Klauseln nicht für alte Forderungen gelten können, ist zudem erst in einigen Jahren mit einer vollständigen Entfaltung ihrer Wirkung zu rechnen.[908] Sollte ein Bundesland innerhalb kürzester Zeit nach Einführung von Collective-action-clauses Insolvenz anmelden, so ist es denkbar, dass die Gläubiger neuer Papiere, die derartige Klauseln enthalten, gegenüber Altgläubigern benachteiligt werden. Sollten die Kapitalmärkte dies antizipieren, werden sie erhebliche Risikoaufschläge von den Bundesländern verlangen oder die Kreditvergabe beschränken.

Collective-action-clauses sollten daher lediglich als begleitende Ergänzung eines Insolvenzmechanismus in Betracht kommen. Sie strukturieren die Gläubiger in gewisser Weise vor und vereinfachen so, zumindest was Neugläubiger angeht, die Entscheidungsfindung, was dazu beitragen kann, den Sanierungsprozess zu beschleunigen. Es müsste allerdings eine klare Regelung getroffen werden, die verhindert, dass Forderungen, die mit Collective-action-clauses ausgestattet sind gegenüber anderen Forderungen nachrangig behandelt werden.

Wenn ein Insolvenzplan nach den hier dargestellten Abstimmungsregeln sowohl von der Gläubigergemeinschaft als auch vom Bundesverfassungsgericht als Schlichtungsinstanz akzeptiert worden ist und somit in Kraft tritt, stellt sich die Frage, ob und wie Verstöße gegen Vereinbarungen im Insolvenzplan sanktioniert werden sollen und können.

8.10 Die Sanktionsmechanismen bei Verstößen gegen die Vereinbarungen im Insolvenzplan

Um zu verhindern, dass die Gläubiger oder der Schuldner sich über im Insolvenzplan festgehaltene und vereinbarte Bestimmungen hinwegsetzen, ist es notwendig etwaige Verstöße zu sanktionieren. Insbesondere besteht die Gefahr, dass eine der involvierten Vertragsparteien die Beschlüsse des Insolvenzplans im Nachhinein nicht akzeptiert.[909]

908 Vgl. Hefeker, C. (2002).

909 Vgl. Berensmann, K. und A. Herzberg (2007).

In einem Vorschlag des Internationalen Währungsfonds (2003c) sind Sanktionen im Rahmen der Anpassungsprogramme des Fonds vorgesehen. Eine weitere Sanktionsmöglichkeit bestünde in der Übertragung sämtlicher Verfahrenskosten auf den Schuldner sollte er das Insolvenzverfahren ungerechtfertigt eröffnet haben. Weiter wäre es mit Bezug auf Paulus (2002) denkbar, die Forderungen in ihrer ursprünglichen Höhe erneut aufleben zu lassen, sollte der Schuldner gegen Vereinbarungen aus dem Insolvenzplan verstoßen. Dies könnte an eine Frist gekoppelt sein, vor deren Ablauf das Stellen eines erneuten Insolvenzantrags unmöglich sein sollte.

Es sind ebenfalls Verstöße zu beachten, die erst nach Abschluss und nicht während des Insolvenzverfahrens auftreten. In einem solchen Fall könnte sowohl dem Schuldner als auch den Gläubigern das Recht eingeräumt werden, die Schlichtungsinstanz anzurufen, um derartige Verstöße zu prüfen. Sollte die Schlichtungsinstanz einen Verstoß gegen die Vereinbarungen des Insolvenzplans auf Seiten des Schuldners feststellen, so ist sie berechtigt, eine Wiederaufnahme des Insolvenzverfahrens zu veranlassen. In einem solchen Fall ist es der Schlichtungsinstanz möglich als Sanktion die ursprüngliche Entscheidung über den Schuldenerlass zu revidieren und diesen empfindlich herabzusetzen. Bei einem Verstoß auf Gläubigerseite kann vorgesehen werden, dass das Urteil der Schlichtungsinstanz eine legale Basis für eine Anfechtungsklage vor einem nationalen Gericht darstellt.[910]

Sanktionsmöglichkeiten im Rahmen von Anpassungsprogrammen des Fonds sind für die deutschen Bundesländer nicht von Belang, da der Fonds lediglich mit Staaten Anpassungsprogramme im Rahmen seiner Kreditvergabe vereinbart. Eine Möglichkeit hierüber ein Bundesland, welches seinen Verpflichtungen aus dem Insolvenzplan nicht nachkommt, zu sanktionieren ist somit nicht möglich. Jedoch ist die durch den Fonds vorgeschlagene Sanktionsmöglichkeit der Übernahme der Verfahrenskosten von Interesse und ihre Anwendung auf die deutschen Bundesländer zumindest eine Überlegung wert. Sollte ein Bundesland das Insolvenzverfahren wissentlich missbräuchlich verwenden, um hierüber einen leichten Weg der Entschuldung einzuschlagen, obwohl seine Möglichkeiten, den Insolvenzfall durch Eigenanstrengungen abzuwenden nicht erschöpft sind, so wird vorgeschlagen, diesem Land sämtliche Kosten des Insolvenzverfahrens aufzubürden. Diese Sanktion sollte von der missbräuchlichen Verfahrenseröffnung auf Verstöße während des laufenden Insolvenzverfahrens ausgeweitet werden, um den Anreiz zu mindern, sich nach Verfahrenseröffnung über

910 Vgl. Fritz, T. und P. Hersel (2002).

Vereinbarungen im Insolvenzplan hinwegzusetzen. Das Einsetzen der Sanktion sollte automatisch erfolgen und keiner weiteren Autorisierung bedürfen. Lediglich die Prüfung, ob ein Bundesland missbräuchlich das Insolvenzverfahren beantragt hat, sollte einer Untersuchung durch die Schlichtungsinstanz unterliegen.

Weiter sollte auch die Möglichkeit nicht ausgeschlossen werden, bei Verstößen sowohl vom Schuldner als auch den Gläubigern gegen Bestimmungen des Insolvenzplans, weitere Sanktionen durch das Bundesverfassungsgericht prüfen und beschließen zu lassen. Hier wird unter Rückgriff auf Paulus (2002) vorgeschlagen, insbesondere die Möglichkeit in Betracht zu ziehen, die Forderungen der Gläubiger in ihrer ursprünglichen Höhe wieder aufleben zu lassen, sollte ein Bundesland sich über den Insolvenzplan hinwegsetzen. Es muss allerdings nicht zu einem Wiederaufleben der Forderungen in ihrer ursprünglichen Höhe kommen. Es könnte auch ausreichen, den Schuldenerlass, der dem betroffenen Bundesland im Insolvenzplan zugestanden wurde, zu kürzen. Dies sollte je nach Schwere des Verstoßes der Maßgabe des Bundesverfassungsgerichts überlassen werden. Es sollte im Zusammenhang mit dieser Sanktionsmöglichkeit auch eine Frist gesetzt werden, innerhalb derer ein erneuter Insolvenzantrag des betroffenen Bundeslandes nicht möglich ist. Diese Frist sollte vorab festgelegt werden und nicht weiter verhandelbar sein. Ebenfalls sollte sie keiner kurzfristigen Änderung durch das Bundesverfassungsgericht unterliegen. So würde verhindert, dass ein Bundesland sich durch direktes Wiederbeantragen eines Insolvenzverfahrens, mit neuerlichen Verhandlungen über einen Schuldenerlass, der Sanktion entzieht. Zudem würde die Sanktion dadurch spürbar, dass das Bundesland innerhalb der Frist einen erheblichen Teil seiner Handlungsfähigkeit einbüßt, was auch die Bürger des Landes zu spüren bekommen würden, wodurch sich der Druck auf Landespolitiker erhöht, es gar nicht erst zu dieser Situation kommen zu lassen. Die Frist sollte sich nicht über einen zu langen Zeitraum erstrecken, da dies den Sanierungsprozess eines insolventen Bundeslandes blockieren würde, möglicherweise übermäßig auf Kosten der Bürger des Landes. Es wäre an eine Frist von einem bis zwei Jahren zu denken.

Sollten die Gläubiger gegen Bestimmungen des Insolvenzplans verstoßen, so sollte es dem Bundesverfassungsgericht möglich sein, diesen Plan zu Ungunsten der Gläubiger zu modifizieren. Dies kann dadurch geschehen, dass ihnen ihre Mindestansprüche verloren gehen, sie also einen höheren Forderungsverzicht als ursprünglich vereinbart zu tragen hätten. Auch diese Sanktionsmöglichkeit sollte sich auf Verstöße während aller Phasen des Insolvenzverfahrens beziehen. Auf beiden Seiten wird also mittels einer monetären Sanktion das Verhaltensrisiko der involvierten Parteien minimiert, sich über vorab getroffene Beschlüsse und Vereinbarungen hinwegzusetzen.

Es sollte zudem allen involvierten Parteien zugestanden werden, das Bundesverfassungsgericht als Schlichtungsinstanz anzurufen, wenn sie der Meinung sind, Verstöße auf Seiten der Gegenpartei zu beobachten.[911] Dieses prüft die vermeintlichen Verstöße und spricht, bei tatsächlicher Feststellung von Verstößen, die oben aufgeführten Sanktionen aus.

Nachdem alle Verfahrensschritte eines möglichen Insolvenzverfahrens für die deutschen Bundesländer durchlaufen und beschrieben worden sind, wird nachfolgend erläutert, welche Rahmenbedingungen und Voraussetzungen geschaffen werden müssen, um einen geordneten Verfahrensablauf zu gewährleisten.

8.11 Die Voraussetzungen für den Ablauf eines Insolvenzverfahrens auf Ebene der deutschen Bundesländer

Um die in den Kapiteln 8.1. bis 8.10. dargestellten Verfahrensschritte wirkungsvoll durchlaufen und die damit verbundene Überwindung einer Insolvenz eines Bundeslandes erreichen zu können, sind verschiedene Voraussetzungen und Rahmenbedingungen zu gewährleisten. Eine rechtliche Rahmenbedingung ist hierbei von überragender Bedeutung. Da in Deutschland die Insolvenz von Bund, Ländern und Gemeinden durch den § 12 Abs. 1 der deutschen Insolvenzordnung ausgeschlossen wird, ist dieser zwar nicht vollständig zu streichen, jedoch sein Geltungsbereich auf den Bund und gegebenenfalls die Gemeinden zu beschränken. Hierdurch würde den Bundesländern die Insolvenzfähigkeit zugestanden. Dies ist unabdingbar, da es ansonsten für die Gläubiger und die Bundesländer keinen Grund gäbe, sich einem Insolvenzverfahren zu unterziehen. Sie würden, wie bislang auch, auf einen Bail-out durch die Bund-Länder-Gemeinschaft spekulieren, die Verluste des Kapitalmarktes vollständig aufgefangen werden und die Länder vollkommen unbeschadet aus der Situation einer zu hohen Verschuldung hervorgehen. Ein Forderungsverzicht für die Kreditgeber würde entfallen und für die Länder wäre eine zu hohe Verschuldung mit keinerlei Härten verbunden, was anreiztheoretisch strikt abzulehnen ist. Dies würde dadurch begünstigt, dass ein No-bail-out bei Ausschluss der Insolvenz der Länder unglaubwürdig wäre.

Wichtig ist die Glaubwürdigkeit der Insolvenzfähigkeit und mit ihr die der No-bail-out Regelung. Hierzu beitragen kann eine vorab getroffene, klare Regelung darüber, welches Ziel das Insolvenzverfahren für die Bundesländer verfolgen

911 Vgl. Fritz, T. und P. Hersel (2002).

soll. Dies würde auf beiden Seiten Sicherheit schaffen und einen konkreten Verfahrensablauf vorzeichnen. Im Gegensatz zu den bisher praktizierten ad-hoc Maßnahmen bei Schuldenkrisen würde dieses Vorgehen einen beträchtlichen Fortschritt darstellen, da jeder Beteiligte wüsste, was im Insolvenzfall grundsätzlich auf ihn zukommt. Paulus (2002, S. 7) stellt sodann auch deutlich heraus, *„[…] dass es hilfreich (wenn nicht gar unabdingbar) ist, wenn gleich zu Beginn entschieden ist, ob dieses Verfahren beispielsweise der Befriedigung der Gläubiger, der Verbesserung der wirtschaftlichen Ertragskraft des in Frage stehenden Landes [Staat, nicht Bundesland] oder etwa der Verbesserung der Lebensbedingungen der Bevölkerung zu dienen bestimmt sein soll.“*

Weiter sei auf die Ausführungen im Kapitel 7.3. verwiesen, in dem ausführlich dargelegt wurde, dass die glaubwürdige Formulierung eines No-bail-outs eine der zentralen Anforderungen an einen Insolvenzmechanismus auf Ebene der deutschen Bundesländer ist. Dies ist auch in Bezug auf den eigentlichen Sanierungsprozess von herausragender Bedeutung, da ausgeschlossen werden muss, dass sowohl das insolvente Bundesland als auch seine Gläubiger während des Verfahrens auf einen Bail-out spekulieren, da sie sonst zu keinen ernsthaften Verhandlungen und Zugeständnissen bereit sein dürften. Sie würden vielmehr auf einen Bail-out durch die Bund-Länder-Gemeinschaft im Falle des Scheiterns der Sanierungsverhandlungen spekulieren.

Ein Insolvenzverfahren für die deutschen Bundesländer soll mehrere der von Paulus (2002) genannten Ziele verfolgen. Oberste Priorität hat dabei der Erhalt des insolventen Bundeslandes und ebenfalls die Wahrung seiner Souveränität und Handlungsfähigkeit während des Verfahrens. Dies bedarf einer Beschneidung der Rechte der Gläubiger. Ihre Forderungen sollen zwar prinzipiell erfüllt werden, jedoch können diese zur Wahrung eines staatlichen Existenzminimums einem teilweisen Verzicht unterworfen werden. Die wirtschaftliche Ertragskraft eines insolventen Bundeslandes zu steigern ist als Mittel zur Abhilfe der Insolvenz zu sehen und demnach als Ziel im Verfahren zu verfolgen. Eine verbesserte wirtschaftliche Ertragskraft sichert dem Land eine bessere Perspektive der Entschuldung und den Gläubigern eine bessere Aussicht auf eine zeitnahe und umfassende Bedienung ihrer Forderungen. Eine Verbesserung der Lebensbedingungen der Bürger eines insolventen Landes wird nicht angestrebt, jedoch der Erhalt eines menschenwürdigen Daseins in Form eines vorab zu definierenden Existenzminimums und der Gewährleistung eines Minimums an notwendigen öffentlichen Gütern und Dienstleistungen.

Ein Insolvenzmechanismus auf Ebene der deutschen Bundesländer muss versuchen einen Ausgleich zwischen diesen drei Interessen zu erzielen, wobei der Erhalt des Landes und die Gewährung eines staatlichen Existenzminimums sowie angemessener Lebensbedingungen für die Bevölkerung einen Vorrang gegenüber den Gläubigerforderungen besitzen sollten. Um dieser Zielsetzung folgend eine ungeordnete Schuldenbedienung oder gar Liquidation eines Bundeslandes von vornherein auszuschließen ist es unverzichtbar, das Insolvenzverfahren derart anzulegen, dass das Ziel des Erhalts des Landes und auch seiner Souveränität deutlich herausgestellt wird. Aus diesem Grund sollte das einzig denkbare Verfahren bei der Insolvenz eines Bundeslandes das des Planverfahrens nach dem Vorbild der §§ 217 ff. InsO sein, welches die Reorganisation oder Sanierung des insolventen Schuldners zum Ziel hat.[912]

Der Stabilitätsrat soll in einem Insolvenzverfahren für die deutschen Bundesländer dafür zuständig sein, die Verschuldungssituation der Länder zu überwachen und Daten hierüber zu veröffentlichen. Da dies einen veränderten Zuschnitt seines Aufgabenbereichs darstellt, ist dieser entsprechend anzupassen. Dem Stabilitätsrat sind die zur Wahrnehmung seiner Aufgaben notwendigen Kompetenzen zuzugestehen. Hierzu gehören insbesondere das Recht zur Einsicht in die Haushaltsstatistiken der Länder und auch die Anforderung solcher Daten bei den Statistischen Landesämtern. Da dem Bundesverfassungsgericht als Schlichtungsinstanz ebenfalls eine bedeutende Rolle bei dem Insolvenzverfahren für die deutschen Bundesländer zukommen soll, ist es ebenfalls mit den hierfür notwendigen Kompetenzen auszustatten. Es sind sämtliche Rechte und Aufgaben, die das Bundesverfassungsgericht in einem Insolvenzverfahren für die deutschen Bundesländer wahrnimmt, gesetzlich zu verankern.

Ebenso wie bei den präventiven Wirkungsweisen eines Insolvenzmechanismus auf Ebene der deutschen Bundesländer ist es auch für das eigentliche Insolvenzverfahren unerlässlich, dass finanzstatistische Daten in einer angemessenen Form aufbereitet werden. Angemessen soll hier bedeuten, dass die Art der Aufbereitung der Daten einen übersichtlichen, klaren und einfachen Einblick in die finanzielle Situation eines Länderhaushalts ermöglicht. In Anlehnung an das Kapitel 7.3. wird auch hier die Einführung der Doppik als Grundlage der Berichterstattung über die Länderfinanzen empfohlen. Dies ist ebenfalls entscheidend, um die Anwendung des Insolvenzindikators aus dem Kapitel 6 zur Ermittlung der tragfähigen Verschuldung zu ermöglichen. Die Notwendigkeit der übersichtlichen und umfassenden Rechnungslegung zur Anwendung der DEA wurde im Kapitel 6.5.4 bereits angesprochen, worauf hier auch verwiesen sei. Weiter wäre es wünschenswert ein absolutes Minimum an notwendigen öffentlichen Aufgaben zu definieren, mindestens jedoch einen gesellschaftlichen

912 Vgl. Paulus, C. G. (2002).

Konsens darüber zu erzielen, welchen ein Bundesland nachkommen muss. Dies ermöglichte es, durch die DEA das Mindestniveau an Inputs zu bestimmen, welches zur Erfüllung eines vorab festgelegten Mindestniveaus an Outputs, hier das Ausbringungsniveau öffentlicher Aufgaben, benötigt wird. An diesem Mindestbedarf an Inputs sollte sich die Schuldentragfähigkeit orientieren, indem die Schulden umstrukturiert werden, die einer Garantie der hierfür notwendigen Finanzausstattung im Weg stehen.

Den Bundesländern sind, wie im Kapitel 7.3. bereits erwähnt, zudem weitreichende Kompetenzen bei der Gestaltung ihrer Steuern zuzugestehen. Es müssen ihnen autonome Steuergesetzgebungskompetenzen zukommen, die es ihnen erlauben, bestimmte Steuersätze zu variieren oder auch neue Steuern zu erheben. Zur Möglichkeit der Variierung des Steueraufkommens der Länder sei auf den Vorschlag des Wissenschaftlichen Beirats beim Bundesministerium der Finanzen (2005) verwiesen. Dort werden autonome Zuschlagsätze zur Einkommen- und Körperschaftsteuer oder auch zur Grundsteuer vorgeschlagen, um den Ländern einnahmeseitig mehr Autonomie zu verschaffen.

Ebenfalls ist den Ländern mehr Handlungsfreiheit bei der Gestaltung ihrer Aufgaben und der ihnen hieraus erwachsenden Ausgaben zu ermöglichen. Für eine ausführliche Darstellung hierzu sei auf das Kapitel 7.3. verwiesen. Eine Festlegung essentieller Kernbereiche, die keinesfalls unbeschränkten Ausgabekürzungen unterliegen dürfen, muss dabei sicherstellen, dass die Aufgaben und die damit verbundenen Ausgaben, welche ein Bundesland in jedem Fall erfüllen muss, auch in einem laufenden Insolvenzverfahren gewahrt bleiben. Die Wahrnehmung darüber hinausgehender Aufgaben sollte das Bundesland nach eigenem Ermessen variieren dürfen. Insbesondere sollte es den Bundesländern ermöglicht werden zur Überwindung einer Insolvenz die Höhe der Sozialleistungen maximal bis auf ein vorab definiertes Mindestniveau nach unten anzupassen, keineswegs jedoch dieses Niveau zu unterschreiten. Auch sollte es den Ländern möglich sein, die Gehälter öffentlich Bediensteter anzupassen. Auch hierbei muss sich allerdings an dem oben genannten sozialen Mindestniveau orientiert werden. Die Regelung des US-amerikanischen Insolvenzrechts, nach der es souveränen Schuldnern während eines Insolvenzverfahrens möglich ist, Tarifverträge mit öffentlich Bediensteten aufzukündigen und neu zu verhandeln, sollte auch den deutschen Ländern zugänglich gemacht werden.

Nachdem alle drei Phasen einer möglichen Bundesländerinsolvenz durchlaufen worden sind, ist abschließend auf einige kritische Anmerkungen und mögliche Probleme bei der Umsetzung eines Insolvenzmechanismus auf Ebene der deutschen Bundesländer einzugehen.

9 Mögliche Probleme und Einwände gegen einen Insolvenzmechanismus auf Ebene der deutschen Bundesländer

Der genannten Vorzüge und Fortschritte gegenüber derzeitigen Formen des Umgangs mit Schuldenkrisen ungeachtet, gibt es seit jeher kritische Stimmen gegenüber einer Insolvenz souveräner Schuldner. Eine Insolvenz ist dabei häufig mit dem Makel des Konkurses behaftet und weckt nahezu ausnahmslos negativ besetzte Assoziationen.[913] Die Kritik ist dabei vielfältig und auf den ersten Blick nicht unbegründet, kann in den meisten Fällen bei genauerer Betrachtung jedoch entkräftet werden.

Grundlegend falsch ist der Einwand ein souveräner Schuldner, insbesondere ein Staat, könne grundsätzlich nicht insolvent werden, da er über eine unendliche Lebensdauer verfüge und durch die Möglichkeit der Beschaffung nahezu unendlicher finanzieller Mittel über Steuern und andere Einnahmearten wie das Drucken von Geld praktisch unbegrenzt solvent sei. Zum einen ist dies nicht richtig, da auch die Steuererhebung, selbst auf Staatenebene, Grenzen unterliegt. So sinkt das Steueraufkommen ab einem bestimmten Steuersatz, da Steuerflucht und eine Verringerung des Arbeitseinsatzes und somit des Einkommenserwerbs der Bürger eines Landes damit einhergehen.[914] Das Drucken von Geld und somit die Entwertung der Schulden kann durch die damit verbundene Inflation mit adversen Wachstumseffekten für eine Volkswirtschaft verbunden sein. Für die deutschen Bundesländer vermögen diese Argumente noch weniger zu überzeugen, verfügen sie bislang doch kaum über steuerliche Gesetzgebungskompetenzen.[915] Auch die Lizenz zum Gelddrucken haben sie nicht und hatten sie noch nie, da diese bei der Bundesbank lag, bis diese ihre geldpolitischen Kompetenzen an die Europäische Zentralbank abgetreten hat.

Zudem zeigt ein Blick auf die Historie, dass es keine Seltenheit ist, dass souveräne Schuldner außer Stande sind, ihre ausstehenden Schulden zu bedienen. Der Unterschied zu einer formalen Insolvenz liegt lediglich in der meist ungeordneten Abwicklung der Zahlungsunfähigkeit. Es wurden in dieser Arbeit bereits

913 Vgl. Paulus, C. G. (2002).

914 Siehe zur Erklärung dieses Zusammenhangs die Ausführungen im Kapitel 8.8.1. zur Laffer-Kurve aus der Abbildung 12. Weiter sei auch auf die Ausführungen in Laffer, A. B. (2004) und Wanniski, J. (1978) verwiesen.

915 Siehe dazu auch das Kapitel 3.1.3.1.

einige prominente Beispiele hierfür gegeben.[916] Es kann also auch im Fall souveräner Schuldner eine Zahlungsunfähigkeit eintreten, was nicht pauschal als Zahlungsstockung abgetan werden kann.[917] Auch gibt es in der internationalen Praxis bereits verschiedene Systeme der Haftungsbeschränkung von Zentralebenen für ihre Gliedstaaten und in Form des Chapter 9 des US-Bankruptcy Codes in der Tat einen Mechanismus, der den Umgang mit der Insolvenz untergeordneter Gebietskörperschaften regelt.[918] Es ist allerdings anzumerken, dass das Chapter 9 des US-Bankruptcy Codes sich lediglich auf nicht-souveräne Gebietskörperschaften bezieht.

Kämmerer (2005, S. 651) führt zur Insolvenzunfähigkeit souveräner Staaten an:[919]

> „Mit der historischen Realität hat das vermittelte Bild eines Gemeinwesens von unerschöpflicher finanzieller Potenz nur wenig gemein. Zwar sind Staaten kraft ihrer Souveränität gegen einseitig gestaltende Interventionen anderer auch in finanziellen Angelegenheiten gefeit; Staatsbankrott aber war und ist ein in der Realität häufig anzutreffendes Phänomen. Zahlungsunfähigkeit oder Überschuldung (nach §§ 17 ff. InsO Voraussetzungen für die Eröffnung eines Insolvenzverfahrens gegen einen Privaten) sind in den letzten 200 Jahren in rund 90 Fällen erklärt worden.“

Wie oben bereits aufgeführt, gilt die mangelnde unerschöpfliche finanzielle Potenz für die deutschen Bundesländer noch mehr als für souveräne Staaten, weshalb das Recht hier gar noch stärker in Konflikt mit der Realität gerät.

Auch der Hinweis darauf, dass eine Insolvenz Deutschlands, einschließlich seiner Bundesländer und Gemeinden, im § 12 Abs. 1 der deutschen Insolvenzordnung ausgeschlossen wird, hält einer genaueren Betrachtung nicht stand. Allein die Existenz einer solchen Vorschrift deutet darauf hin, dass der Gesetzgeber sich eine Insolvenz der deutschen Gebietskörperschaften zumindest vorstellen konnte, weshalb er es für notwendig erachtete, diese formal auszuschließen.[920] So ging bereits der historische Gesetzgeber des 19. Jahrhunderts von einer Insolvenzfähigkeit öffentlicher Gebietskörperschaften aus, weswegen er mit dem Art. IV des Einführungsgesetzes zu dem Gesetze betreffend Änderungen der Konkursordnung vom 17. Mai 1898 (EKGNov; RGBl. 248) dem Landesgesetzgeber die Kompetenz, die Insolvenzfähigkeit juristischer Personen des öffentlichen

916 Siehe hierzu die Ausführungen des Kapitels 5.

917 Vgl. Paulus, C. G. (2002).

918 Siehe für eine Darstellung verschiedener No-Bail-out Regelungen sowie für eine nähere Betrachtung des Chapter 9 des US-Bankruptcy Codes das Kapitel 5.

919 Siehe weiter auch z.B. Manes, A. (1922), Lingelbach, G. (2000), Liehr, R. (1995) und Klüber, A. P. (1988).

920 Vgl. Paulus, C. G. (2003).

Rechts einzuschränken oder ganz auszuschließen, ermöglichte.[921] Auch kann in einer Welt, die durch Unsicherheit gekennzeichnet ist, kein Ereignis, auch nicht der Insolvenzfall eines souveränen Schuldners, ausgeschlossen werden.[922] Nach jetziger Rechtslage jedoch trifft Recht auf Realität und haben beide in diesem Zusammenhang wenig gemein. So führen Schuppert und Rossi (2006) zu Recht an, dass zahlreiche Gebietskörperschaften, wenn sie de jure Unternehmen darstellen würden, schon lange insolvent wären.

Ein weiterer prominenter, wenn nicht gar der gewichtigste, Kritikpunkt an der Insolvenzfähigkeit souveräner Schuldner wie z.B. der deutschen Bundesländer ist der vermeintliche Eingriff in deren staatliche Souveränität oder gar ihre Liquidation. Es wird befürchtet, dass ein souveräner Schuldner seine politische Handlungsfähigkeit im Zuge eines Insolvenzverfahrens verliert und darüber hinaus nicht mehr in der Lage sein wird seinen staatlichen Aufgaben nachzukommen.

Es ist hier deutlich anzumerken, dass die Liquidation eines souveränen Schuldner außerhalb jeder Überlegungen in einem Insolvenzverfahren steht. Wie in dieser Arbeit bereits mehrfach angesprochen, ist es das Ziel eines Insolvenzverfahrens auf Ebene der deutschen Bundesländer, diese im Insolvenzfall zu erhalten und ihnen einen Neuanfang nach dem Vorbild des Chapter 9 des US-Bankruptcy Codes zu ermöglichen. Eine komplette Liquidation des Landesvermögens zur Gläubigerbefriedigung und eine anschließende Auflösung der Länder stehen nicht zur Debatte, sondern ganz im Gegenteil wird ihre Wiedereingliederung in den Wirtschaftskreislauf angestrebt.[923] Das privatrechtliche Pendant hierzu ist das Planverfahren gemäß des Chapter 11 des US-Bankruptcy Codes, was seinerseits dem Planverfahren der deutschen Insolvenzordnung als Vorbild diente, welches sich dort in den §§ 207 ff. findet. Das Planverfahren markiert einen Wendepunkt von dem Ziel der Gläubigerbefriedigung durch Liquidation des Schuldnervermögens und anschließender Verteilung unter den Gläubigern hin zum Primat der Gläubigerbefriedigung unter Erhalt des Schuldnervermögens und gleichzeitiger Wiedereingliederung des Schuldners in das Wirtschaftsleben.[924]

Die Möglichkeit zum Erhalt der Vermögenswerte des Schuldners findet sich bereits in § 1 der deutschen Insolvenzordnung, der die Ziele eines Insolvenzverfahrens beschreibt:

921 Vgl. Deutscher Bundestag (2005).
922 Vgl. Blankart, C. B. et al. (2006).
923 Vgl. Paulus, C. G. (2002).
924 Vgl. Paulus, C. G. (2002).

„Das Insolvenzverfahren dient dazu, die Gläubiger eines Schuldners gemeinschaftlich zu befriedigen, indem das Vermögen des Schuldners verwertet und der Erlös verteilt oder in einem Insolvenzplan eine abweichende Regelung insbesondere zum Erhalt des Unternehmens getroffen wird. Dem redlichen Schuldner wird die Gelegenheit gegeben, sich von seinen restlichen Verbindlichkeiten zu befreien."

Das Planverfahren führt mit Eröffnung der Insolvenz zu einem Schuldenmoratorium. Weiter wird ein Plan von Seiten des Schuldners vorgelegt, der vorsieht, wie der Prozess der Sanierung gestaltet sein soll. Über diesen Plan wird dann diskutiert und abgestimmt, wobei kein Einstimmigkeitserfordernis existiert. Das im Laufe der Verhandlungen erreichte Ergebnis ist für alle Gläubiger bindend.[925] Es ist also selbst im privatrechtlichen Kontext keine zwingende Liquidierung des Schuldnervermögens vorgesehen und aufgrund der Besonderheiten souveräner Schuldner gegenüber privaten Schuldnern im Kontext der Insolvenz deutscher Bundesländer erst recht undenkbar.[926]

So tritt Paulus (2002, S. 10) auch entschieden für das Planverfahren als Verfahrensart bei der Insolvenz eines souveränen Schuldners ein:

„Es ist gar nicht anders vorstellbar, als dass die alleinige Verfahrensart die des Planverfahrens sein muss. Jeder Gedanke an Liquidation, Zwangsvollstreckung oder eine wie auch immer geartete Zwangsmaßnahme ist [...] von vornherein auszuschließen."

Er plädiert auch für die Benutzung des Terminus' Resolvenz anstatt Insolvenz, um deutlich zu machen, dass mit einem Insolvenzverfahren die Wiedererlangung der Zahlungsfähigkeit verbunden ist.[927] In einem späteren Beitrag zum Insolvenzrecht für Gemeinden stellt Paulus (2003. S. 869) heraus, dass das durch die Insolvenzordnung geschaffene Instrument des Planverfahrens *„[...] ein erneutes, modernisiertes Überdenken der Insolvenzoption für Gemeinden erforderlich macht und rechtfertigt."* Auch Konrad (2007a) weist in aller Deutlichkeit darauf hin, dass eine Auflösung eines Bundeslandes im Insolvenzfall unmöglich

925 Vgl. Paulus, C. G. (2002).

926 Auch verschiedene Insolvenzrechte im internationalen Kontext sehen nicht zwingend eine Liquidation des Schuldnervermögens vor. So steht in den USA seit jeher die Idee eines Fresh-starts, also eines Neuanfangs, hinter der Ausgestaltung des Insolvenzrechts. In Frankreich ist der Erhalt möglichst vieler Arbeitsplätze die dominierende Prämisse. In Argentinien ist das Insolvenzrecht primär auf den Erhalt des Unternehmens ausgerichtet. In Italien steht die Tilgung staatlich gewährter Großkredite im Vordergrund. Siehe hierzu auch Paulus, C. G. (2002) und Jochimsen, B. und K. A. Konrad (2006).

927 Vgl. Paulus, C. G. (2010).

sein müsse. Kirchner (2011) verweist ebenfalls darauf, dass die Möglichkeit einer Zerschlagung bei souveränen Schuldnern in der Regel ausscheide.

Kratzmann (1982, S. 319) stellt seinen Überlegungen zu Staatsbankrotten den Gedanken voraus, dass ein solcher Bankrott, allen negativen Assoziationen zum Trotz, als Chance zur Rettung des Staates und keineswegs als sein Ende begriffen werden kann und sollte:

> „Regierungen reden über ihn ebenso ungern wie die moderne Welt über das Sterben spricht; gleichwohl geschieht das, was nicht sein kann, weil's nicht sein darf, hin und wieder doch einmal. Dabei hat er mit dem Untergang des Staates überhaupt nichts zu tun - im Gegenteil; er zielt auf dessen Erhaltung ab. Der Staat ist die Macht, der keine höhere Instanz mehr beispringt und die sich daher stets aus eigener Kraft - zur Not rücksichtslos - behaupten muss. Eine Form der Selbstrettung stellt der Staatsbankrott in seinen zahlreichen Varianten dar."

Die Prämisse des Erhalts eines insolventen Bundeslandes steht ebenfalls im Einklang mit der Intention hinter dem Chapter 9 des US-Bankruptcy Codes. McConnell und Picker (1993, S. 427) führen hierzu aus:

> "Indeed, the premise of municipal bankruptcy law is that the city will emerge from bankruptcy in the same form - with the same boundaries, resources, functions, and governing structure - with which it entered bankruptcy."

Begreift man den Bankrott souveräner Schuldner also nicht als deren Ende, sondern als Chance für einen Neuanfang, so stellt sich die Frage nach der Auflösung einer Gebietskörperschaft in einem Insolvenzverfahren gar nicht erst. Die im Kapitel 5 aufgeführten Fallbeispiele der Zahlungsunfähigkeit souveräner Schuldner sollen hierfür als Beleg dienen. In keinem dieser Fälle kam es zu einer Zerschlagung, nicht einmal zur Neuordnung, einer Gebietskörperschaft.

Eine willkürliche Liquidation des Vermögens eines Bundeslandes wäre durch das Schuldenmoratorium, welches im Kapitel 8.3. vorgestellt wurde, nicht möglich, da die Schuldner währenddessen keinen Zugriff auf Vermögenswerte des Bundeslandes hätten. Weiter kann im Insolvenzplan eine Liquidation zumindest in ihrem Umfang begrenzt werden, da nur das Finanzvermögen, nicht jedoch das Verwaltungsvermögen zur Gläubigerbefriedigung durch Veräußerung zur Verfügung stehen sollte.[928] Somit ist eine vollständige Liquidation des Landesvermögens ausgeschlossen, was auch eine Abkehr vom Primat der

928 Vgl. Blankart, C. B. und E. R. Fasten (2009). Für eine Bestimmung darüber, was als Finanz- und was als Verwaltungsvermögen anzusehen ist siehe das Kapitel 8.5.

Gläubigerbefriedigung bedeutet, die in Deutschland teils sakrosankten Status genoss.[929] Auch Faber (2005) betont, dass bei einem Insolvenzrecht für Gebietskörperschaften nicht die Gläubigerbefriedigung, sondern vielmehr die Schaffung einer Grundlage für die Zukunft im Vordergrund stehen sollte. Blankart et al. (2006, S. 570) betonen, dass *„Eine institutionalisierte Insolvenz [bedeutet] nicht Chaos und Zusammenbruch, sondern Stärkung der Voraussicht.“* bedeute.

Auch der Widerspruch zwischen staatlicher Souveränität und der Insolvenzfähigkeit souveräner Schuldner erscheint bei näherer Betrachtung als nicht haltbarer Kritikpunkt. Eine erste Annäherung kann hier für die Staatenebene auf Basis des Völkerrechts erfolgen.

Dahm et al. (2002, S. 535) betonen die Stellung des Grundsatzes der Vertragsfreiheit im Völkerrecht:

> „Das völkerrechtliche Vertragsrecht war weitgehend - und ist dies auch heute noch - vom Grundsatz der Vertragsfreiheit bestimmt. Das hängt unmittelbar mit dem Prinzip der Souveränität der Staaten zusammen. Grundsätzlich ist es das Recht des souveränen Staates, zu entscheiden, mit wem und worüber er einen Vertrag schließt.“

Ausnahmen von der Vertragsfreiheit sind in Form von eng begrenzten ius cogens-Normen und -Grundsätzen präzise definiert[930] und umfassen neben dem *„[...] Verbot der gegen die territoriale Unversehrtheit oder die politische Unabhängigkeit eines Staates gerichtete oder sonst mit den Zielen der Vereinten Nationen unvereinbare Anwendung oder Androhung von Gewalt [...]“*[931] auch *„[...] das Verbot des Völkermordes, das Verbot der Folter, das Verbot der Sklaverei und des Sklavenhandels, aber auch die [...] Verbote der Rassendiskriminierung und der Apartheid-Politik.“*[932] Ein institutionalisiertes, vertraglich vereinbartes, Insolvenzrecht für Staaten scheint hierzu in keinerlei Widerspruch zu stehen.[933] Im Gegenteil untergräbt gerade die mangelnde Insolvenzfähigkeit die Vertragsfreiheit von Staaten und führt dazu, dass ein Staat, da er sich keinem Insolvenzverfahren

---

929 Vgl. Blankart, C. B. und E. R. Fasten (2009). Eine Einbeziehung des privaten Sektors in Schuldenkrisen souveräner Schuldner durch zumindest teilweise Forderungsverzichte fordern u.a. auch Hefeker, C. (2002), Paulus, C. G. (2002) und (2010), Grossmann, V. (2011), Peffekoven, R. (2006), Blankart, C. B. et al. (2006), Schäfer, H.-B. (2010), Konrad, K. A. (2007a) und (2007b), Seitz, H. (2007), Hildebrandt, A. (2009), Jochimsen, B. und K. A. Konrad (2006), Blankart, C. B. und E. R. Fasten (2009), Jochimsen, B. (2007a) oder auch Kirchner, C. (2011).

930 Vgl. Schuppert, G. F. und M. Rossi (2006).

931 Dahm, G. et al. (2002), S. 537.

932 Dahm, G. et al. (2002), S. 537.

933 Vgl. Schuppert, G. F. und M. Rossi (2006).

unterziehen kann, zu einem unsichereren Vertragspartner wird, welcher tendenziell eher gemieden als gesucht wird.[934] Dies kann sich auch in schlechteren Kreditkonditionen in Form höherer Zinsen niederschlagen.[935] Die gleiche Argumentation kann uneingeschränkt auch für einen Insolvenzmechanismus auf Ebene der deutschen Bundesländer gelten.

Paulus (2002, S. 4) weist im Zusammenhang mit dem Erhalt staatlicher Souveränität im Insolvenzfall zu Recht auf das Verfahren nach Chapter 9 des US-Bankruptcy Codes hin:

> „In Gestalt des US-amerikanischen Chapter 9-Verfahrens existiert ein praxisbewährtes Modell, in das sämtliche Gläubiger einbezogen werden und in dem der souveräne Schuldner weiterhin handlungsfähig gehalten wird."

Das Chapter 9 des US-Bankruptcy Codes schließt in der Tat nicht nur eine Auflösung insolventer Gemeinden, sondern darüber hinaus auch jegliche politische Eingriffe von außen, aus. Es gewährt weder den Gläubigern noch den Gerichten im Zuge der Festlegung des Sanierungsplans das Recht, künftige Ausgabe- oder Einnahmeentscheidungen der Gemeinde zu beeinflussen.[936]

Es ließe sich für die deutschen Bundesländer weiter einwenden, dass ein Insolvenzverfahren über eventuell notwendige Einnahmeerhöhungen sowie Ausgabensenkungen einen Eingriff in deren Haushaltsautonomie nach Art. 109 Abs. 1 GG darstellt. Dieser Vorwurf erweist sich jedoch als unhaltbar, da bereits der Art. 109 Abs. 2 GG die Haushaltsautonomie der Länder mit Hinweis auf das Erfordernis der Wahrung des gesamtwirtschaftlichen Gleichgewichts durchbricht. Des Weiteren hat das Bundesverfassungsgericht (1992) in seiner Rechtsprechung deutlich gemacht, dass eine Beschränkung der Haushaltsautonomie bei Inanspruchnahme von Sanierungszuweisungen gerechtfertigt sei.[937] Es ist nicht plausibel zu begründen, warum bei der Inanspruchnahme des Insolvenzverfahrens als Sanierungsmaßnahme hiervon abweichende Regelungen gelten sollten. Darüber hinaus können Vereinbarungen im Insolvenzplan als freiwilliger Souveränitätsverzicht der Länder angesehen werden. Dieser teilweise, freiwillige, Souveränitätsverzicht dient zudem der Rückgewinnung der eigenen Handlungsfähigkeit und somit wiederum der Souveränität.[938] Paulus (2002) stellt zudem heraus, dass der Einwand gegen ein Insolvenzverfahren für souveräne Schuldner

934 Vgl. Blankart, C. B. et al. (2006) und Blankart, C. B. und E. R. Fasten (2009).

935 Vgl. Blankart, C. B. und E. R. Fasten (2009).

936 Vgl. Administrative Office of the United States Courts (2005a).

937 Vgl. Schuppert, G. F. und M. Rossi (2006).

938 Vgl. Schuppert, G. F. und M. Rossi (2006).

unter dem Aspekt des drohenden Souveränitätsverlustes alleine schon im Hinblick auf den sich wandelnden und sogar unter Auflösungserscheinungen leidenden Souveränitätsbegriff kaum Bestand haben könne. Als Beispiele hierfür führt er die Nürnberger Prozesse oder auch die Einrichtung eines Völkerstrafrechts an. Zudem finde bereits jetzt durch die Verhandlungen vor dem Londoner oder Pariser Club ein erheblicher Eingriff in die Souveränitätsrechte von Staaten statt.

Ein Argument dafür, dass ein insolventer Schuldner auch im laufenden Insolvenzverfahren seine Souveränität wahren kann, findet sich in der deutschen Insolvenzordnung in den §§ 270 ff. Dort ist vorgesehen, dass der Schuldner unter bestimmten, im § 270 InsO festgelegten, Voraussetzungen berechtigt ist, die Insolvenzmasse zu verwalten und auch über sie zu verfügen. Zwar unter der Kontrolle eines Sachwalters, jedoch nicht unter vollständiger Fremdbestimmung seiner Handlungen. Dieser Ansatz ließe sich auch auf die deutschen Bundesländer anwenden. Jedoch wäre hier von einem Sachwalter abzusehen. Dies würde bedeuten, dass die amtierende Regierung im Amt bliebe und ohne jeglichen Verlust ihrer Handlungsfähigkeit weiterhin die Geschicke des Landes lenkte.[939] Auch sieht § 18 InsO den Eröffnungsgrund eines Insolvenzverfahrens in der drohenden Zahlungsunfähigkeit vor. Durch die Möglichkeit das Insolvenzverfahren bereits in einer Phase, in der die Sanierungschancen für ein Unternehmen noch nicht vollends verbaut sind, zu eröffnen kommt das Primat der Erhaltung der Souveränität und Handlungsfähigkeit dieses Unternehmens zum Ausdruck. Die Anwendung dieser Logik scheint auch auf Ebene der deutschen Bundesländer angemessen zu sein.[940]

Es ließe sich gegen einen Insolvenzmechanismus auf Ebene der deutschen Bundesländer ebenfalls einwenden, dass dadurch, dass potentielle Kreditgeber in ihrer Kreditvergabeentscheidung nicht nur den Stand der Verschuldung eines Bundeslandes, sondern ebenfalls die Rentabilität und das Risiko eines Investitionsvorhabens bewerten, die Gefahr bestehe, dass notwendige, aber ökonomisch unrentable Investitionen eines Landes aufgrund mangelnder Finanzierungsmöglichkeiten nicht zu Stande kommen.[941] Dem ließe sich entgegnen, dass dies ein überaus wünschenswerter Effekt ist, da in Folge dessen das Risiko gesenkt wird, dass auch solche Projekte und Vorhaben in den Bundesländern umgesetzt werden, die riskant und unnötig sind. Die Gläubiger vermögen es somit, den

---

939 Zur Eigenverwaltung bei Insolvenz siehe auch Paulus, C. G. (2004).

940 Vgl. Paulus, C. G. (2004).

941 Vgl. Blankart, C. B. und E. R. Fasten (2009) und auch die Ausführungen der Kapitel 3.1.3.2.3. und 7.1.

Schuldner zu einer verantwortungsvollen Finanzpolitik anzuhalten.[942] Dadurch, dass die Kreditgeber sich vorab über die Risikohaftigkeit bestimmter Projekte informieren, erhöht sich ebenfalls die Transparenz fiskalischer Entscheidungen eines Bundeslandes.[943] Die Risikohaftigkeit und die Notwendigkeit eines Vorhabens sind dabei sicher nicht immer objektiv zu beurteilen. Eine solche Einschätzung unterliegt immer auch einer subjektiven Komponente. Sollte es jedoch so sein, dass ein Bundesland ein Vorhaben plant, welches nicht nur von ihm selber, sondern auch vom Bund, nach sorgfältiger Prüfung, als notwendig angesehen wird, von den Finanzmärkten jedoch als nicht rentabel genug, um es zu finanzieren, böte sich die Möglichkeit, für dieses Projekt Anleihen aufzulegen, welche vom Bund garantiert werden. So kann ein möglicherweise zu geringes und qualitativ minderwertiges Angebot an öffentlichen Gütern in einem Bundesland vermieden werden.

Auch wird im Hinblick auf die, für einen Insolvenzmechanismus unabdingbare, Einführung einer No-bail-out Regelung oftmals eingeworfen, dass die Refinanzierungskosten der Bundesländer hierdurch stark ansteigen würden und insbesondere bereits hoch verschuldete Länder sich mit schlagartig in die Höhe schießenden Risikoprämien konfrontiert sähen, wodurch sie unmittelbar nach Implementierung des Mechanismus‘ in die Insolvenz getrieben würden. Ein Insolvenzmechanismus für souveräne Schuldner muss aber nicht zwangsläufig zu einer Verschlechterung der Konditionen der Kreditaufnahme führen. Es ist sogar der gegenteilige Fall denkbar. So könnte der Verzicht auf Bail-outs mittelfristig die Default-Erwartungen mildern, was zu tendenziell günstigeren Konditionen der Kreditaufnahme führen kann. Dies liegt an der, durch eine glaubhafte No-bail-out Regelung bedingten, Reduzierung des Moral Hazard Problems.[944] Zudem würde ein Insolvenzverfahren für mehr Sicherheit bei allen Beteiligten sorgen, da vorab feststünde, welche Schritte im Falle der Insolvenz eines souveränen Schuldners unternommen würden.[945]

Dass die Zinsen in einem Regime der Eigenverantwortung übermäßig und unverhältnismäßig ansteigen, lässt sich empirisch widerlegen.[946] Gleiches lässt sich auch für Collective-action-clauses nachweisen, die ebenfalls schon bei der Emission auf ein Insolvenzrisiko hinweisen, welches die Kapitalmärkte

942 Vgl. Blankart, C. B. (2007).
943 Vgl. Blankart, C. B. und E. R. Fasten (2009).
944 Vgl. Grossmann, V. (2011).
945 Vgl. Paulus, C. G. (2010).
946 Vgl. Bradley, M. et al. (2010).

entsprechend einpreisen sollten.[947] Zudem muss unterschieden werden zwischen kurzfristigen Überreaktionen der Finanzmärkte und der langfristig marktgerechten Bepreisung der Anleihen souveräner Schuldner, wofür zumindest auf Staatenebene deutliche empirische Evidenz besteht.[948] Auch zeigt der Blick ins Ausland bspw. nach Kanada, dass ein Haftungsausschluss der Bundesebene für die ihr untergeordneten Gebietskörperschaften nicht mit höheren Kreditfinanzierungskosten einhergehen muss.[949]

In der Tat wäre aber bei der Entlassung von Ländern wie Bremen, dem Saarland oder auch Berlin in die finanzpolitische Eigenverantwortung damit zu rechnen, dass die Finanzmärkte die Bonität dieser Länder neu bewerten und erheblich herabstufen würden. Dadurch würden deren sich im Umlauf befindliche Anleihen empfindlich abgewertet werden, wodurch sich die Anschlussfinanzierung bestehender Altschulden beträchtlich erhöhen würde. Dies könnte sie in letzter Konsequenz an den Rand der Zahlungsunfähigkeit treiben.[950] Konrad [(2007a) und (2007b)] nimmt sich dieser Problematik an und zeigt einen Weg auf, ein solches Szenario zu vermeiden. Er plädiert für eine Zweiteilung der Schulden der Länder in Alt- und Neuschulden. Für die Höhe der Altschulden soll weiter die Bund-Länder-Gemeinschaft haften, wobei die genaue Höhe der Schulden, für die eine solche Haftung bestehen soll, politisch bestimmt werden muss. Eine Untergrenze für das Haftungsvolumen sieht er in der Höhe bestehender Altschulden zu einem bestimmten Stichtag. Durch die föderal verbürgte Haftung, auch im Insolvenzfall, bestünde lediglich für die neu aufgenommenen Kredite ein Ausfallrisiko. Die Zinsen für neue Schulden dürften demnach nicht unmittelbar in die Höhe schnellen. Vielmehr würde sich vermutlich eine Zinskurve wie die aus der Abbildung 9 aus dem Kapitel 7 herausbilden. Für eine derartige Typisierung von Krediten bedürfte es einer buchhalterischen Kontrolle darüber, dass ein Land nicht mehr laufende Kredite in Form verbürgter Kredite aufnimmt, als es der Höhe der Haftung durch die Bund-Länder-Gemeinschaft entspricht. Auch sieht er die Notwendigkeit, den föderal verbürgten Krediten eine Vorrangigkeit bei deren Bedienung zuzugestehen. Auf diese Weise wird verhindert, dass sich die Refinanzierungskosten eines Landes für die Anschlussfinanzierung von dessen Altschulden verteuern. Im Gegenteil besteht sogar die Möglichkeit, dass die Finanzierungskosten für die Altschulden in der Tendenz

947 Vgl. Eichengreen, B. (2002), Eichengreen, B. et al. (2003), Eichengreen, B. und A. Mody (2004) und Becker, T. et al. (2003).

948 Vgl. Gros, D. und T. Mayer (2011).

949 Vgl. Konrad, K. A. (2007a).

950 Vgl. Konrad, K. A. (2007a) und (2007b).

sinken, da die Haftung der Bund-Länder-Gemeinschaft verbindlich festgehalten wird. Für die neuen, nicht föderal verbürgten Kredite, ergibt sich der aus dem Kapitel 7.1. bekannte und ausdrücklich erwünschte Mechanismus der Zinsbildung, der einen Disziplinierungseffekt auf die Länder hinsichtlich ihrer Kreditaufnahme ausüben soll. Als Beispiele für das Funktionieren eines Übergangs von einem Regime mit Garantien und Bürgschaften hin zur Eigenverantwortung können die Privatisierung früherer staatlicher Unternehmen sowie das Auslaufen staatlicher Garantien für Banken angeführt werden.[951]

Ein Ausschluss vom Kapitalmarkt kann damit praktisch ausgeschlossen werden. Zumal zwischen den kurz- und den langfristigen Effekten der Insolvenz eines souveränen Schuldners unterschieden werden muss. Kurzfristig kann die Erklärung der Insolvenz durchaus mit einem Ausschluss von den Kapitalmärkten einhergehen. Jedoch überwiegen die mittel- und langfristigen positiven Effekte einer Insolvenz. Mittelfristig wird der insolvente Schuldner gezwungen durch eine Sanierung seiner Finanzen das Fundament für die Rückgewinnung seiner Kapitalmarktfähigkeit zu legen. Langfristig wird die Kapitalmarktfähigkeit durch die sanierten Finanzen wiedererlangt werden können.[952]

Auch Ansteckungseffekte bei der Insolvenz eines Bundeslandes sind nicht auszuschließen. Diese negativen Externalitäten zeigen sich auch in den Fallbeispielen aus dem Kapitel 5. Dort wurden u.a. die Insolvenzen der Schweizer Gemeinde Leukerbad und der US-amerikanischen Gemeinde Orange County besprochen. In beiden Fällen verschlechterten sich im Zuge der Insolvenz beider Gemeinden auch die Refinanzierungskonditionen benachbarter sowie ähnlicher Gemeinden.[953] Für den Fall Orange Countys kann dabei festgehalten werden, dass ein Grund für die Verschlechterung der Kreditaufnahmekonditionen anderer Gemeinden in der mangelnden Transparenz ihrer Investitionen lag. Bei einer transparenteren Rechnungslegung wäre das Rating Orange Countys wohl bereits vor dem Eintreten des Insolvenzfalls schlechter gewesen und somit die Abwertung nicht so schockartig ausgefallen. Auch hätten sich wahrscheinlich keine derart erheblichen Abwertungen anderer Gemeinden ergeben, wenn im Vorhinein eine größere Transparenz ihrer Investitionstätigkeit vorgelegen hätte, so dass für die Kapitalmärkte dadurch ein höherer Grad an Sicherheit vorgeherrscht hätte.[954] Im Fall Leukerbads muss der Grund für die Herabstufung anderer Schweizer Gemeinden im Fehlen eines differenzierten Ratingsystems für

951 Vgl. Konrad, K. A. (2007b).
952 Vgl. Kirchner, C. (2011).
953 Vgl. Jochimsen, B. (2007a).
954 Vgl. Jochimsen, B. (2007a).

diese gesehen werden. Ein derartiges Ratingsystem bildete sich im Anschluss an die Insolvenz Leukerbads heraus und gab den Anstoß für Reformen der Kantone und Gemeinden in ihrem Rechnungswesen.[955] Ansteckungseffekte bei der Insolvenz öffentlicher Gebietskörperschaften können nicht negiert, jedoch kann ihnen institutionell vorgebeugt werden.

Auch der Einwand, dass ein Insolvenzverfahren und mit ihm eine Restrukturierung der Schulden eines souveränen Schuldners die Gläubiger übermäßig benachteiligen würde, ist nicht ohne Weiteres haltbar. Die Forderungen werden in ihrem Wert nicht erst durch die Eröffnung eines Insolvenzverfahrens reduziert, dies geschieht bereits vorher. Im Insolvenzverfahren tritt lediglich die Höhe eines solchen Verlustes zu tage.[956]

Oftmals wird argumentiert, dass die Kosten einer Insolvenz souveräner Schuldner unverhältnismäßig hoch seien. Als Kosten werden dabei die volkswirtschaftlichen Kosten aufgrund strategischen Verhaltens bezeichnet.[957] So sei zu befürchten, dass Gläubiger versuchen werden, sich einzelne Aktiva anzueignen und unkontrolliert Zugriff auf das öffentliche Vermögen zu erlangen. Andere Gläubiger würden versuchen, ihre Ansprüche gerichtlich bis zum letzten Cent durchzusetzen und wiederum einige würden jegliche Kompromisse blockieren, um ihren Anteil an der Verhandlungsmasse zu maximieren. Auch bestünde die Gefahr, dass ein souveräner Schuldner über das Insolvenzverfahren eine leichte Befreiung von seinen Schulden suchen würde.[958]

Dem kann entgegnet werden, dass all diesen Eventualitäten im Rahmen der Ausgestaltung eines Insolvenzmechanismus Sorge getragen werden kann. Durch das Schuldenmoratorium nach Einreichen des Insolvenzantrags wird ein unkontrollierter Gläubigerzugriff auf das Vermögen eines Bundeslandes verhindert.[959] Durch die entsprechende Ausgestaltung der Mehrheitserfordernisse in einem Insolvenzverfahren kann zudem die Blockierung von Beschlüssen durch Gläubigerminderheiten vermieden werden.[960]

Der Gefahr, dass ein Bundesland das Insolvenzverfahren nutzt, um sich unter Ausschluss jeglicher Eigenanstrengungen zu entschulden, kann ebenfalls vorgebeugt werden. Zum einen können die Hürden für den Zugang zu einem Insolvenzverfahren entsprechend hoch angesetzt werden, indem etwa jeder

955 Vgl. Blankart, C. B. und E. R. Fasten (2009).
956 Vgl. Kirchner, C. (2011).
957 Vgl. Eichengreen, B. et al. (1995).
958 Vgl. Blankart, C. B. und E. R. Fasten (2009).
959 Siehe das Kapitel 8.3.
960 Siehe das Kapitel 8.9.

Insolvenzantrag, wie in dieser Arbeit vorgeschlagen, einer gründlichen Prüfung durch das Bundesverfassungsgericht standhalten muss.[961] Zum anderen sind mit einem Insolvenzverfahren explizit große Lasten für das Land und seine Bevölkerung verbunden. Solche Lasten können etwa Steuererhöhungen oder die Reduzierung öffentlicher Leistungen sein, was die Bürger eines insolventen Bundeslandes tendenziell mit der Abwahl einer Regierung strafen werden.[962] Hierdurch kann einem exzessiven Gebrauch eines Insolvenzverfahrens als Entschuldungsinstrument Einhalt geboten werden.

Prominent ins Feld geführt bei der Argumentation wider eines Insolvenzrechts für souveräne Schuldner wird auch das Argument der Gleichwertigkeit der Lebensverhältnisse im Bundesgebiet, dass durch Einnahmeerhöhungen und Ausgabenkürzungen durchbrochen zu werden drohe. So wird postuliert, dass *„[...] ein sozialer Bundesstaat, der seinen Bürgern in allen Gebietsteilen einigermaßen wertgleiche Lebensbedingungen bieten soll, kann nicht zulassen, dass Umfang und Qualität der öffentlichen Verwaltungsleistungen je nach der Steuerstärke oder Steuerschwäche der einzelnen Länder Unterschiede aufweisen, die nicht in der Sache selbst begründet sind.“*[963] Auch lässt sich feststellen, dass *„Die Zielvorstellung, die Lebensverhältnisse im gesamten Bundesgebiet einander anzunähern, ist zu einem Grundton des gegenwärtigen deutschen Staatsrechts geworden. Dass dieser Befund nach wie vor richtig ist, zeigt sich in der fast vollständigen Nivellierung der Finanzausstattung der Länder nach Durchlaufen aller Stufen des Finanzausgleichsverfahrens.“*[964]

Legt man diese Ansichten zu Grunde, so bestünde bspw. in einer Rückführung der öffentlichen Leistungen eines insolventen Bundeslandes zu Sanierungszwecken in der Tat ein erheblicher Eingriff in das Gebot gleichwertiger Lebensverhältnisse. Jedoch stellt sich die berechtigte Frage nach der Sinnhaftigkeit dieses Postulats. So weist der Wissenschaftliche Beirat beim Bundesministerium der Finanzen (1992, S. 5) darauf hin, *„[...] dass ein Zuviel an Gleichheit leistungsmindernd wirken kann und in einem Spannungsverhältnis zur Grundidee des Föderalismus steht.“*

Der Wissenschaftliche Beirat kommt sodann auch zu zwei Schlussfolgerungen:

> „Zum einen sollte eine Mindestversorgung mit staatlichen Leistungen garantiert sein; dies impliziert eine Begrenzung der Finanzkraftstreuung nach unten. Zum anderen

961 Siehe das Kapitel 8.1.

962 Vgl. das Kapitel 7.2.3.

963 Fischer-Menshausen, H. (1996).

964 Lerche, P. (1973), S. 299.

sollte die im horizontalen Länderfinanzausgleich angestrebte Umverteilung gegen mögliche Effizienzverluste abgewogen werden; dies läuft auf eine nur begrenzte Nivellierung der Finanzkraft hinaus."[965]

Eine Versorgung mit staatlichen Mindestleistungen kann in einem Insolvenzverfahren für die deutschen Bundesländer gewährleistet werden, selbst wenn eine exakte Definition dieser Leistungen nicht zweifelsohne möglich sein sollte. Auch läuft ein solches Verfahren der Nivellierung der Finanzkraft nicht zuwider, lediglich einer übermäßigen Nivellierung wird vorgebeugt. Es kann des Weiteren keine generelle Forderung nach einheitlichen Lebensverhältnissen im Bundesgebiet aus dem Grundgesetz abgeleitet werden. Dort findet sich lediglich im Art. 106 Abs. 3 GG im Zusammenhang mit der Verteilung des Aufkommens aus der Umsatzsteuer ein Hinweis hierauf. Und selbst dieser stellt lediglich eines von mehreren Kriterien dar. Auch der Hinweis auf gleichwertige Lebensverhältnisse im Art. 72 Abs. 2 GG stellt lediglich eine Voraussetzung für die konkurrierende Gesetzgebung des Bundes und in keiner Weise ein Primat gleichwertiger Lebensverhältnisse dar.[966] Man kann den Art. 20 Abs. 1 GG (Sozialstaatsprinzip), einige Grundrechte sowie weitere Bestimmungen, bspw. die des Art. 104 Abs. 1 Nr. 2 GG und des Art. 107 Abs. 2 GG lediglich dahingehend interpretieren, dass hieraus ein Verfassungsauftrag erwächst, die Unterschiede in den Lebensverhältnissen nicht auf ein zu hohes Niveau wachsen zu lassen. Ein Streben nach einer Einheitlichkeit der Lebensverhältnisse im Bundesgebiet wird im Grundgesetz zwar nicht verboten, aber auch nicht zwingend vorgeschrieben. Vielmehr lässt sich aus der Verfassung lediglich die Forderung nach einem gewissen Mindestniveau öffentlicher Leistungen ableiten.[967]

Dieses Mindestniveau an öffentlichen Leistungen muss aber nicht mit dem Länderdurchschnitt identisch sein. Zum einen liegen nahezu alle Länder faktisch mehr oder minder deutlich über dem Mindestniveau, weshalb eine Orientierung am Länderdurchschnitt dazu führen würde, dass es zu hoch angesetzt würde.[968] Zum anderen wäre bei einer Definition des Mindestniveaus öffentlicher Leistungen als Länderdurchschnitt dieser Leistungen offensichtlich, dass bereits jetzt einige Länder unter dem Mindestniveau liegen. Dieser Umstand scheint gegenwärtig jedoch keine negativen Folgen für die betroffenen Länder zu haben. Eine, zumindest temporäre, Absenkung des Niveaus öffentlicher Leistungen

965 Wissenschaftlicher Beirat beim Bundesministerium der Finanzen (1992), S. 5.
966 Vgl. Häde, U. (2006).
967 Vgl. Häde, U. (2006).
968 Vgl. Häde, U. (2006).

unter den Länderdurchschnitt scheint damit eine vertretbare Konsequenz aus der Insolvenz eines Bundeslandes zu sein. Darüber hinaus ist eine gewisse Differenzierung der Lebensverhältnisse durch Opfer der Bevölkerung eines insolventen Bundeslandes im Sanierungsprozess aus anreiztheoretischer Sicht wünschenswert.[969]

Es existieren eine Reihe von Einwänden gegen einen Insolvenzmechanismus auf Ebene der deutschen Bundesländer, wie der grundlegende Einwand ein souveräner Schuldner könne grundsätzlich nicht insolvent sein. Weitere Kritikpunkte sind die Befürchtung der Liquidation eines souveränen Schuldners oder Eingriffe in seine staatliche Souveränität, ein direkter Eingriff und somit eine direkte Einflussnahme der Kreditgeber in die Investitionsvorhaben eines Bundeslandes, höhere Kosten der Kreditaufnahme für die Bundesländer, die Gefahr von Ansteckungseffekten auf andere Länder sowie eine Verletzung des Grundsatzes gleichwertiger Lebensverhältnisse im Bundesgebiet. Bei näherer Betrachtung stellen sich nahezu alle diese Kritikpunkte als unbegründet oder, etwa im Falle der Zinsdifferenzierung durch Kreditgeber, als erwünscht heraus.

969 Siehe dazu die Ausführungen zur Disziplinierung der Politik in ihrem Verschuldungsverhalten aus einer politökonomischen Perspektive heraus im Kapitel 7.2.3. sowie aus einer Principal-Agent-Perspektive heraus im Kapitel 7.2.5.

10 Zusammenfassung und Fazit

Ausgehend von den hohen Verschuldungsständen von Bund und Ländern in Deutschland und auch vor dem Hintergrund der beträchtlichen Verschuldung vieler EU-Mitgliedstaaten wurde in dieser Arbeit die Frage aufgeworfen, wie es gelingen kann, öffentlicher Verschuldung entgegenzuwirken. In einem ersten großen Block wurde die Verschuldung von Bund und Ländern in Deutschland und der EU-Mitgliedstaaten sowie die Entwicklung dieser Schuldenstände betrachtet. Anschließend daran wurden die Gründe öffentlicher Verschuldung skizziert, wobei sowohl politökonomische Begründungen als auch die spezielle Situation der deutschen Bundesländer mit dem Auseinanderfallen von Einnahme- und Ausgabenautonomie sowie dem Anreizproblem gesamtschuldnerischer Haftung beleuchtet wurden. Weiter wurden die bisherigen Verschuldungsregeln dargestellt und auf ihre Wirksamkeit hin untersucht. Darauf folgend wurden die bisherigen Indikatoren zur Beurteilung öffentlicher Haushaltslagen vorgestellt, prinzipielle Möglichkeiten der Entschuldung souveräner Schuldner dargestellt und Beispiele für den bisherigen Umgang mit Schuldenkrisen souveräner Schuldner illustriert. In einem zweiten großen Block wurde dann schrittweise ein Insolvenzmechanismus auf Ebene der deutschen Bundesländer entwickelt. Vor die Entwicklung des Insolvenzmechanismus wurde ein Kapitel gestellt, in welchem internationale No-bail-out Regelungen und Insolvenzrechte für souveräne Schuldner dargestellt wurden. Es wurde anhand von Beispielen sowohl auf der Staaten- als auch auf der Ebene nachgeordneter Gebietskörperschaften gezeigt, dass diese international angewandten Regelungen die erwünschten Wirkungen der Prävention sowie der Lösung einer Überschuldung entfalten können.

Den Einstieg in die Entwicklung eines Insolvenzmechanismus auf Ebene der deutschen Bundesländer stellte die Entwicklung eines Indikators zur Auslösung einer Insolvenz dar. Da ein Insolvenzmechanismus auch immer präventiv wirken soll, ist es notwendig, vorab ein Ende der präventiven Wirkungen zu definieren, also die Bedingungen für das Vorliegen einer Insolvenz festzulegen. Hierzu wurden zunächst die Insolvenzindikatoren des Privatrechts, die Überschuldung, die drohende Zahlungsunfähigkeit und die Zahlungsunfähigkeit, auf ihre Eignung hin untersucht, als Indikatoren für die Auslösung einer Bundesländerinsolvenz zu dienen. Da diese und auch weitere Indikatoren wie das Nachhaltigkeitskonzept, eine Orientierung an den Marktzinsen oder eine allgemeine Betrachtung der Schuldentragfähigkeit, sich als nicht geeignet erwiesen, wurde vorgeschlagen, auf das Konstrukt des Bundesstaatlichen Notstands als Insolvenzindikator auf Bundesländerebene zurückzugreifen.

Der Bundesstaatliche Notstand wurde vom Bundesverfassungsgericht in seinem Urteil zur Verfassungsklage des Landes Berlin aus dem Jahr 2006 definiert. Um die fehlende Präzision und mangelnde inhaltliche Ausgestaltung zu überwinden, wurde ein zweistufiges Verfahren zur Feststellung eines Bundesstaatlichen Notstands vorgeschlagen. Das Bundesverfassungsgericht als Schlichtungsinstanz in einem Insolvenzverfahren für die deutschen Bundesländer soll in einem ersten Schritt beurteilen, ob ein Bundesstaatlicher Notstand bei einem Land vermutet werden kann. Sollte es einen solchen Notstand vermuten, gilt es in einem zweiten Schritt zu überprüfen, ob dieser tatsächlich vorliegt oder aber ob die finanziellen Schwierigkeiten eines Landes in Ineffizienzen in seiner Aufgabenausführung begründet liegen. Nur wenn keine ineffiziente Aufgabenwahrnehmung vorliegt, kann ein Land sich auf einen Bundesstaatlichen Notstand berufen, der dann ein Insolvenzverfahren zur Schuldenumstrukturierung in Gang setzt. Um Ineffizienzen in der Aufgabenwahrnehmung eines Landes feststellen zu können, wurde vorgeschlagen, sich des Verfahrens der Data Envelopment Analysis (DEA) zu bedienen.

Die DEA ist ein mathematisches, nicht-parametrisches Verfahren, welches der relativen Performancemessung dient. Es ermöglicht somit die Bewertung und den Vergleich von Entscheidungseinheiten (DMU = Decision Making Units). Die DEA ermöglicht dabei auch die Effizienzmessung bei Vorliegen nicht-monetärer In- und Outputs. Mittels DEA lassen sich die Bundesländer als DMU modellieren und hinsichtlich ihrer Effizienz untereinander vergleichen. Weiter ließen sich Leistungslücken zu anderen Bundesländern aufdecken und in ihrer relativen Höhe beziffern. Es wurden verschiedene DEA-Ansätze erläutert und im Hinblick auf ihre Anwendbarkeit zur Effizienzanalyse der deutschen Bundesländer näher beleuchtet. Dabei wurde herausgearbeitet, dass sich das erweiterte CRA-DEA-Modell nach Varmaz et al. (2013) hinsichtlich der Effizienzbeurteilung der deutschen Bundesländer am besten eignet. Daran anschließend wurde der Versuch unternommen, eine Effizienzanalyse anhand vorhandener Leistungskennzahlen der Bundesländer durchzuführen.

Als Untersuchungsgegenstände wurden die Landesaufgaben des Stadtstaates Bremen gemäß ihrer Gliederung nach Produktbereichen im Produktgruppenhaushalt Bremens für die Jahre 2012/2013 ausgewählt. Manche Produktbereiche wurden aufgrund der Fülle an Outputs weiter unterteilt in ihre Produktgruppen und diese als öffentliche Aufgaben modelliert. Nachdem vorab einige

Produktbereiche bzw. Produktgruppen aufgrund wenig aussagekräftiger und/oder durch ein Bundesland nicht zu beeinflussender Leistungsindikatoren von der Analyse ausgeschlossen wurden, wurde versucht, für die verbleibenden öffentlichen Aufgabenbereiche In- und Outputs zu definieren und Daten für diese zu generieren. Es stellte sich heraus, dass lediglich vier Produktbereiche und eine Produktgruppe existieren, für die sich die Werte der definierten In- und Outputs für sämtliche Länder lückenlos erheben ließen und die zudem für eine Effizienzbetrachtung geeignet sind. Die Produktbereiche sind die „Polizei", die „Hochschulen", die „Soziale Sicherheit" und die „Sicherstellung der Krankenhausversorgung". Die Produktgruppe ist das „Finanzgericht". Für diese Produktbereiche bzw. diese Produktgruppe wurde je eine separate DEA für das Bundesland Saarland durchgeführt.

Anschließend wurde die DEA kritisch gewürdigt und festgehalten, dass sie es vermag, belastbare Ergebnisse in einem Effizienzvergleich der Bundesländer zu liefern. Es wurde auch festgehalten, dass durch die mangel- und vor allem lückenhafte Rechnungslegung der deutschen Bundesländer leichtfertig das Potential der DEA als Insolvenzindikator für die Länder verschenkt wird. Die öffentliche Rechnungslegung der Bundesländer ermöglicht es derzeit lediglich für fünf öffentliche Aufgabenbereiche sämtliche Daten lückenlos zu erheben und verhindert somit einen umfassenden Effizienzvergleich sämtlicher öffentlicher Aufgabenbereiche. Die Arbeitshypothese I wurde dennoch bestätigt, da es möglich ist, die DEA mittels der Schaffung geeigneter Voraussetzungen als Insolvenzindikator für die Bundesländerebene nutzbar zu machen.

Als Empfehlung wurde eine Standardisierung der Rechnungslegung der Bundesländer nach dem Vorbild der im Kapitel 6.5. gebildeten öffentlichen Aufgaben vorgeschlagen. Weiter wurde empfohlen, dass jedes Land verpflichtet sein sollte, die Daten der für die jeweilige öffentliche Aufgabe definierten In- und Outputs zu erheben. Hierdurch wäre die Rechnungslegung der Länder transparenter und sie ließen sich mittels DEA untereinander vergleichen, wodurch diese es möglich machen würde, einen Bundesstaatlichen Notstand eindeutig zu definieren.

Die präventiven Wirkungen eines Insolvenzmechanismus auf Ebene der deutschen Bundesländer, die im Kapitel 7 beschrieben wurden, entfalten sich über die Wirkungen eines No-bail-outs auf die Kapitalmärkte und das Entscheidungskalkül von Politikern und Wählern. Gesteht man den deutschen Bundesländern die Insolvenzfähigkeit zu, so bedeutet dies, dass sie in ihrer Haushaltswirtschaft nicht mehr nur autonom und unabhängig, sondern auch selbstverantwortlich sind. Konkret bedeutet das, dass sie für ihre Schulden selber haften müssen und nicht mehr auf einen Bail-out durch die Bund-Länder-Gemeinschaft hoffen können. Hieraus ergeben sich für sie und auch für ihre Kreditgeber Anreize in ihrem Kreditaufnahme- bzw. Kreditvergabeverhalten zurückhaltender zu agieren. Die Kreditgeber müssen die Länder als potentielle Schuldner anhand ihrer jeweiligen Bonität und nicht mehr pauschal, mit nahezu identischen Ratings auch gegenüber dem Bund, bewerten. Dies führt dazu, dass sich individuelle Konditionen der Kreditvergabe für die einzelnen Länder herausbilden. Höher verschuldeten Ländern wird durch die Kapitalmärkte eine entsprechende Risikoprämie aufgebürdet werden. Bei einer zu hohen Verschuldung eines Landes aus Sicht der Kapitalmärkte werden diese ihre Kredite an dieses Land in letzter Konsequenz rationieren. Die Länder sind hierdurch dazu angehalten, solide zu wirtschaften, um günstige Konditionen der Kreditaufnahme realisieren zu können und nicht vom Kapitalmarkt ausgeschlossen zu werden.

Für Landespolitiker ist es durch den Ausschluss eines Bail-outs nicht mehr möglich, ein gegebenes Finanzvolumen in der Gegenwart übermäßig zu verausgaben und in zukünftigen Perioden trotzdem ein Mindestausgabenniveau durch Hilfen der Bund-Länder-Gemeinschaft garantiert zu bekommen. Auch die Möglichkeit, ein hohes Ausgabenniveau durch eine immer wiederkehrende Kreditaufnahme aufrechtzuerhalten, steht durch die strengere Bewertung der Ausfallrisiken der Bundesländer durch die Kapitalmärkte nicht mehr zur Verfügung. Sollte ein Landespolitiker nun in der Gegenwart mehr verausgaben wollen, als er einnimmt, so muss er dies in zukünftigen Perioden durch ein geringeres Ausgabenniveau oder eine höhere Besteuerung wieder ausgleichen. Die Wähler werden dies bei bevorstehenden Wahlen tendenziell mit Abwahl strafen.

Dadurch, dass die Länder nun gesondert durch die Kapitalmärkte bewertet werden, kann ein Land seine Verschuldung ebenfalls nicht mehr zu Lasten des gemeinschaftlichen Ratings der Bund-Länder-Gemeinschaft ausdehnen und die Kosten der Verschuldung externalisieren. Im Gegenteil wird dieses Kollektivgutproblem dadurch gelöst, dass ein Land mit jeder Einheit Kapital, die es in Form von Krediten aufnimmt, sein eigenes Rating an den Kapitalmärkten reduziert. Das Kollektivgut Kapitalmarktrating wird somit in mehrere private Güter transformiert. Die Länder konkurrieren in einer solchen Situation um die begrenzten Mittel der Kapitalmärkte, weshalb sie versuchen werden sich über ein zurückhaltendes Verschuldungsverhalten eine möglichst gute Bewertung zu sichern.

Für die Kapitalmärkte ergibt sich weiter ein, bislang zu vernachlässigendes, Principal-Agent-Problem. Der Kreditgeber tritt dabei als Principal, der Kreditnehmer als Agent auf. Der Auftrag des Principals an den Agenten lautet, seine Schulden vollständig und fristgerecht zu bedienen. Die Kapitalmärkte müssen hierzu Anstrengungen unternehmen, die Bundesländer in potentiell gute, also solche hoher Bonität, und schlechte, also solche niedriger Bonität, Schuldner zu unterscheiden. Sie müssen, bislang fehlende, Monitoring- sowie

Bewertungssysteme für die einzelnen Länder implementieren. Die Informationskosten werden sie in ihren Kreditvergabekonditionen einpreisen, was diese tendenziell verteuert und zu weniger Kreditaufnahme durch die Länder führt. Auch müssen die Kapitalmärkte davon ausgehen, dass es vorkommen kann, dass ein Bundesland nicht alles Notwendige tun wird, um seine Schulden auch tatsächlich zu begleichen. Es könnte sich bspw. weiter verschulden, anstatt seinen Haushalt zu konsolidieren und damit nachträglich seine Bonität herabsetzen. Auch dieses Risiko werden sie in Form höherer Zinsen einpreisen und dadurch die Kreditaufnahme der Bundesländer hemmen. Anhand internationaler Beispiele, z.B. aus den USA, Kanada oder auch der Schweiz und Tschechien, kann gezeigt werden, dass diese präventiven Wirkungsmechanismen eines Insolvenzmechanismus für souveräne Schuldner international bereits greifen.

Aus politökonomischer Perspektive entfaltet der Insolvenzmechanismus seine präventiven Wirkungen, indem er die Wähler für die öffentliche Verschuldung sensibilisiert. Es ist zu erwarten, dass sie ihr in ihrer Wahlentscheidung einen höheren Wert beimessen werden. Ausgangslage ist die Annahme rational handelnder Akteure. Rationalität bedeutet dabei, dass die Akteure, in diesem Fall die Politik sowie die Wähler, ihre Handlungen und Entscheidungen stets und ausschließlich daran ausrichten, welche Handlungs- bzw. Entscheidungsalternative ihnen den höchstmöglichen Nutzen verspricht. Sie handeln und entscheiden also als reine Eigennutzmaximierer. Für Politiker bedeutet das, dass sie ihre politischen Handlungen ausschließlich danach ausrichten, die Wählerstimmen, welche sie auf sich vereinen können, zu maximieren. Ihr einziges Ziel ist die Wahl bzw. die Wiederwahl. Aus der Bekleidung eines politischen Amtes ziehen Politiker Nutzen in Form von Entlohnung, des Genusses von Macht oder auch der Möglichkeit ihre eigenen politischen Vorstellungen umsetzen zu können. Obwohl die Empirie hier gespalten ist, finden sich doch Hinweise auf die Rationalitätsannahme in Form fiskalpolitischer Konjunkturzyklen. Fiskalpolitische Konjunkturzyklen bedeuten, dass Politiker im unmittelbaren Vorfeld von Wahlen die Ausgaben erhöhen, um so über die Verteilung von Wahlgeschenken Wählerstimmen zu gewinnen. Da dieses Verhalten ausschließlich der Wiederwahl gilt, kann dies als Hinweis auf eine Bestätigung der Rationalitätsannahme interpretiert werden.

Das rationale Handeln von Wählern kommt dadurch zum Ausdruck, dass sie stets die politische Alternative bevorzugen, welche ihren Nutzen zu maximieren verspricht. Wähler kalkulieren dazu im Vorfeld von Wahlen, welchen Nutzen sie aus der Arbeit einer politischen Partei ziehen werden und wählen dann diejenige, von der sie zukünftig den höchstmöglichen Nutzen erwarten. Diese Einschätzung treffen sie anhand der Auswertung der Arbeit der amtierenden

Regierungspartei hinsichtlich ihres Nutzens und vergleichen diesen mit dem Nutzen, den sie ihrer Meinung nach hätten realisieren können, wäre in der vergangenen Wahlperiode eine andere Partei in der Regierungsgewalt gewesen. Diese Annahme bezüglich des Wahlverhaltens lässt sich ebenfalls empirisch belegen. Wähler haben nun die Möglichkeit, durch die Androhung der Abwahl, Politiker dazu anzuhalten, die Politik auszuführen, welche ihren Nutzen maximiert.

Es wurde anhand dreier Modelle des Wahlverhaltens herausgearbeitet, worauf Wähler ihre Wahlentscheidung basieren. Dies sind der Sozialpsychologische Ansatz, die Theorie der Yardstick Competition und die reine Theorie des Wahlkampfes.

Laut dem Sozialpsychologischen Ansatz wird das Wahlverhalten durch die drei Faktoren der Parteibindung, der Kandidaten- und der Themenorientierung determiniert, wobei die Parteibindung durch in der Vergangenheit liegende Ereignisse beeinflusst wird und selbst wiederum Auswirkungen auf die Kandidaten- sowie die Themenorientierung hat. Diese drei Faktoren, vor allem die Parteibindung, sind dabei zeitlich relativ konsistent. Die Parteibindung kann sich allerdings aufgrund verschiedener Ereignisse, wie z.B. einer nationalen Krise, verändern. In Deutschland kann empirisch gezeigt werden, dass die Stärke der Parteibindung abnehmend ist, was als Anhaltspunkt dafür interpretiert werden kann, dass kurzfristige Faktoren bei der Wahlentscheidung stärker in den Vordergrund rücken.

Die Theorie der Yardstick Competition besagt im Zusammenhang mit dem Wahlverhalten, dass Wähler ihre Wahlentscheidung nicht nur von der absoluten, sondern auch der relativen Güte der Regierungsarbeit abhängig machen. Sie vergleichen die Politik in ihrer Gebietskörperschaft mit der in anderen Gebietskörperschaften und wählen eine Regierung eher ab, sollte diese im Vergleich zu den anderen Regierungen schlechter arbeiten. Annahmegemäß sind hierbei Steuern von großer Bedeutung. Sollte eine Regierung im Vergleich zu Regierungen anderer Gebietskörperschaften höhere Steuern erheben oder die Steuerveränderungen im Vergleich zu denen in anderen Gebietskörperschaften höher ausfallen, so ist mit der Abwahl dieser Regierung zu rechnen. Für die Abwahl von Gouverneuren in den USA kann diese Vermutung empirisch bestätigt werden. Für Deutschland ist hierzu aufgrund der mangelnden Steuerautonomie der Bundesländer keine Aussage möglich.

Nach der reinen Theorie des Wahlkampfes werten Wähler die bisherige Regierungsarbeit aus und bilden darüber hinaus, über eine Auswertung der Wahlprogramme der verschiedenen Parteien, Erwartungen über deren zukünftiges Regierungshandeln. Über einen Vergleich hierüber treffen sie dann ihre

Wahlentscheidung. Dies kann sowohl international als auch für Deutschland empirisch bestätigt werden.

Bei allen drei Ansätzen zum Wahlverhalten kann jedoch angenommen werden, dass die öffentliche Verschuldung lediglich eine untergeordnete Rolle spielt, da es Wählern eher möglich ist, Kosten der Besteuerung als Kosten der Verschuldung wahrzunehmen. Es wird vermutet, dass ihnen der Zusammenhang zwischen heutigen Schulden und den zukünftig zu ihrer Tilgung notwendigen Steuern nicht vollständig bewusst ist. Erschwerend kommt hinzu, dass die Kosten öffentlicher Verschuldung in Form höherer Steuern in der Zukunft liegen und, aufgrund von im Zeitverlauf fallenden Zeitpräferenzraten der Wähler, weniger stark gewichtet werden als die unmittelbaren, weil direkt fühlbaren, Kosten der Besteuerung. Des Weiteren weist die Verschuldung im Gegensatz zu nebenbei im Alltag beobachtbaren Informationen, wie dem verfügbaren Einkommen, der Arbeitsplatzsicherheit etc., keinen unmittelbaren Alltagsbezug auf und ist daher weniger spürbar. Die Politik hat aufgrund der nahezu vollständigen Irrelevanz der öffentlichen Verschuldung für die Wahlentscheidung keine Anreize, sich verschuldungsneutral oder gar -avers zu verhalten. Im Gegenteil besteht ein Anreiz sich stärker zu verschulden, um niedrigere Steuersätze erheben zu können. Ein Insolvenzmechanismus auf Ebene der deutschen Bundesländer ändert dies, indem er die Kosten zu hoher Verschuldung für die Wähler fühlbar macht.

Ein insolventes Bundesland wird zur Restrukturierung seiner Schulden und Wiedererlangung seiner Handlungs- und Kapitalmarktfähigkeit schmerzhafte Einsparungen sowie Einnahmeerhöhungen durchführen müssen, die die Bürger über ein geringeres Niveau an öffentlichen Gütern sowie höhere Steuern unmittelbar treffen. Diese werden die öffentliche Verschuldung daher mit in ihr Wahlkalkül einbeziehen und die Politik zu einer geringeren Verschuldung anhalten, da sie hierdurch ihren Nutzen geschmälert sehen. Die Bürger müssen dabei nicht nur den konkreten Insolvenzfall beachten, sondern auch die Lage eines Bundeslandes dahingehend beurteilen, ob diesem in Zukunft eine Insolvenz drohen könnte. Landespolitiker, die ein Bundesland in die Insolvenz geführt haben oder auf dem Weg dorthin sind, werden dann durch Abwahl gestraft, wodurch sich für sie ein Anreiz zu einem soliden Wirtschaften ergibt. Dies lässt sich auch in die vorangestellten drei Theorien des Wahlverhaltens einbetten. Es gilt die Annahme der Rationalität sowohl der Politik als auch der Wähler, was bedeutet, dass Politiker ausschließlich an ihrer Wahl und den mit einem politischen Amt verbundenen Vorzügen interessiert sind, wohingegen Wähler ihren Nutzen, etwa in Form niedriger Steuersätze oder einer weitreichenden Versorgung mit öffentlichen Gütern, durch die Politik maximiert sehen möchten.

Der Sozialpsychologische Ansatz unterstellt, dass Wähler ihre Wahlentscheidung anhand der drei Kategorien der Parteibindung, der Kandidaten- sowie der Themenorientierung treffen. Die Parteibindung kann sich dabei im Falle nationaler Krisen verändern. Die Insolvenz eines Bundeslandes kann als eine solche nationale Krise interpretiert werden. Politiker riskieren somit durch eine Insolvenz ihres Bundeslandes den Verlust der Identifikation der Wähler mit ihrer Partei und werden diesen Fall daher scheuen. Sollte der Regierungschef eines Bundeslandes eine Insolvenz verkünden müssen, riskiert er zudem einen Vertrauensverlust in seine Person und somit eine Schwächung seiner Stellung gegenüber den Wählern. Hier wirkt der Insolvenzmechanismus auf die Kandidatenorientierung. Auch auf die Themenorientierung wirkt ein Insolvenzmechanismus direkt ein. Die öffentliche Verschuldung stand auf der Prioritätenliste der Wähler bislang nicht sehr weit oben. Durch die, durch zu hohe öffentliche Schulden drohende, Insolvenz und der mit ihr einhergehenden Nutzenverluste der Bürger durch Einsparungen und höhere Steuern wird sie aber zu einem akuten Thema.

Der Insolvenzmechanismus auf Ebene der deutschen Bundesländer wirkt auch auf das Wahlkalkül gemäß der Theorie der Yardstick Competition ein. Da in einem insolventen Bundesland neben schmerzhaften Sparanstrengungen auch Steuererhöhungen vonnöten sein werden, wird das Niveau der Besteuerung, mindestens aber die Rate der Steuerveränderungen, das in anderen Bundesländern übersteigen. Die relative Performance einer Regierung wird dann von den Wählern als schlechter beurteilt und sie werden diese Regierung eher abwählen.

In der reinen Theorie des Wahlkampfes bewerten Wähler die bisherige Regierungsarbeit und vergleichen die Wahlprogramme verschiedener Parteien, um darauf aufbauend eine Wahlentscheidung zu treffen. Sollten Landespolitiker in der Vergangenheit unsolide gewirtschaftet haben, so werden die Wähler dies in ihr Wahlkalkül mit einbeziehen, wodurch deren Wiederwahlchancen sinken. Ebenfalls ist es Politikern nicht mehr möglich, fantastische Wahlversprechen abzugeben, da die Wähler antizipieren werden, dass die dafür notwendigen hohen Ausgaben entweder steuerfinanziert werden müssen, was sie direkt trifft oder aber über eine erhöhte öffentliche Kreditaufnahme, was sie über eine mögliche Insolvenz treffen würde.

In allen drei Theorien des Wahlverhaltens erhalten Politiker durch die möglich gewordene Insolvenz der deutschen Bundesländer also Anreize, sich hinsichtlich der öffentlichen Kreditaufnahme gemäßigt zu verhalten. Solche Anreize gehen auch von der Principal-Agent-Theorie angewendet auf das Verhältnis zwischen Politikern und Wählern aus. Der Wähler fungiert hier als Principal, der dem

Agenten Politiker den Auftrag erteilt in seinem Namen zu regieren. Die Dauer des Vertragsverhältnisses beträgt dabei fünf bzw., in Bremen und Hamburg, vier Jahre. Unterstellt man beiden Vertragsparteien wiederum Rationalität im Handeln und Entscheiden, so ist keineswegs sichergestellt, dass der Politiker auch im Sinne des Wählers handelt, da er ausschließlich seine eigenen Zielsetzungen verfolgt. Ist der Wähler mit der Auftragserfüllung durch den Politiker unzufrieden, so wird er seinen Vertrag nicht verlängern, ihn also abwählen. Zufrieden ist der Wähler dann, wenn die durchgeführte Politik seinen Nutzen maximiert. Dieser setzt sich dabei aus verschiedenen Faktoren, wie z.B. einem hohen Niveau an öffentlichen Gütern oder geringen Steuern zusammen. Die öffentliche Verschuldung spielt annahmegemäß eine untergeordnete Rolle. Das ändert sich durch einen Insolvenzmechanismus auf Ebene der deutschen Bundesländer über die mit einer Insolvenz verbundenen notwendigen Einsparungen und Steuererhöhungen. Der Wähler wird den Politiker daher ebenfalls danach beurteilen, ob dieser ein hohes Niveau öffentlicher Schulden zu verantworten hat und dies eine Insolvenz, mit den beschriebenen negativen Folgen für das Nutzenniveau des Wählers, zur Folge hat oder zukünftig haben wird.

Dem Wähler stellt sich dabei vorangehend das Problem, den „richtigen" Politiker zu wählen. Der richtige Politiker zeichnet sich dadurch aus, dass seine zukünftig zu erwartenden politischen Handlungen der Maximierung des Nutzenniveaus des Wählers dienen. Hierzu muss sich der Wähler vorab über die öffentliche Verschuldung eines Bundeslandes informieren, da diese über die Möglichkeit einer Insolvenz Auswirkungen auf sein Nutzenniveau haben kann. Die Informationskosten sind hierbei relativ gering, da leicht auf Veröffentlichungen des Statistischen Bundesamtes zurückgegriffen werden kann. Erleichtert werden kann die Informationsbeschaffung durch eine unabhängige Instanz, welche regelmäßig und öffentlichkeitswirksam über die Verschuldungssituation und Insolvenzwahrscheinlichkeit der Bundesländer berichtet. Der Nutzen für die Wähler ergibt sich aus einer Verringerung der Wahrscheinlichkeit einer Insolvenz ihres Bundeslandes, da sie durch eine bessere Informationsbasis eher dazu in der Lage sein werden, die Partei zu wählen, welche eine solide Haushaltspolitik garantiert. Da Politiker hierbei die von ihnen zu verantwortende öffentliche Verschuldung nicht länger verschleiern können, bietet sich ihnen ein Anreiz, solide zu haushalten.

Eine Möglichkeit für den Wähler den Politiker dahingehend zu verpflichten, auch tatsächlich in seinem Interesse zu handeln bietet die Gestaltung eines geschlossenen Vertrags. Dieser wird so ausgestaltet, als er dann als erfüllt gilt, wenn der Nutzen der Wähler nicht nur erhöht, sondern auch vermieden wird, dass er durch die negativen Folgen einer Insolvenz verringert wird. Bei

Nichterfüllung des Vertrags werden die Wähler einer Partei bei der nächsten Wahl die Gefolgschaft verweigern, was als vertragliche Strafe interpretiert werden kann. Die Politik wird daran interessiert sein, den Vertrag zu erfüllen, sich also in einem vernünftigen Maß zu verschulden, um nicht durch Abwahl eine Zerstörung ihrer Machtposition, das Innehaben politischer Macht, hinnehmen zu müssen.

Um die beiden präventiven Wirkungen, zum einen aus Sicht der Kapitalmärkte und zum anderen über eine Disziplinierung durch die Wähler, eines Insolvenzmechanismus auf Ebene der deutschen Bundesländer realisieren zu können, sind verschiedene Voraussetzungen zu erfüllen. Entscheidend ist in allen Fällen die Glaubwürdigkeit eines No-bail-outs, also die glaubhafte Formulierung, dass ein insolventes Bundesland auch tatsächlich in die Insolvenz entlassen wird und die Lasten hieraus selber zu tragen hat, anstatt von der Bund-Länder-Gemeinschaft aus dieser Situation herausgelöst zu werden. Nur dann werden die vorangestellten Mechanismen zur präventiven Schuldendisziplinierung greifen. Bei einer unglaubwürdig formulierten No-bail-out Regelung würden die Politiker weiterhin darauf spekulieren, von der Bund-Länder-Gemeinschaft ausgelöst zu werden, wodurch die Kapitalmärkte ihre Kredite in jedem Fall erhielten und weder sie noch das Bundesland oder dessen Bürger irgendwelche Sanierungslasten zu tragen hätten.

Die Glaubwürdigkeit eines No-bail-outs wird alleine durch die Existenz der Insolvenzfähigkeit der Bundesländer gestärkt. Diese müssen vor einem Eingreifen der Bundesebene und der anderen Länder sämtliche Möglichkeiten ausschöpfen, sich unter Eigenanstrengung zu entschulden, wozu nun auch das Insolvenzverfahren zählt. Ein Bail-out in Form des Eingreifens der Bund-Länder-Gemeinschaft wird dadurch im Grunde obsolet. Auch könnten die politischen Kosten eines Bail-outs für die Bundesebene erhöht werden. Das kann dadurch erreicht werden, dass eine unabhängige Instanz über die Verschuldungssituation des Bundes öffentlichkeitswirksam berichtet, da auch Staaten faktisch zahlungsunfähig werden können. Zudem sollte sie in ihrer Berichterstattung deutlich auf mögliche Wohlfahrtsverluste einer, durch Bail-outs bedingten, steigenden Verschuldung der Bundesebene hinweisen. Um die Glaubwürdigkeit eines Bail-outs zu gewährleisten muss weiter sichergestellt werden, dass Ansteckungseffekte, welche von einem insolventen Bundesland, etwa in Form höherer Zinsen, auf andere Bundesländer greifen können, in einem vertretbaren Rahmen gehalten werden. Durch eine klare und transparente Berichterstattung über die Verschuldungssituation und Investitionstätigkeit der Bundesländer kann erreicht werden, dass die Kapitalmärkte diese frühzeitig einpreisen und es nicht zu schockartigen Ansteckungseffekten in Form ungünstigerer Konditionen der Kreditaufnahme kommt. Immobile Arbeit und Kapital machen einen No-bail-out ebenfalls unglaubwürdig. Da in Deutschland das Kapital und, in geringerem Ausmaß, auch die Arbeit mobil sind und zusehends mobiler werden, stellt dies keine Bedrohung für eine glaubwürdige Formulierung einer No-bail-out Regelung dar.

Von entscheidender Bedeutung ist es ferner, den Bundesländern autonom gestaltbare Besteuerungskompetenzen zuzugestehen. In diesem Fall können sich die Länder die notwendigen Einnahmen zur Haushaltssanierung selber beschaffen und der Bund unter Hinweis auf diesen Sachverhalt einen Bail-out glaubwürdig ablehnen. Auf der Ausgabenseite gilt dies spiegelbildlich. Solange den Bundesländern ein Großteil ihrer Aufgaben und die damit verbundenen Ausgaben durch den Bund diktiert werden, kann eine No-bail-out Regelung nicht glaubwürdig sein, da den Ländern ausgabeseitig kaum Konsolidierungsspielraum verbleibt. Ihnen sollte neben mehr Steuerautonomie auch ein höherer Grad an Ausgabenautonomie und somit an Einsparpotentialen gewährt werden.

Auch die zeitliche Konsistenz einer No-bail-out Regelung ist von entscheidender Bedeutung für ihre Glaubwürdigkeit. Eine solche Regelung darf weder im Zeitablauf aufgehoben, noch in einem ad-hoc Verfahren verwässert werden. Dies kann erreicht werden, indem der Stelle, welche über den Insolvenzantrag eines Bundeslandes entscheidet, die größtmögliche Autonomie und Unabhängigkeit eingeräumt wird. Die Politik wird dadurch vom Entscheidungsprozess ausgeschlossen und hat keine Möglichkeit diesen in ihrem Sinne zu beeinflussen.

Entscheidend dürfte auch sein, klar zu formulieren, dass nicht, wie im privatrechtlichen Insolvenzverfahren in Deutschland, die Gläubigerbefriedigung im Vordergrund steht, sondern die Möglichkeit der Restrukturierung und somit des Erhalts eines insolventen Bundeslandes. Die Interessen der Bürger eines zahlungsunfähigen Landes müssen Priorität vor der Gläubigerbefriedigung genießen, Kreditforderungen gegenüber elementaren Landesaufgaben nachrangig sein. Dies impliziert einen, zumindest teilweisen, Forderungsverzicht der Kreditgeber. Nur dann wird ein Kreditausfall für sie zu einem realistischen Szenario und die Politik über verschärfte Bedingungen der Kreditvergabe diszipliniert. Um die Politik über die Wähler zu disziplinieren, muss sichergestellt werden, dass diese im Insolvenzfall in Form erhöhter Steuern und/oder eines niedrigeren Ausgabenniveaus der öffentlichen Hand einen Teil der Sanierungslasten zu tragen haben. Bei einem Bail-out eines Bundeslandes wären diese Sanierungsmaßnahmen nicht nötig und die Wähler hätten keine Nutzeneinbußen zu befürchten, weshalb sie eine hohe öffentliche Verschuldung in ihrer Wahlentscheidung nicht berücksichtigen würden. Aus gleichem Grund darf es in keinem Fall zu einem vollständigen Forderungsverzicht der Gläubiger im Rahmen eines Insolvenzverfahrens kommen, da hierdurch die Gefahr bestünde, dass die Bundesländer sich durch einen inflationären Gebrauch des Verfahrens mit einem Mal vollständig ihrer Schuldenlast entledigen könnten. Die Bürger hätten wiederum keine Sanierungslasten zu tragen und würden die Verschuldung in ihrer Wahlentscheidung weiter vernachlässigen.

Den Bundesländern sind in einem Insolvenzverfahren weitgehende Rechte einzuräumen, ihre Zahlungsfähigkeit auch auf Kosten ihrer Bürger wiederzuerlangen, wenn auch selbstverständlich die Sanierungslasten nie alleine von den Bürgern eines Landes getragen werden dürfen. Solche Rechte können z.B. die Neuverhandlung von Tarifverträgen öffentlich Bediensteter sein. Durch die hiermit verbundenen Nutzeneinbußen haben die Wähler wiederum einen Anreiz, die Politik zu einem umsichtigeren Verschuldungsverhalten zu verpflichten. Der Sanierungsprozess eines insolventen Landes soll auch Opfer der Bürger in Form höherer Steuern und niedrigerer öffentlicher Ausgaben umfassen. Dazu ist es ebenfalls notwendig die Steuer- sowie Aufgabenkompetenzen der Länder zu stärken.

Dass durch einen Insolvenzmechanismus auf Ebene der deutschen Bundesländer, unter den genannten Voraussetzungen, Insolvenzen vermieden werden können, lässt sich am Beispiel der USA belegen. Dort werden nach Chapter 9 des US-Bankruptcy Codes so wenige Insolvenzanträge souveräner Schuldner gestellt, dass die Statistik diesen Wert lediglich als Fußnote ausweist.[970]

Im Kapitel 8 wurde dann der Vorschlag eines Insolvenzverfahrens auf Ebene der deutschen Bundesländer in seinem Ablauf und seiner konkreten Ausgestaltung vorgestellt. Es wurden die einzelnen Verfahrensschritte skizziert und abschließend die Voraussetzungen und Anforderungen an ein solches Verfahren beschrieben.

Am Anfang eines Insolvenzverfahrens steht immer die Antragstellung, die theoretisch durch den Schuldner oder seine Gläubiger erfolgen kann. Der Insolvenzantrag muss weiter bei einer geeigneten Instanz gestellt werden, die über dessen Annahme entscheidet. An die Frage der Verfahrenseröffnung ist auch die des Verfahrensabschlusses gekoppelt. Auch hierfür bedarf es einer Regelung. Es wurde in dieser Arbeit vorgeschlagen, sowohl den Bundesländern als auch ihren Gläubigern ein Antragsrecht zuzugestehen. Die Länder als Schuldner sollten in der Regel am detailliertesten über ihre finanzielle Lage informiert und dementsprechend am ehesten in der Lage sein ihre Solvenz einzuschätzen. Da für einen Landespolitiker allerdings ein politökonomischer Anreiz besteht aus Angst vor Reputationsverlusten (vor allem im direkten Vorfeld von Wahlen) die

970 Vgl. Administrative Office of the United States Courts (2010).

Insolvenz zu verschleppen, wurde angeregt, auch den Gläubigern ein Antragsrecht einzuräumen. Die Gläubiger sollten aber lediglich mit einer qualifizierten Mehrheit einen Antrag auf Eröffnung eines Insolvenzverfahrens gegen ein Land stellen dürfen, um der Missbrauchsgefahr durch eine Gläubigerminderheit vorzubeugen.

Als Schlichtungs- und Entscheidungsinstanz während des Insolvenzverfahrens wurde das Bundesverfassungsgericht vorgeschlagen, da es den Kriterien der Unparteilichkeit, Neutralität und Unabhängigkeit genügt. Auch kann den Verfassungsrichtern die notwendige Expertise zugetraut werden, objektiv, zielführend und kompetent mit der Insolvenzsituation eines Bundeslandes umzugehen. Neben der Entscheidung über die Eröffnung und das Ende eines Insolvenzverfahrens sollten dem Bundesverfassungsgericht noch weitere Kompetenzen während des Prozesses der Schuldenumstrukturierung zukommen, wie etwa die Entscheidung über die Annahme oder Ablehnung eines Insolvenzplans.

Es wurde vorgeschlagen, das Insolvenzverfahren mit der Verifizierung des Insolvenzplans durch das Bundesverfassungsgericht enden zu lassen, welches die Einhaltung der Vorgaben aus dem Plan überwachen und bei Verstößen einer der beiden Seiten gegen den Plan befugt sein soll, das Verfahren wiederzueröffnen und Sanktionen gegen den Sünder zu verhängen.

Im laufenden Insolvenzverfahren kommt der Informationsbereitstellung eine bedeutende Rolle zu. Der Erfolg eines Insolvenzverfahrens hängt maßgeblich auch vom Informationsstand der involvierten Parteien ab. Aus diesem Grund wurde vorgeschlagen, dass ein von der Insolvenz betroffenes Bundesland dem Bundesverfassungsgericht sämtliche Informationen über seine Verschuldungssituation bereitzustellen hat. Das erleichtert dem Gericht die Beurteilung über die Annahme oder die Ablehnung eines Insolvenzantrags. Des Weiteren sollte das betroffene Land dem Gericht die Forderungen benennen, die im Insolvenzverfahren umstrukturiert werden sowie diejenigen, die außerhalb des Verfahrens behandelt werden oder aber keiner Umstrukturierung unterliegen sollen.

Um einen geordneten Prozess der Sanierung gewährleisten zu können, wurde vorgeschlagen, dass mit Einreichen eines Insolvenzantrags durch den Schuldner oder eine Gläubigermehrheit ein Schuldenmoratorium in Kraft tritt. Ein solches Moratorium soll sicherstellen, dass Gläubiger nicht auf dem Gerichtsweg ungeordnet und individuell auf Landesvermögen zugreifen, um ihre Forderungen zu befriedigen. Es dient aber auch dazu, gläubigerbenachteiligende Handlungen eines Landes zu vermeiden, wie etwa das Verschieben von Vermögenswerten zwischen Körperschaftsebenen, um dieses Vermögen dem Zugriff der Gläubiger zu entziehen. Während des Schuldenmoratoriums sollten Schuldner und Gläubiger in einen Dialog um einen Insolvenzplan zur Schuldenumstrukturierung treten.

Um diesen Prozess zu beschleunigen, sollte das Moratorium zeitlich befristet werden. Nach Ablauf der Frist sollten die ursprünglichen Rechtspositionen wieder aufleben, was die Gefahr der Zahlungsverweigerung durch das Bundesland für die Gläubiger und die Gefahr des ungeordneten Zugriffs auf Landesvermögen durch die Gläubiger für das Bundesland zur Folge hätte.

Die Umstrukturierung der Schuldenlast eines insolventen Bundeslandes wird in einem Insolvenzplan festgehalten, der die Maßnahmen umfasst, die der Wiedergewinnung der Solvenz des Landes dienen sollen. Dieser Plan sollte dem Bundesverfassungsgericht vorgelegt werden, welches ihn prüft und ihm entweder stattgibt oder ihn ablehnt. Es wurde vorgeschlagen, die Möglichkeit vorzusehen, den Insolvenzplan von dem insolventen Bundesland in Eigenregie erstellen oder aber ihn durch das Land und seine Gläubiger in Verhandlungen ausarbeiten zu lassen. Der Insolvenzplan sollte eine Bestimmung der Schuldentragfähigkeit, den Einbezug sowie die Klassifikation der Forderungen der Gläubiger im Insolvenzverfahren und die einnahme- und ausgabeseitigen Maßnahmen zur Wiederherstellung der Solvenz des Landes enthalten. Wenn ein Land den Insolvenzplan in Eigenregie ausarbeitet, so bedarf er, bevor er dem Bundesverfassungsgericht vorgelegt wird, der Zustimmung der Gläubiger. Die Ausführung eines durch das Gericht verifizierten Insolvenzplans sollte dem betroffenen Bundesland überlassen werden. Der Sanierungsprozess sollte jedoch vom Bundesverfassungsgericht überwacht werden, welches bei Verstößen gegen den Plan befugt sein soll, Sanktionen gegen das Land zu verhängen. Um die Ausführung des Insolvenzplans nicht unnötig zu verzögern, wurde vorgeschlagen, vorab Bestimmungen über die Schuldentragfähigkeit der Bundesländer, den Einbezug, den Umfang sowie die Klassifikation der Forderungen, den Prozess der Beschlussfassung, Sanktionen bei Verstößen gegen Beschlüsse sowie den Abschluss des Insolvenzverfahrens zu treffen. Lediglich die einnahme- und ausgabeseitigen Anstrengungen des Bundeslandes sowie die Höhe eines eventuellen Hair-cuts für die Gläubiger sollten im Insolvenzplan flexibel gestaltbar sein.

Die Bestimmung der Schuldentragfähigkeit ist eng verknüpft mit der Frage nach der Höhe eines möglichen Schuldenerlasses, da sie eine Benchmark für die Schuldenumstrukturierung darstellt. Die Schuldenlast eines insolventen Bundeslandes muss mindestens in dem Umfang reduziert werden, dass sie die Höhe der Schuldentragfähigkeit nicht übersteigt. Die Schuldentragfähigkeit wurde definiert als Schuldenlast, unter der es einem Land noch möglich ist, seinen essentiellen staatlichen Leistungen nachzukommen. Dies bedingt eine vorherige Festlegung dieser staatlichen Leistungen, was aufgrund der subjektiven Auffassungen darüber, was als unabdingbar angesehen wird, kaum exakt möglich ist. Es wurde definiert, dass ein Bundesland seine Bevölkerung in jedem Fall mit den notwendigen Grundbedürfnissen versorgen muss. Dazu müssen die Menschenrechte und die Menschenwürde der Bevölkerung eines insolventen Landes gewahrt bleiben. Als Grundbedürfnisse wurden eine kostenfreie Grundschulbildung, eine ausreichende medizinische Grundversorgung sowie der Zugang zu Wasser und ausreichenden sanitären Einrichtungen definiert. Die darüber hinausgehenden staatlichen Leistungen unterliegen einer subjektiven Komponente, weshalb ein zweistufiges Verfahren zur Bestimmung der Schuldentragfähigkeit vorgeschlagen wurde. Die Gläubiger sowie das insolvente Land sollen die Schuldentragfähigkeit in Umschuldungsverhandlungen festlegen und im Insolvenzplan festhalten. Dieser Plan muss vom Bundesverfassungsgericht verifiziert werden, was bedeutet, dass das Gericht bei der Prüfung des Plans auch über das Niveau der Schuldentragfähigkeit entscheidet. Stellt das Gericht fest, dass die Höhe des tragfähigen Schuldenstandes im Insolvenzplan derart hoch angesetzt wurde, dass das Land nicht mehr in der Lage ist, seinen essentiellen staatlichen Verpflichtungen nachzukommen, soll es den Plan ablehnen. Das Bundesverfassungsgericht sollte sich dabei an bestimmten Kriterien, wie etwa den genannten Grundbedürfnissen, orientieren und sicherstellen, dass die Bürger eines Bundeslandes durch die Höhe der Schuldentragfähigkeit nicht zu stark belastet werden.

Es wurde weiter festgelegt, welche Forderungen in das Insolvenzverfahren einbezogen und wie diese registriert werden sollen. Darüber hinaus wurden Bestimmungen darüber getroffen, in welchem Umfang die registrierten Forderungen in den Umstrukturierungsprozess einzubeziehen sind. Die Benennung der Forderungen sollte dem insolventen Bundesland überlassen werden und beim Bundesverfassungsgericht erfolgen, welches auch über die Anerkennung der Forderungen entscheidet. Gemäß dem Gebot der Gleichbehandlung aller Gläubiger sollten sämtliche Forderungsarten in das Insolvenzverfahren einbezogen werden und der prozentuale Forderungsverzicht für alle Gläubiger gleich sein. Es wurden jedoch einzelne Forderungsarten benannt, die keiner Umstrukturierung unterliegen dürfen. Die registrierten Forderungen sind weiter zu klassifizieren und hinsichtlich der Priorität ihrer Bedienung in eine Rangfolge zu bringen. Durch eine vorab feststehende, nach objektiven Kriterien aufgestellte, Rangfolge der Bedienung der Forderungen wird ein zügiger Verfahrensablauf gewährleistet, da ein Wettkampf der Gläubiger um die Auszahlungsströme entfällt. Es wurde in dieser Arbeit vorgeschlagen, die vier Forderungsklassen der multilateralen Institutionen, der bilateralen öffentlichen Gläubiger, der ausländischen privaten Gläubiger sowie der inländischen privaten Gläubiger zu bilden. Des Weiteren sollten die Forderungen nach ihrer Datierung in Alt- und Neuschulden klassifiziert werden. Eine zusätzliche Forderungsklasse sollte sämtliche Forderungen umfassen, die für den Erhalt einer minimalen notwendigen

Staatstätigkeit des betroffenen Bundeslandes notwendig sind. Diese letzte Klasse an Forderungen genießt absoluten Vorrang vor allen anderen, da sie die Versorgung der Bürger eines Landes mit den notwendigen Grundbedürfnissen gewährleistet. Länger bestehende Forderungen sollten zudem jüngeren Forderungen gegenüber privilegiert sein, da der Bewertung der finanziellen Lage des Schuldners bei der Gewährung von Krediten durch die Altgläubiger eine wesentlich längere Zeitperspektive sowie eine größere Unsicherheit zugrunde lagen. Diese Einteilung zwischen Alt- und Neugläubigern soll jedoch lediglich für Schulden gelten, die vor der Insolvenz des betroffenen Landes aufgenommen wurden. Um dem Land die, zur Aufrechterhaltung der finanzpolitischen Handlungsfähigkeit notwendige, Aufnahme neuer finanzieller Mittel auch während eines Insolvenzverfahrens zu ermöglichen, sollten während des Verfahrens aufgenommene Kredite von einem Forderungsverzicht ausgenommen sein.

Im Insolvenzplan werden weiter die einnahme- und ausgabeseitigen Maßnahmen des betroffenen Landes zur Behebung einer Insolvenz festgehalten. Es wurden die Möglichkeiten herausgearbeitet, die sich einem souveränen Schuldner bieten, seine Einnahmen zu erhöhen oder seine Ausgaben zu senken.

Auf der Einnahmeseite stehen einem souveränen Schuldner generell die Instrumente der Steuererhöhung bzw. die Erhebung neuer Steuern, die Erhöhung der Einnahmen aus wirtschaftlicher Tätigkeit, Vermögensveräußerungen, aber auch die erneute Kreditaufnahme oder gar der Zugriff auf das Privatvermögen seiner Bevölkerung offen. Für die deutschen Bundesländer kommen nahezu sämtliche der eben geschilderten Maßnahmen in Frage. Von gesetzlichen Restriktionen wurde dabei abstrahiert. So wurde vorgeschlagen, den Ländern ein Mehr an eigenen Besteuerungskompetenzen zuzugestehen, um über Steuererhöhungen oder die Erhebung neuer Steuern ihre Einnahmen zu erhöhen. Die Steigerung ihrer Einnahmen aus wirtschaftlicher Tätigkeit steht den Ländern bereits offen. Jedoch unterliegt dieses Instrument der Einnahmeerhöhung dem Wettbewerb und der konjunkturellen Lage, weshalb eine beliebige Einnahmesteigerung hier utopisch erscheint. Die Veräußerung von Landesvermögen im Zuge eines Insolvenzverfahrens sollte zulässig sein, allerdings unter der Prämisse, dass die Vermögenswerte, die der Gewährleistung einer notwendigen minimalen Staatstätigkeit dienen, von einer Veräußerung ausgenommen sein sollen. Die Aufnahme zusätzlicher finanzieller Mittel über den Kapitalmarkt sollte in dem Ausmaß möglich sein, wie es zur Wahrung der finanzpolitischen Handlungsfähigkeit eines Landes notwendig ist. Die Pfändung von Privatvermögen der Bevölkerung eines insolventen Bundeslandes wurde ausgeschlossen, da nicht gewährleistet werden kann, dass die Bürger, die von dieser Maßnahme betroffen wären, dieselbe Personengruppe darstellen, wie die Verursacher oder zumindest Profiteure der hohen Verschuldung in der Vergangenheit. Bei sämtlichen einnahmeerhöhenden Maßnahmen, die zu Lasten der Bürger eines insolventen Bundeslandes gehen, muss gewährleistet werden, dass diesen durch die ihnen auferlegten finanziellen Lasten weiter ein menschenwürdiges Dasein in Form eines vorab festzulegenden Existenzminimums möglich ist.

Auf der Ausgabenseite bieten sich einem souveränen Schuldner vielfältige Möglichkeiten sich durch Kürzungen zu entschulden. Da es zu zeitaufwändig wäre, sämtliche öffentliche Leistungen auf ihr Einsparpotential hin zu untersuchen, wurden lediglich einige Beispiele gegeben und auch auf die Besonderheiten der deutschen Bundesländer als untergeordnete Gliedstaaten in einem föderalen System eingegangen. Bereits durch einen eventuellen Schuldenerlass ergäben sich für ein insolventes Bundesland Einsparungen in Form eines geringeren Tilgungsvolumens und niedrigerer Zinszahlungsverpflichtungen. Weiter sollte es den Ländern ermöglicht werden, autonom über ihre Aufgaben und die daraus folgenden Ausgaben zu entscheiden. Dies steht im Gegensatz zum bisherigen Recht, was den Bund ermächtigt, den Ländern bestimmte Aufgaben vorzugeben und ihnen ebenfalls die daraus resultierende Ausgabenlast aufzuerlegen. In einem weiteren Schritt sollte ein Minimum an staatlichen Leistungen definiert werden, welches nicht unterschritten werden darf. Hier dürfen unter keinen Umständen Kürzungen vorgenommen werden. Dadurch erhielten die Länder die Möglichkeit, durch eine weitgehend autonome Aufgabenfestlegung, ihre Ausgaben in einem vorab festgelegten Rahmen zu senken. Den Ländern sollte ebenfalls die Möglichkeit eröffnet werden nach dem Vorbild des Chapter 9 des US-Bankruptcy Codes im Insolvenzfall Tarifverträge aufzukündigen und neu zu verhandeln. Auch hier gilt wieder die Wahrung eines Existenzminimums für die Bürger, in dem Fall der öffentlich Bediensteten. Bei der Kürzung staatlicher Ausgaben sollte beachtet werden, dass öffentliche Aufgaben existieren, die wachstumswirksam sind und somit die Volkswirtschaft eines Landes stärken. Diese Ausgaben sollten nicht gekürzt werden, da damit Einkommensverluste einhergehen würden.

Nachdem die Entschuldungsmöglichkeiten vorgestellt wurden, die sich einem Bundesland zur Haushaltssanierung bieten, müssen die Länder und ihre Gläubiger die konkreten Maßnahmen zur Einnahmesteigerung und Ausgabenreduzierung im Insolvenzplan festhalten. Dies erfordert ein hohes Abstimmungsbedürfnis zwischen dem Schuldner und den Gläubigern einerseits sowie zwischen den Gläubigern untereinander andererseits. Hierfür wurden Abstimmungsregeln definiert. Die Gläubiger wurden zu diesem Zweck in Gruppen eingeteilt. Es wurde dabei eine Gruppierung anhand der vier Forderungsklassen der multilateralen Institutionen, der bilateralen öffentlichen Gläubiger, der ausländischen privaten Gläubiger und der inländischen privaten

Gläubiger vorgenommen. Weiter wurden die Gruppen nach Alt- und Neugläubigern differenziert. Für Abstimmungen innerhalb der Gruppen wurde ein Mehrheitserfordernis von 66 Prozent des ausstehenden Volumens sämtlicher Forderungen vorgeschlagen, welches ergänzt wurde um das Erfordernis einer einfachen Mehrheit der gesamten Forderungsanzahl. Für das Mehrheitserfordernis über alle Gruppen hinweg wurde eine qualifizierte Mehrheit von 75 Prozent vorgeschlagen.

Es wurden schließlich Sanktionen für den Fall vorgeschlagen, dass sich eine der involvierten Parteien über Bestimmungen des Insolvenzplans hinwegsetzt. Bei einem Verstoß auf Schuldnerseite wurde vorgeschlagen, dem betroffenen Bundesland in diesem Fall die gesamten Verfahrenskosten aufzubürden. Weiter sollte das Bundesverfassungsgericht die Möglichkeit haben, bei Verstößen eines Bundeslandes gegen den Insolvenzplan den, dem Land ursprünglich zugestandenen, Schuldenerlass empfindlich herabzusetzen. Bei Verstößen gegen den Plan auf Gläubigerseite sollte das Bundesverfassungsgericht befugt sein, den Insolvenzplan zu Ungunsten der Gläubiger, etwa durch eine Kürzung ihrer Mindestansprüche, zu verändern.

Nachdem die einzelnen Verfahrensschritte skizziert wurden, wurde erläutert, welcher Grundvoraussetzungen und Rahmenbedingungen es bedarf, um einen geordneten Verfahrensablauf bei einer Bundesländerinsolvenz zu gewährleisten. Grundlegende Voraussetzung ist die Abschaffung der Insolvenzunfähigkeit der Bundesländer, was durch eine Modifikation des § 12 Abs. 1 der deutschen Insolvenzordnung (InsO) erreicht werden kann. Die Länder müssten von seinem Geltungsbereich ausgenommen werden. Dies trägt auch zur Glaubwürdigkeit eines No-bail-outs bei, was eine zentrale Voraussetzung für einen funktionierenden Insolvenzmechanismus auf Ebene der deutschen Bundesländer ist. Um die Glaubwürdigkeit einer No-bail-out Regelung zu erhöhen sollte zudem vorab Klarheit über die Zielsetzung des Insolvenzverfahrens herrschen. Oberste Priorität sollten dabei der Erhalt eines insolventen Bundeslandes sowie die Wahrung seiner Souveränität und Handlungsfähigkeit auch während des laufenden Verfahrens genießen. Weiter sollten der Erhalt einer Bereitstellung minimaler notwendiger staatlicher Leistungen sowie die Garantie eines menschenwürdigen Daseins für die Bevölkerung eines insolventen Bundeslandes im Vordergrund stehen. Dies kann eine Beschneidung der Forderungen der Gläubiger bedingen, wobei ein Insolvenzverfahren nicht ausschließlich auf ihrem Rücken ausgetragen werden darf. Es wurde vorgeschlagen, das Insolvenzverfahren für die deutschen Bundesländer nach dem Vorbild des Planverfahrens gemäß den §§ 217 ff. der deutschen Insolvenzordnung auszugestalten, welches auf die Reorganisation oder Sanierung eines insolventen Schuldners abzielt.

Da für ein funktionierendes Insolvenzverfahren eine übersichtliche und klare Aufbereitung der Datenlage notwendig ist, sind auch hier Vorkehrungen zu treffen. Als Ausfluss des Vorschlags, den Stabilitätsrat mit der Überwachung und Veröffentlichung der Verschuldungssituation der Bundesländer zu betrauen, ist dessen Kompetenzbereich entsprechend anzupassen. Insbesondere sollte ihm das Recht zur Einsicht in die Haushaltsstatistiken der Länder und die Anforderung entsprechender Daten bei den Landesrechnungshöfen gewährleistet werden. Weiter sollte durch die Einführung der Doppik auf Länderebene eine übersichtliche, klare und einfach nachzuvollziehende Rechnungslegung und -interpretation geschaffen werden. Im Rahmen der einnahme- und ausgabeseitigen Anpassungen zur Überwindung einer Insolvenz sind den Ländern zudem weitreichende Kompetenzen bei der Gestaltung ihrer Steuern und der Wahrnehmung ihrer Aufgaben zuzugestehen.

Es wurde neben den Vorzügen auch auf mögliche Kritikpunkte an einem Insolvenzmechanismus auf Eben der deutschen Bundesländer eingegangen und versucht, diese zu entkräften. Es wurde gezeigt, dass der Einwand, ein souveräner Schuldner könne prinzipiell nicht insolvent sein, falsch ist. Alleine der Ausschluss einer Insolvenz der deutschen Bundesländer durch die deutsche Insolvenzordnung lässt darauf schließen, dass der Gesetzgeber eine solche für möglich hält, da es ansonsten keines expliziten Ausschlusses bedürfte. Auch zeigt die Historie, dass es immer wieder Fälle der Zahlungsunfähigkeit souveräner Schuldner gegeben hat.

Weiter wurde auch der Kritikpunkt des Eingriffs in die Souveränität oder gar der Liquidierung eines souveränen Schuldners betrachtet. Die Liquidierung eines souveränen Schuldners ließe sich schon bei der Ausgestaltung eines Insolvenzverfahrens durch eine klare Festlegung auf die Zielsetzung des Erhalts und der Wiedereingliederung des Schuldners in die Kapitalmärkte ausschließen. Alleine die vorgeschlagene Orientierung an dem Planverfahren der §§ 217 ff. InsO bringt diese Zielsetzung zum Ausdruck. Eine vollständige Liquidierung des Schuldnervermögens kann im Insolvenzplan, der in letzter Instanz durch das Bundesverfassungsgericht verifiziert werden muss, bereits ausgeschlossen werden. Betreffend die Souveränität sollte überlegt werden, ob diese nicht gerade durch die Insolvenzunfähigkeit der deutschen Bundesländer untergraben wird, da hier ein Eingriff in ihre Vertragsfreiheit erfolgt. Es wurde zudem dargelegt, dass mit dem Chapter 9 des US-Bankruptcy Codes bereits ein Insolvenzverfahren für souveräne Schuldner existiert und sich bewährt hat, das keineswegs zu einem Souveränitätsverlust oder einer Untergrabung der Handlungsfähigkeit des Schuldners führt.

Auch das Argument, dass im Insolvenzverfahren durch die einnahme- und ausgabeseitigen Maßnahmen zur Sanierung ein Eingriff in die Haushaltsautonomie der Länder (Art. 109 Abs. 1 GG) erfolge, wurde mit dem Hinweis darauf, dass diese bereits durch den Art. 109 Abs. 2 GG mit Hinweis auf die Wahrung des gesamtwirtschaftlichen Gleichgewichts durchbrochen ist, entkräftet. Zudem dient ein Insolvenzverfahren der Rückgewinnung der finanzpolitischen Handlungsfähigkeit eines Landes und somit letztendlich der Rückgewinnung seiner Souveränität.

Es wurde weiter der Einwand behandelt, dass durch die Insolvenzfähigkeit der deutschen Bundesländer das Risiko bestehe, dass die Kapitalmärkte unrentable, aber notwendige Investitionen der Länder nicht mehr finanzieren würden. Dieser Effekt kann nicht ausgeschlossen werden, ihm kann aber durch eine Garantie des Bundes für Kredite, die solchen notwendigen Investitionen dienen, vorgebeugt werden.

Im Hinblick auf ein, durch eine glaubwürdig formulierte No-bail-out Regelung notwendiges, Aufbrechen der Bund-Länder-Haftungsgemeinschaft wurde eingeworfen, dass die Bundesländer sich dann tendenziell steigenden Zinssätzen gegenübersähen. Vor allem bereits hochverschuldete Länder wie Bremen und das Saarland könnten durch schlagartig in die Höhe schießende Risikoprämien direkt in eine Insolvenz getrieben werden. Nun ist, zumindest mittelfristig, zum einen auch ein gegenteiliger Effekt denkbar, nämlich, dass der Verzicht auf Bail-outs die Default-Erwartungen mildert und so zu tendenziell günstigeren Konditionen der Kreditaufnahme führt. Zum anderen lassen sich Vorkehrungen gegen eine plötzliche und unverhältnismäßige Verteuerung von Krediten für hochverschuldete Länder treffen. So kann bestimmt werden, dass der Bund bei der Einführung der Insolvenzfähigkeit der Länder für deren Altschulden zu einem bestimmten Stichtag haftet, wodurch diese nicht in die Kalkulation der Kapitalmärkte bei der Zinsbestimmung einfließen würden.

Auch zeigt ein Blick auf internationale Beispiele, dass die Insolvenz eines souveränen Schuldners mit Ansteckungseffekten für andere, ihm ähnliche, Gebietskörperschaften einhergehen kann.[971] Dieser Effekt lässt sich nicht negieren, ließe sich aber durch institutionelle Vorkehrungen zumindest abmildern. Durch eine klare, transparente Rechnungslegung kann dafür Sorge getragen werden, dass sämtliche Länder von den Kapitalmärkten angemessen bewertet und bereits im Vorfeld der Insolvenz eines Landes mit ihrer Verschuldungssituation gerecht werdenden Zinssätzen versehen werden. Sollte ein Land nun insolvent werden, würde es nicht zu schockartigen Zinserhöhungen für die übrigen Länder kommen, da diese aus der Unsicherheit der Märkte über die Finanzsituation der

971 Gemeint sind hier vor allem die Fälle der Schweizer Gemeinde Leukerbad und der US-amerikanischen Gemeinde Orange County, die im Kapitel 5 ausführlich behandelt wurden.

unbeteiligten Länder resultieren dürften. Diese Unsicherheit der Märkte wird aber eben mittels einer entsprechenden Rechnungslegung gemindert.

Ebenfalls nicht zu vernachlässigen ist die Gefahr der Entstehung unverhältnismäßig hoher volkswirtschaftlicher Kosten aufgrund strategischen Verhaltens des Schuldners und der Gläubiger in einem Insolvenzverfahren. Auf Gläubigerseite ist damit die Gefahr des ungeordneten Zugriffs auf Landesvermögen gemeint, auf Schuldnerseite die Gefahr des inflationären Gebrauchs des Insolvenzverfahrens zu einer leichten Entschuldung. Es wurde gezeigt, dass beiden Gefahren bei der Ausgestaltung eines Insolvenzmechanismus auf Ebene der deutschen Bundesländer Sorge getragen werden kann. So verhindert ein Schuldenmoratorium den ungeordneten Gläubigerzugriff auf Landesvermögen. Der inflationäre Gebrauch des Insolvenzverfahrens zur Entschuldung kann durch hohe Hürden zu dessen Zugang beschränkt werden.

Es wurde abschließend aufgezeigt, dass ein Insolvenzverfahren nicht der Gleichwertigkeit der Lebensverhältnisse im Bundesgebiet im Weg stehen muss. Diese Befürchtung hat ihren Nährboden in den während eines Insolvenzverfahrens notwendigen Steuererhöhungen und/oder Ausgabenkürzungen in dem betroffenen Land. Es wurden sowohl die Sinnhaftigkeit des Postulats der gleichwertigen Lebensverhältnisse sowie auch die Interpretation dieses Postulats angezweifelt. Eine zu starke Nivellierung der Finanzkraft der Länder kann sich leistungsmindernd auswirken. Zudem wurde argumentiert, dass es mit gleichwertigen Lebensverhältnissen durchaus vereinbar ist, dass ein Land im Niveau der Bereitstellung öffentlicher Güter unter dem Länderdurchschnitt liegt, solange eine Versorgung der Bevölkerung des insolventen Landes mit einem notwendigen Mindestniveau an staatlichen Leistungen gewährleistet bleibt.

Zusammenfassend und in Bezug auf die drei Hypothesen der Arbeit lässt sich konstatieren, dass ein Insolvenzmechanismus auf Ebene der deutschen Bundesländer besser in der Lage ist, die beiden Problembereiche der Prävention und der Bewältigung von Schuldenkrisen im Föderalstaat zu beheben. Auch die Definition und Bestimmung einer Schuldenkrise bzw. einer Insolvenz ließe sich mittels des in dieser Arbeit untersuchten Verfahrens der DEA gewährleisten. Hierfür bedarf es allerdings einschneidender Veränderungen in der öffentlichen Rechnungslegung der Bundesländer.

Ein Insolvenzmechanismus auf Ebene der deutschen Bundesländer wirkt präventiv verschuldungshemmend. Als Beleg hierfür kann die geringe Anzahl an Insolvenzen untergeordneter Gebietskörperschaften in den USA dienen, wo mit dem Chapter 9 des US-Bankruptcy Codes ein Insolvenzrecht für souveräne Schuldner existiert. Die präventive Wirkung wird dabei durch eine Veränderung der Entscheidungsgrundlage für die Kapitalgeber, Kapitalnehmer, Politiker und

Wähler begründet. Die Risiken der Verschuldung einer Gebietskörperschaft werden ihnen durch deren Insolvenzmöglichkeit sicht- und fühlbar gemacht. Dieser Sachverhalt konnte schlüssig argumentativ dargestellt und unter Bezug auf Beispiele aus Staaten, in denen bereits Erfahrungen mit Insolvenzregelungen zumindest aber mit No-bail-out Regelungen für untergeordnete Gebietskörperschaften vorliegen, belegt werden.

Auch eignet sich ein regelhaftes Insolvenzverfahren mit vorab feststehenden Verfahrensabläufen dazu mit Schuldenkrisen öffentlicher Gebietskörperschaften umzugehen und diese zu beheben. Der entscheidende Vorteil gegenüber der bisherigen Handhabung liegt dabei in der Vorhersehbarkeit eines solchen Verfahrens. Im Gegensatz zu ad-hoc Entscheidungen liegt hier bereits im Vorfeld ein gewisses Maß an Sicherheit für alle beteiligten Seiten vor. Auch dieser Zusammenhang wurde mittels einer logischen Argumentation und unter Rückgriff auf internationale Beispiele der Zahlungsunfähigkeit souveräner Schuldner schlüssig dargelegt.

Zur Definition einer Insolvenz kann die DEA nach aktuellem Stand zwar nicht dienen, da nicht für sämtliche öffentliche Aufgaben Daten eines jeden Bundeslandes ermittelt werden können. Dies war lediglich für fünf definierte öffentliche Aufgabenbereiche möglich, was deutlich zu wenige und vor allem nicht alle sind. Jedoch ist die Systematik der DEA prinzipiell hierzu geeignet. Die Definition einer Insolvenz mittels der DEA krankt nicht an der DEA an sich, sondern am mangelnden Willen der Bundesländer, sich vergleichen zu lassen.

Es sind für einen funktionierenden Insolvenzmechanismus auf Ebene der deutschen Bundesländer institutionelle und rechtliche Vorkehrungen zu treffen, auf die in vorherigen Teilen der Arbeit bereits eingegangen wurde. Vor allem gilt es eine politische Akzeptanz zu schaffen. Es ist zu vermuten, dass die Politik an einer Transparenz und Klarheit ihrer öffentlichen Verschuldung nicht interessiert ist. Im Gegenteil profitieren Politiker davon, dass ihre Handlungen samt derer Konsequenzen für den Wähler oft unklar bleiben. Für die Verschuldungspolitik heißt dies gemäß der Annahmen der Konstitutionellen Politischen Ökonomie, dass nur dann mit institutionellen Reformen zur Schuldenbegrenzung zu rechnen sein wird, wenn diese dem Ziel der Stimmenmaximierung dienen.[972]

Oder wie es in Reischauers Diktum heißt:

> "The nation, therefore, will probably have larger than desired deficits until the political costs of continued large deficits are perceived to exceed those of spending cuts and tax increases."[973]

972 Vgl. Hildebrandt, A. (2009).

973 Reischauer, R. D. (1990), S. 232.

Literaturverzeichnis

Abberger, K. (2010), Was ist ein Staatsbankrott?, *ifo-Schnelldienst 7/2010*, 37-40.

Administrative Office of the United States Courts (2005a), Chapter 9 - Municipal Bankruptcy, in: Administrative Office of the United States Courts (Hrsg.), *Bankruptcy Basics*, 50-57.

Administrative Office of the United States Courts (2005b), Chapter 7 - Liquidation Under the Bankruptcy Code, in: Administrative Office of the United States Courts (Hrsg.), *Bankruptcy Basics*, 14-21.

Administrative Office of the United States Courts (2005c), Chapter 13 - Individual Debt Adjustment, in: Administrative Office of the United States Courts (Hrsg.), *Bankruptcy Basics*, 22-28.

Administrative Office of the United States Courts (2010), *Statistical Tables for the Federal Judiciary*, December, the 31st, 2010.

Advisory Commission on Intergovernmental Relations (1973), *City Financial Emergencies: The Intergovernmental Dimension*, U.S. Government Printing Office: Washington, D.C.

Alesina, A. und S. Ardagna (2010), Large Changes in Fiscal Policy: Taxes Versus Spending, in: Brown, J. R. (Hrsg.): *Tax Policy and the Economy, Volume 24*, University of Chicago Press: Chicago, 35-68.

Alesina, A., G. D. Cohen und N. Roubini (1992), Macroeconomic Policy and Elections in OECD Democracies, *Economics & Politics* 4 (1), 1-30.

Alesina, A., G. D. Cohen und N. Roubini (1997), *Political Cycles and the Macroeconomy*, MIT Press: Cambridge, Mass. (u.a.).

Alesina, A., M. De Broeck, A. Prati und G. Tabellini (1992), Default Risk on Government Debt in OECD Countries, *Economic Policy* 7 (15), 427-463.

Andel, N. (1998), Wie über Vermögensveräußerungen der Zweck des Art. 115 Abs. 1 Satz 2 Halbsatz 1 GG vereitelt wird, *Wirtschaftsdienst* 78 (8), 457-459.

Anderson, J. E. (1989), Government and the Economy: What Is Fundamental?, in: Samuels, W. J.(Hrsg)., *Fundamentals of the Economic Role of Government*, Greenwood Press: New York, 17-24.

Arrow, K. J. (1967), The Place of Moral Obligation in Preference Systems, in: Hook, S. (Hrsg.), *Human Values and Economic Policy,* New York University Press: New York, 117-119.

Arrow, K. J. (1971), *Essays in the Theory of Risk-Bearing,* North Holland Pub. Co: Amsterdam (u.a.).

Arrow, K. J. (1985), The Economics of Agency, in: Pratt, J. W. und R. Zeckhauser (Hrsg.), *Principals and Agents: The Structure of Business*, Harvard Business School Press: Boston, 37-51.

Arzheimer, K. und H. Schoen (2005), Erste Schritte auf kaum erschlossenem Terrain. Zur Stabilität der Parteiidentifikation in Deutschland, *Politische Vierteljahreszeitschrift* 46 (4), 629 – 654.

Avkiran, N. K. (2009), Opening the black box of efficiency analysis: An illustration with UAE banks, *Omega* 37 (4), 930-941.

Backes-Gellner, U. und E. Zanders (1989), Lehre und Forschung als Verbundproduktion: Data-Envelopment-Analysen und organisationsökonomische Interpretationen der Realität in wirtschaftswissenschaftlichen Fachbereichen, *Zeitschrift für Betriebswirtschaft* 59 (3), 271-290.

Baldassare, M. (1998), *When Government Fails: The Orange County Bankruptcy,* University of California Press and the Public Policy Institute of California: Berkely, CA.

Balmaceda, F., S. R. Balseiro, J. R. Correa und N. E. Stier-Moses (2010), The Cost of Moral Hazard and Limited Liability in the Principal-Agent Problem, *Lecture Notes in Computer Science* 6484/2010, 63-74.

Banker, R. D., A. Charnes und W. W. Cooper (1984), Some Models for Estimating Technical and Scale Inefficiencies in Data Envelopment Analysis, *Management Science 30* (9), 1078-1092.

Barro, R. J. (1974), Are Government Bonds Net Wealth?, *Journal of Political Economy* 82 (6), 1095-1117.

Barro, R. J. (1979), On the Determination of the Public Debt, *Journal of Political Economy* 87 (5), 940-971.

Bayoumi, T., M. Goldstein und G. Woglom (1995), Do Credit Markets Discipline Sovereign Borrowers? Evidence from U.S. States, *Journal of Money, Credit and Banking* 27 (4), 1046-1059.

Beck, N. (1987), Elections and the Fed: Is There a Political Monetary Cycle?, *American Journal of Political Science* 31 (1), 194-216.

Becker, J., P. Bergener, Ł. Lis und B. Niehaves (2009), Explaining the Behavioral Intention towards BI Implementation in Public Administrations - A Principal-Agent Theory Approach, *Lecture Notes in Computer Science* 5693/2009, 399-411.

Becker, G. S. (1976), *The Economic Approach to Human Behavior*, Univ. of Chicago Press: Chicago (u.a.).

Becker, T., A. Richards und Y. Thaicharoen (2003), Bond restructuring and moral hazard: are collective action clauses costly?, *Journal of International Economics* 61 (1), 127-161.

Belke, A. (2010), Eine neue Schuldenordnung für Euro-Staaten - Stärkung der Governance durch einen Europäischen Währungsfonds?, *Wirtschaftsdienst* 90 (12), 786-793.

Belke, A. (2011), Dauerhafter Rettungsmechanismus (ESM): Drohender Teufelskreis, *ifo-Schnelldienst 11/2011*, 6-9.

Ben-Porath, Y. S. (1975), The Years of Plenty and the Years of Famine - A Political Business Cycle?, *Kyklos* 28 (2), 400-403.

Benz, M. und B. S. Frey (2001), Ökonomie und Psychologie: Eine Übersicht, *Working Paper No. 92,* Institute for Empirical Research in Economics, University of Zurich.

Berger, W. und H. Wagner (2000), Ursachen und Erklärungen der Asienkrise, *Diskussionsbeitrag Nr. 286*, FernUniversität Hagen: Hagen.

Berensmann, K. (2003), Involving Private Creditors in the Prevention and Resolution of International Debt Crises, *Berichte und Gutachten 8/2003,* Deutsches Institut für Entwicklungspolitik: Bonn.

Berensmann, K. und A. Herzberg (2007), Insolvenzrecht für Staaten: Ein Vergleich von ausgewählten Vorschlägen, *Deutsches Institut für Entwicklungspolitik Discussion Paper 9/2007.*

Berensmann, K. und F. Schroeder (2006), A Proposal for a New International Debt Framework for the Prevention and Resolution of Debt Crisis in Middle-Income Countries, *Discussion Paper 2/2006,* Deutsches Institut für Entwicklungspolitik: Bonn.

Besendorfer, D., E. P. Dang und B. Raffelhüschen (2006), Schulden und Versorgungsverpflichtungen der Länder: Was ist und was kommt?, *Wirtschaftsdienst* 86 (9), 572-579.

Besley, T. und A. Case (1995), Incumbent Behavior: Vote-Seeking, Tax-Setting, and Yardstick Competition, *American Economic Review* 85 (1), 25-45.

Beyle, T. L. (1983), The Governors, in: Gray, V., H. Jacobs und K. Vines (Hrsg.), *Politics in the American States,* Little, Brown and Company: Boston, 180-221.

Bird, R. M. und A. Tassonyi (2003), Constraining Subnational Fiscal Behavior in Canada: Different Approaches, Similar Results?, in: Rodden, J., G. S. Eskeland und J. Litvack (Hrsg.), *Fiscal Decentralization and the Challenge of Hard Budget Constraints,* MIT Press : Cambridge, Massachusetts, 85-132.

Blanchard, O. J. und S. Fischer (1989), *Lectures on Macroeconomics,* MIT: London and Cambridge.

Blanchard, O. J., J.-C. Chouraqui, R. Hagemann und N. Sartor (1990), The Sustainability of Fiscal Policy: New Answers to an Old Question, *OECD Economic Studies* Vol. 15 (Autumn), 7-36.

Blankart, C. B. (2007), Wer soll für die Schulden von Bund und Ländern verantwortlich sein?, *Gesellschaft, Wirtschaft, Politik* 56 (3), 297-302.

Blankart, C. B. und E. R. Fasten (2009), Wer soll für die Schulden im Bundesstaat haften? Eine vernachlässigte Frage der Föderalismusreform II, *Perspektiven der Wirtschaftspolitik* 10 (1), 39-59.

Blankart, C. B., E. R. Fasten und A. Klaiber (2006), Föderalismus ohne Insolvenz?, *Wirtschaftsdienst* 86 (9), 567-571.

Bolton, P. (2003), Towards a Statutory Approach to Sovereign Debt Restructuring: Lessons from Corporate Bankruptcy Practice around the World, *IMF Staff Papers* Vol. 50, 2003, International Monetary Fund: Washington, D. C., 41-71.

Bolton, P. und D. A. Jr. Skeel (2004), Inside the Black Box: How Should a Sovereign Bankruptcy Framework Be Structured, *Emory Law Journal* 53, 763-822.

Bradley, M., J. D. Cox und G. M. Gulati (2010), The Market Reaction to Legal Shocks and Their Antidotes: Lessons from the Sovereign Debt Market, *Journal of Legal Studies* 39 (1), 289-324.

Braun, N. (2009), Rational Choice Theoie, in: Kneer, G. und M. Schroer (Hrsg.), *Handbuch Soziologische Theorien*, VS, Verl. für Sozialwiss.: Wiesbaden, 395-418.

Briffault, R. (1990), Our Localism: Part II - Localism and Legal Theory, *Columbia Law Review* 90, 346-454.

Briotti, M. G. (2005), Economic Reactions to Public Finance Consolidation: A Survey of the Literature, *ECB Occasional Paper Series No. 38.*

Bruce, N. und M. Waldman (1990), The Rotten-Kid Theorem Meets the Samaritan's Dilemma, *Quarterly Journal of Economics* 105 (1), 155-165.

Brücker, H. (1996), Rußlands Auslandsverbindlichkeiten nach der langfristigen Umschuldung, Deutsches Institut für Wirtschaftsforschung, *Wochenbericht 28/96*, 470-478.

Buch, C. M., R. P. Heinrich, L. Lusinyan und M. Schrooten (2000), Russia's Debt Crisis and the Unofficial Economy, Kiel Institute of World Economics, *Kiel Working Paper No. 978.*

Buchanan, J. M. (1985), Constitutional Democracy, Individual Liberty, and Political Equality, in: Boettcher, E., P. Herder-Dorneich und K.-E. Schenk (Hrsg.), *Jahrbuch für Neue Politische Ökonomie - Band 4: Die Vertragstheorie als Grundlage der Parlamentarischen Demokratie*, Mohr Siebeck: Tübingen, 35-47.

Bundesagentur für Arbeit (2013a), *Arbeitsmarkt in Zahlen - Beschäftigungsstatistik - vorläufige Ergebnisse - Schwerbehinderte Menschen in Beschäftigung (Anzeigeverfahren SGB IX) - Land Baden-Württemberg*, Nürnberg.

Bundesagentur für Arbeit (2013b), *Arbeitsmarkt in Zahlen - Beschäftigungsstatistik - vorläufige Ergebnisse - Schwerbehinderte Menschen in Beschäftigung (Anzeigeverfahren SGB IX) - Land Bayern*, Nürnberg.

Bundesagentur für Arbeit (2013c), *Arbeitsmarkt in Zahlen - Beschäftigungsstatistik - vorläufige Ergebnisse - Schwerbehinderte Menschen in Beschäftigung (Anzeigeverfahren SGB IX) - Land Hessen*, Nürnberg.

Bundesagentur für Arbeit (2013d), *Arbeitsmarkt in Zahlen - Beschäftigungsstatistik - vorläufige Ergebnisse - Schwerbehinderte Menschen in Beschäftigung (Anzeigeverfahren SGB IX) - Land Niedersachsen*, Nürnberg.

Bundesagentur für Arbeit (2013e), *Arbeitsmarkt in Zahlen - Beschäftigungsstatistik - vorläufige Ergebnisse - Schwerbehinderte Menschen in Beschäftigung (Anzeigeverfahren SGB IX) - Land Nordrhein-Westfalen*, Nürnberg.

Bundesagentur für Arbeit (2013f), *Arbeitsmarkt in Zahlen - Beschäftigungsstatistik - vorläufige Ergebnisse - Schwerbehinderte Menschen in Beschäftigung (Anzeigeverfahren SGB IX) - Land Rheinland-Pfalz*, Nürnberg.

Bundesagentur für Arbeit (2013g), *Arbeitsmarkt in Zahlen - Beschäftigungsstatistik - vorläufige Ergebnisse - Schwerbehinderte Menschen in Beschäftigung (Anzeigeverfahren SGB IX) - Land Saarland*, Nürnberg.

Bundesagentur für Arbeit (2013h), *Arbeitsmarkt in Zahlen - Beschäftigungsstatistik - vorläufige Ergebnisse - Schwerbehinderte Menschen in Beschäftigung (Anzeigeverfahren SGB IX) - Land Schleswig-Holstein*, Nürnberg.

Bundesagentur für Arbeit (2013i), *Arbeitsmarkt in Zahlen - Beschäftigungsstatistik - vorläufige Ergebnisse - Schwerbehinderte Menschen in Beschäftigung (Anzeigeverfahren SGB IX) - Land Brandenburg*, Nürnberg.

Bundesagentur für Arbeit (2013j), *Arbeitsmarkt in Zahlen - Beschäftigungsstatistik - vorläufige Ergebnisse - Schwerbehinderte Menschen in Beschäftigung (Anzeigeverfahren SGB IX) - Land Mecklenburg-Vorpommern*, Nürnberg.

Bundesagentur für Arbeit (2013k), *Arbeitsmarkt in Zahlen - Beschäftigungsstatistik - vorläufige Ergebnisse - Schwerbehinderte Menschen in Beschäftigung (Anzeigeverfahren SGB IX) - Land Sachsen*, Nürnberg.

Bundesagentur für Arbeit (2013l), *Arbeitsmarkt in Zahlen - Beschäftigungsstatistik - vorläufige Ergebnisse - Schwerbehinderte Menschen in Beschäftigung (Anzeigeverfahren SGB IX) - Land Sachsen-Anhalt*, Nürnberg.

Bundesagentur für Arbeit (2013m), *Arbeitsmarkt in Zahlen - Beschäftigungsstatistik - vorläufige Ergebnisse - Schwerbehinderte Menschen in Beschäftigung (Anzeigeverfahren SGB IX) - Land Thüringen*, Nürnberg.

Bundesagentur für Arbeit (2013n), *Arbeitsmarkt in Zahlen - Beschäftigungsstatistik - vorläufige Ergebnisse - Schwerbehinderte Menschen in Beschäftigung (Anzeigeverfahren SGB IX) - Land Berlin*, Nürnberg.

Bundesagentur für Arbeit (2013o), *Arbeitsmarkt in Zahlen - Beschäftigungsstatistik - vorläufige Ergebnisse - Schwerbehinderte Menschen in Beschäftigung (Anzeigeverfahren SGB IX) - Land Bremen*, Nürnberg.

Bundesagentur für Arbeit (2013p), *Arbeitsmarkt in Zahlen - Beschäftigungsstatistik - vorläufige Ergebnisse - Schwerbehinderte Menschen in Beschäftigung (Anzeigeverfahren SGB IX) - Land Hamburg*, Nürnberg.

Bundesministerium der Finanzen (2010), *Monatsbericht des BMF Dezember 2010*, Berlin.

Bundesministerium der Finanzen (2011), *Monatsbericht des BMF Juni 2011*, Berlin.

Bundesministerium des Innern (2011), *Polizeiliche Kriminalstatistik 2010*, Berlin.

Bundesministerium für wirtschaftliche Zusammenarbeit und Entwicklung (2000), Internationale Insolvenzregelungen für Entwicklungsländer (Stellungnahme des Wissenschaftlichen Beirats beim BMZ), *BMZ Spezial Nr. 014*, BMZ (AG1 - 14/91): Bonn.

Bundesrechnungshof (1994), *Bemerkungen 1994*, BT-Drs. 12/8490, Bonn.

Bundesrechnungshof (2004), *Bemerkungen 2004*, BT-Drs. 15/4200, Bonn.

Bundesrechnungshof (2010), *Bemerkungen 2010*, BT-Drs. 17/5350, Bonn.

Bundesregierung (2005), *Antwort der Bundesregierung auf die Kleine Anfrage der Abgeordneten Gisela Piltz, Ina Lenke, Rainer Funke, weiterer Abgeordneter und der Fraktion der FDP* -, Drucksache 15/4968-.

Bundesverfassungsgericht (1989), *BVerfGE 79, 311 - Staatsverschuldung.*

Bundesverfassungsgericht (1992), *BVerfGE 86, 148 - Finanzausgleich II.*

Bundesverfassungsgericht (2006), *BVerfGE 116, 327 - Berliner Haushalt.*

Bundesverfassungsgericht (2011), *2 BvR 633/11 vom 12.10.2011, Absatz Nr. (1 - 47).*

Buschmeier, A. (2011), *Ratingagenturen - Wettbewerb und Transparenz auf dem Ratingmarkt*, Gabler: Wiesbaden.

California Supreme Court (1858), *10 Cal 404 - Emeric v Gilman.*

Campbell, A., G. Gurin und W. E. Miller (1954), *The Voter Decides,* Row, Peterson, and Co.: Oxford.

Campbell, A., P. E. Converse, W. E. Miller und D. E. Stokes (1960), *The American Voter,* John Wiley & Sons, Inc.: New York.

Capeci, J. (1991), Credit Risk, Credit Ratings, and Municipal Bond Yields: A Panel Study, *National Tax Journal* 44 (4), 41-56.

Capeci, J. (1994), Local Fiscal Policies, Default Risk, and Municipal Borrowing Costs, *Journal of Public Economics* 53 (1), 73-89.

Charnes, A., W. W. Cooper und E. Rhodes (1978), Measuring the efficiency of decision making units, *European Journal of Operational Research* 2 (6), 429-444.

Clark, W. R. (2002), Partisan and Electoral Motivations and the Choice of Monetary Institutions under Fully Mobile Capital, *International Organization* 56 (4), 725-749.

Coleman, J. S. (1994), *Foundations of Social Theory*, Belknap Press of Harvard Univ. Press: Cambridge, Mass. (u.a.).

Cook, W. D. und L. M. Seiford (2009), Data envelopment analysis (DEA) - Thirty years on, *European Journal of Operational Research* 192 (1), 1-17.

Cooper, W. W., L. M. Seiford und K. Tone (2007), *Data Envelopment Analysis: A Comprehensive Text with Models, Applications, References and DEA-Solver Software*, Springer: New York.

Corsetti, G., P. Pesenti und N. Roubini (1998), Paper Tigers? A Model of the Asian Crisis, *European Economic Review* 43 (7), 1211-1236.

Dafflon, B. und S. Rossi (1999), Public accounting fudges towards EMU: A first empirical survey and some public choice considerations, *Public Choice* 101 (1-2), 59-84.

Dahl, R. A. und C. E. Lindblom (1953), *Politics, Economics, and Welfare,* Harper & Bros: New York.

Dahm, G., J. Delbrück und R. Wolfrum (2002), *Völkerrecht, Band I/3: Die Formen des völkerrechtlichen Handelns; Die inhaltliche Ordnung der internationalen Gemeinschaft*, De Gruyter Recht: Berlin.

De Haan, J. und J.-E. Sturm (1994), Political and Institutional Determinants of Fiscal Policy in the European Community, *Public Choice* 80 (1-2), 157-172.

De Haan, J., J.-E. Sturm und G. Beekhuis (1999), The weak government thesis: Some new evidence, *Public Choice* 101 (3-4), 163-176.

Degenhart, C. (2011), Schuldenkrise der Euro-Peripheriestaaten: Rechtliche Aspekte einer Neustrukturierung, *ifo-Schnelldienst 11/2011*, 10-13.

Demetriades, P. O. und T. P. Mamuneas (2000), Intertemporal Output and Employment Effects of Public Infrastructure Capital: Evidence from 12 OECD Economies, *The Economic Journal* 110 (465), 687-712.

Demirgüç-Kunt, A. und E. Detragiache (2002), Does Deposit Insurance Increase Banking System Stability? An Empirical Investigation, *Journal of Monetary Economics* 49 (7), 1373-1406.

Demirgüç-Kunt, A. und E. J. Kane (2002), Deposit Insurance Around the Globe: Where Does It Work?, *Journal of Economic Perspectives* 16 (2), 175-195.

Demougin, D. und P.-J. Jost (2001), Theoretische Grundlagen der Prinzipal-Agenten-Theorie, in: Jost, P.-J. (Hrsg.), *Die Prinzipal-Agenten-Theorie in der Betriebswirtschaftslehre*, Schäffer-Poeschel: Stuttgart, 45-81.

Der Polizeipräsident in Berlin (2011), *Polizeiliche Kriminalstatistik Berlin 2011*, Berlin.

Der Senator für Inneres und Sport Bremen (2012), *Polizeiliche Kriminalstatistik 2011 - Land Bremen*, Bremen.

Deutsche Bundesbank (2006a), *Vermögensbildung und Finanzierung im Jahr 2005*, Monatsbericht Juni 2006, Frankfurt am Main.

Deutsche Bundesbank (2006b), *Zur Lage der Länderfinanzen in Deutschland*, Monatsbericht Juli 2006, Frankfurt am Main.

Deutscher Bundestag (1996), *Entschließungsantrag der Fraktion der SPD zu dem Gesetzentwurf der Fraktionen der CDU/CSU und F.D.P. - Drucksachen 13/4839, 13/5951, 13/5952 - Entwurf eines Jahressteuergesetzes (JStG) 1997*, BT-Drs. 13/5975, Bonn.

Deutscher Bundestag (2005), *Antwort der Bundesregierung auf die kleine Anfrage der Abgeordneten Gisela Piltz, Ina Lenke, Rainer Funke, weiterer Abgeordneter und der Fraktion der FDP*, BT-Drs. 15/5095, Berlin.

Deutscher Bundestag (2009), *Gesetzentwurf der Fraktionen der CDU/CSU und SPD. Entwurf eines ... Gesetzes zur Änderung des Grundgesetzes (Art. 91c, 91d, 104b, 109, 109a, 115, 14d)*, BT-Drs. 16/12410, Berlin.

Deutscher Feuerwehrverband (2012), *Feuerwehr-Jahrbuch 2012 - Einsatz braucht Vielfalt - Vielfalt braucht Einsatz*, Versandhaus des Deutschen Feuerwehrverbandes: Berlin.

Deutscher Städtetag (2010), *Kommunale Finanzen: Kein Licht am Ende des Tunnels!*, Gemeindefinanzbericht 2010.

Dieter, H. (2006), Europa und die Reform des IWF: Ostasien und Lateinamerika meiden den Fonds, *SWP-Aktuell 16*, März 2006.

Dietrich, D., O. Holtemöller und A. Lindner (2010), Wege aus der Schulden- und Vertrauenskrise in der Europäischen Wirtschafts- und Währungsunion, *Wirtschaft im Wandel* 16 (8), 370-375.

Dietz, O. (2008), Indikatoren zur Beurteilung der Leistungsfähigkeit öffentlicher Haushalte, *Wirtschaft und Statistik* 10/2008, Statistisches Bundesamt: Wiesbaden, 862-866.

Dillinger, W. und S. B. Webb (1999), Fiscal Management in Federal Democracies: Argentina and Brasil, *Policy Research Working papers* Nr. 2121, The World Bank: Washington, D. C.

Domar, E. D. (1944), The "Burden of the Debt" and the National Income, *American Economic Review* 34 (4), 798-827.

Dooley, M. P. (2000), International financial architecture and strategic default: can financial crises be less painful?, *Carnegie-Rochester Conference Series on Public Policy 53 (2000)*, 361-377.

Downs, A. (1957a), *An Economic Theory of Democracy*, Harper: New York.

Downs, A. (1957b), An Economic Theory of Political Action in a Democracy, *The Journal of Political Economy* 65 (2), 135-150.

Döring, T. (2007), Zur Forderung nach einer kommunalen Mindestfinanzausstattung, *Wirtschaftsdienst* 87 (1), 40-47.

Drazen, A. (2000), *Political economy in macroeconomics*, Princeton Univ. Press: Princeton, NJ (u.a.).

Drazen, A. und M. Eslava (2005), Electoral Manipulation via Expenditure Composition: Theory and Evidence, *NBER Working Paper No. W11085.*

Dreißig, W. (1985), Zur Frage verfassungsrechtlicher Verschuldungsgrenzen. Erfahrungen im Deutschen Reich und in der Bundesrepublik Deutschland, in: Cansier, D. und D. Kath (Hrsg.), Öffentliche Finanzen, Kredit und Kapital: *Festschrift für Werner Ehrlicher zur Vollendung des 65. Lebensjahres*, Duncker und Humblot: Berlin, 81-105.

Dyckhoff, H. (1982), Charakterisierung der Produktionsmöglichkeitengrenze im Mehrsektorenmodell, *Zeitschrift für Wirtschafts- und Sozialwissenschaften* 102, 155-172.

Dyckhoff, H. und K. Allen (1997), *Produktions- und entscheidungstheoretische Begründung der Effizienzmessung mittels Data Envelopment Analysis (DEA)*, Aachen.

Dyson, R. G., R. Allen, A. S. Camanho, V. V. Podinovski, C. S. Sarrico und E. A. Shale (2001), Pitfalls and protocols in DEA, *European Journal of Operational Research* 132 (2), 245-259.

Ebers, M. und W. Gotsch (1995), Institutionenökonomische Theorien der Organisation, in: Kieser, A. (Hrsg.), *Organisationstheorien*, Kohlhammer: Stuttgart (u.a.), 185-235.

EFSF (2011), Frequently asked questions, *http://www.efsf.europa.eu/attachments/faq_en.pdf*, 23.05.2013.

Eichengreen, B. (2002), *Financial Crises and what to do about them*, Oxford University Press: Oxford.

Eichengreen, B. (2010), Ireland's rescue package: Disaster for Ireland, bad omen for the Eurozone, Vox.EU.org, *http://www.voxeu.org/index.php?q=node/5887*, 23.05.2013.

Eichengreen, B. und A. Mody (2004), Do Collective Action Clauses Raise Borrowing Costs?, *The Economic Journal* 114 (495), 247-264.

Eichengreen, B., K. Kletzer und A. Mody (2003), Crisis Resolution: Next Steps, *IMF Working Paper No.03/196.*

Eichengreen, B., R. Portes, F. Cornelli, L. Felli, J. Franks, C. Greenwood, H. Mercer und G. Vitale (1995), *Crisis? What Crisis? Orderly Workouts for Sovereign Debtors*, Centre for Economic Policy Research: London.

Erklärung des Europäischen Rates (2010), *http://register.consilium.europa.eu/pdf/de/10/st09/st09596.de10.pdf*, 23.05.2013.

Erlei, M., M. Leschke und D. Sauerland (2007), *Neue Institutionenökonomik*, Schäffer-Poeschel: Stuttgart.

Eurostat (2011), *Eurostat Pressemitteilung Euroindikatoren 60/2011*, 26.04.2011.

Erklärung der Staats- und Regierungschefs des Euro-Währungsgebiets (2010), *http://www.consilium.europa.eu/uedocs/cms_data/docs/pressdata/de/ec/114297.pdf*, 23.05.2013.

Europäische Zentralbank (2010), *Monatsbericht Juni 2010*, Frankfurt am Main.

Europäische Zentralbank (2011), *Monatsbericht Juni 2011*, Frankfurt am Main.

Faber, A. (2005), Insolvenzfähigkeit für Kommunen?, *Deutsches Verwaltungsblatt* 120 (15), 933-946.

Fama, E. F. und M. M. Miller (1972), *The Theory of Finance*, Dryden Press: Hinsdale, III.

Fasten, E. R. (2005), Market Mechanisms to Restrict Irresponsible Politicians - Lessons from Switzerland, *EPCS 2006.*

Färber, G. (2005), Haushaltsnotlagen in der deutschen Finanzverfassung - Ursachen, Abhilfe, Vermeidung-, in: Hrbek, R. (Hrsg.), *Jahrbuch des Föderalismus 2005 - Föderalismus, Subsidiarität und Regionen in Europa*, Nomos Verlagsgesellschaft: Baden Baden, 230-252.

Färber, G. (2006), Haushaltsnotlagen in der deutschen Finanzverfassung - Ursachen, Abhilfe, Vermeidung-, in: Konrad, K. A. und B. Jochimsen (Hrsg.), *Finanzkrise im Bundesstaat*, Peter Lang: Frankfurt am Main, 85-116.

Feld, L. P. (2004), *Fiskalischer Föderalismus in der Schweiz - Vorbild für die Reform der deutschen Finanzverfassung?*, Bertelsmann-Stiftung (u.a.) : Gütersloh (u.a.).

Feld, L. P. (2010), Sinnhaftigkeit und Effektivität der deutschen Schuldenbremse, *Perspektiven der Wirtschaftspolitik* 11 (3), 226-245.

Feldmann, H. (1995), *Eine institutionalistische Revolution? Zur dogmenhistorischen Bedeutung der modernen Institutionenökonomik*, Duncker & Humblot: Berlin.

Ferejohn, J. (1986), Incumbent performance and electoral control, *Public Choice* 50 (1-3), 5-25.

Finanzsenat Bremen (2010), *Die bremischen Ressorts im Städte- und Ländervergleich - Benchmarking-Bericht 2009-*, Bremen.

Fiorina, M. P. (1981), *Retrospective Voting in American National Elections*, Yale University Press: New Haven.

Fischer-Menshausen, H. (1996), Art. 107 GG, in: von Münch, I. und P. Kunig (Hrsg.): *Grundgesetz-Kommentar, Band 3 (Art. 70-146), 3. Auflage,* Beck: München.

Frankel, J. A. (2003), Comment on "Towards a Statutory Approach to Sovereign Debt Restructuring: Lessons from Corporate Bankruptcy Practice around the World", *IMF Staff Papers* Vol. 50, 2003, International Monetary Fund: Washington, D.C., 72-81.

Franzese, R. J. (1999), Partially Independent Central Banks, Political Responsive Governments, and Inflation, *American Journal of Political Science* 43 (3), 681-706.

Franzese, R. J. (2002a), Electoral and Partisan Cycles in Economic Policies and Outcomes, *Annual Review of Political Science* 5, 369-421.

Franzese, R. J. (2002b), *Macroeconomic Policies of Developed Countries*, Cambridge Univ. Press: New York.

Frech, T. (2005), Internationale Verschuldungskrisen, die Kreditvergabepolitik des IWF und Schuldner-Moral-Hazard: Eine Analyse aus vertragstheoretischer Sicht, *Dissertation zur Erlangung des akademischen Grades des Doktors der Wirtschaftswissenschaften (Dr. rer. pol.) an der Universität Konstanz*, Oktober 2005.

Frederick, S., G. Loewenstein und T. O'Donoghue (2002), Time Discounting and Time Preference: A Critical Review, *Journal of Economic Literature* 40 (2), 351-401.

Freimer, M. und M. J. Gordon (1965), Why Bankers Ration Credit,*The Quarterly Journal of Economics* 79 (3), 397-416.

Fritz, T. und P. Hersel (2002), Fair and Transparent Arbitration Process - A New Road to Resolve Debt Crises, *Bischöfliches Hilfswerk Misereor Discussion Paper*, Berliner Landesarbeitsgemeinschaft Umwelt und Entwicklung (BLUE21): Berlin, Aachen.

Gabriel, O. W. und J. Maier (2009), Politische Soziologie in Deutschland - Forschungsfelder, Analyseperspektiven, ausgewählte empirische Befunde, *Politische Vierteljahreszeitschrift* 50 (3), 506-538.

Gabriel, O. W. und K. Neller (2005), Kandidatenorientierungen und Wahlverhalten bei den Bundestagswahlen 1994-2002, in: Falter, J. W., O. W. Gabriel und B. Weßels (Hrsg.), *Wahlen und Wähler. Analysen aus Anlass der Bundestagswahl 2002*, VS Verlag für Sozialwissenschaften: Wiesbaden, 213-243.

Galli, E. und S. P. S. Rossi (2002), Political Business Cycles: The Case of West German Länder, *Public Choice* 110 (3-4), 283-303.

Gavin, M. und R. Hausmann (1998), Fiscal Performance in Latin America: What Needs to be Explained?, in: Fukasaku, K. und R. Hausmann (Hrsg.), *Democracy, Decentralization and Deficits in Latin America*, Inter-American Development Bank/OECD Development Centre.

Gelpern, A. (2004), Building a Better Seating Chart for Sovereign Restructurings, *Emory Law Journal* 53, 1115-1158.

Gesellschaft für Integration, Sozialforschung und Betriebspädagogik (2008), *Entwicklung der Zugangszahlen zu Werkstätten für behinderte Menschen - im Auftrag des Bundesministeriums für Arbeit und Soziales*, Berlin.

Gilardi, F. und D. Braun (2002), Delegation aus Sicht der Prinzipal-Agent-Theorie, *Politische Vierteljahreszeitschrift* 43 (1), 147-161.

Goldman Sachs Economics (2000), *Daily News and Views - New European Markets, Middle East and South Africa*, Moskau, 14.2.2000.

Gonzalez, M. d. l. A. (1999a), *On Elections, Democracy and Macroeconomic Policy Cycles*, Working Paper, Department of Economics, Princeton University.

Gonzalez, M. d. l. A. (1999b), *Political Budget Cycles and Democracy: a Multi-Country Analysis,* Working Paper, Department of Economics, Princeton University.

Gonzalez, M. d. l. A. (2000), *On Elections, Democracy and Macroeconomic Policy: Evidence from Mexico,* Working Paper, Department of Economics, Princeton University.

Gras, I. (2003), The Power to Rate. Eine Untersuchung zur Rolle der Ratingagenturen auf den internationalen Finanzmärkten, *REGEM Analysis No. 6*, May, 2003, Trier University.

Groh-Samberg, O. und J. Goebel (2007), Armutsmessungen im Zeitverlauf - Indirekte und direkte Armutsindikatoren im Vergleich, *Wirtschaftsdienst* 87 (6), 397-403.

Gros, D. (2010), The Seniority Conundrum: Bail out countries but bail in private, short-term creditors?, *CEPS Commentary the 6th of December 2010.*

Gros, D. und T. Mayer (2011), Debt reduction without default?, *CEPS Policy Brief No. 233/February 2011.*

Grossman, S. J. und O. D. Hart (1983), An Analysis of the Principal-Agent-Problem, *Econometrica* 51 (1), 7-45.

Grossman, S. J. und O. D. Hart (1986), The Costs and Benefits of Ownership: A Theory of Vertical and Lateral Integration, *Journal of Political Economy* 94 (4), 691-719.

Grossmann, V. (2011), Wirkungen und Nebenwirkungen des EU/IWF -Rettungsschirms für verschuldete Euroländer, *Wirtschaftsdienst* 91 (3), 179-185.

Guajardo, J., D. Leigh und A. Pescatori (2011), Expansionary Austerity: New International Evidence, *IMF Working Paper WP/11/158.*

Haas, A. (2000), Arbeitsmarktausgleich - Regionale Mobilität gestiegen, Institut für Arbeitsmarkt- und Berufsforschung der Bundesanstalt für Arbeit, *IAB Kurzbericht Ausgabe Nr. 4/18.4.2000.*

Häde, U. (1996), *Finanzausgleich - Die Verteilung der Aufgaben, Ausgaben und Einnahmen im Recht der Bundesrepublik Deutschland und der Europäischen Union*, Mohr: Tübingen.

Häde, U. (2006), Rechtliche Grenzen für die Staatsverschuldung der Länder, *Wirtschaftsdienst* 86 (9), 563-567.

Haldane, A. und A. Taylor (2003), Moral Hazard: How Does IMF Lending Affect Debtor and Creditor Incentives?, *Bank of England Financial Stability Review* 14, 122-133.

Haldane, A. und J. Scheibe (2004), IMF Lending and Creditor Moral Hazard, *Bank of England Working Paper No. 216.*

Haller, H. (1958/59), Zur Problematik der Kreditfinanzierung öffentlicher Ausgaben, *Finanzarchiv* Band N.F. 19.1958/59, 72-91.

Hallerberg, M. und J. von Hagen (1997), *Electoral Institutions, Cabinet Negotiations, and Budget Deficits in the European Union*, National Bureau of Economic Research: Cambridge, Mass.

Halstead, J. M., S. Hedge und L. Schmid Klein (2004), Orange County Bankruptcy: Financial Contagion in the Municipal Bond and Bank Equity Markets, *The Financial Review* 39 (2), 293-315.

Hansen, S. B. (1983), *The Politics of Taxation,* Praeger: New York.

Harrinvirta, M. und M. Mattila (2001), The Hard Business of Balancing Budgets: a Study in Public Finances in Seventeen OECD Countries, *British Journal of Political Science* 31 (3), 497-521.

Harris, M. und A. Raviv (1979), Optimal Incentive Contracts with Imperfect Information, *Journal of Economic Theory* 20 (2), 231-259.

Hart, O. D. (1983), Optimal Labour Contracts Under Asymmetric Information: An Introduction, *Review of Economic Studies* 50 (1), 3-35.

Haushaltsplan Baden-Württemberg (2013/2014), *http://www.statistik-bw.de/SHP/2013-14/.*

Haushaltsplan Bayern (2013/2014), *http://www.stmf.bayern.de/haushalt/staatshaushalt_2013/haushaltsplan/.*

Haushaltsplan Brandenburg (2012), *http://www.mdf.brandenburg.de/cms/detail.php/bb1.c.257569.de.*

Haushaltsplan Hamburg (2013/2014), *http://www.hamburg.de/fb/doppelhaushalt-2013-2014/.*

Haushaltsplan Hessen (2012), *http://verwaltung.hessen.de/irj/HMdF_Internet?cid=5a30c8ef772b61c082c1072ffd7faf8d.*

Haushaltsplan Mecklenburg-Vorpommern (2012/2013), *http://www.regierung-mv.de/cms2/Regierungsportal_prod/Regierungsportal/de/fm/Themen/Haushaltsplaene/Der_Haushaltsplan_20122013/index.jsp.*

Haushaltsplan Nordrhein-Westfalen (2012), *http://fm.fin-nrw.de/info/fachinformationen/haushalt/havinfo/hh2012.ges/daten/html/hp.html.*

Haushaltsplan Rheinland-Pfalz (2012/2013), *http://www.fm.rlp.de/fileadmin/fm/downloads/finanzen/einzelplaene2012_2013/03.pdf.*

Haushaltsplan Saarland (2012), *http://www.saarland.de/86101.htm.*

Haushaltsplan Sachsen-Anhalt (2012/2013), *http://www.sachsen-anhalt.de/index.php?id=53621.*

Haushaltsplan Thüringen (2012), *http://www.thueringen.de/th5/tfm/haushalt/plaene/haushalt_2012/.*

Haushaltsrechnung Baden-Württemberg (2010), *http://www.statistik-bw.de/LHR/2010/pdf/haushaltsrechnung_2010.pdf.*

Haushaltsrechnung Bayern (2010), *http://www.stmf.bayern.de/haushalt/haushaltsrechnungen/2010/.*

Haushaltsrechnung Brandenburg (2010), *http://www.mdf.brandenburg.de/cms/detail.php/lbm1.c.353812.de#Haushaltsrechnung.*

Haushaltsrechnung Bremen (2010), *http://finanzen.bremen.de/sixcms/media.php/13/02%20HHR_LAND_2010.pdf.*

Haushaltsrechnung Hessen (2010), *http://starweb.hessen.de/cache/haushalt/haushaltsrechnung/haushaltsrechnung2010.pdf#page=839.*

Haushaltsrechnung Niedersachsen (2010), *http://www.mf.niedersachsen.de/portal/live.php?navigation_id=1046&article_id=1583&_psmand=5.*

Haushaltsrechnung Nordrhein-Westfalen (2010), *http://fm.fin-nrw.de/info/fachinformationen/haushalt/haushaltsrechnung/hh2010.ges/daten/html/hr.html.*

Haushaltsrechnung Saarland (2010), *http://www.saarland.de/dokumente/thema_haushalt_und_finanzen/Haushaltsrechnung_2010.pdf.*

Haushaltsrechnung Sachsen (2010), *http://www.finanzen.sachsen.de/6893.html.*

Haushaltsrechnung Sachsen-Anhalt (2010), *http://www.sachsen-anhalt.de/index.php?id=53171.*

Haushaltsrechnung Schleswig-Holstein (2010), *http://www.schleswig-holstein.de/FM/DE/Landeshaushalt/Haushaltsrechnung /Haushaltsrechnung_node.html.*

Hayford, M. (1989), Liquidity Constraints and the Ricardian Equivalence Theorem, *Journal of Money, Credit, and Banking* 21 (3), 380-387.

Hefeker, C. (2002), Ein Insolvenzrecht für souveräne Staaten?, *Wirtschaftsdienst* 82 (11), 684-688.

Heinemann, F. (2010), Eine Gabe an St. Nimmerlein? - Zur zeitlichen Dimension der Schuldenbremse, *Perspektiven der Wirtschaftspolitik* 11 (3), 246-259.

Helmedag, F. (2004), Ist das starre Festhalten an den Maastricht-Kriterien sinnvoll?, *Wirtschaftsdienst* 84 (9), 601-604.

Hemming, R., M. Kell und S. Mahfouz (2002), The Effectiveness of Fiscal Policy in Stimulating Economic Activity - A Review of the Literature, *IMF Working Paper WP/02/208.*

Heppke-Falk, K. und G. B. Wolff (2008), Moral Hazard and Bail-Out in Fiscal Federations: Evidence for the German Länder, *Kyklos* 61 (3), 425-446.

Herrmann, M., S. Shikano, P. W. Thurner und A. Becker (2006), Die Analyse von Wählerpräferenzen mit Rank Ordered Logit, in: Behnke, J. und T. Bräuninger (Hrsg.), *Jahrbuch für Handlungs- und Entscheidungstheorie, Band 4: Schwerpunkt Parteienwettbewerb und Wahlen*, VS, Verl. für Sozialwiss.: Wiesbaden, 113-134.

Hildebrandt, A. (2008), Finanzpolitik in den Ländern, in: Hildebrandt, A. und F. Wolf (Hrsg.), *Die Politik der Bundesländer - Staatstätigkeit im Vergleich*, VS, Verlag für Sozialwiss.: Wiesbaden, 173-192.

Hildebrandt, A. (2009), *Die Finanzpolitische Handlungsfähigkeit der Bundesländer: Determinanten, institutionelle Defizite und Reformoptionen*, VS, Verl. für Sozialwiss.: Wiesbaden.

Hirschman, A. O. (1970), *Exit, Voice and Loyalty: Responses in Decline in Firms, Organizations and States*, Harvard University Press: Cambridge.

Hishow, O. N. (2000), Das Londoner-Club-Abkommen und die russische Zahlungsbilanz, Bundesinstitut für ostwissenschaftliche und internationale Studien, Köln, *Aktuelle Analysen Nr.17/2000.*

Hishow, O. N. (2011), EU-Schuldenkrise: Krisenmanagement und die Kosten, *Wirtschaftsdienst* 91 (3), 169-172.

Holtemöller, O. und T. Knedlik (2011), Prävention und Management von Staatsinsolvenzen in der Europäischen Währungsunion, *Wirtschaftsdienst* 91 (3), 173-178.

Holzinger, K. (2009), Vom ungeliebten Störenfried zum akzeptierten Paradigma? Zum Stand der (Neuen) Politischen Ökonomie in Deutschland, *Politische Vierteljahreszeitschrift* 50 (3), 539-576.

Horn, N. (2009), Die Stellung der Anleihegläubiger nach neuem Schuldverschreibungsgesetz und allgemeinem Privatrecht im Licht aktueller Marktentwicklungen, *ZHR: Zeitschrift für das gesamte Handelsrecht und Wirtschaftsrecht* 173 (1), 12-66.

Horn, N. (2010), Rechtsfragen einer Schuldenordnung für EU- und Euro-Staaten - Externe Anleihen und Bankkredite, *Wirtschaftsdienst* 90 (12), 797-800.

Horváth, P. (2011), *Controlling*, Vahlen: München.

Höfling, W. (2004), Die sog. extreme Haushaltsnotlage - Anmerkungen zu einem ungeschriebenen Begriff des Finanzverfassungsrechts, in: Brink, S. (Hrsg.), *Gemeinwohl und Verantwortung, Festschrift für Hans Herbert von Arnim*, Duncker & Humblot: Berlin, 259-270.

Huber, B. (2004), Haushaltsnotlage in Berlin?, *Finanzwissenschaftliches Gutachten für das Bundesministerium der Finanzen*, München, März 2004.

Hughes, O. E. (2003), *Public Management and Administration: An Introduction*, Palgrave Macmillan: New York.

Independent Evaluation Office (2004), *Evaluation Report: The IMF and Argentina, 1991 - 2001*, Internationaler Währungsfonds, Washington, D.C.

Inman, R. (1995), How To Have a Fiscal Crisis: Lessons from Philadelphia, *American Economic Review* 85 (2), 378-383.

Institute of International Finance (2002), *Economic Report Argentina: confidential report*, 16.02.2002, Washington D.C.

Internationaler Währungsfonds (1995), IMF Approves Extension, for Fourth Year, of EFF Credit to Argentina, *IMF Press Release No. 95/18*, April the 6th 1995, Washington, D.C.

Internationaler Währungsfonds (1996), IMF Approves Stand-By Credit for Argentina, *IMF Press Release No. 96/15*, April the 12th 1996, Washington, D.C.

Internationaler Währungsfonds (1998), IMF Approves Three-Year Extended Fund Facility for Argentina, *IMF Press Release No. 98/1*, February the 4th 1998, Washington, D.C.

Internationaler Währungsfonds (2000), IMF Approves US$ 7.2 Billion Three-Year Stand-By Credit for Argentina, *IMF Press Release No. 00/17*, March the 10th 2000, Washington, D.C.

Internationaler Währungsfonds (2001a), IMF Approves Augmentation of Argentina's Stand-By Credit to US$14 Billion and Completes Second Review, *IMF Press Release No. 01/3*, January the 12th 2001, Washington, D.C.

Internationaler Währungsfonds (2001b), IMF Augments Argentina Stand-By Credit to $21.57 Billion, and Completes Fourth Review, *IMF Press Release No. 01/37*, September the 7th 2001, Washington, D.C.

Internationaler Währungsfonds (2001c), *Involving the Private Sector in the Resolution of Financial Crises - Restructuring International Sovereign Bonds,* Prepared by the Policy Development and Review and Legal Departments, International Monetary Fund: Washington, D.C.

Internationaler Währungsfonds (2002a), *Government Finance Statistics Yearbook, 2001*, International Monetary Fund. Statistics Dept., December the 21st 2001, Washington, D.C.

Internationaler Währungsfonds (2002b), IMF Extends Argentina's SRF Repayment by One Year, *IMF Press Release No. 02/2*, January the 16th 2002, Washington, D.C.

Internationaler Währungsfonds (2002c), IMF Extends Argentina's SRF Repayment for One Year, *IMF Press Release No. 02/33*, July the 15th 2002, Washington, D.C.

Internationaler Währungsfonds (2002d), IMF Extends Argentina's SRF Repayment for One Year, *IMF Press Release No. 02/39*, September the 5th 2002, Washington, D.C.

Internationaler Währungsfonds (2002e), IMF Extends Argentina's SRF Repayment for One Year, *IMF Press Release No. 02/51*, November the 20h, Washington, D.C.

Internationaler Währungsfonds (2002f), *The Design of the Sovereign Debt Restructuring Mechanism- Further Considerations,* Prepared by the Legal and Policy Development and Review Departments in Consultation with the International Capital Markets and Research Departments Approved by Francois Gianviti and Timothy Geitner, International Monetary Fund: Washington, D.C.

Internationaler Währungsfonds (2003a), IMF Approves Transitional Stand-By Credit Support for Argentina, *IMF Press Release No. 03/09*, January the 24th 2003, Washington, D.C.

Internationaler Währungsfonds (2003b), IMF Approves US$12.55 Billion Three-Year Stand-By Credit for Argentina, *IMF Press Release No. 03/160*, September the 20th 2003, Washington, D.C.

Internationaler Währungsfonds (2003c), *Proposed Features of A Sovereign Debt Restructuring Mechanism*, Prepared by the Legal and Policy Development and Review Departments in Consultation with the International Capital Markets and Research Departments Approved by Francois Gianviti and Timothy Geitner, International Monetary Fund: Washington, D.C.

Internationaler Währungsfonds (2004), IMF Executive Board Extends Argentina's Repayment Expectations, *IMF Press Release No. 04/196*, September the 17th 2004, Washington, D.C.

Internationaler Währungsfonds (2005), IMF Executive Board Extends Argentina's Repayment Expectations, *IMF Press Release No. 05/116*, May the 18th 2005, Washington, D.C.

Internationaler Währungsfonds (2006), IMF Executive Board Completes Mid-Year Review of Fund's FY 2006 Income Position, *IMF Press Release No. 06/15*, January the 24th 2006, Washington, D.C.

Internationaler Währungsfonds (2010), Greece: Staff Report on Request for Stand-By Arrangement, *IMF Country Report No. 10/2010*, Washington, D.C.

Internationaler Währungsfonds (2011a), World Economic Outlook April 2011 - Tensions from the Two-Speed Recovery: Unemployment, Commodities, and Capital Flows, *World Economic and Financial Surveys*, International Monetary Fund: Washington, D.C.

Internationaler Währungsfonds (2011b), *World Economic Outlook Update - Mild Slowdown of the Global Expansion, and Increasing Risks*, June the 17th 2011, Washington, D.C.

Jaffee, D. M. (1971), *Credit Rationing and the Commercial Loan Market*, John Wiley & Sons Inc.: New York.

Jahoda, R. (2006), Debt Management of Czech Local Governments: Problems and Solutions, *Paper prepared for the 14th Annual Conference of the Network of Institutions and Schools of Public Administration in Central and Eastern Europe (NISPAcee, Ljubljana, May 11-13).*

Jensen, M. C. und W. H. Meckling (1976), Theory of the firm: Managerial behavior, agency costs and ownership structure, *Journal of Financial Economics* 3 (4), 305-360.

Jochimsen, B. (2004), Ökonomische Analyse der exzessiven Verschuldung von Länderhaushalten am Beispiel der Verfassungswidrigkeit des Berliner Haushalts, *Die Öffentliche Verwaltung* 57 (12), 511-517.

Jochimsen, B. (2007a), „Staatsschulden ohne Haftung" - Eine Option für deutsche Bundesländer?, *Wirtschaftsdienst* 87 (8), 518-524.

Jochimsen, B. (2007b), Haftungsbegrenzungen im internationalen Vergleich - Was kann Deutschland lernen?, in: Konrad, K. A. und B. Jochimsen (Hrsg.), *Der Föderalstaat nach dem Berlin-Urteil*, Peter Lang: Frankfurt am Main, 135-154.

Jochimsen, B. (2007c), Determinants of service quality in bureaucracy: Parkinson's theory at work, *Diskussionsbeiträge des Fachbereichs Wirtschaftswissenschaft der Freien Universität Berlin - Volkswirtschaftliche Reihe*, 2007/11.

Jochimsen, B. (2008), Nachhaltige Finanzpolitik auf Länderebene - Konzepte, Indikatoren und Umsetzung, *Wirtschaftsdienst* 88 (2), 108-114.

Jochimsen, B. und K. A. Konrad (2006), Anreize statt Haushaltsnotlagen, in: Jochimsen, B. und K. A. Konrad (Hrsg.), *Finanzkrise im Bundesstaat*, Peter Lang: Frankfurt am Main, 11-28.

Jochimsen, B. und R. Nuscheler (2005), The Political Economy of German Länder Deficits, *Diskussionsbeiträge des Fachbereichs Wirtschaftswissenschaft der Freien Universität Berlin* Nr. 2005/6.

Jost, C. (2003), Argentinien: Umfang und Ursachen der Staatsverschuldung und Probleme der Umschuldung, *Auslandsinformationen 11/2003*, Konrad Adenauer Stiftung: Sankt Augustin, 29-63.

Jost, P.-J. (2001), Die Prinzipal-Agenten-Theorie im Unternehmenskontext, in: Jost, P.-J. (Hrsg.), *Die Prinzipal-Agenten-Theorie in der Betriebswirtschaftslehre*, Schäffer-Poeschel: Stuttgart, 11-43.

Kaiser, J. und F. Schroeder (2002), New Steps to Faster an Broader Debt Relief for Developing Countries, *Dialogue on Globalization, Occasional Papers 1*, Friedrich-Ebert-Stiftung: New York.

Kaluza, B., H. Dullnig und F. Malle (2003), Principal-Agent-Probleme in der Supply-Chain - Problemanalyse und Diskussion von Lösungsvorschlägen, *Diskussionsbeiträge des Instituts für Wirtschaftswissenschaften der Universität Klagenfurt* Nr. 2003/03.

Kämmerer, J. A. (2005), Der Staatsbankrott aus völkerrechtlicher Sicht, *Zeitschrift für ausländisches öffentliches Recht und Völkerrecht* 65 (3), 651-676.

Kemmerling, A. und A. Stephan (2002), The Contribution of Local Public Infrastructure to Private Productivity and Its Political Economy: Evidence from a Panel of Large German Cities, *Public Choice* 113 (3-4), 403-424.

King, A. (Hrsg.) (2002), *Leaders' Personalities and the Outcomes of Democratic Elections*, Oxford University Press: Oxford.

King, L. P. (1977), Municipal Insolvency: The New Chapter IX of the Bankruptcy Act, *Duke Law Journal* 1976 (6), *Symposium on Municipal Finance (Jan. 1977)*, 1157-1175.

Kirchgässner, G. (2002), Föderalismus und Staatsquote, in: Rentsch, H. und U. Wagschal (Hrsg.), *Der Preis des Föderalismus,* Orell Füssli: Zürich, 71-91.

Kirchgässner, G. (2008), *Homo oeconomicus: Das ökonomische Modell individuellen Verhaltens und seine Anwendung in den Wirtschafts- und Sozialwissenschaften*, Mohr Siebeck: Tübingen.

Kirchgässner, G., L. P. Feld und M. R. Savioz (1999), *Die direkte Demokratie. Modern, erfolgreich, entwicklungs- und exportfähig,* Helbing & Lichtenhahn Verlag AG: Basel.

Kirchner, C. (2011), Umschuldung in Euro-Peripheriestaaten: Restrukturierung von Staatsschulden ohne ein „Insolvenzrecht für Staaten": Ein gangbarer Weg aus der Krise von Euro-Peripheriestaaten?, *ifo-Schnelldienst 11/2011,* 3-5.

Kitterer, W. (2007), Nachhaltige Finanz- und Investitionspolitik der Bundesländer, *Perspektiven der Wirtschaftspolitik* 8 (S1), 53-83.

Kitterer, W. und J. Finken (2006), Zur Nachhaltigkeit der Länderhaushalte - eine empirische Analyse, *Finanzwissenschaftliche Diskussionsbeiträge des Finanzwissenschaftlichen Forschungsinstituts an der Universität zu Köln,* Nr. 06-7, Dezember.

Kitterer, W. und M. Groneck (2006), Dauerhafte Verschuldungsregeln für die Bundesländer, *Wirtschaftsdienst* 86 (9), 559-563.

Klein, M. und D. Ohr (2000), Gerhard oder Helmut? „Unpolitische" Kandidateneigenschaften und ihr Einfluss auf die Wahlentscheidung bei der Bundestagswahl 1998, *Politische Vierteljahreszeitschrift* 41 (2), 199-224.

Klein, M. und U. Rosar (2005), Physische Attraktivität und Wahlerfolg. Eine empirische Analyse am Beispiel der Wahlkreiskandidaten bei der Bundestagswahl 2002, *Politische Vierteljahrerszeitschrift* 46 (2), 263-287.

Kleine, A. (2001), Data Envelopment Analysis aus entscheidungstheoretischer Sicht, *OR Spectrum* 23 (2), 223-242.

Klüber, A. P. (1988), Erkenntnisse aus internationalen Schuldenkrisen der Vergangenheit, *Zeitschrift für das gesamte Kreditwesen* 41 (10), 418-420.

Kommission von Bundestag und Bundesrat zur Modernisierung der Bund-Länder-Finanzbeziehungen (2008), Bericht der AG Haushaltsanalyse Bremen - Saarland - Schleswig-Holstein, *Kommissionsdrucksache 102 neu.*

Konrad, K. A. (1994), The Strategic Advantage of Being Poor: Private and Public Provision of Public Goods, *Economica* 61 (241), 79-92.

Konrad, K. A. (2007a), Vorschläge zur wirksamen Verschuldungsbegrenzung der Länder, *Wirtschaftsdienst* 87 (9), 581-585.

Konrad, K. A. (2007b), Ein Ausweg aus der bundesstaatlichen Haftungsverflechtung, in: Konrad, K. A. und B. Jochimsen (Hrsg.), *Der Föderalstaat nach dem Berlin-Urteil*, Peter Lang: Frankfurt am Main, 151-166.

Konrad, K. A. (2010), Eine Frage der Glaubwürdigkeit, *Wirtschaftsdienst* 90 (12), 783-786.

Koopman, G. J. und I. P. Székely (2009), The financial crisis and potential growth - Policy challenges for Europe, *ECFIN Economic Brief*, Issue 3, June.

Korioth, S. (2007), Haushaltsnotlagen der Länder: Eigenverantwortung statt Finanzausgleich, *Wirtschaftsdienst* 87 (3), 182-188.

Korioth, S. (2010), Die neuen Schuldenbegrenzungsregeln für Bund und Länder - symbolische Verfassungsänderung oder gelungene Schuldenbremse?, *Perspektiven der Wirtschaftspolitik* 11 (3), 270-287.

Koslowski, P. (1994), *Die Ordnung der Wirtschaft: Studien zur praktischen Philosophie und politischen Ökonomie*, Mohr: Tübingen.

Kramer, G. H. (1971), Short-Term Fluctuations in U.S. Voting Behavior, 1896-1964, *The American Political Science Review* 65 (1), 131-143.

Kramer, G. H. (1977), A Dynamical Model of Political Equilibrium, *Journal of Economic Theory* 16 (2), 310-334.

Kratzmann, H. (1982), Der Staatsbankrott - Begriff, Erscheinungsformen, Regelungen, *Juristenzeitung* 37 (9), 319- 325.

Kroneberg, C. (2006), Die Erklärung der Wahlteilnahme und die Grenzen des Rational-Choice-Ansatzes. Eine Anwendung des Modells der Frame-Selektion, in: Behnke, J. und T. Bräuninger, *Jahrbuch für Handlungs- und Entscheidungstheorie, Band 4: Schwerpunkt Parteienwettbewerb und Wahlen*, VS, Verl. für Sozialwiss.: Wiesbaden, 79-111.

Krueger, A. O. (2002a), *Crisis Prevention and Resolution: Lessons from Argentina*, International Monetary Fund/National Bureau of Economic Research (NBER), 17. Juli 2002, Cambridge.

Krueger, A. O. (2002b), *A New Approach To Sovereign Debt Restructuring*, International Monetary Fund: Washington, D.C.

Krueger, A. O. und I. Turan (1993), The Politics and Economics of Turkish Policy Reform in the 1980's, in: Bates, R. H. und A. O. Krueger, *Political and Economic Interactions in Economic Policy Reform: Evidence from Eight Countries*, Blackwell: Oxford, 333-386.

Kuntz, L. und S. Scholtes (1999), Wirtschaftlichkeitsanalyse mittels Data Envelopment Analysis zum Krankenhausbetriebsvergleich, *Zeitschrift für Betriebswirtschaft* EH 5/99, 187-206.

Kühnel, S., O. Niedermayer und B. Westle (Hrsg.) (2009), *Wähler in Deutschland: Sozialer und politischer Wandel, Gender und Wahlverhalten*, VS Verlag für Sozialwissenschaften: Wiesbaden.

Laffer, A. B. (2004), The Laffer Curve: Past, Present, and Future, The Heritage Foundation, *Executive Summary Backgrounder* No. 1765, June the 1st, 2004.

Laffont, J. J. und D. Martimort (2002), *The theory of incentives: the principal-agent model*, Princeton University Press: Oxford.

Landeskriminalamt Baden-Württemberg (2011), *Polizeiliche Kriminalstatistik 2011 - Jahrbuch*, Stuttgart.

Landeskriminalamt Bayern (2011), *Polizeiliche Kriminalstatistik für den Freistaat Bayern*, München.

Landeskriminalamt Hamburg (2012), *Polizeiliche Kriminalstatistik 2011*, Hamburg.

Landeskriminalamt Hessen (2011), *Jahrbuch der Polizeilichen Kriminalstatistik des Landes Hessen 2011*, Wiesbaden.

Landeskriminalamt Mecklenburg-Vorpommern (2011), *Polizeiliche Kriminalstatistik für das Land Mecklenburg-Vorpommern 2011*, Rampe.

Landeskriminalamt Niedersachsen (2012), *Jahrbuch der Polizeilichen Kriminalstatistik Niedersachsen 2011*, Hannover.

Landeskriminalamt Nordrhein-Westfalen (2011), *Polizeiliche Kriminalstatistik - Kriminalitätsentwicklung in Nordrhein-Westfalen 2011*, Düsseldorf.

Landeskriminalamt Rheinland-Pfalz (2012), *Polizeiliche Kriminalstatistik - Tischvorlage zur Pressekonferenz am 15. März 2012*, Mainz.

Landeskriminalamt Sachsen (2011), *Polizeiliche Kriminalstatistik - Jahresüberblick 2011*, Dresden.

Landeskriminalamt Sachsen-Anhalt (2011), *Polizeiliche Kriminalstatistik - Land Sachsen-Anhalt - Jahresabschluss 2011*, Magdeburg.

Landeskriminalamt Schleswig-Holstein (2011), *Polizeiliche Kriminalstatistik 2011*, Kiel.

Landespolizeipräsidium Saarland (2011), *Stand und Entwicklung der Kriminalität im Saarland 2011*, Saarbrücken.

Landon, S. und C. E. Smith (2000), Government Debt Spillovers and Creditworthiness in a Federation, *Canadian Journal of Economics* 33 (3), 634-661.

Lang, W. und R. Hickel (2002), Sanierungshilfen des Bundes durch Teilentschuldung 1994 bis 2004 - Überwindung der „extremen Haushaltsnotlage" und Stärkung der Wirtschaftskraft - Eine Zwischenbilanz - Stadtstaat Bremen und das Saarland im Vergleich, *IAW Arbeitspapier 2*, Dezember 2002.

Lapp, S. (1996), Wie mobil ist Kapital? Empirische Evidenz für Deutschland, Institut für Weltwirtschaft an der Universität Kiel, *Kieler Arbeitspapier Nr. 784.*

Länderarbeitskreis Energiebilanzen (2013), *www.lak-energiebilanzen.de*, 26.05.2013.

Lemmen, J. (1999), Managing Government Default Risk in Federal States, *Financial Markets Group, London School of Economics, FMG Special Paper No. 116.*

Lerche, P. (1973), Finanzausgleich und Einheitlichkeit der Lebensverhältnisse, in: Blumenwitz, D. und A. Randelzhofer (Hrsg.): *Festschrift für Friedrich Berber zum 75. Geburtstag*, Beck: München, 299-319.

Lewin, A. Y., R. C. Morey und T. J. Cook (1982), Evaluating the administrative efficiency of courts, *Omega* 10 (4), 401-411.

Lewis, C. M. (1994), Municipal Bankruptcy and the States: Authorization to File under Chapter 9, *Urban Affair Review* 30 (1), 3-25.

Lewis-Beck, M. und M. Stegmaier (2000), Economic Determinants of Electoral Outcomes, *Annual Review of Political Science* 3, 183-219.

Liehr, R. (1995), *The Public Debt in Latin America in Historical Perspective*, Vervuert: Frankfurt.

Lingelbach, G. (2000), *Staatsfinanzen - Staatsverschuldung - Staatsbankrotte in der europäischen Staaten- und Rechtsgeschichte*, Böhlau: Köln.

Louisiana Supreme Court (1884), *36 La Ann 340 - Droz v Parish of East Baton Rouge.*

Lozano, S. und G. Villa (2004), Centralized resource allocation using data envelopment analysis, *Journal of Productivity Analysis* 22 (1-2), 143-161.

Magin, C. (2010), Die Wirkungslosigkeit der neuen Schuldenbremse, *Wirtschaftsdienst* 90 (4), 262- 268.

Maloney, K. J. und M. L. Smirlock (1981), Business Cycles and the Political Process, *Southern Economic Journal* 48 (2), 377-392.

Manes, A. (1922), *Staatsbankrotte: wirtschaftliche und rechtliche Betrachtungen*, Siegismund: Berlin.

Marschak, J. (1954), Towards an Economic Theory of Organization and Information, in: Thrall, R. M., C. H. Coombs und R. L. Davis (Hrsg.), *Decision Processes,* John Wiley and Sons Inc.: New York, 187-220.

Massachusetts Supreme Judicial Court (1837), *36 Mass 564, 568 - Chase v Merrimack Bank.*

McConnell, M. W. und R. C. Picker (1993), When Cities Go Broke: A Conceptual Introduction to Municipal Bankruptcy, *The University of Chicago Law Review* 60 (2), 425-495.

McKelvey, R. (1975), Policy Related Voting and Electoral Equilibrium, *Econometrica* 43 (5/6), 815-843.

McKinney (1975), *McKinney's Session Laws of New York 1975,* West Publishing (u.a.): St. Paul, Minnesota (u.a.).

Meessen, K. M. (1990), Die insolvenzrechtliche Option in der Internationalen Schuldenkrise, *Zeitschrift für vergleichende Rechtswissenschaft* 89, 255-277.

Mensch, G. (1999), Grundlagen der Agency-Theorie, *WISU - Das Wirtschaftsstudium,* 28 (5), 686-688.

Mirrlees, J. A. (1971), An Exploration in the Theory of Optimum Income Taxation, *The Review of Economic Studies* 38 (2), 175-208.

Mitchell, P. (2000), Voters and their Representatives: Electoral Institutions and Delegation in Parliamentary Democracies, *European Journal of Political Research* 37 (3), 335-351.

Moyo, D. (1999), *The Determinants of Public Savings in Developing Countries,* Working Paper, Department of Economics, Oxford University.

Moe, T. M. (1984), The New Economics of Organization, *American Journal of Political Science* 28 (4), 739-777.

Morrison, F. L. (2002), The Insolvency of Public Entities in the United States, *The American Journal of Comparative Law, Vol. 50, Supplement: American Law in a Time of Global Interdependence: U. S. National Reports to the 16th International Congress of Comparative Law (Autumn, 2002),* 567-579.

Mussa, M. (2002), *Argentina and the Fund: From Triumph to Tragedy,* Institute for International Economics: Washington D.C.

Mückl, S. (2007), Auch in Verantwortung für die künftigen Generationen, in: Depenheuer, O., M. Heintzen, M. Jestaedt und P. Axer (Hrsg.), *Staat im Wort. Festschrift für Josef Isensee,* C. F. Müller: Heidelberg, 183-504.

Myles, G. D. (2002), *Public Economics,* Cambridge University Press: Cambridge (u. a.).

Nash, J. F. (1951), Non-Cooperative Games, *The Annals of Mathematics* 54 (2), 286-295.

Nöldeke, G. und K. M. Schmidt (1995), Option contracts and renegotiation: a solution to the hold-up problem, *RAND Journal of Economics* 26 (2), 163-179.

Oates, W. E. (1988), On the nature and measurement of fiscal illusion: A survey, in: Brennan, G., B. S. Grewal und P. Gronewegen (Hrsg.), *Taxation and Fiscal Federalism: Essays in honour of Russel Mathews*, Australian National University Press: Sidney, 65-82.

OECD (2000), *OECD Economic Surveys 1999-2000 - Russian Federation*, Organisation for Economic Co-Operation and Development: Paris.

Paulus, C. G. (2002), Ein Insolvenzverfahrensrecht für Staaten, *Humboldt Forum Recht Beitrag 1 2002.*

Paulus, C. G. (2003), Überlegungen zur Insolvenzfähigkeit von Gemeinden, *Zeitschrift für das gesamte Insolvenzrecht* 6 (19), 869-872.

Paulus, C. G. (2004), Grundlagen des neuen Insolvenzrechts - Liquidations- und Planverfahren, *Deutsches Steuerrecht* 42 (37), 1568-1575.

Paulus, C. G. (2010), Resolvenzrecht als Mittel zur Haushaltsdisziplin, *Wirtschaftsdienst* 90 (12), 793-797.

Peffekoven, R. (2006), Wie ist die hohe Verschuldung der Bundesländer zu erklären?, *Wirtschaftsdienst* 86 (9), 555-558.

Penner, R. G. und M. Weisner (2001), Do State Budget Rules affect Welfare Spending?, *Occasional Paper No. 43*, The Urban Institute, Washington D.C.

Persson, T. und G. Tabellini (1997), Political Economics and Macroeconomic Policy, *NBER Working Paper 6329*, Dezember 1997.

Phelps, E. (1961), The golden rule of accumulation: A fable for growthmen, *American Economic Review* 51 (4), 638-643.

Phillips, A. W. H. (1958), The Relation Between Unemployment and the Rate of Change of Money Wage Rates in the United Kingdom, 1861-1957, *Economica* 25 (100), 283-299.

Picot, A. (1991), Ökonomische Theorien der Organisation - Ein Überblick über neuere Ansätze und deren betriebswirtschaftliches Anwendungspotential, in: Ordelheide, D., E. Büsselmann und B. R. Büsselmann (Hrsg.), *Betriebswirtschaftslehre und ökonomische Theorie*, C. E. Poeschel Verlag: Stuttgart, 143-170.

Picot, A. und R. Neuburger (1995), Agency Theorie und Führung, in: Kieser, A., G. Reber und R. Wunderer (Hrsg.), *Handwörterbuch der Führung*, Schaeffer Poeschel: Stuttgart, 14-21.

Picot, A., R. Reichwald und R. T. Wigand (2001), *Die grenzenlose Unternehmung: Information, Organisation und Management; Lehrbuch zur Unternehmensführung im Informationszeitalter*, Gabler: Wiesbaden.

Pigou, A. C. (1932), *The Economics of Welfare*, Macmillan: London.

Poddig, T. und A. Varmaz (2004), Effizienzprobleme bei Banken. Fusionen und Betriebswachstum als tragfähige Mittel?, *Zeitschrift für Bankrecht und Bankwirtschaft* 16 (3), 236-247.

Poddig, T. und A. Varmaz (2005a), Data Envelopment Analysis und Benchmarking, *Controlling* 17 (10), 565-571.

Poddig, T. und A. Varmaz (2005b), Benchmarking im Zeitablauf: Das DEA-Malmquist-Modell, *WiSt - Wirtschaftswissenschaftliches Studium* 34 (5), 263-268.

Pohl, K. (1995), Die Privatisierung der öffentlichen Unternehmen DBP Postdienst, Postbank und Telekom im Zuge der Postreform II, *Zeitschrift für öffentliche und gemeinwirtschaftliche Unternehmen* 18 (2), 239-246.

Polizeipräsidium Land Brandenburg (2012), *Polizeiliche Kriminalstatistik Brandenburg 2011*, Eberswalde.

Popper, K. R. (1995), Das Rationalitätsprinzip, in: Miller, D. (Hrsg.), *Karl Popper Lesebuch,* Mohr: Tübingen, 350-359.

Poterba, J. M. und K. Rueben (1999), State Fiscal Institutions and the U.S. Municipal Bond Market, in: Poterba, J. M. und J. von Hagen (Hrsg.), *Fiscal Institutions and Fiscal Performance*, University of Chicago Press: Chicago, 181-208.

Poundstone, W. (1992), *Prisoner's Dilemma: John Von Neumann, Game Theory and the Puzzle of the Bomb*, Anchor Books (u.a.): New York (u.a.).

Produktgruppenhaushalt Bremen (2012/2013), *http://www.finanzen.bremen.de/sixcms/media.php/13/02_2012_2013_Produktgruppenhaushalt.pdf.*

Raffelhüschen, B. (2002), Ein Plädoyer für ein flexibles Instrument zur Analyse nachhaltiger Finanzpolitik, *Wirtschaftsdienst* 82 (2), 73-76.

Raffelhüschen, B., S. Moog und C. Müller (2010), Ehrbare Staaten? Die deutsche Generationenbilanz im internationalen Vergleich: Wie gut ist Deutschland auf die demografische Herausforderung vorbereitet?, *Argumente zur Marktwirtschaft und Politik,* Nr. 110, Stiftung Marktwirtschaft: Berlin.

Raffer, K. (1990), Applying Chapter 9 Insolvency to International Debts: An Economically Efficient Solution with a Human Face, *World Development* 18 (2), 301-311.

Raffer, K. (2001), Solving Sovereign Debt Overhang by Internationalising Chapter 9 Procedures, Östereichisches Insitut für internationale Politik Arbeitspapier 35.

Raffer, K. (2005a), The Present State of the Discussion on Restructuring Sovereign Debts: Which Specific Sovereign Insolvency Procedure?, in: UNCTAD (Hrsg.): *Proceedings of the Fourth Inter-regional Debt Management Conference and WADMO Conference*, 10-12 November 2003, UN: Genf, New York, 69-74.

Raffer, K. (2005b), Internationalizing US Municipal Insolvency: A Fair, Equitable, and Efficient Way to Overcome a Debt Overhang, *Chicago Journal of International Law* 6 (1), 361-379.

Rechnungshof der Freien Hansestadt Bremen (2003), *Jahresbericht 2003 - Freie Hansestadt Bremen (Land)*, Bremen, den 12. Februar 2003.

Rechnungshof der Freien Hansestadt Bremen (2010), *Jahresbericht 2010 - Freie Hansestadt Bremen (Land)*, Bremen, den 5. März 2010.

Rechnungshof der Freien Hansestadt Bremen (2011), *Jahresbericht 2011 - Freie Hansestadt Bremen (Land)*, Bremen, den 12. Mai 2011.

Rechnungshof des Saarlandes (2010), *Jahresbericht 2010 - Saarland*, Saarbrücken, den 19. Mai 2011.

Reinhart, C. M. und K. S. Rogoff (2009), *This time is different: eight centuries of financial folly*, Princeton University Press: Princeton.

Reischauer, R. D. (1990), Taxes and Spending under Gramm-Rudman-Hollings, *National Tax Journal* 44 (3), 223-232.

Renzsch, W. (2006), Finanzverfassung und Ausgabenrestriktionen von Ländern unter besonderer Berücksichtigung der Haushaltsnotlage der Freien Hansestadt Bremen, *Gutachten im Auftrag des Senators für Finanzen der Freien Hansestadt Bremen*, Magdeburg, März 2006.

Rodden, J. (2006), Achieving Fiscal Discipline in Federations: Germany and the EMU, in: Wierts, P., S. Deroose, E. Flores und A. Turrini (eds.), *Fiscal Policy Surveillance in Europe*, Palgrave McMillan.

Roiger, M. B. (2007), *Gestaltung von Anreizsystemen und Unternehmensethik: Eine norm- und wertbezogene Analyse der normativen Principal-Agent-Theorie*, Deutscher Universitäts-Verlag: Wiesbaden.

Rose, A. K. (2002), One Reason Countries Pay their Debts: Renegotiation and International Trade, *NBER Working Paper 8853*, März 2002.

Rosenbaum, J. (2004), Der Einsatz von Rating-Agenturen zur Kapitalmarktregulierung in den USA: Ursachen und Konsequenzen, *REGEM ANALYSIS No. 8*, February 2004, Trier University.

Ross, S. A. (1973), The Economic Theory of of Agency: The Principal's Problem, *The American Economic Review* 63 (2), 134-139.

Rossi, P. H. (1959), Four Landmarks in Voting Research, in: Burdick, E. und A. J. Brodbeck (Hrsg.), *American Voting Behavior,* Free Press: New York, 5-54.

Sachverständigenrat zur Begutachtung der gesamtwirtschaftlichen Entwicklung (2002), *Zwanzig Punkte für Beschäftigung und Wachstum - Jahresgutachten 2002/03,* Metzler-Poeschel: Stuttgart.

Sachverständigenrat zur Begutachtung der gesamtwirtschaftlichen Entwicklung (2003), *Staatsfinanzen konsolidieren - Steuersystem reformieren - Jahresgutachten 2003/04,* Metzler-Poeschel: Stuttgart.

Sachverständigenrat zur Begutachtung der gesamtwirtschaftlichen Entwicklung (2005), *Die Chance nutzen - Reformen mutig voranbringen - Jahresgutachten 2005/06,* Statistisches Bundesamt: Wiesbaden.

Sachverständigenrat zur Begutachtung der gesamtwirtschaftlichen Entwicklung (2006), *Widerstreitende Interessen - Ungenutzte Chancen - Jahresgutachten 2006/07,* Statistisches Bundesamt: Wiesbaden.

Sachverständigenrat zur Begutachtung der gesamtwirtschaftlichen Entwicklung (2007), *Staatsverschuldung wirksam begrenzen: Expertise im Auftrag des Bundesministers für Wirtschaft und Technologie,* Statistisches Bundesamt: Wiesbaden.

Schäfer, H.-B. (2010), Was wird aus Griechenland? Überlegungen zu einem Insolvenzrecht für internationale Staatsschulden, *ifo Schnelldienst 6/2010*, 18-25.

Schedler, K. (2007), Public Management und Public Governance, in: Benz, A., S. Lütz, U. Schimank und G. Simonis (Hrsg.), *Handbuch Governance. Theoretische Grundlagen und empirische Anwendungsfelder,* VS Verlag für Sozialwissenschaften: Wiesbaden, 253-268.

Scheel, H. (2000), *Effizienzmaße der Data Envelopment Analysis*, Deutscher Universitäts-Verlag (u.a.): Wiesbaden.

Schneider, C. J. (2007), Politischer Opportunismus und Haushaltsdefizite in den westdeutschen Bundesländern, *Politische Vierteljahreszeitschrift* 48 (2), 221-242.

Schoen, H. (2009), Wahlsoziologie, in: Kaina, V. und A. Römmele (Hrsg.), *Politische Soziologie: Ein Studienbuch*, VS, Verl. Verl. für Sozialwiss.: Wiesbaden, 181-208.

Schuknecht, L., J. von Hagen und G. Wolswijk (2009), Government Risk Premiums in the Bond Market: EMU and Canada, *European Journal of Political Economy* 25 (3), 371-384.

Schulz, A. und G. B. Wolff (2009), The German sub-national government bond market: structure, determinants of yield spreads and Berlin's forgone bail-out, *The Journal of Economics and Statistics* 229 (1), 61 -83.

Schulze-Steikow, R., C. Meißmer und W. Müller (2010), Öffentliche Finanzen im Jahr 2009, in: Statistisches Bundesamt (Hrsg.), *Wirtschaft und Statistik 4/2010*, 405-415.

Schuppert, G. F. und M. Rossi (2006), Bausteine eines bundesstaatlichen Haushaltsnotlagenregimes. Zugleich ein Beitrag zur Governance der Finanzbeziehungen im Bundesstaat, *Hertie School of Governance - working papers, No. 3, March 2006.*

Schwarcz, S. L. (2000), Sovereign Debt Restructuring: A Bankruptcy Reorganization Approach, *Cornell Law Review* 85, 956-1033.

Schwarcz, S. L. (2004), "Idiot's Guide" to Sovereign Debt Restructuring, *Emory Law Journal* 53, 1189-1218.

Schwarze, N. H. (2003), Ein Modell für Finanzkrisen bei Moral Hazard und Überinvestition, *BERG Working Paper Series, Working Paper No. 44.*

Schweizer Bundesgericht (2003), *Urteil 2C.4/2000/mks,* Urteil vom 3. Juli 2003.

Schweizer, U. (1999), *Vertragstheorie,* Mohr Siebeck: Tübingen.

Seitz, H. (2006), Bailout für Berlin?, in: Konrad, K. A. und B. Jochimsen (Hrsg.), *Finanzkrise im Bundesstaat,* Peter Lang: Frankfurt am Main, 133-160.

Seitz, H. (2007), Konzeption eines Haushaltsnotlagenpräventionssystems, in: Konrad, K. A. und B. Jochimsen (Hrsg.), *Der Föderalstaat nach dem Berlin-Urteil,* Peter Lang : Frankfurt am Main, 71-88.

Sen, A. K. (1977), Rational Fools: A Critique of the Behavioural Foundations of Economic Theory, *Philosophy & Economic Affairs,* 6 (4), 317-344.

Sen, A. K. (1986), Behaviour and the Concept of Preference, in: Elster, J. (Hrsg.), *Rational Choice,* Blackwell: Oxford, 60-81.

Senatorin für Finanzen Bremen (2011), *Verwaltungsvereinbarung zum Gesetz zur Gewährung von Konsolidierungshilfen als Ergebnis der Föderalismusreform II,* Senatorin für Finanzen - Referat 01 - Stand Mai 2011.

Shalala, D. E. und C. Bellamy (1976), A State Saves a City: The New York Case, *Duke Law Journal* 1976 (6), 1119-1132.

Sinn, H.-W. und K. Carstensen (2010), Ein Krisenmechanismus für die Eurozone, *ifo-Schnelldienst sb/2010.*

Smeets, H.-D. (2010), Ist Griechenland noch zu retten?, *Wirtschaftsdienst* 90 (5), 309-313.

Spremann, K. (1988), Reputation, Garantie, Information, *Zeitschrift für Betriebswirtschaft* 58 (5/6), 613-629.

Spremann, K. (1990), Asymmetrische Information, *Zeitschrift für Betriebswirtschaft* 60 (5/6), 561-586.

Stabilitätsrat (2010), *Beschlüsse der konstituierenden Sitzung des Stabilitätsrates am 28. April 2010, TOP 2: Kennziffern zur Beurteilung der Haushaltslage gemäß § 3 Absatz 2 StabiRatG und Schwellenwerte gemäß § 4 Absatz 1 StabiRatG.*

Stadler, V. (2007), Konsequenzen des Berlin-Urteils aus der Kapitalmarktperspektive, in: Konrad, K. A. und B. Jochimsen (Hrsg.), *Der Föderalstaat nach dem Berlin-Urteil*, Peter Lang: Frankfurt am Main, 33-45.

Statistische Ämter der Länder (2013), *Volkswirtschaftliche Gesamtrechnungen der Länder - Reihe 1, Ländereergebnisse band 1 - Vorabversion zu Band 1 - Bruttoinlandsprodukt, Bruttowertschöpfung in den Ländern der Bundesrepublik Deutschland 1991 bis 2010*, Stuttgart.

Statistische Ämter des Bundes und der Länder (2011), *Kindertagesbetreuung regional - 2010 - Ein Vergleich aller 412 Kreisstädte in Deutschland*, Wiesbaden.

Statistische Ämter des Bundes und der Länder (2012), *Internationale Bildungsindikatoren im Ländervergleich - Ausgabe 2012 - Tabellenband*, Wiesbaden.

Statistisches Bundesamt (2006), *11. koordinierte Bevölkerungsvorausberechnung: Annahmen und Ergebnisse*, Wiesbaden.

Statistisches Bundesamt (2010), *Statistisches Jahrbuch 2010 - Für die Bundesrepublik Deutschland mit >>Internationalen Übersichten<<*, Wiesbaden.

Statistisches Bundesamt (2011a), *Fachserie 14 Reihe 4 - Finanzen und Steuern - Steuerhaushalt - 2010*, Wiesbaden.

Statistisches Bundesamt (2011b), *Fachserie 14 Reihe 2 - Finanzen und Steuern - Vierteljährliche Kassenergebnisse des öffentlichen Gesamthaushalts - 1. - 4. Vierteljahr 2010*, Wiesbaden.

Statistisches Bundesamt (2011c), *Fachserie 14 Reihe 6 - Finanzen und Steuern - Personal des öffentlichen Dienstes - 2010*, Wiesbaden.

Statistisches Bundesamt (2011d), *Der Personalschlüssel in Kindertageseinrichtungen- Methodische Grundlagen und aktuelle Ergebnisse - 2010*, Wiesbaden.

Statistisches Bundesamt (2011e), *Fachserie 1 Reihe 4.1.1 - Mikrozensus - Bevölkerung und Erwerbstätigkeit - Stand und Entwicklung der Erwerbstätigkeit in Deutschland - 2010*, Wiesbaden.

Statistisches Bundesamt (2011f), *Fachserie 10 Reihe 2.5 – Rechtspflege – Finanzgerichte - 2010*, Wiesbaden.

Statistisches Bundesamt (2011g), *Fachserie 10 Reihe 2.1 - Rechtspflege - Zivilgerichte - 2010*, Wiesbaden.

Statistisches Bundesamt (2011h), *Fachserie 10 Reihe 2.2 - Rechtspflege - Familiengerichte - 2010*, Wiesbaden.

Statistisches Bundesamt (2011i), *Fachserie 18 Reihe 1.2 - Volkswirtschaftliche Gesamtrechnungen - Inlandsproduktberechnung - Vierteljahresergebnisse - 1. - 4. Vierteljahr 2011*, Wiesbaden.

Statistisches Bundesamt (2012a), *Fachserie 14 Reihe 5 - Finanzen und Steuern - Schulden der öffentlichen Haushalte - 2011*, Wiesbaden.

Statistisches Bundesamt (2012b), *Bevölkerung und Erwerbstätigkeit - Vorläufige Ergebnisse der Bevölkerungsfortschreibung - 2011*, Wiesbaden.

Statistisches Bundesamt (2012c), *Fachserie 14 Reihe 2 - Finanzen und Steuern - Vierteljährliche Kassenergebnisse des öffentlichen Gesamthaushalts - 1. - 4. Vierteljahr 2011*, Wiesbaden.

Statistisches Bundesamt (2012d), *Fachserie 11 Reihe 4.5 - Bildung und Kultur - Finanzen der Hochschulen - 2010*, Wiesbaden.

Statistisches Bundesamt (2012e), *Hochschulen auf einen Blick - Ausgabe 2012*, Wiesbaden.

Statistisches Bundesamt (2012f), *Fachserie 14 Reihe 3.1 - Finanzen und Steuern - Rechnungsergebnisse des öffentlichen Gesamthaushalts - 2010*, Wiesbaden.

Statistisches Bundesamt (2012g), *Fachserie 12 Reihe 6.3 - Gesundheit - Kostennachweis der Krankenhäuser - 2010*, Wiesbaden.

Statistisches Bundesamt (2012h), *Fachserie 12 Reihe 6.1.1 - Gesundheit - Grunddaten der Krankenhäuser - 2010*, Wiesbaden.

Statistisches Bundesamt (2012i), *Fachserie 1 Reihe 4.1.1 - Mikrozensus - Bevölkerung und Erwerbstätigkeit - Stand und Entwicklung der Erwerbstätigkeit in Deutschland - 2011*, Wiesbaden.

Statistisches Bundesamt (2012j), *Fachserie 10 Reihe 1 – Rechtspflege - Ausgewählte Zahlen für die Rechtspflege – 2011*, Wiesbaden.

Statistisches Bundesamt (2013a), *Bruttoinlandsprodukt, Bruttonationaleinkommen, Volkseinkommen - Lange Reihen ab 1950 - 2012*, Wiesbaden.

Statistisches Bundesamt (2013b), *Kreiszahlen - Ausgewählte Regionaldaten für Deutschland - Ausgabe 2012*, Wiesbaden.

Statistisches Bundesamt (2013c), *Fachserie 3 Reihe 5.1 - Land- und Forstwirtschaft - Bodenfläche nach Art der tatsächlichen Nutzung - 2011*, Wiesbaden.

Statistisches Bundesamt (2013d), *Rechtspflege - Bestand der Gefangenen und Verwahrten in den deutschen Justizvollzugsanstalten nach ihrer Unterbringung auf Haftplätzen des geschlossenen und offenen Vollzugs jeweils zu den Stichtagen 31. März, 31. August und 30. November eines Jahres*, Wiesbaden.

Stigler, G. J. (1967), Imperfections in the Capital Market, *Journal of Political Economy* 75 (3), 287-292.

Stiglitz, J. E. und A. Weiss (1981), Credit Rationing in Markets with Imperfect Information, *The American Economic Review* 71 (3), 393-410.

Strübig, M. (2007), Ein Sicherungsfonds zur Prävention und Bewältigung von Haushaltskrisen, *Wirtschaftsdienst* 87 (9), 586-591.

Sturzenegger, F. (2002), *Default Episodes in the 90s: Factbook and Preliminary Lessons*, Business School, Universidad Torcuato Di Tella, June 2002.

Stützel, W. (1978), Ober- und Untergrenzen der öffentlichen Verschuldung, *Kredit und Kapital* 11 (4), 429-450.

Supreme Court of the United States (1880), *102 U.S. 472 - Meriwether v. Garrett.*

Supreme Court of the United States (1984), *465 U.S. 513 - NLRB v Bildisco & Bildisco.*

Supreme Court of the United States (1990), *495 U.S. 33 - Missouri v. Jenkins.*

Takao, A. (1982), Über die Normalität des moralischen Risikos - eine Kritik der Theorie der Gefahrengemeinschaft, *Zeitschrift für die gesamte Versicherungswissenschaft* 71 (1), 5-25.

Tappe, H. (2009), Die neue „Schuldenbremse“ im Grundgesetz, *Die öffentliche Verwaltung* 62 (21), 881-890.

Taylor, J. B. (2002), *Sovereign Debt Restructuring: A US Perspective*, Speech at the conference "Sovereign Debt Workouts: Hopes and Hazards", Institute for International Economics: Washington, D.C.

Ter-Minassian, T. und J. Craig (1997), Control of Subnational Government Borrowing, in: Ter-Minassian, T. (Hrsg.), *Fiscal Federalism in Theory and Practice*, International Monetary Fund: Washington D.C., 156-173.

Thanassoulis, E. (2001), *Introduction to the Theory and Application of Data Envelopment Analysis: A foundation text with integrated software*, Kluwer Academic Publishers: Norwell, Mass.

Thöne, M. (2005), Wachstums- und nachhaltigkeitswirksame öffentliche Ausgaben („WNA"), *FiFo-Berichte* Nr.2, März 2005.

Thüringer Innenministerium (2011), *Pressemappe - Polizeiliche Kriminalstatistik 2011*, Erfurt.

Uebersax, P. (2005), *Erfahrungen und Lehren aus dem „Fall Leukerbad"*, Helbig & Lichtenhahn: Basel (u.a.).

Varmaz, A. (2006), *Rentabilität im Bankensektor – Identifizierung, Quantifizierung und Operationalisierung werttreibender Faktoren*, Deutscher Universitäts-Verlag | GWV Fachverlage GmbH: Wiesbaden.

Varmaz, A., A. Varwig und T. Poddig (2013), Centralize resource planning and Yardstick Competition, *Omega* 41 (1), 112 – 118.

Von Hagen, J. und I. J. Harden (1995), Budget Processes and the Commitments to Fiscal Discipline, *European Economic Review* 39 (3-4), 771-779.

Von Hayek, F. A. (1945), The Use of Knowledge in Society, *The American Economic Review* 35 (4), 519-530.

Wagener, S. (2005), Zur korrekten Erfassung der staatlichen Verschuldung, *Wirtschaftsdienst* 85 (5), 522-526.

Wagschal, U. (1996a), Der Einfluss von Parteien und Wahlen auf die Staatsverschuldung, *Schweizerische Zeitschrift für Politikwissenschaft* 2 (4), 1-26.

Wagschal, U. (1996b), *Staatsverschuldung: Ursachen im internationalen Vergleich*, Leske + Budrich: Opladen.

Wagschal, U., G. Wenzelburger, T. Petersen und O. Wintermann (2009), Determinanten der Staatsverschuldung in deutschen Bundesländern, *Wirtschaftsdienst* 89 (3), 204-212.

Wanniski, J. (1978), Taxes, Revenues, and the Laffer Curve, *The Public Interest* No. 50, Winter 1978, 3-16.

Weltbank (1992), *World Debt Tables 1992-1993: External Finance for Developing Countries (Vol. 1 of 2): Analysis and Summary Tables*, The World Bank: Washington, D.C.

Weltbank (1999), *Global Development Finance: Country Tables*, The World Bank: Washington, D.C.

Weltbank (2011), *Principles and Guidelines for Effective Insolvency and Creditor Rights Systems*, The World Bank: Washington, D.C.

Weltwirtschaft Ökologie und Entwicklung e.V. (2006), *Schuldenreport 2007 - Karten neu gemischt?- Umbrüche und aktuelle Tendenzen der Nord-Süd- und Süd-Süd-Finanzbeziehungen - Die Krise der etablierten Gläubigergemeinschaft - Internationale Schuldenerlassinitiativen auf dem Prüfstand*, Berlin, Dezember 2006.

Wigger, B. U. (2006), *Grundzüge der Finanzwissenschaft*, Springer: Berlin (u.a.).

Williamson, O. E. (1975), *Markets and Hierarchies: Analysis and Antitrust Implications: A Study in the Economics of Internal Organization*, Free Press (u.a.): New York (u.a.).

Wissenschaftlicher Beirat beim Bundesministerium der Finanzen (1980), Gutachten zum Begriff der öffentlichen Investitionen - Abgrenzungen und Folgerungen im Hinblick auf Artikel 115 Grundgesetz vom 26. April 1980, *Schriftenreihe des Bundesministeriums der Finanzen*, Heft 29, Stollfuß Verlag: Bonn.

Wissenschaftlicher Beirat beim Bundesministerium der Finanzen (1992), Gutachten „Zum Länderfinanzausgleich in der Bundesrepublik Deutschland“ vom 14. November 1992, *Schriftenreihe des Bundesministeriums der Finanzen*, Heft 47, Stollfuß Verlag: Bonn.

Wissenschaftlicher Beirat beim Bundesministerium der Finanzen (2001), Gutachten Nachhaltigkeit in der Finanzpolitik - Konzepte für eine langfristige Orientierung öffentlicher Haushalte, *Schriftenreihe des Bundesministeriums der Finanzen*, Heft 71, Stollfuß Verlag: Bonn.

Wissenschaftlicher Beirat beim Bundesministerium der Finanzen (2005), Gutachten „Haushaltskrisen im Bundesstaat“ vom April 2005, *Schriftenreihe des Bundesministeriums der Finanzen*, Heft 78, Stollfuß Verlag: Bonn.

Wissenschaftlicher Beirat beim Bundesministerium der Finanzen (2007), Schuldenbremse für Bund und Länder - Für eine Neufassung der Verschuldungsgrenzen im Grundgesetz, *Brief des Wissenschaftlichen Beirats beim Bundesministerium der Finanzen an den Bundesfinanzminister Peer Steinbrück vom 10.02.2007.*

Wissenschaftlicher Beirat beim Bundesministerium für Wirtschaft und Arbeit (2005), *Zur finanziellen Stabilität des deutschen Föderalstaates*, Dokumentation Nr. 551, Berlin, Oktober 2005.

Wissenschaftlicher Beirat beim Bundesministerium für Wirtschaft und Technologie (2011), Überschuldung und Staatsinsolvenz in der Europäischen Union, *Gutachten Nr. 01/11*, Berlin, Januar 2011.

Wolff, G. B. (2007), Schuldenanstieg und Haftungsausschluss im deutschen Föderalstaat: Zur Rolle des Moral Hazard, *Institute for Monetary and Financial Stability, Working Paper Series No. 14.*

Woo, J. (2003), Economic, political, and institutional determinants of public deficits, *Journal of Public Economics* 87 (3-4), 387-426.

Wright, G. (1974), The Political Economy of New Deal Spending: an Econometric Analysis, *Review of Economic Statistics* 56 (1), 30-38.

www.spiegelonline.de (26.06.2011), *Top-Ökonom hält Griechenland-Pleite für unausweichlich*, 26.06.2011.

Zimmermann, H. (1999), *Kommunalfinanzen: Eine Einführung in die finanzwissenschaftliche Analyse der kommunalen Finanzwirtschaft*, Nomos-Verl.-Ges.: Baden-Baden.

Zimmermann, H. (2006), Kommunale Verschuldung - Wozu?, *Wirtschaftsdienst* 86 (6), 391-397.

Zintl, R. (2006), Der ökonomische Ansatz in der politischen Theorie - nützliches Instrument oder Prokrustesbett?, in: Behnke, J. und T. Bräuninger, *Jahrbuch für Handlungs- und Entscheidungstheorie, Band 4: Schwerpunkt Parteienwettbewerb und Wahlen*, VS, Verl. für Sozialwiss.: Wiesbaden, 215-229.

Zuckoff, M. (2005), *Ponzi's Scheme: The True Story of a Financial Legend*, Random House: New York.

Anhang

A.1 Besondere Erläuterungen zu Tabelle 21

Die Personalausgaben pro Einwohner ergeben sich durch das Dividieren der Einwohnerzahl durch die gesamten Personalausgaben eines Landes. Die Einwohnerzahlen der Länder sind Statistisches Bundesamt (2012b) entnommen.

Die Personalausgaben der Länder für die Polizei in € sind dabei folgenden Quellen entnommen:

- Für Baden-Württemberg: Haushaltsplan Baden-Württemberg (2013/2014).
- Für Bayern: Haushaltsplan Bayern (2013/2014).
- Für Hessen: Haushaltsplan Hessen (2012).
- Für Niedersachsen: Haushaltsrechnung Niedersachsen (2010).
- Für Nordrhein-Westfalen: Haushaltsplan Nordrhein-Westfalen (2012).
- Für Rheinland-Pfalz: Haushaltsplan Rheinland-Pfalz (2012/2013).
- Für das Saarland: Haushaltsplan Saarland (2012).
- Für Schleswig-Holstein: Elektronische Anfrage beim Innenministerium Schleswig-Holsteins.[974]
- Für Brandenburg: Haushaltsplan Brandenburg (2012).
- Für Mecklenburg-Vorpommern: Haushaltsplan Mecklenburg-Vorpommern (2012/2013).
- Für Sachsen: Haushaltsrechnung Sachsen (2010).
- Für Sachsen-Anhalt: Haushaltsplan Sachsen-Anhalt (2012/2013).
- Für Thüringen: Haushaltsplan Thüringen (2012).
- Für Berlin: Elektronische Anfrage bei der Senatsverwaltung für Inneres und Sport Berlins.[975]

---

974 Siehe den Punkt A8. Die elektronische Antwort des Innenministeriums Schleswig-Holsteins auf die Anfrage nach den Personalausgaben im Polizeidienst des Landes Schleswig-Holstein.

975 Siehe den Punkt A9. Die elektronische Antwort der Senatsverwaltung für Inneres und Sport Berlins auf die Anfrage nach den Personalausgaben im Polizeidienst des Landes Berlin:

- Für Bremen: Elektronische Anfrage beim Bremer Innensenat.[976]
- Für Hamburg: Elektronische Anfrage bei der Behörde für Inneres und Sport Hamburgs.[977]

Die Anzahl der Einwohner je Vollzeitäquivalent an Beschäftigten ergibt sich durch das Dividieren der Einwohnerzahl durch die gesamte Anzahl an vollzeitäquivalent Beschäftigten eines Landes. Die Anzahl an Vollzeitäquivalent Beschäftigten eines Landes im Polizeidienst ist dabei Statistisches Bundesamt (2011c) entnommen.

Die Anzahl der Straftaten pro 100.000 Einwohner ergibt sich durch das Dividieren des Tausendstels der Einwohnerzahl durch die Anzahl der Straftaten in einem Land. Die Anzahl der Straftaten in einem Land ist Bundesministerium des Innern (2011) entnommen.

Die Aufklärungsquoten in Prozent sind Bundesministerium des Innern (2011) entnommen.

Die Häufigkeitszahl Gewaltkriminalität (pro 100.000 Einwohner) ist folgenden Quellen entnommen:

- Für Baden-Württemberg: Landeskriminalamt Baden-Württemberg (2011). Anzahl der Gewaltstraftaten dividiert durch das Tausendstel der Einwohnerzahl gemäß Statistisches Bundesamt (2012b).
- Für Bayern: Landeskriminalamt Bayern (2011). Anzahl der Gewaltstraftaten dividiert durch das Tausendstel der Einwohnerzahl gemäß Statistisches Bundesamt (2012b).
- Für Hessen: Landeskriminalamt Hessen (2011). Anzahl der Gewaltstraftaten dividiert durch das Tausendstel der Einwohnerzahl gemäß Statistisches Bundesamt (2012b).
- Für Niedersachsen: Landeskriminalamt Niedersachsen (2012). Anzahl der Gewaltstraftaten dividiert durch das Tausendstel der Einwohnerzahl gemäß Statistisches Bundesamt (2012b).
- Für Nordrhein-Westfalen: Landeskriminalamt Nordrhein-Westfalen (2011). Anzahl der Gewaltstraftaten dividiert durch das Tausendstel der Einwohnerzahl gemäß Statistisches Bundesamt (2012b).
- Für Rheinland-Pfalz: Landeskriminalamt Rheinland-Pfalz (2012). Anzahl der Gewaltstraftaten dividiert durch das Tausendstel der Einwohnerzahl gemäß Statistisches Bundesamt (2012b).

---

976 Siehe den Punkt A10. Die elektronische Antwort des Innensenats Bremens auf die Anfrage nach den Personalausgaben im Polizeidienst des Landes Bremen:

977 Siehe den Punkt A11. Die elektronische Antwort der Behörde für Inneres und Sport Hamburgs auf die Anfrage nach den Personalausgaben im Polizeidienst des Landes Hamburg.

- Für das Saarland: Landespolizeipräsidium Saarland (2011). Anzahl der Gewaltstraftaten dividiert durch das Tausendstel der Einwohnerzahl gemäß Statistisches Bundesamt (2012b).
- Für Schleswig-Holstein: Landeskriminalamt Schleswig-Holstein (2011). Anzahl der Gewaltstraftaten dividiert durch das Tausendstel der Einwohnerzahl gemäß Statistisches Bundesamt (2012b).
- Für Brandenburg: Polizeipräsidium Land Brandenburg (2012). Anzahl der Gewaltstraftaten dividiert durch das Tausendstel der Einwohnerzahl gemäß Statistisches Bundesamt (2012b).
- Für Mecklenburg-Vorpommern: Landeskriminalamt Mecklenburg-Vorpommern (2011). Anzahl der Gewaltstraftaten dividiert durch das Tausendstel der Einwohnerzahl gemäß Statistisches Bundesamt (2012b).
- Für Sachsen: Landeskriminalamt Sachsen (2011). Anzahl der Gewaltstraftaten dividiert durch das Tausendstel der Einwohnerzahl gemäß Statistisches Bundesamt (2012b).
- Für Sachsen-Anhalt: Landeskriminalamt Sachsen-Anhalt (2011). Anzahl der Gewaltstraftaten dividiert durch das Tausendstel der Einwohnerzahl gemäß Statistisches Bundesamt (2012b).
- Für Thüringen: Thüringer Innenministerium (2011). Anzahl der Gewaltstraftaten dividiert durch das Tausendstel der Einwohnerzahl gemäß Statistisches Bundesamt (2012b).
- Für Berlin: Der Polizeipräsident in Berlin (2011). Anzahl der Gewaltstraftaten dividiert durch das Tausendstel der Einwohnerzahl gemäß Statistisches Bundesamt (2012b).
- Für Bremen: Der Senator für Inneres und Sport Bremen (2012). Anzahl der Gewaltstraftaten dividiert durch das Tausendstel der Einwohnerzahl gemäß Statistisches Bundesamt (2012b).
- Für Hamburg: Landeskriminalamt Hamburg (2012). Anzahl der Gewaltstraftaten dividiert durch das Tausendstel der Einwohnerzahl gemäß Statistisches Bundesamt (2012b).

A.2 Besondere Erläuterungen zu Tabelle 22

Die Personalausgaben pro Einwohner in €, die Investitionsausgaben pro Einwohner in € sowie die Quote der Drittmittel zu den Gesamtausgaben in Prozent sind Statistisches Bundesamt (2012d) entnommen. Die Werte der Personalausgaben in € sowie der Investitionsausgaben in € wurden in Relation zur Einwohnerzahl des jeweiligen Landes nach Statistisches Bundesamt (2012b) gesetzt.

Die Erstabsolventenquoten in Prozent sind Statistisches Bundesamt (2012e) entnommen.

Der Anteil der 25- bis 64-jährigen mit Bildungsstand im Tertiärbereich in Prozent ist Statistische Ämter des Bundes und der Länder (2012) entnommen.

A.3 Besondere Erläuterungen zu Tabelle 23

Die Personalausgaben pro Einwohner in € sind Statistisches Bundesamt (2012f) entnommen. Die dortigen Werte wurden in Relation zur Einwohnerzahl des jeweiligen Landes gemäß Statistisches Bundesamt (2012b) gesetzt.

Die Anzahl der Einwohner je Vollzeitäquivalent an Beschäftigten ist Statistisches Bundesamt (2011c) entnommen. Die dortigen Werte wurden in Relation zur Einwohnerzahl des jeweiligen Landes gemäß Statistisches Bundesamt (2012b) gesetzt.

Die Werte für die Beschäftigungsquote schwerbehinderter Menschen im öffentlichen Dienst in Prozent entstammen folgenden Quellen:

- Für Baden-Württemberg: Bundesagentur für Arbeit (2013a).
- Für Bayern: Bundesagentur für Arbeit (2013b).
- Für Hessen: Bundesagentur für Arbeit (2013c).
- Für Niedersachsen: Bundesagentur für Arbeit (2013d).
- Für Nordrhein-Westfalen: Bundesagentur für Arbeit (2013e).
- Für Rheinland-Pfalz: Bundesagentur für Arbeit (2013f).
- Für das Saarland: Bundesagentur für Arbeit (2013g).
- Für Schleswig-Holstein: Bundesagentur für Arbeit (2013h).
- Für Brandenburg: Bundesagentur für Arbeit (2013i).
- Für Mecklenburg-Vorpommern: Bundesagentur für Arbeit (2013j).
- Für Sachsen: Bundesagentur für Arbeit (2013k).
- Für Sachsen-Anhalt: Bundesagentur für Arbeit (2013l).
- Für Thüringen: Bundesagentur für Arbeit (2013m).
- Für Berlin: Bundesagentur für Arbeit (2013n).
- Für Bremen: Bundesagentur für Arbeit (2013o).
- Für Hamburg: Bundesagentur für Arbeit (2013p).

A.4 Besondere Erläuterungen zu Tabelle 24

Die Personalausgaben pro Einwohner in € sowie der laufende Sachaufwand pro Einwohner in € sind Statistisches Bundesamt (2012f) entnommen. Die dortigen Werte wurden in Relation zur Einwohnerzahl des jeweiligen Landes gemäß Statistisches Bundesamt (2012b) gesetzt.

Die Werte für die Betreuungsquote für Kinder zwischen null und drei Jahren in Prozent sowie für die Betreuungsquote für Kinder zwischen drei und sechs Jahren in Prozent sind Statistische Ämter des Bundes und der Länder (2011) entnommen. Die dortigen Werte wurden in Relation zur Einwohnerzahl des jeweiligen Landes gemäß Statistisches Bundesamt (2012b) gesetzt.

A.5 Besondere Erläuterungen zu Tabelle 25

Die Personalausgaben pro Einwohner in € sind Statistisches Bundesamt (2012g) entnommen. Die dortigen Werte wurden in Relation zur Einwohnerzahl des jeweiligen Landes gemäß Statistisches Bundesamt (2012b) gesetzt.

Die Anzahl der Einwohner je Vollzeitäquivalent an Beschäftigten, die Betten je Einwohner sowie die durchschnittliche Verweildauer je Patient in Tagen sind Statistisches Bundesamt (2012h) entnommen.

Die Werte für die Anzahl an vollzeitäquivalent Beschäftigten sowie die Anzahl an Betten wurden in Relation zur Einwohnerzahl des jeweiligen Landes gemäß Statistisches Bundesamt (2012b) gesetzt.

A.6 Besondere Erläuterungen zu Tabelle 26

Die Ausgaben pro Einwohner in € ergeben sich durch das Dividieren der Einwohnerzahl durch die gesamten Personalausgaben eines Landes. Die Einwohnerzahlen der Länder sind Statistisches Bundesamt (2012b) entnommen.

Die Personalausgaben der Länder für die Finanzgerichtsbarkeit sind dabei folgenden Quellen entnommen:

- Für Baden-Württemberg: Haushaltsrechnung Baden-Württemberg (2010).
- Für Bayern: Haushaltsrechnung Bayern (2010).
- Für Hessen: Haushaltsrechnung Hessen (2010).
- Für Niedersachsen: Haushaltsrechnung Niedersachsen (2010).
- Für Nordrhein-Westfalen: Haushaltsrechnung Nordrhein-Westfalen (2010).
- Für Rheinland-Pfalz: Haushaltsplan Rheinland-Pfalz (2012/2013).
- Für das Saarland: Haushaltsrechnung Saarland (2010).
- Für Schleswig-Holstein: Haushaltsrechnung Schleswig-Holstein (2010).
- Für Berlin/Brandenburg: Haushaltsrechnung Brandenburg (2010).
- Für Mecklenburg-Vorpommern: Haushaltsplan Mecklenburg-Vorpommern (2012/2013).
- Für Sachsen: Haushaltsrechnung Sachsen (2010).
- Für Sachsen-Anhalt: Haushaltsrechnung Sachsen-Anhalt (2010).
- Für Thüringen: Haushaltsplan Thüringen (2012).

- Für Bremen: Produktgruppenhaushalt Bremen (2012/2013).
- Für Hamburg: Haushaltsplan Hamburg (2013/2014).

Die Anzahl der Einwohner je Personal in der Finanzgerichtsbarkeit entstammt Statistisches Bundesamt (2012j). Die dortigen Werte wurden in Relation zur Einwohnerzahl des jeweiligen Landes gemäß Statistisches Bundesamt (2012b) gesetzt.

Die Erledigungen an Klageverfahren je Einwohner sowie die Erledigungen an Verfahren zur Gewährung von vorläufigem Rechtsschutz je Einwohner sind Statistisches Bundesamt (2011f) entnommen. Die dortigen Werte wurden in Relation zur Einwohnerzahl des jeweiligen Landes gemäß Statistisches Bundesamt (2012b) gesetzt.

Die Anzahl der Erledigungen je Personal im richterlichen Dienst ergibt sich als Relation der Erledigungen (Klagen und Verfahren zur Gewährung von vorläufigem Rechtsschutz) zu der Anzahl des Personals im richterlichen Dienst der Finanzgerichtsbarkeit. Die Anzahl der Erledigungen entstammt hierbei Statistisches Bundesamt (2011f). Die Anzahl des Personals im richterlichen Dienst der Finanzgerichtsbarkeit entstammt Statistisches Bundesamt (2012j).

A.7 DEA in Excel

Die Programmierung des hier verwendeten DEA-Modells wird anhand des Produktbereichs „Hochschulen" veranschaulicht. Es wird lediglich die Programmierung für die reine technische Effizienz durchgeführt, da die technische Effizienz, die auch die Betrachtung von Effizienzsteigerungen durch Größenanpassungen, die Skaleneffizienz, beinhaltet, für die deutschen Bundesländer wenig sinnvoll ist. Die technische Effizienz unterstellt eine beliebige Veränderbarkeit der Betriebsgröße einer DMU, was für die deutschen Bundesländer, zumindest kurzfristig nicht möglich ist, und der Überspringung hoher prozeduraler Hürden bedarf.

Das durch die DEA zu lösende inputorientierte (kostenminimierende) Optimierungsproblem kann formal wie folgt dargestellt werden:

$$\min \theta_i^{VRS}$$

$$\theta_i^{VRS}, \lambda_i$$

u.d.N.

$$Y\lambda_i \geq y_i$$

$$X\lambda_i \leq \theta_i^{VRS} x_i$$

$$e^T \lambda_i = 1$$

$$\lambda_i \geq 0, \theta_i^{VRS} \geq 0$$

Dies ist ein lineares Optimierungsproblem, welches n DMU unterstellt. Jede DMUi (i = 1,…, n) stellt dabei s verschiedene Outputs y_{ri} (r = 1,…, s) her. Hierfür verwendet sie m verschiedene Inputs x_{ti} (t = 1,…, m). Die In- und Outputs einer DMU werden dabei in einem m*1 Inputvektor x bzw. in einem s*n Outputvektor y dargestellt. Alle In- und Outputs werden weiter in einer m*n Inputmatrix X bzw. in einer s*n Outputmatrix Y zusammengefasst.

Im Folgenden wird die Darstellung der Berechnung des Optimierungsproblems sowie die Programmierung der einzelnen Zellen und des Excel-Solvers dargestellt.

Im Tabellenblatt „Daten" sind die In- und Outputs der 16 Länder für die Effizienzanalyse des Produktbereichs „Hochschulen" aufgelistet. Das Tabellenblatt „Daten" ist in der Abbildung 13 als Auszug dargestellt.

Abbildung 13: Ausschnitt aus der DEA-Programmierung in Excel, Tabellenblatt „Daten", eigene Darstellung

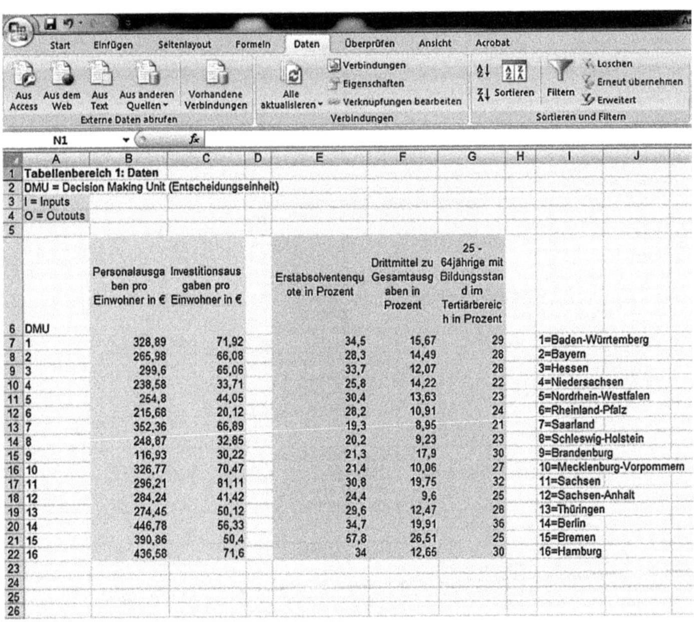

	A	B	C	D	E	F	G	H	I	J
1	Tabellenbereich 1: Daten									
2	DMU = Decision Making Unit (Entscheidungseinheit)									
3	I = Inputs									
4	O = Outouts									
5										
6	DMU	Personalausgaben pro Einwohner in €	Investitionsausgaben pro Einwohner in €		Erstabsolventenquote in Prozent	Drittmittel zu Gesamtausgaben in Prozent	25 - 64jährige mit Bildungsstand im Tertiärbereich in Prozent			
7	1	328,89	71,92		34,5	15,67	29		1=Baden-Württemberg	
8	2	265,98	66,08		28,3	14,49	28		2=Bayern	
9	3	299,6	65,06		33,7	12,07	28		3=Hessen	
10	4	238,58	33,71		25,8	14,22	22		4=Niedersachsen	
11	5	254,8	44,05		30,4	13,63	23		5=Nordrhein-Westfalen	
12	6	215,68	20,12		28,2	10,91	24		6=Rheinland-Pfalz	
13	7	352,36	66,89		19,3	8,95	21		7=Saarland	
14	8	248,87	32,85		20,2	9,23	23		8=Schleswig-Holstein	
15	9	116,93	30,22		21,3	17,9	30		9=Brandenburg	
16	10	326,77	70,47		21,4	10,06	27		10=Mecklenburg-Vorpommern	
17	11	296,21	81,11		30,8	19,75	32		11=Sachsen	
18	12	284,24	41,42		24,4	9,6	25		12=Sachsen-Anhalt	
19	13	274,45	50,12		29,6	12,47	28		13=Thüringen	
20	14	446,78	56,33		34,7	19,91	36		14=Berlin	
21	15	390,86	50,4		57,8	26,51	25		15=Bremen	
22	16	436,58	71,6		34	12,65	30		16=Hamburg	
23										
24										
25										
26										

Die Zellen A7 bis A22 stellen die einzelnen Bundesländer dar. Die Nummerierung samt zugehörigem Bundesland ist in den Zellen I7 bis I22 wiedergegeben. In den Zellen B6 und C6 finden sich die Inputs. Die zugehörigen Werte werden in den Zellen B7 bis B22 für den Input der Personalausgaben pro

Einwohner in € bzw. in den Zellen C7 bis C22 für den Input der Investitionsausgaben pro Einwohner in € dargestellt. Die Zellen E6 bis G6 stellen die drei Outputs dar. Die Werte für den Output der Erstabsolventenquote in Prozent finden sich in den Zellen E7 bis E22, die für den Output der Drittmittel zu den Gesamtausgaben in Prozent in den Zellen F7 bis F22 und die für den Output der 25- bis 64jährigen mit Bildungsstand im Tertiärbereich in den Zellen G7 bis G22.

Die Lösung des Optimierungsproblems wird in dem Tabellenblatt „Technische Effizienz VRS", was reine technische Effizienz bedeutet, durchgeführt. Ein Auszug aus diesem Tabellenblatt ist in der Abbildung 14 dargestellt.

Abbildung 14: Ausschnitt aus der DEA-Programmierung in Excel, Tabellenblatt „Technische Effizienz VRS", eigene Darstellung

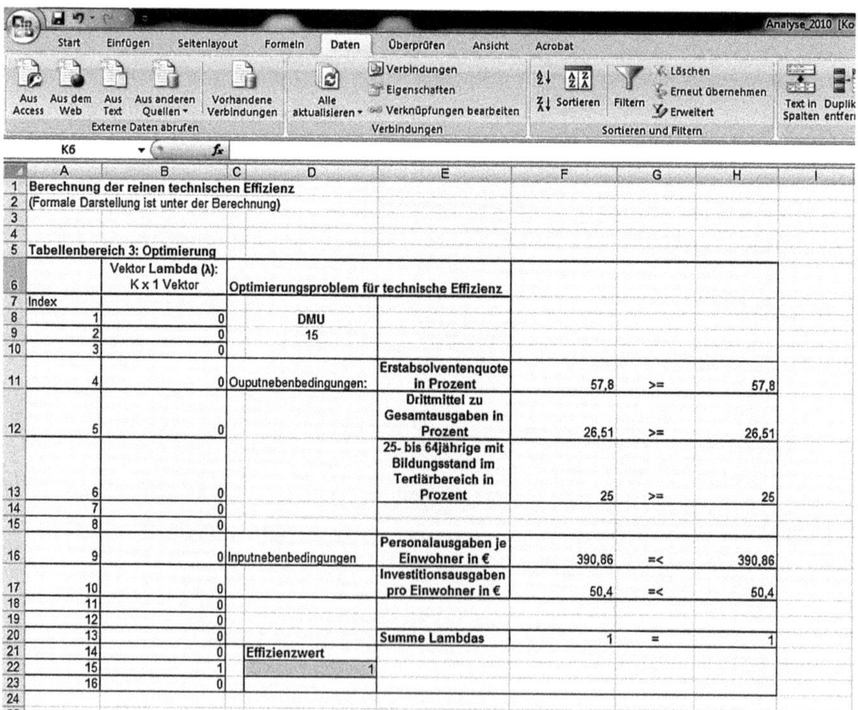

In der Zelle D9 wird bestimmt, welches Bundesland hinsichtlich seiner Effizienz untersucht werden soll. Hier ist es das Bundesland 15, also der Stadtstaat Bremen. Die Zelle D22 gibt den Effizienzwert für das untersuchte Bundesland wieder, wobei ein Effizienzwert von 1 anzeigt, dass das untersuchte Land rein technisch effizient operiert. Ein Wert kleiner 1 zeigt rein technische Ineffizienz an. In den Zellen A8 bis A23 finden sich die indexierten Bundesländer. Die Zellen B8 bis B23 bilden ab, ob ein Bundesland als Benchmark für das untersuchte Bundesland identifiziert wurde. Wenn ja, so wird in der jeweiligen Zelle ein Wert zwischen 0 und 1 abgebildet. Der Lambda-Vektor gibt dabei an, zu welchen Anteilen das untersuchte Land das Verhalten der ausgewählten Benchmarks imitieren sollte. Da Bremen im Bereich der „Hochschulen" effizient operiert, beträgt sein Effizienzwert 1 und es wurden keine Benchmarks für das Land bestimmt, was sich auch an dem Wert 1 in der Zelle B22 zeigt, Bremen ist quasi sein eigenes Benchmark.

Die Zellen E11 bis E13 zeigen die Outputs an, wobei die Zellen F11 bis F13 sowie die Zellen H11 bis H13 die möglichen Variationen in den Outputs anzeigen. Das Symbol >= in den Zellen G11 bis G13 zeigt an, dass die Outputs mindestens unverändert bleiben sollen.

Spiegelbildlich zeigen die Zellen E16 und E17 die Inputs an und die Zellen F16 und F17 sowie die Zellen H16 und H17 die möglichen Variationen im Einsatz der Inputfaktoren. Das Symbol <= in den Zellen G16 und G17 zeigt dabei an, dass die Inputs minimiert werden sollen, mindestens jedoch gleich bleiben müssen.

In der Abbildung 14 ist das Optimierungsproblem bereits gelöst. Die rechnerische Lösung des Optimierungsproblems erfolgte mit der Solverfunktion von Excel. Im Folgenden wird erklärt, wie der Excel-Solver zu programmieren ist und welche vorherigen Programmierungen in dem Tabellenblatt „Technische Effizienz VRS" vonnöten sind, bevor das Optimierungsproblem im Excel-Solver gelöst werden kann. Bevor dieser angewendet werden kann, müssen die Zellen F11 bis F13, die Zellen H11 bis H13 sowie die Zellen F16 und F17 und die Zellen H16 und H17 programmiert werden. Die Zellen F11 bis F13 (Outputs) und F16 und F17 (Inputs) stellen dabei das Referenzset für die DEA-Berechnung dar.

In den Zellen F11 bis F13 steht folgende Formel: =MMULT(MTRANS(Data !E7:G22);B8:B23).

In den Zellen F16 und F17 steht folgende Formel: =MMULT(MTRANS(Dat a!B7:C22);B8:B23).[978]

Diese Formeln entsprechen der linken Seite der Nebenbedingungen aus Formel (9). Die Zellen F11 bis F13 beziehen sich dabei auf die erste und die Zellen F16 und F17 auf die zweite Nebenbedingung.

978 Es ist wichtig zu beachten, dass die Matrizenmultiplikationsformel in Excel mit der Tastenkombination „Strg+Umschalttaste+Enter" bestätigt werden muss. Auch müssen die Zellen F11 bis F13 bzw. die Zellen F16 und F17 vor Eingabe der Formeln markiert werden. Die Formel MMULT(Matrix1;Matrix2) dient der Matrizenmultiplikation, die Formel MTRANS(Matrix) der Transposition.

In den Zellen H11 bis H13 (Outputs) und H16 und H17 (Inputs) wird die rechte Seite der Nebenbedingungen aus Formel (9) abgebildet. Die Zellen H11 bis H13 beziehen sich dabei auf die erste, die Zellen H16 und H17 auf die zweite Nebenbedingung. In den Zellen stehen folgende Formeln:

- H11: = INDEX(Data!E7:E22;$D$9;1).
- H12: = INDEX(Data!F7:F22;$D$9;1).
- H13: = INDEX(Data!G7:G22;$D$9;1).
- H16: =$D$22*INDEX(Data!B7:B22;$D$9;1).
- H17: =$D$22*INDEX(Data!C7:C22;$D$9;1).

Mit der Funktion (INDEX(Matrix;Zeile,Spalte)) wird ein bestimmter Wert aus einer Zeile und einer bestimmten Spalte einer vorgegebenen Matrix angesprochen. Welche Zeile dabei angesprochen wird, wird durch die Zelle D9 bestimmt.

Weiter wird in der Zelle F20 die linke Seite der dritten Nebenbedingung aus Formel (9) abgebildet, die besagt, dass sich die Lambda-Vektoren zu 1 summieren müssen. Die Formel in der Zelle F20 lautet: =SUMME(B8:B23).

In der Zelle H20 steht dabei die rechte Seite der dritten Nebenbedingung aus Formel (9).

Nun kann der Excel-Solver programmiert werden. Abbildung 15 zeigt den programmierten Excel-Solver für das vorliegende Optimierungsproblem.

Abbildung 15: Ausschnitt aus der DEA-Programmierung in Excel, der Excel-Solver, eigene Darstellung

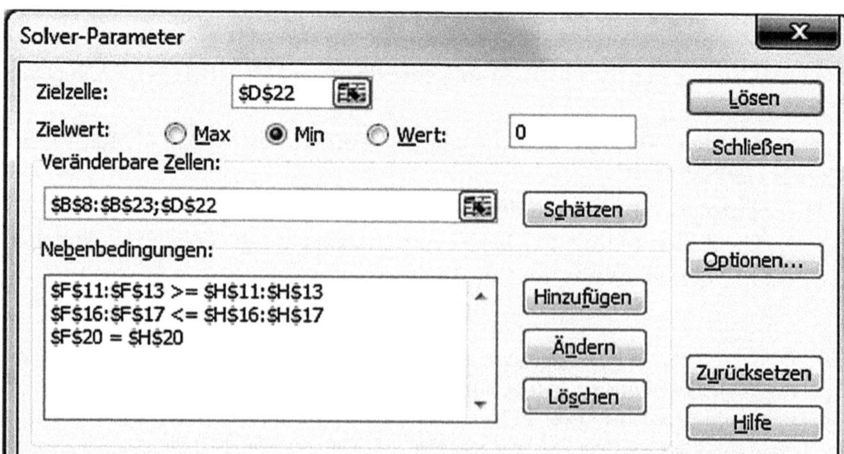

Der Solver wird aktiviert, indem in Excel unter dem Reiter „Daten“ der Punkt „Solver“ der Gruppe „Analysen“ angeklickt wird. Die Zielzelle des Solvers repräsentiert dabei die Zielfunktion (θ_i^{VRS}). Diese ist mit der Zielzelle D22 anzuwählen. Die Zielzelle wird dabei entsprechend der Formel (9) minimiert, weshalb beim Zielwert der Punkt „Min“ anzuklicken ist. Als veränderbare Zellen werden der Bereich B8 bis B23 und die Zielzelle D22 bestimmt. Die Zellen B8 bis B23 stellen dabei die Lambda-Vektoren für die Benchmarks dar. Die erste Nebenbedingung des Solvers sagt aus, dass der Bereich, der durch die Zellen F11 bis F13 definiert wird, größer oder gleich dem Bereich sein soll, der durch die Zellen H11 bis H13 definiert wird, das Referenzset also mindestens den gleichen Output erzeugen soll, wie das betrachtete Bundesland. Der durch die Zellen F16 und F17 definierte Bereich soll gleich oder kleiner dem Bereich sein, der durch die Zellen H16 und H17 definiert wird, der Input des Referenzsets also gleich oder kleiner dem Input des betrachteten Bundeslandes sein. Dies kommt in der zweiten Nebenbedingung des Solvers zum Ausdruck. Die dritte Nebenbedingung des Solvers sagt aus, dass die Lambda-Werte der Benchmarks aus der Zelle F20 dem Wert 1 aus der Zelle H20 entsprechen sollen.

Weiter sind in den Optionen des Solvers Einstellungen zu treffen. Diese sind in der Abbildung 16 dargestellt.

Abbildung 16: Ausschnitt aus der DEA-Programmierung in Excel, Optionen des Excel-Solvers, eigene Darstellung

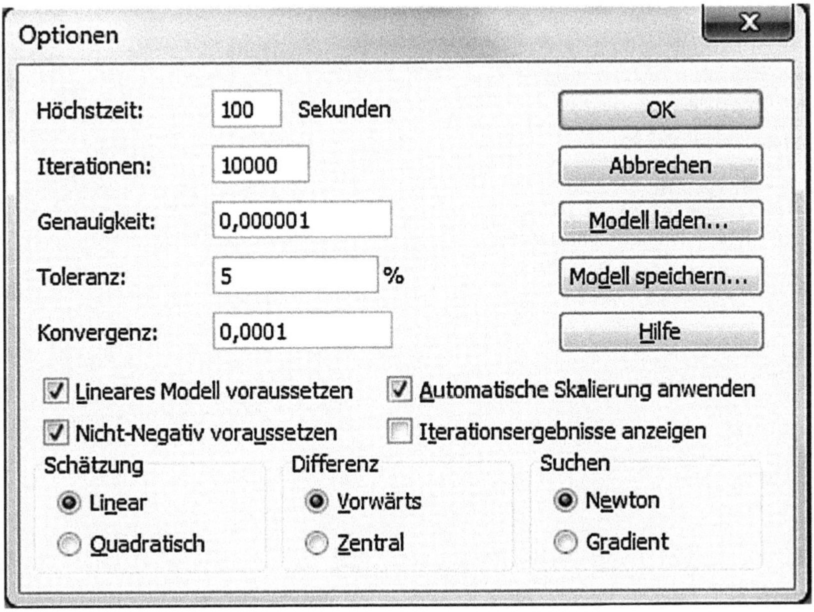

Vorauszusetzen ist hier ein lineares Modell. Weiter muss die Nicht-Negativität aktiviert werden. Da der Solver vor der Optimierung die Linearität des Modells prüft und bei schlechter Skalierung der Daten die Bedingung verwirft und das Optimierungsproblem nicht löst, sollte auch die automatische Skalierung aktiviert werden.

Wenn alle Vorkehrungen getroffen sind, kann das Optimierungsproblem mit dem Excel-Solver mit Klick auf den Button „Lösen" gelöst werden und liefert die Ergebnisse aus der Abbildung 14.

A8. Die elektronische Antwort des Innenministeriums Schleswig-Holsteins auf die Anfrage nach den Personalausgaben im Polizeidienst des Landes Schleswig-Holstein:

Von:	Gunnar.Mess@im.landsh.de
An:	imourani@uni-bremen.de
Cc:	Birgit.Voigt@im.landsh.de
Thema:	AW: Anfrage zu Daten der Landespolizei Schleswig-Holstein
Datum:	Dienstag, 9. April 2013 14:47:53

Sehr geehrter Herr Mourani,

die Personalkosten der Landespolizei beliefen sich in 2010 auf insgesamt **298.740.651,76€.**

Mit freundlichen Grüßen

Gunnar Mess

Innenministerium Schleswig-Holstein
Polizeiabteilung
Personalreferat
Düsternbrooker Weg 92
24105 Kiel
Tel.: +431-9883170
Fax.: +431-9886143170
E-Mail: gunnar.mess@im.landsh.de

A9. Die elektronische Antwort der Senatsverwaltung für Inneres und Sport Berlins auf die Anfrage nach den Personalausgaben im Polizeidienst des Landes Berlin:

An: imourani@uni-bremen.de
Thema: AW: Anfrage zur Polizei des Landes Berlin
Datum: Freitag, 12. April 2013 13:48:26

Sehr geehrter Herr Mourani,

Die Personalausgaben der Berliner Polizei betrugen im Ansatz

2010: 917.822.800 €
2011: 924.741.300 €

Mit freundlichen Grüßen
Regine Madre

Senatsverwaltung für Inneres und Sport
Abt. Öffentliche Sicherheit und Ordnung
III C 31

Tel.: (030) 90223 – 2418
PCFax: (030) 9028 – 4336
mailto: regine.madre@seninnsport.berlin.de

A10. Die elektronische Antwort des Innensenats Bremens auf die Anfrage nach den Personalausgaben im Polizeidienst des Landes Bremen:

Von: Schulz, Bianca (INNERES)
An: Ibrahim Mourani
Thema: AW: Anfrage zu Daten der Polizei des Landes Bremen
Datum: Mittwoch, 10. April 2013 13:58:00

Sehr geehrter Herr Mourani,

die Personalausgaben der Polizeien des Landes Bremen stellen sich wie folgt dar:

Personalausgaben 2010	**in Tsd. EUR**
Polizei Bremen:	107.807
Ortspolizeibehörde Bremerhaven:	35.304

Personalausgaben 2011	**in Tsd. EUR**
Polizei Bremen:	109.973
Ortspolizeibehörde Bremerhaven:	36.596

Ich hoffe, Ihnen mit diesen Angaben weiter geholfen zu haben.

Mit freundlichen Grüßen
Schulz

A11. Die elektronische Antwort der Behörde für Inneres und Sport Hamburgs auf die Anfrage nach den Personalausgaben im Polizeidienst des Landes Hamburg:

Von:	Reschreiter, Frank
An:	"lmourani@uni-bremen.de"
Thema:	AW: Anfrage zur Polizei des Landes hamburg
Datum:	Donnerstag, 11. April 2013 15:17:41

Sehr geehrter Herr Mourani,

die Personalausgaben der Polizei sind grundsätzlich in den jeweiligen Haushaltsplänen abzulesen.
Für die nachgefragten Kosten 2010 und 2011 auf folgender öffentlicher Internetseite: http://www.hamburg.de/contentblob/2663472/data/einzelplan81.pdf Seite 161 des Pdf-Dokuments

2010:	516.997 Tsd. Euro
2011:	501.464 Tsd. Euro

Die Angaben beinhalten alle im Amt Polizei enthalten Stellen, also auch Stellen in der Verwaltung.

Mit freundlichen Grüßen

Verzeichnis der Gesetzestexte

Vertrag über die Arbeitsweise der Europäischen Union (AEUV) in der Fassung der Bekanntmachung vom 09. Mai 2008 (ABl. EG Nr. C 115, 47).

Gesetz zur Ausführung von Artikel 115 GG des Grundgesetzes (Artikel 115 - Gesetz - G 115) in der Fassung der Bekanntmachung vom 10. August 2009 (BGBl. I, 2702, 2704).

Bundeshaushaltsordnung (BHO) in der Fassung der Bekanntmachung vom 19. August 1969 (BGBl. I, 1284), die zuletzt durch Artikel 10 des Gesetzes vom 09. Dezember 2010 (BGBl. I, 1885) geändert worden ist.

Bundesverfassungsgerichtsgesetz (BVerfGG) in der Fassung der Bekanntmachung vom 11. August 1993 (BGBl. I, 1473), das zuletzt durch Artikel 3 des Gesetzes vom 12. Juli 2012 (BGBl. I, 1501) geändert worden ist.

Haushaltsgrundsätzegesetz (HGrG) in der Fassung der Bekanntmachung vom 19. August 1969 (BGBl. I, 1273), das zuletzt durch Artikel 1 des Gesetzes vom 27. Mai 2010 (BGBl. I, 671) geändert worden ist.

Insolvenzordnung (InsO) in der Fassung der Bekanntmachung vom 05. Oktober 1994 (BGBl. I, 2866), die zuletzt durch Artikel 19 des Gesetzes vom 20. Dezember 2011 (BGBl. I, 2854) geändert worden ist.

Konsolidierungshilfengesetz (KonsHilfG) in der Fassung der Bekanntmachung vom 10. August 2009 (BGBl. I, 2705).

Schuldverschreibungsgesetz (SchVG) in der Fassung der Bekanntmachung vom 31. Juli 2009 (BGBl. I, 2512), das zuletzt durch Artikel 2 des Gesetzes vom 13. September 2012 (BGBl. I, 1914) geändert worden ist.

Das Neunte Buch Sozialgesetzbuch - Rehabilitation und Teilhabe behinderter Menschen (SGB IX) in der Fassung der Bekanntmachung vom 19. Juni 2001 (Artikel 1 des Gesetzes vom 19. Juni 2001, BGBl. I, 1046, 1047), das zuletzt durch Artikel 3 des Gesetzes vom 14. Dezember 2012 (BGBl. I, 2598) geändert worden ist.

Gesetz zur Förderung der Stabilität und des Wachstums der Wirtschaft (StabG) in der Fassung der Bekanntmachung vom 08. Juni 1967 (BGBl. I, 582), das zuletzt durch Artikel 135 der Verordnung vom 31. Oktober 2006 (BGBl. I, 2407) geändert worden ist.

Stabilitätsratsgesetz (StabiRatG) in der Fassung der Bekanntmachung vom 10. August 2009 (BGBl. I, 2702).

Vermögensteuergesetz (VStG) in der Fassung der Bekanntmachung vom 14. November 1990 (BGBl. I, 2467), das zuletzt durch Artikel 107 des Gesetzes vom 29. Oktober 2001 (BGBl. I, 2785) geändert worden ist.

Vertrag über Stabilität, Koordinierung und Steuerung in der Wirtschafts- und Währungsunion (SKS-Vertrag) in der Fassung der Bekanntmachung vom 17. Mai 2012 (Abl. EG Nr. C 141, 7).

www.ingramcontent.com/pod-product-compliance
Ingram Content Group UK Ltd.
Pitfield, Milton Keynes, MK11 3LW, UK
UKHW020714071026
15590UKWH00011B/602

9 783631 649114